1

夏季オリンピック
六ヶ国語辞典

日　英　独　仏　露　西

オリンピック一般用語、アーチェリー、カヌー、競泳
近代五種競技、サッカー、水球、自転車競技、射撃
柔道・重量挙げ　編

本多 英男

三恵社

はじめに

2020 年の第 32 回オリンピック大会に東京が指名され、決定したことはわが国にとって大きな喜びであります。

小生、1996 年長野用として冬季オリンピック四カ国語辞典を上梓し、2002 年にはワールドカップ・サッカーのための七ヶ国語辞典を編集しました。あと一つ、夏季オリンピック六カ国語用語辞典を出版できたらいいなあと思いながら、定年後の仕事、ボケ防止を考慮してこつこつと 33 のスポーツ種目の用語作りに挑戦した。外国の資料集めのため旧ソビエット連邦、ドイツ、フランス、アメリカなどに出かけ、各種目のスポーツ用語辞典や指導書を入手するために歩きまわった。

初めにワープロの 980 で入力していたがフロッピーの時代が無くなり、パソコンＸＰの出現により、再入力したりして大変労力を費やした。さらに年々各種目のルール改正があったりして改変することもしばしばだった。その上、東京オリンピックではさらに 7 人制ラグビー、ゴルフが採用されることになった。野球—ソフトボールはまだ決定を見ないが仲間に入れることにした。

初めの一般スポーツ用語の欄には開会式、閉会式関係の用語をも含め、合せて **36 種目**になってしまった。

外国語にカナを振り、アクセントを表示することも大変な仕事だった。したがって間違い、ミスプリ等不備な点も多々あるかもしれません。また、東京オリンピックまで月日があり、その前にルールが改正されることもありえます。それらの点、何卒すべてご容赦願いたい。さらに 2012 年体操競技六ケ国語用語辞典を出版し、出版に携わって下さった三恵社に再び出版をお願いすることになった。三恵社の木全さんをはじめ、色々な方々のお世話になり、あらためて感謝申しあげます。

スポーツ関係の皆様にもご協力、ご助言を戴きました。またパソコン教室では、塩原好美さん、中村真紀子さんにもお世話になり、本当に有難うございました。特に外国語関係の上では、東京藝術大学フランス語元教授 アラン・ルイ・コラ先生、東京藝術大学ドイツ語教授ミヒャエル・シュタイン先生、東京藝術大学付属音楽高校元教頭（英語）戸川栄一先生、スペイン大使館員 金関 あさ　様、文化女子大元スペイン語講師 廣康好美　先生に色々と助けて頂き、厚くお礼申し上げます。

最後になりましたが、文部科学省　スポーツ・青少年局　スポーツ振興課長の森岡裕策先生から、お忙しいにもかかわらず、序文を頂戴し、本書を世に送ることができますことは編集者として望外の喜びであります。あらためてお礼申し上げます。

2015年　　　元東京藝術大学　講師　本多　英男

『夏季オリンピック六ヶ国語用語辞典』　序文

2020年夏季オリンピック・パラリンピック競技大会の開催が決定した。

2013年9月、第125次国際オリンピック委員会（ＩＯＣ）総会において、ＩＯＣロゲ会長（当時）が開催地を「**TOKYO**」と告げた瞬間、現地のブエノスアイレス（アルゼンチン）はもとより、日本国中が歓喜につつまれた。

幸運にも、この歴史的な瞬間に立ち会えたことは、スポーツを愛する一人として、心から光栄に感じると同時に、これから私たちが担うべき責任と日本人としての誇りを改めて感じた瞬間でもあった。

1964年の東京大会以来、56年ぶりに世界最大のスポーツの祭典が日本で開催される。

世界トップクラスのアスリートたち、そしてそれを応援する世界中の人たちが我が国を訪れる。

この2020年の東京オリンピック・パラリンピック競技大会の開催に向けて、我が国のスポーツを取り巻く環境は、今、大きく変わろうとしている。

近年、我が国におけるスポーツ振興に関する動向を見ると、2010年8月には「スポーツ立国戦略」の策定、翌2011年6月には「スポーツ基本法」が制定され、さらに2012年3月にはスポーツ基本法の具現化に向けた具体的な計画を示す「スポーツ基本計画」が策定された。

現在、この基本計画に基づきオールジャパン体制でスポーツ立国の実現に向けて、国際競技力の向上はもとより、生涯スポーツ社会の実現やスポーツを通じた健康増進や地域活性化など、様々な取組みを進めている。

さらに、オリンピック・パラリンピック東京大会の開催を中心に、2019年には「ラグビーワールドカップ」、2021年には「関西ワールドマスターズゲームズ」など、国際競技大会が毎年のように我が国で開催される予定である。

このように、あらゆるジャンルの国際競技大会の開催を控え、我が国のスポーツに関する施策を総合的に推進するため文部科学省の外局として「スポーツ庁」を2015年10月に設置する予定で準備を進めている。

スポーツは世界共通の人類の文化であり、国籍や言葉の壁を越えて参画することができる文化として、今や世界中の人々から愛されている。

しかしながら、実際の国際競技大会においては、通訳の配置や文化の相違に苦慮するなど、円滑な大会運営を実現するに当たり、言葉の壁に悩まされる場面が多いことも事実である。

今般、本多英男先生が「夏季オリンピック六ヶ国語用語辞典」を発刊されたことは、誠に時宜を得た、意義深いことと、心から深く敬意を表したい。

この辞典が多くの国際競技大会の関係者に有効に活用され、円滑な大会運営はもとより、我が国を訪れる世界中の人々の交流、国際親善の一助となることを大いに期待したい。

さらに、我が国で発刊された本用語辞典が、2020年を越えて受け継がれ、オリンピック・パラリンピックのレガシー（遺産）として世界中のスポーツ愛好家に愛用され続けることを願っている。

終わりに、本多英男先生をはじめ、本辞典の編集、発刊に関係された方々に対し、心から敬意を表し序文の言葉としたい。

文部科学省スポーツ・青少年局スポーツ振興課長

森　岡　　裕　策

目　次

はじめに・・・・・・・・・・・・・・・・・・・・・3

『夏季オリンピック六ヶ国語用語辞典』　序文・・・・・・5

1．スポーツ一般用語・・・・・・・・・・・・・・・8

2．アーチェリー・・・・・・・・・・・・・・・・64

3．カヌー・・・・・・・・・・・・・・・・・・・92

4．競泳・・・・・・・・・・・・・・・・・・・120

5．近代五種競技・・・・・・・・・・・・・・・146

6．サッカー・・・・・・・・・・・・・・・・・192

7．水球・・・・・・・・・・・・・・・・・・・234

8．自転車競技・・・・・・・・・・・・・・・・276

9．射撃・・・・・・・・・・・・・・・・・・・312

10．柔道・・・・・・・・・・・・・・・・・・・350

11．重量挙げ・・・・・・・・・・・・・・・・・392

1.スポーツ一般用語

日本語	英語	ドイツ語
1 挨拶、祝辞	salute《サルート》	Sportgruß《シュポルトグルース》
2 挨拶する	bow《バウ》	grüßen《グリューセン》
3 アイソメトリック· トレーニング	isometric《アイサメトゥリック》 training《トゥレイニング》	isometrisches《イゾメートゥリシエス》 Krafttraining《クラフトトレーニング》
4 相手、ライバル	opponent《オポウネント》, rival《ライヴァル》	Gegner《ゲーグナァ》
5 アクシデント	accident《アクスィデント》	Unfall《ウンファル》
6 握手	handshake《ハンドシェイク》	Händedruck《ヘンデドゥルック》
7 アシスタント	assistant《アスィスタント》	Helfer《ヘルファ》
8 アタッカー	attacker《アタカァ》	Angreifer《アングライファ》
9 アタック	attack《アタック》	Angriff《アングリッフ》
10 アタックする	attack《アタック》	angreifen《アングライフェン》
11 アドバンテージ	advantage《アドヴァンテッヂ》	Vorzug《フォーァツーク》
12 アドバンテージ· ルール	advantage《アドヴァンテッヂ》 rule《ルール》	Vorteilregel《フォァタイルレーゲル》
13 アナボリック検査	anabolic《アナバリック》 test《テスト》	Anabolika《アナボリカ》-Kontrolle《コントロレ》
14 アナボリックス	anabolics《アナバリックス》	Anabolika《アナボリカ》
15 アナウンサー	announcer《アナウンサァ》	Ansager《アンザーガァ》
16 アピール	appeal《アピール》	Berufung《ベルーフング》
17 アピールする	lodge《ラッヂ》 an appeal《アナピール》	Berufung《ベルーフング》 einlegen《アインレーゲン》, appellieren《アペリーレン》
18 アピールの審議	jury《ヂュリィ》 of《オヴ》 appeal《アピール》	Berufungsgericht《ベルーフングスゲリッヒト》
19 アマチュア	amateur《アマチュア》	Amateur《アマテーア》
20 アマチュア資格	amateur《アマチュア》 status《ステイタス》	Amateurstatus《アマテーアシュタートゥス》

フランス語	ロシア語	スペイン語
salutation《サリュタスィオン》	приветствие《プリヴェーツトゥヴィエ》	saludo《サルド》
saluer《サリュエ》	приветствовать《プリヴェーツトゥヴォヴァチ》	saludar《サルダール》
entraînement《アントレヌマン》 isométrique《イゾメトリク》	изометрическая《イゾミトゥリーチェスカヤ》 тренировка《トゥリニローフカ》	entrenamiento《エントゥレナミエント》 isometrico《イソメトゥリコ》
adversaire《アドヴェルセル》	соперник《サピェールニク》	adversario《アドゥベルサリオ》, contrincante《コントゥリンカンテ》
accident《アクスィダン》	несчастный《ニスチャースヌィイ》 случай《スルゥーチャイ》	accidente《アクシデンテ》
poignée《ポワニェ》 de《ドゥ》 main《マン》	рукопожатие《ルゥカパジャーチィエ》	apreton《アプレトン》 de《デ》 manos《マノス》
assistant《アスィスタン》	ассистент《アスィスチェーント》	ayudante《アユダンテ》
attaquant《アタカン》	атакующий《アタクゥーユシチィ》	atacante《アタカンテ》
attaque《アタック》	атака《アターカ》	ataque《アタケ》
attaquer《アタケ》	атаковать《アタカヴァーチ》	atacar《アタカール》
avantage《アヴァンタジュ》	преимущество《プリイムゥーシチェストゥヴァ》	ventaja《ベンタハ》
règle《レグル》 de《ドゥ》 l'avantage《ラヴァンタジュ》	правила《プラーヴィラ》 преимущества《プリイムゥーシチェストゥヴァ》	regla《レグラ》 de《デ》 ventaja《ベンタハ》
examen《アグザマン》 anabolique《アナボリク》	анаболический《アナバリーチェスキイ》 контроль《カントゥローリ》	control《コントゥロル》 antianabólico《アンティアナボリコ》
anabolisants《アナボリザン》	анаболики《アナーバリキ》	anabolizantes《アナボリザンテス》
speaker《スピクル》	диктор《ディークタル》	locutor《ロクトル》
appel《アペル》	апелляция《アピリャーツィヤ》	apelación《アペラシオン》
faire《フェル》 appel《アペル》	обжаловать《アヴジャーラヴァチ》	apelar《アペラール》
jury《ジュリ》 d'appel《ダペル》	апелляционное《アピリャツィオーンナエ》 жюри《ジュリー》	jurado《フラド》 de《デ》 apelación《アペラシオン》
amateur《アマトゥル》	любитель《リュビーチリ》	aficionado《アフィシオナド》
statut《スタチュ》 d'amateur《ダマトゥル》	статус《スタートゥス》 любителя《リュビーチリャ》	status《スタトゥス》 de《デ》 amateur《アマテル》

日本語	英語	ドイツ語
21 アマチュア・スポーツマン	amateur《アマチュア》	Amateur《アマテーア》
22 アリーナ	arena《アリーナ》	Kampfplatz《カムプフプラッツ》
23 息を吸う	inhale《インヘイル》	einatmen《アインアートメン》
24 息を吐く	exhale《エクスヘイル》	ausatmen《アオスアートメン》
25 一集団	bunch《バンチ》, group《グループ》	Gruppe《グルッペ》, Feld《フエルト》
26 一斉スタート	massed《マスド》 start《スタート》	Massenstart《マッセンシュタルト》
27 イニシアチブ	initiative《イニシアティヴ》	Initiative《イニツィアティーヴェ》
28 医学検査	medical《メディカル》 examinatio《イグザミネイシャン》	ärztliche《エールツトゥリヒエ》 Untersuchung《ウンタズーフング》
29 医師	physician《フィズィシャン》	Arzt《アールツト》
30 医療管理	medical《メディカル》 check-up《チェックアップ》	sportärztliche《シュポルツトエールツトゥリヒエ》 Kontrolle《コントロレ》
31 医療室	medical《メディカル》 room《ルーム》	Sanitätsstelle《ザニテーツシュテレ》
32 インターセプトする	intercept《インタセプト》	abfangen《アップファンゲン》
33 インターバル・ トレーニング	interval《インタヴァル》 training《トゥレイニング》	Intervalltraining《インテルヴァルトレーニング》
34 イン・プレー	ball《ボール》 in《イン》 play《プレイ》	Ball《バル》 im《イム》 Spiel《シュピール》
35 ウイニング・ラーン	lap《ラップ》 of《オヴ》 honour《オナア》	Ehrenrunde《エーレンルンデ》
36 ウエイト・トレーニング	weight《ウエイト》 training《トゥレイニング》	Gewichtstraining《ゲヴィッヒツトレーニング》
37 ウォーム・アップ	warm《ウォーム》-up《アップ》	Aufwärmen《アオフヴェルメン》
38 ウォーム・アップ室	warm《ウォーム》-up《アップ》 room《ルーム》	Aufwärmeraum《アオフヴェルメラオム》
39 ウォーム・アップ場	warm《ウォーム》-up《アップ》 area《エリア》	Aufwärmhalle《アオフヴェルムハレ》
40 腕の働き	arm《アーム》 action《アクシャン》	Armarbeit《アルムアルバイト》

フランス語	ロシア語	スペイン語
amateur《アマトゥル》	спортсмен《スパルツミェーン》-любитель《リュビーチリ》	amateur《アマテル》
arène《アレヌ》	арена《アリェーナ》	arena《アレナ》
aspirer《アスピレ》	вдыхать《ヴドゥィハーチ》	aspirar《アスピラール》
expirer《エクスピレ》	выдыхать《ヴィドゥィハーチ》	espirar《エスピラール》
peloton《プロトン》, groupe《グルプ》	группа《グルゥーパ》	pelotón《ペロトン》, grupo《グルポ》
départ《デパル》 en《アン》 groupe《グルプ》	групповой《グルゥパヴォーイ》 старт《スタールト》	salida《サリダ》 en《エン》 grupo《グルポ》
initiative《イニスィヤティヴ》	инициатива《イニツィアチィーヴァ》	iniciativa《イニシアティバ》
examen《エグザマン》 médical《メディカル》	медицинский《ミディツィーンスキイ》 осмотр《アスモートゥル》	examen《エクザメン》 médico《メディコ》
médecin《メドサン》	врач《ヴラーチ》	médico《メディコ》
contrôle《コントロル》 médicosportif《メディコスポルティフ》	медицинский《ミディツィーンスキイ》 контроль《カントゥローリ》	examen《エクザメン》 médico《メディコ》
infirmerie《アンフィルヌリ》	медпункт《ミドゥプゥーンクト》	enfermería《エンフェルメリア》
intercepter《アンテルセプテ》	перехватить《ピリフヴァチィーチ》	interceptar《インテルセプタール》
entraînement《アントレヌマン》 fractionné《フラクスィオンネ》	интервальная《インチルヴァーリナヤ》 тренировка《トゥリニローフカ》	entrenamiento《エントゥレナミエント》 periódico《ペリオディコ》
ballon《バロン》 en《アン》 jeu《ジゥ》	мяч《ミャーチ》 в игре《ヴィグリエー》	balón《バロン》 en《エン》 juego《フエゴ》
tour《トゥル》 d'honneur《ドヌル》	круг《クルゥーク》 почёта《パチョータ》	vuelta《ブエルタ》 de《デ》 honor《オノル》
travail《トラヴァユ》 aux《ヨ》 haltères《ザルテル》	тренировка《トゥリニローフカ》 с《サ》 отягощениями《チャガシチェーニヤミ》	entrenamiento《エントゥレナミエント》 de《デ》 pesas《ペサス》
échauffement《エシュフマン》	разминка《ラズミーンカ》	calentamiento《カレンタミエント》
salle《サル》 de《ドゥ》 réchauffement《レショフマン》	разминочный《ラズミーナチヌィイ》 зал《ザール》	sala《サラ》 de《デ》 calentamiento《カレンタミエント》
terrain《テラン》 d'entraînement《ダントレヌマン》	место《ミェースタ》 разминки《ラズミーンキ》	lugar《ルガール》 de《デ》 calentamiento《カレンタミエント》
action《アクスィヨン》 des《デ》 bras《ブラ》	работа《ラボータ》 рук《ルゥーク》	movimientos《モビミエントス》 de《デ》 brazos《ブラソス》

日本語	英語	ドイツ語
41 運動	movement《ムーヴマント》	Bewegung《ベヴェーグング》
42 運動神経	moter《モウタァ》 nerve《ナーヴ》	Bewegungsnerv《ベヴェーグングスネルフ》
43 エネルギーの分配	energy《エナヂイ》 distribution《ディストゥリビューシャン》	Krafteinteilung《クラフトアインタイルング》
44 延長時間	extra-time《エクストゥラ タイム》	Spielverlängerung《シュピールフェァレンゲルング》
45 エントリー	entry《エントゥリィ》	Meldung《メルドゥング》
46 エントリーされた選手	entered《エンタァド》 competitor《カンペタタァ》	angemeldeter《アンゲメルデタァ》 Teilnehmer《タイルネーマァ》
47 エントリー用紙	entry《エントゥリィ》 form《フォーム》	Meldebogen《メルデボーゲン》, Nennungsformular《ネンヌングスフォルムラール》
48 エンド・ライン	end《エンド》 line《ライン》	Endlinie《エントリーニエ》
49 追風	following《ファロゥイング》 wind《ウィンド》	Rückenwing《リュッケンヴィィント》
50 追い越す	overtake《オウヴァァテイク》	überholen《ユーバァホーレン》
51 追いつく	catch《キャッチ》 up《アップ》	einholen《アインホーレン》
52 音によるシグナル	sound《サウンド》 warning《ウォーニング》 signal《スィグヌル》	akustisches《アクスティシエス》 Warnsignal《ヴァルンズィグナール》
53 オフィシャル	official《アフィシャル》	Offizielle《オフィツィエレ》, Funktionär《フンクツィオネーァ》
54 オフィシャルの ジェスチャー	official《アフィシャル》 signals《スィグヌルズ》	offizielle《オフィツィエレ》 Zeichen《ツァイヒエン》
55 オブザーバー	observer《オブザーヴァァ》	Beobachter《ベオーバハタァ》
56 オリンピック運動	Olympic《オウリンピック》 movement《ムーヴメント》	Olympische《オリュムピシェ》 Bewegung《ベヴェーグング》
57 オリンピック記録	Olympic《オウリンピック》 record《レカド》	olympischer《オリュムピシァア》 Rekord《レコルド》
58 オリンピック・ゲーム	Olympic《オウリンピック》 Games《ゲイムズ》	Olympische《オリュムピシェ》 Spiele《シュピーレ》
59 オリンピック聖火	Olympic《オウリンピック》 flame《フレイム》	olympischers《オリュムピシァス》 Feuer《フォイヤァ》

フランス語	ロシア語	スペイン語
mouvement《ムゥヴマン》	движение《ドゥヴィジェーニエ》	movimiento《モビミエント》
nerf《ネル》 moteur《モトゥル》	двигательный《ドゥヴィガーチェリヌィイ》 нерв《ニェールフ》	nervio《ネルビオ》 motor《モトル》
répartition《レパルティスィオン》 des《デ》 forces《フォルス》	распределение《ラスプリヂィリエーニエ》 сил《スィール》	distribución《ディストゥリブシオン》 de《デ》 energía《エネルヒア》
prolongation《プロロンガスィオン》	дополнительное《ダパルニーチィリナエ》 время《ヴリエーミャ》	tiempo《ティエンポ》 adicional《アディシオナル》
inscription《アンスクリプスィオン》	заявка《ザヤーフカ》	inscripción《インスクリプシオン》
concurrent《コンキュラン》 inscrit《アンスクリ》	заявленный《ザヤーヴリエンヌィイ》 участник《ウチャースニク》	competidor《コンペティドル》 inscrito《インスクリト》
feuille《フゥユ》 d'inscription《ダンスクリプスィオン》	бланк《ブラーンク》 заявки《ザヤーフキ》	impreso《インプレソ》 de《デ》 inscipción《インスクリプシオン》
ligne《リニュ》 de《ドゥ》 fond《フォン》	лицевая《リツィヴァーヤ》 линия《リーニヤ》	línea《リネア》 de《デ》 fondo《フォンド》
vent《ヴァン》 favorable《ファヴォラブル》	попутный《パプゥートゥヌィイ》 ветер《ヴェーチル》	viento《ビエント》 favorable《ファボラブレ》
dépasser《デパセ》	обогнать《アバグナーチ》	adelantar《アデランタール》
rattraper《ラトラペ》	догнать《ダグナーチ》	alcanzar《アルカンサール》
avertisseur《アヴェルティスル》 sonore《ソノル》	звуковой《ズヴゥカヴォーイ》 сигнал《スィグナール》	señal《セニャル》 acústica《アクスティカ》
officiel《オフィスィエル》	официальное《アフィツィアーリナエ》 лицо《リツォー》	oficial《オフィシアル》
gestes《ジェスト》 officiels《オフィスィエル》	официальные《アフィツィアーリヌィエ》 жесты《ジャーストゥィ》	gestos《ヘストス》 de《デ》 árbitro《アルビトゥロ》
observateur《オブセルヴァトゥル》	наблюдатель《ナブリュダーチリ》	observador《オブセルバドル》
Mouvement《ムゥヴマン》 olympique《オランピク》	олимпийское《アリムピーイスカエ》 движение《ドゥヴィジェーニエ》	Movimiento《モビミエント》 olímpico《オリンピコ》
record《ルコル》 olympique《オランピク》	олимпийский《アリムピーイスキイ》 рекорд《リコールト》	marca《マルカ》 olímpica《オリンピカ》
Jeux Olympiques《ジュゾランピク》	олимпийские《アリムピーイスキエ》 игры《イーグルィ》	Juegos《フエゴス》 Olímpicos《オリンピコス》
flamme《フランム》 olympique《オランピク》	олимпийсккий《アリムピーイスキイ》 огонь《アゴーニ》	fuego《フエゴ》 olímpico《オリンピコ》

日本語	英語	ドイツ語
60 オリンピック聖火リレー	Olympic《オウリンピック》 torch《トーチ》 relay《リーレイ》	olympischer《オリユムピシャア》 Fackellauf《ファッケルラオフ》
61 オリンピック聖火リレーのトーチ	Olympic《オウリンピック》 torch《トーチ》	olympische《オリユムピシェ》 Fackel《ファッケル》
62 オリンピック精神	Olympic《オウリンピック》 spirit《スピリット》	olympischer《オリユムピシャア》 Geist《ガイスト》
63 オリンピック宣誓	Olympic《オウリンピック》 oath《オウス》	olympisches《オリユムピシェス》 Gelöbnis《ゲレープニス》
64 オリンピック· チャンピオン（女子チャンピオン）	Olympic《オウリンピック》 champion《チャンピオン》	Olympiasieger《オリユムピアズィーガア》 (Olympiasiegerin)《（オリユムピアズィーゲリン）》
65 オリンピックの賞状	Olympic《オウリンピック》 diploma《ディプロウマ》	olympisches《オリユムピシェス》 Diplom《ディプローム》
66 オリンピック村	Olympic《オウリンピック》 village《ヴィレッヂ》	olympisches《オリユムピシェス》 Dorf《ドルフ》
67 オリンピック· メダル	Olympic《オウリンピック》 medal《メドゥル》	olympische《オリユムピシェ》 Medaille《メダリェ》
68 開会式	opening《オウプニング》 ceremony《セリマニィ》	Eröffnungszeremonie《エァエッフヌングスチェレモニー》
69 会場、競技場	stadium《スティディアム》	Stadion《シュターディオン》
70 回転	rotation《ロウテイシャン》	Drehung《ドレーウング》
71 回転軸	axis of rotation《アクシス オヴ ロウテイシャン》	Drehachse《ドレーアックセ》
72 回復	rehabilitation《リーハビラティシャン》	Rehabilitation《レハビリタツィオーン》
73 外傷	injury《インヂュリィ》	Verletzung《フェアレッツング》
74 踵	heel《ヒール》	Ferse《フェルゼ》
75 風	wind《ウィンド》	Wind《ヴィント》
76 肩	shoulder《ショルダァ》	Schulter《シュルタァ》
77 勝つ	win《ウィン》	siegen《ズィーゲン》, gewinnen《ゲヴィンネン》
78 喝采	applause《アプローズ》	Beifall《バイファル》

フランス語	ロシア語	スペイン語
relais《ルレ》 de《ドゥ》 la《ラ》 flamme《フランム》 olympique《オランピク》	эстафета《エスタフェータ》 олимпийского《アリムピーイスカヴァ》 огня《アグニャー》	relevo《レレボ》 del《デル》 fuego《フエゴ》 olímpico《オリンピコ》
flambeau《フランボ》 olympique《オランピク》	олимпийский《アリムピーイスキイ》 факел《ファーキル》	antorcha《アントルチャ》 olímpica《オリンピカ》
esprit《エスプリ》 olympique《オランピク》	олимпийский《アリムピーイスキイ》 дух《ドゥーフ》	espíritu《エスピリトウ》 olímpico《オリンピコ》
serment《セルマン》 olympique《オランピク》	олимпийская《アリムピーイスカヤ》 клятва《クリャートゥヴァ》	juramento《フラメント》 olímpico《オリンピコ》
champion《シャンピオン》 olympique《オランピク》 (championne olympique《シャンピオノランピク》)	олимпийский《アリムピーイスキイ》 чемпион《チムピオーン》 (олимпийская《アリムピーイスカヤ》 чемпионка《チムピオーンカ》)	campeón《カンペオン》 olímpico《オリンピコ》 (campeóna《カンペオナ》 olímpica《オリンピカ》)
diplôme olympique《ディプロモランピク》	олимпийский《アリムピーイスキイ》 диплом《ディプローム》	diploma《ディプロマ》 olímpico《オリンピコ》
Village olympique《ヴィラジョランピク》	олимпийская《アリムピーイスカヤ》 деревня《ヂィリエーヴニャ》	villa《ビリャ》 olímpica《オリンピカ》
médaiille olympique《メダヨランピク》	олимпийская《アリムピーイスカヤ》 медаль《ミダーリ》	medalla《メダリャ》 olímpica《オリンピカ》
cérémonie《セレモニ》 d'ouverture《ドィヴェルチュル》	церемония《ツェレモーニヤ》 открытия《アトゥクルィーチィヤ》	ceremonia《セレモニア》 inaugural《イナウグラル》
stade《スタド》	стадион《スタディオーン》	estadio《エスタディオ》
rotation《ロタスィオン》	вращение《ヴラシチェーニエ》	rotación《ロタシオン》
axe《アクス》 de《ドゥ》 rotation《ロタスィオン》	ось《オーシ》 вращения《ヴラシチェーニヤ》	eje《エヘ》 de《デ》 rotación《ロタシオン》
réhabilitation《レアビリタスィオン》	восстановление《ヴァススタナヴリェーニエ》	rehabilitación《レアビリタシオン》
blessure《ブレシュル》	травма《トゥラヴマ》	lesión《レシオン》
talon《タロン》	пятка《ピャートゥカ》	talón《タロン》
vent《ヴァン》	ветер《ヴェーチル》	viento《ビエント》
épaule《エポル》	плечо《プリチョー》	hombro《オンブロ》
gagner《ガニェ》	победить《パビヂィーチ》, выиграть《ヴィイグラーチ》	vencer《ベンセール》, triunfar《トゥリウンファール》
ovation《オヴァスィオン》	овация《アヴァーツィヤ》	aplauso《アプラウソ》

日本語	英語	ドイツ語
79 勝ったゲーム	game《ゲイム》 won《ワン》	gewonnenes《ゲヴォンネス》 Spiel《シュピール》
80 カップ	cup《カップ》	Pokal《ポカール》
81 鐘	bell《ベル》	Glocke《グロッケ》
82 鐘の合図	bell《ベル》 ringing《リンギング》	Glockenzeichen《グロッケンツァイヒェン》
83 体の不調	indisposition《インディスパズィシャン》	Unwohlsein《ウンヴォールザイン》
84 観客	spectator《スペクテイタァ》	Zuschauer《ツーシャオアァ》
85 緩衝	amortization《アモーティゼイシャン》	Amortisation《アモルティザツィオーン》
86 関節	joint《ヂョイント》	Gelenk《ゲレンク》
87 敢闘精神	fighting《ファイティング》 spirit《スピリット》	Kampfgeist《カムプフガイスト》
88 観客席	stands《スタンズ》	Tribünen《トゥリビューネン》
89 器具	apparatus《アパレイタス》	Apparat《アパラート》
90 棄権	forfeit《フォーァフィト》	Nichtantreten《ニヒトアントレーテン》
91 危険なプレー	dangerous《デインヂャラス》 play《プレイ》	gefährliches《ゲファーアリヘス》 Spiel《シュピール》
92 旗手	flag《フラッグ》-bearer《ベアラァ》	Fahnenträger《ファーネントレーガァ》
93 気象条件	weather《ウェザァ》 conditions《コンディシャンズ》	Wetterverhältnisse《ヴェッタァフェァヘルトニス》
94 技術	technique《テクニーク》	Technik《テッヒニク》
95 技術委員	technical《テクニカル》 comissioner《カミシャナァ》	technischer《テッヒニシャァ》 Kommissionär《コミスィオネーァ》
96 技術委員会	technical《テクニカル》 commission《カミシャン》	technische《テッヒニシェ》 Kommission《コミスィオーン》
97 技術委員会委員	member《メンバァ》 of《オヴ》 the《ザ》 technical《テクニカル》 committee《コミッティ》	Mitglied《ミットグリート》 des《デス》 technischen《テッヒニシェン》 Ausschusses《アオスシュッセス》
98 規則違反	infringement《インフリンヂマント》 of《オヴ》 the《ザ》 rules《ルールズ》	Regelverstoß《レーゲルフェァシュトース》

フランス語	ロシア語	スペイン語
match《マッチ》 gagné《ガニェ》	выигранный《ヴィーイグランヌィイ》 матч《マーッチ》	partido《パルティド》 ganado《ガナド》
coupe《クゥプ》	кубок《クゥーバク》	copa《コパ》
cloche《クロシュ》	колокол《コーラカル》	campana《カンパナ》
coup《クゥ》 de《ドゥ》 cloche《クロシュ》	сигнал《シグナール》 колокола《コーラカル》	señal《セニャル》 de《デ》 campana《カンパナ》
indisposition《アンディスポズィスィオン》	недомогание《ニダマガーニエ》	malestar《マレスタール》
spectateur《スペクタトゥル》	зритель《ズリーチェリ》	espectador《エスペクタドル》
amortissement《アモルティスマン》	амортизация《アマルチィザーツィヤ》	amortización《アモルティサスィオン》, amortiguación《アモルティグアシオン》
articulation《アルティキュラスィオン》	сустав《スゥスターフ》	articulación《アルティクラシオン》
esprit《エスプリ》 combatif《コンバティフ》	боевой《バエヴォーイ》 дух《ドゥーフ》	espíritu《エスピリトゥ》 combativo《コンバティボ》
tribune《トリビュンヌ》, gradins《グラダン》	трибуны《トゥリブゥーヌィ》	tribuna《トゥリブナ》, gradería《グラデリア》
appareil《アパレイユ》	аппарат《アパラート》	mecanismo《メカニスモ》
forfait《フォルフェ》	неявка《ニヤーフカ》	no《ノ》 presentación《プレセンタシオン》
jeu《ジゥ》 dangereux《ダンジュル》	опасная《アパースナヤ》 игра《イグラー》	juego《フエゴ》 peligroso《ペリグロソ》
porte--drapeau《ポルトドラポ》	знаменосец《ズナミノースィツ》	abanderado《アバンデラド》
conditions《コンディスィオン》 météorologiques《メテオロロジク》	погодные《パゴードゥヌィエ》 условия《ウスローヴィヤ》	condiciones《コンディシオネス》 del《デル》 tiempo《ティエンポ》
technique《テクニク》	техника《チェーフニカ》	técnica《テクニカ》
commissaire《コミセル》 technique《テクニク》	технический《チェフニーチェスキイ》 комиссар《カミサール》	comisario《コミサリオ》 técnico《テクニコ》
commission《コミスィオン》 technique《テクニク》	техническая《チェフニーチェスカヤ》 комиссия《カミースィヤ》	comisión《コミシオン》 técnica《テクニカ》
membre《マンブル》 du《デュ》 comité《コミテ》 technique《テクニク》	член《チリェーン》 технической《チェフニーチィスカイ》 комиссии《カミースィイ》	miembro《ミエンブロ》 de《デ》 la《ラ》 comisión《コミシオン》 técnica《テクニカ》
violation《ヴィオラスィオン》 des《デ》 régles《レグル》	нарушение《ナルゥシェーニエ》 правил《プラーヴィル》	violación《ビオラシオン》 de《デ》 las《ラス》 reglas《レグラス》

日本語	英語	ドイツ語
99 キネシオロジー	kinesiology《キニーシアラジイ》	Kinesiologie《キネシオロギー》
100 基本姿勢	basic《ベイスィック》 position《ポズィシャン》	Grundstellung《グルントシュテルング》
101 規約	statutes《スタチューテス》	Status《シュタトゥート》, Satzung《ザッツング》
102 逆足、逆モーション	wrong《ロング》 foot《フット》	falsches《ファルシェス》 Bein《バイン》
103 救急車	ambulance《アンビュランス》	Sanitätswagen《ザニテーツヴァーゲン》
104 休憩時間	sparing《スペアリング》 time《タイム》	Pause《パオゼ》
105 救護	medical《メディカル》 assistance《アスィスタンス》	ärztliche《エールツトゥリヒェ》 Hilfe《ヒルフェ》
106 休息	rest《レスト》, interval《インタヴァル》	Ruhe《ルーエ》, Pause《パオゼ》
107 休息する	rest《レスト》	sich《ズィッヒ》 ausruhen《アオスルーエン》
108 境界	boundary《バウンダリィ》	Grenze《グレンツェ》
109 協会、連盟	federation《フェダレイシャン》	Verband《フェァバント》
110 競技規定	competition《カンピティシャン》 rules《ルールズ》	Wettkampfregeln《ヴェットカムプフレーゲルン》
111 競技規律	discipline《ディサプリン》	Disziplin《ディスツィプリーン》
112 競技時間	playing《プレイイング》 time《タイム》	Spielzeit《シュピールツァイト》
113 競技事務局	secretariate《セクラテアリア》 of《オヴ》 the《ザ》 competition《カンピティシャン》	Wettkampfsekretariat《ヴェットカムプフゼクレタリアート》
114 競技者	competitor《カンペタタァ》	Wettkampfteilnehmer《ヴェットカムプフタイルネーマァ》
115 競技者の装備	competitor's《カンペタタァズ》 equipment《イクウィプマント》	Ausrüstung《アオスリュストゥング》 der《デァ》 Wettkämpfer《ヴェットカムプファ》
116 競技者のユニフォーム	competitor's《カンペタタァズ》 uniform《ユーニフォーム》	Teilnehmerkleidung《タイルネーマァクライドゥング》
117 競技終了	end《エンド》 of《オヴ》 the《ザ》 competition《カンピティシャン》	Wettkampfende《ヴェットカムプフエンデ》
118 競技種目	event《イヴェント》	Wettkampfnummer《ヴェットカムプフヌンマァ》
119 競技場	competition《カンピティシャン》 site《サイト》	Wettkampfstätte《ヴェットカムプフシュテッテ》

フランス語	ロシア語	スペイン語
cinésiologie《スィネスィオロジ》	кинесиология《キニスィオローギヤ》	kinesiología《キネシオロヒア》
position《ポズィスィオン》 de《ドゥ》 base《バセ》	основная《アスノーヴナヤ》 стойка《ストーイカ》	posición《ポシシオン》 básica《バスィカ》
statut《スタテュ》	устав《ウスターフ》	estatutos《エスタトゥトス》
contre-pied《コントルピエ》	противоположная《プラチヴァパロージナヤ》 нога《ナガー》	contrapié《コントゥラピエ》
ambulance《アンビュランス》	автомобиль《アフタマビーリ》 скорой《スコーライ》 помощи《ポーマシチィ》	ambulancia《アンブランシア》
temps《タン》 de《ドゥ》 repos《ルポ》	время《ヴリェーミャ》 перерыва《ピリルィーヴァ》	tiempo《ティエンポ》 de《デ》 descanso《デスカンソ》
assistance《アスィスタンス》 médicale《メディカル》	медицинская《ミェディツィーンスカヤ》 помощь《ポーマシシ》	asistencia《アシステンシア》 médica《メディカ》
repos《ルポ》	отдых《オーディフ》	descanso《デスカンソ》
se《ス》 reposer《ルポゼ》	отдыхать《アッディハーチ》	descansar《デスカンサール》
limite《リミト》	граница《グラニーツァ》	límite《リミテ》
fédération《フェデラスィオン》	федерация《フィヂィラーツィヤ》	federación《フェデラシオン》
règlement《レグルマン》 des《デ》 compétitions《コンペティスィオン》	регламент《リグラーミエント》 соревнований《サリヴナヴァーニイ》	reglamento《レグラメント》 de《デ》 competiciones《コンペティシオネス》
discipline《ディスィプリヌ》	игровая《イグラヴァーヤ》 дисциплина《ディスツィプリーナ》	disciplina《ディスシプリナ》 de《デ》 juego《フエゴ》
temps《タン》 de《ドゥ》 jeu《ジゥ》	игровое《イグラヴォーエ》 время《ヴリェーミャ》	tiempo《ティエンポ》 de《デ》 juego《フエゴ》
secrétariat《セクレタリア》 de《ドゥ》 la《ラ》 compétition《コンペティスィオン》	секретариат《スィクリタリアート》 соревнований《サリヴナヴァーニイ》	secretariado《セクレタリアド》 de《デ》 competiciones《コンペティシオネス》
concurrent《コンキュラン》	участник《ウチャースニク》	competidor《コンペティドル》
équipement《エキプマン》 des《デ》 concurrents《コンキュラン》	снаряжение《スナリャジェーニエ》 участников《ウチャースニカフ》	equipo《エキポ》 de《デ》 los《ロス》 participantes《パルティシパンテス》
tenue《トゥニュ》 des《デ》 participants《パルティスィパン》	форма《フォールマ》 участников《ウチャースニカフ》	vestimenta《ベスティメンタ》 de《デ》 los《ロス》 jugadores《フガドレス》
fin《ファン》 de《ドゥ》 la《ラ》 compétition《コンペティスィオン》	окончание《アカンチャーニエ》 соревнования《サリヴナヴァーニヤ》	fin《フィン》 de《デ》 la《ラ》 competición《コンペティシオン》
épreuve《エプルゥヴ》	вид《ヴィート》 программы《プラグラームムィ》	modalidad《モダリダ》
lieu《リウ》 de《ドゥ》 compétition《コンペティスィオン》	место《ミエースタ》 соревнований《サリヴナヴァーニイ》	lugar《ルガール》 de《デ》 competición《コンペティシオン》

日本語	英語	ドイツ語
120 競技マネージャー	competition《カンピティシャン》 manager《マネヂャ》	Kommandant《コマンダント》 des《デス》 《ヴェットカムプフェ》
121 協調性	coordination《コウオーダネイシャン》	Koordination《コルディナツィオーン》
122 局面	phase《フェイズ》	Phase《ファーゼ》
123 拒否、辞退	refusal《リフューザル》	Absage《アップザーゲ》, Aufgabe《アオフガーベ》
124 距離、コース	distance《ディスタンス》	Strecke《シュトレッケ》
125 記録、プロトコール	protocol《プロウタコール》, score《スコー》-sheet《シート》	Protokoll《プロトコル》
126 記録員	scorer《スコーラァ》	Schreiber《シュライバァ》
127 記録主任	chief《チーフ》 secretary《セクレテリィ》	Sekretät《ゼクレテーァ》
128 記録保持者(女子)	record《レカド》 holder《ホウルダァ》	Rekordler《レコルトラァ》 (Rekordlerin《(レコルトレリン)》)
129 記録を樹立する	set up《セッタップ》 a《ア》 record《レカド》	Rekord《レコルト》 aufstellen《アオフシュテレン》
130 緊張	strain《ストゥレイン》	Spannung《シュパンヌング》
131 筋肉	muscle《マッスル》	Muskel《ムスケル》
132 筋肉の収縮	muscle《マッスル》 contraction《カントゥラクシャン》	Kontraktion《コントゥラクツィオーン》 des《デス》 Muskels《ムスケルス》
133 筋力、力	force《フォース》	Kraft《クラフト》
134 筋力トレーニング	strength《ストゥレーングス》 training《トゥレイニング》	Krafttraining《クラフトトレーニング》
135 金メダル	gold《ゴウルド》 medal《メドゥル》	Goldmedaille《ゴルトメダリエ》
136 銀メダル	silver《スイルヴァ》 medal《メドゥル》	Silbermedaille《ズィルバァメダリエ》
137 靴	shoes《シューズ》, boots《ブーツ》	Schuhe《シューエ》
138 靴下	socks《ソックス》	Socken《ゾッケン》
139 靴ひも	lace《レイス》	Verschnürung《フェアシュニュールング》
140 クローク	cloak《クロウク》-room《ルーム》	Garderobe《ガルデローベ》

フランス語	ロシア語	スペイン語
chef《シェフ》 de《ドゥ》 compétition《コンペティスィオン》	комендант《カミンダーント》 соревнований《サリヴナヴァーニイ》	comisario《コミサリオ》 de《デ》 la《ラス》 competiciones《コンペティシオネス》
coordination《コオルディナスィオン》	координация《カアルディナーツィヤ》	coordinación《コオルディナシオン》
phase《ファズ》	фаза《ファーザ》	fase《ファセ》
refus《ルフュ》, abandon《アバンドン》	отказ《アトゥカース》	abandono《アバンドノ》, renuncia《レヌンシア》
distance《ディスタンス》	дистанция《ディスターンツィヤ》	distancia《ディスタンシア》
procés-verbal《プロセヴェルバル》	протокол《プラタコール》	protocolo《プロトコル》, acta《アクタ》
marqueur《マルクル》	судья《スゥヂィヤー》 подсчёта《パトゥスチョータ》	tanteador《タンテアドル》
secrétaire en《スクレテラン》 chef《シェフ》	главный《グラーヴヌィイ》 секретарь《シクリターリ》	secretario《セクレタリオ》 principal《プリンシパル》
recordman《ルコルドマン》 (recordwoman)《(ルコルドウォメン)》	рекордсмен《リカルツミェーン》 (рекордсменка)《(リカルツミェーンカ)》	el《エル》 recordista《レコルディスタ》 (la《(ラ》 recordista)《レコルディスタ)》
établir un《エタブリラン》 record《ルコル》	установить《ウスタナヴィーチ》 рекорд《リコールト》	establecer《エスタブレセール》 una《ウナ》 marca《マルカ》
tension《タンスィオン》	напряжение《ナプリャジェーニエ》	tensión《テンスィオン》
muscle《ミュスクル》	мышца《ムィーシツァ》, мускул《ムースクル》	músculo《ムスクロ》
contraction《コントラクスィオン》 des《デ》 muscles《ミュスクル》	мышечное《ムィーシェチナエ》 сокращение《サクラシチェーニエ》	contracción《コントゥラクシオン》 de《デ》 los《ロス》 músculos《ムスクロス》
force《フォルス》	сила《スィーラ》	fuerza《フエルサ》
musculation《ミュスキュラスィオン》	силовая《スィラヴァーヤ》 тренировка《トゥレニローフカ》	endurecimiento《エンドゥレスィミエント》
médaille《メダュ》 d'or《ドル》	золотая《ザラターヤ》 медаль《ミダーリ》	medalla《メダリャ》 de《デ》 oro《オロ》
médaille《メダュ》 d'argent《ダルジャン》	серебряная《スィリーブリャナヤ》 медаль《ミダーリ》	medalla《メダリャ》 de《デ》 plata《プラタ》
chaussures《ショシュル》	обувь《オーブゥフィ》	zapatilla《ザパティリャ》, zapato《ザパト》
chaussettes《ショセト》	носки《ナスキー》	calcetines《カルセティネス》
lacet《ラセ》	шнуровка《シヌローフカ》	cinta《シンタ》
vestiaire《ヴェスティエル》	гарлероб《ガルヂェローブ》	guardarropa《グアルダロパ》

日本語	英語	ドイツ語
141 訓練する	train《トゥレイン》, coach《コウチ》	trainieren《トレニーレン》
142 ゲームの延滞	delaying《ディレイイング》 the《ザ》 game《ゲイム》	Spielverzögerung《シュピールフェアツェーゲルング》
143 ゲームの後半	second《セカンド》 half《ハフ》	zweite《ツヴァイテ》 Halbzeit《ハルプツァイト》
144 ゲームの前半	first《ファースト》 half《ハフ》	erste《エールステ》 Halbzeit《ハルプツァイト》
145 ゲームの停止	stoppage《スタピヂ》 of《オヴ》 the《ザ》 play《プレイ》	Spielunterbrechung《シュプールウンタァブレッヒュング》
146 ゲームを中断する	stop《スタップ》 the《ザ》 game《ゲイム》	Spiel《シュプール》 unterbrechen《ウンタァブレッヘン》
147 警告	warning《ウォーニング》	Verwarnung《フェアヴァルヌング》
148 警告する	warn《ウォーン》	verwarnen《フェアヴァルネン》
149 警告を与える	give《ギヴ》 a《ア》 warning《ウォーニング》	Verwarnung《フェアヴァルヌング》 erteilen《エアタイレン》
150 計時係長	chief《チーフ》 timekeeper《タイムキーパァ》	Zeitnehmerobmann《ツァイトネーマァオップマン》
151 計測	measurement《メジャメント》	Messung《メッスング》
152 計量	weighing《ウエイイング》 in《イン》	Abwiegen《アップヴィーゲン》
153 痙攣を起こす	stiffen up《スティフナップ》	sich《ズィッヒ》 verkrampfen《フェアクラムプフェン》
154 月桂冠	wreath《リース》 of《オヴ》 laurel《ローラル》	Lorbeerkranz《ロルベーァクランツ》
155 決勝	final《ファイヌル》	Endkampf《エントカムプフ》, Finale《フィナーレ》
156 決勝出場選手 (女)	(women's)《(ウィミンズ)》 finalist《ファイナリスト》	Endkämpfer《エントカムプファ》 (Endkämpferin)《(エントカムプフェリン)》
157 決勝順位	oder《オーダァ》 of《オヴ》 finish《フィニッシュ》	Einlaufsordnung《アインラオフスオルドヌング》
158 決勝審判員	judge《ヂャッヂ》 at《アト》 finish《フィニッシュ》	Zielrichter《ツィールリッヒタァ》
159 決勝戦	final《ファイヌル》 competition《カンピティシャン》	Finalwettkampf《フィナールヴェットカムプフ》
160 決勝戦になる	reach《リーチ》 the《ザ》 final《ファイヌル》	Endrunde《エントルンデ》 erreichen《エァライヒェン》

フランス語	ロシア語	スペイン語
entraîner《アントレネ》	тренировать《トゥリニラヴァーチ》	entrenar《エントゥレナール》
retardement《ルタルドマン》 du《デュ》 jeu《ジゥ》	затяжка《ザチャーシカ》 времени《ヴリェーミニィ》	demora《デモラ》 del《デル》 juego《フエゴ》
deuxième《ドゥズィエム》 mi-temps《ミタン》	вторая《フタラーヤ》 половина《パラヴィーナ》 игры《イグルィー》	segundo《セグンド》 tiempo《ティエンポ》
première《プルミエル》 mi-temps《ミタン》	первая《ピェールヴァヤ》 половина《パラヴィーナ》 игры《イグルィー》	primer《プリメル》 tiempo《ティエンポ》
arrêt《アレ》 du《ドゥ》 jeu《ジゥ》	остановка《アスタノーフカ》 игры《イグルィー》	interrupción《インテルプシオン》 del《デル》 juego《フエゴ》
arrêter《アレテ》 le《ル》 jeu《ジゥ》	остановить《アスタナヴィーチ》 игру《イグルゥー》	parar《パラール》 el《エル》 juego《フエゴ》
avertissement《アヴェルティスマン》	предупреждение《プリドゥプリジヂェーニエ》	advertencia《アドゥベルテンシア》
avertir《アヴェルティル》	предупреждать《プリドゥプリジダーチ》	advertir《アドゥベルティール》, amonestar《アモネスタール》
donner《ドネ》 un avertissement《アンアヴェルティスマン》	сделать《ズヂェーラチ》 предупреждение《プリドゥプリジヂェーニエ》	hacer《アセール》 una《ウナ》 advertencia《アドゥベルテンシア》
chef《シェフ》 chronométreur《クロノメトゥルル》	старший《スタールシイ》 судья《スゥヂィヤ》-хронометрист《フラナミトゥリースト》	cronometrador《クロノメトゥラドル》 principal《プリンシパル》
mesure《ムズュル》	измерение《イズミリェーニエ》	medición《メディシオン》
pesage《プザジュ》	взвешивание《ヴズヴェーシヴァニエ》	pesaje《ペサヘ》
se《ス》 crisper《クリスペ》	свести《スヴェスチィー》 судорогой《スゥーダラガイ》	crisparse《クリスパルセ》
couronne《クゥロヌ》 de《ドゥ》 lauriers《ロリエ》	лавровый《ラヴローヴィイ》 венок《ヴィノーク》	corona《コロナ》 de《デ》 laurel《ラウレル》
finale《フィナル》	финал《フィナール》	final《フィナル》
finaliste《フィナリスト》	финалист《フィナリースト》 (финалистка《フィナリーストカ》)	el《エル》 finalista《フィナリスタ》 (la《ラ》 finaista《フィナリスタ》)
ordre《オルドル》 d'arrivée《ダリヴェ》	порядок《パリャーダク》 финиширования《フィニシーラヴァニヤ》	orden《オルデン》 de《デ》 llegada《リェガダ》
juge《ジュジュ》 d'arrivée《ダリヴェ》	судья《スゥヂィヤー》 на《ナ》 финише《フィーニシェ》	árbitro《アルビトゥロ》 de《デ》 llegada《リェガダ》
finales《フィナル》	финальные《フィナーリヌィエ》 соревнования《サリイヴナヴァーニヤ》	competiciones《コンペティシオネス》 finales《フィナレス》
se《ス》 qualifier《カリフィエ》 pour《プゥル》 la《ラ》 finale《フィナル》	выйти《ヴィーイチ》 в《フ》 финал《フィナール》	calificarse《カリフィカルセ》 para《パラ》 la《ラ》 final《フィナル》

日本語	英語	ドイツ語
161 決勝用時計	finish《フィニッシュ》 timekeeper《タイムキーパァ》	Zielchronometer《ツィールクロノメータァ》
162 決定	decision《ディスィジョン》	Entscheidung《エントシャイドゥング》
163 腱	tendon《テンダン》	Sehne《ゼーネ》
164 コース	course《コース》, route《ルート》	Route《ルーテ》, Strecke《シュトレッケ》
165 コート	court《コート》	Spielfeld《シュピールフェルト》
166 ゴール	goal《ゴウル》	Tor《トーァ》
167 ゴール・インする	finish《フィニッシュ》	am《アム》 Ziel《ツィール》 ankommen《アンコンメン》
168 ゴール順	finishing《フィニッシュイング》 order《オーダァ》	Einlaufsordnung《アインラオフスオルドヌング》
169 ゴール・ライン	finish《フィニッシュ》 line《ライン》	Ziellinie《ツィールリーニエ》
170 故意でない反則	unintentional《アニンテンショヌル》 foul《ファウル》	unabsichtliches《ウンアップズィッヒトゥリヘス》 Foul《ファオル》
171 故意の反則	intentional《インテンショヌル》 foul《ファウル》	absichtliches《アップズィッヒトゥリヘス》 Foul《ファオル》
172 更衣室	dressing《ドゥレスィング》 room《ルーム》	Umkleideraum《ウムクライデラオム》
173 抗議	protest《プロテスト》	Protest《プロテスト》
174 抗議を却下する	decline《ディクライン》 a《ア》 protest《プロテスト》	Protest《プロテスト》 zurückweisen《ツリュックヴァイゼン》
175 公式記録	official《オフィシャル》 record《レカド》	offizieller《オフィツィエラァ》 Rekord《レコルト》
176 公式記録員	scorer《スコーラァ》	Wettkampfssekretär《ヴェットカムプフスゼクレテーァ》
177 公式(決勝) タイム	official《オフィシャル》 time《タイム》	offizielle《オフィツィエレ》 Zeit《ツァイト》
178 合計得点	number《ナンバァ》 of《オヴ》 points《ポインツ》	Punktanzahl《プンクトアンツァール》
179 攻撃作戦	offensive《オフェンスィヴ》 tactics《タクティクス》	Angriffstaktik《アングリッフスタクティク》
180 攻撃チーム	attacking《アタッキング》 team《ティーム》	angreifende《アングライフェンデ》 Mannschaft《マンシャフト》
181 攻撃プレー	attacking《アタッキング》 play《プレイ》	Angriffsspiel《アングリッフスシュピール》

フランス語	ロシア語	スペイン語
chronomètre《クロノメトル》 d'arrivée《ダリヴェ》	хронометр《フラノーミェトゥル》 на《ナ》 финише《フィーニシェ》	cronómetro《クロノメトゥロ》 de《デ》 llegada《リェガダ》
décision《デスィズィオン》	решение《リシェーニエ》	decisión《デシシオン》
ligament《リガマン》	сухожилие《スゥハジーリエ》	tendón《テンドン》
parcours《パルクゥル》	маршрут《マルシルート》	recorrido《レコリド》
terrain《テラン》 de《ドゥ》 jeu《ジゥ》	площадка《プラシチャートゥカ》	cancha《カンチャ》 de《デ》 juego《フエゴ》
but《ビュ》	гол《ゴール》	gol《ゴル》
arriver《アリヴェ》	финишировать《フィニシーラヴァチ》	llegar《リェガール》 a《ア》 la《ラ》 meta《メタ》
ordre《オルドル》 d'arrivée《ダリヴェ》	порядок《パリャーダク》 финиширования《フィニシーラヴァニヤ》	orden《オルデン》 de《デ》 llegada《リェガダ》
ligne《リニュ》 d'arrivée《ダリヴェ》	линия《リーニヤ》 финиша《フィーニシャ》	línea《リネア》 de《デ》 llegada《リェガダ》
faute involontaire《フォタンヴォロンテル》	неумышленное《ニウムィスリェーンナエ》 нарушение《ナルゥシェーニエ》	falta《ファルタ》 involuntaria《インボルンタリア》
faute intentionnelle《フォタンタンスィオネル》	умышленное《ウムィスリェーンナエ》 нарушение《ナルゥシェーニエ》	falta《ファルタ》 intencionada《インテンシオナダ》
vestiaire《ヴェスティエル》	раздевалка《ラズヂェヴァールカ》	vestuario《ベストゥアリオ》
réclamation《レクラマスィオン》	протест《プラチェースト》	protesta《プロテスタ》
refuser《ルフゼ》	отклонить《アトゥクラニーチ》 протест《プラチェースト》	dejar《デハール》 sin《シン》 efecto《エフェクト》 la《ラ》 protesta《プロテスト》
record officiel《ルコロフィスィエル》	официальный《アフィツィアーリヌィイ》 рекорд《リコールト》	récord《レコルド》 oficial《オフィシアル》
secrétaire《スクレテル》 de《ドゥ》 compétition《コンペティスィオン》	секретарь《スクリェターリ》 соревнований《サリヴナヴァーニイ》	secretario《セクレタリオ》 de《デ》 la《ラ》 competición《コンペティシオン》
temps《タン》 enregistré《アンルジストレ》	время《ヴリェーミャ》 на《ナ》 финише《フィーニシェ》	tiempo《ティエンポ》 registrado《レヒストゥラド》
nombre《ノンブル》 de《ドゥ》 points《ポワン》	сумма《スゥームマ》 очков《アチコーフ》	puntuación《プントゥアシオン》
tactique offensive《タクティコファンスィヴ》	наступательная《ナストゥパーチィリナヤ》 тактика《タークチィカ》	táctica《タクティカ》 ofensiva《オフェンシバ》
équipe attaquante《エキパタカント》	атакующая《アタクゥーユシチャヤ》 команда《カマーンダ》	equipo《エキポ》 atacante《アタカンテ》
jeu《ジゥ》 offensif《オファンスィフ》	игра《イグラー》 в атаке《ヴァターキェ》	juego《フエゴ》 ofensivo《オフェンシボ》

日本語	英語	ドイツ語
182 攻撃プレーヤー	attacking《アタッキング》 player《プレイア》	Angreifer《アングライファ》
183 巧緻性	agility《アディラティ》	Geschicklichkeit《ゲシックリヒカイト》
184 国際オリンピック	International《インタナショヌル》 Olympic《オウリンピック》	Internationales《インテルナツィオナーレス》 Olympisches《オリュムピシェス》
委員会	Committee《コミッティ》 (IOC)《(アイオウスィー)》	Komitee《コミテー》 (IOK)《(イーオーカー)》
185 国際試合	international《インタナショヌル》 match《マッチ》	internationales《インテルナツィオナーレス》 Wettspiel《ヴェットシュピール》
186 国際オリンピック大会	Olympiad《オウリンピアド》	Olympiade《オリュムピアーデ》
187 国際審判員	international《インタナショヌル》 judge《ヂャッヂ》	internationaler《インテルナツィオナーラァ》 Richter《リッヒタァ》
188 告知板	notice《ノウティス》 board《ボード》	Anzeigetafel《アンツァイゲターフェル》
189 国名マーク（標章）	emblem《エムブラム》	Emblem《エムブレーム》
190 呼吸	respiration《レスパレイシャン》	Atmen《アートメン》
191 個人記録	individual《インディヴィヂュアル》 record《レカド》	persönliche《ペルゼーンリヒェ》 Bestleistung《ベストライストゥング》
192 個人競技	individual《インディヴィヂュアル》 event《イヴェント》	Einzelwettbewerb《アインツェルヴェットヴェルプ》
193 個人成績	indiidual《インディヴィヂュアル》 score《スコー》	Einzelergebnis《アインツェルエァゲープニス》
194 個人成績順位	indiidual《インディヴィヂュアル》 qualification《クワリフィケイシャン》	Einzelwertung《アインツェルヴェールトゥング》
195 個人選手権	indiidual《インディヴィヂュアル》 championship《チャンピオンシップ》	Einzelmeisterschaft《アインツェルマイスタァシャフト》
196 個人的戦術活動	indiidual《インディヴィヂュアル》 tactics《タクティクス》	individuelle《インディヴィドゥエレ》 Taktik《タクティク》
197 個人プレー	indiidual《インディヴィヂュアル》 play《プレイ》	individuelles《インディヴィドゥエレス》 Spiel《シュピール》
198 国歌	national《ナショヌル》 anthem《アンセム》	Nationalhymne《ナツィオナールヒュムネ》
199 骨折	bone《ボウン》 fracture《フラクチュア》	Knochenbruch《クノーヘンブルッフ》
200 コンチネンタル選手権大会	continent《カンティネント》 championships《チャンピオンシップス》	Kontinentmeisterschaft《コンティネントマイスタァシャフト》

フランス語	ロシア語	スペイン語
jeueur attaquant《ジュゥラタカン》	атакующий《アタクゥーユシチィイ》 игрок《イグローク》	jugador《フガドル》 atacante《アタカンテ》
habileté《アビルテ》	ловкость《ローフカスチ》	habilidad《アビリダ》
Comité《コミテ》 International《アンテルナスィオナ》	Международный《ミジドゥナロードゥヌィイ》 олимпийский《アリムピーイスキイ》	Comité《コミテ》 Olímpico《オリンピコ》
Olympique《ロランピク》 (CIO)《(セーイオ)》	комитет《カミチェート》 (МОК)《(モーク)》	Internacional《インテルナシオナル》 (COI)《(セオイ)》
match《マッチ》 international《アンテルナスィオナル》	Международный《ミジドゥナロードゥヌィイ》 матч《マッチ》	encuentro《エンクエントゥロ》 internacional《インテルナシオナル》
Olympiade《オランピヤド》	Олимпиада《アリムピアーダ》	Olimpiada《オリンピアダ》
juge-arbitre《ジュジャルビトル》 international《アンテルナスィオナル》	судья《スゥヂィヤー》 международной《ミジドゥナロードゥナイ》 категории《カチェゴーリイ》	árbitro《アルビトゥロ》 internacional《インテルナシオナル》
tableau《タブロ》 d'affichage《ダフィシャジュ》	демонстрационный《ヂマンストゥラツィオーンヌィイ》 щит《シチート》	pizarra《ピサラ》 de《デ》 noticias《ノティシアス》
emblème《アンブレム》	эмблема《エムブリェーマ》	emblema《エンブレマ》
respiration《レスピラスィオン》	дыхание《ドゥィハーニエ》	respiración《レスピラシオン》
record《ルコル》 personnel《ペルソネル》	личный《リーチヌィイ》 рекорд《リコールト》	récord《レコルド》 individual《インディビドゥアル》
épreuves individuelles《エプルヴァンディヴィデュエル》	личные《リーチヌィエ》 соревнования《サリヴナヴァーニヤ》	prueba《プルエバ》 individual《インディビドゥアル》
résultat《レズュルタ》 individuel《アンディヴィデュエル》	личный《リーチヌィイ》 результат《リズゥリタート》	resultado《レスルタド》 individual《インディビドゥアル》
classement《クラスマン》 individuel《アンディヴィデュエル》	личный《リーチヌィイ》 зачёт《ザチョート》	clasificación《クラシフィカシオン》 individual《インディビドゥアル》
championnat《シャンピオナ》 individuel《アンディヴィデュエル》	личное《リーチナエ》 первенство《ピェールヴェンストゥヴァ》	campeonato《カンペオナト》 individual《インディビドゥアル》
tactique individuelle《タクティカンディヴィデュエル》	индивидуальные《インディヴィヂュアーリヌィエ》 тактические《タクチィーチェスキエ》	acción《アクシオン》 táctica《タクティカ》 individual《インディビドゥアル》
jeu《ジゥ》 individuel《アンディヴィデュエル》	индивидуальная《インディヴィヂュアーリナヤ》 игра《イグラー》	juego《フエゴ》 individual《インディビドゥアル》
hymne《イムヌ》 national《ナスィオナル》	государственный《ガスゥダルストゥヴェーンヌィイ》 гимн《ギームン》	himno《イムノ》 nacional《ナシオナル》
fracture《フラクテュル》 de《ドゥ》 l'os《ロス》	перелом《ピリローム》 кости《コースチィ》	fractura《フラクトゥラ》 del《デル》 hueso《ウエソ》
championnat《シャンピオナ》 continental《コンティナンタル》	чемпионат《チムピアナート》 континента《カンチィニェーンタ》	campeonato《カンペオナト》 continental《コンティネンタル》

日本語	英語	ドイツ語
201 コンチネンタル・チャンピオン	champion《チャンピオンシップ》 of《オヴ》 continent《カンティネント》	Kontinentmeister《コンティネントマイスタァ》
202 コンビネーション	combination《カンビネイシャン》	Kombination《コンビナツィオーン》
203 サーキット・トレーニング	circuit《サーキット》 training《トゥレイニング》	Umlaufstraining《ウムラオフストレーニング》
204 再開	restart《リスタート》	Wiederaufnahme《ヴィーダァアオフナーメ》 des《デス》 Spiels《シュピールス》
205 最下位チーム	outsider《アウトサイダァ》	Außenseiter《アオセンザイタァ》
206 最終エントリー	final《ファイヌル》 entry《エントゥリィ》	endgültige《エントギュルティゲ》 Nennung《ネンヌング》
207 最終結果	end《エンド》 result《リザルト》	Endresultat《エントレズルタート》
208 サイド・ライン	side《サイド》 line《ライン》	Seitenlinie《ザイテンリーニエ》
209 サウナ	sauna《サウナ》	Sauna《ザオナ》
210 作戦	tactics《タクティクス》	Taktik《タクティク》
211 参加を断念する	give《ギヴ》 up《アップ》, withdraw《ウィズドゥロー》	Teilnahme《タイルナーメ》 aufgeben《アオフゲーベン》
212 シーズン	season《スィーズン》	Saison《ゼゾーン》
213 試合	competition《カンピティシャン》	Wettbewerb《ヴェットベヴェルプ》, Wettkampf《ヴェットカムプフ》
214 試合開始	commencement《カメンスマント》 of《オヴ》 competition《カンピティシャン》	Wettkampfbeginn《ヴェットカムプフベギン》
215 試合から除外	exclusion《イクスクルージャン》	Ausschluß《アオスシュルス》
216 試合から退出する	be《ビィ》 eliminated《イリマネイティド》, withdraw《ウィズドゥロー》	ausscheiden《アオスシャイデン》
217 試合期間	duration《デュレイシャン》 of《オヴ》 the《ザ》 match《マッチ》	Spieldauer《シュピールダォアァ》
218 試合時間	competition《カンピティシャン》 time《タイム》	Wettkampfzeit《ヴェットカムプフツァイト》
219 試合をする	meet《ミート》	wettkämpfen《ヴェットカムプフェン》

フランス語	ロシア語	スペイン語
champion《シャンピオン》 continental《コンティナンタル》	чемпион《チムピオーン》 континента《カンチィニェーンタ》	campeón《カンペオン》 del《デル》 continente《コンティネンテ》
combinaison《コンビネゾン》	комбинация《カムビナーツィヤ》	combinación《コンビナシオン》
séance《セアンス》-circuit《スィルキュイ》 par ateliers《パラトリエ》	круговая《クルゥガヴァーヤ》 тренировка《トゥリニーロフカ》	entrenamiento《エントゥレナミエント》 de《デ》 circuito《シルクイト》
recommencement《レコマンスマン》, reprise《ルプリズ》	возобновление《ヴァザブナヴリェーニエ》	reanudación《レアヌダシオン》
outsider《アウトサイドゥル》	аутсайдер《アーウトゥサイヂェル》	outsider《アウトサイダァ》
engagement《アンガジュマン》 définitif《デフィニティフ》	окончательная《アカンチャーチィリナヤ》 заявка《ザヤーフカ》	inscripción《インスクリプシオン》 final《フィナル》
score《スコル》 final《フィナル》	окончательный《アカンチャーチィリヌィイ》 результат《リズゥリタート》	resultado《レスルタド》 final《フィナル》
ligne《リニュ》 de《ドゥ》 côté《コテ》	боковая《バカヴァーヤ》 линия《リーニヤ》	línea《リネア》 lateral《ラテラル》
sauna《ソナ》	сауна《サーウナ》	sauna《サウナ》
tactique《タクティク》	тактика《タークチィカ》	táctica《タクティカ》
abandonner《アバンドネ》	отказаться《アトゥカザーツァ》 от《アトゥ》 участия《チャースチィヤ》	abandonar《アバンドナール》, negarse《ネガールセ》 a《ア》 competir《コンペティー》
saison《セゾン》	сезон《シゾーン》	temporada《テンポラダ》
épreuve《エプルヴ》, compétition《コンペティスィオン》	соревнование《サリヴナヴァーニエ》	competición《コンペティシオン》
commencement《コマンスマン》 des《デ》 compétitions《コンペティスィオン》	начало《ナチャーラ》 соревнований《サリヴナヴァーニイ》	comienzo《コミエンソ》 de《デ》 la《ラ》 competición《コンペティシオン》
exclusion《エクスクリュズィオン》	отстранение《アツゥトゥラニェーニエ》 от《アト》 участия《ゥチャースチィヤ》	exclusión《エスクルシオン》 de《デ》 las《ラス》 competiciones《コンペティシオネッス》
être éliminé《エトレリミネ》	выбыть《ヴィーブィチ》 из《イス》 соревнований《サリヴナヴァーニイ》	abandonar《アバンドナール》 las《ラス》 competiciones《コンペティシオネス》
durée《デュレ》 du《デュ》 match《マッチ》	продолжительность《プラダルジーチィリナスチ》 матча《マッチ》	duración《ドゥラクシオン》 del《デル》 partido《パルティド》
temps《タン》 de《ドゥ》 compétition《コンペティスィオン》	время《ヴリェーミャ》 соревнований《サリヴナヴァニイ》	tiempo《ティエンポ》 de《デ》 la《ラ》 competición《コンペティシオン》
se《ス》 rencontrer《ランコントレ》	встречаться《フストゥリチャーツァ》	competir《コンペティール》

日本語	英語	ドイツ語
220 試合の記録	tournament《ターナメント》 protcol《プロゥタコール》	Wettkampfprotokoll《ヴェットカムプフプロトコル》
221 試合の結果	result《リザルト》 of《オヴ》 the《ザ》 match《マッチ》	Spielergebnis《シュピールエァゲープニス》
222 試合の参加を取り消す	exclude《イクスクルード》 from《フラム》 competitions《カンピティシャンズ》	aus《アオス》 den《デン》 Wettkämpfen《ヴェットケムプフェン》 ausscheiden《アオスシャイデン》
223 試合のシステム	competition《カンピティシャン》 pattern《パターン》	Durchführungssystem《ドゥルヒフュールングスズュステーム》 der《デア》 Wettkämpfe《ヴェットケムプフェ》
224 試合のスケジュール	competition《カンピティシャン》 schedule《スケヂュール》	Zeitplan《ツァイトプラン》
225 試合の中断	break《ブレイク》 in《イン》 a《ア》 competition《カンピティシャン》	Pause《パオゼ》 in《イン》 dem《デム》 Wettkampf《ヴェットカムプフ》
226 試合のプログラム	competition《カンピティシャン》 programme《プロウグラム》	Wettkampfprogramm《ヴェットカムプフプログラム》
227 試合のルール	competition《カンピティシャン》 rules《ルールズ》	Wettkampfregeln《ヴェットカムプフレーゲルン》
228 試合を延期する	postpone《ポウスポウン》 competition《カンピティシャン》	Wettkämpfe《ヴェットケムプフェ》 verschieben《フェアシーベン》
229 試合をやり直す	replay《リープレイ》 the《ザ》 match《マッチ》	Spiel《シュピール》 wiederholen《ヴィーダァホーレン》
230 時間計測	time《タイム》-keeping《キーピング》	Zeitnahme《ツァイトナーメ》
231 時間の停止	stoppage《スタピヂ》 of《オヴ》 time《タイム》	Anhalten《アンハルテン》 der《デア》 Zeit《ツァイト》
232 試技	attempt《アテンプト》	Versuch《フェァズーフ》
233 持続力	endurance《インデュァランス》	Ausdauer《アオスダオアァ》
234 シグナル	signal《スィグヌル》	Signal《ズィグナール》
235 刺激剤	stimulant《スティムアラント》	Reizmittel《ライツミッテル》
236 姿勢、気品	posture《パスチャ》	Haltung《ハルトゥング》
237 失格	disqualification《ディスクワァラファケイシャン》	Disqualifikation《ディスクヴァリフィカツィオーン》
238 失格させる	disqualify《ディスクワァラファイ》	disqualifizieren《ディスクヴァリフィツィーレン》

フランス語	ロシア語	スペイン語
tableau《タブロ》 de《ドゥ》 l'épreuve《レブルゥヴ》	протокол《プラタコール》 соревнований《サリヴナヴァーニイ》	protocolo《プロトコロ》 de《デ》 la《ラ》 competición《コンペティシオン》
résultat《レズュルタ》 du《デュ》 jeu《ジゥ》	результат《リズリタート》 игры《イグルィー》	resultado《レスルタド》 de《デ》 la《ラ》 competición《コンペティシオン》
disqualifier《ディスカリフィエ》	снять《スニャーチ》 с участия《スゥチャースチィヤ》 в《フ》 соревнованиях《サリヴナヴァーニャフ》	eliminar《エリミナール》 de《デ》 las《ラス》 competiciones《コンペティシオネス》
système《スィステム》 des《デ》 compétition《コンペティスィオン》	система《スィスチェーマ》 проведения《プラヴィヂェニヤ》 соревнований《サリヴナヴァーニイ》	sistema《システマ》 de《デ》 las《ラス》 competiciones《コンペティシオネス》
horaire《オレル》 des《デ》 épreuves《ゼエプルゥヴ》	расписание《ラスピサーニエ》 соревнований《サリヴナヴァーニイ》	horario《オラリオ》 de《デ》 las《ラス》 competiciones《コンペティシオネス》
pause《ポズ》 de《ドゥ》 compétition《コンペティスィオン》	перерыв《ピリルィーフ》 в《フ》 соревновании《サリヴナヴァーニイ》	pausa《パウサ》 en《エン》 la《ラ》 competición《コンペティシオン》
programme《プログラム》 de《ドゥ》 la《ラ》 compétition《コンペティスィオン》	программа《プラグラムマ》 соревнований《サリヴナヴァーニイ》	programa《プログラマ》 de《デ》 la《ラ》 competición《コンペティシオン》
règlement《レグルマン》 des《デ》 compétitionns《コンペティスィオン》	правила《プラーヴィラ》 соревнований《サリヴナヴァーニイ》	reglas《レグラス》 de《デ》 la《ラ》 competición《コンペティシオン》
reporter《ルポルテ》 les《レ》 épreuves《ゼプルゥヴ》	перенести《ピリニスチィー》 соревнования《サリヴナヴァーニイ》	aplazar《アプラサール》 la《ラ》 competición《コンペティシオン》
rejouer《ルジュエ》 le《ル》 match《マッチ》	переиграть《ピリイグラーチ》 матч《マッチ》	volver《ボルベール》 a《ア》 jugar《フガール》 el《エル》 partido《パルティド》
chronométrage《クロノメトラジュ》	хронометраж《フラナミトゥラーシ》	cronometraje《クロノメトゥラヘ》
arrêt《アレ》 du《デュ》 temps《タン》	остановка《アスタノーフカ》 времени《ヴリェーミニ》	parada《パラダ》 de《デ》 tiempo《ティエンポ》
essai《エセ》	попытка《パプィートゥカ》	intento《インテント》
endurance《アンデュランス》	выносливость《ヴィノースリヴァスチ》	resistencia《レシステンシア》
signal《スィニャル》	сигнал《スィグナール》	señal《セニャル》
exitant《エクスィタン》	возбуждающее《ヴァズヴゥズダーユシチエエ》 средство《スリエードゥストゥヴァ》	excitante《エクシタンテ》
tenue《トゥニュ》	осанка《アサーンカ》	prestancia《プレスタンシア》, porte《ポルテ》
disqualification《ディスカリフィカスィオン》	дисквалификация《ディスクヴァリフィカーツィヤ》	descalificación《デスカリフィカシオン》
disqualifier《ディスカリフィエ》	дисквалифицировать《ディスクヴァリフィツィーラヴァチ》	descalificar《デスカリフィカール》

日本語	英語	ドイツ語
239 実施、施行	execution《エクサキューシャン》	Ausführung《アオスフュールング》
240 失敗	failure《フェイリヤ》	Mißerfolg《ミスエァフォルク》
241 芝生	lawn《ローン》	Rasen《ラーゼン》
242 シャツ	shirt《シャートゥ》	Sporthemd《シュポールトヘムト》
243 シャワー	shower《シャウァ》	Dusche《ドゥッシェ》
244 ジャンプ	jump《ヂャンプ》	Sprung《シュプルング》
245 柔軟性	suppleness《サプルニス》	Geschmeidigkeit《ゲシュマイディヒカイト》
246 重量	weight《ウェイト》, mass《マス》	Gewicht《ゲヴィッヒト》, Masse《マッセ》
247 重心	centre《センタァ》 of《オヴ》 gravity《グラヴィティ》	Schwerpunkt《シュヴェーァプンクト》
248 主審	chief《チーフ》 judge《ヂャッヂ》	Schiedsrichterchef《シーツリッヒタァシェフ》
249 出場停止状態	suspension《サスペンシャン》	Hinausstellung《ヒナオスシュテルング》
250 ジュリー	jury《ヂュリィ》	Jury《ジュリー》
251 ジュリーの議長	president《プレズィデント》 of《オヴ》 the《ザ》 jury《ヂュリィ》	Juryvorsitzende《ジュリーフォーァズィツェンデ》
252 ジュリーの裁定	decision《ディスィジョン》 of《オヴ》 the《ザ》 jury《ジュリィ》	Entscheidung《エントシャイドゥング》 des《デス》 Berufungsgerichts《ベルーフングスゲリッヒツ》
253 ジュリーのメンバー	jury《ヂュリィ》 member《メンバァ》	Mitglied《ミットグリート》 der《デァ》 Jury《ジュリー》
254 主力選手	leading《リーディング》 player《プレイア》	Spitzenspieler《シュピッツェンシュピーラァ》
255 順化	acclimatization《アクライマタゼイシャン》	Akklimatisierung《アクリマティズィールング》
256 順化する	acclimatize《アクライマタイズ》	sich《ズィッヒ》 akklimatisieren《アクリマティズィーレン》
257 準決勝	semi-final《セミ ファイヌル》	Halbfinale《ハルプフィナーレ》, Zwischenlauf《ツヴィッシェンラオフ》
258 準々決勝	quarter-final《クウォータァ ファイヌル》	Viertelfinale《フィルテルフィナーレ》

フランス語	ロシア語	スペイン語
exécution《エグゼキュスィオン》	выполнение《ヴィパルニェーニエ》	ejecución《エヘクシオン》
échec《エシェク》	неудача《ニウダーチャ》	fracaso《フラカソ》
gazon《ガゾン》	газон《ガゾーン》	césped《セスペ》
chemisette《シュミゼト》	рубаха《ルゥバーハ》, тенниска《チェーニスカ》	camiseta《カミセタ》
douche《ドゥシュ》	душ《ドゥーシ》	ducha《ドゥチャ》
saut《ソ》	прыжок《プルィジョーク》	salto《サルト》, brinco《ブリンコ》
souplesse《スゥプレス》	гибкость《ギーブカスチ》	flexibilidad《フレクシビリダ》
poids《ポワ》	вес《ヴェース》	peso《ペソ》
centre《サントル》 de《ドゥ》 gravité《グラヴィテ》	центр《ツェートゥル》 тяжести《チャーズァスチ》	centro《セントゥロ》 de《デ》 gravedad《グラベダ》
juge-arbitre《ジュジャルビトル》	старший《スタールシイ》 судья《スゥヂィヤー》	jefe《ヘフェ》 de《デ》 jueces《フエセス》
exclusion《エクスクリュズィオン》	удаление《ウダリェーニエ》 на《ナ》 время《ヴリェーミャ》	exclusión《エスクルシオン》
jury《ジュリ》	жюри《ジュリー》	jurado《フラド》
président《プレズィダン》 de《デゥ》 jury《ジュリ》	председатель《プリツィダーチリ》 жюри《ジュイー》	presidente《プレシデンテ》 del《デル》 jurado《フラド》
décision《デスィズィオン》 du《デュ》 jury《ジュリ》 d'appel《ダペル》	решение《リシェーニエ》 апелляционного《アピリャツィオーンナヴァ》 жюри《ジュリー》	decisión《デシシオン》 del《デル》 jurado《フラド》 de《デ》 apelacion《アペラシオン》
membre《マンブル》 du《デュ》 jury《ジュリ》	член《チリェーン》 жюри《ジュリー》	miembro《ミエンブロ》 del《デル》 jurado《フラド》
joueur《ジュウル》 d'elite《デリット》	ведущий《ヴィドゥーシチイ》 игрок《イグローク》	jugador《フガドル》 de《デ》 gran《グラン》 clase《クラセ》
acclimatation《アクリマタスィヨン》	акклиматизация《アクリマチィザーツィヤ》	aclimatación《アクリマタシオン》
s'acclimater《サクリマテ》	акклиматизироваться《アクリマチィズィーラヴァツァ》	aclimatarse《アクリマタールセ》
demi《ドミ》-finale《フィナル》	полуфинал《パルゥフィナール》	semifinal《セミフィナル》
quart《カル》 de《ドゥ》 finale《フィナル》	четвертьфинал《チェートゥヴィルチ フィナール》	cuartos《クアルトス》 de《デ》 final《フィナル》

日本語	英語	ドイツ語
259 準備	preparation《プレパレイシャン》	Vorbereitung《フォーアベライトゥング》
260 ショート・パンツ	shorts《ショーツ》	Shorts《ショーツ》
261 賞	award《アウォード》	Preis《プライス》
262 賞状	diploma《ディプロウマ》	Diplom《ディプローム》, Urkunde《ウーアクンデ》
263 招待チーム	visiting《ヴィズィッティング》 team《ティーム》	Gästemannschaft《ゲステマンシャフト》
264 衝突	collision《コリシャン》	Zusammenprall《ツザンメンプラル》
265 賞品、賞金	prize《プライズ》	Preis《プライス》
266 勝負	bout《バウト》	Gefecht《ゲフェッヒト》
267 勝利	victory《ヴィクトリィ》, win《ウィン》	Sieg《ズィーク》
268 勝利を失う	miss《ミス》 a《ア》 win《ウィン》	Sieg《ズィーク》 verschenken《フェアシェンケン》
269 勝利を得る	snatch《スナッチ》 a《ア》 victory《ヴィクトリィ》	Sieg《ズィーク》 aus《アオス》 dem《デム》 Feuer《フォイヤア》 reißen《ライセン》
270 女子チーム	women's《ウィミンズ》 team《ティーム》	Damenmannschaft《ダーメンマンシャフト》
271 ジョッキング	jogging《ジャギング》	Jogging《ヂョッギング》
272 審判	refereeing《レフェリーイング》	Schiedsrichterwesen《シーツリッヒタアヴェーゼン》
273 審判委員会	jury《ヂュリィ》, judges'《ヂャッヂイズ》 panel《パヌル》	Kampfgericht《カムプフゲリッヒト》
274 審判員	judge《ヂャッヂ》	Schiedsrichter《シーツリッヒタア》
275 審判員の交代	replacement《リプレイスマント》 of《オヴ》 a《ア》 judge《ヂャッヂ》	Absetzung《アップゼッツング》 eines《アイネス》 Kampfrichters《カムプフリッヒタアス》
276 審判員の特有なサイン	distinctive《ディスティングティヴ》 signs《サインズ》 of《オヴ》 judges《ヂャッヂィズ》	Kennzeichen《ケンツァイヒエン》 der《デア》 Schiedsrichter《シツリッヒタア》

フランス語	ロシア語	スペイン語
préparation《プレパラスィオン》	подготовка《パドゥガトーフカ》	preparación《プレパラシオン》
short《ショルト》, culotte《キュロト》	трусы《トゥルゥスィー》, шорты《ショールトゥイ》	calzoncillos《カルソンシリォス》, shorts《ショルツ》
prix《プリ》	награла《ナグラーダ》	premio《プレミオ》
diplôme《ディプロム》	диплом《ディプローム》	diploma《ディプロマ》
équipe《エキプ》 visiteuse《ヴィズィトゥズ》	команда《カマンダ》 гостей《ガスィチェーイ》	equipo《エキポ》 visitante《ビシタンテ》
heurt《ウル》	столкновение《スタルクナヴェーニエ》	choque《チョケ》
prix《プリ》	приз《プリース》	premio《プレミオ》
combat《コンバ》	бой《ボーイ》	combate《コンバテ》
victoire《ヴィクトワル》	победа《パベーダ》	victoria《ビクトリア》
passer《パセ》 à《ア》 côté《コテ》 de《ドゥ》 la《ラ》 victoire《ヴィクトワル》	упустить《ウプゥスチーチ》 победу《パビェードゥ》	regalar《レガラール》 la《ラ》 victoria《ビクトリア》
remporter《ランポルテ》 une《ユヌ》 victoire《ヴィクトワル》	вырвать《ヴィールヴァチ》 победу《パビェードゥ》	triunfar《トゥリウンファール》
équipe《エキプ》 féminine《フェミニヌ》	женская《ジェーンスカヤ》 команда《カマーンダ》	equipo《エキポ》 femenino《フェメニノ》
jogging《ジョギング》	бег《ベーク》 трусцой《トゥルゥスツョーイ》	futing《フッテイン》, footing《フッテイン》
arbitrage《アルビトラジュ》	судейство《スゥヂェーイストゥヴァ》	arbitraje《アルビトゥラヘ》
jury《ジュリ》, officiels《オフィスィエル》	судейская《スゥヂェーイスカヤ》 коллегия《カリェーギヤ》	colegio《コレヒオ》 de《デ》 árbitros《アルビトゥロス》
arbitre《アルビトル》, juge《ジュジ》	судья《スゥヂィヤー》	árbitro《アルビトゥロ》
remplacement《ランプラスマン》 de《ドゥ》 juge《ジュジュ》	замена《ザミェーナ》 судьи《スゥヂィイー》	sustitución《ススティトゥシオン》 del《デル》 árbitro《アルビトゥロ》
signes《スィニュ》 distinctifs《ディスタンクティフ》 des《デ》 juges《ジュジュ》	отличительные《アトゥリチーチィリヌィエ》 знак《ズナーキ》 судей《スゥヂェーイ》	signos《シグノス》 de《デ》 distinción《ディスティンシオン》 de《デ》 los《ロス》 árbitros《アルビトゥロス》

日本語	英語	ドイツ語
277 審判員の判定	referees'《レフェリーズ》 decision《ディスィジャン》	Entscheidung《エントシャイドゥング》 des《デス》 Kampfgerichts《カムプフゲリッヒツ》
278 審判員のハンド· シグナル	referee's《レフェリーズ》 signal《スィグヌル》	Schiedsrichterzeichen《シーツリッヒタァツァイヒエン》
279 審判員のユニフォーム	judges'《ヂャッヂィズ》 dressing《ドゥレスィング》	Kampfrichterkleidung《カムプフリッヒタァクライドゥング》
280 審判(判定) する	referee《レフェリー》	richten《リッヒテン》
281 審判長	chief《チーフ》 judge《ヂャッヂ》	Hauptschiedsrichter《ハオプトシーツリッヒタァ》, Obmann《オップマン》
282 審判ミス	error《エラァ》 of《オヴ》 judgement《ヂャッヂマント》	Schiedsrichters《シーツリッヒタァス》 fehler《フェーラァ》
283 神経	nerve《ナーヴ》	Nerv《ネルフ》
284 身長	body《バディ》 height《ハイト》	Körpergröße《ケルパァグレーセ》
285 振幅	amplitude《アンプラチュード》	Amplitude《アンプリトゥーデ》
286 スカート	skirt《スカート》	Rock《ロック》
287 スコア	score《スコー》	Ergebnis《エァゲーブニス》
288 スコア· カード	score《スコー》-card《カード》	Ergebniskarte《エァゲーブニスカルテ》
289 スコア· シート	score《スコー》-sheet《シート》	Resultatblatt《レズルタートブラット》
290 スコア表、成績表	score《スコー》-table《テイブル》, table《テイブル》 of《オヴ》 results《リザールツ》	Ergebnisliste《エァゲーブニスリステ》, Ergebnistabelle《エァゲーブニスタベレ》
291 スターター	starter《スタータァ》	Starter《シュタルタァ》
292 スターティング· メンバー	starting《スターティング》 line-up《ライナップ》	Mannschftsaufstellung《マンシャフツアオフシュテルング》 beim《バイム》 Spielbeginn《シュピールベギン》
293 スタート	start《スタート》	Start《シュタルト》
294 スタート審判員	judge《ヂャッヂ》 at《アット》 the《ザ》 start《スタート》	Richter《リッヒタァ》 am《アム》 Start《シュタルト》
295 スタート順	starting《スターティング》 order《オーダァ》	Startfolge《シュタルトフォルゲ》

フランス語	ロシア語	スペイン語
décision《ディスィズィオン》 des《デ》 arbitres《ザルビトル》	решение《リェシェーニエ》 судьёй《スゥヂィヨーイ》	decisión《デシシオン》 de《デ》 los《ロス》 árbitros《アルビトゥロス》
signal《スィニャル》 de《ドゥ》 l'arbitre《ラルビトル》	жест《ジェースト》 судьи《スゥヂィイー》	señal《セニャル》 de《デ》 árbitro《アルビトゥロ》
tenue《トゥニュ》 des《デ》 juges《ジュジュ》	форма《フォールマ》 судей《スゥヂェーイ》	uniforme《ウニフォルメ》 de《デ》 jueces《フエセス》
arbitrer《アルビトレ》	судить《スゥヂィーチ》	arbitrar《アルビトゥラール》
juge en《ジュジャン》 chef《シェフ》	главный《グラーヴヌィイ》 судья《スゥヂィヤー》	árbitro《アルビトゥロ》 principal《プリンシパル》
erreur《エルル》 d'arbitrage《ダルビトラジュ》	судейская《スゥヂェーイスカヤ》 ошибка《アシーブカ》	error《エロル》 de《デ》 árbitro《アルビトゥロ》
nerf《ネル》	нерв《ニェールフ》	nervio《ネルビオ》
taille《タユ》	рост《ロースト》	altitud《アルティトゥ》 del《デル》 cuerpo《クエルポ》
amplitude《アンプリチュド》	амплитуда《アムプリトゥーダ》	amplitud《アンプリトゥ》
jupette《ジュペト》, jupe《ジュプ》	юбка《ユーブカ》	falda《ファルダ》
score《スコル》	счёт《スチョート》	tanteo《タンテオ》
carte《カルト》 des《デ》 résultats《レズュルタ》	карточка《カルトーチカ》 результатов《リズゥリタータフ》	hoja《オハ》 de《デ》 resultados《レスルタドス》
feuille《フゥユ》 de《ドゥ》 pointage《ポワンタジュ》	карточка《カルトーチカ》 подсчёта《パトゥスチョータ》	hoja《オハ》 de《デ》 puntuación《プントゥアシオン》
tableau《タブロ》 des《デ》 résultats《レズュルタ》	таблица《タブリーツァ》 результатов《リズゥリタータフ》	tablero《タブレロ》 de《デ》 resultados《レスルタドス》
starter《スタルテル》	стартёр《スタルチョール》	juez《フエス》 de《デ》 salida《サリダ》
alignement《アリニュマン》 de《ドゥ》 départ《デパル》	стартовый《スタールタヴィイ》 состав《サスターフ》	alineación《アリネアシオン》 inicial《イニシアル》
départ《デパル》	старт《スタールト》	salida《サリダ》
arbitre au《アルビトロ》 départ《デパル》	судья《スゥヂィヤー》 на《ナ》 старте《スタールチェ》	juez《フエス》 de《デ》 salida《サリダ》
ordre《オルドル》 de《ドゥ》 départ《デパル》	порядок《パリャーダク》 старта《スタールタ》	orden《オルデン》 de《デ》 salida《サリダ》

日本語	英語	ドイツ語
296 スタートする	start《スタート》	starten《シュタルテン》
297 スタート・ナンバー	starting《スターティング》 number《ナンバァ》	Startnummer《シュタルトヌンマァ》
298 スタートの合図	starting《スターティング》 signal《スィグヌル》	Startsignal《シュタルトズィグナール》
299 スタート用時計	start's《スターツ》 timekeeper《タイムキーパァ》	Startchronometer《シュタルトクロノネータァ》
300 スタート用ピストル	starting《スターティング》 pistol《ピストゥル》	Startpistole《シュタルトピストーレ》
301 スタート・ライン	start《スタート》 line《ライン》	Startlinie《シュタルトリーニエ》
302 スタイル	style《スタイル》	Stil《シュティール》
303 ステップ	step《ステップ》	Tritt《トゥリット》
304 ストップ・ウォッチ	stopwatch《スタップワッチ》	Stoppuhr《シュトップウーァ》
305 ストレッチング	stretching《ストゥレッチング》	Dehnungsbewegung《デーヌングスベヴェーグング》
306 スピード	speed《スピード》	Schnelligkeit《シュネリヒカイト》
307 スリップする	slip《スリップ》	rutschen《ルッチェン》
308 スポーツ	sports《スポーツ》	Sport《シュポルト》
309 スポーツ医	sports《スポーツ》 physician《フィズィシャン》	Sportarzt《シュポルトアールツト》
310 スポーツ・ウェア	sports《スポーツ》 wear《ウェア》	Sportkleidung《シュポルトクライドゥング》
311 スポーツ解説者	sports《スポーツ》 commentator《カマンテイタァ》	Sportkommentator《シュポルトコメンタートァ》
312 スポーツ記者	sports《スポーツ》 journalist《デャーナリスト》	Sportjournalist《シュポルトジュルナリスト》
313 スポーツ・ジャージ	truck《トゥラック》 suit《スート》	Trainingsanzug《シュポルトアンツーク》
314 スポーツ種目	sports《スポーツ》	Sportart《シュポルトアールト》
315 スポーツ放送	sports《スポーツ》 broadcast《ブロードキャスト》	Sportsendung《シュポルトゼンドゥング》
316 スポーツマン （女子）	sportsman《スポーツマン》 (sportswoman)《(スポーツウマン)》	Sportler《シュポルトラァ》 (Sportlerin)《(シュポルトラリン)》

フランス語	ロシア語	スペイン語
prendre《プランドル》 le《ル》 départ《デパル》	стартовать《スタルタヴァーチ》	salir《サリール》
numéro《ニュメロ》 de《ドゥ》 départ《デパル》	стартовый《スタールタヴィイ》 номер《ノーミェル》	número《ヌメロ》 de《デ》 salida《サリダ》
signal《スィニャル》 de《ドゥ》 départ《デパル》	стартовый《スタールタヴィイ》 сигнал《スィグナール》	señal《セニャル》 de《デ》 salida《サリダ》
chronométre《クロノメトル》 de《ドゥ》 départ《デパル》	хронометр《フラノーミトゥル》 на《ナ》 старте《スタールチェ》	cronómetro《クロノメトゥロ》 de《デ》 salida《サリダ》
pistolet《ピストレ》 de《ドゥ》 départ《デパル》	стартовый《スタールタヴィイ》 пистолет《ピスタリェート》	pistola《ピストラ》 de《デ》 salida《サリダ》
ligne《リニュ》 de《ドゥ》 départ《デパル》	линия《リーニャ》 старта《スタールタ》	línea《リネア》 de《デ》 salida《サリダ》
style《スティル》	стиль《スチィール》	estilo《エスティロ》
pas《パ》	шаг《シャーク》	paso《パソ》
chronométre《クロノメトル》	секундомер《シクゥンダミェール》	cronómetro《クロノメトゥロ》
extension《エクスタンスィオン》	растягивающее《ラスチャーギヴァユシチェエ》 движение《ドゥヴィィジェーニエ》	extensión《エステンシオン》
vitesse《ヴィテス》	скорость《スコーラスチ》	velocidad《ベロシダ》
glisser《グリセ》	скользить《スカリズィーチ》	resbalar《レスバラール》
sport《スポル》	спорт《スポールト》	deporte《デポルテ》
médecin《メドサン》 sportif《スポルティフ》	спортивный《スパルチィーヴヌィイ》 врач《ヴラーチ》	médico《メディコ》 deportivo《デポルティボ》
vêtements《ヴェトマン》 de《ドゥ》 sport《スポル》	спортивная《スパルチィーヴナヤ》 форма《フォールマ》	uniforme《ウニフォルメ》 deportivo《デポルティボ》
commentateur《コンマンタトゥル》 sportif《スポルティフ》	спортивный《スパルチィーヴヌィイ》 комментатор《カミンタータル》	comentarista《コメンタリスタ》 deportivo《デポルティボ》
journaliste《ジュルナリスト》 sportif《スポルティフ》	спортивный《スパルチィーヴヌィイ》 журналист《ジュルナリースト》	periodista《ペリオディスタ》 deportivo《デポルティボ》
survêtment《シュルヴェトマン》	тренировочный《トゥリニローヴァチヌィイ》 костюм《カスチューム》	chándal《チャンダル》
genre《ジャンル》 du《デュ》 sport《スポル》	вид《ヴィート》 спорта《スポールタ》	deporte《デポルテ》
retransmission《ルトランスミスィオン》 sportive《スポルティヴ》	спортивная《スパルチィーヴナヤ》 передача《ピリダーチャ》	retransmisión《レトゥランスミシオン》 deportiva《デポルティバ》
sportif《スポルティフ》 (sportive《スポルティヴ》)	спортсмен《スパルツミェーン》 (спортсменка《スパルツミェーンカ》)	el《エル》 deportista《ペリオディスタ》 (la《ラ》 deportista《デポルティスタ》)

日本語	英語	ドイツ語
317 スポーツ用具 (施設)	sports《スポーツ》 equipment《イクウィプマント》	Sportausrüstung《シュポルトアオスリュストゥング》
318 スポーツ倫理違反	offences《オフェンスィス》 komitted《コミッテイド》 against《アゲンスト》 sports《スポーツ》 ethics《エシクス》	Verstoß《フェアシュトース》 gegen《ゲーゲン》 den《デン》 sportlichen《シュポルトゥリヒエン》 Geist《ガイスト》
319 スポーツをする	go《ゴウ》 in《イン》 for《フォ》 sports《スポーツ》	Sport《シュポルト》 treiben《トライベン》
320 成果、できばえ	performance《パフォーマンス》	Leistung《ライストゥング》
321 成功	success《サクセス》	Erfolg《エアフォルク》
322 成績、スコア	result《リザールト》, score《スコー》	Ergebnis《エアゲープニス》
323 成績の確定	summing《サミング》 up《アップ》 of《オヴ》 the《ザ》 results《リザルト》	Bestimmung《ベシュティンムング》 der《デア》 Ergebnisse《エアゲープニセ》
324 成績メモ	score《スコー》 keeping《キーピング》	Einschreibung《アインシュライブング》
325 世界記録	world《ワールド》 record《レカド》	Weltrekord《ヴェルトレコルト》
326 世界選手権大会	world《ワールド》 championship《チャンピアンシップ》	Weltmeisterschaft《ヴェルトマイスタアシャフト》
327 世界チャンピオン	world《ワールド》 champion《チャンピアン》	Weltmeister《ヴェルトマイスタア》
328 積極性	activity《アクティヴィティ》	Aktivität《アクチィヴィテート》
329 セックス・テスト	sex《セックス》 test《テスト》	Geschlechtskontrolle《ゲシュレッヒッツコントロレ》

日本語	英語	ドイツ語
330 背中	back《バック》	Rücken《リュッケン》
331 背番号	number《ナンバァ》	Nummer《ヌンマァ》
332 先行する	advance《アドゥヴァンス》	zuvorkommen《ツフォーァコンメン》
333 線審	line《ライン》 judge《ヂャッヂ》	Linienrichter《リーニエンリッヒタァ》
334 選手カード	competitor's《カンペタタァズ》 card《カード》	Wettkämpferkarte《ヴェットケムプファカルテ》
335 選手団行進	parade《パレイド》, march《マーチ》	Einmarsch《アインマルシュ》

フランス語	ロシア語	スペイン語
équipement《エキプマン》 de《ドゥ》 sport《スポル》	спортивный《スパルチィーヴヌィイ》 инвентарь《インヴィンターリ》	equipo《エキポ》 de《デ》 deporte《デポルテ》
faute《フォト》 contre《コントル》 l'esprit《レスプリ》 sportif《スポルティフ》	нарушение《ナルゥシェーニエ》 спортивной《スパルチィーヴナイ》 этики《エーチィキ》	falta《ファルタ》 de《デ》 la《ラ》 ética《エティカ》 deportiva《デポルティバ》
faire《フェル》 du《デュ》 sport《スポル》	заниматься《ザニマーツァ》 спортом《スポールタム》	practicar《プラクティカール》 deportes《デポルテス》
performance《ペルフォルマンス》	достижение《ダスチィジェーニエ》	resultado《レスルタド》
succès《スュクセ》	успех《ウスピエーハ》	éxito《エクシト》
résultat《レズュルタ》	результат《リズゥリタート》	resultado《レスルタド》
détermination《デテルミナスィオン》 des《デ》 résultats《レズュタ》	определение《アプリヂリェーニエ》 результатов《リズゥリタータフ》	evaluación《エバルアシオン》 de《デ》 los《ロス》 resultados《レスルタドス》
annotation《アノタスィオン》 des《デ》 résultats《レズュルタ》	запись《ザーピシ》 результатов《リズゥリタータフ》	anotación《アノタシオン》 de《デ》 resultados《レスルタドス》
record《ルコル》 du《デュ》 monde《モンド》	мировой《ミラヴォーイ》 рекорд《リコールト》	record《レコルド》 mundial《ムンディアル》
Championnat《シャンピオナ》 du《デュ》 monde《モンド》	чемпионат《チェムピオナート》 мира《ミーラ》	Campeonato《カンペオナト》 mundial《ムンディアル》
champion《シャンピオン》 du《デュ》 monde《モンド》	чемпион《チィムピオーン》 мира《ミーラ》	campeón《カンペオン》 del《デル》 mundo《ムンド》
activité《アクティヴィテ》	активность《アクチィーヴナスチ》	actividad《アクティビダ》
contrôle《コントロル》 du《デュ》 sexe《セクス》	контроль《カントゥローリ》 на《ナ》 принадлежность《プリナドゥリエージナスチ》 пола《ポーラ》	control《コントゥロル》 de《デ》 sexo《セクソ》
dos《ド》	спина《スピナー》	espalda《エスパルダ》
numéro《ニュメロ》	номер《ノーミィル》 участника《ウチャースニカ》	número《ヌメロ》
devancer《ドゥヴァンセ》	опередить《アピリヂィーチ》	adelantar《アデランタール》
juge《ジュジュ》 de《ドゥ》 ligne《リニュ》	судья《スゥヂィヤー》 на《ナ》 линии《リーニイ》	juez《フエス》 de《デ》 línea《リネア》
carte《カルト》 de《ドゥ》 concurrent《コンキュラン》	карточка《カルトーチカ》 участника《ウチャースニカ》	tarjeta《タルヘタ》 de《デ》 participante《パルティシパンテ》
défilé《デフィレ》 des《デ》 concurrents《コンキュラン》	парад《パラート》 участников《ウチャースニカフ》	desfile《デスフィレ》 de《デ》 los《ロス》 participantes《パルティシパンテス》

日本語	英語	ドイツ語
336 選手の交代	replacement《リプレイスマント》 of《オヴ》 participants《パーティサパンツ》	Auswechseln《アオスヴェックセルン》 der《デァ》 Teilnehmer《タイルネーマァ》
337 選手のリスト	competitor's《カンペタタァズ》 list《リスト》	Teilnehmerliste《タイルネーマァリステ》
338 選手呼び出し	call《コール》 of《オヴ》 competitors《カンペタタァズ》	Aufruf《アオフルーフ》 der《デァ》 Wettkämpfer《ヴェットケムプファ》
339 センター・ライン	centre《センタァ》 line《ライン》	Mittellinie《ミッテルリーニエ》
340 選抜試合	qualifying《クワーリファイイング》 events《イヴェンツ》	Ausscheidungswettkämpfe《アオスシャイドゥングスヴェットケムプフェ》
341 専門分野	discipline《ディサプリン》	Disziplin《ディスツィプリーン》
342 総当たり戦	round《ラウンド》 robin《ロビン》	nordisches《ノルディシェス》 Turnier《トゥルニーァ》
343 走者	runner《ラナァ》	Läufer《ロイファ》
344 装備の点検	equipment《イクウィプマント》 inspection《インスペクシャン》	Ausrüstungskontrolle《アオスリュストゥングスコントロレ》
345 速度、敏速	speed《スピード》	Schnelligkeit《シュネリヒカイト》
346 組織委員会	organizing《オーガナイズィング》 committee《カミッティ》	Organisationskomitee《オルガニザツィオーンスコミテー》
347 粗暴な行為	roughness《ラフニス》	Roheit《ローハイト》
348 損傷	injury《インヂュリィ》	Verletzung《フェァレッツング》
349 体育館	gymnasium《ヂムネイズィアム》	Sporthalle《シュポルトハレー》
350 ダイエット	diet《ダイエット》	Diät《ディエート》
351 事務局書記	secretary《セクレテリィ》	Sekretär《ゼクレテーァ》
352 退場	sending《センディイング》 off《オフ》	Platzverweis《プラッツフェァヴァイス》
353 タイム	time《タイム》	Zeit《ツァイト》
354 タイム・キーパー	timekeeper《タイムキーパァ》	Zeitnahmer《ツァイトネーマァ》
355 高さ	height《ハイト》	Höhe《ヘーエ》

フランス語	ロシア語	スペイン語
remplacement《ランプラスマン》 des《デ　パルティスィパン》	замена《ザミェーナ》 участников《ウチャースニカフ》	reemplazo《レエンプラソ》 de《デ》 participantes《パルティシパンテス》
liste《リスト》 des《デ》 concurrents《コンキュラン》	список《スピソーク》 участников《ウチャースニカフ》	lista《リスタ》 de《デ》 participantes《パルティシパンテス》
appel《アペル》 des《デ》 concurrents《コンキュラン》	вызов《ヴィーザフ》 участников《ウチャースニカフ》	llamada《リァマダ》 a《ア》 los《ロス》 competidores《コンペティドレス》
ligne《リニュ》 médiane《メディヤンヌ》	центральная《ツェントゥラーリナヤ》 линия《リーニヤ》	línea《リネア》 central《セントゥラル》
éliminatoires《エリミナトワル》	отборочные《アドゥボーラチヌィエ》 соревнования《サリヴナヴァーニヤ》	eliminatorias《エリミナトリアス》
discipline《ディスィプリヌ》	дисциплина《ディスツィプリーナ》	disciplina《ディスシプリナ》
compétitions《コンペティスィオン》 en《アン》 poule《プゥル》	соревнования《サリヴナヴァーニヤ》 по《パ》 круговой《クルゥガヴォーイ》 системе《スィスチェーミ》	competiciones《コンペティシオネス》 por《パル》 vueltas《ブエルタス》
coureur《クゥルル》	бегун《ビェグーン》	corredor《コレドル》
inspection《アンスペクスィオン》 de《ドゥ》 l'équipement《レキプマン》	осмотр《アスモートゥル》 снаряжения《スナリャジェーニヤ》	revisión《レビシオン》 del《デル》 equipo《エキポ》
rapidité《ラピディテ》	быстрота《ブィストゥラター》	rapidez《ラピデス》
comité《コミテ》 d'organisation《ドルガニザスィオン》	организационный《アルガニザツィオーンヌィイ》 комитет《カミチェート》	comité《コミテ》 organizador《オルガニザドル》
brutalité《ブリュタリテ》	грубость《グルゥーバスチ》	brutalidad《ブルタリダ》
lésion《レズィオン》	повреждение《パヴリズジェーニエ》	lesión《レシオン》
gymnase《ジムナズ》	спортивный《スパルチィーヴヌィイ》 зал《ザール》	gimnasio《ヒムナシオ》
diéte《ディエト》	диета《ディエータ》	dieta《ディエタ》
secrétaire《スクレテル》	секретарь《スィクリターリ》 (игры《イグルィー》)	secretario《セクレタリオ》 del《デル》 evento《エベント》
exclusion《エクスクリュズィオン》	удаление《ウダリェーニエ》	expulsión《エスプルシオン》
temps《タン》	время《ヴリェーミャ》	tiempo《ティエンポ》
chronométreur《クロノメトルル》	хронометрист《フラナミェトゥリースト》	cronometrista《クロノメトゥリスタ》
hauteur《オトゥル》	высота《ヴィサター》	altitud《アルティトゥ》

日本語	英語	ドイツ語
356 食べ物	feeding《フィーディング》	verpflegung《フェアプフレーグング》
357 段階	stage《ステイヂ》	Etappe《エタッペ》
358 男子チーム	men's《メンズ》 team《ティーム》	Herrenmannschaft《ヘレンマンシャフト》
359 団体競技種目	team《ティーム》 event《イヴェント》	Mannschaftswettbewerb《マンシャフツヴェットベヴェルプ》
360 団体成績	team《ティーム》 score《スコー》	Mannschaftsergebnis《マンシャフツエアゲーブニス》
361 チーム	team《ティーム》	Mannschaft《マンシャフト》
362 チーム・キャプテン	team《ティーム》 captain《キャプティン》	Mannschaftskapitän《マンシャフツカピテーン》
363 チーム作戦	team《ティーム》 tactics《タクティックス》	Mannschaftstaktik《マンシャフツタクティク》
364 チーム成績順位	team《ティーム》 qualification《クワリフィケイシャン》	Mannschaftswertung《マンシャフツヴェールトゥング》
365 チームのライン・アップ	team《ティーム》 line-up《ライナップ》	Mannschaftsaufstellung《マンシャフツアオフシュテルング》
366 チーム・メート、パートナー	team-mate《ティーム メイト》	Mannschaftsmitglied《マンシャフツミットグリート》, Partner《パルトナア》
367 チーム・リーダー	team《ティーム》 manager《マネヂャ》	Equipenchef《エキッペンシェフ》
368 チーム・ワーク	team-work《ティーム ワーク》	Mannschaftsarbeit《マンシャフツアルバイト》
369 チャンスをつかむ	seize《スィーズ》 a《ア》 chance《チャンス》	Chance《シャーンセ》 ausnützen《アオスニュッツェン》
370 チャンスを取り逃がす	miss《ミス》 a《ア》 chance《チャンス》	Chance《シャーンセ》 verpassen《フェアパッセン》
371 チャンピオン(女子)	(women's)《(ウィミンズ)》 champion《チャンピオン》	Meister《マイスタア》 (Meisterin)《(マイステリン)》
372 抽選	draw《ドゥロー》 of《オヴ》 lots《ラッツ》	Auslosung《アオスローズゥング》
373 抽選番号	number《ナンバァ》 of《オヴ》 drawing《ドゥローイング》 of《オヴ》 lots《ラッツ》	Losnummer《ロースヌンマァ》
374 中断、インターバル	intermission《インタミション》, tnterval《インタヴァル》	Pause《パオゼ》
375 テーピング	taping《テイピング》	Bandage《バンダージェ》
376 抵抗	resistance《リズィスタンス》	Widerstand《ヴィーダアシュタント》, Opposition《オポズィツィオーン》

フランス語	ロシア語	スペイン語
ravitaillement《ラヴィタイユマン》	питание《ピターニエ》	alimentación《アリメンタシオン》
étape《エタプ》	этап《エタープ》	etapa《エタパ》
équipe《エキプ》 masculine《マスキュリヌ》	мужская《ムシスカーヤ》 команда《カマーンダ》	equipo《エキポ》 masculino《マスクリノ》
épreuves《エプルヴ》 par《パ》 équipes《レキプ》	командные《カマーンドゥヌィエ》 соревнования《サリヴナヴァーニヤ》	competicion《コンペティシオン》 por《ポル》 equipos《エキポス》
résultat《レズュルタ》 par《パ》 équipe《レキプ》	командный《カマーンドゥヌィイ》 результат《リズゥリタート》	resultado《レスルタド》 por《ポル》 equipo《エキポ》
équipe《エキプ》	команда《カマーンダ》	equipo《エキポ》
capitaine《カピテンヌ》 de《ドゥ》 l'équipe《レキプ》	капитан《カピターン》 команды《カマーンドゥィ》	capitán《カピタン》 del《デル》 equipo《エキポ》
tactique《タクティク》 d'équipe《デキプ》	командная《カマーンドゥナヤ》 тактика《タークチィカ》	táctica《タクティカ》 de《デ》 equipo《エキポ》
classement《クラスマン》 par《パ》 équipes《レキプ》	командный《カマーンドゥヌィイ》 зачёт《ザチョート》	clasificación《クラシフィカシオン》 por《ポル》 equipos《エキポス》
composition《コンペティスィオン》 de《ドゥ》 l'équipe《レキプ》	состав《サスターフ》 команды《カマーンドゥィ》	integrantes《インテグランテス》 del《デル》 equipo《エキポ》
coéquipier《コエキプ》	партнёр《パルトゥニョール》	compañero《コンパニェロ》 de《デ》 equipo《エキポ》
chef《シェフ》 d'équipe《デキプ》	руководитель《ルカヴァディーチリ》 команды《カマーンドゥィ》	jefe《ヘフェ》 de《デ》 equipo《エキポ》
jeu《ジゥ》 d'ensemble《ダンサンブル》	коллективная《カリクチィーヴナヤ》 игра《イグラー》	juego《フエゴ》 de《デ》 conjunto《コンフント》
profiter《プロフィテ》 d'une occasion《デュノカズィオン》	использовать《イスポーリザヴァチ》 возможность《ヴァズモージナスチ》	aprovechar《アプロベチャール》 la《ラ》 oportunidad《オポルトゥニダ》
manquer《マンケ》 une occasion《ユノカズィオン》	упустить《ウプスチィーチ》 возможность《ヴァズモージナスチ》	perder《ペルデール》 una《ウナ》 oportunidad《オポルトゥニダ》
champion《シャンピオン》 (championne《シャンピオンヌ》)	чемпион《チェンピオーン》 (чемпионка《チェンピオーンカ》)	campeón《カンペオン》 (campeona《カンペオナ》)
tirage au《ティラジョ》 sort《ソル》	жеребъёвка《ヂリビヨーフカ》	sorteo《ソルテオ》
numéro《ニュメロ》 du《デュ》 tirage au《ティラジョ》 sort《ソル》	номер《ノーミル》 жеребъёвки《ヂリビヨーフカ》	núero《ヌメロ》 de《デ》 sorteo《ソルテオ》
pause《ポズ》, interruption《アンテリュプスィオン》	перерыв《ピリルィーフ》	intervalo《インテルバロ》, receso《レセソ》, pausa《パウサ》
bandage《バンダジュ》 de《ドゥ》 gaze《ガズ》	бинт《ビーント》	venda《ベンダ》
résistance《レズィスタンス》	сопротивление《サプラチィヴリェーニエ》	resistencia《レシステンシア》

日本語	英語	ドイツ語
377 Tシャツ	T-shirt《ティ シャート》	Sporthemd《シュポルトヘムト》
378 テスト・ゲーム	traial (game)《トゥライアル(ゲイム)》	Probespiel《プローベシュピール》
379 テストステロン	testosterone《テアウトスタロウン》	Testosteron《テストステローン》
380 ディフェンス	defence《ディフェンス》	Verteidigung《フェアタイディグング》
381 デビュー	debut《ディビュー》	Debüt《デビュー》
382 電気装置	electric《イレクトゥリック》 device《ディヴァイス》	elektrische《エレクトゥリシェ》 Einrichtung《アインリッヒトゥング》
383 天候	weather《ウェザァ》	Wetter《ヴェッタァ》
384 電子時計	electronic《イレクトゥラニック》 clock《クラック》	elektronische《エレクトローニシェ》 Zeituhr《ツァイトウーァ》
385 電子時間	electronic《イレクトゥラニック》 time《タイム》	Elektrozeit《エレクトロツァイト》
386 電子時間測定	electronic《イレクトゥラニック》 timing《タイミング》	elektronische《エレクトローニシェ》 Zeitnahme《ツァイトナーメ》
387 点呼	call《コール》	Aufruf《アオフルーフ》
388 点数表	marking《マーキング》 table《テイブル》	Bewertungsgrundlagen《ベヴェールトゥングスグルントラーゲン》
389 点数をリードする	open《オウプン》 up《アップ》 the《ザ》 score《スコー》	Führungstreffer《フュールングストレッファ》 erzielen《エァツィーレン》
390 転倒	tumble《タンブル》, fall《フォール》	Sturz《シュトゥツ》
391 トーナメント	tournament《ターナマント》	Turnier《トゥルニーァ》
392 トーナメント表	tournament《ターナマント》 table《テイブル》	Turniertabelle《トゥルニーァタベレ》
393 ドーピング	doping《ドウピング》	Doping《ドッピング》
394 ドーピング・テスト	doping《ドウピング》 test《テスト》	Dopingkontrolle《ドッピングコントロレ》
395 同点	tie《タイ》 on《オン》 points《ポインツ》	Punktgleichheit《プンクトグライヒハイト》
396 同点になる	equalize《イークワライズ》	ausgleichen《アオスグライヒエン》
397 同タイム	equal《イークゥオル》 time《タイム》	gleiches《グライヒエス》 Ergebnis《エァゲープニス》

フランス語	ロシア語	スペイン語
maillot《マイオ》	рубашка《ルゥバーシカ》,футболка《フットゥボールカ》	camiseta《カミセタ》
match《マッチ》 d'essai《デセ》	контрольная《カントゥラーリナヤ》 игра《イグラー》	juego《フエゴ》 de《デ》 prueba《プルエバ》
testosterone《テストステロヌ》	тестостерон《チェスタスチェーラン》	testosterona《テストステロナ》
défense《デファンス》	защита《ザシチィータ》	defensa《デフェンサ》
début《デビュ》	дебют《ヂビュート》	debut《デブト》
dispositif électrique《ディスポズィティフエレクトリク》	электрическое《エリクトゥリーチスカエ》 устройство《ウストゥローイストヴァ》	dispositivo《ディスポシティボ》 eléctrico《エレクトゥリコ》
temps《タン》	погода《パゴーダ》	estado《エスタド》 del《デル》 tiempo《ティエンポ》
chronomètre électronique《クロノメトレレクトロニク》	электронные《エリクトゥローンヌィエ》 часы《チャスィー》	cronómetro《クロノメトゥロ》 electrónico《エレクトゥロニコ》
temps《タン》 électronique《エレクトロニク》	электронное《エリクトゥローンナエ》 время《ヴリェーミャ》 часы《チィスィー》	tiempo《ティエンポ》 electrónico《エレクトゥロニコ》
chronomètrage électronique《クロノメトラジエレクトロニク》	электронный《エリクトゥローンヌィイ》 хронометраж《フラナミトゥラーシ》	cronometraje《クロノメトゥラヘ》 electrónico《エレクトゥロニコ》
appel《アペル》	вызов《ヴィーザフ》	invocación《インボカシオン》
table《タブル》 de《ドゥ》 notation《ノタスィオン》	таблица《タブリーツァ》 оценок《アツェーナク》	tabla《タブラ》 de《デ》 puntuación《プントゥアシオン》
ouvrir《ウヴリル》 le《ル》 score《スコル》	открыть《アトゥクルィーチ》 счёт《スチョート》	abrir《アブリール》 el《エル》 tanteo《タンテオ》
chute《シュト》	падение《パヂェーニェ》	caída《カイダ》
tournoi《トゥルノワ》	турне《トゥルニェー》	torneo《トルネロ》
tableau《タブロ》 d'un《ダン》 tournoi《トゥルノワ》	турнирная《トゥルニールナヤ》 таблица《タブリーツァ》	tabla《タブラ》 de《デ》 un《ウン》 torneo《トルネロ》
dopage《ドパジュ》	допинг《ドーピング》	doping《ドピン》
contrôle antidopage《コントロランティドパジュ》	допинговый《ドーピンガヴィィ》 контроль《カントゥローリ》	control《コントゥロル》 antidoping《アンティドピン》
égalité《エガリテ》 de《ドゥ》 points《ポワン》	равенство《ラーヴェンストゥヴァ》 очков《アチコーフ》	igualdad《イグアルダ》 (equilibrio)《（エキリブリオ）》 en《エン》 puntos《プントス》
égaliser《エガリゼ》	сравнять《スラヴニャーチ》 счёт《スチョート》	empatar《エンパタール》
résultat《レズュルタ》 égal《エガル》	одинаковый《アディナーカヴィィ》 результат《リズゥリタート》	resultado《レスルタド》 igual《イグアル》

日本語	英語	ドイツ語
398 銅メダル	bronze《ブランズ》 medal《メドゥル》	Bronzemedaille《ブローンセメダリエ》
399 得点、ポイント	point《ポイント》	Punkt《プンクト》
400 得点計算	scoring《スコーリング》 of《オヴ》 points《ポインツ》	Punktwertung《プンクトヴェールトゥング》
401 得点版	score-board《スコー ボード》	Anzeigetafel《アンツァイゲターフェル》
402 得点表示	marking《マーキング》	Markierung《マルキールング》
403 時計	clock《クラック》	Uhr《ウーァ》
404 突風	gust《ガスト》 of《オヴ》 wind《ウィンド》	Windstoß《ヴィントシュトース》
405 跳ぶ	jump《ヂャンプ》, leap《リープ》	springen《シュプリンゲン》
406 どよめき、感動	excitement《イクサイトマント》	Aufregung《アオフレーグング》
407 ドリブル	dribbling《ドゥリブリング》	Ballführung《バルフュールング》
408 トレーナー、コーチ	coach《コウチ》	Trainer《トレーナァ》
409 トレーニング	training《トゥレイニング》	Training《トレーニング》
410 トレーニング· ジム	training《トゥレイニング》 gym《ヂム》	Trainingshalle《トレーニングスハレ》
411 トレーニング· スケジュール	training《トゥレイニング》 schedule《スケヂュール》	Trainingszeiteneinteilung《トレーニングスツァイテンアインタイルング》
412 トレーニング負荷	training《トゥレイニング》 load《ロウド》	Trainingsbelastung《トレーニングスベラストゥング》
413 長さ	length《レングス》	Länge《レンゲ》
414 投げる	throw《スロウ》	werfen《ヴェルフェン》
415 ナショナル· オリンピック 委員会	National《ナシャヌル》 Olympic《オウリンピック》 Committee《コミッティ》 (NOC)《(エンオウスィー)》	Nationales《ナツィオナーレス》 Olympisches《オリュムピシェス》 Komitee《コミテー》 (NOK)《(エンオーカー)》

フランス語	ロシア語	スペイン語
médaille《メダユ》 de《ドゥ》 bronze《ブロンゼ》	бронзовая《ブローンザヴァヤ》 медаль《ミダーリ》	medalla《メダリア》 de《デ》 bronce《ブロンセ》
point《ポワン》	очико《アチコー》	punto《プント》
calcul《カルキュル》 des《デ》 points《ポワン》	подсчёт《パトゥスチョート》 очков《アチコーフ》	cálculo《カルクロ》 de《デ》 los《ロス》 puntos《プントス》
tableau《タブロ》 d'affichage《ダフィシャジュ》	табло《タブロー》	pizarra《ピサラ》 de《デ》 noticias《ノティシアス》
marquage《マルカジュ》	маркировка《マルキローフカ》	marcaje《マルカヘ》
horloge《オルロジュ》	часы《チィスィー》	reloj《レロ》
coup《クゥ》 de《ドゥ》 vent《ヴァン》	порыв《パルィーフ》 ветра《ヴェートゥラ》	ráfaga《ラファガ》 de《デ》 viento《ビエント》
sauter《ソテ》	прыгнуть《プルィーグヌチ》	saltar《サルタール》
agitation《アジタスィオン》	волнение《ヴァルニェーニエ》	tremolina《トゥレモリナ》
dribble《ドリブル》	ведение《ヴィヂェーニエ》 мяча《ミャチャー》, дриблинг《ドゥリーブリング》	dirección《ディレクシオン》 de《デ》 la《ラ》 pelota《ペロタ》
entraîneur《アントレヌル》	тренер《トゥリエーニル》	entrenador《エントゥレナドル》
entraînement《アントレヌマン》	тренировка《トゥリニローフカ》	entrenamiento《エントゥレナミエント》
salle《サル》 d'entraînement《ダントレヌマン》	тренировочный《トゥリニローヴァチヌィイ》 зал《ザール》	sala《サラ》 de《デ》 entrenamientos《エントゥレナミエント》
horaire《オレル》 des《デ》 entraînements《ザントレヌマン》	расписание《ラスピサーニエ》 тренировок《トゥリニローヴァク》	horario《オラリオ》 de《デ》 entrenamientos《エントゥレナミエント》
charge《シャルジュ》 d'entraînement《ダントレヌマン》	тренировочная《トゥリニローヴァチナヤ》 нагрузка《ナグルゥースカ》	intensidad《インテンシダ》 (carga)《(カルガ)》 de《デ》 entrenamiento《エントゥレナミエント》
longueur《ロングル》	длина《ドゥリナー》	longitud《ロンヒトゥ》
jeter《ヂュテ》, lancer《ランセ》	бросить《ブラスィーチ》	tirar《ティラール》, lanzar《ランサール》
Comité《コミテ》 National Olympique《ナスィオナロランピク》 (CNO)《(セーエンヌオ)》	национальный《ナツィアナーリヌィイ》 олимпийский《アリムピーイスキイ》 комитет《カミチェート》 (НОК)《(ノーク)》	Comité《コミテ》 Olímpico《オリンピコ》 Nacional《ナシオナル》 (CON)《(セオエネ)》

日本語	英語	ドイツ語
416 ナショナル協会	national《ナシャヌル》 federation《フェデレイシャン》	Nationalverband《ナツィオナールフェアバント》
417 ナショナル・チーム	national《ナシャヌル》 team《ティーム》	Nationalauswahl《ナツィオナールアオスヴァール》
418 ナショナル・レコード	national《ナシャヌル》 record《レカド》	Nationalrekord《ナツィオナールレコルト》, Landesrekord《ランデスレコルト》
419 肉離れ、捻挫	muscle《マッスル》 sprain《スプレイン》	Muskelverrenkung《ムスケルフェアレンクング》
420 日程	schedule《スケヂュール》	Zeitplan《ツァイトプラン》
421 日本チャンピオン	Japanese《ヂャパニーズ》 champion《チャンピオン》	Japanmeister《ヤーパンマイスタァ》
422 入賞者	prize-winner《プライズ ウィナァ》	Placierte《プラツィールテ》
423 年齢	age《エイヂ》	Alter《アルタァ》
424 敗者	loser《ルーザァ》	Verlierer《フェアリーラァ》, Besiegte《ベズィクテ》
425 敗者復活戦	repechage《リペチャーヂ》, double《ダブル》 knockout《ナッカウト》 system《スイステム》	Hoffnungslauf《ホッフヌングスラオフ》
426 敗北	defeat《ディフィート》	Niederlage《ニーダァラーゲ》
427 敗北を喫する	suffer《サファ》 defeat《ディフィート》	Niederlage《ニーダァラーゲ》 einstecken《アインシュテッケン》
428 秤	weight《ウエイト》 scale《スケイル》	Waage《ヴァーゲ》
429 派遣団長	chief《チーフ》 of《オヴ》 delegation《デエラゲイシャン》	Delegationschef《デレガツィオーンスシェフ》
430 走る	run《ラン》	laufen《ラオフェン》
431 始めの姿勢	starting《スターティング》 position《ポズィシャン》	Ausgangsstellung《アオスガングスシュテルング》
432 パス	pass《パス》	Paß《パス》
433 旗	flag《フラッグ》	Fahne《ファーネ》, Flagge《フラッゲ》
434 旗ざお	flag-pole《フラッグ ポウル》	Fahnenstock《ファーネンシュトック》

フランス語	ロシア語	スペイン語
fédération《フェデラスィオン》 nationale《ナスィオナル》	национальная《ナツィアナーリナヤ》 федерация《フェヂェラーツィヤ》	federación《フェデラシオン》 nacional《ナシオナル》
sélection《セレクスィオン》 nationale《ナスィオナル》	национальная《ナツィアナーリナヤ》 сборная《ズボールナヤ》 команда《カマーンダ》	selección《セレクシオン》 nacional《ナシオナル》
record《ルコル》 national《ナスィオナル》	национальный《ナツィアナーリヌィイ》 рекорд《リコールト》	record《レコルド》 nacional《ナシオナル》
foulure《フリュル》, claquage《クラカジュ》	растяжение《ラスチャジェーニエ》 мышци《ムィーシツィ》	torcedura《トルセドゥラ》
horaire《オレル》	график《グラーフィク》	horario《オラリオ》
champion《シャンピオン》 du《デュ》 Japon《ジャポン》	чемпион《チャムピオーン》 Японии《ヤポーニイ》	campeón《カンペオン》 de《デ》 Japon《ハポン》
classé《クラス》	призёр《プリズヨール》	premiado《プレミアド》, diplomado《ディプロマド》
âge《アジュ》	возраст《ヴォーズラスト》	edad《エダ》
vaincu《ヴァンキュ》	побеждённый《パビズゥヂョーンヌィイ》	vencido《ベンシド》
repêchage《ルペシャジュ》	утешитель《ウチシーチェリ》 заезд《ザエースト》 (матч)《(マッチ)》	repesca《レペスカ》
défaite《デフェト》	поражение《パラジェーニエ》	derrota《デロタ》
essuyer《エスュイエ》 une《ユヌ》 défaite《デフェト》	потерпеть《パチルピェーチ》 поражение《パラジェーニエ》	sufrir《スフリール》 una《ウナ》 derrota《デロタ》
balance《バランス》	весы《ヴェスィー》	báscula《バスクラ》
chef《シェフ》 de《ドゥ》 mission《ミスィオン》	руководитель《ルカヴァディーチェリ》 делегации《ヂリガーツィイ》	jefe《ヘフェ》 de《デ》 delegación《デレガシオン》
courir《クゥリル》	бежать《ビジャーチ》	correr《コレール》
position《ポズィスィオン》 de《ドゥ》 départ《デパル》	исходное《イスホードゥナエ》 положение《パラジェーニエ》	posición《ポシシオン》 de《デ》 salida《サリダ》
passe《パス》	передача《ピリダーチャ》, пас《パス》	pase《パセ》
drapeau《ドラポ》	флаг《フラーク》	bandera《バンデラ》
porte-drapeau《ポルトドラポ》	флагшток《フラクシトーク》	asta《アスタ》

日本語	英語	ドイツ語
435 旗による合図	signal《スイグヌル》 with《ウィズ》 the《ザ》 flag《フラッグ》	Anzeige《アンツァイゲ》 mit《ミット》 der《デァ》 Fahne《ファーネ》
436 罰則、ペナルティ	sanction《サンクシャン》	Strafe《シュトラーフェ》, Bestrafung《ベシュトラーフング》
437 バッジ	badge《バッヂ》	Abzeichen《アップツァイヒエン》
438 バランス	balance《バランス》	Balance《バラーンセ》, Gleichgewicht《グライヒゲヴィッヒト》
439 番狂わせ	surprise《サプライズ》	Überraschung《ユーバァラッシュング》
440 反撃	counter-attack《カウンタァ アタック》	Gegenangrifff《ゲーゲンアングリッフ》
441 反撃する	counter-attack《カウンタァ アタック》	kontern《コンテルン》
442 反則	infringement《インフリンヂマント》 of《オヴ》 the《ザ》 rules《ルールズ》	Regelverstoß《レーゲルフェァシュトース》
443 ハンディ・キャップ	handicap《ハンディキャップ》	Wettkamf《ヴェットカムプフ》 mit《ミット》 Vorgabe《フォーァガーベ》
444 万能選手	all-round《オール ラウンド》 player《プレイア》	vielseitiger《フィールザイティガァ》 Spieler《シュピーラァ》
445 引き分け	tie《タイ》	Unentschieden《ウンエントシーデン》
446 引き分ける	tie《タイ》 (the《ザ》 game《ゲイム》)	unentschieden《ウンエントシーデン》 spielen《シュピーレン》
447 膝	knee《ニー》	Knie《クニー》
448 膝当て	knee-pad《ニー パッド》	Knieschützer《クニーシュッツァ》
449 肘当て	elbow-pad《エルボウ パッド》	Ellbogenbandage《エルボーゲンバンダージェ》
450 非スポーツマン的行為	unsportsmanlike《アンスポーツマンライク》 conduct《カンダクト》	Unsportlichkeit《ウンシュポルトゥリヒカイト》
451 左利き	left-hander《レフト ハンダァ》	Linkshänder《リンクスヘンダァ》
452 表彰	distribution《ディストゥリビューシャン》 of《オヴ》 awards《アウォーヅ》	Siegerehrung《ズィーガァエールング》, Auszeichnung《アオスツァイヒヌング》
453 表彰式	victory《ヴィクトリィ》 ceremony《セリマニィ》	Siegerehrung《ズィーガァエールング》
454 表彰台	dais《デイス》 of《オヴ》 honour《オーナァ》, victory《ヴィクトリィ》 stand《スタンド》	Siegerpodium《ズィーガァポーディウム》

フランス語	ロシア語	スペイン語
signaler《スィニャル》 avec《アヴェク》 le《ル》 fanion《ファニオン》	сигнал《スィグナール》 флажком《フラシコーム》	señal《セニャル》 con《コン》 la《ラ》 bandera《バンデラ》
sanction《サンクスィオン》	наказание《ナカザーニエ》	sanción《サンシオン》
insigne《アンスィニュ》	значок《ズナチョーク》	insignia《インシグニア》
équilibre《エキリブル》	баланс《バラーンス》, равновесие《ラヴナヴェースィエ》	equilibrio《エキリブリオ》
surprise《シュルプリズ》	неожиданность《ニアジーダンナスチ》	sorpresa《ソルプレサ》
contre-attaque《コントラタック》	контратака《コーントゥルアターカ》	contraataque《コントゥラアタケ》
riposter《リポステ》	контратаковать《コントゥルアタカヴァーチ》	contraatacar《コントゥラアタカール》
infraction《アンフラクスィオン》 aux《オ》 règles《レグル》	нарушение《ナルゥシェーイエ》 правил《プラーヴィル》	infracción《インフラクシオン》 de《デ》 las《ラス》 reglas《レグラス》
handicap《アンディカプ》	гандикап《ガンディカープ》	handicap《ハンディカップ》
joueur《ジュウル》 complet《コンプレ》	универсальный《ウニヴェルサーリヌィイ》 игрок《イグローク》	jugador《フガドル》 universal《ウニベルサル》
match《マッチ》 nul《ニュル》	ничья《ニチヤー》	empate《エンパテ》
finir《フィニル》 sur un《シュラン》 match《マッチ》 nul《ニュル》	сыграть《スィグラーチ》 вничью《ヴニチユー》	terminar《テルミナール》 empatados《エンパタドス》
genou《ジュヌゥ》	конено《カリエーナ》	rodilla《ロディリァ》
genouillère《ジュヌゥイエル》	наколенник《ナカリエーンニク》	rodillera《ロディリエラ》
protège《プロテジュ》-coude《クゥド》	налокотник《ナラコートゥニク》	codera《コデラ》
conduite antisportive《コンデュイタンティスポルティヴ》	неспортивное《ニスパルチィーヴナエ》 поведение《パヴェヂェーニエ》	conducta《コンドゥクタ》 antideportiva《アンティデポルティバ》
gaucher《ゴシェ》	левша《リフシャー》	zurdo《スルド》
remise《ルミズ》 de《ドゥ》 prix《プリ》	награждение《ナグラズィチェーニエ》	entrega《エントゥレガ》 de《デ》 premios《プレミオス》
cérémonie《セレモニ》 de《ドゥ》 remise《ルミズ》 des《デ》 prix《プリ》	церемония《ツィリモーニヤ》 награждения《ナグラズィチェーニヤ》	ceremonia《セレモニア》 de《デ》 entrega《エントゥレガ》 de《デ》 los《ロス》 premios《プレミオス》
podium《ポディオム》	пьедестал《ピィエヂスタール》 почёта《パチョータ》	podio《ポディオ》

日本語	英語	ドイツ語
455 評点	award《アウォード》 of《オヴ》 marks《マークス》	Bewertung《ベヴェールトゥング》
456 疲労	fatigue《ファティーグ》	Müdigkeit《ミューディヒカイト》
457 ファン	fan《ファン》, supporter《サポータァ》	Anhänger《アンヘンガァ》
458 フィニッシュ	finish《フィニッシュ》	Ziel《ツィール》
459 風速	speed《スピード》 of《オヴ》 wind《ウィンド》	Windgeschwindigkeit《ヴィントゲシュヴィンディヒカイト》
460 フェア・プレー	fair《フェア》 play《プレイ》	faires《フェーレス》 Spiel《シュピール》
461 フェイント	feint《フェイント》, fake《フェイク》	Finte《フィンテ》
462 フォーメーション	formation《フォーメイシャン》	Aufstellung《アオフシュテルング》
463 フォワード	forward《フォーワド》	Stürmer《シュテュルマァ》
464 フット・ワーク	foot《フット》 work《ワーク》	Beinarbeit《バインアルバイト》
465 部門、部	department《ディパートマント》	Abteilung《アップタイルング》
466 プレーの形式	style《スタイル》 of《オヴ》 play《プレイ》	Spielstil《シュピールシュティール》
467 プレーヤー	player《プレイア》	Spieler《シュピーラァ》
468 プレス・センター	press《プレス》-centre《センタァ》	Pressezentrum《プレッセツェントゥルム》
469 プロ・スポーツマン	professional《プラフェシャヌル》	Berufssportler《ベルーフスシュポルトラァ》, Profi《プローフィ》
470 ペース、テンポ	pace《ペイス》	Tempo《テンポ》
471 ペースの変更	change《チェインヂ》 of《オヴ》 the《ザ》 pace《ペイス》	Tempowechsel《テンポヴェックセル》
472 ペースを変える	change《チェインヂ》 pace《ペイス》	Tempo《テンポ》 wechseln《ヴェックセルン》
473 閉会式	closing《クロゥスィング》 ceremony《セリィマニィ》	Schlußzeremonie《シュルスチェレモニー》
474 平均点	average《アヴァレッヂ》 points《ポインツ》	Mittelwertung《ミッテルヴェールトゥング》
475 ペナント	flag《フラッグ》, pennant《ペナント》	Wimpel《ヴィムペル》

フランス語	ロシア語	スペイン語
apprèciation《アプレスィヤスィオン》	оценка《アツェーンカ》	valoración《バロラシオン》
fatigue《ファティグ》	усталость《ウスターラスチ》	fatiga《ファティガ》
supporter《シュポルテル》	болельщик《バリェーリシチィク》	hincha《インチャ》, aficionado《アフィシオナド》
arrivée《アリヴェ》	финиш《フィーニシ》	llegada《リェガダ》
vitesse《ヴィテス》 du《デュ》 vent《ヴァン》	скорость《スコーラスチ》 ветра《ヴェートゥラ》	velocidad《ベロシダ》 del《デル》 viento《ビエント》
jeu《ジゥ》 règulier《レキュリエ》	корректная《カリェークトゥナヤ》 игра《イグラー》	juego《フエゴ》 regular《レグラル》
feinte《ファント》	обманное《アブマーンナエ》 движение《ドゥヴィジェーニエ》, финт《フィント》	finta《フィンタ》
système《スィステム》 de《ドゥ》 jeu《ジゥ》, formation《フォルマスィオン》	расстановка《ラススタノーフカ》	formación《フォルマシオン》, sistema《システマ》 de《デ》 juego《フエゴ》
avant《アヴァン》	нападающий《ナパダーユシチイ》	delantero《デランテロ》
jeu《ジゥ》 de《ドゥ》 jambes《ジャンブ》	работа《ラボータ》 ног《ノーク》	juego《フエゴ》 de《デ》 pies《ピエス》
section《セクスィオン》	отделение《アトゥヂリェーニエ》	sección《セクシオン》
style《スティル》 de《ドゥ》 jeu《ジゥ》	стиль《スチィーリ》 игры《イグルィー》	estilo《エスティロ》 de《デ》 juego《フエゴ》
joueur《ジュウル》	игрок《イグローク》	jugador《フガドル》
centre《サントル》 de《ドゥ》 presse《プレス》	пресс-центр《プリェース ツェーントゥル》	centro《セントゥロ》 de《デ》 prensa《プレンサ》
professionnel《プロフェスィオネル》	сортсмен-профессионал《スパルツミェーン プラフィスィアナール》	profesional《プロフェシオナル》
allure《アリュル》 rythme《リットム》	темп《チェームプ》	ritmo《リトゥモ》
changement《シャンジュマン》 de《ドゥ》 cadence《カダンス》	смена《スミェーナ》 темпа《チェームパ》	cambio《カンビオ》 de《デ》 ritmo《リトゥモ》
changer《シャンジェ》 de《ドゥ》 rythme《リットム》	изменить《イズミニーチ》 темп《チェームプ》	cambiar《カンビアール》 de《デ》 ritmo《リトゥモ》
cérémonie《セレモニ》 de《ドゥ》 clôture《クロチュル》	церемония《ツィリモーニヤ》 закрытия《ザクルィーチィヤ》	ceremonia《セレモニア》 de《デ》 clausura《クラウスラ》
point《ポクァン》 moyen《モワイアン》	средний《スリェードゥニイ》 балл《バール》	punto《プント》 medio《メディオ》
fanion《ファニオン》	вымпел《ヴィームピル》	banderín《バンデリン》

日本語	英語	ドイツ語
476 ペナントの交換	exchange《イクスチェインヂ》 of《オヴ》 pennants《ペナンツ》	Winpelaustausch《ヴィムペルアオスタオシュ》
477 ベスト・エイトを選出する試合	eighth《エイトゥス》 of《オヴ》 the《ザ》 final《ファイヌル》	Achtelfinale《アッハテルフィナーレ》
478 ベスト・コンディションである	be《ビイ》 in《イン》 form《フォーム》 (shape《シェイプ》)	in《イン》 (guter《グータァ》) Form《フォルム》 sein《ザイン》
479 ベスト・タイム	best《ベスト》 result《リザールト》	Bestleistung《ベストライストゥング》
480 ペナルティ	penalty《ペヌルティ》	Punktabzug《プンクトアップツーク》, Strafe《シュトラーフェ》
481 ペナルティ・ポイント	penalty《ペヌルティ》 points《ポインツ》	Strafpunkte《シュトラーフプンクテ》
482 ベンチ	bench《ベンチ》	Bank《バンク》
483 ボール	ball《ボール》	Ball《バル》
484 ボール感覚	sense《センス》 of《オヴ》 the《ザ》 ball《ボール》	Ballgefühl《バルゲフュール》
485 ボール・コントロール	ball《ボール》 control《コントゥロウル》	Ballkontrolle《バルコントロレ》
486 ボールをドリブルする	dribble《ドゥリブル》	Ball《バル》 führen《フューレン》
487 ホーム・チーム	home《ホウム》 team《ティーム》	Platzmannschaft《プラッツマンシャフト》
488 ポイント	point《ポイント》	Punkt《プンクト》
489 ホィッスル	whistle《フウィスル》	Pfeifsignal《プファイフジグナール》
490 妨害	obstruction《オブストゥラクシャン》	Hindernis《ヒンダァニス》
491 妨害する	obstruct《オブストゥラクト》	hindern《ヒンデルン》
492 防御作戦	defensive《ディフェンスィヴ》 tactics《タクティックス》	Abwehrtaktik《アップヴェーアタクティク》
493 防御する	defend《ディフェンド》	verteidigen《フェアタイディゲン》
494 防御チーム	defending《ディフェンディング》 team《ティーム》	verteidigende《フェアタイディゲンデ》 Mannschaft《マンシャフト》

フランス語	ロシア語	スペイン語
échange《エシャンジュ》 des《デ》 fanions《ファニオン》	обмен《アブミェーン》 вымпелами《ヴィムピェーラミ》	intercambio《インテルカンビオ》 de《デ》 banderines《バンデリネス》
huitième《ユイティエム》 de《ドゥ》 finale《フィナル》	одна《アドゥナー》 восьмая《ヴァシマーヤ》 финала《フィナーラ》	octavos《オクタボス》 de《デ》 final《フィナル》
être en《エトラン》 forme《フォルム》 (sportive《スポルティヴ》)	быть《ブィーチ》 в《フ》 (спортивной《スパルチーヴナイ》) форме《フォールミェ》	estar《エスタール》 en《エン》 forma《フォルマ》 (deportiva《デポルティバ》)
meilleur《メイウル》 résultat《レスユルタ》	лучший《ルゥーチシィ》 результат《リズゥリタート》	mejor《メホル》 resultado《レスルタド》
pénalisation《ペナリザスィオン》	штраф《シトゥラーフ》	penalización《ペナリサシオン》
points《ポワン》 de《ドゥ》 pénalisationn《ペナリザスィオン》	штрафные《シトゥラフヌィーエ》 очки《アチキー》	puntos《プントス》 de《デ》 penalización《ペナリサシオン》
banc《バン》	скамейка《スカミェーイカ》	banco《バンコ》
balle《バル》	мяч《ミャーチ》	pelota《ペロタ》, bola《ボラ》, balón《バロン》
sens《サンス》 de《ドゥ》 la《ラ》 balle《バル》	чувство《チューストゥヴァ》 мяча《ミャチャー》	sentido《センティド》 del《デル》 balón《バロン》
contrôle《コントロル》 de《ドゥ》 la《ラ》 balle《バル》	владение《ヴラヂェーニエ》 мячом《ミャチョーム》	control《コントゥロル》 del《デル》 balón《バロン》
dribbler《ドリブレ》	вести《ヴィスチィー》 мяч《ミャーチ》	conducir《コンドゥシール》 la《ラ》 pelota《ペロタ》
équipe《エキプ》 recevante《ルスヴァント》	команда《カマーンダ》 хозяев《ハジャーエフ》	equipo《エキポ》 anfitrión《アンフィトゥリオン》
point《ポワン》	балл《バール》, очко《アチコー》	punto《プント》
sifflet《スィフレ》	свисток《スヴィストーク》	silbato《シルバト》, pito《ピト》
obstruction《オブストリュクスィオン》	препятствие《プリピャーツトゥヴィエ》	obstrucción《オブスゥトルクシオン》
faire obstruction《フェロブストリュクスィオン》	препятствовать《プリピャーツトゥヴァヴァチ》	obstruir《オブスゥトルイール》
tactique《タクティック》 défensive《デファンスィヴ》	оборонительная《アバラニーチィリナヤ》 тактика《タークチィカ》	táctica《タクティカ》 defensiva《デフェンシバ》
défendre《デファンドル》	защищать《ザシチィシチャーチ》	defender《デフェンデール》
équipe《エキポ》 défendante《デファンダント》	защищающаяся《ザシチィシチャーユシチャヤサァ》 команда《カマーンダ》	equipo《エキポ》 en《エン》 defensa《デフェンサ》

日本語	英語	ドイツ語
495 防御プレー	defensive play《ディフエンスィヴ プレイ》	Defensivspiel《デフエンズィーフシュピール》, Verteidigungsspiel《フェアタイディグングスシュピール》
496 防御プレーヤー	defender《ディフエンダァ》	verteidigender Spieler《フェアタイディゲンダァ シュピーラァ》
497 方向	direction《ディレクシャン》	Richtung《リッヒトゥング》
498 補欠選手	reserve《リザーヴ》	Ersatzfahrer《エアザッツファーラァ》
499 ポジション	position《ポズィシャン》	Stellung《シュテルング》
500 補償	compensation《カンパンセイシャン》	Kompensation《コムペンザツィオーン》
501 補助審判員	assistant referee《アスィスタント レフエリー》	Kampfrichtergehilfe《カムプフリッヒタァゲヒルフエ》
502 ポロ・シャツ	polo《ポウロウ》	Polohemd《ポーロヘムト》
503 マーク	marking《マーキング》	Markierung《マルキールング》
504 負け	defeat《ディフィート》	Niederlage《ニーダァラーゲ》
505 負けたゲーム	lost game《ロースト ゲイム》	verlorenes Spiel《フェアローレネス シュピール》
506 負ける	lose《ルーズ》	verlieren《フェアリーレン》
507 マッサージ	massage《マサージ》	Massage《マサージェ》
508 マッサージ師	masseur《マスール》	Masseur《マセーァ》
509 マッチ、ゲーム	match《マッチ》	Spiel《シュピール》
510 右利き	right hander《ライト ハンダァ》	Rechtshänder《レヒツヘンダァ》
511 ミス、エラー、フォルト	error《エラァ》	Fehler《フエーラァ》
512 ミスを犯す	commit a fault《コミット ア フォールト》	Fehler begehen《フエーラァ ベゲーエン》
513 向かい風	headwind《ヘッドウィンド》	Gegenwind《ゲーゲンヴィント》
514 無効にする	annul《アナル》	annullieren《アヌリーレン》

フランス語	ロシア語	スペイン語
jeu《ジゥ》 défensif《デファンスィフ》	игра《イグラー》 в《ヴ》 защите《ザシチィーチェ》	juego《フエゴ》 defensivo《デフェンシボ》
défenseur《デファンスル》	защищающийся《ザシチィシチャーユシチィイサァ》 игрок《イグローク》	defensor《デフェンソル》
direction《ディレクスィオン》	направление《ナプラヴリェーニエ》	dirección《ディレクシオン》
remplaçant《ランプラサン》	запасной《ザパスノーイ》 участник《ウチャースニク》	suplente《スプレンテ》
position《ポズィスィオン》	позиция《パズィーツィヤ》	posición《ポシシオン》
compensation《コンパンサスィオン》	компенсация《カムピンサーツィヤ》	compensación《コンペンサシオン》
juge《ジュジャ》 adjoint《ヂュワン》	помощник《パモーシニク》 судьи《スゥヂィイー》	juez《フエス》 adjunto《アドゥフント》
polo《ポロ》	тенниска《チェーニスカ》	polo《ポロ》
marquage《マルカジュ》	разметка《ラズミェートゥカ》	marcaje《マルカヘ》
défaite《デフェト》	проигрыш《ブローイグルィシ》	derrota《デロタ》
match《マッチ》 perdu《ペルヂュ》	проигранный《プライーグランヌィイ》 матч《マッチ》	encuentro《エンクエントゥロ》 perdido《ペルディド》
perdre《ペルドル》	проиграть《プライグラーチ》	perder《ペルデール》
massage《マサジュ》	массаж《マッサーシ》	masaje《マサヘ》
masseur《マスゥル》	массажист《マッサジースト》	masajista《マサヒスタ》
match《マッチ》, partie《パルティ》	матч《マッチ》, игра《イグラー》	juego《フエゴ》, encuentro《エンクエントゥロ》,partido《パルティド》
droitier《ドロワティエ》	праворукий《プラヴァルゥーキイ》	de《デ》 mano《マノ》 derecha《デレチャ》
faute《フォト》	ошибка《アシーブカ》	falta《ファルト》, error《エロル》
commettre《コメットリュンヌ》 une faute《フォト》	допустить《ダプスティーチ》 ошибку《アシーブクゥ》	cometer《コメテール》 una《ウナ》 falta《ファルタ》
vent《ヴァン》 de《ドゥ》 face《ファス》	встречный《フストゥリエーチヌィイ》 ветер《ヴェーチル》	viento《ビエント》 contrario《コントゥラリオ》
annuler《アニュレ》	аннулировать《アヌリーヴァチ》	anular《アヌラール》

日本語	英語	ドイツ語
515 胸当て	chest《チェスト》 guard《ガード》	Brustschutz《ブルストシュッツ》
516 メダル	medal《メドゥル》	Medaille《メダリエ》
517 メンタル・トレーニング	mental《メントゥル》 practice《プラクティス》 (training)《(トゥレイニング)》	mentales《メンターレス》 Training《トレーニング》
518 目標	aim《エイム》	Ziel《ツィール》
519 役員団	panel《パヌル》 of《オヴ》 commissioners《カミシャナァズ》	Wettkampfrichterkollegium《ヴェットカムプフリヒタァコレーギウム》
520 友好試合	friendly《フレンドゥリィ》 match《マッチ》	Freundschaftsspiel《フロイントシャフツシュピール》
521 優勝者(女子勝者)	(women's)《(ウィミンズ)》 winner《ウィナァ》	Sieger《ズィーガァ》 (Siegerin)《(ズィーゲリン)》
522 優勝チーム	winner《ウィナァ》 team《ティーム》	Siegermannschaft《ズィーガァマンシャフト》
523 優勢を保つ	retain《リテイン》 the《ザ》 advantage《アドゥヴァンテヂ》	Vorsprung《フォーァシュプルング》 halten《ハルテン》
524 ヨーロッパ記録	European《ユアラピーアン》 record《リカド》	Europarekord《オイローパレコルト》
525 ヨーロッパ選手権大会	European《ユアラピーアン》 championship《チャンピアンシップ》	Europameisterschaft《オイローパマイスタァシャフト》
526 ヨーロッパ・チャンピオン	European《ユアラピーアン》 champion《チャンピアン》	Europameister《オイローパマイスタァ》
527 用具	equipment《イクウィプマント》	Sportgeräte《シュポルトゲレーテ》
528 横風	cross-wind《クロース ウィンド》	Seitenwind《ザイテンヴィント》
529 予選試合	preliminary《プリリミネリィ》 match《マッチ》	Vorrundenspiel《フォーァルンデンシュピール》
530 予選システム	elimination《エリマネイシャン》 system《スィステム》	Ausscheidungssystem《アオスシャイドゥングスズュステーム》
531 予選トーナメント	elimination《エリマネイシャン》 competitions《カンピティシャンズ》	Ausscheidungsturnier《アオスシャイドゥングストゥルニーァ》
532 予備エントリー	preliminary《プリリミネリィ》 entry《エントゥリィ》	Voranmeldung,《フォーァアンメルドゥング》 erste《エールステ》 Nennung《ネンヌング》
533 ライバル	opponent《オポウナント》	Gegner《ゲーグナァ》
534 来賓	guest《ゲスト》 of《オヴ》 honour《オナァ》	Ehrengast《エーレンガスト》

フランス語	ロシア語	スペイン語
plastron《プラストロン》	нагрудник《ナグルゥードゥニク》	protector《プロテクトル》 del《デル》 pecho《ペチョ》
médaille《メダユ》	медаль《ミダーリ》	medalla《メダリァ》
entraînement《アントレヌマン》 mental《マンタル》	душевная《ドゥシェーヴナヤ》 тренировка《トゥリニローフカ》	entrenamiento《エントゥレナミエント》 mental《メンタル》
but《ビュ》	цель《ツェーリ》	mira《ミラ》
collège《コレジュ》 des《デ》 commissaires《コミセル》	главная《グラーヴナヤ》 судейская《スゥヂエーイスカヤ》 коллегия《カリエーギヤ》	colegio《コレヒオ》 de《デ》 comisarios《コミサリオス》
match amical《マチァミカル》	товарищеский《タヴァーリシチィスキイ》 матч《マッチ》	partido《パルティド》 amistoso《アミストソ》
vainqueur《ヴァンクル》 (victorieuse)《(ヴィクトリウズ)》	победитель《パビヂィーチェリ》, победительница)《(パビヂィーチェリニツァ)》	vencedor《ベンセドル》 (vencedora)《(ベンセドラ)》
équipe《エキポ》 victorieuse《ヴィクトリュズ》	команда《カマーンダ》 победительница《パビヂィーチィリニツァ》	equipo《エキポ》 vencedor《ベンセドル》
garder《ガルデ》 l'avantage《ラヴァンタジュ》	удержать《ウヂィルジャーチ》 преимущество《プリイムゥーシシストゥヴァ》	guardar《グアルダール》 la《ラ》 ventaja《ベンタハ》
record《ルコル》 d'Europe《ドゥロプ》	рекорд《リコールト》 Европы《ィエヴロープィ》	record《レコルド》 europeo《エウロペオ》
Championnat《シャンピオナ》 d'Europe《ドゥロプ》	чемпионат《チェムピオナート》 Европы《ィエヴロープィ》	Campeonato《カンペオナト》 Europeo《エウロペオ》
champion《シャンピオン》 d'Europe《ドゥロプ》	чемпион《チェムピオーン》 Европы《ィエヴロープィ》	campeón《カンピオン》 de《デ》 Europa《エウロパ》
équipement《エキプマン》 de《ドゥ》 sport《スポル》	инвентарь《インヴィンターリ》	implementos《インプレメントス》 deportivos《デポルティボス》
vent《ヴァン》 latéral《ラテラル》	боковой《バカヴォーイ》 ветер《ヴェーチル》	viento《ビエント》 de《デ》 costado《コスタド》
compétition《コンペティスィオン》 préliminaire《プレリミネル》	предварительный《プリドゥヴァリーチィリヌキイ》 матч《マッチ》	partido《パルティド》 eliminatorio《エリミナトリオ》
système《スィステム》 d'élimination《デリミナスィオン》	система《スィスチェーマ》 с《ス》 выбыванием《ヴィブィヴァーニエム》	sistema《システマ》 eliminatorio《エリミナトリオ》
compétitions《コンペティスィオン》 éliminatoires《エリミナトワル》	соревнования《サリヴナヴァーニヤ》 по《パ》 системе《スィスチェーミエ》 с《ス》 выбыванием《ヴィブィヴァーニエム》	competiciones《コンペティシオネス》 por《ポル》 eliminación《エリミナシオンオ》
engagement《アンガジュマン》 préliminaire《プレリミネル》	предварительная《プリドゥヴァリーチィリナヤ》 заявка《ザヤーフカ》	inscripción《インスクリプシオン》 preliminar《プレリミナル》
adversaire《アドヴェルセル》	противник《プラチィーヴニク》	rival《リバール》, adversario《アドゥベルサリオ》
invité《アンヴィテ》 d'honneur《ドヌル》	почётный《パチョートゥヌィイ》 гость《ゴースチ》	invitado《インビタド》 de《デ》 honor《オノル》

日本語	英語	ドイツ語
535 ライン	line《ライン》	Linie《リーニエ》
536 ラフ・プレー	rough《ラフ》 play《プレイ》	rohes《ローヘス》 Spiel《シュピール》
537 ランニング	running《ラニング》	Lauf《ラオフ》
538 ランニング・シャツ	vest《ヴェスト》	Trikot《トゥリコー》
539 リーダー （レース）	leader《リーダァ》	Spitzenfahrer《シュピッツェンファーラァ》
540 リード	lead《リード》	Führung《フュールング》
541 リードする	lead《リード》	führen《フューレン》
542 リズム	rhythm《リズム》	Rhythmus《リュトムス》
543 リハビリテイション	rehabilitation《リーハビラテイシャン》	Rehabilitation《レハビリタツィオーン》
544 リラクセーション	relaxation《リーラクセイシャン》	Entspannung《エントシュパンヌング》
545 リレー	relay《リーレイ》	Staffel《シュタッフェル》, Staffellauf《シュタッフェルラオフ》
546 レコード	record《レカド》	Rekord《レコルト》
547 レコード保持者	record《レカド》-holder《ホウルダァ》	Rekordhalter《レコルトハルタァ》
548 レコードを破る	break《ブレイク》 a《ア》 record《レカド》	Rekord《レコルト》 brechen《ブレッヘン》
549 レフェリー	referee《レフェリー》	Kampfleiter《カムプフライタァ》
550 練習、運動	exercise《エクササイズ》	Übung《ユーブング》
551 練習グラウンド	training《トゥレイニング》 ground《グラウンド》	Trainingsplatz《トレーニングスプラッツ》
552 練習ゲーム	practice《プラクティス》 match《マッチ》	Übungsspiel《ユーブングスシュピール》
553 練習場	exercise《エクササイズ》 area《エァリア》	Trainingsgelände《トレーニングスゲレンデ》
554 腕章	armband《アームバンド》, badge《バッヂ》	Armbinde《アルムビンデ》

フランス語	ロシア語	スペイン語
ligne《リニュ》	линия《リーニヤ》	línea《リネア》
jeu《ジゥ》 dur《ヂュル》	грубая《グルゥーバヤ》 игра《イグラー》	juego《フエゴ》 brusco《ブルスコ》
course à《クルサ》 pied《ピエ》	бег《ビェーク》	carrera《カレラ》 (pedestre)《(ペデストゥレ)》
maillot《マイオ》	майка《マーイカ》	camiseta《カミセタ》
tête《テット》 de《ドゥ》 course《クルス》	лидер《リーヂェル》	punttero《プンテロ》, líder《リデル》
avance《アヴァンス》	лидирование《リヂィーラヴァニェ》	ir《イール》 a《ア》 la《ラ》 cabeza《カベサ》, ventaja《ベンタハ》
mener《ムネ》	лидировать《リヂーラヴァチ》	liderar《リデラール》, llevar《リェバール》 la《ラ》 delantera《デランテラ》
rythme《リットム》	ритм《リートゥム》	ritmo《リトゥモ》
réhabilitation《レアビリタスィオン》	восстановление《ヴァッスタナヴリェーニエ》	rehabilitación《リアビリタスィオン》
décontraction《デコントラクスィオン》	расслабление《ラッスラブリェーニエ》	relajación《レラハシオン》, aflojamiento《アフロハミエント》
relais《ルレ》	эстафета《エスタフェータ》	relevos《レレボス》
record《ルコル》	рекорд《リコールト》	marca《マルカ》
détenteur《デタントゥル》 d'un《ダン》 record《ルコル》	обладатель《アブラダーチィリ》 рекорда《リコールト》	recordista《レコルディスタ》
battre un《バトラン》 record《ルコル》	побить《パビーチ》 рекорд《リコールト》	batir《バティール》 una《ウナ》 marca《マルカ》
arbitre《アルビトル》	арбитр《アルビートゥル》	árbitro《アルビトゥロ》, juez《フエス》
exercice《エグゼルスィス》	упражнение《ウプラジニェーニエ》	ejercicio《エヘルシシオ》
terrain《テラン》 d'entraînement《ダントレヌマン》	тренировочное《トゥリニローヴァチナエ》 поле《ポーリェ》	campo《カンポ》 de《デ》 entrenamiento《エントゥレナミエント》
match《マッチ》 d'entraînement《ダントレヌマン》	тренировочный《トゥリニローヴァチヌィイ》 матч《マッチ》	encuentro《エンクエントゥロ》 de《デ》 entrenamiento《エントゥレナミエント》
champ《シャン》 d'entraînement《ダントレヌマン》	разминочное《ラズミーナチナエ》 поле《ポーリェ》	campo《カンポ》 de《デ》 entrenamiento《エントゥレナミエント》
brassard《ブラサル》	нарукавная《ナルゥカーヴナヤ》 повязка《パヴャースカ》	brazalete《ブラサレテ》

2.アーチェリー

	日本語	英語	ドイツ語
1	アーチェリー競技	archery《アーチャリィ》 competition《カンピティシャン》	Bogenschießenwettbewerb《ボーゲンシーセンヴェットベヴェルプ》
2	アーチェリー競技場	shooting-ground《シューティング グラウンド》	Schießplatz《シースプラッツ》
3	アーチェリー選手(女)	(women's)《(ウィミンズ)》 archer《アーチャ》	Bogenschütze《ボーゲンシュッツェ》(-tzin)《(ツィン)》
4	アーチェリー選手の用具	archer's《アーチャズ》 equipment《イクウィプマント》	Ausrüstung《アオスリュストゥング》 des《デス》 Bogen-《ボーゲン》 schützen《シュッツェン》
5	アーチャーの交代	rotation《ロウテイシャン》 of《オヴ》 shooters《シュータァズ》	Reihenfolge《ライエンフォルゲ》 deer《デア》 Schützen《シュッツェン》
6	アーム・ガード	armguard《アームガード》, bracer《ブレイサァ》	Armschutz《アルムシュッツ》, Handschuh《ハントシュー》
7	アウトドア・ターゲット アーチェリー	outdoor《アウトドー》 target《ターギット》 archery《アーチャリィ》	Freiluftbogenschießen《フライルフトボーゲンシーセン》
8	足のマーク	mark《マーク》 for《フォ》 the《ザ》 feet《フィート》	Fußmarkierung《フースマルキールング》
9	アッパー・リム	upper《アパァ》 bow《ボウ》 limb《リム》	oberer《オベラァ》 Bogenarm《ボーゲンアルム》
10	アロー	arrow《アロウ》	Pfeil《プファイル》
11	アロー・チップ	arrow《アロウ》 tip《ティップ》	PfeilspitzeKerbe《プファイルシュピッツェ》
12	アロー・ノック(矢はず)	arrow《アロウ》 nock《ナック》	Kerbe《ケルベ》 am《アム》 Pfeil《プファイル》 für《フューァ》 die《ディ》 Sehne《ゼーネ》
13	アロー・ホール(的中孔)	arrow《アロウ》 hole《ホウル》, point《ポイント》 of《オヴ》 impact《インパクト》	Treffpunkt《トレッフプンクト》
14	アロー・ポイント	arrow《アロウ》 point《ポイント》, arrow《アロウ》 tip《ティップ》	Pfeilkopf《プファイルコップフ》

フランス語	ロシア語	スペイン語
compétition《コンペティスィオン》 de《ドゥ》 tir《ティル》 à《ア》 l'arc《ラルク》	соревнования《サリヴナヴァーニャ》 по《パ》 стрельбе《ストゥリリビェー》 из《イズ》 лука《ルゥーカ》	competición《コンペティシオン》 de《デ》 tiro《ティロ》 con《コン》 arco《アルコ》
stand《スタンド》 de《ドゥ》 tir《ティル》	стрельбище《ストゥリエーリビシチェ》	campo《カンポ》 de《デ》 tiro《ティロ》
archer《アルシェ》 (archère《(アルシエル)》)	лучник《ルゥーチニク》 (лучница《(ルゥーチニッツァ)》)	arquero《アルケロ》 (arquera《(アルケラ)》)
équipement《エキプマン》 de《ドゥ》 l'archer《ラルシェ》	инвентарь《インヴィンターリ》 лучника《ルゥーチニカ》	equipo《エキポ》 del《デル》 arquero《アルケロ》 (-ra《(ラ)》)
rotation《ロタスィオン》 des《デ》 tireurs《ティルル》	смена《スミェーナ》 стрелков《ストゥリェールコフ》	turno《トゥルノ》 rotativo《ロタティボ》 de《デ》 los《ロス》 arqueros《アルケロス》 (-ras《(ラス)》)
protecteur《プロテクトゥル》 d'avant《ダヴァン》-bras《ブラ》	нарукавник《ナルゥカーフニク》, крага《クラーガ》	protector《プロテクトル》 del《デル》 antebrazo《アンテブラソ》
tir《ティル》 en《アン》 plein air《プレネル》	стрельба《ストゥリエリバー》 из《イズ》 лука《ルゥーカ》 под《パド》 открытым《アトゥクルィートゥィム》 небом《ニエーバム》	tiro《ティロ》 al《アル》 aire《アイレ》 libre《リブレ》
repère《ルペル》 pour《プゥル》 les《レ》 pieds《ピエ》	отметка《アトゥミェートゥカ》 для《ドゥリャ》 ног《ノーク》	marca《マルカ》 para《パラ》 los《ロス》 pies《ピエス》
branche《ブランシュ》 superieure《シュペリウル》	верхнее《ヴェールフニエ》 плечо《プリィチョー》 лука《ルゥーカ》	rama《ラマ》 superior《スペリオル》 del《デル》 arco《アルコ》
flèche《フレシュ》	стрела《ストゥリィラー》	flecha《フレチャ》
pointe《プワント》 de《ドゥ》 la《ラ》 flèche《フレシュ》	остриё《アストゥリヨー》 наконечника《ナカニェーチニカ》	punta《プンタ》 de《デ》 la《ラ》 flecha《フレチャ》
encoche《アンコシュ》 de《ドゥ》 la《ラ》 flèche《フレシュ》	выемка《ヴィーィエムカ》 для《ドゥリャ》 тетивы《チチィヴィー》 на《ナ》 стреле《ストゥリリェー》	ranura《ラヌラ》 en《エン》 la《ラ》 flecha《フレチャ》
point《プワン》 d'impact《ダンパクト》	точка《トーチカ》 попадания《パパダーニャ》	punto《プント》 de《デ》 impacto《インパクト》
pointe《プワン》 de《ドゥ》 flèche《フレシュ》	наконечник《ナカニェーチニク》 стрелы《ストゥリィルィー》	punta《プンタ》 de《デ》 la《ラ》 flecha《フレチャ》

日本語	英語	ドイツ語
15 アロー・レスト	arrow《アロウ》 rest《レスト》	Pfeilführung《プファイルフュールング》
16 アンカー・ポイント	anchor《アンカァ》 point《ポイント》	Kinnanker《キンアンカァ》
17 安全地帯	safety《セイフティ》 area《エアリア》	Sicherheitszone《ズィッヒャァハイツツォーネ》
18 安定性	stability《スタビラティ》	Stabilität《シュタビリテート》
19 イエロー・ライト	yellow《イエロウ》 light《ライト》, amber《アンバァ》 light《ライト》	gelbes《ゲルベス》 Licht《リッヒト》
20 イメージ・ラインを描く	draw《ドウロー》 an imaginary《アニマヂネリィ》 line《ライン》	imaginäre《イマギネーレ》 Linie《リーニエ》 führen《フューレン》
21 射られた矢の総数	total《トゥトゥル》 number《ナンバァ》 of《オヴ》 arrows《アロウズ》 shot《ショット》	Gesamtzahl《ゲザムトツァール》 der《デァ》 geschossenen《ゲショッセネン》 Pfeile《プファイレ》
22 イリミネーション・ラウンド	elimination《イリミネイシャン》 round《ラウンド》	Ausscheidungsrunde《アオスシャイドゥングスルンデ》
23 インターバル（合間）	interval《インタヴァル》	Pause《パオゼ》
24 ウインド・フラッグ	wind《ウィンド》 flag《フラッグ》	Windflagge《ヴィントフラッゲ》
25 ウェーティング・エリア	waiting《ウェイティング》 area《エアリア》	Wartezone《ヴァルテツォーンネ》
26 ウェーティング・ライン	waiting《ウェイティング》 line《ライン》	Wartelinie《ヴァルテリーニエ》
27 射ち損じ	miss《ミス》	Fehlschuß《フェールシュス》
28 射つこと	shot《ショット》	Schuß《シュス》
29 エイミング・ポイント	aiming《エイミング》 point《ポイント》	Zielzeichen《ツィールツァイヒェン》
30 円錐形のポイント	conical《カニカル》 point《ポイント》	kegelförmige《ケーゲルフェルミゲ》 Spitze《シュピッツェ》
31 重り	weight《ウェイト》	Gewicht《ゲヴィッヒト》, Kraft《クラフト》

フランス語	ロシア語	スペイン語
appuie《アピュイ》-flèche《フレシュ》	перемещающаяся《ピリミシチャーユシチャヤスァ》 полка《ポールカ》 для《ドゥリャ》 стрелы《ストゥリィルィー》	reposaflechas《レポサフレチャス》
point《プワン》 d'ancrage《ダンクラヂュ》	точка《トーチカ》 натяшения《ナチャジェーニヤ》	punto《プント》 de《デ》 anclaje《アンクラヘ》
zone《ゾヌ》 de《ドゥ》 sécurité《セキュリテ》	зона《ゾーナ》 безопасности《ビザパースナスチ》	zona《ソナ》 de《デ》 seguridad《セグリダ》
stabilité《スタビリテ》	стабильность《スタビーリナスチ》	estabilidad《エスタビリダ》
feu《フ》 jaune《ジョヌ》 (orange《オランジュ》)	жёлтый《ジョールトゥィイ》 сигнал《スィグナール》	señal《セニャル》 amarilla《アマリリァ》
tracer《トラッセ》 une《ユヌ》 ligne《リニュ》 imaginaire《イマジネル》	проаести《プラヴィスチィー》 воображаемую《ヴァアブラジャーイムユ》 линию《リーニユ》	trazar《トゥラサール》 una《ウナ》 línea《リネア》 imaginaria《イマヒナリア》
nombre《ノンブル》 total《トタル》 de《ドゥ》 flèches《フレシュ》 tirées《ティレ》	общее《オープシチエエ》 число《チィスロー》 отстрелянных《アトゥストゥリエーリャンヌィフ》 стрел《ストゥリエール》	número《ヌメロ》 total《トタル》 de《デ》 flechas《フレチャス》 lanzadas《ランサダス》
série《セリ》 éliminatoire《エリミナトゥワル》	круг《クルゥーク》 отборочных《アトゥボーラチヌィフ》 соревнований《サリヴナヴァーニイ》	ronda《ロンダ》 eliminatoria《エリミナトリア》
interruption《アンテリュプスィオン》	перерыв《ピリルィーフ》	pausa《パウサ》
fanion《ファニオン》 de《ドゥ》 vent《ヴァン》	флажок《フラジョーク》 для《ドゥリャ》 ветра《ヴェートゥラ》	banderín《バンデリン》 de《デ》 viento《ビエント》
zone《ゾヌ》 d'attente《ダタント》	зона《ゾーナ》 ожидания《アジダーニヤ》	zona《ソナ》 de《デ》 espera《エスペラ》
ligne《リニュ》 d'attente《ダタント》	линия《リーニャ》 ожидания《アジダーニヤ》	línea《リネア》 de《デ》 espera《エスペラ》
coup《クゥ》 raté《ラテ》	промах《プローマフ》	tire《ティロ》 fallado《ファリアダ》
coup《クゥ》	выстрел《ヴィーストゥリエル》	tiro《ティロ》
repère《ルペール》 de《ドゥ》 visée《ヴィゼ》	индикатор《インディカータル》 прицеливания《プリツェーリヴァニヤ》	referencia《レフェレンシア》 para《パラ》 apuntar《アプンタール》
pointe《プワント》 conique《コニク》	конусное《コーヌスナエ》 остриё《アストゥリヨ》 стрелы《ストゥリルィー》	punta《プンタ》 cónica《コニカ》
puissance《ピュイサンス》	вес《ヴェース》, сила《スィーラ》	potencia《ポテンシア》

日本語	英語	ドイツ語
32 オリンピック・ラウンド	olympic《オリンピク》 round《ラウンド》	olympische《オリュムピシェ》 Runde《ルンデ》
33 カウントダウン・ タイマー（時間表示器）	countdown《カウントダウン》 timer《タイマァ》	Zeitanzeiger《ツァイトアンツァイガァ》
34 拡大鏡	magnifying《マグニファイイング》 lens《レンズ》	Vergrößerungsglas《フェァグレーセルングスグラース》, Lupe《ルーペ》
35 風	wind《ウィンド》	Wind《ヴィント》
36 風の方向	wind《ウィンド》 direction《ディレクシャン》	Windrichtung《ヴィントリッヒトゥング》
37 規格に合った標的	standard《スタンダド》 target《ターギット》	Standardschießscheibe《シュタンダルトシースシャイベ》
38 キッサー	kisser《キッサァ》	Mundmarke《ムントマルケ》
39 競技規定	regulations《レギュレイシャンズ》 for《フォ》 competition《カンピティシャン》	Wettkampfbestimmungen《ヴェットカムプフベシュティムンゲン》
40 競技フィールド	competition《カンピティシャン》 field《フィールド》	Wettbewerbsfeld《ヴェットベヴェルプスフェルト》
41 距離標識	signal《スィグヌル》 of《オヴ》 distance《ディスタンス》	Distanzzeichen《ディスタンツツァイヒェン》
42 クィーバー	quiver《クウィヴァ》	Köcher《ケッヒャァ》
43 クラウト・アーチェリー	flag《フラッグ》 shooting《シューティング》, clout《クラウト》 shooting《シューティング》	Flaggschießen《フラッグシーセン》
44 クリアランス	clearance《クリアランス》	Spielraum《シュピールラオム》
45 グリーン・ライト	green《グリーン》 light《ライト》	grünes《グリューネス》 Licht《リッヒト》
46 クリッカー	clicker《クリッカァ》	Klicker《クリッカァ》, Auszugkontrolle《アオスツークコントロレ》
47 クリッカーのはじく音	clicking《クリッキング》	Einschnappen《アインシュナッペン》 des《デス》 Klickers《クリッカァス》
48 クレスト	crest《クレスト》, mark《マーク》 the《ズィ》 arrows《アロウズ》	Pfeile《プファイレ》 markieren《マルキーレン》
49 ケーブル	cable《ケイブル》	Seil《ザイル》

フランス語	ロシア語	スペイン語
tour《トゥル》 olympique《オランピク》	олимпийский《アリムピーイスキイ》 круг《クルゥーク》	vuelta《ブエルタ》 olímpica《オリンピカ》
indicateur《アンディカトゥル》 de《ドゥ》 temps《タン》	указатель《ウカザーチィリ》 времени《ヴリェーミェニ》	marcador《マルカドル》 de《デ》 tiempo《ティエンポ》
verre《ヴェル》 grossissant《グロスィサン》, loupe《ルゥプ》	увеличительное《ウヴィリチェーチリナエ》 стекло《スチェクロー》	lente《レンテ》 de《デ》 amplificación《アンプリフィカシオン》
vent《ヴァン》	ветер《ヴェーチェル》	viento《ビエント》
direction《ディレクスィオン》 du《デュ》 vent《ヴァン》	направление《ナプラヴリェーニエ》 ветра《ヴィトゥラー》	dirección《ディレクシオン》 del《デル》 viento《ビエント》
blason《ブラゾン》 standard《スタンダル》	стандартная《スタンダールトゥナヤ》 мишень《ミシェーニ》	blanco《ブランコ》 standard《スタンダルド》
sucette《スュセット》	отметка《アトゥミェートゥカ》 для《ドゥリャ》 губ《グゥーブ》	bola《ボラ》 (para《パラ》 los《ロス》 labios《ラビオス》)
statut《スタテュ》 de《ドゥ》 la《ラ》 compétition《コンペティスィオン》	положение《パラジェーニエ》 о《ア》 соревнованиях《サリヴナバーニヤフ》	reglamento《レグラメント》 de《デ》 la《ラ》 competición《コンペティシオン》
terrain《テラン》 de《ドゥ》 compétition《コンペティスィオン》	поле《ポーリェ》 соревнований《サリヴナバーニイ》	campo《カンポ》 de《デ》 competición《コンペティシオン》
signal《スィニャル》 de《ドゥ》 distance《ディスタンス》	дистанционный《ディスタンツィオーンヌィイ》 знак《ズナーク》	señal《セニャル》 de《デ》 distancia《ディスタンシア》
carquois《カルクワ》, étui《エテュイ》 à《ア》 flèches《フレシュ》	колчан《カルチャーン》 для《ドゥリャ》 стрел《ストゥリェール》	carcaj《カルカハ》, estuche《エストゥチュ》 para《パラ》 las《ラス》 flechas《フレチャス》
tir《ティル》 sur《スュル》 fanion《ファニオン》	стрельба《ストゥリィリバー》 по《パ》 вымпелу《ヴィームピィルゥ》	tiro《ティロ》 al《アル》 banderín《バンデリン》, tiro《ティロ》 en《エン》 el《エル》 suelo《スエロ》
jeu《ジュ》	зазор《ザゾール》	holgura《オルグラ》
feu《フ》 vert《ヴェル》	зелёный《ズェリョーヌィイ》 сигнал《スィグナール》	luz《ルス》 verde《ベルデ》
contrôleur《コントロルル》 d'allonge《ダロンジュ》	кликер《クリーキィル》, фиксатор《フィクサータル》 натяжения《ナチャジェーニヤ》	klicker《クリッケル》, fijador《フィハドル》 de《デ》 apertura《アペルトゥラ》
claquement《クラクマン》 du《デュ》 contrôleur《コントロルル》 d'allonge《ダロンジュ》	щелчок《シチェルチョーク》 кликера《クリーキィラ》	crujida《クルヒド》 del《デル》 klicker《クリッケル》
marquer《マルケ》 les《レ》 flèches《フレシュ》	пометить《パミェーチィチ》 стрелы《ストゥリルィー》	marcar《マルカール》 las《ラス》 flechas《フレチャス》
câble《カブル》	канат《カナート》, кабель《カービリ》	cable《カブレ》

日本語	英語	ドイツ語
50 警告信号	warning《ウォーニング》 signal《スィグヌル》	Hornsignal《ホルンズィグナール》
51 携帯無線機	portable《ポータブル》 transmitter《トゥランスミッタァ》 and《アンド》 receiver《リスィーヴァ》	tragbares《トラークバーレス》 Funkgerät《フンクゲレート》
52 交代の合図	signal《スィグヌル》 to《トゥ》 rotate《ロウテイト》	Signal《ズィグナール》 der《デァ》 Schützenreihenfolge《シュッツェンライエンフォルゲ》
53 国際審判委員会	international《インタナショヌル》 judges《ヂャッヂズ》 committee《コミッティ》	Komitee《コミテー》 der《デァ》 internationalen《インテルナツィオナーレン》 Wettkampfreichter《ヴェットカムプフリッヒタァ》
54 国際アーチェリー連盟	International《インタナショヌル》 Archery《アーチャリィ》 federation《フェデレイシャン》 (FITA)《(フィタ)》	Internationaler《インテルナツィオナーラァ》 Bogenschützen-《ボーゲンシュッツェン》 verband《フェァバンド》 (FITA)《(フィタ)》
55 個人順位	individual《インディヴィデュアル》 ranking《ランキング》	Einzelklassifizierung《アインツェルクラスィフィツィールング》
56 コック・フェザー	cock《カック》 feather《フェザァ》	Hahnenfeder《ハーネンフェーダァ》
57 コンパウンド・ボウ	compound《カンパウンド》 bow《ボウ》	zusammengesetzter《ツザメンゲセッツタァ》 Bogen《ボーゲン》
58 サイト（照準器）	sight《サイト》	Visier《ヴィズィーァ》
59 サイト・ウィンドウ	sight《サイト》 window《ウィンドウ》	Visierschieber《ヴィズィーァシーバァ》, Bogenfenster《ボーゲンフェンスタァ》
60 サイトなしのシューティング	shooting《シューティング》 without《ウィザウト》 sight《サイト》	Schießen《シーセン》 ohne《オーネ》 Visier《ヴィズィーァ》
61 サイト・ピン	sight《サイト》 pin《ピン》	Visierpunkt《ヴィズィーァプンクト》
62 3射のエンド	end《エンド》 of《オヴ》 three《スリー》 arrows《アロウズ》	Satz《ザッツ》 von《フォン》 drei《ドライ》 Pfeilen《プファイレン》
63 時間管理	time《タイム》 control《コントゥロウル》	Zeitkontrolle《ツァイトコントロレ》
64 シグナル・フラッグ	signal《スィグヌル》 flag《フラッグ》	Signal flagge《ズィグナールフラッゲ》

フランス語	ロシア語	スペイン語
signal《スィニャル》 d'avertissement《ダヴェルティスマン》	предупредительный《プリドゥプリディーチリヌィイ》 сигнал《スィグナール》	señal《セニャル》 acústica《アクスティカ》
émetteur《エメトゥル》-récepteur《レセプトゥル》 portatif《ポルタティフ》	переносная《ピリノースナヤ》 радиостанция《ラディアスターンツィヤ》	radiotransmisor《ラディオトランスミソル》 portátil《ポルタティル》
signal《スィニャル》 de《ドゥ》 relève《ルレヴ》	сигнал《スィグナール》 на《ナ》 смену《スミェーヌゥ》	señal《セニャル》 de《デ》 cambio《カンビオ》
comité《コミテ》 des《デ》 juges《ジュジュ》 internationaux《アンテルナスィオノ》	комитет《カミチェート》 международных《ミジドゥナロードゥヌィフ》 судей《スゥヂェーイ》	comité《コミテ》 de《デ》 jueces《フエセス》 internacionales《インテルナシオナレス》
Fédération《フェデラスィオン》 internationale《アンテルナスィオナル》 de《ドゥ》 tir《ティル》 à《ア》 l'arc《ラルク》 (FITA)《（フィタ）》	Международная《ミジドゥナロードゥナヤ》 федерация《フヂラーツィヤ》 по《パ》 стрельбе《ストゥリィリビェー》 из《イズ》 лука《ルーカ》(ФИТА)《（フィタ）》	Federación《フェデラシオン》 Internacional《インテルナシオナル》 de《デ》 Tiro《ティロ》 con《コン》 Arco《アルコ》 (FITA)《（フィタ）》
classement《クラスマン》 individuel《アンディヴィヂュエル》	индивидуальная《インディヴィヂュアーリヌィイ》 очередь《オーチリト》	clasificación《クラシフィカシオン》 individual《インディビドゥアル》
plume《プリュム》 maitresse《メトレス》	перо《ピロー》 петуха《ピトゥハー》	pluma《プルマ》 guía《ギア》
arc《アルク》 composé《コンポゼ》	сложный《スロージヌィイ》 лук《ルゥーク》	arco《アルコ》 compuesto《コンプエスト》, arco《アルコ》 de《デ》 poleas《ポレアス》
viseur《ヴィズル》	прицел《プリツェール》	mira《ミラ》, visor《ビソル》
fenêtre《フネトル》 de《ドゥ》 l'arc《ラルク》	прицел《プリツェール》, установленный《ウスタノーヴリンヌィイ》 на《ナ》 луке《ルゥーキェ》	ventana《ベンタナ》, mira《ミラ》 del《デル》 arco《アルコ》
tir《ティル》 sans《サン》 viseur《ヴィズル》	стрельба《ストゥリリバー》 без《ビス》 прицела《プリチェーラ》	tiro《ティロ》 sin《シン》 visor《ビソル》
point《プワン》 de《ドゥ》 mire《ミル》	точка《トーチカ》 прицела《プリツェーラ》	punto《プント》 de《デ》 mira《ミラ》
volée《ヴォレ》 de《ドゥ》 trois《トルワ》 flèches《フレシュ》	серия《スェーリヤ》 из《イズ》 трёх《トゥリョーフ》 стрел《ストゥリエール》	serie《セリエ》 de《デ》 tres《トゥレス》 flechas《フレチャス》
contrôle《コントロル》 du《デュ》 temps《タン》	контроль《カントゥローリ》 времени《ヴリェーミニ》	control《コントゥロル》 de《デ》 tiempo《ティエンポ》
fanion《ファニオン》 de《ドゥ》 signaux《スィニョ》	снгнальный《スィグナーリヌィイ》 флаг《フラーク》	banderín《バンデリン》 de《デ》 señalización《セニャリサシオン》

日本語	英語	ドイツ語
65 シグナル・ランプ	lights《ライツ》	Signal lampen《ズィグナールラムペン》
66 試射エンド	practice《プラクティス》 end《エンド》	Proberunde《プローベルンデ》, Probesatz《プローベザッツ》
67 射距離30m	distance《ディスタンス》 of《オヴ》 30《サーティ》m《ミータアズ》	30《ドライスィヒ》m《メータア》-Distanz《ディスタンツ》
68 射距離50m	distance《ディスタンス》 of《オヴ》 50《フィフティ》m《ミータアズ》	50《フュンフツィヒ》m《メータア》-Distanz《ディスタンツ》
69 射距離60m	distance《ディスタンス》 of《オヴ》 60《スィックスティ》m《ミータアズ》	60《ゼッヒツィヒ》m《メータア》-Distanz《ディスタンツ》
70 射距離70m	distance《ディスタンス》 of《オヴ》 70《セヴンティ》m《ミータアズ》	70《ズィーブツィヒ》m《メータア》-Distanz《ディスタンツ》
71 射距離90m	distance《ディスタンス》 of《オヴ》 90《ナインティ》m《ミータアズ》	90《ノインツィヒ》m《メータア》-Distanz《ディスタンツ》
72 射場、レンヂ	shooting《シューティング》 range《レインヂ》	Schießbahn《シースバーン》
73 シューティング・グラス	shooting《シューティング》 glasses《グラスィズ》	Schießbrille《シースブリレ》
74 シューティング・タイム	shooting《シューティング》 time《タイム》	Schießzeit《シースツァイト》
75 シューティング・タイムの追加	extra《エクストゥラ》 shooting《シューティング》 time《タイム》	Verlängerung《フェァレンゲルング》 der《デア》 Schießzeit《シースツァイト》
76 シューティングの安全性	security《スィキュリティ》 of《オヴ》 shooting《シューティング》	Schießsicherheit《シースズィッヒャァハイト》
77 シューティングの開始	beginning《ビギニング》 of《オヴ》 shooting《シューティング》	Anfang《アンファング》 des《デス》 Schießens《シーセンス》
78 シューティングの開始合図	signal《スィグヌル》 to《トゥ》 begin《ビギン》 shooting《シューティング》	Signal《ズィグナール》 zur《ツーァ》 Schußfreigabe《シュスフライガーベ》
79 シューティングの距離	shooting《シューティング》 distance《ディスタンス》	Schußentfernung《シュスエントフェルヌング》
80 シューティングの再開	resumption《リザムプシャン》 of《オヴ》 shooting《シューティング》	Wiederaufnahme《ヴィーダァアオフナーメ》 des《デス》 Schießens《シーセンス》
81 シューティングの修正	shooting《シューティング》 correction《コレクシャン》	Schießkorrektur《シースコレクトゥーァ》
82 シューティングの順番	oder《オーダァ》 of《オヴ》 shooting《シューティング》	Schußfolge《シュスフォルゲ》

フランス語	ロシア語	スペイン語
signalisation《スィニャリザスィオン》 lumineuse《リュミヌズ》	световая《スヴェタヴァーヤ》 сигнализация《スィグナリザーツィヤ》	señales《セニャレス》 lumínicas《ルミニカス》
volée《ヴォレ》 d'essai《デッセ》	пристрелочная《プリストゥリエーラチナヤ》 серия《スエーリヤ》	serie《セリエ》 de《デ》 tanteo《タンテオ》
distance《ディスタンス》 de《ドゥ》 30《トラント》m《メトル》	дистанция《ディスターンツィヤ》 30《トゥリーッツァチ》м《ミェートゥラフ》	distancia《ディスタンシア》 de《デ》 30《トゥレインタ》m《メトゥロス》
distance《ディスタンス》 de《ドゥ》 50《サンカント》m《メトル》	дистанция《ディスターンツィヤ》 50《ピディシャート》м《ミェートゥラフ》	distancia《ディスタンシア》 de《デ》 50《シンクエンタ》m《メトゥロス》
distance《ディスタンス》 de《ドゥ》 60《スワサント》m《メトル》	дистанция《ディスターンツィヤ》 60《シェディシャート》м《ミェートゥラフ》	distancia《ディスタンシア》 de《デ》 60《セセンタ》m《メトゥロス》
distance《ディスタンス》 de《ドゥ》 70《スワサントディス》m《メトル》	дистанция《ディスターンツィヤ》 70《スェミディシャート》м《ミェートゥラフ》	distancia《ディスタンシア》 de《デ》 70《セテンタ》m《メトゥロス》
distance《ディスタンス》 de《ドゥ》 90《カトルヴァンディス》m《メトル》	дистанция《ディスターンツィヤ》 90《ディヴィノースタ》м《ミェートゥラフ》	distancia《ディスタンシア》 de《デ》 90《ノベンタ》m《メトゥロス》
champ《シャン》 de《ドゥ》 tir《ティル》	стрелковая《ストゥリィルコーヴァヤ》 полоса《パラサー》	campo《カンポ》 de《デ》 tiro《ティロ》
lunettes《リュネット》 de《ドゥ》 tir《ティル》	очки《アチキー》 для《ドゥリャ》 стрельбы《ストゥリリブィー》	gafas《ガファス》 de《デ》 tiro《ティロ》
temps《タン》 de《ドゥ》 tir《ティル》	время《ヴリエーミヤ》 стрельбы《ストゥリリブィー》	tiempo《ティエンポ》 de《デ》 tiro《ティロ》
prolongation《プロロンガスィオン》 du《デュ》 temps《タン》 de《ドゥ》 tir《ティル》	продление《プラドゥリエーニエ》 времени《ヴリエーミニ》 стрельбы《ストゥリリブィー》	prolongación《プロロンガシオン》 del《デル》 tiempo《ティエンポ》 de《デ》 tiro《ティロ》
sécurité《セキュリテ》 de《ドゥ》 tir《ティル》	безопасность《ビザパースナスチ》 стрельбы《ストゥリリブィー》	seguridad《セグリダ》 de《デ》 tiro《ティロ》
commencement《コマンスマン》 du《デュ》 tir《ティル》	начало《ナチャーラ》 стрельбы《ストゥリリブィー》	comienzo《コミエンソ》 de《デ》 tiro《ティロ》
signal《スニャル》 de《ドゥ》 début《デビュ》 de《ドゥ》 tir《ティル》	сигнал《スィグナール》 к《ク》 началу《ナチャールゥ》 стрельбы《ストゥリリブィー》	señal《セニャル》 para《パラ》 comenzar《コメンサール》 el《エル》 tiro《ティロ》
distance《ディスタンス》 de《ドゥ》 tir《ティル》	дистанция《ディスターンツィヤ》 стрельбы《ストゥリリブィー》	distancia《ディスタンシア》 de《デ》 tiro《ティロ》
reprise《ルプリズ》 du《デュ》 tir《ティル》	возобновление《ヴァザブナヴリェーニエ》 стрельбы《ストゥリリブィー》	reanudación《レアヌダシオン》 del《デル》 tiro《ティロ》
correction《コレクスィオン》 de《ドゥ》 tir《ティル》	исправление《イスプラヴリェーニエ》 стрельбы《ストゥリリブィー》	corrección《コレクシオン》 de《デ》 tiro《ティロ》
priorité《プリィオリテ》 de《ドゥ》 tir《ティル》	очерёдность《アチィリョードゥナスチ》 стрельбы《ストゥリリブィー》	orden《オルデン》 de《デ》 tiro《ティロ》

日本語	英語	ドイツ語
83 シューティングの即時中止の合図	signal《スィグヌル》 to《トゥ》 stop《スタップ》 shooting《シューティング》 immediately《イミーディエットリィ》	Signal《ズィグナール》 zum《ツーム》 einstellen《アインシュテレン》 des《デス》 Schießens《シーセンス》
84 シューティング・ポジション	shooting《シューティング》 position《パズィシャン》	Schießstellung《シースシュテルング》
85 シューティング・ライン	shooting《シューティング》 line《ライン》	Schußlinie《シュスリーニエ》
86 シューティング・ライン上に残る	remain《リメイン》 on《オン》 the《ザ》 shooting《シューティング》 line《ライン》	auf《アオフ》 der《デア》 Schußlinie《シュスリーニエ》 bleiben《ブライベン》
87 シューティング・レーン	shooting《シューティング》 lane《レイン》	Schießbahn《シースバーン》
88 シューティングを中止する	intterrupt《インタラプト》 the《ザ》 shooting《シューティング》	Schießen《シーセン》 unterbrechen《ウンタアブレッヒエン》
89 シュート・オフ	shoot《シュート》 off《オフ》	Entscheidungkampf《エントシャイドゥングスカムプフ》, Ergänzungskampf《エァゲンツングスカムプフ》
90 照準装置	sighting《サイティング》 device《ディヴァイス》	Visiereinrichtungen《ヴィズィーァアインリッヒトゥンゲン》
91 女子クラス	women's《ウィミンズ》 class《クラス》	Damenklasse《ダーメンクラッセ》
92 数字の色（バットレス上の）	figures'《フィギャズ》 colour《カラァ》 on《オン》 the《ザ》 buttresses《バットリセス》	Farben《ファルベン》 der《デア》 Ziffern《ツィッフエルン》
93 スコア・ゾーンの分割線	line《ライン》 that《ザット》 separates《セパレイツ》 the《ザ》 scoring《スコーリング》 areas《エアリアズ》	Trennlinie《トレンリーニエ》
94 スコアのないゾーン	non《ノン》-scoring《スコーリング》 area《エアリア》	Zone《ツォーネ》 ohne《オーネ》 Wertung《ヴェールトゥング》
95 スコアリング・ゾーン	scoring《スコーリング》 area《エアリア》	Trefferzone《トレッファツォーネ》
96 スコアを記録する	record《レカド》 the《ザ》 scores《スコーズ》	aufschreiben《アオフシュライベン》

フランス語	ロシア語	スペイン語
signal《スニャル》 de《ドゥ》 cessation《セサスィオン》 immé《イメディアト》 du《デュ》 tir《ティル》	сигнал《スィグナール》 немедленного《ニミェードゥリンナヴァ》 прекращения《プリクラシチェーニヤ》 стрельбы《ストゥリリブィー》	señal《セニャル》 para《パラ》 el《エル》 cese《セセ》 inmediato《インメディアト》 del《デル》 tiro《ティロ》
position《ポズィスィオン》 de《ドゥ》 tir《ティル》	позиция《パズィーツィヤ》 стрельбы《ストゥリリブィー》	posición《ポシシオン》 de《デ》 tiro《ティロ》
ligne《リニュ》 de《ドゥ》 tir《ティル》	линия《リーニヤ》 стрельбы《ストゥリリブイー》	línea《リネア》 de《デ》 tiro《ティロ》
demeurer《ドムレ》 sur《スュル》 la《ラ》 ligne《リニュ》 de《ドゥ》 tir《ティル》	оставаться《アスタヴァユツァ》 на《ナ》 линии《リーニイ》 стрельбы《ストゥリリブィー》	quedarse《ケダールセ》 en《エン》 la《ラ》 línea《リネア》 de《デ》 tiro《ティロ》
couloir《クゥルワル》 de《ドゥ》 tir《ティル》	дорожка《ダローシカ》 стрельбы《ストゥリリブィー》	pasillo《パスイリォ》 de《デ》 tiro《ティロ》
cesser《セセ》 le《ル》 tir《ティル》	прекратить《プリクラティーチ》 стрельбы《ストゥリリブィー》	interrumpir《インテルンピール》 el《エル》 tiro《ティロ》
barrage《バラジュ》	дополнительный《ダバルニーチリヌィイ》 матч《マトゥチ》, решающая《リシャーユシチィ》 встреча《フストゥリエーチャ》	desempate《デセンパテ》
dispositifs《ディスポズィティフ》 de《ドゥ》 visée《ヴィゼ》	прицельные《プリチェーリヌィエ》 приспособления《プリスパサブリェーニヤ》	dispositivos《ディスポシティボス》 de《デ》 puntería《プンテリア》
catégorie《カテゴリ》 dames《ダム》	класс《クラース》 женщин《ジェーンシチン》	categoría《カテゴリア》 damas《ダマス》
couleur《クゥルル》 des《デ》 chiffres《シフル》 (sur《スユ》 les《レ》 paillassons《パイヤソン》)	цвета《ツヴェータ》 цифр《ツィーフル》 (*на*《ナ》 *матах*《マータフ》)	colores《コロレス》 de《デ》 las《ラス》 cifras《シフラス》 (en《エン》 las《ラス》 roscas《ロスカス》)
ligne《リニュ》 de《ドゥ》 séparation《セパラスィオン》 des《デ》 zones《ゾヌ》 de《ドゥ》 pointage《プワンタジュ》	разделительная《ラズヂィリーチリナヤ》 линия《リーニヤ》 (*между*《ミェージドゥ》 *очковыми*《アチコーヴィミ》 *зонами*《ゾーナミ》)	línea《リネア》 divisoria《ディビソリア》 (entre《エントゥレ》 zonas《ソナス》 de《デ》 puntuación《プントゥアシオン》)
zone《ゾヌ》 sans《サン》 pointage《プワンタジュ》	неочковая《ニィアチコーヴァヤ》 зона《ゾーナ》	zona《ソナ》 no《ノ》 válida《バリダ》
zone《ゾヌ》 de《ドゥ》 pointage《プワンタジュ》	счётная《スチョートゥナヤ》 зона《ゾーナ》	zona《ソナ》 de《デ》 puntuación《プントゥアシオン》
marquer《マルケ》	записывать《ザピースィヴァチ》	anotar《アノタール》

日本語	英語	ドイツ語
97 頭上で弓を保持する	hold《ホウルド》 the《ザ》 bow《ボウ》 over《オウヴァ》 the《ザ》 head《ヘッド》	Bogen《ボーゲン》 über《ユーバァ》 dem《デム》 Kopf《コップフ》 halten《ハルテン》
98 頭上に弓を上げる	raise《レイズ》 the《ザ》 bow《ボウ》 over《オウヴァ》 the《ザ》 head《ヘッド》	Bogen《ボーゲン》 über《ユーバァ》 den《デン》 Kopf《コップフ》 heben《ハルテン》
99 スタビライザー	stabilizer《スティバライザァ》	Stabilisator《シュタビリザトーァ》
100 ストリング・サービング	string《ストゥリング》 serving《サーヴィング》	Umwicklung《ウムヴィックルング》 der《デァ》 Sehne《ゼーネ》
101 ストリングの交換	replacement《レプレイスマント》 of《オヴ》 the《ザ》 string《ストゥリング》	Sehnenwechsel《ゼーネンヴェックセル》
102 ストリング・ノック（弓筈）	string《ストゥリング》 nock《ナック》	Kerbe《ケルベ》 am《アム》 Bogenarm《ボーゲンアルム》 für《フューァ》 die《ディ》 Sehne《ゼーネ》
103 ストリング・ループ	string《ストゥリング》 loop《ループ》	Öse《エーゼ》
104 スパイン（硬さ）	spine《スパイン》	Härte《ヘルテ》
105 成績記入	writing《ライティング》 down《ダウン》 of《オヴ》 the《ザ》 results《リザルツ》	Einschreibung《アインシュライブング》 der《デァ》 Ergebnisse《エァゲーブニセ》
106 選手ナンバー	number《ナンバァ》 of《オヴ》 the《ザ》 competitor《カンペタタァ》	Startnummer《シュタルトヌマァ》
107 選手の服装	archer's《アーチャズ》 wear《ウエア》	Schützenkleidung《シュッツエンクライドゥング》
108 双眼鏡	binoculars《ビナキュラァズ》	Feldstecher《フエルトシュテッヒャァ》
109 測定誤差	measure《メジャ》 of《オヴ》 tolerance《タレランス》	Meßtoleranz《メストレランツ》
110 測定のエラー	error《エラァ》 of《オヴ》 measurements《メジャマンツ》	Meßfehler《メスフェーラァ》
111 測量用巻尺	tape《テイプ》 measure《メジャ》	Bandmaß《バントマース》
112 それた矢	deflected《ディフレクティド》 arrow《アロウ》	abgefälschter《アップゲフェルシュタァ》 Pfeil《プファイル》
113 ターゲット・アーチェリー	target《ターギット》 archery《アーチャリィ》	Scheibenschießen《シャイベンシーセン》

フランス語	ロシア語	スペイン語
tenir《トゥニル》 son《ソン》 arc《アルク》 au-dessus《オドゥスュ》 de《ドゥ》 sa《サ》 tête《テートゥ》	держать《ヂィルジャーチ》 лук《ルゥーク》 над《ナード》 головой《ガラヴォーイ》	sujetar《スヘタール》 el《エル》 arco《アルコ》 por《ポル》 encima《エンシマ》 de《デ》 la《ラ》 cabeza《カベサ》
lever《ルヴェ》 son《ソン》 arc《アルク》 au-dessus《オドゥスュ》 de《ドゥ》 sa《サ》 tête《テートゥ》	поднять《パドゥニャーチ》 лук《ルゥーク》 над《ナード》 головой《ガラヴォーイ》	levantar《レバンタール》 el《エル》 arco《アルコ》 sobre《ソブレ》 la《ラ》 cabeza《カベサ》
stabilisateur《スタビリザトゥル》	стабилизатор《スタビリザータル》	estabilizador《エスタビリサドル》
tranchefile《トランシュフィル》 de《ドゥ》 la《ラ》 corde《コルド》	обмотка《アブモートゥカ》 на《ナ》 тетиве《チチヴェー》	cabezada《カベサダ》 de《デ》 la《ラ》 cuerda《クエルダ》
remplacement《ランプラスマン》 d'une《デュヌ》 corde《コルド》	замена《ザミェーナ》 тетивы《チチヴィー》	sustitución《ススティトゥシオン》 de《デ》 la《ラ》 cuerda《クエルダ》
encoche《アンコシュ》 de《ドゥ》 l'arc《ラルク》	выемка《ヴィーィエムカ》 для《ドゥリャ》 тетивы《チチヴィー》 на《ナ》 луке《ルゥーキェ》	ranura《ラヌラ》 del《デル》 arco《アルコ》
boucle《ブゥクル》 de《ドゥ》 la《ラ》 corde《コルド》	петля《ピェートゥリャ》 тетивы《チチヴィー》	gaza《ガサ》
rigidité《リジディテ》	твёрдость《トゥヴョールダスチ》	rigidez《リヒデス》, spine《スピネ》
enregistrement《アンルジストルマン》 des《デ》 résultats《レズュルタ》	запись《ザピーシ》 результатов《リズゥリタータフ》	anotación《アノタシオン》 de《デ》 resultados《レスルタドス》
dossard《ドサル》	номер《ノーミル》 участника《ウチャースニカ》	número《ヌメロ》 del《デル》 partiipante《パルティシパンテ》
vêtement《ヴェトマン》 de《ドゥ》 l'archer《ラルシェ》	форма《フォールマ》 лучника《ルゥーチニカ》	traje《トゥラヘ》 (uniforme)《（ウニフォルメ）》 del《デル》 arquero《アルケロ》
jumelles《ジュメル》	бинокль《ビノークリ》	prismáticos《プリスマティコス》
tolérance《トレランス》 de《ドゥ》 mesure《ムズュル》	допуски《ドープゥスキ》 при《プリー》 измерениях《イズミリェーニヤフ》	tolerancia《トレランシア》 de《デ》 medidas《メディダス》
erreur《エルル》 de《ドゥ》 mesure《ムズュル》	ошибка《アシーブカ》 измерения《イズミリェーニヤフ》	error《エロル》 de《デ》 medida《メディダ》
roulette《ルゥレット》	измерительная《イズミリーチリナヤ》 рулетка《ルゥリェートゥカ》	cinta《シンタ》 métrica《メトゥリカ》
flèche《フレシュ》 déviée《デヴィエ》	отклонившаяся《アトクラニーフシャヤスャ》 стрела《ストゥリラー》	flecha《フレチャ》 desviada《デスビアダ》
tir《ティル》 à《ア》 l'arc《ラルク》 sur《スュル》 cible《スィブル》	стрельба《ストゥリリバー》 из《イズ》 лука《ルゥーカ》 по《パ》 мишени《ミシェーニ》	tiro《ティロ》 con《コン》 arco《アルコ》 al《アル》 blanco《ブランコ》

日本語	英語	ドイツ語
114 ターゲット・アーチェリーのアロー	arrow《アロウ》 for《フォ》 the《ザ》 target《ターギット》 archery《アーチャリィ》	Scheibenschießenpfeil《シャイベンシーセンプファイル》
115 ターゲット・バットレス	target《ターギット》 buttresses《バットリセス》	Strohmatten《シュトローマッテン》 für《フューア》 die《ディ》 Scheiben《シャイベン》
116 ターゲット・フェイス（的紙）	target《ターギット》 face《フェイス》	Scheibenbild《シャイベンビルト》
117 ターゲット・ライン	target《ターギット》 line《ライン》	Schießscheibenlinie《シースシャイベンリーニエ》
118 タイム・リミット	time《タイム》 limit《リミット》	Zeitlimit《ツァイトリミット》
119 ダブル・サイト	double《ダブル》 sight《サイト》	Mehrfachvisier《メーァファッハヴィズィーァ》
120 ダブルFITAラウンド	double《ダブル》 FITA《フィタ》-round《ラウンド》	FITA《フィタ》-Dppelrunde《ドッペルルンデ》
121 短距離	short《ショート》 distance《ディスタンス》	kurze《クルツェ》 Distanz《ディスタンツ》
122 男子クラス	men's《メーンズ》 class《クラス》	Schützenklasse《シュッツェンクラッセ》
123 団体順位	team《チーム》 ranking《ランキング》	mannscaftklassifizierung《マンシャフトクラスィフィツィールング》
124 地域審判員	regional《リーヂョヌル》 judge《ヂャッヂ》	Regionalschiedsrichter《レギオナールシーツリッヒタァ》
125 中断されたシューティング	interrupted《インタラプティド》 shooting《シューティング》	Unterbrechung《ウンタァブレッヒュング》 des《デス》 Schießens《シーセンス》
126 長距離	long《ロング》 distance《ディスタンス》	lange《ランゲ》 Distanz《ディスタンツ》
127 張力	tension《テンシャン》	Spannen《シュパネン》
128 ディバインディング・ライン（分割線）	dividing《ディヴァイディング》 line《ライン》	Teilungslinie《タイルングスリーニエ》
129 ディレクター・オヴ・シューティング（DOS）	director《ディレクタァ》 of《オヴ》 shooting《シューティング》	Schießdirektor《シースディレクトァ》
130 的中	hit《ヒット》, impact《インパクト》	Treffer《トレッファ》

フランス語	ロシア語	スペイン語
flèche《フレシュ》 pour《プゥル》 le《ル》 tir《ティル》 à l'arc《アラルク》 sur《スュル》 cible《スィブル》	стрела《ストゥリラー》 для《ドゥリャ》 стрельбы《ストゥリリブィー》 по《パ》 мишени《ミシェーニ》	flecha《フレチャ》 para《パラ》 tiro《ティロ》 con《コン》 arco《アルコ》 al《アル》 blanco《ブランコ》
paillassons《パイヤソン》 pour《プゥル》 les《ラ》 cibles《スィブル》	маты《マトゥィ》 для《ドゥリャ》 крепления《クリプリエーニャ》 мишеней《ミシェーニエイ》	soportes《ソポルテス》 de《デ》 los《ロス》 blancos《ブランコス》
blason《ブラゾン》	поверхности《パベールフナスチィ》 мишени《ミシェーニ》	blasón《ブラソン》
ligne《リニュ》 des《デ》 cibles《スィブル》	линия《リーニャ》 мишеней《ミシェーニエイ》	línea《リネア》 de《デ》 blancos《ブランコス》
temps《タン》 limite《リミット》	лимит《リミート》 времени《ヴリェーミニ》	tiempo《ティエンポ》 límite《リミテ》
viseur《ヴィズル》 à《ア》 deux《ドゥ》 points《プワン》 de《ドゥ》 visée《ヴィゼ》	двойной《ドゥヴァイノーイ》 прицел《プリチェール》	visor《ビソル》 con《コン》 dos《ドス》 puntos《プントス》 de《デ》 referencia《レフェレンシア》
double《ドゥブル》 série《セリ》 FITA《フィタ》	двойной《ドゥヴァイノーイ》 круг《クルゥーク》 ФИТА《フィタ》	doble《ドブレ》 serie《セリエ》 FITA《エフェイテア》
distance《ディスタンス》 courte《クゥルト》	короткая《カロートゥカヤ》 дистанция《ディスターンツィヤ》	distancia《ディスタンシア》 corta《コルタ》
catégorie《カテゴリ》 messieurs《メスィウ》	класс《クラース》 мужчин《ムシシィーン》	categoría《カテゴリア》 caballeros《カバリェロス》
classement《クラスマン》 de《ドゥ》 l'équipe《レキプ》	командная《カマーンドゥナヤ》 классификация《クラスィフィカーツィヤ》	clasificación《クラシフィカシオン》 del《デル》 equipo《エキポ》
juge《ジュジュ》 régional《レジオナル》	региональный《リギアナーリヌィイ》 судья《スゥヂィヤー》	árbitro《アルビトゥロ》 regional《レヒオナル》
tir《ティル》 interrompu《アンテロンプ》	перерыв《ピリルィーフ》 в《フ》 стрельбе《ストゥリリビエー》	tiro《ティロ》 interrumpido《インテルンピド》
distance《ディスタンス》 longue《ロング》	длинная《ドゥリーンナヤ》 дистанция《ディスターンツィヤ》	distancia《ディスタンシア》 larga《ラルガ》
tension《タンスィオン》	натяжение《ナチャジェーニエ》	tensión《テンシオン》
ligne《リニュ》 de《ドゥ》 séparation《セパラスィオン》	линия《リーニャ》 сепарации《スィパラーツィイ》 деления《ヂィリエーニャ》	línea《リネア》 divisoria《ディビソリア》
directeur《ディレクトゥル》 de《ドゥ》 tir《ティル》	директор《ディレークタル》 стрельбы《ストゥリリブィー》	director《ディレクトル》 de《デ》 tiro《ティロ》
impact《アンパクト》	попадание《パパダーニエ》	impacto《インパクト》

日本語	英語	ドイツ語
131 デッド・リリース	dead《デッド》 release《リリース》	plötzliches《プレッツリヒエス》 Abschießen《アップシーセン》
132 電子装置	electronic《イレクトラニック》 device《ディヴァイス》	Elektroneneinrichtung《エレクトローネンアインリッヒトゥング》
133 得点	scoring《スコーリング》 value《ヴァリュー》	Ringwert《リングヴェールト》
134 得点順位掲示板	priority《プライオーラティ》 order《オーダァ》 indicator《インディケイタァ》	Anzeiger《アンツァイガァ》 des《デス》 Ordnungsindexes《オルドヌングスインデックセス》
135 得点となる矢	counted《カウンティド》 arrows《アロウズ》	gültige《ギュルティゲ》 Pfeile《プファイレ》
136 得点の確認	verification《ヴェラファケイシャン》	Kontrolle《コントロレ》
137 突風	gust《ガスト》 of《オヴ》 wind《ウィンド》	Windstoß《ヴィントシュトース》
138 ドロー	draw《ドゥロー》, tension《テンシャン》	Spannen《シュパネン》
139 ドロー・アーム(引き手)	drawing《ドゥローイング》 hand《ハンド》	Zughand《ツークハント》
140 ドロー・レングス(矢尺)	draw《ドゥロー》 length《レングス》	Auszugslänge《アオスツークスレンゲ》
141 内径	internal《インターヌル》 diameter《ダイアミタァ》	innerer《インネラァ》 Durchmesser《ドゥルヒメッサァ》
142 72射	end《エンド》 of《オヴ》 72《セヴンティ トゥー》 arrows《アロウズ》	Satz《ザッツ》 von《フォン》 72《ツヴァイウントズィーブツィヒ》 Pfeilen《プファイレン》
143 24射	end《エンド》 of《オヴ》 24《トゥウエンティ フォー》 arrows《アロウズ》	Satz《ザッツ》 von《フォン》 24《フィーアウントツヴァンツィヒ》 Pfeilen《プファイレン》
144 狙いをつけること	sighting《サイティング》	Zielen《ツィーレン》, Anvisieren《アンヴィズィーレン》
145 ノッキング・ポイント	nocking《ナッキング》 point《ポイント》	Nockpunkt《ノックプンクト》
146 ノックの切り込み	nock《ナック》 mouth《マウス》, groove《グルーヴ》	Nockenkerbe《ノッケンケルベ》
147 ノック・ロケーター	nock《ナック》-locator《ロウケイタァ》	Pfeilbett《プファイルベット》
148 破損	damage《ダメッヂ》	Beschädigung《ベシェーディグング》

フランス語	ロシア語	スペイン語
décochement《デコシェマン》 subit《スュビ》	внезапное《ヴニザープナエ》 спускание《スプゥスカーニエ》 стрелы《ストゥリエールィ》	soltada《ソルタダ》 brusca《ブルスカ》
dispositif《ディスポズィティフ》 électronique《エレクトロニク》	электронное《エリクトローンナエ》 устройство《ウストゥローイストゥヴァ》	dispositivo《ディスポシティボ》 electrónico《エレクトゥロニコ》
valeur《ヴァルル》 des《デ》 impacts《ザンパクト》	оценка《アツェーンカ》 попаданий《パパダーニイ》	evaluación《エバルアシオン》 de《デ》 los《ロス》 impactos《インパクトス》
indicateur《アンディカトゥル》 de《ドゥ》 priorité《プリィオリテ》 de《ドゥ》 tir《ティル》	указатель《ウカザーチリ》 индексов《イーンヂィクサフ》 очерёдности《アチリョードゥナスチィ》	indicador《インディカドル》 de《デ》 la《ラ》 prioridad《プリオリダ》 de《デ》 tiro《ティロ》
flèches《フレシュ》 comptées《コンテ》	зачётные《ザチョートゥヌィエ》 стрелы《ストゥリルィー》	flechas《フレチャス》 valederas《バレデラス》
vérification《ヴェリフィカスィオン》	проверка《プラヴェールカ》	control《コントゥロル》
coup《クゥ》 de《ドゥ》 vent《ヴァン》	порыв《パルィーフ》 ветра《ヴェートゥラ》	ráfaga《ラファガ》 de《デ》 viento《ビエント》
armement《アルムマン》, tension《タンスィオン》	натяжение《ナチャジェーニエ》	tensión《テンシオン》
main《マン》 tireuse《ティルズ》	рука《ルゥカー》, натягивающая《ナチャーギヴァユシチャヤ》 тетиву《チチィヴゥー》	mano《マノ》 de《デ》 la《ラ》 cuerda《クエルダ》
allonge《アロンジェ》	величина《ヴィリチナー》 натяжения《ナチャジェーニヤ》	apertura《アペルトゥラ》
diamètre《ディアメトル》 intérieur《アンテリゥル》	внутренний《ヴヌゥートゥリンニイ》 диаметр《ディアーミトゥル》	diámetro《ディアメトゥロ》 interior《インテリオル》
visée《ヴィゼ》 de《ドゥ》 72《スワサントドゥズ》 flèches《フレシュ》	серия《スエーリヤ》 из《イズ》 72《スエーミディシャート ドゥヴゥーフ》 стрел《ストゥリエール》	serie《セリエ》 de《デ》 72《セテンタ ドス》 flechas《フレチャス》
volée《ヴィゼ》 de《ドゥ》 24《ヴァントカトル》 flèches《フレシュ》	серия《スエーリヤ》 из《イズ》 24《ドゥヴァツァチ チトゥィーリエ》 стрел《ストゥリエール》	serie《セリエ》 de《デ》 24《セテンタ ドス》 flechas《フレチャス》
visée《ヴィゼ》	прицеливание《プリツェーリヴァニエ》	puntería《プンテリア》
point《プワン》 d'encochage《ダンコシャジュ》	рабочая《ラボーチャヤ》 часть《チャースチ》 тетивы《チチィヴィー》	punto《プント》 de《デ》 empulgadura《エンプルガドゥラ》
bouche《ブゥシュ》 d'encoche《ダンコシュ》	вырез《ヴィーリス》 на《ナ》 хвостовике《フヴァスタヴィケー》 стрелы《ストゥリエールィ》	muesca《ムエスカ》 de《デ》 flecha《フレチャ》
fixe-encoche《フィクサンコシュ》	ограничитель《アグラニチィーチリ》(*зажатия*《（ザジャーチィヤ》 *стрелы)*《ストゥリルィー）》	fijador《フィハドル》 de《デ》 la《ラ》 contera《コンテラ》
détérioration《デテリオラスィオン》	повреждение《パヴリジヂェーニエ》	daño《ダニョ》

日本語	英語	ドイツ語
149 旗の位置	flags《フラッグズ》 position《パズィシャン》	Flaggenposition《フラッゲンポズィツィオーン》
150 バック・ボウ・フェイス	back《バック》 bowface《ボウフェイス》	Bogenrücken《ボーデンリュッケン》
151 バット	butt《バット》	Binsenmatte《ビンゼンマッテ》
152 バットレスの大きさ	buttress《バトリス》 dimensions《ディメンシャンズ》	Größe《グレーセ》 der《デア》 Matte《マッテ》
153 バットレスの角度	buttress《バトリス》 angle《アングル》	Mattenwinkel《マッテンヴィンケル》
154 はね返り	rebound《リバウンド》	Absprung《アップシュプルング》
155 羽根の配置	feathers《フェザァズ》 disposition《ディスパズィシャン》	Federanordnung《フェーダァアンオルドヌング》
156 バリア（ブラインド）	barrier《バリア》, blind《ブラインド》	Einzäunung《アインツォイヌング》
157 ハンティング・ボウ	hunting《ハンティング》 bow《ボウ》	Jagdbogen《ヤークトボーゲン》
158 ピープ・サイト	peep《ピープ》 sight《サイト》	Diopter《ディオプタァ》
159 標的（ターゲット）	target《ターギット》, target《ターギット》 face《フェイス》	Schießscheibe《シースシャイベ》, Zielscheibe《ツィールシャイベ》
160 標的から矢を 引き抜く	pull《プル》 the《ゼ》 arrow《アロウ》 from《フラム》 the《ザ》 target《ターギット》	Pfeil《プファイル》 aus《アオス》 der《デア》 Scheibe《シャイベ》 ziehen《ツィーエン》
161 標的環帯	area《エアリア》 of《オヴ》 the《ザ》 target《ターギット》	Ring《リング》 an《アン》 der《デア》 Schießscheibe《シースシャイベ》
162 標的接触点	point《ポイント》 of《オヴ》 contact《カンタクト》	Kontaktpunkt《コンタクトプンクト》 der《デア》 Scheiben《シャイベン》
163 標的ナンバー（番号）	target《ターギット》 number《ナンバァ》	Scheibennummer《シャイベンヌマァ》
164 標的に接近する合図	signal《スィグヌル》 to《トゥ》 approach《アプロウチ》 the《ザ》 target《ターギット》	Signal《ズィグナール》 zum《ツム》 Herantreten《ヘラントレーテン》 an《アン》 die《ディ》 Schießscheiben《シースシャイベン》
165 標的に命中する	hit《ヒット》 the《ザ》 target《ターギット》	Schießscheibe《シースシャイベ》 treffen《トレッフェン》
166 標的の色	target《ターギット》 colour《カラァ》	Farben《ファルベン》 der《デア》 Schießscheiben《シースシャイベン》

フランス語	ロシア語	スペイン語
position《ポズィスィオン》 des《デ》 fanions《ファニオン》	положение《パラジェーニエ》 флажков《フラシコーフ》	posición《ポシシオン》 de《デ》 los《ロス》 banderines《バンデリネス》
dos《ド》 d'arc《ダルク》	спинка《スピンカ》 лука《ルゥーカ》	cara《カラ》 interna《インテルナ》
paillasson《パヤソン》	циновка《ツィノーフカ》	rosca《ロスカ》, serón《セロン》
dimension《ディマンスィオン》 du《デュ》 paillasson《パヤソン》	размер《ラズミェール》 мата《マータ》	tamaño《タマニョ》 de《デ》 la《ラ》 rosca《ロスカ》
angle《アングル》 du《デュ》 paillasson《パヤソン》	угол《ウーガル》 наклона《ナクローナ》 мата《マータ》	ángulo《アングロ》 de《デ》 rosca《ロスカ》
ricochet《リコシュ》	отскок《アトゥスコーク》	rebote《レボテ》
disposition《ディスポズィスィオン》 des《デ》 plumes《プリュム》	расположение《ラスパラジェーニエ》 перьев《ピエーリィエフ》 (на《ナ》 стреле《ストゥリリエー》)	posición《ポシシオン》 de《デ》 las《ラス》 plumas《プルマス》
barrière《バリエル》	ограждение《アグラジヂェーニエ》	cerca《セルカ》
arc《アルク》 de《ドゥ》 chasse《シャス》	охотничий《アホートゥニチイ》 лук《ルゥーク》	arco《アルコ》 de《デ》 caza《カサ》
oeilleton《ウィユトン》	диоптрическое《ディアプトゥリーチスカエ》 отверстие《アトゥヴェールスチィエ》	visor《ビソル》 dióptrico《ディオプトゥリコ》
cible《スィブル》, blason《ブラゾン》	мишень《ミシェーニ》	blanco《ブランコ》
retirer《ルティレ》 la《ラ》 flèche《フレシュ》 de《ドゥ》 la《ラ》 cible《スィブル》	вытащить《ヴィータシチチ》 стрелу《ストゥリルゥー》 из《イズ》 мишени《ミシェーニ》	sacar《サカール》 la《ラ》 flecha《フレチャ》 del《デル》 blanco《ブランコ》
zone《ゾヌ》 de《ドゥ》 cible《スィブル》	круг《クルゥーク》 на《ナ》 мишени《ミシェーニ》	zona《ソナ》 del《デル》 blanco《ブランコ》
point《ブワン》 de《ドゥ》 contact《コンタクト》 de《ドゥ》 la《ラ》 cible《スィブル》	точка《トーチカ》 касания《カサーニヤ》 мишеней《ミシェーニェイ》	punto《プント》 de《デ》 contacto《コンタクト》 con《コン》 el《エル》 blanco《ブランコ》
numéro《ニュメロ》 de《ドゥ》 cible《スィブル》	номер《ノーミル》 мишени《ミシェーニ》	número《ヌメロ》 del《デル》 blanco《ブランコ》
signal《スニャル》 d'approche《ダプロシュ》 aux《オ》 cibles《スィブル》	сигнал《スィグナール》 подхода《パドゥホーダ》 к《ク》 мишеням《ミシェーニャム》	señal《セニャル》 para《パラ》 acercarse《アセルカールセ》 al《アル》 blanco《ブランコ》
faire《フェル》 mouche《ムゥシュ》	попасть《パパースチ》 в《ヴ》 мишень《ミシェーニ》	hacer《アセール》 diana《ディアナ》
couleur《クゥルル》 de《ドゥ》 la《ラ》 cible《スィブウ》	цвета《ツヴェータ》 мишени《ミシェーニ》	colores《コロレス》 del《デル》 blanco《ブランコ》

日本語	英語	ドイツ語
167 標的の大きさ	target《ターギット》 dimensions《ディメンシャンズ》	Durchmesser《ドゥルヒメッサァ》 der《デア》 Schießscheibe《シースシャイベ》
168 標的のタイプ	type《タイプ》 of《オヴ》 the《ザ》 target《ターギット》	Schießscheibentyp《シースシャイベンテュープ》
169 標的の中心	centre《センタァ》 of《オヴ》 the《ザ》 target《ターギット》	Zentrum《ツェントゥルム》 der《デア》 Schießscheibe《シースシャイベ》
170 標的の的中孔を チェックする	mark《マーク》 the《ザ》 holes《ホウルズ》	Auftreffstelle《アオフトレッフシュテレ》 markieren《マルキーレン》
171 ピンチ	pinch《ピンチ》	Kneifen《クナイフェン》
172 フード型サイト	hood《フード》 sight《サイト》	Tunnelvisier《トゥンネルヴィズィーァ》
173 ファイナル・ラウンド	final《ファイヌル》 round《ラウンド》	Endrunde《エントルンデ》
174 フィールド・アーチェリー	field《フィールド》 archery《アーチャリィ》	Feldbogenschießen《フェルトボーゲンシーセン》
175 フィールドの設備	field《フィールド》 equipment《イクウィプマント》	Feldausrüstung《フェルトアオスリュストゥング》
176 FITA・ラウンド	FITA《フィタ》-round《ラウンド》	FITA《フィタ》-Runde《ルンデ》
177 フィンガー・タブ	finger《フィンガァ》 tab《タブ》	Fingerschutz《フィンガァシュッツ》
178 フェザー（矢羽根）	feather《フェザァ》, fletching《フレッチング》	Befiederung《ベフィーデルング》
179 フライト	flight《フライト》	Flug《フルーク》
180 フライト・アーチェリー	flight《フライト》 archery《アーチャリィ》, flight《フライト》 shooting《シューティング》	Weitschießen《ヴァイトシーセン》
181 プランジャ （プレッシャー・ボタン）	plunger《プランヂャア》, pressure《プレシャ》 button《バトゥン》	Druckknopf《ドゥルッククノップフ》
182 プリズム	prism《プリズム》	Prisma《プリスマ》
183 ブレット・ポイント	bullet《ブレト》 point《ポイント》, bullet《ブレト》 pile《パイル》	pfeilförmige《プファイルフェルミゲ》 Spitze《シュピッツェ》

フランス語	ロシア語	スペイン語
dimension《ディマンスィオン》 du《デュ》 blason《ブラゾン》	размер《ラズミエール》 мишени《ミシェーニ》	tamaño《タマニョ》 del《デル》 blanco《ブランコ》
type《ティープ》 de《ドゥ》 la《ラ》 cible《スィブル》	тип《チィープ》 мишени《ミシェーニ》	tipo《ティポ》 del《デル》 blanco《ブランコ》
centre《サントル》 de《ドゥ》 la《ラ》 cible《スィブル》	центр《ツェーントゥル》 мишени《ミシェーニ》	diana《ディアナ》
marquer《マルケ》 les《レ》 points《ブワン》 d'impact《ダンパクト》	отметить《アトゥミェーチィチ》 попадание《パパダーニエ》 в《ヴ》 мишень《ミシェーニ》	marcar《マルカール》 los《ロス》 impactos《インパクト》 en《エン》 el《エル》 blanco《ブランコ》
pincement《パンスマン》	щипание《シチパーニエ》	pinzamiento《ピンサミエント》
viseur《ヴィズル》 cylindroïde《スィランドロイド》	цилиндрический《ツィリンドゥリーチスキイ》 прицел《プリチェール》	visor《ビソル》 cilíndrico《シリンドゥリコ》
série《セル》 finale《フィナル》	финальный《フィナーリヌィイ》 круг《クルゥーク》	ronda《ロンダ》 final《フィナル》
tir《ティル》 à《ア》 l'arc《ラルク》 en《アン》 campagne《カンパニュ》	полевая《パリヴァーヤ》 стрельба《ストゥリリバー》 из《イズ》 лука《ルゥーカ》	tiro《ティロ》 con《コン》 arco《アルコ》 de《デ》 campo《カンポ》
équipement《エキプマン》 du《デュ》 terrain《テラン》	полевое《パリヴォーエ》 оборудование《アバルゥーダヴァニエ》	equipo《エキポ》 de《デ》 campo《カンポ》
série《セリ》 FITA《フィタ》	раунд《ラーウンド》 ФИТА《フィタ》	serie《セリエ》 FITA《エフェイテア》
doigtier《ドゥワティエ》, protège-doigts《プロテジュドゥワ》	напальчник《ナパーリチニク》	dactilera《ダクティレラ》, protector《プロテクトル》 del《デル》 dedo《デド》
empennage《アンペナジュ》	оперение《アピリェーニエ》 стрелы《ストゥリルィー》	emplumado《エンプルマダ》 de《デ》 la《ラ》 flecha《フレチャ》
vol《ヴォル》	полёт《パリョート》	vuelo《ブエロ》
tir《ティル》 de《ドゥ》 distance《ディスタンス》	стрельба《ストリリバー》 на《ナ》 дальность《ダーリナスチ》	tiro《ティロ》 a《ア》 gran《グラン》 distancia《ディスタンシア》
bouton《ブゥトン》 de《ドゥ》 pression《プレスィオン》	кнопка《クノープカ》	botón《ボトン》 de《デ》 presión《プレシオン》
prisme《プリスム》	призма《プリーズマ》	prisma《プリスマ》
pointe《プエアント》 ogivale《オジヴァル》	стрельчатое《ストゥリェーリチャタエ》 остриё《アストゥリヨー》 стрелы《ストゥリルィー》	punta《プンタ》 ojival《オヒバル》

日本語	英語	ドイツ語
184 フロント・ボウフェイス	front《フラント》 bowface《ボウフェイス》	Bogenstirn《ボーゲンシュティルン》
185 ベア・ボウ部門	barebow《ベアボウ》 division《ディヴィジャン》	Instinktiv-Klasse《インスティンクティーフクラッセ》
186 ヘン・フェザー	hen《ヘン》 feather《フェザァ》	Hennenfeder《ヘンネンフェーダァ》
187 ホィール	pulley《プリ》 wheel《フウィール》	Rolle《ロレ》
188 望遠鏡	telescope《テレスコウプ》	Teleskop《テレスコープ》
189 ボウ・グリップ	bow《ボウ》 grip《グリップ》	Bogengriff《ボーゲングリッフ》, Handgriff《ハントグリッフ》
190 ボウ・ストリング	bowstring《ボウストゥリング》	Sehne《ゼーネ》
191 ボウ・スリング	bow《ボウ》 sling《スリング》, wrist《リスト》 sling《スリング》	Fangriemen《ファングリーメン》
192 ボウ・ハンド（押し手）	bow《ボウ》 hand《ハンド》, bow《ボウ》 arm《アーム》	Bogenhand《ボーゲンハント》
193 ボウ・リム	bow《ボウ》 limb《リム》	Bogenarm《ボーゲンアルム》
194 胸当て	chest《チェスト》 guard《ガード》	Brustschutz《ブルストシュッツ》
195 メタル・アロー	metal《メトゥル》 arrow《アロウ》	metallischer《メタリシャァ》 Pfeil《プファイル》
196 野外電話	field《フィールド》 telephone《テレフォウン》	Feldtelefon《フェルトテレフォーン》
197 矢の位置確認	location《ロウケイシャン》 of《オヴ》 the《ズィ》 arrows《アロウズ》	Lokalisation《ロカリザツィオーン》 des《デス》 Pfeiles《プファイレス》
198 矢の回収	recovery《リカヴァリィ》 of《オヴ》 the《ズィ》 arrows《アロウズ》	Einsammeln《アインザメルン》 der《デァ》 Pfeile《プファイレ》
199 矢の外径	external《エクスターヌル》 diameter《ダイアミタァ》 of《オヴ》 the《ズィ》 arrow《アロウズ》	Außendurchmesser《アオセンドゥルヒメッサァ》 des《デス》 Pfeiles《プファイレ》
200 矢の数	number《ナンバァ》 of《オヴ》 arrows《アロウズ》	Anzahl《アンツァール》 der《デァ》 Pfeile《プファイレ》
201 矢のシャフト	shaft《シャフト》 of《オヴ》 the《ズィ》 arrow《アロウズ》	Pfeilschaft《プファイルシャフト》
202 矢のタイプ	type《タイプ》 of《オヴ》 the《ズィ》 arrow《アロウズ》	Pfeiltyp《プファイルテューブ》
203 矢の飛行軌道	trajectory《トゥラヂェクタリィ》 of《オヴ》 the《ズィ》 arrow《アロウズ》	Flugbahn《フルークバーン》 des《デス》 Pfeiles《プファイルシャフト》

フランス語	ロシア語	スペイン語
front《フロン》 d'arc《ダルク》	лоб《ローブ》 лука《ルゥーカ》	cara《カラ》 externa《エステルナ》
catégorie《カテゴリ》 de《ドゥ》 tir《ティル》 instinctif《アンスタンクティフ》	класс《クラース》《инстинктивной《インスチィンクチィーヴナイ》 стрельбы《ストゥリリブィー》》	categoría《カテゴリア》 de《デ》 tiro《ティロ》 instintivo《インスティンティボ》
plume《プリュム》 poule《プゥル》	перо《ピロー》 курицы《クゥーリツィ》	pluma《プルマ》 secundaria《セクンダリア》
poulie《プゥリ》	блок《ブローク》, шкив《シキーフ》	polea《ポレア》
télescope《テレスコプ》	телескопическая《チリスコピーチスカヤ》 труба《トゥルゥバー》	telescopio《テレスコピオ》
poignée《プワニエ》 de《ドゥ》 l'arc《ラルク》	рукоятка《ルゥカヤートゥカ》 лука《ルゥーカ》	empuñadura《エンプニャドゥラ》 del《デル》 arco《アルコ》
corde《コルド》 de《ドゥ》 l'arc《ラルク》	тетива《チチィヴァー》	cuerda《クエルダ》 del《デル》 arco《アルコ》
dragonne《ドラゴヌ》	ремень《リミェーニ》 (*для*《ドゥリャ》 *удержания*《ウヂルジャーニャ》 *лука*《ルゥーカ》)	correa《コレア》, dragona《ドゥラゴナ》
main《マン》 porteuse《ポルトゥズ》	рука《ルゥカー》, держащая《ヂルジャーシチャヤ》 лук《ルゥーク》	mano《マノ》 del《デル》 arco《アルコ》
branche《ブランシュ》 de《ドゥ》 l'arc《ラルク》	плечо《プリチョー》 лука《ルゥーカ》	rama《ラマ》 del《デル》 arco《アルコ》
plastron《プラストロン》	нагрудник《ナグルゥードゥニク》	peto《ペト》, protector《プロテクトル》 del《デル》 pecho《ペチョ》
flèche《フレシュ》 métallique《メタリク》	металлическая《ミィタリーチスカヤ》 стрела《ストゥリラー》	flecha《フレチャ》 metálica《メタリカ》
téléphone《テレフォヌ》 de《ドゥ》 campagne《カンパニュ》	полевой《パリヴォーイ》 телефон《チリフォーン》	teléfono《テレフォノ》 de《デ》 campo《カンポ》
localisation《ロカリザスィオン》 des《デ》 flèches《フレシュ》	локализация《ラカリザーツィヤ》 стрелы《ストゥリルィー》	localización《ロカリサシオン》 de《デ》 las《ラス》 flechas《フレチャス》
récupération《レキュペラスィオン》 des《デ》 flèches《フレシュ》	сбор《ズボール》 стрел《ストゥリエール》	recogida《レコヒダ》 de《デ》 las《ラス》 flechas《フレチャス》
diamètre《ディアメトル》 extérieur《エクステリウル》 de《ドゥ》 la《ラ》 flè《フレシュ》	наружный《ナルゥージヌィイ》 диаметр《ディアミトゥル》 стрелы《ストゥリルィー》	diámetro《ディアメトゥロ》 exterior《エステリオル》 de《デ》 la《ラ》 flecha《フレチャ》
nombre《ノンブル》 de《ドゥ》 flèches《フレシュ》	количество《カリーチストゥヴァ》 стрел《ストゥリエール》	número《ヌメロ》 de《デ》 flechas《フレチャス》
fût《フュ》, hampe《アンプ》 de《ドゥ》 la《ラ》 flèche《フレシュ》	тело《チェーロ》 стрелы《ストゥリルィー》, трубка《トゥループカ》	cuerpo《クエルポ》 de《デ》 la《ラ》 flecha《フレチャ》, astil《アスティル》
type《ティプ》 de《ドゥ》 la《ラ》 flèche《フレシュ》	тип《チィープ》 стрелы《ストゥリルィー》	tipo《ティポ》 de《デ》 la《ラ》 flecha《フレチャ》
trajectoire《トラジェクトゥワル》 de《ドゥ》 la《ラ》 flèche《フレシュ》	траектория《トゥラエクトーリヤ》 полёта《パリョータ》 стрелы《ストゥリルィー》	trayectoria《トゥライエクトリア》 de《デ》 la《ラ》 flecha《フレチャ》

日本語	英語	ドイツ語
204 矢の部品	arrow《アロウ》 parts《パーツ》	Teil《タイレ》 des《デス》 Pfeiles《プファイレス》
205 矢羽根の角度	feather《フェザァ》 angle《アングル》 (pitch《ピッチ》), fletching《フレッチング》 angle《アングル》 (pitch《ピッチ》)	Befiederungswinkel《ベフィーデルングスヴィンケル》
206 矢をつがえる	nock《ナック》 the《ズィ》 arrow《アロウ》	Pfeil《プファイル》 anlegen《アンレーゲン》
207 指	finger《フィンガァ》	Finger《フィンガァ》
208 弓（ボウ）	bow《ボウ》	Bogen《ボーゲン》
209 弓入れケース	bow《ボウ》 case《ケイス》, bow《ボウ》 rack《ラック》	Bogenkoffer《ボーゲンコッファ》, Bogenhülle《ボーゲンヒュレ》
210 弓に弦を張る	string《ストゥリング》 the《ザ》 bow《ボウ》	Bogen《ボーゲン》 spannen《シュパネン》
211 弓のタイプ	type《タイプ》 of《オヴ》 the《ザ》 bow《ボウ》	Bogentyp《ボーゲンテューブ》
212 弓の強さ	power《パウア》 of《オヴ》 the《ザ》 bow《ボウ》	Spannkraft《シュパンクラフト》 des《デス》 Bogens《ボーゲンス》
213 弓を下ろす	lower《ロウァ》 the《ザ》 bow《ボウ》	Bogen《ボーゲン》 senken《ゼンケン》
214 用具の交換	replacement《リプレイスマント》 of《オヴ》 the《ズィ》《イクウィプマント》	Ausrüstungswechsel《アオスリュストゥングスヴェックセル》
215 ラインに触れる	touch《タッチ》 the《ザ》 line《ライン》	Linie《リーニエ》 streifen《シュトライフェン》
216 ラウンド	round《ラウンド》	Runde《ルンデ》
217 ラウンド終了	end《エンド》	Rundenende《ルンデンエンデ》
218 ランキング・ラウンド	ranking《ランキング》 round《ラウンド》	Rangrunde《ラングルンデ》
219 リカーブ・ボウ部門	recurve《リカーヴ》 division《ディヴィジャン》	Zurückgebogenstilklasse《ツリュックゲボーゲンシュティルクラッセ》
220 リム・ティップ	limb《リム》 tip《ティップ》	Bogenspitze《ボーゲンシュピッツェ》
221 両足の位置	feet《フィート》 position《パズィシャン》	Fußstellung《フースシュテルング》

フランス語	ロシア語	スペイン語
parties《パルティ》 de《ドゥ》 la《ラ》 flèche《フレシュ》	части《チャースチィ》 стрелы《ストゥリルィー》	partes《パルテス》 de《デ》 la《ラ》 flecha《フレチャ》
angle《アングル》 de《ドゥ》 l'empennage《ランペナジュ》	угол《ウーガル》 оперения《アピィリェーニヤ》	ángulo《アングロ》 de《デ》 emplumado《エンプルマド》
encocher《アンコシェ》 la《ラ》 flèche《フレシュ》	положить《パラジーチ》 стрелу на《ストゥリルィーナ》 тетиву《チチィヴゥー》	encajar《エンカハール》 la《ラ》 flecha《フレチャ》
doigt《ドゥワ》	палец《パーリツ》	dedo《デド》
arc《アルク》	лук《ルゥーク》	arco《アルコ》
étui《エテュイ》 de《ドゥ》 l'arc《ラルク》	колчан《カルチャーン》 для《ドゥリャ》 лука《ルゥーカ》	funda《フンダ》 del《デル》 arco《アルコ》
armer《アルメ》 l'arc《ラルク》	натянуть《ナチャヌーチ》 лук《ルゥーク》	armar《アルマール》 el《エル》 arco《アルコ》
type《ティプ》 de《ドゥ》 l'arc《ラルク》	тип《チィープ》 лука《ルゥーカ》	tipo《ティポ》 del《デル》 arco《アルコ》
puissance《ピュイサンス》 de《ドゥ》 l'arc《ラルク》	сила《スィーラ》 лука《ルゥーカ》	potencia《ポテンシア》 del《デル》 arco《アルコ》
baisser《ベセ》 l'arc《ラルク》	опустить《アプゥスチィーチ》 лук《ルゥーク》	bajar《バハール》 el《エル》 arco《アルコ》
remplacement《ランプラスマン》 de《ドゥ》 l'é《レキプマン》	замена《ザミェーナ》 оборудование《アバルゥーダヴァニヤ》	sustitución《ススティトゥシオン》 del《デル》 equipo《エキポ》
toucher《トゥシェ》 la《ラ》 ligne《リニュ》	коснуться《カスヌーツァ》 линии《リーニイ》	tocal《トカール》 la《ラ》 línea《リネア》
série《セリ》	круг《クルゥーク》	ronda《ロンダ》, serie《セリエ》
série《セリ》 fin《ファン》 de《ドゥ》 la《ラ》 volée《ヴォレ》	окончание《アカンチャーニエ》 выстрелов《ヴィーストゥリラフ》 в серии《フスエーリイ》	fin《フィン》 de《デ》 la《ラ》 serie《セリエ》
série《セリ》 de《ドゥ》 classement《クラスマン》	классификационный《クラシフィカツィオーヌィイ》 круг《クルーク》	vuelta《ブエルタ》 de《デ》 clasificación《クラシフィカシオン》
catégorie《カテゴリ》 de《ドゥ》 tir《ティル》 recourbé《ルクゥルベ》	класс《クラース》 загнутой《ザーグヌタイ》 стрельбы《ストゥリリブィー》, класс《クラース》 стрельбы《ストゥリリブィー》 с《ズ》 загнутыми《ザーグヌトゥィミ》 рогами《ラガーミ》	categoría《カテゴリア》 de《デ》 tiro《ティロ》 recurvado《レクルバド》
poupée《プゥペ》	остриё《アストゥリヨー》 лука《ルゥーカ》	muñeca《ムニェカ》 de《デ》 pala《パラ》
position《ポズィスィオン》 des《デ》 pieds《ピエ》	положение《パラジェーニエ》 ног《ノーク》	posición《ポシシオン》 de《デ》 las《ラス》 piernas《ピエルナス》

日本語	英語	ドイツ語
222 リリース	release《リリース》 of《オヴ》 the《ズィ》 arrow《アロウ》	Lösen《レーゼン》 des《デス》 Pfeiles《プファイレス》
223 リング・サイト	ring《リング》 sight《サイト》	Ringvisier《リングヴィズィーァ》
224 レッド・ライト	red《レッド》 light《ライト》	rotes《ローテス》 Licht《リヒト》
225 レンズ	lens《レンズ》	Linse《リンゼ》
226 ロアー・リム	lower《ロウア》 bow《ボウ》 limb《リム》	unterer《ウンテラァ》 Bogenarm《ボーゲンアルム》
227 6射のエンド	end《エンド》 of《オヴ》 six《スィックス》 arrows《アロウズ》	Satz《ザッツ》 von《フォン》 sechs《ゼックス》 Pfeilen《プファイレン》
228 ロング・ボウ	longbow《ロングボウ》	Langbogen《ラングボーゲン》
229 ワックスをかける	wax《ワックス》	einreiben《アインライベン》
230 40cm標的	40cm《フォーティ センティミータァズ》 face《フェイス》	40cm《フィルツィヒ ツエンティメータァ》-Schießscheibe《シースシャイベ》
231 60cm標的	60cm《スィックスティ センティミータァズ》 face《フェイス》	60cm《ゼッヒツィヒ ツエンティメータァ》-Schießscheibe《シースシャイベ》
232 80cm標的	80cm《エイティ センティミータァズ》 face《フェイス》	80cm《アッハツィヒ ツエンティメータァ》-Schießscheibe《シースシャイベ》
233 122cm標的	122cm《ワン ハンドゥレッド アンド トゥウエンティ トゥー センティミータァズ》 face《フェイス》	122cm《フンデルト ツヴァイ ウントツヴァンツィヒ ツエンティメータァ》-Schießscheibe《シースシャイベ》

フランス語	ロシア語	スペイン語
décoche《デコシュ》 de《ドゥ》 la《ラ》 flèche《フレシュ》	выпуск《ヴィーブゥスク》 стрелы《ストゥリルィー》	suelta《スエルタ》 de《デ》 la《ラ》 flecha《フレチャ》
viseur《ヴィズル》 annulaire《アニュレル》	кольцевой《カリチヴォーイ》 прицел《プリツェール》	mira《ミラ》 anular《アヌラール》
feu《フ》 rouge《ルゥジュ》	красный《クラースヌィイ》 сигнал《スィグナール》	luz《ルス》 roja《ロハ》
lentille《ランティユ》	линза《リーンザ》	lente《レンテ》
branche《ブランシュ》 inférieure《アンフェリウル》	нижнее《ニージニィエ》 плечо《プリチョー》 лука《ルゥーカ》	rama《ラマ》 inferior《インフェリオル》 del《デル》 arco《アルコ》
volée《ヴォレ》 de《ドゥ》 six《スィ》 flèches《フレシュ》	серия《スエーリヤ》 из《イス》 шести《シェースチィ》 стрел《ストゥリエール》	serie《セリエ》 de《デ》 seis《セイス》 flechas《フレチャス》
arc《アルク》 droit《ドルワ》	лук《ルゥーク》 в《ヴ》 рост《ロースト》	arco《アルコ》 recto《レクト》
cirer《スィレ》	натирать《ナチィラーチ》	encerar《エンセラール》
blason《ブラゾン》 de《ドゥ》 40《カラント》 cm《サンティメトル》	мишень《ミシェーニ》 диаметром《ディアーミトゥラム》 40《ソーラク》см《サンチィミエートゥラフ》	blanco《ブランコ》 de《デ》 40《クアレンタ》 cm《センティメトゥロス》
blason《ブラゾン》 de《ドゥ》 60《スワサント》 cm《サンティメトル》	мишень《ミシェーニ》 диаметром《ディアーミトゥラム》 60《シェズィディシャート》см《サンチィミエートゥラフ》	blanco《ブランコ》 de《デ》 60《セセンタ》 cm《センティメトゥロス》
blason《ブラゾン》 de《ドゥ》 80《カトルヴァン》 cm《サンティメトル》	мишень《ミシェーニ》 диаметром《ディアーミトゥラム》 80《ヴォースィミディシャト》см《サンチィミエートゥラフ》	blanco《ブランコ》 de《デ》 80《オチエンタ》 cm《センティメトゥロス》
blason《ブラゾン》 de《ドゥ》 122《サン バントドゥ》 cm《サンティメト》	мишень《ミシェーニ》 диаметром《ディアーミトゥラム》 122《ストー ドゥヴァーツァチ ドゥヴァー》см《サンチィミエートゥラフ》	blanco《ブランコ》 de《デ》 122《シエント ベインティドス》 cm《センティメトゥロス》

3.カヌー

	日本語	英語	ドイツ語
1	相手から逃げきる	breakaway《ブレイカウエイ》	Ausreißer《アオスライサァ》, Flucht《フルッフト》
2	相手の水路	lane《レイン》 of《オヴ》 the《ズィ》 opponent《オポウネント》	Rennbahn《レンバーン》 des《デス》 Gegners《ゲーグナァス》
3	アウトサイド・レーン	outside《アウトサイド》 lane《レイン》	Außenbahn《アオセンバーン》
4	赤色円盤	red《レッド》 disc《ディスク》	rote《ローテ》 Scheibe《シャイベ》
5	赤-黄色の旗	red《レッド》-yellow《イエロウ》 flag《フラッグ》	rot《ロート》-gelbe《ゲルベ》 Flagge《フラッグ》
6	あか取り	bailer《バイラァ》, scoop《スクープ》	Wasserschaufel《ヴァッサァシャオフェル》
7	赤旗	red《レッド》 flag《フラッグ》	rote《ローテ》 Flagge《フラッゲ》
8	浅瀬、岸	bank《バンク》, shore《ショー》	Küste《キュステ》
9	脚の舵	foot《フット》 rudder《ラダァ》	Fußsteuer《フースシュトイヤァ》
10	足のせ台	foot《フット》 rest《レスト》	Stemmbrett《シュテムブレット》
11	アップ・ゲート	up-《アップ》 gate《ゲイト》	Tor《トーア》 Stromaufwärts《シュトロームアオフヴェルツ》
12	アノラック	anorak《アナラック》	Anorak《アノラク》
13	アルバノ・システム	Albano《アルバノ》 system《スィステム》	Albaner《アルバナァ》-System《ジュステーム》
14	安定性	stability《スタビラティ》	Stabilität《シュタビリテート》
15	インサイド・レーン	inside《インサイト》 lane《レイン》	Innenbahn《インネンバーン》
16	ウォターマン	boat《ボウト》 holder《ホウルダァ》	Bootshalter《ボーツハルタァ》
17	浮き桟橋、台船	landing《ランディング》 warf《ウォーフ》, dock《ダック》	Anlegesteg《アンレーゲシュテーク》, Anlegebrücke《アンレーゲブリュッケ》
18	浮き袋	flotation《フロウティシャン》 installation《インスタレイシャン》	Schwimmkörper《シュヴィムケルパァ》
19	右舷	starboard《スターバード》	Steuerbord《シュトイヤァボルト》
20	渦、エディ	eddy《エディー》	Wirbel《ヴィルベル》

フランス語	ロシア語	スペイン語
démarrage《デマラジュ》, fuite《フユイト》	отрыв《アトゥルィーフ》 от《アトゥ》 соперника《サピエールニカ》	huída《ウィダ》, escapada《エスカパダ》
piste《ピスト》 de《ドゥ》 l'adversaire《ラドヴェルセル》	чужая《チュジャーヤ》 дорожка《ダローシカ》	calle《カリェ》 ajena《アヘナ》
couloir《クゥルワル》 extérieur《エクステリウル》	внешняя《ヴニェーシニャヤ》 дорожка《ダローシカ》	calle《カリェ》 lateral《ラテラル》
disque《ディスク》 rouge《ルゥジュ》	красный《クラースヌィイ》 диск《ディースク》	disco《ディスコ》 rojo《ロホ》
drapeau《ドラポ》 rouge《ルゥジュ》-jaune《ジョヌ》	красно《クラースナ》-жёлтый《ジョールトゥィイ》 флаг《フラーク》	bandera《バンデラ》 roja《ロホ》-amarilla《アマリリャ》
écope《エコプ》	черпак《チルパーク》	achicador《アチカドル》
drapeau《ドラポ》 rouge《ルゥジュ》	красный《クラースヌィイ》 флаг《フラーク》	bandera《バンデラ》 roja《ロハ》
berge《ベルジュ》, rive《リヴ》	берег《ビェーリク》	margen《マルヘン》, orilla《オリリャ》
barre《バル》 à《ア》 pieds《ピエ》	ножной《ナジノーイ》 руль《ルゥーリ》	timón《ティモン》 de《デ》 pies《ピエス》
appui《アピュイ》 de《ドゥ》 pied《ピエ》	подножка《パドゥノーシカ》	reposapiés《レポサピエス》
porte《ポルト》 de《ドゥ》 contre《コントル》-courant《クゥラン》	ворота《ヴァロータ》 против《プラトゥーフ》 течению《チチェーニユ》	puerta《プエルタ》 de《デ》 remonte《レモンテ》
anorak《アノラク》	куртка《クゥールトゥカ》-анорак《アナラーク》	anorak《アノラク》
système《スィステム》 Albano《アルバノ》	система《スィスチェーマ》 Албано《アリバーナ》	sistema《システマ》 Albano《アルバノ》
stabilité《スタビリテ》	остойчивость《アストーイチィヴァスチ》	estabilidad《エスタビリダ》
couloir《クゥルワル》 intérieur《アンテリウル》	внутренная《ブヌートゥリェンナヤ》 дорожка《ダローシカ》	calle《カリェ》 interior《インテリオル》
teneur《トヌル》 des《デ》 bateaux《バト》	держатель《ジィルジャーチェリ》 лодки《ロートゥキ》	pontonero《ポントネロ》
ponton《ポントン》 d'accostage《ダコスタジュ》	посадочный《パサーダチヌィイ》 плот《プロート》	embarcadero《エンバルカデロ》
dispositif《ディスポズィティフ》 de《ドゥ》 flottabilité《フロタビリテ》	поплавок《パプラヴォーク》	flotador《フロタドル》
tribord《トリボル》	правый《プラーヴィイ》 борот《ボールト》	estribor《エストゥリボル》
tourbillon《トゥルビィオン》	вихрь《ヴィーフリ》	remolino《レモリノ》

日本語	英語	ドイツ語
21　エスキモ・ロール	esquimoroll《エスカモロウル》	Eskimorolle《エスキモロレ》
22　追い越しルール	overtake《オウヴァァテイク》 rules《ルールズ》	Überholungsregeln《ユーバァホールングスレーゲルン》
23　カーヴを切る	turn《ターン》	wenden《ヴェルデン》
24　回航審判員	turning《ターニング》 point《ポイント》 umpire《アンパイア》	Wenderichter《ヴェルデリッヒタァ》
25　回航点ルール	turning《ターニング》 point《ポイント》 rule《ルール》	Rückregeln《リュックレーゲルン》
26　風上	windward《ウィンドワド》	Luv《ルーフ》
27　風下	leeward《リーワド》	Leeseite《レーザイテ》
28　舵	rudder《ラダァ》	Steuer《シュトイヤァ》
29　舵を取る	steer《スティア》	steuern《シュトイエレン》
30　傾きを直す	right《ライト》	aufrichten《アオフリッヒテン》
31　傾く	heel《ヒール》	Schlagseite《シュラークザイテ》 haben《ハーベン》
32　カナディアン・カヌー	canadien《カネイディヤン》 canoe《カヌー》	Kanadier《カナーディヤァ》, Kanu《カーヌ》
33　カナディアン・シングル	canadien《カネイディヤン》 single《スイングル》	Kanadiereiner《カナーディヤァアイナァ》
34　カナディアン・ペア	canadien《カネイディヤン》 pair《ペア》	Kanadierzweier《カナーディヤァツヴァイヤァ》
35　カヌー	canoe《カヌー》, canadien《カネイディヤン》	Kanu《カーヌ》, Kanadier《カナーディヤァ》
36　カヌー・カヤック	canoe-kayak《カヌー　カイアク》	kanu-Kajak《カーヌ　カーヤク》
37　カヌー競技	canoe-kayak《カヌー　カイアク》	kanu-Kajak《カーヌ　カーヤク》
38　カヌー選手(女子)	(women's)《(ウィミンズ)》 canoeist《カヌーイスト》	Kanufahrer《カーヌファーラァ》 (Kanufahrerin)《(カーヌファーレリン)》
39　カヌー・スプリント	canoe-sprint《カヌー　スプリント》	Kanu-Sprint《カーヌ　シュプリント》

フランス語	ロシア語	スペイン語
esquimautage《エスキモタジュ》	слалом《スラーラム》 эскимосский《エスキモースキイ》 переворот《ピリヴァロート》	esquimotaje《エスキモタヘ》
règles《レグル》 de《ドゥ》 dépassement《デパスマン》	правила《プラーヴィラ》 обгона《アブゴーナ》	regla《レグラ》 de《デ》 adelanto《アデラント》
virer《ヴィレ》	поворачивать《パヴァラーチヴァチ》	ciabogar《シアボガール》
arbitre《アルビトル》 de《ドゥ》 virage《ヴィラジュ》	судья《スゥチィヤー》 на《ナ》 повороте《パヴァローチェ》	juez《フエス》 de《デ》 ciaboga《シアボガ》
règle《レグル》 de《ドゥ》 virage《ヴィラジュ》	правило《プラーヴィラ》 прохождения《プラハジチェーニヤ》 поворота《パヴァロータ》	regla《レグラ》 de《デ》 viraje《ビラヘ》
côté《コテ》 dessus《ドゥスユ》 du《デュ》 vent《ヴァン》	наветренная《ナヴェートゥリナヤ》 сторона《スタラナー》	barlovento《バルロベント》
côté《コテ》 sous《スゥ》 le《ル》 vent《ヴァン》	подветренная《パドゥヴェートゥリンナヤ》 сторона《スタラナー》	sotavento《ソタベント》
gouvernail《グゥヴェルナユ》	руль《ルゥーリ》	timón《ティモン》
manoevrer《マヌヴレ》	рулить《ルゥリーチ》	gobernar《ゴベルナール》
redresser《ルドレセ》	выпрямить《ヴィープリャミチ》	enderezar《エンデレサール》
donner《ドネ》 de《ドゥ》 la《ラ》 gîte《ジト》	крениться《クリィニーツァ》	escorar《エスコラール》
canoë《カノエ》	каноэ《カノーエ》	canoa《カノア》, piragua《ピラグア》
canoë《カノエ》 monoplace《モノプラス》	каноэ-одиночка《カノーエ アディノーチカ》	canoa《カノア》 monoplaza《モノプラサ》
canoë《カノエ》 biplace《ビプラス》	каноэ-двойка《カノーエ ドゥヴォーイカ》	canoa《カノア》 biplaza《ビプラサ》
canoë《カノエ》	каноэ《カノーエ》	piragua《ピラグア》
canoë-kayak《カノエ カイアク》	гребля《グリェーブリャ》 на《ナ》 байдарках《バイダールカフ》	piragüismo《ピラグウィスモ》
canoë-kayak《カノエ カイアク》	гребля《グリェーブリャ》 на《ナ》 каноэ《カノーエ》	piragüismo《ピラグウィスモ》
canoéiste《カノエイスト》 (la《ラ》 femme《ファム》)	каноист《カノイースト》(каноистка《カノイーストカ》)	piragüista《ピラグウィスタ》
canoë-sprint《カノエ スプリヌト》	спринт《スプリーント》 на《ナ》 каноэ《カノーエ》	esprint《エスプリント》 de《デ》 piragüismo《ピラグウィスモ》

	日本語	英語	ドイツ語
40	カヌー・スラローム	canoe《カヌー》-slalom《スラーロム》	Kanu《カーヌ》-Slalom《スラーロム》
41	カヌー・ポロ	canoe《カヌー》 polo《ポウロウ》	Kanadier《カナーディヤァ》-Polo《ポーロ》
42	カヤック	kayak《カイアク》	Kajak《カーヤク》
43	カヤック・シングル	kayak《カイアク》 single《スインウル》	Kajkeiner《カーヤカイナァ》
44	カヤック選手（女子）	(women's)《（ウィミンズ）》 kayakist《カイアキスト》	Kajakfahrer《カーヤクファーラァ》 (Kajakfahrerin)《（カーヤクファーレリン）》
45	カヤック・フォア	kayak《カイアク》 four《フォー》	Kajakvierer《カーヤクフィーラァ》
46	カヤック・ペア	kayak《カイアク》 pair《ペア》	Kajakzweier《カーヤクツヴァイヤァ》
47	渦流	puddle《パドゥル》	Quall《クヴァル》
48	川床	riverbed《リヴァベッド》	Flußbett《フルスベット》
49	甲板	deck《デック》	Luftkasten《ルフトカステン》
50	甲板の梁《ハリ》	deck《デック》 stringer《ストゥリンガァ》	Deckbalken《デックバルケン》
51	岩礁	shore《ショー》 reef《リーフ》	Riff《リッフ》
52	キール	keel《キール》	Kiel《キール》
53	黄色円盤	yellow《イエロウ》 disc《ディスク》	gelbe《ゲルベ》 Scheibe《シャイベ》
54	黄色旗	yellow《イエロウ》 flag《フラッグ》	gelbe《ゲルベ》 Flagge《フラッゲ》
55	気象条件	weather《ウェザァ》 conditions《コンディシャンズ》	Wetterlage《ヴェッタァラーゲ》
56	喫水	draught《ドゥラフト》	Tauchtiefe《タオホティーフェ》
57	喫水線	water《ウォータァ》 line《ライン》	Wasserlinie《ヴァッサァリーニエ》
58	逆流	backeddy《バックエディ》, backwater《バックウォータァ》	Gegenströmung《ゲーゲンシュトレーヌング》
59	救助活動	rescue《レスキュー》 service《サーヴィス》	Rettungsdienst《レットゥングスディーンスト》
60	峡谷	gorge《ゴーヂ》	Verengung《フェァエングング》

フランス語	ロシア語	スペイン語
canoë《カノエ》-slalom《スラロム》	слалом《スラーラム》 на《ナ》 каноэ《カノーエ》	slalom《スラロム》 de《デ》 piragüismo《ピラグウィスモ》
kayak《カイアク》-polo《ポロ》	поло《ポーロ》 на《ナ》 каноэ《カノーエ》	kayak《カヤク》-polo《ポロ》
kayak《カイアク》	байдарка《バイダールカ》	kayak《カヤク》
kayak《カイアク》 monoplace《モノプラス》	байдарка《バイダールカ》-одиночка《アディノーチカ》	kayak《カヤク》 monoplaza《モノプラサ》
kayakist《カイアキスト》 (la《ラ》 femme《ファム》)	байдарочник《バイダーラチニク》 (байдарочница《バイダーラチニツァ》)	kayakist《カヤキスト》(a《タ》)
kayak《カイアク》 à《ア》 quatre《カトル》	байдарка《バイダールカ》-четвёрка《チトゥヴョールカ》	kayak《カヤク》 a《ア》 cuatro《クアトゥロ》
kayak《カイアク》 biplace《ビプラス》	байдарка《バイダールカ》-двойка《ドゥヴォーイカ》	kayak《カヤク》 biplaza《ビプラサ》
bouillon《ブゥイオン》	завихрение《ザヴィフリェーニエ》	remolino《レモリノ》
lit《リ》	русло《ルゥースラ》 реки《リキー》	cauce《カウセ》, lecho《レチョ》
pont《ポン》	дека《チェーカ》	cubierta《クビエルタ》
membrure《マンブルル》 de《ドゥ》 quille《キィユ》 supérieure《スュペリウル》	бимс《ビームス》	cuaderna《クアデルナ》 de《デ》 la《ラ》 quilla《キリア》 superior《スペリオル》
récif《レスィフ》, écueil《エクュ》	береговой《ビリガヴォーイ》 риф《リーフ》	arrecife《アレシフェ》
quille《キィユ》	киль《キーリ》	quilla《キリァ》
disque《ディスク》 jaune《ジョヌ》	жёлтый《ジョールトゥィイ》 диск《ディースク》	disco《ディスコ》 amarillo《アマリリァ》
drapeau《ドラポ》 jaune《ジョヌ》	жёлтый《ジョールトゥィイ》 флаг《フラーク》	bandera《バンデラ》 amarilla《アマリリァ》
situation《スィテュアスィオン》 météorologique《メテオロロジク》	погодные《パゴードゥヌィエ》 условия《ウスローヴィヤ》	situación《シトゥアシオン》 meteorológica《メテオロロヒカ》
tirant《ティラン》 d'eau《ド》	осадка《アサートゥカ》	calado《カラド》
ligne《リニュ》 de《ドゥ》 flottaison《フロテゾン》	ватерлиния《ヴァチルリーニヤ》	línea《リネア》 de《デ》 flotación《フロタシオン》
contre《コントル》-courant《クゥラン》	встречное《フストゥリェーチナエ》 течение《チチェーニエ》	contracorriente《コントゥラコリエンテ》
service《セルヴィス》 de《ドゥ》 sauvetage《ソヴタジュ》	спасательная《スパサーチリナヤ》 служба《スルゥージバ》	servicio《セルビシオ》 de《デ》 salvamento《サルバメント》
gorge《ゴルジュ》	сужение《スゥジェーニエ》	estrechamiento《エストゥレチャミエント》

日本語	英語	ドイツ語
61 空気袋	air《エア》 bag《バッグ》	Luftsack《ルフトザック》
62 グラスファイバー艇	fiber《ファイバァ》-glass《グラス》 boat《ボウト》	Kunststoffboot《クンストシュトッフボート》
63 グラブ・ループ	grab《グラーブ》 loop《ループ》	Haltegriff《ハルテグリッフ》
64 クルー	crew《クルー》	Mannschaft《マンシャフト》
65 グループ・スタート	group《グループ》 start《スタート》	Gruppenstart《グルッペンシュタルト》
66 グレード	grade《グレイド》	Grad《グラート》
67 ゲート	gate《ゲイト》	Tor《トーア》
68 ゲート下流	down《ダウン》-gate《ゲイト》	Tor《トーア》 Stromabwärts《シュトロームアップヴェルツ》
69 ゲート審判員	gate《ゲイト》 judge《ヂャッチ》	Torrichter《トーアリッヒタァ》
70 ゲート・ポール	gate《ゲイト》 pole《ポール》	Torstab《トーアシュターブ》
71 ゲート・ライン	gate《ゲイト》 line《ライン》	Torfläche《トーアフレッヒェ》
72 ゲートを抜かす	leave《リーヴ》 out《アウト》 a《ア》 gate《ゲイト》	ein《アイン》 Tor《トーア》 auslassen《アオスラッセン》
73 ゲートをミスする	miss《ミス》 a《ア》 gate《ゲイト》	ein《アイン》 Tor《トーア》 verfehlen《フェァフェーレン》
74 傾斜	heel《ヒール》	Krängung《クレングング》
75 計測審判員	boat《ボウト》 measurer《メジャラァ》	Meßrichter《メスリッヒタァ》
76 係留台船	disembarking《ディスィムバーキング》 raft《ラーフト》	Anlegepritsche《アンレーゲプリッチェ》
77 下船	disembarkment《ディスィムバークマント》	Aussteigen《アオスシュタイゲン》
78 決勝審判員	finish《フィニッシュ》 line《ライン》 judge《ヂャッチ》	Ziellinienrichter《ツィールリーニエンリッヒタァ》
79 決勝審判塔	finish《フィニッシュ》 line《ライン》 control《コントゥロウル》 tower《タウア》	Kontrollturm《コントロルトゥルム》 der《デァ》 Ziellinie《ツィールリーニエ》
80 決勝ゾーン	finish《フィニッシュ》 zone《ゾウン》	Zielzone《ツィールツォーネ》

フランス語	ロシア語	スペイン語
sac《サク》 gonflable《ゴンフラブル》	баллонет《バラニエート》	bolsa《ボルサ》 de《デ》 aire《アイレ》
embarcation《アンバルカスィオン》 en《アン》 fibre《フィブル》 de《ドゥ》 verre《ヴェル》	пластмассовая《プラストゥマーサヴァヤ》 лодка《ロートゥカ》	embarcación《エンバルカシオン》 de《デ》 fibra《フィブラ》 de《デ》 vidrio《ビドゥリオ》
anneau《アノ》 de《ドゥ》 bosse《ボス》	ручка《ルゥーチカ》	agarre《アガレ》 de《デ》 seguridad《セグリダ》
équipage《エキパジュ》	экипаж《エキパーシ》	equipo《エキポ》
départ《デパル》 simultané《スィミュルタネ》	групповой《グルゥパヴォーイ》 старт《スタールト》	salida《サリダ》 en《エン》 línea《リネア》
degré《ドグレ》	степень《スチェーピィニ》	grado《グラド》
porte《ポルト》	ворота《ヴァロータ》	puerta《プエルタ》
porte《ポルト》 en aval《アナヴァル》	ворота《ヴァロータ》 вниз《ヴニース》 по《パ》 течению《チチェーニユ》	puerta《プエルタ》 a《ア》 favor《ファボル》 de《デ》 la《ラ》 corriente《コリエンテ》
juge《ジュジュ》 de《ドゥ》 porte《ポルト》	судья《スゥヂィヤー》 у《ウ》 ворот《ヴァロート》	juez《フエス》 de《デ》 puerta《プエルタ》
barre《バル》 de《ドゥ》 la《ラ》 porte《ポルト》	штанга《シターンガ》 ворот《ヴァロート》	vara《バラ》 de《デ》 la《ラ》 puerta《プエルタ》
plan《プラン》 de《ドゥ》 porte《ポルト》	плоскость《プロースカチ》 ворот《ヴァロータ》	plano《プラノ》 de《デ》 la《ラ》 puerta《プエルタ》
omettre《オメトル》 une《ユヌ》 porte《ポルト》	пропускать《プラプゥスカーチ》 ворота《ヴァロータ》	omitir《オミティール》 una《ウナ》 puerta《プエルタ》
manquer《マンケ》 une《ユヌ》 porte《ポルト》	упустить《ウプゥスチィーチ》 ворота《ヴァロータ》	fallar《ファリャール》 una《ウナ》 puerta《プエルタ》
gîte《ジト》	крен《クリェーン》	escora《エスコラ》
musureur《ムズュルゥル》	судья-измеритель《スゥヂィヤー イズミリーチィリ》	árbitro《アルビトゥロ》 medidor《メディドル》
ponton《ポントン》 de《ドゥ》 débarquement《デバルクマン》	причальный《プリチャーリヌィイ》 плот《プロート》	pontón《ポントン》 de《デ》 atraque《アトゥラケ》
débarquement《デバルクマン》	высадка《ヴィーサトゥカ》 из《イズ》 лодки《ロートゥキ》	desembarque《デセンバルケ》
juge《ジュジュ》 d'arrivée《ダリヴェ》	судья《スゥヂィヤー》 на《ナ》 линии《リーニイ》 финиша《フィーニシャ》	juez《フエス》 de《デ》 llegada《リェガダ》
tour《ドゥル》 de《ドゥ》 contrôle《コントロル》 d'arrivée《ダリヴェ》	контрольная《カントゥローリナヤ》 башня《バーシニャ》 линии《リーニイ》 финиша《フィーニシャ》	torre《トレ》 de《デ》 control《コントゥロル》 de《デ》 llegada《リェガダ》
zone《ゾヌ》 d'arrivée《ダリヴェ》	финишная《フィーニシナヤ》 зона《ゾーナ》	zona《ソナ》 de《デ》 llegada《リェガダ》

日本語	英語	ドイツ語
81 決勝の鐘	finishing《フィニッシング》 bell《ベル》	Finishglocke《フィニシュグロッケ》
82 決勝ブイ	finish《フィニッシュ》 buoy《ブーイ》	Zielboje《ツィールボーイエ》
83 決勝レース	final《ファイヌル》 round《ラウンド》	Endrunde《エントルンデ》
84 検艇	boat《ボウト》 inspection《インスペクシャン》	Bootskontrolle《ボーツコントロレ》
85 検艇員	boat《ボウト》 controller《カントゥロウラァ》	Bootskontrolleur《ボーツコントロレーァ》
86 舷	board《ボード》	Bord《ボルト》
87 コースから逸脱	deviation《ディーヴィエイシャン》 from《フラム》 the《ザ》 course《コース》	Gieren《ギーレン》
88 コースからそれる	off《オーフ》 course《コース》	Abdrift《アップドゥリフト》
89 コースから退出する	leave《リーヴ》 the《ザ》 course《コース》	Rennen《レンネン》 aufgeben《アオフゲーベン》
90 コース区間	part《パート》 of《オヴ》 the《ザ》 distance《ディスタンス》	Streckenabschnitt《シュトレッケンアップシュニット》
91 コース設計者	course《コース》 designer《ディザイナァ》	Streckendesigner《シュトレッケンディザイナァ》
92 コース速度	distance《ディスタンス》 speed《スピード》	Streckengeschwindigkeit《シュトレッケンゲシュヴィンディヒカイト》
93 コース・ナンバー	lane《レイン》 number《ナンバァ》	Bahnnummer《バーンヌンマァ》
94 コースの設定	plan《プラン》 of《オヴ》 the《ザ》 course《コース》	Streckenplan《シュトレッケンプラーン》
95 コースの長さ	course《コース》 length《レングス》	Streckenlänge《シュトレッケンレンゲ》
96 コースの標識	buoying《ブーイイング》 of《オヴ》 the《ザ》 course《コース》	Streckenmarkierung《シュトレッケンマルキールング》
97 コースをクリアする	clear《クリア》 the《ザ》 course《コース》	Strecke《シュトレッケン》 freimachen《フライマッヘン》
98 ゴール	finish《フィニッシュ》	Ziellinie《ツィールリーニエ》
99 ゴールする	finish《フィニッシュ》	ins《インス》 Ziel《ツィール》 einlaufen《アインラオフェン》
100 互角のレースをする	neck《ネック》-and《アンド》-neck《ネック》 race《レイス》	Bord《ボルト》-an《アン》-Bord《ボルト》 kämpfen《ケムプフェン》

フランス語	ロシア語	スペイン語
cloche《クロシュ》 d'arribée《ダリヴェ》	финишный《フィーニシヌィイ》 колокол《コーラカル》	campana《カンパナ》 de《デ》 final《フィナル》
bouée《ブエ》 d'arrivée《ダリヴェ》	финишный《フィーニシヌィイ》 буй《ブゥーイ》	baliza《バリサ》 de《デ》 meta《メタ》
tour《トウル》 de《ドゥ》 finale《フィナル》	финальный《フィナーリヌィイ》 круг《クルゥーク》	vuelta《ブエルタ》 final《フィナル》
vérification《ヴェリフィカスィオン》 des《デ》 embarcations《ザンバルカスィオン》	проверка《プラヴェールカ》 лодки《ロートゥカ》	verificación《ベリフェカシオン》 de《デ》 embarcaciones《エンバルカシオネス》
vérificateur《ヴェリフィカトゥル》 des《デ》 embarcations《ザンバルカスィオン》	контролёр《コントゥラリョール》 лодки《ロートゥキ》	controlador《コントゥロラドル》 de《デ》 embarcaciones《エンバルカシオネス》
bord《ボル》	борт《ボールト》	borda《ボルダ》
déviation《デヴィアスィオン》 de《ドゥ》 sillage《スィイアジュ》	отклонение《アトゥクラニェーニエ》 от《アトゥ》 курса《クゥールサ》	desvio《デスビオ》 en《エン》 carrera《カレラ》
dérivage《デリヴァジュ》	снос《スノース》	derivado《デリバド》
quitter《キテ》 le《ル》 parcours《パルクゥル》	сойти《サイチィー》 с《ズ》 дистанции《ディスターンツィイ》	abandonar《アバンドナール》 la《ラ》 prueba《プルエバ》
partie《パルティ》 du《デュ》 parcours《パルクゥル》	отрезок《アトゥリェーザク》 дистанции《ディスターンツィイ》	tramo《トゥラモ》 de《デ》 distancia《ディスタンシア》
traceur《トラスゥル》	чертёжник《チィルチョージニク》 дистанции《ディスターンツィイ》	diseñador《ディセニャドル》 del《デル》 recorrido《レコリド》
vitesse《ヴィテス》 au《オ》 parcours《パルクゥル》	скорость《スコーラスチ》 на《ナ》 дистанции《ディスターンツィイ》	velocidad《ベロシダ》 en《エン》 distancia《ディスタンシア》
numéro《ニュメロ》 de《ドゥ》 couloir《クゥルワル》	номер《ノーミィル》 дорожки《ダローシキ》	número《ヌメロ》 de《デ》 calle《カリェ》
plan《プラン》 du《デュ》 parcours《パルクゥル》	план《プラーン》 дистанции《ディスタンツィイ》	plan《プラン》 del《デル》 recorrido《レコリド》
longueur《ロングル》 du《デュ》 parcours《パルクゥル》	длина《ドゥリナー》 дистанции《ディスタンツィイ》	longitud《ロンヒトゥ》 del《デル》 recorrido《レコリド》
balisage《バリザジュ》 de《デュ》 parcours《パルクゥル》	разметка《ラズミェートゥカ》 дистанции《ディスタンツィイ》	balizaje《バリサヘ》 de《デ》 las《ラス》 calles《カリェ》
dégager《デガジュ》 le《ル》 parcours《パルクゥル》	освободить《アスヴァバディーチ》 дистанцию《ディスタンツィユ》	despejar《デスペハール》 la《ラ》 pista《ピスタ》
arrivée《アリヴェ》	финиш《フィーニシ》	llegada《リェガダ》
arriver《アリヴェ》	финишировать《フィーニシーラヴァチ》	llegar《リェガール》
lutte《リュト》 bord《ボラ》 à bord《ボル》	идти《イッティー》 нос《ノス》 в《ヴ》 нос《ノース》	avanzar《アバンサール》 codo《コド》 a《ア》 codo《コド》

日本語	英語	ドイツ語
101 国際カヌー連盟	International《インタナショヌル》 Canoe《カヌー》 Federation《フェデレイシャン》 (ICF)《(アイスィーエフ)》	Internationaler《インテルナツィオナーラァ》 Kanuverband《カーヌフェァバンド》 (ICF)《(イーツェーエフ)》
102 コックピット	cockpit《カクピット》	Cockpit《コックピト》
103 コックピット・コーミング	coaming《コウミング》	Süllrand《ズュルラント》
104 故障	defect《ディフェクト》, fault《フォールト》	Fehler《フェーラァ》, Defekt《デフェクト》
105 5mルール	fnve-meter《ファイヴ ミータァ》 rule《ルール》	Fünfmeter《フュンフメータァ》-Regel《レーゲル》
106 困難度	grade《グレイド》 of《オヴ》 difficulty《ディフィカルティ》	Schwierigkeitsgrad《シュヴィーリヒカイツグラート》
107 再スタート	repeated《リピーティド》 start《スタート》	wiederholter《ヴィーダァーホルタァ》 Start《シュタルト》
108 さかのぼる	come《カム》 forward《フォーワド》	aufkommen《アオフコンメン》, aufholen《アオフホーレン》
109 左舷	port《ポート》	Backbord《バックボールト》
110 座席	seat《スィート》	Sitzbrett《ズィッツブレット》
101 支持足	supporting《サポーティング》 leg《レッグ》	Stemmfuß《シュテムフース》
102 自然的障害	natural《ナチュラル》 obstacle《アブスタクル》	Naturhindernis《ナトゥーァヒンダニス》
103 自分のコース	own《オウン》 water《ウォータァ》	eigenes《アイゲネス》 Fahrwasser《ファールヴァッサァ》
104 修理場	repair《リペア》 shop《ショップ》	Reparaturwerft《レパラトゥーァヴェルフト》
105 衝突	collision《カリジャン》	Kollision《コリズィオン》
106 シングル・ブレード・パドル	single《スィングル》-bladed《ブレイディド》 paddle《パドゥル》	Einblattpaddel《アインブラットパッデル》
107 人工的障害	artificial《アーティフィシャル》 obstacle《アブスタクル》	künstliches《キュンストゥリヒエス》 Hindernis《ヒンダァニス》
108 進水	launching《ローンチング》	Stapellauf《シュターペルラオフ》
109 進水する	launch《ローンチ》	vom《フォム》 Stapel《シュターペル》 laufen《ラオフェン》

フランス語	ロシア語	スペイン語
Fedération《フェデラスィオン》 Internationale《アンテルナスィオナル》 de《ドゥ》 Canoë《カノエ》 (FIC)《(フィス)》	Международная《ミィジドゥナロードゥナヤ》 федерация《フェヂェラーツィヤ》 каноэ《カノーエ》 (ИКФ)《イカエフ》	Federación《フェデラシオン》 Internacional《インテルナシオナル》 de《デ》 Piragüismo《ピラグウィスモ》 (FIP)《(フィプ)》
cockpit《コクピト》	кокпит《コークピト》	bañera《バニェラ》, cockpit《コクピト》
protection《プロテクスィオン》 du《デュ》 cockpit《コクピト》	комингс《コーミングス》	brazola《ブラソラ》 de《デ》 la《ラ》 cabina《カビナ》
panne《パヌ》	неисправность《ニイスプラーヴナスチ》	defectuosidad《デフェクトゥオスィダ》
règle《テグル》 de《ドゥ》 cinq《サンク》 mètres《メトル》	правило《プラーヴィラ》 пяти《ピャチィー》 метров《ミエートゥラフ》	regla《レグラ》 de《デ》 los《ロス》 cinco《シンコ》 metros《メトゥロス》
degré《ドグレ》 de《ドゥ》 difficulté《ディフィキュルテ》	степень《スチェーピニ》 сложности《スロージナスチィ》	grado《グラド》 de《デ》 dificultad《ディフィクルタ》
départ《デパル》 répété《レペテ》	повторный《パフトールヌィイ》 старт《スタールト》	salida《サリダ》 repetida《レペティダ》
remonter《レモンテ》	выйти《ヴィーイチィ》 вперёд《フピリョート》	remontar《レモンタール》
bâbord《バボル》	боковый《バカヴィーイ》 борт《ボールト》	babor《バボル》
siège《スィエジュ》	банка《バーンカ》	asiento《アスィエント》
pied《ピエ》 d'appui《ダピュイ》	опорная《アポールナヤ》 нога《ナガー》	pierna《ピエルナ》 de《デ》 impulso《インプルソ》
obstacle《オブスタクル》 naturel《ナテュレル》	естественное《ィエスチェーストヴィンナエ》 препятствие《プリピャーツトゥヴィエ》	obstáculo《オブスタクロ》 natural《ナトゥラル》
ligne《リニュ》 d'eau《ド》 propre《プロプル》	своя《スヴァヤー》 дорожка《ダローシカ》	calle《カリェ》 propia《プロピア》
atelier《アトリエ》 de《ドゥ》 réparation《レパラスィオン》	ремонтная《リモーントゥナヤ》 мастерская《マスチルスカーヤ》	taller《タリェル》 de《デ》 reparación《レパラシオン》
abordage《アボルダジュ》	столкновение《スタルクナヴェーニエ》	abordaje《アボルダヘ》
pagaie《パゲ》 simple《サンプル》	весло《ヴィスロー》 для《ドゥリャ》 каноэ《カノーエ》, однолопастное《アドゥナローパスナエ》 весло《ヴィスロー》	pala《パラ》 simple《シンプレ》
obstacle《オブスタクル》 artificiel《アルティフィスィエル》	искусственное《イスクーストゥヴィンナエ》 препятствие《プリピャーツトゥヴィエ》	obstáculo《オブスタクロ》 artificial《アルティフィシアル》
lancement《ランスマン》	спусксудна《スプゥスクスゥードゥナ》 на《ナ》 воду《ヴァドゥー》	botadura《ボタドゥラ》
lancer《ランセ》	спустить《スプゥスチィーチ》 на《ナ》 воду《ヴァドゥー》	botar《ボタール》

日本語	英語	ドイツ語
110 白旗	white《フワイト》 flag《フラッグ》	weiße《ヴァイセ》 Flagge《フラッゲ》
111 水位	water《ウォータァ》 level《レヴェル》	Wassertiefe《ヴァッサァティーフェ》
112 水域	water《ウォータァ》 area《エアリア》	Wassergebiet《ヴァッサァゲビート》
113 推進	propulsion《プラパルシャン》	Antrieb《アントゥリープ》
114 推進させる	drive《ドゥライヴ》	antreiben《アントゥリーベン》
115 水中でのブレードの操作、ドロー	draw《ドゥロー》	Wasserarbeit《ヴァッサァアルバイト》
116 水門	lock《ラック》, sluice《スルース》	Schleuse《シュロイゼ》
117 水路、レーン	lane《レイン》	Bahn《バーン》
118 水路審判員	course《コース》 umpire《アンパイア》	Streckenrichter《シュトレッケンリッヒタァ》
119 スウィープ・ストローク	sweep《スウィープ》 stroke《ストゥロウク》	Kreisantrieb《クライスアントゥリープ》
120 スカーリング	scuulling《スカーリング》	Skullen《スクレン》
121 ストロークのサイクル	duration《デュレイシャン》 of《オヴ》 pull《プル》	Duchzugzeit《ドゥルヒツークツャイト》
122 ストロークマン	strokeman《ストゥロウクマン》	Schlagmann《シュラークマン》
123 スパート	spurt《スパート》	Spurt《シュプルト》
124 スプレー・カバー	spray《スプレイ》 cover《カヴァ》	Schürze《シュルツェ》, Spritzdecke《シュプリッツデッケ》
125 スラローム	slalom《スラーラム》	Slalom《スラーロム》
126 スラローム・レーシング	slalom《スラーラム》 racing《レイスィング》 competition《カンピティシャン》	Slalomwettkampf《スラーロムヴェットカムプフ》
127 整理員	aligner《アライナァ》	Vorstarter《フォーァシュタルタァ》
128 堰堤	dam《ダム》	Damm《ダム》
129 旋回	curve《カーヴ》, turn《ターン》	Kurve《クルヴェ》, Wendung《ヴェンドゥング》

フランス語	ロシア語	スペイン語
drapeau《ドラポ》 blanc《ブラン》	белый《ビエールィイ》 флаг《フラーク》	bandera《バンデラ》 blanca《ブランカ》
niveau《ニヴォ》 de《ドゥ》 l'eau《ロ》	глубина《グルゥビナー》 воды《ヴァドゥィー》	nivel《ニベル》 del《デル》 agua《アグア》
plan《プラン》 d'eau《ド》	акватория《アクヴァトーリヤ》	espacio《エスパシオ》 acuático《アクアティコ》
propulsion《プロピュルスィオン》	продвижение《プラドゥヴィジェーニエ》	propulsión《プロプルシオン》
propulser《プロピュルセ》	продвинуть《プラドゥヴィーヌチ》	propulsar《プロプルサール》
travail《トラヴァユ》 de《ドゥ》 la《ラ》 pelle《ペル》	работа《ラボータ》 весло《ヴィスラー》 в《ヴ》 воде《ヴァヂェー》	manejo《マネホ》 de《デ》 la《ラ》 pala《パラ》 en《エン》 el《エル》 agua《アグア》
écluse《エクリュズ》	шлюз《シリュース》	esclusa《エスクルサ》
couloir《クゥルワル》	дорожка《ダローシカ》	calle《カリェ》
juge《ジュジュ》 de《ドゥ》 course《クゥルス》	судья《スゥヂィヤー》 на《ナ》 дистанции《ディスターンツィイ》	juez《フエス》 de《デ》 recorrido《レコリド》
propulsion《プロピュルスィオン》 circulaire《スィルキュレル》	круговое《クルゥガヴォーエ》 движение《ドゥヴィジェーニエ》 вперёд《フピリョート》	propulsión《プロプルシオン》 circular《シルクラル》
aviron《アヴィロン》 de《ドゥ》 pointe《プワント》	распашная《ラスパシナーヤ》 гребля《グリェーブリャ》	scull《スカル》
durée《デュレ》 de《ドゥ》 la《ラ》 passée《パセ》	цикл《ツィークル》 гребка《グリィプカー》	ciclo《シクロ》 de《デ》 paleadas《パレアダス》
chef《シェフ》 de《ドゥ》 nage《ナジュ》	загребной《ザグリィブノーイ》	jefe《ヘフェ》 de《デ》 boga《ボガ》
sprint《スプリヌト》	спурт《スプールト》	aceleración《アセレラシオン》
jupe《ジュプ》	фартук《ファールトゥク》	cubrebañeras《クブレバニェラス》, mambrú《マンブル》
slalom《スラロム》	слалом《スラーラム》	slálom《スラロム》
compétition《コンペティスィオン》 de《ドゥ》 slalom《スラロム》	соревнование《サリィヴナヴァーニエ》 слалома《スラーラマ》	competición《コンペティシオン》 de《デ》 slálom《スラロム》
aligneur《アリニェゥル》	помощник《パモーシニク》 судьи《スゥヂィイー》 на《ナ》 линии《リーニイ》 старта《スタールタ》	alineador《アリネアドル》
barrage《バラジュ》	плотина《プラティーナ》	presa《プレサ》
virage《ヴィラジュ》	поворот《パヴァロート》	ciaboga《シアボガ》

日本語	英語	ドイツ語
130 選手登録証	participant《パーティサパント》 licence《ライスンス》	Teilnehmerlizenz《タイルネーマァリツェンツ》
131 戦術的展開	maneuver《マヌーヴァ》	Manöver《マネーヴァ》
132 前方のゲート	forward《フォーワド》 gate《ゲイト》	Vordertor《フォルダァトーァ》
133 滝	waterfall《ウォータァフォール》	Wasserfall《ヴァッサァファル》
134 丈の短いウエット・スーツ	shortie《ショーティ》 wet《ウエット》 suit《スート》	Kälteschutzanzug《ケルテシュッツアンツーク》
135 タッキング （進路を変える）	tacking《タッキング》	Wendung《ヴェンドゥング》
136 ダブルブレード・パドル	double《ダブル》-bladed《ブレイデッド》 paddle《パドゥル》	Doppelpaddel《ドッペルパッデル》
137 舵柄、ティラー	tiller《テイラァ》, rudder《ラダァ》 yoke《ヨウク》	Steuerjoch《シュトイヤァヨッホ》, Ruderpinne《ルーダァピンネ》
138 ダム	dam《ダム》	Damm《ダム》
139 短距離レース	sprint《スプリント》 race《レイス》	Kurzstreckenrennen《クルツシュトレッケンレンネン》
140 中距離レース	middle《ミドゥル》-distance《ディスタンス》 race《レイス》	Mittelstreckenrennen《ミッテルシュトレッケンレンネン》
141 長距離レース	long《ロング》-distance《ディスタンス》 race《レイス》	Langstreckenrennen《ラングシュトレッケンレンネン》
142 蝶ナット	stretcher《ストゥレチャァ》 nut《ナット》	Fußbrettmutter《フースブレットムッタァ》
143 ツィスト	twist《トゥウィスト》	Twist《トゥヴィスト》
144 艇から降りる	land《ランド》	aussteigen《アオスシュタイゲン》
145 T-グリップ	knob《ナップ》, T-grip《ティーグリップ》	Paddelhals《パッデルハルス》
146 艇首	bow《バウ》	Bug《ブーク》
147 艇首の漕手	foremost《フォーモウスト》 member《メンバァ》 of《オヴ》 the《ザ》 crew《クルー》	Vordermann《フォルダァマン》, Schlagmann《シュラークマン》
148 艇首のトリム	trim《トゥリム》 by《バ》 the《ザ》 bow《バウ》	Ducken《ドゥッケン》
149 艇首の波	bow《バウ》 wave《ウエーヴ》	Bugwelle《ブークヴェレ》
150 艇身	length《レングス》 of《オヴ》 the《ザ》 boat《ボウト》	Bootslänge《ボーツレンゲ》

カヌー

フランス語	ロシア語	スペイン語
licence《リサンス》 du《デュ》 participant《パルティスィパン》	лицензия《リツェーンジヤ》 участника《ウチャースニカ》	licencia《リセンシア》 de《デ》 participante《パルティシパンテ》
manoeuvre《マヌヴル》	манёвр《マニョーヴル》	maniobra《マニオブラ》
porte《ポルト》 avant《アヴァン》	передние《ピリェードゥニエ》 ворота《ヴァロータ》	puerta《プエルタ》 delantera《デランテラ》
chute《シュット》	водопад《ヴァダパート》	salto《サルト》
combinaison《コンビネゾン》 isothermique《イゾテルミク》	защитный《ザシチィートゥヌィイ》 гидрокостюм《ギドクラカスチューム》	traje《トゥラヘ》 isotérmico《イソテルミコ》
virement《ヴィルマン》	поворот《パヴァロート》	virada《ビラダ》
pagaie《パゲ》 double《ドゥブル》	байдарочное《バイダーラチナエ》 весло《ヴィスロー》	pala《パラ》 doble《ドブレ》
barre《バル》 du《デュ》 gouvernail《グゥヴェルナユ》	румпель《ルゥームピィリ》	barra《バラ》 del《デル》 timón《ティモン》
barrage《バラジュ》	дамба《ダームバ》	presa《プレサ》
course《クゥルス》 de《ドゥ》 vitesse《ヴィテス》	гонка《ゴーンカ》 на《ナ》 короткую《カロートゥクゥユ》 дистанцию《ディスターンツィユ》	carrera《カレラ》 de《デ》 velocidad《ベロシダ》
course《クゥルス》 de《ドゥ》 demifonf《ドミフォン》	гонка《ゴーンカ》 на《ナ》 среднюю《スリェードゥニュウ》 дистанцию《ディスターンツィユ》	carrera《カレラ》 de《デ》 medio《メディオ》 fondo《フォンド》
course《クゥルス》 de《ドゥ》 fond《フォン》	гонка《ゴーンカ》 на《ナ》 длинную《ドゥリーンヌユ》 дистанцию《ディスターンツィユ》	carrera《カレラ》 de《デ》 fondo《フォンド》
écrou《エクルゥ》 de《ドゥ》 traversin《トラヴェルサン》	барашек《バラーシェク》	tuerca《トゥエルカ》 de《デ》 cruceta《クルセタ》
twist《トゥウィスト》	твист《トゥヴィースト》	twist《トゥヴィスト》
débarquer《デバルケ》	высадить《ヴィーサディチ》	desembarcar《デセンバルカール》
olive《オリヴ》	шейка《シェーイカ》 весла《ヴェスラー》	cruceta《クルセタ》
proue《プルゥ》	нос《ノース》 лодки《ロートゥキ》	proa《プロア》
équipier《エキピエ》 avant《アヴァン》	носовой《ナサヴォーイ》 гребец《グリビェーツ》	miembro《ミエンブロ》 del《デル》 equipo《エキポ》 delantero《デランテロ》
différence《ディフェランス》 en《アン》 avant《ナヴァン》	дифферент《ディフィリェーント》 на《ナ》 нос《ノース》	calado《カラド》 a《ア》 proa《プロア》
vague《ヴァグ》 d'étrave《デトゥラヴ》	носовая《ナサヴァーヤ》 волна《ヴァルナー》	ola《オラ》 de《デ》 proa《プロア》
longueur《ロングル》 du《デュ》 bateau《バト》	длина《ドゥリナー》 лодки《ロートゥキ》	eslora《エスロラ》

日本語	英語	ドイツ語
151 艇体	hull《ハル》	Bootskörper《ボーツケルパァ》
152 艇に乗り込む	get《ゲット》 in《イン》 the《ザ》 boat《ボウト》	einsteigen《アインシュタイゲン》
153 艇の格納庫	boat《ボウト》 house《ハウス》	Bootshaus《ボーツハオス》
154 艇の最大幅	beam《ビーム》 of《オヴ》 the《ザ》 boat《ボウト》	Bootsbreite《ボーツブライテ》
155 艇番号	boat《ボウト》 number《ナンバァ》	Bootsnummer《ボーツヌンマァ》
156 艇尾	stern《スターン》	Heck《ヘック》
157 艇尾材	stern《スターン》 post《ポウスト》	Achtersteven《アッハタァシュテーヴェン》
158 艇尾のトリム	trim《トゥリム》 by《バイ》 the《ザ》 stern《スターン》	Trimmung《トゥリンムング》
159 艇尾の波	stern《スターン》 wave《ウエイヴ》	Heckwelle《ヘックヴェル》
160 艇を出す	push《プッシュ》 off《オフ》	abfahren《アップファーレン》
161 艇を走らせる	sail《セイル》	schwimmen《シュヴィンメン》
162 デッド・ヒート	dead《デッド》 heat《ヒート》	totes《トーテス》 Rennen《レンネン》
163 テレマーク・ターン	telemark《テレマク》-turn《ターン》	Telemark《テーレマルク》-Drehung《ドレーウング》
164 転覆、沈	capsizing《キャップサイズィング》, overturn《オウヴァァターン》	Kentern《ケンテルン》
165 転覆する	capsize《キャップサイズ》	kentern《ケンテルン》
166 同調共同操作	synchronization《シンクラナイゼーシャン》	synchrone《ズュンクローネ》 Zusammenarbeit《ツーザンメンアルバイト》
167 とろ場	pool《プール》	Stauwasser《シュタオヴァッサァ》
168 流れ	flow《フロウ》	Strömung《シュトレームング》
169 流れに逆らって	upstream《アップストゥリーム》	flußaufwärts《フルスアオフヴェルツ》
170 流れの速度	speed《スピード》 of《オヴ》 current《カーラント》	Laufgeschwindigkeit《ラオフゲシュヴィンディヒカイト》

フランス語	ロシア語	スペイン語
coque《コク》	корпус《コールプゥス》 лодки《ロートゥキ》	casco《カスコ》
s'embarquer《サンバルケ》	садиться《サディーツァ》 в《ヴ》 лодку《ロートゥクゥ》	embarcarse《エンバルカールセ》
garage《ガラジュ》 à《ア》 bateaux《バト》	эллинг《エーリング》	hangar《アンガール》 de《デ》 botes《ボテス》
largeur《ラルジュル》 de《ドゥ》 l'embarcation《ランバルカスィオン》	ширина《シリナー》 лодки《ロートゥキ》	manga《マンガ》
plaque《プラク》 de《ドゥ》 numérotage《ニュメロタジュ》	номер《ノーミィル》 лодки《ロートゥキ》	matrícula《マトゥリクラ》
poupe《プゥプ》	корма《カルマー》	popa《ポパ》
étambot《エタンボ》	ахтерштевень《アハチルシチェーヴィニ》	codaste《コダステ》
différence《ディフェランス》 à《ア》 l'arrière《ラリエル》	дифферент《ディフィリエーント》 на《ナ》 корму《カルムー》	calado《カラド》 a《ア》 popa《ポパ》
vague《ヴァグ》 de《ドゥ》 poupe《プゥプ》, sillage《スィィアジュ》	кормовая《カルマヴァーヤ》 волна《ヴァルナー》	ola《オラ》 de《デ》 popa《ポパ》
se《ス》 démarrer《デマレ》	отчалить《アトゥチャーリチ》	zarpar《サルパール》
naviguer《ナヴィゲ》	плавать《プラーヴァチ》	navegar《ナベガール》
ex aequo《エグゼコ》	прийти《プリイチィー》 к《ク》 финишу《フィーニシュ》 одновременно《アドゥナヴリィミエーンナ》	llegar《リェガール》 simultaneamente《シムルタネアメンテ》 a《ア》 la《ラ》 meta《メタ》
tour《トゥル》 de《ドゥ》 Telemark《テレマルク》	поворот《パヴァロート》 телемарка《チェーリマルカ》	vuelta《ブエルタ》 de《デ》 telemark《テレマルク》
dessalage《デサラジュ》	перевёртывание《ピリヴョールトゥィヴァニエ》	vuelco《ブエルコ》, revuelta《レブエルタ》
se《ス》 dessaler《デサレ》	перевернуться《ピリヴェルヌーツァ》	volcarse《ボルカールセ》
cohésion《コエズィオン》	синхронность《スィンフローンナスチ》	sincronización《シンクロニサシオン》
nappe《ナプ》 déeau《ド》 dormante《ドルマント》	заводь《ザーヴァチ》, затон《ザトーン》	remanso《レマンソ》
débit《デビ》	поток《パトーク》, течение《チチェーニユ》	caudal《カウダル》
amont《アモン》, contre-courant《コントルクゥラン》	вверх《ヴヴェールフ》 по《パ》 течению《チチェーニユ》	contracorriente《コントゥラコルエンテ》
vitesse《ヴィテス》 du《デュ》 counrant《クゥラン》	скорость《スコーラスチ》 течения《チチェーニヤ》	velocidad《ベロシダ》 de《デ》 la《ラ》 corriente《コリエンテ》

日本語	英語	ドイツ語
171 流れを下って	downstream《ダウンストゥリーム》	flußabwärts《フルスアップヴェルツ》
172 波	wave《ウェイヴ》	Welle《ヴェレ》
173 波立ち	rough《ラフ》 water《ウォータァ》	Rauhwasser《ラオヴァッサァ》
174 波に乗る（パドルさばき）	hanging《ハンギング》 on《オン》 wash《ワッシュ》	Sogfahren《ゾークファーレン》
175 波の抵抗	wave《ウェイヴ》 resistance《リズィスタンス》	Formwinderstand《フォルムヴィーダァシュタント》
176 橋	bridge《ブリッヂ》	Brücke《ブリュッケ》
177 波頭	crest《クレスト》	Wellenkamm《ヴェレンカム》
178 バック・パドリング	back《バック》 paddling《パドゥリング》 reverse《リヴァース》 stroke《ストゥロウク》	Abbremsung《アップブレムズング》, Abstoppung《アップシュトップング》
179 発艇審判塔	starting-line《スターティング ライン》 control《コントゥロウル》 tower《タウア》	Kontrollturm《コントロルトゥルム》 der《デア》 Startlinie《シュタルトリーニエ》
180 発艇順	start《スタート》 order《オーダァ》	Startreihenfolge《シュタルトライエンフォルゲ》
181 発艇線マーク	starting《スターティング》 line's《ラインズ》 mark《マーク》	Startboje《シュタルトボーイェ》
182 発艇ゾーン	start《スタート》 zone《ゾウン》	Startzone《シュタルトツォーネ》
183 発艇の審判員	start《スタート》 zone《ゾウン》 judge《ヂャッヂ》	Richter《リッヒタァ》 der《デア》 Startzone《シュタルトツォーネ》
184 発艇の発砲	start《スタート》 shot《ショット》	Startschuß《シュタルトシュス》
185 発艇用フェリー	starting《スターティング》 ferry《フェリィ》	Startbrücke《シュタルトブリュッケ》
186 パドリング	paddling《パドゥリング》	Führung《フュールング》 des《デス》 Paddels《パッデルス》
187 パドル	paddle《パドゥル》	Paddel《パッデル》
188 パドル・シャフト	shaft《シャフト》 of《オヴ》 the《ザ》 paddle《パドゥル》	Paddelschaft《パッデルシャフト》
189 パドル・ストローク	paddle《パドゥル》 stroke《ストゥローク》	Durchzug《ドゥルヒツーク》, Schlag《シュラーク》
190 パドルで漕ぐ	paddle《パドゥル》	paddeln《パッデルン》

フランス語	ロシア語	スペイン語
aval《アヴァル》	вниз《ブニース》 по《パ》 течению《チチェーニユ》	río《リオ》 abajo《アバホ》
vague《ヴァグ》	волна《ヴァルナー》	ola《オラ》
eau《オ》 agitée《アジテ》	неспокойная《ニスパコーイナヤ》 вода《ヴァダー》	agua《アグア》 agitada《アヒタダ》
prendre《プランドル》 la《ラ》 vague《ヴァグ》	сесть《スェースチ》 на《ナ》 волну《ヴァルヌゥー》	prender《プレンデール》 la《ラ》 ola《オラ》
résistance《レズィスタンス》 des《デ》 vagues《ヴァグ》	волновое《ヴァルナヴォーエ》 сопротивление《サプラティヴリェーニエ》	resistencia《レシステンシア》 de《デ》 las《ラス》 olas《オラス》
pont《ポン》	мост《モースト》	puente《プエンテ》
crête《クレト》	гребень《グリェービニ》 волны《ヴァルヌィー》	cresta《クレスタ》
ralentissement《ラランティスマン》	заторможение《ザトルモージニエ》	disminuir《ディスミヌイール》 la《ラ》 marcha《マルチャ》
tour《トゥル》 de《ドゥ》 contrôle《コントロル》 de《ドゥ》 départ《デパル》	контрольная《カントゥローリナヤ》 башня《バーシニャ》 стартовой《スタールタヴァイ》 линии《リーニイ》	torre《トレ》 de《デ》 control《コントゥロル》 de《デ》 salida《サリダ》
ordre《オルドル》 de《ドゥ》 départ《デパル》	стартовый《スタールタヴィイ》 порядок《パリャーダク》	orden《オルデン》 de《デ》 salida《サリダ》
bouée《ブエ》 de《ドゥ》 départ《デパル》	стартовый《スタールタヴィイ》 буй《ブゥーイ》	baliza《バリサ》 de《デ》 salida《サリダ》
zone《ゾヌ》 de《ドゥ》 départ《デパル》	стартовая《スタールタヴァヤ》 зона《ゾーナ》	zona《ソナ》 de《デ》 salida《サリダ》
juge《ジュジュ》 de《ドゥ》 la《ラ》 zone《ゾヌ》 de《ドゥ》 départ《デパル》	судья《スゥチィヤー》 стартовой《スタールタヴァイ》 зоны《ゾーヌィ》	árbitro《アルビトゥロ》 en《エン》 la《ラ》 zona《ソナ》 de《デ》 salida《サリダ》
coup《クゥ》 de《ドゥ》 feu《フ》 de《ドゥ》 départ《デパル》	стартовый《スタールタヴィイ》 выстрел《ヴィーストゥリェル》	disparo《ディスパロ》 de《デ》 salida《サリダ》
ponton《ポントン》 de《ドゥ》 départ《デパル》	стартовый《スタールタヴィイ》 плот《プロート》	pontón《ポントン》 de《デ》 salida《サリダ》
travail《トラヴァイユ》 de《ドゥ》 la《ラ》 pagaie《パゲ》	подгребание《パドゥグリバーニエ》	trabajo《トゥラバホ》 de《デ》 la《ラ》 pala《パラ》, paleo《パレオ》
pagaie《パゲ》	весло《ヴィスロー》	pala《パラ》
manche《マンシュ》 de《ドゥ》 la《ラ》 pagaie《パゲ》	стержень《スチェールジェニ》 весла《ヴィスラー》	pértiga《ペルティガ》 de《デ》 la《ラ》 pala《パラ》
coup《クゥ》 de《ドゥ》 la《ラ》 pagaie《パゲ》	гребок《グリボーク》	palada《パラダ》
pagayer《パゲイエ》	грести《グリィスチィー》	palear《パレアール》

日本語	英語	ドイツ語
191 パドルの頸	neck《ネック》 of《オヴ》 the《ザ》 paddle《パドゥル》	Paddelhals《パッデルハルス》
192 パドルのグリップ	grip《グリップ》 of《オヴ》 the《ザ》 paddle《パドゥル》	Griff《グリッフ》
193 パドルの先端部	tip《ティップ》	Spitze《シュピッツェ》
194 パドルの破損	breaking《ブレイキング》 a《ア》 paddle《パドゥル》	Paddelbruch《パッデルブルッフ》
195 パドルのブレード	blade《ブレイド》 of《オヴ》 the《ザ》 paddle《パドゥル》	Paddelblatt《パッデルブラット》
196 早瀬、急流	rapid《ラピッド》	Stromschnelle《シュトロームシュネレ》
197 バランス	balance《バランス》	Balance《バランセ》
198 膝当て	knee《ニー》-pad《パッド》, kneeling《ニーリング》 pad《パッド》	Knieschemel《クニーシェーメル》
199 膝掛け台	knee《ニー》 rest《レスト》	Kniestützen《クニーシュテュッツェン》
200 ひび割れ	crack《クラック》	Leck《レック》
201 標識円盤	signalling《スィグナリング》 disc《ディスク》	Signalscheibe《ズィグナールシャイベ》
202 標識システム	marking《マーキング》 system《スィステム》	Bake-System《バーケズュステーム》
203 標識板	signalling《スィグナリング》 panel《パヌル》	Signalplatte《ズィグナールプラッテ》
204 標識ブイ	marking《マーキング》 buoy《ブーイ》	Markierungsboje《マルキールングスボーイェ》
205 漂流（流される）	drift《ドゥリフト》	Drift《ドゥリフト》
206 ファルト・ボート	falt《ファールト》-boat《ボウト》	Faltboot《ファルトボート》
207 フェザリング	feathering《フェザリング》	Drehen《ドレーエン》
208 フェリー	ferry《フェリィ》	Kasten《カステン》
209 フォアデッキ	foredeck《フォーデック》	Vordeck《フォーアデック》
210 ブイ	buoy《ブーイ》	Boje《ボーイェ》
211 不正スタート	false《フォールス》 start《スタート》	Fehlstart《フェールシュタルト》

フランス語	ロシア語	スペイン語
collet《コレ》 de《ドゥ》 la《ラ》 pagaie《パゲ》	шейка《シェーイカ》 весла《ヴィスラー》	cuello《クエリョ》 de《デ》 la《ラ》 pala《パラ》
poignée《プワニェ》 de《ドゥ》 la《ラ》 pagaie《パゲ》	рукоятка《ルゥカヤートゥカ》 весла《ヴィスラー》	mango《マンゴ》 de《デ》 la《ラ》 pala《パラ》
extrémité《エクストレミテ》	остриё《アストゥリョー》, кончик《コーンチク》	punta《プンタ》
bris《ブリ》 de《ドゥ》 la《ラ》 pagaie《パゲ》	поломка《パロームカ》 весла《ヴィスラー》	rotura《ロトゥラ》 de《デ》 la《ラ》 pala《パラ》
pelle《ペル》 de《ドゥ》 la《ラ》 pagaie《パゲ》	лопасть《ローパスチ》 весла《ヴェスラー》	hoja《オハ》 de《デ》 la《ラ》 pala《パラ》
rapide《ラピド》	быстрое《ブィーストゥラエ》 течение《チチェーニエ》	rápido《ラピド》
équilibre《エキリブル》	баланс《バラーンス》	equilibrio《エキリブリオ》
agenouilloir《アジュヌゥィワル》	подколенная《パトゥカリェーンナヤ》 подушка《パドゥーシカ》	almohadilla《アルモアディリャ》 para《パラ》 la《ラ》 rodilla《ロディリャ》
repose《ルポズ》-genou《ジュヌゥ》	опора《アポーラ》 для《ドゥリャ》 колена《カリェーナ》	reposarodillas《レポサロディリャス》
gerce《ジェルス》	пробоина《プラボーイナ》	brecha《ブレチャ》
disque《ディスク》 de《ドゥ》 signalisation《スィニャリザスィオン》	сигнальный《スィグナーリヌィイ》 диск《ディースク》	disco《ディスコ》 de《デ》 señalización《セニャリサシオン》
système《スィステム》 de《ドゥ》 balisage《バリザジュ》	система《スィスチェーマ》 вехи《ヴェーヒ》	sistema《システマ》 de《デ》 balizaje《バリサヘ》
panneau《パノ》 de《ドゥ》 signalisation《スィニャリザスィオン》	сигнальная《スィグナーリナヤ》 панель《パニェーリ》	panel《パネル》 de《デ》 señalización《セニャリサシオン》
bouée《ブエ》 de《ドゥ》 balisage《バリザジュ》	разметочный《ラズミェータチヌィイ》 буй《ブゥーイ》	boya《ボヤ》 de《デ》 balizaje《バリサヘ》
dérive《デリーヴ》	дрейф《ドゥリェーイフ》	deriva《デリバ》
canot《カノ》 pliant《プリィアン》	разборная《ラズボーリナヤ》 лодка《ロートゥカ》	bote《ボテ》 plegable《プレガブレ》
maniement《マニマン》	накрытие《ナクルィーチィエ》 лопасть《ローパスチィ》	manejo《マネホ》 de《デ》 la《ラ》 pala《パラ》
bac《バク》	плот《プロート》	bac《バク》, barcaza《バルカサ》
pontage《ポンタジュ》 avant《アヴァン》	передняя《ピリェードゥニャヤ》 носовая《ナサヴァーヤ》 дека《チェーカ》	cubierta《クビエルタ》 delantera《デランテラ》
balise《バリズ》	буй《ブゥーイ》	baliza《バリサ》
faux《フオ》 départ《デパル》	фальстарт《ファリスタールト》	salida《サリダ》 falsa《ファルサ》

日本語	英語	ドイツ語
212 船べり、ガンネル	bulwark《ブルワァク》, gunwale《ガンネル》	Dollbord《ドルボルト》
213 部門別審判員	section《セクシャン》 judge《ヂャッヂ》	Sektionsrichter《ゼクツィオーンスリッヒタァ》
214 浮標	buoy《ブーイ》	Bake《バーケ》
215 フラット・ウォター	flat《フラット》 water《ウォータァ》	Glattwasser《グラットヴァッサァ》
216 フラット・ウォターレーシング	flatwater《フラットウォータァ》 competition《カンピティシャン》	Glattwasserwettkampf《グラットヴァッサァヴェットカムプフ》
217 浮力	buoyancy《ボイアンスィ》	Schwimmfähigkeit《シュヴィムフェーイヒカイト》
218 浮力のある	buoyant《ボイアント》	schwimmend《シュヴィンメント》
219 ブレード	blade《ブレイド》	Blatt《ブラット》
220 ブレードで水をキャッチ（引き）	catch《キャッチ》, brace《ブレイス》	Anriß《アンリス》
221 ブレードの型	blade《ブレイド》 form《フォーム》	Blattform《ブラットフォルム》
222 ブレードの曲線	blade《ブレイド》 curve《カーヴ》	Blattschwung《ブラットシュヴング》
223 ブレードの沈む深さ	submerged《サブマージド》 depth《デプス》	Eintauchtiefe《アインタオフティーフェ》
224 ブレードの長さ	length《レングス》 of《オヴ》 the《ザ》 blade《ブレイド》	Blattlänge《ブラットレンゲ》
225 ブレードの幅	blade《ブレイド》 width《ウィドゥス》	Blattbreite《ブラットブライテ》
226 ブレードを抜くこと	extraction《イクストゥラクシャン》, lift《リフト》	Ausheben《アオスヘーベン》
227 ペースの変更	pace《ペイス》 variation《ヴェアリエイシャン》	Tempowechsel《テンポヴェックセル》
228 ヘルメット	helmet《ヘルミット》	Helm《ヘルム》
229 ボート・スタンド	boat《ボウト》 stand《スタンド》	Bootsgestell《ボーツゲシュテル》
230 ボートのクラス	class《クラース》	Bootsklasse《ボーツクラッセ》

フランス語	ロシア語	スペイン語
hiloire《イロワル》	фальшборт《リシボールト》	amurada《アムラダ》, falca《ファルカ》
juge《ジュジュ》 de《ドゥ》 secteur《セクトゥル》	судья《スゥヂィヤー》 на《ナ》 секции《スエークツィイ》	juez《フエス》 de《デ》 sector《セクトル》
balise《バリズ》	бакен《バーキィン》	boya《ボヤ》
eau《オ》 calme《カルム》	гладкая《グラートゥカヤ》 вода《ヴァダー》	aguas《アグアス》 tranquilas《トゥランキラス》
compétition《コンペティスィオン》 en《アン》 eaux《ノ》 calmes《カルム》	соревнование《サリヴナヴァーニエ》 гладкой《グラードゥカイ》 воды《ヴァドゥィー》	competición《コンペティシオン》 en《エン》 aguas《アグアス》 tranquilas《トゥランキラス》
flottabilité《フロタビリテ》	плавучесть《プラヴゥーチェスチ》	flotabilidad《フロタビリダ》
flottable《フロタブル》	плавучий《プラヴゥーチイ》	flotable《フロタブレ》
pale《パル》, pelle《ペル》	лопасть《ローパスチ》	pala《パラ》
appui《アピュイ》	занос《ザノース》 весла《ヴィスラー》	impulso《イムプルソ》 para《パラ》 la《ラ》 palada《パラダ》, apoyo《アポヨ》
forme《フォルム》 de《ドゥ》 la《ラ》 pelle《ペル》	форма《フォールマ》 лопасти《ローパスチィ》 весла《ヴィスラー》	forma《フォルマ》 de《デ》 la《ラ》 pala《パラ》
courbure《クゥルビュル》 de《ドゥ》 la《ラ》 pelle《ペル》	изгиб《イズギーブ》 лопасти《ローパスチィ》	curvatura《クルバトゥラ》 de《デ》 la《ラ》 pala《パラ》
profondeur《プロフォンドゥル》 d'immersion《ディムメルスィオン》 de《ドゥ》 la《ラ》 pelle《ペル》	глубина《グルゥビナー》 погружения《パグルゥジェーニヤ》	profundidad《プロフンディダ》 del《デル》 hundimiento《ウンディミエント》 de《デ》 la《ラ》 pala《パラ》
longueur《ロングル》 de《ドゥ》 la《ラ》 pelle《ペル》	длина《ドゥリナー》 лопасти《ローパスチィ》	longitud《ロンヒトゥ》 de《デ》 la《ラ》 pala《パラ》
largeur《ラルジュル》 de《ドゥ》 la《ラ》 pelle《ペル》	ширина《シリナー》 лопасти《ローパスチィ》	anchura《アンチュラ》 de《デ》 la《ラ》 pala《パラ》
extraction《エクストラクスィオン》	вывод《ヴィーヴァト》 лопасти《ローパスチィ》	extracción《エストゥラクシオン》 de《デ》 la《ラ》 pala《パラ》
changement《シャンジュマン》 d'allure《ダリュル》	смена《スミィナー》 темпа《チェームパ》	cambio《カンビオ》 de《デ》 ritmo《リトゥモ》
casque《カスク》	шлем《シレーム》	casco《カスコ》
tréteau《トレト》	козлы《コーズルィ》 для《ドゥリャ》 лодок《ローダク》	caballete《カバリエテ》
classe《クラス》	класс《クラース》 лодки《ロートゥキ》	clase《クラセ》

日本語	英語	ドイツ語
231 ポール	pole《ポウル》	Stange《シュタンゲ》, Stab《シュタープ》
232 方向を変える	turn《ターン》, tack《タック》	aufdrehen《アオフドレーエン》
233 水のキャッチ	catch《キャッチ》	Wasserfassen《ヴァッサァファッセン》
234 床板	floor《フロー》 board《ボード》	Bodenbrett《ボーデンブレット》
235 揺れ	pitching《ピチング》, rolling《ロウリング》	Schaukeln《シャオケルン》, Rollen《ロレン》
236 よーい---どん！	《ready《(レディ》- -go《ゴウ)》!》	《Fertig《フェルティヒ》 machen《マッヘン》- - Los《ロース》！》
237 用水路	canal《カナル》	Kanal《カナール》
238 横風	cross《クロス》-wind《ウィンド》	Seitenwind《ザイテンヴィント》
239 横波	side《サイド》-wave《ウエイヴ》	Seitenwelle《ザイテンヴェレ》
240 予備のラウンド	preliminary《プリリミネリィ》 round《ラウンド》 (heat)《(ヒート)》	Vorlauf《フォーァラオフ》
241 予備のパドル	reserve《リザーヴ》 paddle《パドゥル》	Ersatzpaddel《エァザッツパッデル》
242 ライフ・ジャケット	life《ライフ》 jacket《ヂャケット》	Schwimmweste《シュヴィムヴェステ》
243 ラスト・スパート	final《ファイヌル》 spurt《スパート》	Endspurt《エントシュプルト》
244 リア・デッキ	rear《リア》 deck《デック》	Hinterdeck《ヒンタァデック》
245 リヴァース・マーク	reverse《リヴァース》 mark《マーク》	Rückwärtstor《リュックヴェルツトーァ》
246 陸路運搬	portage《ポーティジ》	Transport《トランスポルト》
247 流体動力抵抗	hydrodynamic《ハイドゥラダイナミック》 resistance《リズィスタンス》	hydrodynamischer《ヒュドロデュナーミシャァ》 Widerstand《ヴィーダァシュタント》
248 レース	race《レイス》	Rennen《レンネン》
249 レースの中断	interruption《インタラプシャン》 of《オヴ》 the《ザ》 heat《ヒート》	Anhalten《アンハルテン》 des《デス》 Laufs《ラオフス》
250 レースを延期する	postpone《ポウストポウン》 a《ア》 heat《ヒート》	den《デン》 Lauf《ラオフ》 verschieben《フェアシーベン》

フランス語	ロシア語	スペイン語
fiche《フィシュ》	столб《ストールプ》	poste《ポステ》
virer《ヴィレ》	разворачивать《ラズヴァラーチィヴァチ》	virar《ビラール》
entrée《アントレ》 à《ア》 l'eau《ロ》	захват《ザフヴァート》 воды《ヴァドゥィー》	entrada《エントゥラダ》 al《アル》 agua《アグア》
plancher《プランシェ》	донная《ドーンナヤ》 доска《ダスカー》	piso《ピソ》
tangage《タンガジュ》, roulis《ルゥリ》	качка《カーチカ》	cabeceo《カベセオ》, vaivén《バイベン》
《soyez《(ソワイエ》 pêts-《プレ》 - partez《パルテ)》 ! 》	《внимание-《(ヴニマーニエ》 - марш《マールシ)》 ! 》	《¡ atención-《(アテンシオン》 - en《エン》 marcha《マルチャ)》 ! 》
canal《カナル》	канал《カナール》	canal《カナル》
vent《ヴァン》 latéral《ラテラル》	боковой《バカヴォーイ》 ветер《ヴェーチィル》	viento《ビエント》 de《デ》 costado《コスタド》
vague《ヴァグ》 de《ドゥ》 côté《コテ》	боковая《バカヴァーヤ》 волна《ヴァリナー》	ola《オラ》 lateral《ラテラル》
tour《トゥル》 éliminatoire《エリミナトゥワル》	предварительный《プリドゥヴァリーチィリヌィイ》 забег《ビェーク》	prueba《プルエバ》 eliminatoria《エリミナトリア》
pagaie《パゲ》 de《ドゥ》 réserve《レゼルヴ》	запасное《ザパスノーエ》 весло《ヴィスロー》	pala《パラ》 de《デ》 reserva《レセルバ》
boléro《ボレロ》	спасательный《スパサーチリヌィイ》 жилет《ジリェート》	chaleco《チャレコ》 salvavidas《サルバビダス》
spurt《スパート》 à《ア》 l'arrivée《ラリヴェ》	финишный《フィーニシヌィイ》 спурт《スプゥールト》	ritmo《リトゥモ》 máximo《マクシモ》 final《フィナル》
pontage《ポンタジュ》 arrière《アリエル》	задняя《ザードゥニャヤ》 дека《チェーカ》	cubierta《クビエルタ》 de《デ》 popa《ポパ》
marque《マルク》 de《ドゥ》 l'arrière《ラリエル》	обратные《アブラートゥヌィエ》 ворота《ヴァロータ》	marca《マルカ》 del《デル》 dorso《ドルソ》
portage《ポルタジュ》	транспорт《トゥランスパルト》	transporte《トゥランスポルテ》
résistance《レズィスタンス》 hydrodynamique《イドロディナミク》	гидродинамическое《ギドゥラディナミーチィスカヤ》 сопротивление《サプラチィヴリェーニエ》	resistencia《レシステンシア》 hidrodinámica《イドゥロディナミカ》
course《クゥルス》	гонка《ゴーンカ》	carrera《カレラ》
suspension《スュスパンスィオン》 de《ドゥ》 la《ラ》 série《セリ》	остановка《アスタノーフカ》 заезда《ザィエーズダ》	suspensión《ススペンシオン》 de《デ》 la《ラ》 serie《セリエ》
reporter《ルポルテ》 la《ラ》 série《セリ》	перенести《ピリニィスチィー》 заезд《ザィエーズダ》	aplazar《アプラサール》 la《ラ》 serie《セリエ》

日本語	英語	ドイツ語
251 レースを中止する	abolish《アバリシュ》 the《ザ》 heat《ヒート》	den《デン》 Lauf《ラオフ》 aufheben《アオフヘーベン》
252 肋材	rib《リブ》, transverse《トランズヴァース》 frame《フレイム》	Spant《シュパント》, Rippe《リッペ》
253 ワイルド・ウォター	wild《ワイルド》 water《ウォータァ》	wildes《ヴィルデス》 Wasser《ヴァッサァ》
254 ワイルド・ウォター・レーシング	wildwater《ワイルドウォータァ》 racing《レイスィング》	Wildwasserrennen《ヴィルトヴァッサァレンネン》

フランス語	ロシア語	スペイン語
annuler《アヌニュレ》 la《ラ》 série《セリ》	отменить《アトゥミィニーチ》 заезд《ザィエーズダ》	suspender《ススペンデール》 la《ラ》 serie《セリエ》
couples《クゥプル》, membrures《マンブルュル》	шпангоут《シパンゴーウト》	cuaderna《クアデルナ》
eau《オ》 vive《ヴィヴ》	бурная《ブゥールナヤ》 вода《ヴァダー》	aguas《アグアス》 bravas《ブラバス》
descente《デサント》	скоростной《スカラスノーイ》 спуск《スプゥースク》	descenso《デスセンソ》

4.競泳

日本語	英語	ドイツ語
1　相手	opponent《オポウネント》	Gegner《ゲーグナァ》
2　相手コース	opponent's《オポウネンツ》 lane《レイン》	fremde《フレムト》 Bahn《バーン》
3　足のキック（ビート）	kick《キック》	Beinschlag《バインシュラーク》, Beinstoß《バインシュトース》
4　温かい水	warm《ウォーム》 water《ウォータァ》	warmes《ヴァルメス》 Wasser《ヴァッサァ》
5　息切れ	blow《ブロウ》 out《アウト》	Kurze《キュルツェ》 Ausatmung《アオスアートムング》
6　息を吸い込むこと	inhalation《インハレイシャン》	Einatmung《アインアートムング》
7　息を吐く	exhale《エクスヘイル》	ausatmen《アオスアートメン》
8　位置、場所	place《プレイス》	Platz《プラッツ》
9　《位置について！》	《take《(テイク》 your《ユア》 marks《マークス)》！》	《Auf《(アオフ》 die《ディ》 Plätze《プレッツェ)》！》
10　浮かび上がる	surface《サーフェス》	auftauchen《アオフタオヘン》
11　浮き袋	natatory《ナタトリィ》	Schwimmblase《シュヴィムブラーゼ》
12　内側に向いている足先	pigeon《ピジャn》 toes《トウズ》	einwärts《アインヴェルツ》 gestellter《ゲシュテルタァ》 Fuß《フース》
13　腕による長いストローク	long《ロング》 arm《アーム》 stroke《ストゥロウク》	weit《ヴァイト》 ausgreifender《アオスグライフェンダァ》 Armzug《アルムツーク》
14　腕の引き抜き	arm《アーム》 release《リリース》	Befreien《ベフライエン》 des《デス》 Armes《アルメス》
15　腕のプッシング力	pushing《プッシング》 force《フォース》	Druckphase《ドゥルックファーゼ》 bei《バイ》 Armarbeit《アルムアルバイト》
16　腕のプル	pull《プル》	Schwimmzug《シュヴィウツーク》
17　腕を下の方へリカバリー	overarm《オウヴァアーム》 stroke《ストゥロウク》	Vorbringen《フォーアブリンゲン》 des《デス》 Armes《アルメス》 über《ユーバァ》 dem《デム》 Wasser《ヴァッサァ》
18　腕を前の方へリカバリー	arm《アーム》 recovery《リカヴァリィ》	Nachvornebringen《ナーハフォルネブリンゲン》 des《デス》 Armes《アルメス》
19　塩素処理水	chlorinated《クローリネイテッド》 water《ウォータァ》	gechlortes《ゲクローァテス》 Wasser《ヴァッサァ》

フランス語	ロシア語	スペイン語
adversaire《アドヴェルセッル》	соперник《サピエールニク》, противник《プラチィーヴニク》	adversario《アドゥベルサリオ》, contrincante《コントゥリンカンテ》
couloir《クゥルワル》 d'autrui《ドトリュイ》	чужая《チュジャーヤ》 дорожка《ダローシカ》	calle《カリェ》 ajena《アヘナ》
battement《バトマン》 de《ドゥ》 jambes《ジャンブ》	удар《ウダール》 ногой《ナゴーイ》	batido《バティド》 con《コン》 la《ラ》 pierna《ピエルナ》
eau《オ》 chaude《ショド》	тёплая《チョープラヤ》 вода《ヴァダー》	agua《アグア》 tempada《テンプラダ》
expiration《エクスピラスィオン》 forcée《フォルセ》	вынужденный《ヴィーヌゥジヂェンヌイイ》 выдох《ヴィーダフ》	expiración《エスピラシオン》 forzada《フォルサダ》
inspiration《アンスピラスィオン》	вдох《ヴィドーフ》	aspiración《アスピラシオン》
expirer《エクスピレ》	выдохать《ヴィドゥィハーチ》	expirar《エスピラール》
place《プラス》	место《ミエースタ》	lugar《ルガール》, plaza《プラサ》
《à《ア》 vos《ヴォ》 marques《マルク》！》	《на《ナ》 старт《スタールト》！》	《¡ a《ア》 sus《スス》 puestos《プエストス》！》
émerger《エメルジェ》	появляться《パヤヴリャーツァ》 на《ナ》 поверхности《パヴェールフナスチィ》	emerger《エメルヘール》
natatoire《ナタトワル》	плавательный《プラーヴァチェリヌィイ》 пузырь《プゥズィーリ》	natatorio《ナタトリオ》
pied《ピエ》 tourné《トゥルネ》 en《アン》 dedans《ドダン》	стопа《スタパー》, повёрнутая《パヴョールヌタヤ》 внутрь《ヴヌトゥリー》	pie《ピエ》 vuelto《ブエルト》 hacia《アシア》 adentro《アデントゥロ》
ample《アンプル》 mouvement《ムゥヴマン》 de《ドゥ》 bras《ブラ》	длинный《ドゥリーンヌィイ》 гребок《グリエボーク》 рукой《ルゥコーイ》	movimiento《モビミエント》 de《デ》 brazo《ブラソ》 con《コン》 larga《ラルガ》 entrada《エントゥラダ》
dégagement《デカジュマン》 (de《ドゥ》 l'eau《ロ》)	вынимание《ヴィニマーニエ》 руки《ルゥキー》	sacar《サカール》 (el《エル》 brazo《ブラソ》 del《デル》 agua《アグア》)
poussée《プゥセ》 du《デュ》 bras《ブラ》	сила《スィーラ》 давления《ダヴリェーニヤ》	empuje《エンプヘ》 del《デル》 brazo《ブラソ》
traction《トラクスィオン》	подтягивание《パトゥチャーギヴァニエ》	tracción《トゥラクシオン》
lancement《ランスマン》 du《デュ》 bras《ブラ》 hors《オル》 de《ドゥ》 l'eau《ロ》	пронос《プラノース》 руки《ルゥキー》 над《ナート》 водой《ヴァドーイ》	lance《ランセ》 de《デ》 los《ロス》 brazos《ブラソス》 fuera《フエラ》 del《デル》 agua《アグア》
avancement《アヴァンスマン》 du《デュ》 bras《ブラ》	пронос《プラノース》 руки《ルゥキー》 вперёд《フプィリョート》	recobro《レコブロ》 del《デル》 brazo《ブラソ》
eau《オ》 chlorée《クロレ》	хлорированная《フラリーラヴァンナヤ》 вода《ヴァダー》	agua《アグア》 clorada《クロラダ》

日本語	英語	ドイツ語
20 塩水	salt《ソールト》 water《ウォータア》	Salzwasser《ザルツヴァッサア》
21 エントリーされた選手（女）	entered《エンタアド》 （ woman's《(ウィミンズ)》 ） participant《パーティサパント》	angemeldeter《アンゲメルデタア》 Teilnehmer(in)《タイルネーマア (メリン)》
22 追い越す	advance《アドゥヴァンス》	überholen《ユーバアホーレン》, zuvorkommen《ツフォーアコンメン》
23 大きな振幅のキック	wide《ワイド》 kick《キック》	weiter《ヴァイタア》 Beinschlag《バインシュラーク》
24 屋外プール	outdoor《アウトドー》 pool《プール》	Freibad《フライバート》
25 泳ぎきる	complete《カムプリート》 the《ザ》 distance《ディスタンス》	Strecke《シュトレッケ》 zurücklegen《ツリュックレーゲン》
26 泳ぐ	swim《スウィム》	schwimmen《シュヴィメン》
27 肩の回転運動	shoulder《ショウルダア》 circle《サークル》	Schulterkreisen《シュルタアクライゼン》
28 オリンピック記録	olympic《オリンピク》 record《レカド》	olympischer《オリュムピシャア》 Rekord《レコルト》
29 片面だけの呼吸	unilateral《ユーニラテラル》 breathing《ブレスィング》	Doppel《ドッペル》 oder《オーダア》 Vierererzugatmung《フィーラアツークアートムング》
30 体一つの差で勝つ	win《ウィン》 by《バイ》 a《ア》 body《バディ》 length《レングス》	mit《ミット》 einer《アイナア》 Länge《レンゲ》 Vorsprung《フォーアシュプルング》 gewinnen《ゲヴィンネン》
31 救助隊員	rescuer《レスキュー》	Lebensretter《レーベンスレッタア》
32 競泳のコース	lane《レイン》	Schwimmbahn《シュヴィムバーン》
33 記録されたタイム	recorded《レカディド》 time《タイム》	gestoppte《ゲシュトップテ》 Zeit《ツァイト》
34 記録の公認	approval《アプローバル》 of《オヴ》 record《レカド》	Rekordregistrierung《レコルトレギストゥリールング》
35 グラブ· スタート	grab《グラヴ》 atart《スタート》	Greif-Start《グライフ シュタルト》
36 クロール	crawl《クロール》	Kraulschwimmen《クラオルシュヴィメン》
37 クロール選手（女）	crawl《クロール》 (women's)《(ウィミンズ)》 swimmer《スウィマア》	Kraulschwimmer(in)《クラオルシュヴィマア (メリン)》
38 クロス· ライン	cross《クロース》 line《ライン》	Schneidelinie《シュナイデリーニエ》
39 警告の合図	warning《ウォーニング》 signal《スイグヌル》	Warnsignal《ヴァルンズィグナル》

フランス語	ロシア語	スペイン語
eau《オ》 salée《サレ》	солёная《サリョーナヤ》 вода《ヴァダー》	agua《アグア》 salada《サラダ》
participant(e)《パルティスィパン(ト)》 inserit《アンスクリ》	заявленный《ザヤヴリェーンヌィイ》 участник《ウチャースニク》 (заявленная《ザヤヴリェーンナヤ》 участница《ウチャースニィツア》)	participante《パルティシパンテ》 inscrito《インスクリト》
devancer《ドヴァンセ》	опередить《アピエリエディーチ》	adelantar《アデランタール》
battement《バトマン》 long《ロン》	удар《ウダール》 с《ズ》 большой《バリショーイ》 амплитудой《アムプリトゥーダイ》	batido《バティド》 amplio《アンプリオ》
piscine《ピスィヌ》 à《ア》 ciel《スィエル》 ouvert《ウヴェル》	открытый《アトゥクルィートゥィイ》 бассейн《バスエーイン》	piscina《ピスシナ》 al《アル》 aire《アイレ》 libre《リブレ》
couvrir《クヴリル》 la《ラ》 distance《ディスタンス》	закончить《ザコンーチィチ》 дистанцию《ディスターンツィユ》	terminar《テルミナール》 la《ラ》 prueba《プルエバ》
nager《ナジェ》	плавать《プラーヴァチ》	nadar《ナダール》
rotation《ロタスィオン》 des《デ》 épaules《ゼポル》	круговое《クルゥガヴォーエ》 движение《ドゥヴィジェーニエ》 плечами《プリェチャーミ》	rotación《ロタシオン》 de《デ》 los《ロス》 hombros《オンブロス》
record《ルコル》 olympique《オランピク》	олимпийский《アリンピーイスキイ》 рекорд《リィコールト》	récord《レコル》 olímpico《オリンピコ》
respiration《レスピラスィオン》 unilatérale《ユニラテラル》	одностороннее《アドゥナスタローンニィエ》 дыхание《ドゥハーニエ》	respiración《レスピラシオン》 unilateral《ウニラテラル》
gagner《ガニエ》 d'une《デュヌ》 longueur《ロングル》	выиграть《ヴィーイグラチ》 корпус《コールプゥス》	aventajar《アベンタハール》 el《エル》 largo《ラルゴ》 del《デル》 tronco《トゥロンコ》
sauveteur《ソヴトゥル》	спасатель《スパサーチェリ》	socorrista《ソコリスタ》
couloir《クゥルワル》	дорожка《ダローシカ》	calle《カチェ》
temps《タン》 enregistré《アンルジストレ》	зафиксированное《ザフィクスィーラヴァンナエ》 время《ヴリェーミャ》	tiempo《ティエンポ》 registrado《レヒストゥラド》
homologation《オモロガスィオン》 d'un《ダン》 record《ルコル》	регистрация《リィギストゥラーツィヤ》 рекорда《リィコールダ》	registro《レヒストゥロ》 de《デ》 la《ラ》 marca《マルカ》
départ《デパル》 agrippé《アグリペ》	старт《スタールト》 с《ズ》 захватом《ザフヴァータム》 руками《ルゥカーミ》 за《ザ》 тумбочку《トゥームバチクゥ》 (*греб-старт*《グリエーブ スタールト》)	salida《サリダ》 desde《デスデ》 posición《ポシシオン》 de《デ》 agarre《アガレ》 estilo《エスティロ》 espalda《エスパルダ》
crawl《クロル》	кроль《クローリ》	crol《クロル》, estilo《エスティロ》 libre《リブレ》
nageur《ナジュゥル》 (nageuse《ナジゥズ》) de《ドゥ》 crawl《クロル》	кролист《クラリースト》,(кролистка《クラリーストカ》)	nadador《ナダドル》 (nadadora《ナダドラ》) estilo《エスティロ》 libre《リブレ》
ligne《リニュ》 transversale《トランスヴェルサル》	поперечная《パピィリエーイナヤ》 линия《リーニヤ》	línea《リネア》 transversal《トゥランスベルサル》
signal《スィニャル》 d'avertissement《ダヴェルティスマン》	сигнал《スィグナール》 предупреждения《プリィドゥプリジヂェーニヤ》	señal《セニャル》 de《デ》 advertencia《アドゥベルテンシア》

日本語	英語	ドイツ語
40 下水	run《ラン》-off《オフ》	Ablaufschleuse《アップラオフシュロイゼ》
41 決勝戦	final《ファイヌル》	Endlauf《エントラオフ》
42 決勝タイム	total《トウトゥル》 time《タイム》	Gesamtzeit《ゲザムトツァイト》
43 ゴーグル	goggles《ガグルズ》	Schwimmbrille《シュヴィムブリレ》
44 コース審判員	judge《チャッチ》 of《オヴ》 course《コース》	Bahnrichter《バーンリッヒタァ》
45 コース数	number《ナンバァ》 of《オヴ》 lanes《レインズ》	Bahnanzahl《バーンアンツァール》
46 コース番号	number《ナンバァ》 of《オヴ》 the《ザ》 lane《レイン》	Bahnnummer《バーンヌンマァ》
47 コースの幅	width《ウィドゥス》 of《オヴ》 the《ザ》 lane《レイン》	Bahnbreite《バーンブライテ》
48 コースの割り当て	lanes'《レインズ》 assignment《アサインマント》	Bahnverteilung《バーンフェァタイルング》
49 コース・ライン	botton《バトム》 line《ライン》	Bodenmarkierung《ボーデンマルキールング》
50 コース・ロープ	racing《レイスィング》 line《ライン》, lane《レイン》 rope《ロープ》	Trennleine《トレンライネ》
51 コース・ロープ・フック	racing《レイスィング》 line《ライン》 hooks《フックス》	Leinenhalterung《ライネンハルテルング》
52 コース・ロープ・リール	roll《ロウル》-away《アウェイ》 reel《リール》	Seiltrommel《ザイルトロンメル》
53 ゴールイン	finish《フィニッシュ》	Ziel《ツィール》, Zieleinlauf《ツィールアインラオフ》
54 ゴールインする	finish《フィニッシュ》	durchs《ドゥルヒス》 Ziel《ツィール》 gehen《ゲーエン》
55 公式タイム	official《オフィシャル》 time《タイム》	offizielle《オフィツィエル》 Zeit《ツァイト》
56 呼気	exhalation《エクスハレイシャン》	Ausatmung《アオスアートムング》
57 呼吸の技法	breathing《ブレスィング》 technique《テクニーク》	Atemtechnik《アーテムテッヒニク》
58 呼吸のリズム	breathing《ブレスィング》 rhythm《リズム》	Atemfrequenz《アーテムフレクヴェンツ》, Atemrhythmus《アーテムリュトムス》

フランス語	ロシア語	スペイン語
vanne《ヴァンヌ》	водосток《アダストーク》	esclusa《エスクルサ》
finale《フィナル》	финальный《フィナーリヌィイ》 заплыв《ザプルィーフ》, финал《フィナール》	final《フィナル》
temps《タン》 à《ア》 l'arrivée《ラリヴェ》	время《ヴリェーミャ》 на《ナ》 финише《フィーニシェ》	tiempo《ティエンポ》 final《フィナル》
lunettes《リュネット》 de《ドゥ》 nage《ナジュ》	очки《アチキー》 для《ドゥリャ》 плавания《プラーヴァニヤ》	gafas《ガファス》 de《デ》 natación《ナタシオン》
commissaire《コミセル》 de《ドゥ》 course《クゥルス》	судья《スゥヂィヤー》 на《ナ》 дистанции《ディスターンツィイ》	árbitro《アルビトゥロ》 de《デ》 tramos《トゥラモス》
nombre《ノンブル》 de《ドゥ》 couloirs《クゥルワル》	число《チスロー》 дорожек《ダロージィク》	número《ヌメロ》 de《デ》 calles《カリエス》
numéro《ニュメロ》 du《デュ》 couloir《クゥルワル》	номер《ノーミィル》 дорожки《ダローシキ》	número《ヌメロ》 de《デ》 la《ラ》 calle《カリエ》
largeur《ラルジュル》 du《デュ》 couloir《クゥルワル》	ширина《シリナー》 дорожки《ダローシキ》	anchura《アンチュラ》 de《デ》 la《ラ》 calle《カリエ》
attribution《アトリビュスィオン》 des《デ》 couloirs《クゥルワル》	распределение《ラスプリヂィリェーニエ》 дорожек《ダロージィク》	asignación《アシグナシオン》 de《デ》 calles《カリエス》
ligne《リニュ》 de《ドゥ》 fond《フォン》	линия《リーニヤ》 грубины《グルゥビヌィー》	línea《リネア》 del《デル》 fondo《フォンド》
corde《コルド》 de《ドゥ》 couloir《クゥルワル》	разграничитель《ラズグラニチィーチリ》 плавательный《プラーヴァチリヌィイ》 дорожек《ダロージィク》	coronera《コロネラ》, corchera《コルチェラ》
crochets《クロシェ》 de《ドゥ》 bande《バンド》 de《ドゥ》 séparation《セパラスィオン》 des《デ》 couloirs《クゥルワル》	крепления《クリィプリェーニヤ》 разграничителя《ラズグラニチィーチィリャ》, разделяющего《ラズヂィリャーユシチィヴァ》 дорожки《ダローシキ》	gannchos《ガンチョス》 para《パラ》 fjar《フィハール》 las《ラス》 corcheras《コルチェラス》
dévidoir《デヴィドゥワル》	барабан《バラバーン》 для《ドゥリャ》 сматывания《スマートゥィヴァニヤ》 разграничителей《ラズグラニチィーチィリェイ》 плавательных《プラーヴァチィリヌィフ》 дорожек《ダロージィク》	devanadera《デバナデラ》
arrivée《アリヴェ》	финиш《フィーニシ》	llegada《リエガダ》
arriver《アリヴェ》	финишировать《フィニシィーラヴァチ》	llegar《リエガール》
temps《タン》 officiel《オフィスィエル》	официальное《アフィツィアーリナエ》 время《ヴリェーミャ》	tiempo《ティエンポ》 oficial《オフィシアル》
expiration《エクスピラスィオン》	выдох《ヴィーダフ》	expiración《エスピラシオン》
technique《テクニク》 de《ドゥ》 respiration《レスピラスィオン》	техника《チェーフンカ》 дыхания《ドゥィハーニヤ》	técnica《テクニカ》 de《デ》 respiración《レスピラシオン》
rythme《リトム》 respiratoire《レスラトゥワル》	ритм《リートゥム》 дыхания《ドゥィハーニヤ》	ritmo《リトゥモ》 de《デ》 rspiración《レスピラシオン》

日本語	英語	ドイツ語
59　国際水泳連盟	International《インタナショヌル》 Amateur《アマター》 Swimming《スウィミング》 Federation《フェデレイシャン》 (IASF《アイエイエスエフ》)	Internationaler《インテルナツィオナーラァ》 Schwimm-《シュヴィム》 verband《フェァバント》 (FINA《フィナ》)
60　50m自由形	50m《フィフティ ミータァス》 freestyle《フリースタイル》	50m《フュンフツィヒ メータァ》 Freistil《フライシュティール》
61　個人記録	individual《インディヴィヂュアル》 record《レカド》	persönliche《ペルゼーンリヒエ》 Bestleistung《ベストライストゥング》
62　個人メドレーのターン	individual《インディヴィヂュアル》 medley《メドゥリィ》 turn《ターン》	Wende《ヴェンデ》 beim《バイム》 《ラーゲンシュヴィメン》
63　再レース	reswim《リスウィム》	Wiederholungslauf《ヴィーダァホールングスラオフ》
64　試合のプログラム	competition《カンピティシャン》 program《プロウグラム》	Wettkampfprogramm《ヴェットカムプフプログラム》
65　失格	disqualification《ディスクウァリフィケイシャン》	Disqualifikation《ディスクヴァリフィカツィオーン》
66　シックスビート・クロール	six《スィクス》-kick《キック》 crawl《クロール》	Sechserrhythmus《ゼックサァリュトムス》
67　室内プール	indoor《インドー》 pool《プール》	Hallenbad《ハレンバート》, Schwimmhalle《シュヴィムハレ》
68　自動時間計測装置	automatic《オートマティク》 time《タイム》 measuring《メジャリング》 device《ディヴァイス》	automatische《アオトマーティシェ》 Zeit《ツァイト》-Messgerät《メスゲレート》
69　しなやかなビート	soft《ソフト》 beat《ビート》	zügiger《ツューギアァ》 Beinschlag《バインシュラーク》
70　ジャッジ・カード	judge's《ヂャヂズ》 card《カード》	Karte《カルテ》 des《デス》 Kampfrichters《カムプフリッヒタァス》
71　10kmマラソン・スィミング	10km《テン キラメタァ》 marathon《マラサン》 swimming《スウィミング》	10km《ツェーン キロメータァ》 Marathon《マラトン》-Schwimmen《シュヴィメン》
72　自由形	free-style《フリー スタイル》	Freistilschwimmen《フライシュティールシュヴィメン》
73　自由形選手（女）	free-style《フリー スタイル》 (women's《ウィミンズ》) swimmer《スウィマァ》	Freistilschwimmer(in)《フライシュティールシュヴィマァ(メリン)》

フランス語	ロシア語	スペイン語
Fédération《フェデラスィオン》 Internationale《アンテルナスィオナル》 de《ドゥ》 Natation《ナタスィオン》 Amateur《アマトゥル》 (FINA《フィナ》)	Международная《ミィジドゥナロードゥナヤ》 любительская《リュビーチィリスカヤ》 федерация《フィヂィラーツィヤ》 плавания《プラーヴァニヤ》 (ФИНА《フィナ》)	Federación《フェデラシオン》 Internacional《インテルナシオナル》 de《デ》 Natación《ナタシオン》 Amateur《アマテル》 (FINA《フィナ》)
50《サンカント》m《メトル》 nage《ナジュ》 libre《リブル》	50《ピッディシャート》м《ミェートゥラフ》, вольный《ボーリヌィイ》 стиль《スチィーリ》	50《シンクエンタ》m《メトゥロス》 libre《リブレ》
record《ルコル》 personnel《ペルソネル》	личный《リーチヌィイ》 рекорд《リィコールト》	record《レコル》 individual《インディビデゥアル》
virage《ヴィラジュ》 en《アン》 quatre《カトル》 nages《ナジュ》 individuel《アンディヴィヂュエル》	поворот《パヴァロート》 в《フ》 комплексном《カムプリェークスナム》 плавании《プラーヴァニイ》	viraje《ビラヘ》 en《エン》 estilos《エスティロス》 individual《インディビデゥアル》 (en《エン》 combinada《コンビナダ》)
série《セリ》 à《ア》 recourir《ルクゥリル》	повторный《パフトールヌィイ》 заплыв《ザプルィーフ》	repetición《レペティシオン》 de《デ》 la《ラ》 prueba《プルエバ》
programme《プログラム》 de《ドゥ》 la《ラ》 compétition《コンペティスィオン》	программа《プラグラーマ》 соревнований《サリヴナヴァーニイ》	programa《プログラマ》 de《デ》 la《ラ》 competición《コンペティシオン》
disqualification《ディスカリフィカスィオン》	дисквалификация《ディスクヴァリフィカーツィヤ》	descalificación《デスカリフィカシオン》
crawl《クロル》 au《オ》 rythme《リトム》 de《ドゥ》 six《スィ》 battements《バトマン》	шестиударный《シィスチィウダールヌィイ》 кроль《クローリ》	crol《クロル》 al《アル》 ritmo《リトゥモ》 de《デ》 seis《セイス》 patadas《パタダス》
piscine《ピスィヌ》 couverte《クゥヴェルト》	закрытый《ザクルィートゥィイ》 бассейн《バシェーイン》	piscina《ピスシナ》 cubierta《クビエルタ》
dispositif《ディスポズィティフ》 de《ドゥ》 mesure《ムズュル》 automatique《オトマティク》 l'heure《ルゥル》	автоматические《アフタマティーチスキエ》 устройства《ウストゥローイストゥヴァ》 измерения《イズミリェーニヤ》 времени《ヴリェーミィニ》	dispositivo《ディスポシティボ》 de《デ》 medición《メディシオン》 automática《アゥトマティカ》 de《デ》 la《ラ》 hora《オラ》
battement《バトマン》 souple《スゥプル》	мягкий《ミャーフキイ》 толчок《タルチョーク》	batido《バティド》 suave《スアベ》
carte《カルト》 des《デ》 juges《ジュジュ》	судейская《スゥヂェーイスカヤ》 карточка《カルトーチカ》	tarjeta《タルヘタ》 de《デ》 árbitro《アルビトゥロ》
10《ディ》km《キロメトル》 marathon《マラトン》 de《ドゥ》 nage《ナジュ》	10《チェーシチ》км《キラミェーットゥラフ》, марафонское《マラフォーンスカエ》 плавание《プラーヴァニエ》	10《ディエス》km《キロメトゥロ》,maratón《マラトン》 de《デ》 natación《ナタシオン》
nage《ナジュ》 libre《リブル》	вольный《ヴォーリヌィイ》 стиль《スチィーリ》	estilo《エスティロ》 libre《リブレ》
nageur《ナジュル》 (nageuse《ナジゥズ》) de《ドゥ》 nage《ナジュ》 libre《リブル》	пловец《プラヴェーツ》 (пловчиха《プラフチィーハ》) вольным《ヴォーリヌィム》 стилем《スチィーリィム》	nadador《ナダドル》 (natadora《ナダドラ》) de《デ》 estilo《エスティロ》 libre《リブレ》

日本語	英語	ドイツ語
74 集合地点	assembly《アセムブリィ》 point《ポイント》	Startzone《シュタルトツォーネ》
75 水位	water《ウォータァ》 level《レヴェル》	Wasserhöhe《ヴァッサァヘーエ》
76 水泳	swimming《スウィミング》	Schwimmen《シュヴィメン》
77 水泳競技(競泳)	swimming《スウィミング》 event《イヴェント》	Schwimmwettbewerb《シュヴィムヴェットベヴェルブ》
78 水泳技術審判員	judge《ヂャッヂ》 of《オヴ》 stroke《ストゥロウク》	Schwimmrichter《シュヴィムリッヒタァ》
79 水泳選手(女)	(women's)《(ウィミンズ)》 swimmer《スウィマァ》	Schwimmer《シュヴィマァ》(in)《(メリン)》
80 水泳の技術	swimming《スウィミング》 technique《テクニーク》	Schwimmtechnik《シュヴィムテッヒニク》
81 水泳パンツ	slip《スリップ》, swimming《スウィミング》 trunks《トゥランクス》	Schwimmhose《シュヴィムホーゼ》
82 水泳帽	swimming《スウィミング》 cap《キャップ》	Schwimmkappe《シュヴィムカッペ》
83 水温	temperature《テンプリチャ》 of《オヴ》 water《ウォータァ》	Wassertemperatur《ヴァッサァテムペラトゥーァ》
84 推進（力）	propulsion《プラパルシャン》	Antrieb《アントゥリーブ》
85 水中めがね	water《ウォータァ》 goggles《ガグルズ》	Wasserbrille《ヴァッサァブリレ》
86 水面	water《ウォータァ》 surface《サーフェス》	Wasseroberfläche《ヴァッオーバァフレッヒエ》
87 スウィミング・プール	swimming《スウィミング》 pool《プール》	Schwimmhalle《シュヴィムハレ》
88 スコア・ボード	scoreboad《スコーボード》	Anzeigetafel《アンツァイゲターフェル》
89 スターティング・ポジション	starting《スターティング》 position《ポズィシャン》	Startstellung《シュタルトシュテルング》
90 スタート順	starting《スターティング》 order《オーダァ》	Startfolge《シュタルトフォルゲ》
91 スタート台	starting《スターティング》 platform《プラットフォーム》, starting《スターティング》 block《ブラック》	Startblock《シュタルトブロック》
92 スタート台の勾配	slope《スロウプ》 of《オヴ》 the《ザ》 starting《スターティング》 platform《プラットフォーム》	Neigung《ナイグング》 der《デァ》 Standfläche《シュタントフレッヒエ》 des《デス》 Startblocks《シュタルトブロックス》

フランス語	ロシア語	スペイン語
zone《ゾヌ》 de《ドゥ》 rassemblement《ラサンブルマン》	место《ミエースタ》 формирования《ファルミラヴァーニヤ》 заплыва《ザプルィーヴァ》	zona《ソナ》 de《デ》 reunión《レウニオン》
niveau《ニヴォ》 de《ドゥ》 l'eau《ロ》	уровень《ウーラヴィニ》 воды《ヴァドゥィー》	nivel《ニベル》 del《デル》 agua《アグア》
natation《ナタスィオン》, nage《ナジュ》	плавание《プラーヴァニエ》	natación《ナタシオン》
épreuves《エプルヴ》 de《ドゥ》 natation《ナタスィオン》	соревнования《サリヴナヴァーニヤ》 по《パ》 плаванию《プラーヴァニエ》	competició《コンペティシオン》 de《デ》 natación《ナタシオン》
juge《ジュジュ》 de《ドゥ》 nage《ナジュ》	судья《スゥヂィヤー》 по《パ》 технике《チェーフニキェ》 плавания《プラーヴァニヤ》	árbitro《アルビトゥロ》 de《デ》 estilo《エスティロ》 de《デ》 natación《ナタシオン》
nageur《ナジゥル》 (nageuse《ナジゥズ》)	пловец《プラヴェーツ》 (пловчиха《プラフチィーハ》)	nadador《ナダドル》 (nadadora《ナダドラ》)
technique《テクニク》 de《ドゥ》 nage《ナジュ》	техника《チェーフニカ》 плавания《プラーヴァニヤ》	técnica《テクニカ》 de《デ》 natación《ナタシオン》
slip《スリプ》 de《ドゥ》 bain《バン》	плавки《プラーフキ》	bañador《バニャドル》
bonnet《ボネ》 de《ドゥ》 bain《バン》	плавательная《プラーヴァチリナヤ》 шапочка《シャーパチカ》	gorro《ゴロ》 de《デ》 baño《バニョ》
température《タンペラチュル》 de《ドゥ》 l'eau《ロ》	температура《チィムピィラトゥーラ》 воды《ヴァドゥィー》	temperatura《テンペラトゥラ》 del《デル》 agua《アグア》
propulsion《プロピュルスィオン》	проталкивание《プラタールキヴァニエ》	propulsión《プロプルシオン》
lunettes《リュネット》 de《ドゥ》 plongée《プロンジェ》	подводные《パドゥヴォードゥヌィエ》 очики《アチィキー》	gafas《ガファス》 de《デ》 buceo《ブセオ》
surface《スュルファス》 de《ドゥ》 l'eau《ロ》	поверхность《パヴェールフナスチ》 воды《ヴァドゥウィー》	superficie《スペルフィシエ》 del《デル》 agua《アグア》
piscine《ピスィヌ》	бассейн《バスエーイン》	piscina《ピスシナ》
tableau《タブロ》 de《ドゥ》 marques《マルク》	показатель《パカザーチリ》 счёта《スチョート》	marcador《マルカドル》
position《ポズィスィオン》 de《ドゥ》 départ《デパル》	стартовое《スタールタヴァエ》 положение《パラジェーニエ》	posición《ポシシオン》 de《デ》 salida《サリダ》
ordre《オルドル》 de《ドゥ》 départ《デパル》	порядок《パリャーダク》 старта《スタールタ》	orden《オルデン》 de《デ》 salida《サリダ》
plate《プラト》-forme《フォルム》 de《ドゥ》 départ《デパル》	стартовая《スタールタヴァヤ》 тумбочка《トゥームバチカ》	plataforma《プラタフォルマ》 de《デ》 salida《サリダ》, podio《ポディオ》 de《デ》 salida《サリダ》
angle《アングル》 d'inclinaison《ダンクリネゾン》 du《デュ》 plot《プロ》 de《ドゥ》 départ《デパル》	наклон《ナクローン》 стартовой《スタールタヴァイ》 тумбочки《トゥームバチキ》	ángulo《アングロ》 de《デ》 inclinación《インクリナシオン》 del《デル》 poyete《ポイエテ》

日本語	英語	ドイツ語
93 スタートで静止する	be stationary《ビー ステイシャネリィ》	in Startstellung verharren《イン シュタルトシュテルング フェアハレン》
94 スタートの技術	starting technique《スターティング テクニーク》	Starttechnik《シュタルトテッヒニク》
95 スタートの準備	preparation for the start《プレパレイシャン フォ ザ スタート》	Startvorbereitung《シュタルトフォーアベライトゥング》
96 スタートの飛び込み	starting dive《スターティング ダイブ》	Startsprung《シュタルトシュプルング》
97 スタートの発砲	gun start《ガン スタート》	Startschuß《シュタルトシュス》
98 ストレス・トレーニング	stress-load training《ストゥレス ロウド トゥレイニング》	Intensivtraining《インテンズィーフトエーニング》
99 スパート	breakaway《ブレイカウェイ》	Spurt《シュプルト》
100 スピード	speed《スピード》	Schnelligkeit《シュネリヒカイト》
101 スピーンターン（クイックターン）	spin-turn, culbute turn《スピン ターン カルビュート ターン》	Rollwende, Saltowende《ロルヴェンデ ザルトヴェンデ》
102 静止している水	still water《スティル ウォータァ》	stehendes Wasser《シュテーエンデス ヴァッサァ》
103 世界記録	world record《ワールド レカド》	Weltrekord《ヴェルトレコルト》
104 1500m自由形	1500m freestyle《ワン サウザンド ファイヴ ハンドゥレズ ミータァズ フリースタイル》	1500m Freistil《アインタオゼント フュンフ フンデルト メータァ フライシュティール》
105 選手コール	call of the competitors《コール オヴ ザ カンペタタァズ》	Aufruf der Wettkämpfer《アオフルーフ デァ ヴェットケムプファ》
106 戦術戦	tactical fight《タクティkル ファイト》	taktischer Kampf《タクティシャァ カンプフ》
107 側壁	side wall《サイド ウォール》	Längsseite《レングスザイテ》
108 ターニング	turn《ターン》	Wende《ヴェンデ》
109 ターンの技術	turning technique《ターニング テクニーク》	Wendetechnik《ヴェンデテッヒニク》
110 ターンの種類	kind of turn《カインド オヴ ターン》	Wendeart《ヴェンデアールト》
111 ターン審判員	inspector of turns《インスペクタァ オヴ ターンズ》	Wenderichter《ヴェンデリッヒタァ》
112 正しくないターン	incorrect turn《インコレクト ターン》	regelwidrige Wende《レーゲルヴィードゥリゲ ヴェンデ》
113 タッチ	final touch《ファイヌル タッチ》	Anschlag am Ziel《アンシュラーク アム ツィール》

フランス語	ロシア語	スペイン語
tenir《トゥニル》 immobile《イモビル》	застыть《ザストゥィーチ》 на《ナ》 старте《スタールチェ》	posición《ポシシオン》 estática《エスタティカ》 para《パラ》 la《ラ》 salida《サリダ》
technique《テクニク》 de《ドゥ》 départ《デパル》	техника《チェーフニカ》 старта《スタールタ》	técnica《テクニカ》 de《デ》 salida《サリダ》
préparation《プレパラスィオン》 au《オ》 départ《デパル》	подготовка《パドゥガトーフカ》 к《ク》 старту《スタールトゥ》	preparación《プレパラシオン》 para《パラ》 la《ラ》 salida《サリダ》
plongeon《プロンジョン》 de《ドゥ》 départ《デパル》	стартовый《スタールタヴィイ》 прыжок《プルィジョーク》	salto《サルト》 de《デ》 salida《サリダ》
coup《クゥ》 de《ドゥ》 feu《フ》 du《デュ》 départ《デパル》	выстрел《ヴィーストゥリィル》 стартового《スタールタヴァヴァ》 пистолета《ピスタリェータ》	disparo《ディスパロ》 de《デ》 la《ラ》 pistola《ピストラ》 de《デ》 salida《サリダ》
entraînement《アントレヌマン》 intense《アンタンス》	стрессовая《ストゥリェーサヴァヤ》 тренировка《トゥリィニローフカ》	entrenamiento《エントゥレナミエント》 intenso《インテンソ》
démarrage《デマラジュ》	рывок《ルィヴォーク》	impulso《インプルソ》, aceleración《アセレラシオン》
vitesse《ヴィテス》	скорость《スコーラスチ》	velocidad《ベロシダ》
virage《ヴィラジュ》-culbute《キュルビュト》	поворот《パヴァロート》-сальто《サーリタ》	viraje《ビラヘ》 de《デ》 campana《カンパナ》
eau《オ》 morte《モルト》	стоячая《スタヤーチャヤ》 вода《ヴァダー》	agua《アグア》 muerta《ムエルタ》
record《ルコル》 du《デュ》 monde《モンド》	мировой《ミラヴォーイ》 рекорд《リェコールト》	record《レコル》 mundial《ムンディアル》
1.500《ミル サン サン》m《メトル》 nage《ナジュ》 libre《リブル》	1500《トゥィーシャチャ ピトゥソート》м《ミェートゥラフ》, вольный《ボーリヌィイ》 стиль《スツィーリ》	1500《ミル キニエントス》m《メトゥロス》 libre《リブレ》
appel《アペル》 des《デ》 concurrents《コンキュラン》	вызов《ヴィーザフ》 участников《ウチャースニカフ》	llamada《リァマダ》 a《ア》 los《ロス》 competidores《コンペティドレス》
lutte《リュト》 tactique《タクティック》	тактическая《タクチィーチェスカヤ》 борьба《バリバー》	lucha《ルチャ》 táctica《タクティカ》
mur《ミュル》 latéral《ラテラル》	боковая《バカヴァーヤ》 стенка《スチェーンカ》	pared《パレ》 lateral《ラテラル》
virage《ヴィラジュ》	поворот《パヴァロート》	viraje《ビラヘ》
technique《テクニク》 de《ドゥ》 virage《ヴィラジュ》	техника《チェーフニカ》 поворота《パヴァロータ》	técnica《テクニカ》 de《デ》 viraje《ビラヘ》
genre《ジャンル》 de《ドゥ》 virage《ヴィラジュ》	вид《ヴィート》 поворота《パヴァロータ》	clase《クラセ》 de《デ》 viraje《ビラヘ》
inspecteur《アンスペクトゥル》 des《デ》 virages《ヴィラジュ》	судья《スゥヂィヤー》 на《ナ》 повороте《パヴァローチェ》	juez《フエス》 de《デ》 virajes《ビラヘス》
virage《ヴィラジュ》 incorrect《アンコレクト》	неправильный《ニィプラーヴィリヌィイ》 поворот《パヴァロート》	viraje《ビラヘ》 incorrecto《インコレクト》
touche《トゥシュ》 finale《フィナル》	касание《カサーニエ》 финишной《フィーニシナイ》 стенки《スチェーンキ》	toque《トケ》 final《フィナル》

日本語	英語	ドイツ語
114 タッチ板	final《ファイヌル》 touch《タッチ》 board《ボード》	Anschlagbrett《アンシュラークブレット》 am《アム》 Ziel《ツィール》
115 ダブル・ストローク呼吸	double《ダブル》-stroke《ストゥロウク》 breathing《ブレスィング》	Doppelzugatmung《ドッペルツークアートムング》
116 短距離競泳	sprint《スプリント》 swimming《スウィミング》	Kurzstreckenschwimmen《クルツシュトレッケンシュヴィメン》
117 短距離競泳選手(女)	sprint《スプリント》 (women's)《(ウィミンズ)》 swimmer《スウィマア》	Kurzstreckenschwimmer《クルツシュトレッケンシュヴィマア》(in)《(メリン)》
118 チームのラインアップ	team《ティーム》 line-up《ライナプ》	Mannschaftsaufstellung《マンシャフツアオフシュテルング》
119 小さな振幅のキック	narrow《ナロウ》 kick《キック》	kurzer《クルツァ》 Beinschlag《バインシュラーク》
120 中央線	centre《センタア》 line《ライン》	Mittellinie《ミッテルリーニエ》
121 中距離競泳	middle《ミドゥル》-distance《ディスタンス》 swimming《スウィミング》	Mittelstreckenschwimmen《ミッテルシュトレッケンシュヴィメン》
122 中距離競泳選手(女)	(women's)《(ウィミンズ)》 middle《ミドゥル》-distance《ディスタンス》 swimmer《スウィミング》	Mittelstreckenschwimmer《ミッテルシュトレッケンシュヴィマア》(in)《(メリン)》
123 長距離競泳	long《ロング》-distance《ディスタンス》 swimming《スウィミング》	Langstreckenschwimmen《ラングシュトレッケンシュヴィメン》
124 長距離競泳選手(女)	(women's)《(ウィミンズ)》 long《ロング》-distance《ディスタンス》 swimmer《スウィマア》	Langstreckenschwimmer《ラングシュトレッケンシュヴィマア》(in)《(メリン)》
125 ツゥービート・クロール	two《トゥー》-kick《キック》 crawl《クロール》	Zweibeinschlagkraul《ツヴァイバインシュラーククラオル》
126 適切なスタート	legal《リーガル》 start《スタート》	gültiger《ギュルティガア》 Start《シュタルト》
127 デビュー	debut《ディビュー》	Debüt《デビュー》

フランス語	ロシア語	スペイン語
planche《ブランシュ》 de《ドゥ》 touche《トゥシュ》	доска《ダスカー》 касания《カサーニエ》 финишной《フィーニシナイ》 стенки《スチェーンキ》	plancha《ブランチャ》 de《デ》 toque《トケ》 final《フィナル》
respiration《レスピラスィオン》 à《ア》 deux《ドゥ》 temps《タン》	нормальное《ノルマーリナエ》 дыхание《ドィハーニエ》 два《ドゥヴァー》-два《ドゥヴァー》	respiración《レスピラシオン》 a《ア》 doble《ドブレ》 brazada《ブラサダ》
nage《ナジュ》 de《ドゥ》 vitesse《ヴィテス》	плавание《プラーヴァニエ》 на《ナ》 короткие《カロートゥキエ》 дистанции《ディスターンツィイ》	natación《ナタシオン》 de《デ》 velocidad《ベロシダ》
nageur《ナジゥル》 (nageuse《ナジゥズ》) de《ドゥ》 vitesse《ヴィテス》	пловец《プラヴェーツ》 (пловчиха《プラフチィーハ》) на《ナ》 короткие《カロートゥキエ》 дистанции《ディスターンツィイ》	nadador《ナダドル》 (nadadora《ナダドラ》) de《デ》 velocidad《ベロシダ》
composition《コンポズィスィオン》 de《ドゥ》 l'équipe《レキプ》	состав《サスターフ》 команды《カマーンドゥィ》	integrantes《インテグランテス》 del《デル》 equipo《エキポ》
battement《バトマン》 court《クゥル》	удар《ウダール》 с《ス》 маленькой《マーリィニカイ》 амплитудой《アムプリトゥーダイ》	batido《バティド》 corto《コルト》
ligne《リニュ》 de《ドゥ》 couloir《クゥルワル》	центральная《ツィントゥラーリナヤ》 линия《リーニヤ》	línea《リネア》 central《セントゥラル》
nage《ナジュ》 de《ドゥ》 demi《ドミ》-fond《フォン》	павание《プラーヴァニエ》 на《ナ》 средние《スリェードゥニエ》 дистанции《ディスターンツィイ》	natación《ナタシオン》 de《デ》 medio《メディオ》 fondo《フォンド》
nageur《ナジゥル》 (nageuse《ナジゥズ》) de《ドゥ》 demi《ドミ》-fond《フォン》	пловец《プラヴェーツ》 (пловчиха《プラフチィーハ》) на《ナ》 средние《スリェードゥニエ》 дистанции《ディスターンツィイ》	nadador《ナダドル》 (nadadora《ナダドラ》) de《デ》 medio《メディオ》 fondo《フォンド》
nage《ナジュ》 de《ドゥ》 fond《フォン》	плавание《プラーヴァニエ》 на《ナ》 длинные《ドゥリーヌィエ》 дистанции《ディスターンツィイ》	natación《ナタシオン》 de《デ》 fondo《フォンド》
nageur《ナジゥル》 (nageuse《ナジゥズ》) de《ドゥ》 grand《グラン》 fond《フォン》	пловец《プラヴェーツ》 (пловчиха《プラフチィーハ》) на《ナ》 длинные《ドゥリーヌィエ》 дистанции《ディスターンツィイ》	nadador《ナダドル》 (nadadora《ナダドラ》) de《デ》 fondo《フォンド》
crawl《クロル》 au《オ》 rythme《リトム》 de《ドゥ》 deux《ドゥ》 battements《バトマン》	двухударный《ドゥヴゥフウダールヌィイ》 кроль《クローリ》	crol《クロル》 al《アル》 ritmo《リトゥモ》 de《デ》 dos《ドス》 patadas《パタダス》
départ《デパル》 réussi《レユスィ》	удачно《ウダーチナ》 выполненный《ヴィーパルニィンヌイイ》 старт《スタールト》	salida《サリダ》 correcta《コレクタ》
début《デビュ》	дебют《チェビュート》	debuto《デブト》

日本語	英語	ドイツ語
128 電子設備	electronic《イレクトゥラニック》 equipment《イクウィプマント》	elektronische《エレクトローニシェ》 Anlage《アンラーゲ》
129 電子時間計測	electronic《イレクトゥラニック》 timing《タイミング》	elektronische《エレクトローニシェ》 Zeitnahme《ツァイトナーメ》
130 同着	simultaneously《サイマルテイニアスリィ》	Gleichzeitigkeit《グライヒツァイティヒカイト》
131 トリプル・ストローク 呼吸	bilateral《バイラテラル》 breathing《ブレスィング》	Dreierzugatmung,《ドライヤァツークアートムング》 Wechselatmung《ヴェックセルアートムング》
132 ドルフィン	dolphin《ダルフィン》	Delphinschwimmen《デルフィーンシュヴィメン》
133 ドルフィン・キック （ツゥー・ビート）	two《トゥー》-kick《キック》 dolphin《ダルフィン》	Zweibeinschlagdelphin《ツヴァイバインシュラークデルフィーン》
134 トレーニング・ジム	training《トゥレイニング》 gym《ヂム》	Trainingshalle《トレーニングスハレ》
135 トレーニング負荷	training《トゥレイニング》 load《ロウド》	Trainingsbelastung《トレーニングスベラストゥング》
136 とんぼ返りターン	spin《スピン》-turn《ターン》 (tumble)《(タンブル)》	Saltowende《ザルトヴェンデ》
137 長い呼気	blow《ブロウ》 out《アウト》	langgezogene《ラングゲツォーゲネ》 Ausatmung《アオスアートムング》
138 200m自由形	200《トゥーハンドゥレッド》m《ミータズ》 freestyle《フリースタイル》	200《ツヴァイフンデルト》m《メータァ》 Freistil《フライシュティール》
139 ２００m背泳ぎ	200《トゥーハンドゥレッド》m《ミータズ》 backstroke《バックストゥロウク》	200《ツヴァイフンデルト》m《メータァ》 Rücken《リュッケン》
140 ２００mバタフライ	200《トゥーハンドゥレッド》m《ミータズ》 butterfly《バタフライ》	200《ツヴァイフンデルト》m《メータァ》 Schmetterling《シュメッタァリング》 (Butterfly)《（バタフアイ）》
141 ２００m平泳ぎ	200《トゥーハンドゥレッド》m《ミータズ》 breaststroke《ブレストストゥロウク》	200《ツヴァイフンデルト》m《メータァ》 Brust《ブルスト》
142 200m個人メドレー	200《トゥーハンドゥレッド》m《ミータズ》 medley《メドゥリ》	200《ツヴァイフンデルト》m《メータァ》 Lagen《ラーゲン》
143 日本記録	Japanese《チャパニーズ》 record《レカド》	Japanrekord《ヤーパンレコルト》
144 粘り(水の)	viscosity《ヴィスカサティ》	Viskosität《ヴィスコズィテード》
145 伸ばされた足先	pointed《ポインテド》 toes《トゥズ》	gestreckter《ゲシュトレクタァ》 Fuß《フース》
146 背泳	backstroke《バックストゥロウク》	Rückenschwimmen《リュッケンシュヴィメン》

フランス語	ロシア語	スペイン語
équipement《エキプマン》 électronique《エレクトロニク》	электронное《エリエクトゥローンナエ》 оборудование《アバルゥーダヴァニエ》	equipo《エキポ》 electrónico《エレクトゥロニコ》
chronométrage《クロノメトゥラジュ》 électronique《エレクトロニク》	электронный《エリィクトゥローンヌィイ》 хронометраж《フラナメトゥラーシ》	cronometraje《クロノメトゥラへ》 electrónico《エレクトゥロニコ》
simultanémennt《スィミュルタネマン》	одновременность《アドゥナヴリミェーンナスティ》	simultáneamente《シムルタネアメンテ》
respiration《レスピラスィオン》 bilatérale《ビラテラル》	двухстороннее《ドゥヴゥフスタローンニィエ》 дыхание《ドゥィハーニエ》	respiración《レスピラシオン》 alternada《アルテルナダ》
dauphin《ドファン》	дельфин《チィリフィーン》	delfín《デルフィン》
dauphin《ドファン》 au《オ》 rythme《リトム》 de《ドゥ》 deux《ドゥ》 battements《バトマン》	двухударный《ドゥヴゥフウダールヌィイ》 дельфин《チィリフィーン》	delfín《デルフィン》 al《アル》 ritmo《リトゥモ》 de《デ》 dos《ドス》 patadas《パタダス》
salle《サル》 d'entraînement《ダントレヌマン》	тренировочный《トゥリィニローヴァチヌィイ》 зал《ザール》	sala《サラ》 de《デ》 entrenamiento《エントゥレナミエント》
charge《シャルジュ》 d'entraînement《ダントレヌマン》	тренировочная《トゥリィニローヴァチナヤ》 нагрузка《ナグルゥースカ》	intensidad《インテンシダ》 de《デ》 entrenamiento《エントゥレナミエント》
culbue《キュルビュト》	сальто《サーリタ》	rizo《リソ》
expiration《エクスピラスィオン》 conduite《コンデュイト》	продолжительный《プラダルジィーチリヌィイ》 выдох《ヴィーダフ》	expiraración《エスピラシオン》 controlada《コントゥロラダ》
200m《ドゥ サン メトル》 nage《ナジュ》 libre《リブル》	200м,《ドゥヴェースチ ミェートゥラフ》 вольный《ボーリヌィイ》 стиль《スチィーリ》	200m《ドスシエントス メトウロス》 libre《リブレ》
200m《ドゥ サン メトル》 dos《ド》	200м,《ドゥヴェースチ ミェートゥラフ》 на《ナ》 спине《スピニェー》	200m《ドスシエントス メトウロス》 espalda《エスパルダ》
200m《ドゥ サン メトル》 papillon《パピィオン》	200м,《ドゥヴェースチ ミェートゥラフ》 баттерфляй《バッティルフリャーイ》	200m《ドスシエントス メトウロス》 mariposa《マリポサ》
200m《ドゥ サン メトル》 brasse《ブラス》	200м,《ドゥヴェースチ ミェートゥラフ》 брасс《ブラース》	200m《ドスシエントス メトウロス》 braza《ブラサ》
200m《ドゥ サン メトル》 quatre《カトル》 nages《ナジュ》	200м,《ドゥヴェースチ ミェートゥラフ》 комплексное《コームプリィクスナエ》 плавание《プラーヴァニエ》	200m《ドスシエントス メトウロス》 estilos《エスティロ》
redord《ルコル》 du《デュ》 Japon《ジャポン》	Японский《ヤポーンスキイ》 рекорд《リィコールト》	record《レコル》 japónico《ハポニコ》
viscosité《ヴィスコズィテ》	вязкость《ビャースカスチ》	viscosidad《ビスコスィダ》
pied《ピエ》 ajjongé《アロンジェ》	вытянутая《ヴィーチャヌゥタヤ》 стопа《ストーパ》	pie《ピエ》 estirado《エスティラド》
nage《ナジュ》 sur《スュル》 le《ル》 dos《ド》	плавание《プラーヴァニエ》 на《ナ》 спине《スピニェー》	natación《ナタシオン》 de《デ》 espalda《エスパルダ》

日本語	英語	ドイツ語
147 背泳選手(女)	backstroke《バックストゥロウク》 (women's《ウィミンズ》) swimmer《スウィマァ》	Rückenschwimmer《リュッケンシュヴィマァ》(in《メリン》)
148 背泳のスターティング・グリップ	starting《スターティング》 hand《ハンド》 rail《レイル》	Startgriff《シュタルトグリッフ》
149 背泳のスタート	backstroke《バックストゥロウク》 start《スタート》	Rückenstart《リュッケンシュタルト》
150 背泳のターン	backstroke《バックストゥロウク》 turn《ターン》	Rückenwende《リュッケンヴェンデ》
151 背泳のターンの目印	backstroke《バックストゥロウク》 turn《ターン》 indicators《インディケイタァズ》	Wendehinweis《ヴェンデヒンヴァイス》
152 排水溝	gutter《ガタァ》	Abflußrinne《アップフルスリンネ》
153 バスロウブ、ガウン	bath《バス》-robe《ロウブ》	Bademantel《バーデマンテル》
154 バタフライ	butterfly《バタフライ》	Butterfly《バタフライ》, Schmetterlings《シュメッタァリングス》-schwimmen《シュヴィメン》
155 バタフライ選手(女)	butterfly《バタフライ》 (women's《ウィミンズ》) swimmer《スウィマァ》	Schmetterlingsschwimmer《シュメッタァリングスシュヴィマァ》(in《メリン》)
156 バタフライの足のキック	butterfly《バタフライ》 kick《キック》	Delphinschwung《デルフィーンシュヴング》 beim《バイム》 Schmetterlingsschwimmen《シュメッタァリングスシュヴィメン》
157 ８００ｍ自由形	800m《エイト ハンドゥレッド ミータァズ》 freestyle《フリースタイル》	800m《アッハトフンデルト メータァ》 Freistil《フライシュティール》
158 ８００ｍリレー	4X200m《フォー タイムズ トゥーハンドゥレッド ミータアズ》 freestyle《フリースタイル》 relay《リーレイ》	4X200m《フィーァ マール ツヴァイフンデルト メータァ》 Freistilstaffel《フライシュティールシュタフエル》
159 罰則	sanction《サンクシャン》	Strafe《シュトラーフェ》, Bestrafung《ベシュトラーフング》
160 ハンドレール	hand《ハンド》 rail《レイル》	Haltegriff《ハルテグリッフ》
161 ビートの幅	size《サイズ》 of《オヴ》 the《ザ》 kick《キック》	Schlagweite《シュラークヴァイテ》 bei《バイ》 Beinarbeit《バインアルバイト》
162 １００ｍ自由形	100m《ワン ハンドゥレッド ミータァズ》 freestyle《フリースタイル》	100m《フンデルト メータァ》 Freistil《フライシュティール》

フランス語	ロシア語	スペイン語
nageur《ナジゥル》 (nageuse《ナジゥズ》) de《ドゥ》 dos《ド》	спиннист《スピンニースト》 (ка《カ》)	nadador《ナダドル》 (nadadora《ナダドラ》) de《デ》 estilo《エスティロ》 espalda《エスパルダ》
barre《バル》 de《ドゥ》 départ《デパル》	поручень《パールゥチニ》 для《ドゥリャ》 старта《スタールタ》 на《ナ》 спине《スピニェー》	estribo《エストゥリボ》 en《エン》 la《ラ》 salida《サリダ》
départ《デパル》 de《ドゥ》 dos《ド》	старт《スタールト》 в《フ》 плавании《プラーヴァニイ》 на《ナ》 спине《スピニェー》	salida《サリダ》 desde《デスデ》 espalda《エスパルダ》
virage《ヴィラジュ》 de《ドゥ》 dos《ド》	поворот《パヴァロート》 в《フ》 плавании《プラーヴァニイ》 на《ナ》 спине《スピニェー》	viraje《ビラヘ》 en《エン》 prueba《プルエバ》 de《デ》 espalda《エスパルダ》
repères《レペル》 de《ドゥ》 virage《ヴィラジュ》 de《ドゥ》 dos《ド》	отметка《アトゥミエートゥカ》 перед《ピエーリィト》 поворотом《パヴァロータム》 при《プリ》 плавании《プラーヴァニイ》 на《ナ》 спине《スピニェー》	banderas《バンデラス》 para《パラ》 los《ロス》 virajes《ビラヘス》 en《エン》 el《エル》 estilo《エスティロ》 espalda《エスパルダ》
goulotte《グゥロット》	водосливная《ヴァダスリーヴナヤ》 канавка《カナーフカ》	canaleta《カナレタ》 de《デ》 desagüe《デサグエ》
peignoir《ペニュワル》 de《ドゥ》 bain《バン》	купальный《クゥパーリヌィイ》 халат《ハラート》	bata《バタ》 de《デ》 baño《バニョ》
papillon《パピィオン》	баттерфляй《バッティルフリャーイ》	mariposa《マリポサ》
nageur《ナジゥル》 (nageuse《ナジゥズ》) de《ドゥ》 papillon《パピィオン》	пловец《プラヴェーツ》 (пловчиха《プラフチィーハ》) баттер-《バッティル》 фляем《フリャーエム》, баттерфляист《バッティルフリャイースト》(ка《カ》)	nadador《ナダドル》 (nadadora《ナダドラ》) de《デ》 mariposa《マリポサ》
battement《バトマン》 de《ドゥ》 jambes《ジャンブ》 en《アン》 papillon《パピィオン》	удар《ウダール》 ногами《ナガーミ》 в《ヴ》 баттерфляе《バッティルフリャーエ》	batido《バティド》 con《コン》 la《ラ》 pierna《ピエルナ》 en《エン》 mariposa《マリポサ》
800m《ユイ サン メトル》 nage《ナジュ》 libre《リブル》	800м《バァスエミソート ミエートゥラフ》, вольный《ボーリヌィ》 стиль《スチィーリ》	800m《オチョシエントス メトゥロス》 libre《リブレ》
relais《ルレ》 4X200m《カトル フワ ドゥ サン メトル》 nage《ナジュ》 libre《リブル》	эстафета《エスタフェータ》 4X200M《チエティーリエ ジドゥィドゥヴェースチ ミエートゥラフ》,вольный《ボーリヌィイ》 стиль《スチィーリ》	relevos《レレボス》 4X200m《クアトゥロ ベセス ドスシエントス メトゥロス》 libre《リブレ》
sanction《サンクスィオン》	наказание《ナカザーニエ》	sanción《サンシオン》
boucle《ブゥクル》	поручень《パールゥチェニ》	estribo《エストゥリボ》
amplitude《アンプリトュド》 du《デュ》 battement《バトマン》	амплитуда《アムプリトゥーダ》 движений《ドゥヴィジェーニイ》	amplitud《アンプリトゥ》 del《デル》 batido《バティド》
100m《サン メトル》 nage《ナジュ》 libre《リブル》	100м《ストー ミエートゥラフ》, вольный《ボーリヌィイ》 стиль《スチーリ》	100m《シエント メトゥロス》 libre《リブレ》

日本語	英語	ドイツ語
163 １００m背泳ぎ	100m《ワン ハンドゥレッド ミータァズ》 backstroke《バックストゥロウク》	100m《フンデルト メータァ》 Rücken《リュッケン》
164 １００mバタフライ	100m《ワン ハンドゥレッド ミータァズ》 butterfly《バタフライ》	100m《フンデルト メータァ》 Schmetterling《シュメッタァリング》 (Butterfly)《(バタフライ)》
165 １００m平泳ぎ	100m《ワン ハンドゥレッド ミータァズ》 breaststroke《ブレストストゥロウク》	100m《フンデルト メータァ》 Brust《フライシュティール》
166 平泳ぎ	breaststroke《ブレストストゥロウク》	Brustschwimmen《ブルストシュヴィメン》
167 平泳ぎ選手(女)	(women's)《(ウィミンズ)》 breaststroke《ブレストストゥロウク》 swimmer《スウィマァ》	Brustschwimmer《ブルストシュヴィマァ》(in)《(メリン)》
168 平泳ぎターン	breaststroke《ブレストストゥロウク》 turn《ターン》	Brustwende《ブルストヴェンデ》
169 平泳ぎの足のキック	breaststroke《ブレストストゥロウク》 kick《キック》	Grätschbeinschlag《グレーチバインシュラーク》 beim《バイム》 Brustschwimmen《ブルストシュヴィメン》
170 プールの階段	pool《プール》 ladder《ラダァ》	Ein《アイン》-und《ウント》-Aussteigeleiter《アオスシュタイゲライタァ》
171 プールの底	bottom《バトム》 of《オヴ》 the《ザ》 pool《プール》	Boden《ボーデン》 des《デス》 Schwimmbeckens《シュヴィムベッケンス》
172 フィニッシュの壁	finish《フィニッシュ》 wall《ウォール》	Zielanschlag《ツィールアンシュラーク》
173 フォー・ストローク呼吸	four《フォー》 stroke《ストゥロウク》 breathing《ブレスィング》	Viererzugatmung《フィーレァツークアートムング》
174 フォー・ビート・ クロール	four-kick《フォー キック》 crawl《クロール》	Vierbeinschlagkraul《フィーァバインシュラーククラオル》
175 不規則なリズム	broken《ブロウクン》 tempo《テンポウ》	unregelmäßiger《ウンレーゲルメースィガァ》 Beinschlag《バインシュラーク》
176 浮上	emersion《イマーシャン》, support《サポート》	Aufschwimmen《アオフシュヴィメン》
177 浮標 (フロート)	floats《フロウツ》	Schwimmkörper《シュヴィムケルパァ》
178 浮標の色	colour《カラァ》 of《オヴ》 the《ザ》 floats《フロウツ》	Schwimmkörperfarbe《シュヴィムケルパァファルベ》
179 浮力	buoyancy《ボイアンスィ》	Schwimmfähigkeit《シュヴィムフェーイヒカイト》
180 風呂	bath《バス》	Bas《バート》
181 ペース・メーキング	pace-making《ペイス メイキング》	Führung《フュールング》

フランス語	ロシア語	スペイン語
100m《サン メトル》 dos《ド》	100м《ストー ミエートゥラフ》 на《ナ》 спине《スピニエー》	100m《シエント メトゥロス》 espalda《エスパルダ》
100m《サン メトル》 papillon《パピィオン》	100м《ストー ミエートゥラフ》,баттерфляй《バッティルフリャーイ》	100m《シエント メトゥロス》 mariposa《マリポサ》
100m《サン メトル》 brasse《ブラス》	100м《ストー ミエートゥラフ》, врасс《ブラース》	100m《シエント メトゥロス》 braza《ブラサ》
brasse《ブラス》	брасс《ブラース》	braza《ブラサ》
brasseur《ブラスル》 (brasseuse《ブラスズ》), nageur《ナジゥル》 (nageuse《ナジゥズ》) de《ドゥ》 brasse《ブラス》	брассист《ブラスィースト》(ка《カ》)	nadador《ナダドル》 (nadadora《ナダドラ》) de《デ》 braza《ブラサ》
virage《ヴィラジュ》 de《ドゥ》 brasse《ブラス》	поворот《パヴァロート》 в《ヴ》 брассе《ブラースエ》	viraje《ビラヘ》 de《デ》 braza《ブラサ》
battement《バトマン》 de《ドゥ》 jambes《ジャンブ》 à《ア》 la《ラ》 brasse《ブラス》	толчок《タルチョーク》 ногами《ナガーミ》 в《ヴ》 брассе《ブラースエ》	impulso《インプルソ》 con《コン》 la《ラ》 pierna《ピエルナ》 en《エン》 braza《ブラサ》
échelle《エシェル》 de《ドゥ》 bassin《バサン》	лестница《リェストゥニーツァ》 в《ヴ》 бассейне《バスエーイニエ》	escaleras《エスカレラス》
fond《フォン》 de《ドゥ》 la《ラ》 piscine《ピスィヌ》	дно《ドゥノー》 бассейна《バスエーイナ》	fondo《フォンド》 de《デ》 la《ラ》 piscina《ピスシナ》
mur《ミュル》 des《デ》 arrivées《ザリヴェ》	стенка《スチェーンカ》 финиша《フィーニシャ》	pared《パレ》 de《デ》 llegadas《リェガダス》
respiration《レスピラスィオン》 à《ア》 quatre《カトル》 temps《タン》	двухстороннее《ドゥヴゥフスタローンニエ》 дыхание《ドゥィハーニエ》 четыре-четыре《チィトゥィーリィ チィトゥィーリィ》	respiración《レスピラシオン》 cada《カダ》 cuatro《クアトゥロ》 brazadas《ブラサダス》
crawl《クロル》 au《オ》 rythme《リトム》 de《ドゥ》 quatre《カトル》 battements《バトマン》	четырёхударный《チィトゥィリョーフウダールヌィイ》 кроль《クローリ》	crol《クロル》 al《アル》 ritmo《リトゥモ》 de《デ》 cuatro《クアトゥロ》 patadas《パタダス》
cadence《カダンス》 irrégulière《イレギュリエル》	неправильный《ニィプラーヴィリヌィイ》 ритм《リトゥム》	ritmo《リトゥモ》 irregular《イレグラル》
émersion《エメルスィオン》, support《スュポル》	наплыв《ナプルィーフ》	emersión《エメルシオン》, soporte《ソポルテ》
flotteurs《フロトゥル》	поплавки《パプラフキー》	flotadores《フロタドレス》
couleur《クゥルル》 des《デ》 flotteurs《フロトゥル》	цвет《ツヴェート》 поплавков《パプラフコーフ》	color《コロル》 de《デ》 los《ロス》 flotadores《フロタドレス》
flottabilité《フロタビリテ》	плавучесть《プラヴゥーチェスチ》	flotabilidad《フロタビリダ》
bain《バン》	баня《バーニャ》	baño《バニョ》
nage《ナジュ》 en《アン》 train《トラン》	лидерство《リーヂィルストゥヴァ》	marcación《マルカシオン》 del《デル》 tren《トゥレン》

日本語	英語	ドイツ語
182 ベスト・タイム	best《ベスト》 result《リザルト》	Bestleistung《ベストライストゥング》
183 ベル	bell《ベル》	Glocke《グロッケ》
184 放熱	loss《ロス》 of《オヴ》 heat《ヒート》	Wärmeverlust《ヴァルメフェアルスト》
185 マーク	marking《マーキング》	markierung《マルキールング》
186 マークの幅	width《ウィドッゥス》 of《オヴ》 markings《マーキングス》	Breite《ブライテ》 der《デア》 Markierung《マルキールング》
187 負ける	lose《ルーズ》	verlieren《フェアリーレン》
188 真水(淡水)	fresh《フレッシュ》 water《ウォータア》	Süßwasser《ズュースヴァッサア》
189 水	water《ウォータア》	Wasser《ヴァッサア》
190 水着	swim《スウィム》 suit《スート》	Schwimmkleidung《シュヴィムクライドゥング》
191 水の温度的条件の違反	infringement《インフリンヂマント》 of《オヴ》 thermal《サーマル》 regime《レイヂーム》 of《オヴ》 water《ウォータア》	Abweichung《アップヴァイヒュング》 von《フォン》 der《デア》 Temperatur《テムペラトゥーア》 des《デス》 Wassers《ヴァッサアス》
192 水の化学的条件の違反	infringement《インフリンヂマント》 of《オヴ》 chemical《ケミカル》 regime《レイヂーム》 of《オヴ》 water《ウォータア》	Abweichung《アップヴァイヒュング》 vom《フォム》 Salzgehalt《ザルツゲハルト》 des《デス》 Wassers《ヴァッサアス》
193 水のキャッチ	catch《キャッチ》 of《オヴ》 the《ザ》 water《ウォータア》	Fassen《ファッセン》 des《デス》 Wassers《ヴァッサアス》
194 水の交換	changing《チェインヂィング》 the《ザ》 water《ウォータア》	Wasserwechsel《ヴァッサアヴェックセル》
195 水の抵抗	water《ウォータア》 resistance《リズィスタンス》	Wasserwiderstand《ヴァッサアヴィーダアシュタント》
196 水の比重	density《デンサティ》 of《オヴ》 water《ウォータア》	Wasserdichte《ヴァッサアディッヒテ》
197 水の摩擦	water《ウォータア》 friction《フリクシャン》	Reibungswiderstand《ライブングスヴィーダアシュタント》 des《デス》 Wassers《ヴァッサアス》
198 水ろ過器	water《ウォータア》 filter《フィルタア》	Wasserfilter《ヴァッサアフィルタア》
199 耳栓	ear《イア》 plugs《プラグズ》	Ohrenstöpsel《オーレンシュテップセル》
200 メドレー	medley《メドゥリ》 swimming《スウィミング》	Lagenschwimmen《ラーゲンシュヴィメン》

フランス語	ロシア語	スペイン語
meilleur《メイウル》 résultat《レズュルタ》	лучший《ルィーチシイ》 результат《リィズゥリタート》	mejor《メホル》 resultado《レスルタド》
cloche《クロシュ》	колокол《コーラカル》	campana《カンパナ》
perte《ペルト》 de《ドゥ》 chaleur《シャルル》	теплоотдача《チィプラアトゥダーチャ》	pérdida《ペルディダ》 de《デ》 calor《カロル》
marquage《マルカジュ》	разметка《ラズミェートゥカ》	marcaje《マルカヘ》
largeur《ラルジュル》 du《デュ》 marquage《マルカジュ》	ширина《シリナー》 разметки《ラズミェートゥキ》	anchura《アンチュラ》 del《デル》 marcaje《マルカヘ》
perdre《ペルドル》	проиграть《プライグラチ》	perder《ペルデール》
eau《オ》 douce《ドゥス》	пресная《プリエースナヤ》 вода《ヴァダー》	agua《アグア》 dulce《ドゥルセ》
eau《オ》	вода《ヴァダー》	agua《アグア》
costume《コステュム》 de《ドゥ》 natation《ナタスィオン》	купальник《クゥバーリニク》	traje《トゥラヘ》 de《デ》 baño《バニョ》
infraction《アンフラクスィオン》 au《オ》 régime《レジム》 thermique《テルミク》 de《ドゥ》 l'eau《ロ》	нарушение《ナルシェーニエ》 температурного《チィムピィラトゥールナヴァ》 режима《リィジーマ》 воды《ヴァドゥイー》	infracción《インフラクシオン》 del《デル》 régimen《レヒメン》 térmico《テルミコ》 del《デル》 agua《アグア》
infraction《アンフラクスィオン》 au《オ》 régime《レジム》 chimique《シミク》 de《ドゥ》 l'eau《ロ》	нарушение《ナルシェーニエ》 химического《ヒミーチェスカヴァ》 режима《リィジーマ》 воды《ヴァドゥイー》	infracción《インフラクシオン》 del《デル》 régimen《レヒメン》 químico《キミコ》 del《デル》 agua《アグア》
attaque《アタック》 du《デュ》 bras《ブラ》	захват《ザフヴァーチ》 воды《ヴァドゥイー》 рукой《ルコーイ》	ataque《アタケ》 del《デル》 brazo《ブラソ》
changement《シャンジュマン》 d'eau《ド》	смена《スミェーナ》 воды《ヴァドゥイー》	cambio《カンビオ》 del《デル》 agua《アグア》
résistance《レズィスタンス》 de《ドゥ》 l'eau《ロ》	сопротивление《サプラチィヴリェーニエ》 воды《ヴァドゥイー》	resistencia《レシステンシア》 del《デル》 agua《アグア》
densiyé《ダンスィテ》 de《ドゥ》 l'eau《ロ》	плотность《プロートゥナスチ》 воды《ヴァドゥイー》	densidad《デンシダ》 del《デル》 agua《アグア》
friction《フリクスィオン》 de《ドゥ》 l'eau《ロ》	трение《トゥリェーニエ》 воды《ヴァドゥイー》	fricción《フリクシオン》 del《デル》 agua《アグア》

filtre《フィルトル》	фильтр《フィーリトゥル》 для《ドゥリャ》 воды《ヴァドゥイー》	filtro《フィルトゥロ》 del《デル》 agua《アグア》
bouchons《ブゥション》 d'oreille《ドレユ》	пробки《プロープキ》 для《ドゥリャ》 ушей《ウシェーイ》	tapones《タポネス》 para《パラ》 los《ロス》 oídos《オイドス》
quatre《カトル》 nages《ナジュ》	комплексное《コークプリィクスナエ》 плавание《プラーヴァニエ》	cuatro《クアルト》 estilos《エスティロス》, combinada《コンビナダ》

日本語	英語	ドイツ語
201 メドレーリレー	medley《メドゥリ》 relay《リーレイ》	Lagenstaffel《ラーゲンシュタッフェル》
202 予選システム	elimination《イリマネイシャン》 system《スィステム》	Ausscheidungssystem《アオスシャイドゥングスズュステーム》
203 予選通過タイム	qualifying《クワリファイング》 time《タイム》	Qualifikationszeit《クヴァリフィカツィオーンスツァイト》
204 予選レース	preliminary《プリリマネリィ》 heat《ヒート》	Vorlauf《フォーァラオフ》
205 ４００ｍ自由形	400《フォー ハンドゥレッド》m《ミータァズ》 freestyle《フリースタイル》	400《フィーァフンデルト》m《メータァ》 Freistil《フライシュティール》
206 ４００ｍ個人メドレー	400《フォー ハンドゥレッド》m《ミータァズ》 medley《メドゥリ》	400《フィーァフンデルト》m《メータァ》 Lagen《ラーゲン》
207 ４００ｍメドレーリレー	4《フォー》X《タイムズ》100《ワン ハンドゥレッド》m《ミータァズ》 medley《メドゥリ》 relay《リーレイ》	4《フィーア》X《マール》100《フンデルト》m《メータァ》 Lagenstaffel《ラーゲンシュタッフェル》
208 ４００ｍリレー	4《フォー》X《タイムズ》100《ワン ハンドゥレッド》m《ミータァズ》 freestyle《フリースタイル》 relay《リーレイ》	4《フィーア》X《マール》100《フンデルト》m《メータァ》 Freistilstaffel《フライシュティールシュタッフェル》
209 ラップ・タイム	intermediate《インタァミーディエト》 time《タイム》, lap《ラップ》 time《タイム》	Zwischenzeit《ツヴァイッシェンツァイト》
210 リカバリー	recovery《リカヴァリィ》	Rückholphase《リュックホルファーゼ》
211 流体動力学	streamline《ストゥリームライン》, hydrodynamics《ハイドゥラダイナミクス》	Hydrodynamik《ヒュドロデュナーミク》
212 両脚の動作	leg《レッグ》 action《アクシャン》	Beinarbeit《バインアルバイト》
213 両腕の動作	arm《アーム》 action《アクシャン》	Armarbeit《アルムアルバイト》
214 リレー(自由形)	free-《フリー》style《スタイル》 relay《リーレイ》	Freistilstaffel《フライシュティールシュタッフェル》
215 リレー・スタートの監察	relay《リーレイ》 take-《テイク》off《オフ》 judging《ヂャッヂング》	Zielgericht《ツィールゲリッヒト》
216 リレー・チームの選手(女)	relay《リーレイ》 (women's)《(ウィミンズ)》 team《ティーム》 member《メンバァ》	Staffelschwimmer(in)《シュタッフェルシュヴィマァ(メリン)》

フランス語	ロシア語	スペイン語
relais《ルレ》 quatre《カトル》 nages《ナジュ》	комбинированная《カムビニーラヴァンナヤ》 эстафета《エスタフェータ》	relevo《レレボ》 de《デ》 estilos《エスティロス》 individual《インディビドゥアル》
système《スィステム》 d'élimination《デリミナスィオン》	система《スィスチェーマ》 выбывания《ヴィブィヴァーニャ》	sistema《システマ》 elimonatorio《エリミナトリオ》
temps《タン》 de《ドゥ》 qualification《カリフィカスィオン》	квалификационное《クヴァリフィカツィオーンナエ》 время《ヴリエーミヤ》	tiempo《ティエンポ》 de《デ》 clasificación《クラシフィカシオン》
série《セリ》	предварительный《プリドゥヴァリーチリヌィイ》 заплыв《ザプルィーフ》	serie《セリエ》 eliminatoria《エリミナトリア》
400m《カトル サン メトル》 nage《ナジュ》 libre《リブル》	400м,《チィトゥィーレスタ ミエートゥラフ》 вольный《ボーリヌィイ》 стиль《スチィーリ》	400m《クアトゥロシエントス メトゥロス》 libre《リブレ》
400m《カトル サン メトル》 quatre《カトル》 nages《ナジュ》 individuels《アンディヴィデゥエル》	400м,《チィトゥィーレスタ ミエートゥラフ》 комплексное《コムプリェクスナエ》 плавание《プラーヴァニエ》	400m《クアトゥロシエントス メトゥロス》 estilos《エスティロス》
relais《ルレ》 4X100m《カトル フワ サン メトル》 quatre《カトル》 nages《ナジュ》	комбинированная《カンビニーラヴァンナヤ》 эстафета《エスタフェータ》 4X100м《チィトゥィーリィジドゥィ ストー ミエートゥラフ》	relevos《レレボス》 4X100m《クアトゥロ ペセス シエント メトゥロス》 estilos《エスティロス》
relais《ルレ》 4x100m《カトルフワ サン メトル》 nage《ナジュ》 libre《リブル》	эстафета《エスタフェータ》 4X100м《チィトゥィーリィ ジドゥィ ストー ミエートゥラフ》 вольный《ヴォーリヌィイ》 стиль《スチィーリ》	relevos《レレボス》 4X100m《クアトゥロ ペセス シエント メトゥロス》 libre《リブレ》
temps《タン》 de《ドゥ》 passage《パサジュ》	время《ヴリエーミャ》 на《ナ》 отрезках《アトゥリエースカフ》	tempo《ティエンポ》 parcial《パルシアル》
retour《ルトゥル》 du《デュ》 bras《ブラ》	возвращение《ヴァズヴラシチェーニエ》 руки《ルキー》	recobro《レコブロ》 del《デル》 brazo《ブラソ》
hydrodynamique《イドロディナミク》	гидродинамика《ギドゥラディナーミカ》	hidrodinámica《イドゥロディナミカ》
action《アクスィオン》 des《デ》 jambes《ジャンブ》	работа《ラボータ》 ног《ノーク》	acción《アクシオン》 de《デ》 las《ラス》 piernas《ピエルナス》
action《アクスィオン》 des《デ》 bras《ブラ》	работа《ラボータ》 рук《ルゥーク》	acción《アクシオン》 de《デ》 los《ラス》 brazos《ブラソス》
relais《ルレ》 de《ドゥ》 nage《ナジュ》 libre《リブレ》	эстафета《エスタフェータ》 вольным《ヴォーリヌィム》 стилем《スチィーリィム》	relevos《レレボス》 de《デ》 estilo《エスティロ》 libre《リブレ》
contrôle《コントロル》 des《デ》 prises《プリズ》 de《ドゥ》 relais《ルレ》	контроль《カントゥローリ》 за《ザ》 принятием《プリニャーチィエム》 старта《スタールタ》 в《ヴ》 эстафете《エスタフェーチェ》	control《コントゥロル》 de《デ》 las《ラス》 tomas《トマス》 de《デ》 relevos《レレボス》
équipier《エキピエ》 (équipière)《（エキピエル）》 de《ドゥ》 relais《ルレ》	пловец《プラヴェーツ》 (пловчиха)《（プラフチーハ）》 эстафетной《エスタフェートゥナイ》 команды《カマーンドゥィ》	nadador《ナダドル》 (nadadora)《(ナダドラ)》 del《デル》 equipo《エキポ》 de《デ》 relevos《レレボス》

	日本語	英語	ドイツ語
217	リレーのアンカー(女)	anchor《アンカア》 man《マン》 (woman)《(ウマン)》 of《オヴ》 relay《リーレイ》	Schlußschwimmer《シュルスシュヴィマア》(in)《(メリン)》
218	リレーの第1泳者(女)	lead《リード》-off《オフ》 (woman's)《(ウィミンズ)》 swimmer《スウィマア》	Startschwimmer《シュタルトシュヴィマア》(in)《(メリン)》
219	リレーの引継ぎ	take《テイク》-over《オウヴァア》	Staffelwechsel《シュタッフエルヴェックセル》, Staffelablösung《シュタッフエルアップレーズング》
220	リレーメンバー(女)	relay《リーレイ》 (women's)《(ウィミンズ)》 swimmer《スウィマア》	Staffelschwimmer《シュタッフエルシュヴィマア》(in)《(メリン)》
221	レース（１回）	heat《ヒート》	Lauf《ラオフ》
222	レースの数	number《ナンバア》 of《オヴ》 heats《ヒート》	Anzahl《アンツアール》 der《デア》 Läufe《ロイフエ》
223	レースの優勝者（女）	(women's)《(ウィミンズ)》 winner《ウィナア》 of《オヴ》 the《ザ》 heat《ヒート》	Laufsieger《ラオフズィーガア》(in)《(ゲリン)》
224	練習用プール	warm《ウォーム》-up《アップ》 pool《プール》	Aufwärmebecken《アオフヴエルメベッケン》

フランス語	ロシア語	スペイン語
dernier《デルニェ》 partant《パルタン》 de《ドゥ》 relais《ルレ》 (dernière《デルニエル》 partante《パルタント》 de《ドゥ》 relais《ルレ》)	пловец《プラヴェーツ》 последнего《パスリェードゥニィヴァ》 этапа《エタッパ》 (пловчиха《プラフチーハ》 последнего《パスリェードゥニィヴァ》 этапа《エタッパ》) в《ヴ》 эстафете《エスタフェーチェ》	nadador《ナダドル》 (nadadora《ナダドラ》) último《ウルティモ》 de《デ》 relevos《レレボス》
premier《プルミエ》 partent《パルタン》 du《デュ》 relais《ルレ》 (première《プルミエル》 partante《パルタント》 du《デュ》 rejais《ルレ》)	первый《ピェールヴィイ》 стартующий《スタールトゥユシチイ》 (первая《ピェールヴァヤ》 стартующяя《スタールトゥユシチャヤ》) в《ヴ》 эстафете《エスタフェーチェ》	primer《プリメル》 nadador《ナダドル》 del《デル》 relevo《レレボ》 (primera《プリメラ》 nadadora《ナダドラ》) del《デル》 relevo《レレボ》
prise《プリズ》 de《ドゥ》 relais《ルレ》	приём《プリヨーム》 эстафеты《エスタフェートゥィ》	cambio《カンビオ》 de《デ》 relevos《レレボス》
nageur《ナジゥル》 (nageuse《ナジゥズ》) de《ドゥ》 relais《ルレ》	пловец《プラヴェーツ》 (пловчиха《プラフチーハ》) в《ヴ》 эстафете《エスタフェーチェ》	nadador《ナダドル》 (nadadora《ナダドラ》) de《デ》 relevos《レレボス》
série《セリ》	заплыв《ザプルィーフ》	serie《セリエ》
nombre《ノンブル》 de《ドゥ》 séries《セリ》	каличество《カリーチィストゥヴァ》 заплывов《ザプルィーヴァフ》	número《ヌメロ》 de《デ》 series《セリエス》
vainqueur《ヴァンクル》 (victorieuse《ヴィクトリウズ》) de《ドゥ》 série《セリ》	победитель《パビィディーチリ》(ница《ニィツア》) заплыва《ザプルィーヴァ》	vencedor《ベンセドル》 (vencedora《ベンセドラ》) de《デ》
piscine《ピスィヌ》 d'échauffement《デショフマン》	разминочный《ラズミーナチヌィイ》 бассейн《バスエーイン、》	piscina《ピスシナ》 de《デ》 calentamiento《カレンタミエント》

5.近代五種競技

馬術（馬）　フェンシング（フエ）　射撃（射）

	日本語	英語	ドイツ語
1	相手を追い抜く（ラン）	overtake《オウヴァテイク》	überholen《ユーバァホーレン》
2	赤（色標）旗（ラン、馬）	red《レッド》 flag《フラッグ》	rote《ローテ》 Flagge《フラッゲ》
3	当たり（射）	hit《ヒット》	Einschuß《アインシュス》, Einschlag《アインシュラーク》
4	鐙《アブミ》（馬）	stirrup《スターラプ》	Steigbügel《シュタイクビューゲル》
5	鐙革（馬）	stirrup《スターラプ》-leather《レザァ》	Steigbügelriemen《シュタイクビューゲルリーメン》
6	アリーナ（馬）	arena《アリーナ》	Reitbahn《ライトバーン》
7	《アルト（止め）！》（フエ）	《halt《(ホールト)》！》	《halt《(ハルト)》！》
8	《アレ（始め）！》（フエ）	《play《(プレイ)》！》	《los《(ロース)》！》
9	《アン・ガルト（構えて）！》（フエ）	《on guard《(オン　ガード)》！》	《Fechtstellung《(フエッヒトシュテルング)》！》
10	安全性の取り決め（射）	safety《セイフティ》 conditions《コンディシャンズ》	Sicherheitsbedingungen《ズィッヒャァハイトベディングンゲン》
11	安全対策（射）	safety《セイフティ》 measures《メジャズ》, security《セキュラティ》 measures《メジャズ》	Sicherheitsbestimmungen《ズィッヒャァハイツベシュティムンゲン》
12	アンフェアーなフェンシング	dishonest《ディスアネッスト》 fencing《フエンスィング》	unkorrektes《ウンコレクテス》 Fechten《フエッヒテン》
13	イエロー・カード（フエ）	yellow《イエロウ》 card《カード》	gelbe《ゲルベ》 Karte《カルテ》
14	生垣（馬）	hedge《ヘッヂ》, brush《ブラッシュ》	Zaun《ツァオン》, Hürde《ヒュルデ》
15	《位置につけ！》（ラン、射）	《to your positions《(トゥ　ユア　パズィシャンズ)》！》 《take your positions《(テイク　ユア　パズィシャンズ)》！》	《Auf die Plätze《(アオフ　ディ　プレッツェ)》！》 《Auf die Plätze《(アオフ　ディ　プレッツェ)》！》
16	《位置について！》（水）	《take your marks《(テイク　ユア　マークス)》！》	《Auf die Plätze《(アオフ　ディ　プレッツェ)》！》
17	逸脱の修正（馬）	correction《コレクシャン》 of《オヴ》 deviation《ディーヴィエイシャン》	Verbesserung《フェアベッセルング》 der《デア》 Abweichung《アップヴァイヒュング》

水泳（水） **フランス語**	ランニング（ラ） **ロシア語**	コンバインド（コン） **スペイン語**
dépasser《デパセ》	обойти《アバイツィー》 соперника《サピエールニカ》	dejar《デハール》 atrás《アトゥラス》 a《ア》 un《ウン》 rival《リヴバル》
fanion《ファニオン》 rouge《ルゥジュ》	красный《クラースヌィイ》 флаг《フラーク》	bandera《バンデラ》 roja《ロハ》
impact《アンパクト》	попадание《パパダーニエ》	impacto《インパクト》
étrier《エトリィエ》	стремя《ストゥリエーミャ》	estribo《エストゥリボ》
étrivière《エトゥリヴィエル》	путлище《プゥートゥリシチェ》	ación《アシオン》
arène《アレタ》	манеж《マニェーシ》	arena《アレナ》
《halte《アルト》！》	《стой《ストーイ》！》	《¡ alto《アルト》！》
《allez《アレ》！》	《начинайте《ナチナーイチェ》！》	《¡ adelante《アデランテ》！》
《en《アン》 garde《ガルド》！》	《к《ク》 бою《ボーユ》！》	《¡ en《エン》 guardia《グアルディア》！》
conditions《コンディスィオン》 de《ドゥ》 sécurité《セキュリテ》	условия《ウスローヴィヤ》 безопасности《ビザパースナスチィ》	condiciones《コンディシオネス》 de《デ》 seguridad《セグリダ》
régles《レグル》 de《ドゥ》 sécurité《セキュリテ》	правила《プラーヴィラ》 безопасности《ビザパースナスチィ》 (*стрельбы*《ストゥリエーリブィ》)	reglas《レグラス》 de《デ》 seguridad《セグリダ》
combat《コンバ》 non《ノン》 loyal《ルワイヤル》	некорректное《ニカリェークトゥナエ》 фехтование《フェフタヴァーニエ》	combate《コンバテ》 desleal《デスレアル》
carton《カルトン》 jaune《ジョヌ》	жёлтая《ジョールタヤ》 карточка《カールタチカ》	tarjeta《タルヘタ》 amarilla《アマリリア》
haie《エ》	хердель《ヒエールジリ》	seto《セト》, valla《バリャ》 empalizada《エンパリサド》
《à《ア》 vos《ヴォ》 postes《ポスト》！》 《à《ア》 vos《ヴォ》 postes《ポスト》！》	《по《パ》 местам《ミスターム》！》 《по《パ》 местам《ミスターム》！》	《¡ a《ア》 sus《スス》 puestos《プエストス》！》 《¡ a《ア》 sus《スス》 puestos《プエストス》！》
《à《ア》 vos《ヴォ》 marques《マルク》！》	《на《ナ》 старт《スタールト》！》	《¡ a《ア》 sus《スス》 puestos《プエストス》！》
correction《コレクスィオン》 de《ドゥ》 déviation《デヴィアスィオン》	исправление《イスプラヴァリェーニエ》 отклонения《アトゥクラニェーニヤ》	corrección《コレクシオン》 de《デ》 la《ラ》 desviación《デスビアシオン》

日本語	英語	ドイツ語
18 《1分！》（ラン）	《one minute！》《(ワン ミニト)》	《eine Minute！》《(アイネ ミヌーテ)》
19 1分間隔のスタート（ラン）	departure at one minute《ディパーチャ アト ワン ミニト》 intervals《インタヴァルズ》	Start in 1-Minute-Abstand《シュタールト イン アイナァミヌーテアップシュタント》
20 《イン・ライン》のポジション（フェ）	position《point in line》《バズィシャン (ポイント イン ライン)》	position in Linie《ポズィツィオーン イン リーニエ》
21 ウォーミング・アップ用馬場（馬）	warming-up arena《ウォーミング アップ アリーナ》	Abreitebahn《アップライテバーン》
22 ウォター・ジャンプ、水濠（馬）	water jump《ウォータァ チャンプ》	Wassergraben《ヴァッサァグラーベン》
23 浮き（水）	floats《フロウツ》	Schwimmkörper《シュヴィムケルパァ》
24 後ろの境界線から出る（フェ）	crossing the rear limit of《クロースィング ザ リア リミト オヴ》 the piste《ザ ピスト》	rückwärtiges Verlassen der《リュックヴェルティゲス フェアラッセン デァ》 Frchtbahn《フェッヒトバーン》
25 馬	horse《ホース》	Pferd《プフェールト》
26 馬が拒否する（馬）	run out《ラン アウト》	ausbrechen《アオスブレヒエン》
27 馬と騎手の転倒（馬）	fall of the horse and the rider《フォール オヴ ザ ホース アンド ザ ライダァ》	Sturz des Pferdes und《シュトゥルツ デス プフェールデス ウント》 des Reiters《デス ライタァス》
28 馬に乗る（馬）	mount《マウント》	aufsitzen《アオフズィッツェン》
29 馬のインスペクション（馬）	inspection of the horses《インスペクシャン オヴ ザ ホースズ》	Pferdekontrolle《プフェールデコントロレ》
30 馬の抑え、後退（馬）	reining back《レイニング バック》	Rückwärtsrichten《リュックヴェルツリッヒテン》
31 馬の気性（馬）	temperament of the horse《テンペラマント オヴ ザ ホース》	Temperament des Pferdes《テムペラメント デス プフェールデス》
32 馬の毛色（馬）	coat colour《コウト カラァ》	Farbe《ファルベ》
33 馬の交換（馬）	change of horses《チエンヂ オヴ ホースィズ》	Wechsel der Pferde《ヴェックセル デァ プフェールデ》
34 馬の性別（馬）	sex of the horse《セックス オヴ ザ ホース》	Geschlecht des Pferdes《ゲシュレッヒト デス プフェールデス》
35 馬の抽選（馬）	draw for the horses《ドゥロー フォ ザ ホースィズ》	Auslosung der Pferde《アオスローズング デァ プフェールデ》

フランス語	ロシア語	スペイン語
《une《(ユヌ》 minute《ミニュト)》 ! 》	《одна《(アドゥナー》 минута《ミヌゥータ)》 ! 》	《¡ un《(ウン》 minuto《ミヌト)》 ! 》
départ《デパル》 à《ア》 une《ユヌ》 minute《ミニュト》 d'intervalle《ダンテルヴァル》	старт《スタールト》 с《ス》 минутным《ミヌゥートゥヌィム》 интервалом《インチルヴァーラム》	salida《サリダ》 con un《コンウン》 minuto《ミヌト》 de《デ》 intervalo《インテルバロ》
position《ポスィスィオン》 《en《(アン》 ligne《リニュ)》 ! 》	положение《パラジェーニエ》 《в《(ヴ》 линии《リーニイ)》》	posición《ポシシオン》 《en《(エン》 línea《リネア)》》
piste《ピスト》 d'échauffement《デショフマン》, piste《ピスト》 de《ドゥ》 d'bourrage《デブラジュ》	разминочный《ラズミーナチヌィイ》 манеж《マニェーシ》	picadero《ピカデロ》 de《デ》 calentamiento《カレンタミエント》
rivière《リヴィエル》, fossé《フォセ》 d'eau《ド》	канава《カナーヴァ》 с《ス》 водой《ヴァドーーイ》	foso《フォソ》 de《デ》 agua《アグア》, ría《リア》
flotteurs《フロトゥル》	поплавок《パウラヴォーク》	corcho《コルチョ》, flotador《フロタドル》
sortie《ソルティ》 arrière《アリエル》	выход《ヴィーハト》 за《ザ》 заднюю《ザードゥニュユ》 границу《グラニーツゥ》 (*поля*《(ポーリャ》 *боя*《ボーヤ)》)	salida《サリダ》 fuera《フエラ》 de《デ》 la《ラ》 pista《ピスタ》 por《ポル》 el《エル》 fondo《フォンド》
cheval《シュヴァル》	лошадь《ローシャチ》	caballo《カバリォ》
se《ス》 dérober《デロベ》	закинуться《ザキーヌゥツァ》 (*о*《(ア》 *лошади*《ローシャディ)》)	rehuir《レウイール》
chute《シュット》 du《デュ》 cheval《シュヴァル》 et《エ》 du《デュ》 cavalier《カヴァリエ》	падение《パヂェーニエ》 всадника《フサードゥニカ》 с《ス》 лошадью《ローシャヂユ》	caída《カイダ》 del《デル》 caballo《カバリォ》 y《イ》 del《デル》 jinete《ヒネテ》
monter《モンテ》 le《ル》 cheval《シュヴァル》	садиться《サディーツァ》 на《ナ》 лошадь《ローシャチ》	montar《モンタール》 el《エル》 caballo《カバリォ》
inspection《アンスペクスィオン》 des《デ》 chevaux《シュヴォ》	осмотр《アスモートゥル》 лошадей《ラシャヂェーイ》	inspección《インスペクシオン》 de《デ》 los《ロス》 caballos《カバリォス》
recul《ルキュル》	осаживание《アサージヴァーニエ》	retroceso《レトゥロセソ》
tempérament《タンペラマン》 du《デュ》 cheval《シュヴァル》	темперамент《チムピラーミント》 лошади《ローシャディ》	temperamento《テンペラメント》 del《デル》 caballo《カバリォ》
robe《ロブ》 du《デュ》 cheval《シュヴァル》	масть《マースチ》 лошади《ローシャディ》	pelaje《ペラヘ》 del《デル》 caballo《カバリォ》
changement《シャンジュマン》 des《デ》 chevaux《シュヴォ》	смена《スミェーナ》 лошадей《ラシャヂェーイ》	cambio《カンビオ》 de《デ》 los《ロス》 caballos《カバリォ》
sexe《セクス》 du《デュ》 cheval《シュヴァル》	пол《ポール》 лошади《ローシャディ》	sexo《セクソ》 del《デル》 caballo《カバリォ》
tirage《ティラジュ》 au《オ》 sort《ソル》 des《デ》 chevaux《シュヴォ》	жеребьёвка《ジリビョーフカ》 лошадей《ラシャデェーイ》	sorteo《ソルテオ》 de《デ》 los《ロス》 caballos《カバリォス》

日本語	英語	ドイツ語
36 馬の転倒（馬）	fall《フォール》 of《オヴ》 the《ザ》 horse《ホース》	Sturz《シュトゥルツ》 des《デス》 Pferdes《プフェールデス》
37 馬のナンバリング（馬）	numbering《ナンバリング》 of《フォ》 the《ザ》 horses《ホースィズ》	Numerierung《ヌメリールング》 der《デア》 Pferde《プフェールデ》
38 馬の年齢（馬）	age《エイヂ》 of《オヴ》 the《ザ》 horse《ホース》	Alter《アルタア》 des《デス》 Pferdes《プフェールデス》
39 馬の不従順（馬）	disobedience《ディソビーディエンス》	Ungehorsam《ウンゲホーアザーム》, Verweirern《ヴェアヴァイゲルン》
40 《エト・ヴ・プレ？》（用意はいいか）（フエ）	《Are《ア》 you《ユ》 ready《レディ》？》	《Sind《ズィント》 Sie《ズィー》 fertig《フエルティヒ》？》
41 エペ（フエ）	épée《エペイ》	Degen《デーゲン》
42 エペの重さ（フエ）	weight《ウエイト》 of《オヴ》 the《ズィ》 épée《エペイ》	Gewicht《ゲヴィッヒト》 des《デス》 Degens《デーゲンス》
43 エペの先端のバネの抵抗（フエ）	resistance《リズィスタンス》 of《オヴ》 the《ザ》 point《ポイント》 spring《スプリング》 of《オヴ》 the《ズィ》 épée《エペイ》	Widerstand《ヴィーダアシュタント》 des《デス》 Federdrucks《フエーダアドゥルックス》 des《デス》 Degens《デーゲンス》
44 エペの鍔（フエ）	guard《ガード》 of《オヴ》 the《ズィ》 épée《エペイ》	Degenglocke《デーゲングロッケ》
45 エペの柔らかさ（フエ）	flexibility《フレクスィビラティ》 of《オヴ》 the《ズィ》 épée《エペイ》	Biegsamkeit《ビークザームカイト》 des《デス》 Degens《デーゲンス》
46 塩水（水）	salt《ソールト》 water《ウォータア》	Salzwasser《ザルツヴァッサア》
47 エンド・ウォール（水）	end《エンド》 wall《ウォール》	Abschlußwand《アップシュルスヴァント》
48 オクサ障害(馬)	oxer《アクサア》	Oxer《オクサア》
49 横木（馬）	bar《バー》, pole《ポウル》	Stange《シュタンゲ》
50 泳ぐ（水）	swim《スウィム》	schwimmen《シュヴィメン》
51 折り返し監察員（水）	inspector《インスペクタア》 of《オヴ》 turns《ターンズ》	Wenderichter《ヴェンデリッヒタア》
52 《オンガード》姿勢（フエ）	position《パズィシャン》 《on《オン》 guard《ガード》》	Fechtstellung《フエッヒトシュテルング》
53 オンガード・ライン（フエ）	on-《オン》 guard《ガード》 line《ライン》	Startlinie《シュタルトリーニエ》
54 回転義務地点（馬）	turning《ターニング》 point《ポイント》	Wendepunkt《ヴェンデプンクト》
55 駈歩（ギャロップ）（馬）	gallop《ギャロプ》, canter《キャンタア》	Galopp《ガロップ》
56 勝ち進んでいるピスト（フエ）	ground《グラウンド》 gained《ゲインド》	gewonnener《ゲヴォネナア》 Boden《ボーデン》

フランス語	ロシア語	スペイン語
chute《シュット》 du《デゥ》 cheval《シュヴァル》	падение《パヂェーニエ》 лошади《ローシャディ》	caída《カイダ》 del《デル》 baballo《カバリォ》
numérotage《ニュメロタジュ》 des《デ》 chevaux《シュヴォ》	нумерация《ヌミラーツィヤ》 лошадей《ラシャデェーイ》	numeración《ヌメラシオン》 de《デ》 los《ロス》 caballos《カバリォス》
âge《アジゥ》 du《デュ》 cheval《シュヴァル》	возраст《ヴォーズラスト》 лошади《ローシャディ》	edad《エダ》 del《デル》 caballo《カバリォ》
désobéissance《デゾベイサンス》	неповиновение《ニパヴィナヴェーニエ》 лошади《ローシャディ》	desobediencia《デソベディエンシア》 del《デル》 caballo《カバリォ》
《êtes《エテ》-vous《ヴゥ》 prêts《プレ》 ? 》	《готовы《ガトーヴィ》 ? 》	《¿ listos《リストス》?》
épée《エペ》	шпага《シパーガ》	espada《エスパダ》
poids《ポワ》 de《ドゥ》 l'épée《レペ》	вес《ヴィエース》 шпаги《シパーギ》	peso《ペソ》 de《デ》 la《ラ》 espada《エスパダ》
résistance《レズィスタンス》 du《デュ》 ressort《スソル》 de《ドゥ》 la《ラ》 pointe《プワント》 de《ドゥ》 l'épée《レペ》	сопротивление《サプラチィヴリェーニエ》 пружины《プルゥジーヌィ》 наконечника《ナカニェーチニカ》 шпаги《シパーギ》	resistencia《レシステンシア》 del《デル》 muelle《ムエリェ》 en《エン》 la《ラ》 punta《プンタ》 de《デ》 la《ラ》 espada《エスパダ》
coquille《コキィユ》 de《ドゥ》 l'épée《レペ》	гарда《ガールダ》 шпаги《シパーギ》	cazoleta《カソレタ》 de《デ》 la《ラ》 espada《エスパダ》
flexibilité《フレクスィビリテ》 de《ドゥ》 l'épée《レペ》	гибкость《ギーブカスチ》 шпаги《シパーギ》	flexibilidad《フレクシビリダ》 de《デ》 la《ラ》 eapada《エスパダ》
eau《オ》 salée《サレ》	солёная《サリョーナヤ》 вода《ヴァダー》	agua《アグア》 salada《サラダ》
mur《ミュル》 d'extrémité《デクストレミテ》	окончательная《アカンチャーチリナヤ》 стенка《スチェーンカ》	pared《パレ》 de《デ》 fondo《フォント》
oxer《オクセル》	оксер《アクスエール》	oxer《オクセル》
barre《バル》	жердь《ジェールチ》	barra《バラ》
nager《ナジュ》	плавать《プラーヴァチ》	nadar《ナダール》
juge《ジュジュ》 de《ドゥ》 virages《ヴィラジュ》	судья《スゥヂィヤー》 на《ナ》 повороте《パヴァローチェ》	inspector《インスペクトル》 de《デ》 virajes《ビラヘス》
position《ポズィスィオン》 《en《アン》 garde《ガルド》》	положение《パラジェーニエ》 《к《ク》 бою《ボーユ》》	posició《ポシシオン》《en《エン》 guardia《グアルディア》》
ligne《リニュ》 de《ドゥ》 mise《ミズ》 en《アン》 garde《ガルド》	линия《リーニヤ》 начала《ナチャーラ》 боя《ボーヤ》	línea《リネア》 de《デ》 guardia《グアルディア》
virage《ヴィラジュ》	поворот《パヴァロート》	viraje《ビラヘ》
galop《ガロ》	галоп《ガロープ》	galope《ガロペ》
terrain《テラン》 gagné《ガニェ》	выигранная《ヴィーイグランナヤ》 часть《チャースチ》 поля《ポーリャ》 боя《ボーヤ》	terreno《テレノ》 ganado《ガナド》

日本語	英語	ドイツ語
57 壁 (馬)	wall《ウォール》	Mauer《マオアァ》
58 カラー (フェ)	collar《カラァ》	Kragen《クラーゲン》
59 機械標的 (射)	taget《ターゲット》 by《バイ》 machine《マシーン》	Ziel《ツィール》 mit《ミット》 der《デァ》 Maschine《マシーネ》
60 騎座 (馬)	mounting《マウンティング》	Aufsitzen《アオフズィッツエン》, Besteigen《ベシュタイゲン》
61 騎手の失権 (馬)	elimination《エリマネイシャン》 of《オヴ》 a《ア》 competitor《カンペタタァ》	Annullieren《アヌリーレン》 des《デス》 Ergebnisses《エァゲーブニッセス》 eines《アイネス》 Reiters《ライタァス》
62 騎手の装備 (馬)	rider's《ライダァズ》 equipment《イクウィプマント》, rider's《ライダァズ》 outfit《アウトゥフィト》	Reiterausrüstung《ライタァアオスリュストゥング》
63 騎乗馬 (馬)	horse《ホース》 riding《ライディング》	Reiten《ライテン》
64 技術委員会 (フェ)	directoire《ディレクトワル》 technique《テクニーク》	technisches《テッヒニシェス》 Direktorium《ディレクトーリウム》
65 技術委員会 (射)	technical《テクニカル》 director《ディレクタァ》	technischer《テッヒニシャァ》 Ausschuß《アオスシュス》
66 規定タイム (馬、射)	time《タイム》 allowed《アラウド》	vorgeschriebene《フォーァゲシュリーベネ》 Zeit《ツァイト》, Mindestzeit《ミンデストツァイト》
67 キック (水)	kick《キック》, beat《ビート》	Beinarbeit《バインアルバイト》
68 起伏 (ラン)	climb《クライム》	Unebenheit《ウンエーベンハイト》
69 逆の順序 (馬)	reversed《リヴァースト》 order《オーダァ》	umgekehrte《ウムゲケールテ》 Reihenfolge《ライエンフォルゲ》
70 救護	medical《メーディカル》 assistance《アスィスタンス》	ärztliche《エールツトゥリヒエ》 Hilfe《ヒルフェ》
71 厩舎 (馬)	stable《スティブル》	Stall《シュタル》
72 厩務員 (馬)	groom《グルーム》, stableman《ステイブルマン》	Pferdepfleger《プフェールデプフレーガァ》, Pferdewärter《プフェールデヴェルタァ》
73 競技場 (馬)	arena《アリーナ》	Reitbahn《ライトバーン》
74 競技場審判員 (馬)	track《トゥラック》 umpire《アンパイア》	Bahnrichter《バーンリッヒタァ》, Streckenrichter《シュトレッケンリッヒタァ》
75 競技役員 (ラン)	umpire《アンパイア》	Rennleiter《レンライタァ》
76 拒否 (馬)	refusal《リフューザル》, run-out《ラナウト》	Verweigerung《フェァヴァイゲルング》, Ausbrechen《アオスブレッヒエン》

フランス語	ロシア語	スペイン語
mur《ミュル》	стенка《スチェーンカ》	muro《ムロ》
col《コル》	воротник《ヴァラトゥニーク》	cuello《クエリォ》
cible《スィブル》 de《ドゥ》 la《ラ》 machine《マシヌ》	мишень《ミシェーニィ》 машиной《マシーナイ》	blanco《ブランコ》 de《デ》 la《ラ》 máquina《マキナ》
monte《モント》	посадка《パサートゥカ》 (*на*《ナ》 *лошадь*《ローシャチ》)	montura《モントゥラ》
élimination《エリミナスィオン》 d'un《ダン》 concurrent《コンキュラン》	аннулирование《アヌゥリーラヴァニエ》 результата《リズゥリタータ》 всадника《フサードゥニカ》	eliminación《エリミナシオン》 del《デル》 participante《パルティシパンテ》
équipement《エキプマン》 du《デュ》 cavalier《カヴァリエ》	экипировка《エキピローフカ》 (*всадника*《フサードゥニカ》)	equipamiento《エキパミエント》 del《デル》 jinete《ヒネテ》
équitation《エキタスィオン》	верховая《ヴィルハヴァーヤ》 езда《イズダー》	equitación《エキタシオン》
directoire《ディレクトワル》 technique《テクニーク》	технический《チフニーチスキイ》 директорат《ディリクタラート》	directorio《ディレクトリオ》 ténico《テクニコ》
comité《コミテ》 technique《テクニーク》	техническая《チフニーチスカヤ》 комиссия《カミースィヤ》	comisión《コミシオン》 técnica《テクニカ》
temps《タン》 accordé《アコルデ》	контрольное《カントゥローリナエ》 время《ヴリエーミャ》	tiempo《ティエンポ》 concedido《コンセディド》
battement《バトマン》, coup《クゥ》 de《ドゥ》 pied《ピエ》	удар《ウダール》, работа《ラボータ》 ног《ノーク》	batido《バティド》, patada《パタダ》
dénivellation《デニヴェラスィオン》	неровность《ニローヴナスチ》	desnivel《デスニベル》
ordre《オルドル》 inverse《アンヴェルス》	обратный《アブラートゥヌィイ》 порядок《パリャーダク》	orden《オルデン》 inverso《インベルソ》
assistance《アスィスタンス》 médicale《メディカル》	медицинская《ミディツィーンスカヤ》 помощь《ポーマシチ》	asistencia《アシステンシア》 médica《メディカ》
écurie《エキュリ》	конюшня《カニューシニャ》	cuadra《クアドゥラ》, caballeriza《カバリエリサ》
palefrenier《パルフルニエ》	конюх《コーニュフ》	palafrenero《パラフレネロ》
arène《アレヌ》, manège《マネジュ》	манеж《マニェーシ》	arena《アレナ》, picadero《ピカデロ》
commissaire《コミセル》 de piste《ドゥピスト》	судья《スゥディヤー》 на《ナ》 дорожке《ダローシケ》	jefe《ヘフェ》 de《デ》 pista《ピスタ》
commissaire《コミセル》	начальник《ナチャーリニク》 дистанции《ディスターンツィイ》	comisario《コミサリオ》
refus《ルフュ》, dérobade《デロバド》	закидка《ザキートゥカ》	rehuse《レウセ》, negativa《ネガティバ》, huída《ウイダ》

日本語	英語	ドイツ語
77 記録掛（フエ）	scorer《スコーラァ》	Schreiber《シュライバァ》
（射、ラン）	scorer《スコーラァ》	Wettkampfssekretär《ヴェットカムプフスセクレテーァ》
（馬）	scorer《スコーラァ》	Sekretär《ゼクレテーァ》 der《デァ》 Wettkämpfe《ヴェットケムプフェ》
78 記録された時間（水、馬、ラン）	recorded《レカディド》 time《タイム》,fixed《フィックスト》 time《タイム》	gestoppte《ゲシュトプテ》 Zeit《ツァイト》, fixierte《フィクスィールテ》 Zeit《ツァイト》
79 近代五種競技	modern《マダン》 pentathlon《ペンタスロン》	Moderner《モデルナァ》 Fünfkampf《フュンフカムプフ》
80 近代五種競技選手（女）	(wemen's)《（ウィメンズ）》 pentathlonist《ペンタスロニスト》	(Frauen)《（フラオエン）》 Pentathlon《ペンタトゥロン》 Athleten《アトレーテン》
81 鞍（馬）	saddle《サドゥル》	Sattel《ザッテル》
82 鞍敷き（馬）	numnah《ナムナ》, saddle《サドゥル》 cloth《クロース》	Satteldecke《ザッテルデッケ》
83 クロール（水）	crawl《クロール》	Kraulschwimmen《クラオルシュヴィメン》
84 クロスカントリー（ラン）	cross《クロス》-country《カントゥリィ》 race《レイス》	Geländelauf《ゲレンデラオフ》
85 クロスカントリー・コースの点検（ラン）	inspection《インスペクシャン》 of《オヴ》 the《ザ》 course《コース》	Besichtigung《ベズィッヒティグング》 des《デス》 Streckenverlaufs《シュトレッケンフェァラオフス》
86 クロス・ライン（水）	cross《クロース》 line《ライン》	Schneidelinie《シュナイデリーニエ》
87 ゲージ（フエ）	gauge《ゲイヂ》	Hublehre《フープレーレ》
88 警告線（フエ）	warning《ウォーニング》 line《ライン》	Warnlinie《ヴァルンリーニエ》
89 計時員（水、ラン）	timekeeper《タムキーパァ》	Zeitnehmer《ツァイトネーマァ》
90 時計係（フエ、馬）	timekeeper《タムキーパァ》	Zeitnehmer《ツァイトネーマァ》
91 計時係長（水、ラン）	chief《チーフ》 timekeeper《タムキーパァ》	Hauptzeitnehmer《ハオプトツァイトネーマァ》
92 計量（馬）	weighing《ウエイイング》 in《イン》	Abwiegen《アップヴィーゲン》

フランス語	ロシア語	スペイン語
marqueur《マルクゥル》	секретарь《スクリターリ》 на《ナ》 поле《ポーリエ》 боя《ボーヤ》	marcador《マルカドル》, anotador《アノタドル》
secrétaire《スクレテル》 de《ドゥ》 compétition《コンペティスィオン》	секретарь《スクリターイ》 соревнований《サリヴナヴァーニイ》	secretario《セクレタリオ》 de《デ》 la《ラ》 competición《コンペティシオン》
secrétaire《スクレテル》	судья-секретарь《スゥヂィヤー スクリターリ》	secretario《セクレタリオ》
temps《タン》 enregistré《アンルジストレ》, temps《タン》 fixé《フィクセ》	зафиксированное《ザフィクスィーラヴァンナエ》 время《ブリエーミャ》	tiempo《ティエンポ》 registrado《レヒストゥラド》, tiempo《ティエンポ》 fijado《フィハド》
pentathlon《ペンタトゥロン》 moderne《モデルヌ》	современное《サヴリミェーンナエ》 пятиборье《ピエチィボーリエ》	pentatlón《ペンタトゥロン》 moderno《モデルノ》
athlètes《アトレト》 de《ドウ》 pentathlon《ペンタトゥロン》 (des《デ》 femmes《ファム》), pentathlonien《ペンタトゥロニエン》	пятиборец《ピエチィボーリツ》 , (женский《ジェーンスキイ》 спортсмен《スパルツメーン》 пятиборья《ピエチィボーリヤ》)	atletas《アトゥレタス》 de《デ》 Pentatlón《ペンタトゥロン》, (deportista《デポルッティスタ》 femenina《フェメニナ》 de《デ》 Pentatlón《ペンタトゥロン》)
selle《セル》	седло《シドゥロー》	silla《シリア》
tapis《タピ》 de《ドゥ》 selle《セル》	потник《パトゥニーク》	sudadero《スダデロ》, mantilla《マンティリア》
crawl《クロル》	кроль《クローリ》	crol《クロル》
course《クゥルス》 de《ドゥ》 crosscountry《クロスクントリ》	кросс《クロース》	carrera《カレラ》 de《デ》 campo《カンポ》 a《ア》 través《トゥラベス》
inspection《アンスペクスィオン》 de《ドゥ》 la《ラ》 distance《ディスタンス》	осмотр《アスモートゥル》 дистанции《ディスターンツィイ》 (*кросса*《クローサ》)	inspección《インスペクシオン》 de《デ》 la《ラ》 pista《ピスタ》 del《デル》 recorrido《レコリド》
ligne《リニュ》 transversale《トランスヴェルサル》	поперечная《パピリエーチナヤ》 линия《リーニヤ》	línea《リネア》 transversal《トゥランスベルサル》
lamelles《ラメル》	щуп《シシューブ》	calibrador《カリブラドル》
ligne《リニュ》 d'avertissement《ダヴェルティスマン》	линия《リーニヤ》 предупреждения《プリドゥプリジヂェーニヤ》	línea《リネア》 de《デ》 advertencia《アドゥベルテンシア》
chronométreur《クロノメトルル》	судья-хронометрист《スゥヂィヤー フラナミトゥリースト》	cronometrista《クロノメトゥリスタ》, cronometrador《クロノメトゥラドル》
chronométreur《クロノメトルル》	судья-хронометрист《スゥヂィヤー フラナミトゥリースト》	cronometrador《クロノメトゥラドル》
chronométreur《クロノメトルル》 principal《プランスィパル》	старший《スタールシィ》 судья-хронометрист《スゥヂィヤー フラナミトゥリースト》	jefe《ヘフェ》 de《デ》 cronometradores《クロノメトゥラドレス》
pesage《プザジュ》	взвешивание《ヴズヴェーシヴァニエ》	pesaje《ペサヘ》

日本語	英語	ドイツ語
93 計量係（馬）	official《オフィシャル》 in《イン》 charge《チャーヂ》 of《オヴ》 the《ザ》 weighing《ウエイイング》 enclosure《エンクロウジァ》	offizielle《オフィツィエル》 des《デス》 Wiegeplatzes《ヴィーゲプラッツエス》
94 計量器（馬）	weight《ウエイト》 scale《スケイル》, measuring《メジャリング》 instrument《インストゥルマント》	Meßgerät《メスゲレート》
95 計量場（馬）	weighing《ウエイイング》 enclosure《エンクロウジァ》	Wiegeraum《ヴィーゲラオム》
96 経路の確認（馬）	examination《イグザミネイシャン》 of《オヴ》 the《ザ》 course《コース》	Besichtigung《ベズィッヒティグング》 des《デス》 Parcours《パルクール》
97 決勝タイム（水）	total《トウトゥル》 time《タイム》	Gesamtzeit《ゲザムトツァイト》
98 決勝クラス分け	final《ファイヌル》 classification《クラスィフィケイシャン》	Finalklassifikation《フィナールクラスィフィカツィオーン》
99 決勝審判員（ラン、水）	finishing《フィニシィング》 judge《ヂャッヂ》	Zielrichter《ツィールリッヒタァ》
100 決勝戦の支柱（ラン）	post《ポウスト》 marking《マーキング》 the《ザ》 finish《フィニシ》 line《ライン》	Zielpfosten《ツィールプフォステン》
101 決勝用時計（ラン）	finish《フィニシ》 timekeeper《タイムキーパァ》	Zielchronometer《ツィールクロノメータァ》
102 決定的なヒット（フェ）	decisive《ディサイスィヴ》 hit《ヒット》	entscheidender《エントシャイデンダァ》 Stoß《シュトース》
103 下馬する（馬）	dismount《ディスマウント》	absitzen《アップズィッツェン》
104 剣を測るゲージ（フェ）	probe《プロウブ》	Hublehre《フーブレーレ》
105 剣を持たない腕（フェ）	unarmed《アンアームド》 arm《アーム》	unbewaffnete《ウンベヴァッフネテ》 Hand《ハント》
106 限界標旗を倒す（馬）	knock《ナッキング》 down《ダウン》 of《オヴ》 a《ア》 flag《フラッグ》	eine《アイネ》 Begrenzungsflagge《ベグレンツングスフラッゲ》 umwerfen《ウムヴェルフェン》
107 減点（ペナルティポイント）	penalty《ペヌルティ》 points《ポインツ》	Strafpunkte《シュトラーフプンクテ》
108 減点方式（馬）	deduction《ディダクシャン》 method《メソド》	Abzugsmethode《アップツークメトーデ》
109 コース、経路（馬）	course《コース》	Parcours《パルクール》, Springbahn《シュプリングバーン》
（ラン）	course《コース》	Route《ルーテ》, Strecke《シュトレッケ》
110 コースからの逸脱（馬、ラン）	deviation《ディーヴィエイシャン》 from《フラム》 the《ザ》 course《コース》	Verreiten《フェアライテン》

フランス語	ロシア語	スペイン語
officiel《オフィスィエル》 responsable《レスポンサブル》 de《ドゥ》 l'enceinte《ランサント》 de《ドゥ》 pesage《プザジュ》	судья《スゥヂィヤー》 на《ナ》 взвешивание《ヴズヴェーシヴァニエ》	oficial《オフィシアル》 responsable《レスポンサブレ》 del《デル》 pesaje《ペサヘ》
instrument《アンストリュマン》 de《ドゥ》 mesure《ムズュル》	измерительный《イズミリーチエリヌィイ》 прибор《プリボール》	instrumento《インストゥルメント》 de《デ》 medición《メディシオン》
enceinte《アンサント》 de《ドゥ》 pesage《プザジュ》	место《ミェースタ》 взвешивания《ヴズヴェーシヴァニヤ》	lugar《ルガール》 de《デ》 pesaje《ペサヘ》
examen《エグザマン》 du《デュ》 parcours《パルクゥル》	осмотр《アスモートゥr》 трассы《トゥラースィ》	examinación《エクサミナシオン》 del《デル》 recorrido《レコリド》
temps《タン》 à《ア》 l'arrivée《ラリヴェ》	время《ヴリェーミャ》 на《ナ》 финише《フィーニシェ》	tiempo《ティエンポ》 oficial《オフィシアル》
classement《kラスマン》 final《フィナル》	финальная《フィナーリナヤ》 классифкациия《クラスィフィカーツィヤ》	clasificación《クラシフィカシオン》 final《フィナル》
juge《ジュジュ》 d'arrivée《ダリヴェ》	судья《スゥヂィヤー》 на《ナ》 финише《フィーニシェ》	juez《フエス》 de《デ》 llegada《リエガダ》
poteau《ポト》 d'arrivée《ダリヴェ》	финишный《フィーニシヌィイ》 створ《ストゥヴォール》	poste《ポステ》 de《デ》 llegada《リエガダ》
chronomètre《クロノメートル》 d'arrivée《ダリヴェ》	хронометр《フラノーミトゥル》 на《ナ》 финише《フィーニシェ》	cronómetro《クロノメトゥロ》 de《デ》 llegada《リエガダ》
touche《トゥシュ》 décisive《デスィズィヴ》	решающий《リシャーユシチイ》 укол《ウコール》	tocado《トカド》 decisivo《デシシボ》
mettre《メトル》 pied《ピエ》 à《ア》 terre《テル》	спешиться《スピェーシツァ》	bajar《バハール》 del《デル》 caballo《カバリォ》
lamelles《ラメル》	щуп《シチュープ》 для《ドゥリャ》 проверки《プラヴェールキ》 шпаг《シパーク》	calibrador《カリブラドル》
bras《ブラ》 non《ノン》 armé《アルメ》	невооружённая《ニヴァアルゥジョーナヤ》 рука《ルカー》	brazo《ブラソ》 no《ノ》 armado《アルマド》
renverser《ランヴェルセ》 le《ル》 fanion《ファニオン》	сбить《スビーチ》 флаг-ограничитель《フラーク アグラニチーチリ》	derribar《デリバール》 la《ラ》 bandera《バンデラ》
points《プワン》 de《ドゥ》 pénalisation《ペナリザスィオン》	штрафные《シトゥラーフヌィエ》 очки《アチキー》	puntos《プントス》 de《デ》 penalización《ペナリサシオン》
méthode《メトド》 de《ドゥ》 déduction《デデュクスィオン》	метод《ミェータト》 вычет《ヴィーチト》	método《メトド》 de《デ》 deducción《デドゥクシオン》
parcours《パルクゥル》 parcours《パルクゥル》	маршрут《マルシルゥート》, паркур《パルクゥール》 маршрут《マルシルゥート》	recorrido《レコリド》, parcours《パルクゥル》 recorrido《レコリド》
erreur《エルル》 de《ドゥ》 parcours《パルクゥル》	ошибка《アシーブカ》 на《ナ》 маршруте《マルシルゥーチェ》	error《エロア》 en《エン》 el《エル》 recorrido《レコリド》

日本語	英語	ドイツ語
111 コース責任者（ラン）	running《ラニング》 director《ディレクタア》	Laufdirektor《ラオフディレクトア》
112 コースの下見（馬）	walking《ウォーキング》 of《オヴ》 the《ザ》 course《コース》, course《コース》 inspection《インスペクシャン》	Fußinspektion《フースインスペクツィオーン》
113 コースの全長（馬）	length《レングス》 of《オヴ》 the《ザ》 course《コース》	parcourslänge《パルクールレンゲ》
（ラン）	length《レングス》 of《オヴ》 the《ザ》 course《コース》	Rotelänge《ルーテレンゲ》
114 コースの目印（ラン）	marking《マーキング》 the《ザ》 course《コース》	Streckenmarkierung《シュトレッケンマルキールング》
115 コース・ミスの訂正（馬）	correction《コレクシャン》 of《オヴ》 the《ザ》 error《エラァ》 of《オヴ》 the《ザ》 course《コース》	Berichtigung《ベリッヒティグング》 nach《ナーハ》 verreiten《フェアライテン》
116 コースの見取り図（ラン）	plan《プラン》 of《オヴ》 the《ザ》 course《コース》, course《コース》 layout《レイアウト》	Parcoursskizze《パルクールスキッツェ》
117 コース・ライン（水）	bottom《バトム》 line《ライン》	Bodenmarkierung《ボーデンマルキールング》, Bodenlinie《ボーデンリーニエ》
118 コース・ロープ（水）	racing《レイスィング》 line《ライン》, lane《レイン》 rope《ロープ》	Trennleine《トレンライネ》
119 ゴールインする（馬、水、ラン）	finish《フィニシ》	am《アム》 Ziel《ツィール》 ankommen《アンコメン》
120 効果的なヒット（フェ）	effective《イフェクティヴ》 hit《ヒット》	effektiver《エフェクティーヴァ》 Stoß《シュトース》
121 合計得点	number《ナンバァ》 of《オヴ》 points《ポインツ》	Punktanzahl《プンクトアンツァール》
122 攻撃優先権（フェ）	offensive《オフェンスィヴ》 priority《プライアラティ》	Angriffsvorrecht《アングリッフスフォーアレッヒト》
123 公式（決勝）タイム（水）	official《オフィシャル》 time《タイム》, total《トゥトゥル》 time《タイム》	offizielle《オフィツィエレ》 Zeit《ツァイト》, Gesantzeit《ゲザムトツァイト》
124 後退する（フェ）	retreat《リトゥリート》	zurückweichen《ツリュックヴァイヒエン》
125 光電管（ラン）	electric《イレクトゥリック》 eye《アイ》, sensor《センサァ》	photoelektrische《フォートエレクトゥリシエ》 Zelle《ツエレ》, Sensor《ゼンゾール》

フランス語	ロシア語	スペイン語
directeur《ディレクトゥル》 de《ドゥ》 l'épreuve《レプルヴ》	директор《ディリェークタル》 бега《ビェーガ》	director《ディレクトル》 de《デ》 la《ラ》 carrera《カレラ》
reconnaissance《ルコネサンス》 du《デュ》 parcours《パルクゥル》	осмотр《アスモートル》 маршрута《マルシルゥータ》 пешком《ピシコーム》	reconocimiento《レコノシミエント》 del《デル》 circuito《シルクイト》
longueur《ロングル》 du《デュ》 parcours《パルクゥル》 longueur《ロングル》 du《デュ》 parcours《パルクゥル》	длина《ドゥリナー》 маршрута《マルシルゥータ》 длина《ドゥリナー》 маршрута《マルシルゥータ》	recorrido《レコリド》 recorrido《レコリド》
marquage《マルカジュ》 de《ドゥ》 la《ラ》 piste《ピスト》	разметка《ラズミェートゥカ》 трассы《トゥラースィ》	señalización《セニャリサシオン》 de《デ》 la《ラ》 pista《ピスタ》
rectification《レクティフィカスィオン》 des《デ》 erreurs《ゼルル》 de《ドゥ》 parcours《パルクゥル》	исправление《イスプラヴリェーニエ》 ошибки《アシーブキ》 на《ナ》 маршруте《マルシルゥーチェ》	rectificación《レクティフィカシオン》 del《デル》 error《エロル》 en《エン》 el《エル》 recorrido《レコリド》
plan《プラン》 du《デュ》 parcours《パルクゥル》	схема《スヒェーマ》 трассы《トゥラースィ》	plan《プラン》 del《デル》 recorrido《レコリド》
ligne《リニュ》 de《ドゥ》 fond《フォン》	линия《リーニャ》 глубины《グルゥビヌィー》	línea《リネア》 del《デル》 fondo《フォンド》
corde《コルド》 de《ドゥ》 couloir《クゥルワル》	разграничитель《ラズグラニチーチリ》 плавательных《プラーヴァチリヌィフ》 дорожек《ダロージク》	corchera《コルチェラ》
arriver《アリヴェ》	финишировать《フィニシィーラヴァチ》	llegar《リェガール》 a《ア》 la《ラ》 meta《メタ》
touche《トゥシュ》 effective《エフェクティヴ》	эффективный《エフィクチィーヴヌィイ》 укол《ウコール》	tocado《トカド》 efectivo《エフェクティボ》
nombre《ノンブル》 de《ドゥ》 points《プワン》	сумма《スゥームマ》 очков《アチコーフ》	puntuación《プントゥアシオン》
priorité《プリィオリテ》 offensive《オファンスィヴ》	приоритет《プリアリチェート》 атаки《アターキ》	prioridad《プリオリダ》 ofensiva《オフェンシバ》
temps《タン》 enregistré《アンルジストレ》, temps《タン》 à《ア》 l'arrivée《ラリヴェ》	время《ヴリェーミャ》 на《ナ》 финише《フィーニシェ》	tiempo《ティエンポ》 registrado《レヒストゥラド》, tiempo《ティエンポ》 final《フィナル》
rompre《ロンプル》	отступить《アトゥストゥピーチ》	retroceder《レトゥロセデール》
cellule《セリュル》 photo-électrique《フォトエレクトリク》, détecteur《デテクトゥル》	фотоэлектрическая《ファタエリクトゥリーチスカヤ》 клетка《クリェートゥカ》, датчик《ダートゥチカ》	célula《セルラ》 foto-eléctrica《フォト エレクトゥリカ》, sensor《センソル》

日本語	英語	ドイツ語
126 《5· 4· 3· 2· 1 ゴー！》（ラン）	《5· 4· 3· 2· 1 go！》《(ファイヴ フォー スリー トゥー ワン ゴウ)》	《5· 4· 3· 2· 1 los！》《(フュンフ フィーァ ドライ ツヴァイ アインス ロース)》
127 国際近代五種連合	Union《ユーニヨン》 International《インタナショナル》 Modern《マダン》 Pentathlon《ペンタスロン》 (UIPM)《(ユーアイピーエム)》	Internationale《インテルナツィオナーレ》 Union《ウニオーン》 für《フューァ》 den《デン》 Modernen《モデルネン》 Fünfkampf《フュンフカムプフ》 (UIPM)《(ウーイーベーエム)》
128 個々のスタート（ラン）	individual《インディヴィデュアル》 start《スタート》	Einzelstart《アインツエルシュタウト》
129 個人成績	individual《インディヴィデュアル》 score《スコー》	Einzelergebnis《アインツエルエァゲーブニス》
130 コル・ア・コル（フェ）	corps《コル》 a《ア》 corps《コル》, hand《ハンド》-to《トゥ》-hand《ハンド》, clinch《クリンチ》	Körper《ケルバァ》-an《アン》-Körper《ケルバァ》
131 コンタクト・パネル（水）	touch《タッチ》 panel《パヌル》	Kontaktplatte《コンタクトプラッテ》
132 コンバインド・イベントの順序	order《オーダァ》 of《オヴ》 the《ザ》 combined《コンバインド》 event《イヴェント》	Reihenforge《ライエンフォルゲ》 der《デァ》 kombinierten《コンビニールテン》 Veranstaltung《フェァアンシュタルトゥング》
133 コンバインド競技	combined《コンバインド》 events《イヴェント》	Mehrkämpfe《メーァカンプフェ》
134 コンバ時間終了（フェ）	expiration《エクスピレイシャン》 of《オヴ》 the《ズィ》 actual《アクチュアル》 time《タイム》 limit《リミト》	Ablauf《アップラオフ》 der《デァ》 effektiven《エフェクティヴェン》 Kampfreit《カムプフツァイト》
135 コンバの時間（フェ）	duration《デュレイシャン》 of《オヴ》 the《ザ》 bout《バウト》	Kampfdauer《カムプフダオア》
136 コンバの終了（フェ）	end《エンド》 of《オヴ》 the《ザ》 bout《バウト》	Ende《エンデ》 des《デス》 Kampfes《カムプフェス》
137 コンバの順番（フェ）	order《オーダァ》 of《オヴ》 bouts《バウツ》	Reihenfolge《ライエンフォルゲ》 der《デァ》 Gefechte《ゲフェッヒテ》
138 コンビネーション障害（馬）	obstacles'《アブスタクルズ》 combination《カンビネイシャン》	Hindernis《ヒンダァニス》-kombination《コムビナツィオーン》
139 サーキット（ラン）	circuit《サーキット》	Circuit《サーキット》
140 最終順位（コン）	final《ファイヌル》 rankings《ランキングズ》	Schlussrangliste《シュルスラングリステ》
141 最大重量（馬）	maximum《マクスィマル》 weight《ウエイト》	Höchstgewicht《ヘーヒストゲヴィッヒト》
142 最低重量（馬）	minimum《ミニマム》 weight《ウエイト》	Mindestgewicht《ミンデストゲヴィッヒト》

フランス語	ロシア語	スペイン語
《5· 4· 3· 2· 1 partez ! 》《(サンク カトル トルワ ドゥ アン パルテ)》	《5· 4· 3· 2· 1 марш ! 》《(ビャーチ チェトィーレ トゥリー ドゥヴァー ラース マールシ》	《5· 4· 3· 2· 1 ¡ ya ! 》《(シンコ クアトゥロ トゥレス ドス ウノ ヤ)》
Union Internationale de《ユニオン アンテルナスィオナル ドゥ》 Pentathlon Moderne (UIPM)《ペンタトゥロン モデルヌ (ユイペエムペ)》	Международный союз《ミジドゥナロードゥヌィイ サユース》 современного пятиборья《サヴリミェーンナヴァ ピェチィボーリヤ》 (УИПМ)《(ウーイパエーム)》	Unión Internacional de《ウニオン インテルナシオナル デ》 Pentatlón Moderno (UIPM)《ペンタトゥロン モデルノ (ウイペエメ)》
départ individuel《デパル アンディヴィデュエル》	раздельный старт《ラズヂェーリヌィイ スタールト》	salida individual《サリダ インディビドゥアル》
résultat individuel《レズュルタ アンディヴィデュエル》	личный результат《リーチヌィイ リズゥリタート》	resultado individual《レスルタド インディビドゥアル》
corps à corps《コル ア コル》	《кор-а-кор》《(コール ア コル)》	cuerpo acuerpo《クエルポ ア クエルポ》
panneau de touche《パノ ドゥ トゥシュ》	контактная панель《カンタークトゥナヤ パニェーリ》	panel de toque《パネル デ トケ》
ordre de l'épreuve du combiné《オルドル ドゥ レプルヴ デュ コンビネ》	порядок комбинированного《パリャーダク カンビニーラヴァンナヴァ》 события《サブィーチヤ》	orden del evento combinado《オルデン デル エベント コンビナド》
épreuves combinées《エプルヴ コンビネ》	многоборье《ムナガボーリエ》	pruebas combinadas《プルエバス コンビナダス》
fin du temps effectif《ファン デュ タン エフェクティフ》	окончание времени боя《アカンチャーニエ ヴリェーミニ ボーヤ》	fin del tiempo efectivo《フィン デル ティエンポ エフェクティボ》
durée du combat《デュレ デュ コンバ》	продолжительность боя《プラダルジーチリナスチ ボーヤ》	duración del combate《ドゥラシオン デル コンバテ》
fin du combat《ファン デュ コンバ》	конец боя《カニェーツ ボーヤ》	fin del combate《フィン デル コンバテ》
ordre des matchs《オルドル デ マチュ》	порядок боев《パリャーダク ボーイフ》	orden de los asaltos《オルデン デ ロス アサルトス》
combination d'obstacles《コンビネゾン ドブスタクル》	система препятствий《スィスチェーマ プリピャーツトゥヴィイ》	combinación de obstáculos《コンビナシオン デ オブスタクロス》
circuit《スィルキュイ》	цикл, круг《ツィークル クルゥーク》	circuito《シルクイト》
classement final《クラスマン フィナル》	окончательные места《アカンチャーチリヌィエ ミエースタ》	clasificaciones finales《クラシフィカシオネス フィナレス》
poids maximum《ポワ マクスィモム》	максимальный вес《マクスィマーリヌィイ ヴェース》	peso máxio《ペソ マクシモ》
poids minimum《ポワ ミニモム》	минимальный вес《ミニマーリヌィイ ヴェース》	peso mínimo《ペソ ミニモ》

日本語	英語	ドイツ語
143 サイドの境界（フエ）	lateral《ラテラル》 boundary《バウンダリィ》	seitliche《ザイトゥリヒエ》 Begrenzong《ベグレンツング》
144 サイドの境界から出る（フエ）	crossing《クロースィング》 the《ザ》 lateral《ラテラル》 boundaries《バウンダリィズ》	seitliches《ザイトゥリヒエス》 Verlassen《フェアラッセン》 der《デア》 Fechtbahn《フェッヒトバーン》
145 サイドライン（フエ）	sidelines《サイドラインズ》	seitliche《ザイトゥリヒエ》 Begrenzung《ベグレンツング》
146 柵、パリサッド（馬）	solid《サリッド》 vertical《ヴァーティカル》 fence《フエンス》	Palisade《パリザデ》
147 参加選手の紹介（馬、水）	presentation《プレザンティシャン》 of《オヴ》 competitors《カンペタタアズ》	Vorstellung《フォーアシュテルング》 der《デア》 Teilnehmer《タイルネーマア》
148 350～450m障害コース（馬）	350～450m course with《スリーハンドゥレドフィフティ フォーハンドゥレド》 obstacles《フィフティ コース ウィズ アブスタクルズ》	350～450m-Parcours mit《ドライフンデルト フュンフツィヒ フィーアフンデルト》 Hindernissen《フュンフツィヒ パルクール ミット ヒンダアニッセン》
149 試合（フエ）	bout《バウト》	Gefecht《ゲフエッヒト》
（水）	swimming《スウィミング》 event《イヴエント》	Schwimmwettbewerb《シュヴィムヴエットベヴエルプ》
150 時間の記録（水、馬、ラン）	recording《リコーディング》 of《オヴ》 time《タイム》	Zeitnahme《ツアイトナーメ》
151 失権	elimination《エリマネイシャン》	Ausscheidung《アオスシャイドゥング》
152 自動式射撃	automatic《オートマティク》 shooting《シューティング》	automatisches《アオトマーティシエス》 Schießen《シーセン》
153 自動タイミング装置（フエ）	automatic《オートマティク》 timing《タイミング》 devices《ディヴァイスィズ》	automatisches《アオトマーティシエス》 Kontrollgerät《コントロルゲレート》
154 自発的にコースから離れる（馬、ラン）	leave《リーヴ》 the《ザ》 course《コース》 voluntarily《ヴォランタリィ》	freiwillig《フライヴィリヒ》 die《ディ》 Strecke《シュトレッケ》 verlassen《フエアラッセン》
155 射撃	shooting《シューティング》	Schießen《シーセン》
156 射撃距離	shooting《シューティング》 distance《ディスタンス》	Schußentfernung《シュスエントフエルヌング》
157 射撃姿勢	shooting《シューティング》 position《ポズィシャン》	Schießstellung《シースシュテルング》

フランス語	ロシア語	スペイン語
limite《リミット》 latérale《ラテラル》	боковая《バカヴァーヤ》 граница《グラニーツィ》 (*поля*《ポーリャ》 *боя*《ボーヤ》)	límite《リミテ》 lateral《ラテラル》
sortie《ソルティ》 latérale《ラテラル》	выход《ヴィーハト》 за《ザ》 боковую《バカヴゥユ》 границу《グラニーツゥ》 (*поля*《ポーリャ》 *боя*《ボーヤ》)	salida《サリダ》 fuera《フエラ》 de《デ》 la《ラ》 pista《ピスタ》 por《ポル》 las《ラス》 laterales《ラテラレス》
limite《リミット》 latérale《ラテラル》	боковая《バカヴァーヤ》 линия《リーニヤ》	límite《リミテ》 lateral《ラテラル》
palissade《パリサド》	палисад《パリサート》	empalizada《エンパリサダ》
présentation《プレザンタスィオン》 des《デ》 participants《パルティスィパン》	представление《プリトゥスタヴリェーニエ》 участников《ウチャースニカフ》	presentación《プレセンタシオン》 de《デ》 los《ロス》 participantes《パルティシパンテス》
parcours《パルクゥル》 de《ドゥ》 350 ~ 450m《トルワ サン サンカント カトル サン サンカント メトル》 avec《アヴェク》 obstacles《オブスタクル》	350 ~ 450m-《トゥリースタ ピィチシャート チエトィーレスタ ピィチシャート》 метровый《ミトゥローヴィイ》 паркур《パルクゥール》	350 ~ 450m metros《トゥレスシエントス シンクエンタ クアトゥロシエントス シンクエンタ メトゥロス》 con《コン》 obstáculos《オブスタクロ》
combat《コンバ》 épreuves《エプルヴ》 de《ドゥ》 natation《ナタスィオン》	бой《ボーイ》 соревнования《サリヴナヴァーニヤ》 по《パ》 плаванию《プラヴァニユ》	combate《コンバテ》 competición《コンペティシオン》 de《デ》 natación《ナタシオン》
enregistrement《アンルジストルマン》 des《デ》 temps《タン》	фиксирование《フィクッスィロヴァーニエ》 времени《ヴリェーミニ》	registro《レヒストゥロ》 de《デ》 tiempo《ティエンポ》
élimination《エリミナスィオン》	исключение《イスクリュチェーニエ》	eliminación《エリミナシオン》
tir《ティル》 automatique《オトマティク》	автоматическая《アフタマチィーチスカヤ》 стрельба《ストゥリリバー》	tiro《ティロ》 automático《アウトマティコ》
appareil《アパレユ》 de《ドゥ》 contrôle《コントロル》 automatique《オトマティク》	аппарат《アパラート》 автоматического《アフタマチィーチスカヴァ》 контроля《カントゥローリャ》	aparato《アパラト》 de《デ》 control《コントゥロル》 automático《アウトマティコ》
quitter《キテ》 volontairement《ヴォロンテルマン》 le《ル》 parcours《パルクゥル》	добровольно《ダブラヴォーリナ》 сойти《サイチィー》 с《ズ》 дистанции《ディスターンツィイ》	abandonar《アバンドナール》 voluntariamente《ボルンタリアメント》 la《ラ》 carrera《カレラ》
tir《ティル》	стрельба《ストゥリリバー》	tiro《ティロ》
distance《ディスタンス》 de《ドゥ》 tir《ティル》	дистанция《ディスターンツィヤ》 стрельбы《ストゥリリブィー》	distancia《ディスタンシア》 de《デ》 tiro《ティロ》
position《ポズィスィオン》 de《ドゥ》 tir《ティル》	позиция《パズィーツィヤ》 стрельбы《ストゥリリブィー》	posición《ポシシオン》 de《デ》 tiro《ティロ》

日本語	英語	ドイツ語
158 射撃時間	shooting《シューティング》 time《タイム》	Schießzeit《シースツァイト》
159 射撃場	shooting《シューティング》 range《レインヂ》	Schießstand《シースシュタント》
160 射撃シリーズ(射)	sighting《サイティング》 series《スィリーズ》	Probeserie《プローベゼーリエ》
161 射座(射)	shooting《シューティング》 platform《プラトゥフォーム》	Schießplattform《シースプラットフォルム》
162 射座番号(射)	shooting《シューティング》 platform《プラトゥフォーム》 number《ナンバァ》	Schießplattformanzahl《シースプラットフォルムアンツァール》
163 射場長(射)	chief《チーフ》 range《レインヂ》 officer《オーフィサァ》, director《ディレクタァ》 of《オヴ》 shooting《シューティング》	Schießleiter《シースライタァ》
164 獣医(馬)	veterinary《ヴェテリネリィ》 surgeon《サーヂョン》	Tierarzt《ティーァアールツト》
165 獣医検査(馬)	veterinary《ヴェテリネリィ》 examination《イグザミネイシャン》	Tierärztliche《ティーァエールツトゥリヒエ》 Untersuchung《ウンタァズーフング》
166 銃身(射)	bore《ボーァ》	Rohr《ローァ》, Lauf《ラオフ》
167 銃の検査係(射)	firearms《ファイアラームズ》 examiner《イグザミナァ》	Waffenkontrojjeur《ヴァッフエンコントロレーァ》
168 銃の故障(射)	malfunction《マルファンクシャン》	Hemmung《ヘムング》
169 銃の測定器具(射)(武器検査の)	apparatus《アパラタス》 for《フォ》 weapons'《ウエポンズ》 testing《テスティング》	Schablone《シャブローネ》
170 主審(フエ)	president《プレズィデント》 of《オヴ》 the《ザ》 jury《ヂュリィ》	Obmann《オッブマン》
171 出場選手個人カード	marking《マーキング》 card《カード》	individuelle《インディヴィドゥエレ》 Karte《カルテ》 des《デス》 Teiklnehmers《タイルネーマァス》
172 出場馬名簿(馬)	list《リスト》 of《オヴ》 horses《ホースィズ》	Pferdeliste《プフェールデリステ》
173 出発地点(ラン)	starting《スターティング》 area《エアリア》	Startort《シュタルトオルト》
174 手動時間計測	manual《マニュアル》 timing《タイミング》	Handzeitnahme《ハントツァイトナーメ》
175 ショート・パンツ(ラン)	shorts《ショーツ》	Shorts《ショーツ》

フランス語	ロシア語	スペイン語
temps《タン》 de《ドゥ》 tir《ティル》	время《ヴリェーミャ》, отведённое《アトゥヴェジョーンナエ》 на《ナ》 выстрел《ヴィーストゥリル》	tiempo《ティエンポ》 límite《リミテ》 de《デ》 tiro《ティロ》
stand《スタンド》 de《ドゥ》 tir《ティル》	стрельбище《ストゥリエーリビシチェ》	stand《スタンド》 de《デ》 tiro《ティロ》
série《セリ》 d'essai《デセ》	пробная《プローブナヤ》 серия《スェーリヤ》	serie《セリエ》 de《デ》 ensayo《エンサヨ》
plate-forme《プラトフォルム》 de《ドゥ》 tir《ティル》	площадка《プラシチャートゥカ》 для《ドゥリャ》 стрельбы《ストゥリリブィー》	stand《スタンド》 de《デ》 tiro《ティロ》
nombre《ノンブル》 de《ドゥ》 plate-forme《プラトフォルム》 de《ドゥ》 tir《ティル》	число《チスロー》 площадки《プラシチャートゥカ》 для《ドゥリャ》 стрельбы《ストゥリリブィー》	número《ヌメロ》 de《デ》 stand《スタンド》 de《デ》 tiro《ティロ》
chef《シェフ》 du《デュ》 pas《パ》 de《ドゥ》 tir《ティル》, directeur《ディレクトゥル》 de《ドゥ》 tir《ティル》	старший《スタールシイ》 судья《スゥディヤー》 на《ナ》 линии《リーニイ》 огня《アグニャー》	jefe《ヘフェ》 de《デ》 galería《ガレリア》 de《デ》 tiro《ティロ》, director《ディレクトル》 de《デ》 tiro《ティロ》
vétérinaire《ヴェテリネル》 responsable《レスポンサブル》	ветеринарный《ヴチリナーリヌィイ》 врач《ヴラーチ》	veterinario《ベテリナリオ》 oficial《オフィシアル》
examen《エグザマン》 vétérinaire《レスポンサブル》	ветеринарный《ヴチリナーリヌィイ》 контроль《カントゥローリ》	examen《エクサメン》 veterinario《ベテリナリオ》
âme《アム》, canon《カノン》	ствол《ストゥヴォール》	ánima《アニマ》, cañón《カニョン》
contrôleur《コントロルル》 des《デ》 armes《ザルム》	судья-контролёр《スゥヂィヤー カントゥラリョール》 оружия《アルゥージヤ》	inspector《インスペクトル》 de《デ》 armas《アルマス》
incident《アンスィダン》 de《ドゥ》 tir《ティル》	задержка《ザヂェールシカ》	demora《デモラ》 de《デ》 tiro《ティロ》
gabarit《ガバリ》	габарит《ガバリート》	gálibo《ガリボ》
président《プレズィダン》 du《デュ》 jury《ジュリ》	старший《スタールシイ》 судья《スゥヂィヤー》 на《ナ》 дорожке《ダローシキェ》	presidente《プレシデンテ》 del《デル》 jurado《フラド》
feuille《フゥユ》 de《ドゥ》 notes《ノト》	личная《リーチナヤ》 карточка《カルトーチカ》 участника《ウチャースニカ》	hoja《オハ》 de《デ》 puntuación《プントゥアシオン》
liste《リスト》 des《デ》 chevaux《シュヴォ》	список《スピーサク》 лошадей《ラシャヂェーイ》	lista《リスタ》 de《デ》 los《ロス》 caballos《カバリォス》
lieu/《リウ》 zone《ゾヌ》 de《ドゥ》 départ《デパル》	место《ミェースタ》 старта《スタールタ》	zona《ソナ》 de《デ》 salida《サリダ》
chronométrage《クロノメトラジュ》 manuel《マニュエル》	ручной《ルゥチノーイ》 хронометраж《フラナミトゥラーシ》	cronometraje《クロノメトゥラヘ》 manual《マヌアル》
culotte《キュロット》, shorts《ショルツ》	трусы《トゥルゥスィー》	calzoncillos《カルソンシリォス》

日本語	英語	ドイツ語
176 場内指令、マーシャル（ラン）	marshall《マーシャル》, umpire《アンパイア》	Kommissär《コミセール》
177 障害（馬）	obstacle《アブスタクル》	Hindernis《ヒンダァニス》
178 障害審判員（馬）	jump《ヂャンプ》 judge《ヂャッヂ》, repairman《リペアマン》 of《オヴ》 obstacles《アブスタクルズ》	Hindernisrichter《ヒンダァニスリッヒタァ》
179 障害に触れる（馬）	touch《タッチ》 an obstacle《アナブスタクル》	Hindernis《ヒンダァニス》 berühren《ベリューレン》
180 障害の完飛（馬）	clearing《クリアリング》 of《オヴ》 the《ズィ》 obstacle《アブスタクル》	Überspringen《ユーバァシュプリンゲン》 des《デス》 Hindernisses《ヒンダァニッセス》
181 障害のタイプ（馬）	type《タイプ》 of《オヴ》 obstacle《アブスタクル》	Hindernisform《ヒンダァニスフォルム》
182 障害の着地側（馬）	landing《ランディング》 side《サイド》	Landestelle《ランデシュテレ》
183 障害の番号の設置（馬）	numbering《ナンバリング》 of《オヴ》 the《ズィ》 obstacles《アブスタクル》	Numerierung《ヌメリールング》 der《デァ》 Hindernisse《ヒンダァニッセス》
184 障害馬場（馬）	show《ショウ》 ring《リング》, equestrian《エクウエストゥリアン》 field《フィールド》	Feld《フェルト》 für《フュール》 den《デン》 Parcours《パルクール》, Concoursplatz《コンクールプラッツ》
185 障害番号（馬）	number《ナンバァ》 of《オヴ》 the《ズィ》 obstacle《アブスタクル》	Hindernisnummer《ヒンダァニスヌンマァ》
186 障害飛越競技（馬）	course《コース》	Springreitturnier《シュプリングライトトゥルニーァ》
187 障害を逸脱する（馬）	omit《オウミット》 an obstacle《アナブスタクル》	Hidernis《ヒンダァニス》 auslassen《アオスラッセン》
188 障害をなぎ倒す（馬）	knock《ナック》 down《ダウン》 an obstacle《アナブスタクル》	Hindernis《ヒンダァニス》 umwerfen《ウムヴェルフェン》
189 障害用旗（馬）	obstacle《アブスタクル》 flags《フラッグズ》	Hindernisflaggen《ヒンダァニスフラッゲン》
190 照星（射）	front《フラント》 sight《サイト》	Korn《コルン》
191 照門（射）	sight《サイト》, rear《リア》 sight《サイト》	Visier《ヴィズィーア》, Kimme《キメ》
192 乗馬ズボン（馬）	breeches《ブリチィズ》	Reithose《ライトホーゼ》
193 ジョギング・シューズ（ラン）	competition《カンペティシャン》 shoes《シューズ》, sneaker《スニーカァ》	Laufschuhe《ラオフシューエ》

フランス語	ロシア語	スペイン語
commissaire《コミセル》	комиссар《カミサール》	comisario《コミサリオ》
obstacle《オブスタクル》	препятствия《プリピャーツトゥヴィヤ》	obstáculo《オブスタクロ》
commissaire《コミセル》 d'obstacle《ドブスタクル》	судья《スゥヂィヤー》-контролёр《カントゥラリョール》 у《ウ》 препятствия《プリピャーツトゥヴィヤ》	juez《フエス》 de《デ》 obstáculos《オブスタクロス》
toucher《トゥシェ》 un《アン》 obstacle《オブスタクル》	коснуться《カスヌゥーツァ》 препятствия《プリピャーツトゥヴィヤ》	tocal《トカール》 el《エル》 obstáculo《オブスタクロ》
passage《パサジュ》 par《パル》 l'obstacle《ドブスタクル》	преодоление《プリアダリェーニエ》 препятствия《プリピャーツトゥヴィヤ》	paso《パソ》 del《デル》 obstáculo《オブスタクロ》
type《ティプ》 d'obstacle《ドブスタクル》	тип《ティープ》 препятствия《プリピャーツトゥヴィヤ》	tipo《ティポ》 del《デル》 obstáculo《オブスタクロ》
côté《コテ》 de《ドゥ》 la《ラ》 réception《レセプスィオン》	место《ミェースタ》 приземления《プリズエムリェーニヤ》	lugar《ルガール》 de《デ》 caída《カイダ》
numérotage《ニュメロタジュ》 des《デ》 obstacles《ゾブスタクル》	нумерация《ヌミラーツィヤ》 препятствий《プリピャーツトゥヴィイ》	numeracón《ヌメラシオン》 de《デ》 los《ロス》 obstáculos《オブスタクロス》
piste《ピスト》, champ《シャン》 pour《プゥル》 les《レ》 sauts《ソ》 d'obstacle《ドブスタクル》	конкурное《カンクゥールナ》 поле《ポーリェ》	pista《ピスタ》, campo《カンポ》 para《パラ》 saltos《サルトス》 de《デ》 obstáculos《オブスタクロス》
numéro《ニュメロ》 de《ドゥ》 l'obstacle《ロブスタクル》	номер《ノーミル》 препятствий《プリピャーツトゥヴィイ》	número《ヌメロ》 del《デル》 obstáculo《オブスタクロ》
parcours《パルクゥル》	конкур《カンクゥール》	carrera《カレラ》 de《デ》 obstáculos《オブスタクロス》
omettre《オメトル》 un《アン》 obstacle《オブスタクル》	пропустить《プラプゥスチィーチ》 препятствие《プリピャーツトゥヴィエ》	omitir《オミティール》 un《ウン》 obstáculo《オブスタクロ》
renverser《ランヴェルセ》 un《アン》 obstacle《オブスタクル》	повалить《パヴァリーチ》 припятствие《プリピャーツトゥヴィエ》	derribar《デリバール》 un《ウン》 obstáculo《オブスタクロ》
fanions《ファニオン》 d'obstacle《ドブスタクル》	флажки《フラシキー》. ограждающие《アグラジダーユシチエ》 припятствие《プリピャーツトゥヴィエ》	banderines《バンデリネス》 de《デ》 obstáculos《オブスタクロス》
viseur《ヴィズル》 avant《アヴァン》	мушка《ムゥーシカ》	punto《リネア》 de《デ》 mira《ミラ》
mire《ミル》, hausse《オス》	прицел《プリツェール》	mira《ミラ》, alza《アルサ》
pantalon《パンタロン》 d'équitation《デキタスィオン》, culotte《キュロット》	бриджи《ブリージ》	pantalón《パンタロン》 de《デ》 equitación《エキタシオン》, calzónes《カルソネス》
chaussures《ショスユル》 de《ドゥ》 course《クゥルス》	кроссовки《クラソーフキー》	zapatillas《サパティリアス》 de《デ》 carrera《カレラ》

日本語	英語	ドイツ語
194 助走（馬）	run-up《ラナプ》	Anreiten《アンライテン》
195 白（色標）旗（ラン、馬）	white《フワイト》 flag《フラッグ》	weiße《ヴァイセ》 Flagge《フラッゲ》
196 シリーズ（射）	series《スィリーズ》	Serie《ゼーリエ》
197 シリンダー（射）	cylinder《スィリンダァ》, chamber《チェインバァ》	Zylinder《ツュリンダァ》, Trommel《トロンメル》
198 審判器テーブル（フェ）	apparatus《アパレイタス》 table《テイブル》	Apparattisch《アパラートティッシュ》
199 水位（水）	water《ウォータァ》 level《レヴェル》	Wassertiefe《ヴァッサァティーフェ》
200 水泳	swimming《スウィミング》	Schwimmen《シュヴィメン》
201 水泳自由形	free《フリー》-style《スタイル》 swimming《スウィミング》	Freistilschwimmen《フライシュティールシュヴィメン》
202 水泳のコース	lane《レイン》	Bahn《バーン》
203 水泳のスタイル	swimming《スウィミング》 style《スタイル》	Schwimmart《シュヴィムアールト》
204 水泳帽	swimming《スウィミング》 cap《キャップ》	Schwimmkappe《シュヴィムカッペ》
205 水濠障害審判員（馬）	water《ウォータァ》 jump《ヂャンプ》 judge《ヂャッチ》	Wassergrabenrichter《ワッサァグラーベンリッヒタァ》
206 水濠障害の境界（馬）	limits《リミツ》 of《オヴ》 the《ザ》 water《ウォータァ》 jump《ヂャンプ》	Begrenzung《ベグレンツング》 des《デス》 Wassergrabens《ワッサァグラーベンス》
207 垂直障害（馬）	straight《ストゥレイト》 obctacle《アブスタクル》,	Steilsprung《シュタイルシュプルング》, Hochsprung《ホーホシュプルング》
	high《ハイ》 obstacle《アブスタクル》	
208 スターター（ラン)	starter《スタータァ》	Starter《シュタルタァ》
(水）	starter《スタータァ》	Starter《シュタルタァ》
209 スターター補佐（ラン）	starter's《スタータァズ》 assistant《アスィスタント》	Startordner《シュタルトオルドナァ》
210 スターティング· フラッグ（馬）	starting《スターティング》 flag《フラッグ》	Startflagge《シュタルトフラッゲ》
211 スタート位置（水、ラン）	initial《イニシャル》 position《パズィシャン》	Ausgangsposition《アオスガングスポズィツィオーン》
（フェ）	on《オン》-guard《ガード》 position《パズィシャン》	Fechtstellung《フェッヒトシュテルング》
212 スタート間隔（ラン）	starting《スターティング》 intervals《インタヴァルズ》	Startintervall《シュタルトインテルヴァル》
213 スタート姿勢（ラン、水）	starting《スターティング》 position《パズィシャン》	Startposition《シュタルトポズィツィオーン》

フランス語	ロシア語	スペイン語
élan《エラン》	разгон《ラズゴーン》	impulso《インプルソ》
fanion《ファニオン》 blanc《ブラン》	белый《ビエールィイ》 флаг《フラーク》	bandera《バンデラ》 blanca《ブランカ》
série《セリ》	серия《スエーリヤ》	serie《セリエ》
barillet《バリィエ》	цилиндр《ツィリーンドル》, барабан《バラバーン》	tambor《タンボル》
table《タブル》 pour《プゥル》 l'appareil《ラパレユ》	электрофиксаторный《エリクトゥラフィクサータルヌィイ》 стол《ストール》	mesa《メサ》 del《デル》 aparato《アパラト》
niveau《ニヴォ》 de《ドゥ》 l'eau《ロ》	уровень《ウーラヴィニ》 воды《ヴァドゥィー》	nivel《ニベル》 del《デル》 agua《アグア》
natation《ナタスィオン》	плавание《プラーヴァニエ》	natación《ナタシオン》
nage《ナジュ》 libre《リブル》	вольный《ヴォーリヌィイ》 стиль《スチィーリ》	estilo《エスティロ》 libre《リブロ》
couloir《クゥルワル》 de《ドゥ》 nage《ナジュ》	дорожка《ダローシカ》 (*плавательная*《(プラーヴァチェリナヤ)》)	carril《カリル》 de《デ》 nado《ナド》
style《スティル》 de《ドゥ》 nage《ナジュ》	способ《スポーサプ》 плавания《プラーヴァニヤ》	estilo《エスティロ》 de《デ》 nado《ナド》
bonnet《ボネ》 de《ドゥ》 bain《バン》	плавательная《プラーヴァチリナヤ》 шапочка《シャーパチカ》	gorro《ゴロ》 de《デ》 baño《バニョ》
juge《ジュジュ》 à《ア》 la《ラ》 rivière《リヴィエル》	судья《スゥヂィヤー》 водного《ヴォードゥナヴァ》 препятствия《プリピャーツトゥビヤ》	juez《フエス》 de《デ》 ría《リア》
limites《リミット》 de《ドゥ》 rivière《リヴィエル》	зона《ゾーナ》 канавы《カナーヴィ》 с《ス》 водой《ヴァドーイ》	límites《リミテス》 del《デル》 foso《フォソ》 de《デ》 agua《アグア》
obstacle《オブスタクル》 droit《ドルワ》, obstacle《オブスタクル》 haut《オ》	отвесное《アトゥヴェースナエ》 препятствие《プリピャーツトゥヴィエ》, высотное《ヴィソートゥナエ》 препятствие《プリピャーツトゥヴィエ》	obstáculo《オブスタクロ》 vertical《ベルティカル》
starter《スタルテル》 starter《スタルテル》	стартёр《スタルチョール》 стартёр《スタルチョール》	encargado《エンカルガド》 de《デ》 salida《サリダ》 juez《フエス》 de《デ》 salida《サリダ》
aide《エド》-starter《スタルテル》	помощник《パモーシニク》 стартёра《スタルチョーラ》	auxiliar《アウクシリアル》 del《デル》 juez《フエス》 de《デ》 salida《サリダ》
fanion《ファニオン》 de《ドゥ》 départ《デパル》	стартовый《スタールタヴィイ》 флаг《フラーク》	banderola《バンデロラ》 de《デ》 salida《サリダ》
position《ポズィスィオン》 de《ドゥ》 départ《デパル》 position《ポズィスィオン》 en《アン》 garde《ガルド》	стартовое《スタールタヴァエ》 положение《パラジェーニエ》 исходное《イスホードゥナエ》 положение《パラジェーニエ》	posición《ポシシオン》 de《デ》 salida《サリダ》 posición《ポシシオン》 de《デ》 guardia《グアルディア》
intervalle《アンテルヴァル》 de《ドゥ》 départ《デパル》	стартовый《スタールタヴィイ》 интервал《インツィルヴァール》	intervalo《インテルバロ》 de《デ》 salisa《サリダ》
position《ポズィスィオン》 de《ドゥ》 départ《デパル》	стартовая《スタールタヴァヤ》 позиция《パズィーツィヤ》	posición《ポシシオン》 de《デ》 salida《サリダ》

日本語	英語	ドイツ語
214 スタート時間（ラン）	starting《スターティング》 time《タイム》	Startzeit《シュタルトツァイト》
215 スタート台（水）	starting《スターティング》 platform《プラトゥフォーム》	Startblock《シュタルトブロック》
216 スタートの飛び込み（水）	starting《スターティング》 dive《ダイヴ》	Startsprung《シュタルトシュプルング》
217 スタート用時計	starting《スターティング》 stopwatch《スタプワチ》	Startchronometer《シュタルトクロノメータァ》
218 スタート用ピストル（ラン）	starting《スターティング》 pistol《ピストゥル》	Startpistole《シュタルトピストーレ》
219 スタート・リスト	start《スタート》 list《リスト》	Startliste《シュタルトリステ》
220 ストッキング（フエ）	stocking《スタキング》	Stutzen《シュトゥッツェン》
221 《ストップ！》（フエ）	《halt《(ハルト)》！》	《halt《(ハルト))》！》
222 ストライド（ラン）	stride《ストゥライド》	Schritt《シュリット》
223 ストローク（水）	stroke《ストゥロウク》	Armzug《アルムツーク》
224 スパート（ラン）	breakaway《ブレイカウェイ》	Ausreiß《アオスライス》
225 スパイク（ラン）	spike《スパイク》	Dorn《ドルン》, Schuhnägel《シューネーゲル》
226 素晴らしいスタート（水）	valid《ヴァリイド》 start《スタート》	gültige《ギュルティゲル》 Start《シュタルト》
227 スリーブ（フエ）	sleeve《スリーヴ》, cuff《カフ》	Ärmelaufschlag《エルメルアオフシュラーク》
228 制限タイム（馬、射）	time《タイム》 limit《リミト》	Höchstzeit《ヘーヒストツァイト》, Zeitgrenze《ツァイトグレンツェ》, Zeitnorm《ツァイトノルム》
229 成績表	table《テイブル》 of《オヴ》 results《リザルツ》	Ergebnistabelle《エァゲーブニスタベレ》
230 赤色ライト（フエ）	red《レッド》 light《ライト》	rotes《ローテス》 Licht《リッヒト》
231 接近戦（フエ）	fencing《フェンスィング》 at《アト》 close《クロウス》 quarters《クウォータァズ》	Nahkampf《ナーカムプフ》
232 ゼッケン	start《スタート》 number《ナンバァ》, number《ナンバァ》	Rckennummer《リュッケンヌンマァ》
233 接続コード（フエ）	connecting《コネクティング》 cable《ケイブル》, connecting《コネクティング》 wire《ワイア》	Anschlußkabel《アンシュルスカーベル》
234 選手一覧表	list《リスト》 of《オヴ》 competitors《カンペタタァズ》, start《スタート》 list《リスト》	Teilnemerliste《タイルネーマァリステ》

近代五種競技

フランス語	ロシア語	スペイン語
horaire《オレル》 de《ドゥ》 départ《デパル》	время《ヴリエーミャ》 старта《スタールタ》	horario《オラリオ》 de《デ》 salida《サリダ》
bloc《ブロク》 de《ドゥ》 départ《デパル》	стартовая《スタールタヴァヤ》 тумбочка《トゥームバチカ》	plataforma《プラタフォルマ》 de《デ》 salida《サリダ》
plongeon《プロンジョン》 de《ドゥ》 départ《デパル》	стартовый《スタールタヴィイ》 прыжок《プルィジョーク》	salto《サルト》 de《デ》 salida《サリダ》
chronomètre《クロノメトル》 de《ドゥ》 départ《デパル》	хронометр《フラノーミトゥル》 на《ナ》 старте《スタールタ》	cronómetro《クロノメトゥロ》 de《デ》 salida《サリダ》
pistolet《ピストレ》 de《ドゥ》 départ《デパル》	стартовый《スタールタヴィイ》 пистолет《ピスタリェート》	pistola《ピストラ》 de《デ》 salida《サリダ》
liste《リスト》 de《ドゥ》 départ《デパル》	стартовый《スタールタヴィイ》 протокол《プラタコール》	lista《リスタ》 de《デ》 salida《サリダ》
bas《バ》	гетры《ゲートィルィ》	media《メディア》
《halte《(アルト)》 ! 》	《стой《(ストーイ)》 ! 》, 《 альт《(アーリト)》 ! 》	《¡ alto《(アルト)》 ! 》
foulée《フゥレ》	шаг《シャーク》	zancada《サンカダ》
brssé《ブラセ》	гребок《グリボーク》 рукой《ルゥコーイ》	brazada《ブラサダ》
démarrage《デマラジュ》	рывок《ルィヴォーク》, спурт《スプゥールト》	tirón《ティロン》, rush《ルシュ》
crampon《クランポン》, pointe《プワント》	шип《シープ》	clavo《クラボ》
départ《デパル》 valable《ヴァラブル》, départ《デパル》 reussi《レユスィ》	действительный《ヂイストゥヴィーチリヌイイ》 старт《スタールト》	salida《サリダ》 válida《バリド》
manchette《マンシェット》, crispin《クリスパン》 poignet《ポワニェ》	нарукавник《ナルゥカーヴニク》	manguito《マンギト》, guantelete《グアンテレテ》
temps《タン》 limite《リミット》	лимит《リミート》 времени《ヴリエーミニ》, предельное《プリヂェーリナエ》 время《ヴリエーミャ》	tiempo《ティエンポ》 límite《リミテ》
tableau《タブロ》 des《デ》 résultats《レズュルタ》	таблица《タブリーツァ》 результатов《リズゥリタータフ》	tabla《タブラ》 de《デ》 resultados《レスルタドス》
lumière《リュミエル》 rouge《ルゥジュ》	красный《クラースヌィイ》 свет《スヴェート》	luz《ルス》 roja《ロハ》
combat《コンバ》 rapproché《ラプロシェ》	ближний《ブリーズヌィイ》 бой《ボーイ》	combate《コンバテ》 próximo《プロクシモ》
dossard《ドサル》	номер《ノーミル》 на《ナ》 спине《スピーニェー》	dorsal《ドルサル》
câble《カブル》 de《ドゥ》 connexion《コネクスィオン》	соединительный《サイディニーチリヌィイ》 кабель《カービリ》	cable《カブレ》 de《デ》 conexión《コネクシオン》
liste《リスト》 des《デ》 concurrents《コンキュラン》	список《スピーサク》 участников《ウチャースニカフ》	lista《リスタ》 de《デ》 participantes《パルティシパンテス》

日本語	英語	ドイツ語
235 選手の抽選（水、射、フエ，馬）	draw《ドゥロー》 for《フォ》 the《ザ》 competitors《カンペタタアズ》	Auslosung《アオスローズング》 der《デア》 Teilnehmer《タイルネーマア》
236 選手の落馬（馬）	fall《フォール》 of《オヴ》 the《ザ》 rider《ライダア》	Sturz《シュトゥルツ》 des《デス》 Reiters《ライタアス》
237 選手番号（ゼッケン）（射、フエ、ラン）	start《スタート》 number《ナンバア》, number《ナンバア》	Startnummer《シュタルトヌンマア》 des《デス》 Teilnehmers《タイルネーマアス》
238 総当りシート（フエ）	pool《プール》 sheet《シート》, round《ラウンド》 robin《ラビン》 list《リスト》	Fechtprotokoll《フエッヒトプロトコル》
239 装具（馬具）	equipment《イクウィプマント》, harness《ハーネス》	Ausrüstung《アオスリュストゥング》
240 装蹄師（馬）	farrier《ファリア》, blacksmith《ブラクスミス》	Hufschmied《フーフシュミート》
241 走行時間（馬）	time《タイム》 of《オヴ》 round《ラウンド》	Zeit《ツァイト》 der《デア》 Parcours-überwindung《パルクール　ユーバアヴィンドゥング》
242 相互敗北（フエ）	double《ダブル》 defeat《ディフィート》	Doppelniederlage《ドッペルニーダアラーゲ》
243 装備の検査（射、フエ）	equipment《イクウィプマント》 control《コントゥロウル》, weapon《ウエポン》 control《コントゥロウル》	Ausrüstungskontrolle《アオスリュストゥングスコントロレ》
244 側壁（水）	side《サイド》 wall《ウォール》	Längsseite《レングスザイテ》
245 ターニング・ウォール（水）	turning《ターニング》 wall《ウォール》	Wendewand《ヴェンデアント》
246 ターニング・ジャッジ（水）	turning《ターニング》 judge《ヂャッヂ》	Wenderichter《ヴェンデリッヒタア》
247 ターニング・ポイント（水）	turning《ターニング》 point《ポイント》	Kurve《クルヴェ》, Wendepunkt《ヴェンデプンクト》
248 ターンのタッチ（水）	touch《タッチ》	Anschlag《アンシュラーク》
249 タイム・トライアル・スタート（ラン）	time《タイム》 trial《トゥライアル》 start《スタート》	Start《シュタルト》 mit《ミット》 dem《デム》 Laufen《ラオフエン》 gegen《ゲーゲン》 die《ディ》 Zeit《ツァイト》
250 タイム・ペナルティ（馬、水、ラン）	time《タイム》 penalty《ペヌルティ》	überschrittene《ユーバアシュリッテンエ》 Zeit《ツァイト》
251 貸与馬（馬）	loan《ロウン》 horse《ホース》	Darlehen《ダールレーエン》 Pferd《プフエールト》
252 大勒はみ（馬）	curb《カーブ》 bit《ビット》	Kandare《カンダーレ》, Gebiß《ゲビス》

フランス語	ロシア語	スペイン語
tirage《ティラジュ》 au《オ》 sort《ソル》 des《デ》 concurrents《コンキュラン》	жеребьёвка《ジリビヨーフカ》 участников《ウチャースニカフ》	sorteo《ソルテオ》 de《デ》 los《ロス》 participantes《パルティシパンテス》
chute《シュット》 du《デュ》 cavalier《カヴァリエ》	падение《パヂェーニエ》 всадника《フサードゥニカ》	caída《カイダ》 del《デル》 jinete《ヒネテ》
numéro《ニュメロ》 du《デュ》 participant《パルティスィパン》, dossard《ドサル》	номер《ノーミル》 участника《ウチャースニカ》	número《ヌメロ》 del《デル》 participante《パルティシパンテ》, dorsal《ドルサル》
feuille《フゥユ》 de《ドゥ》 poule《プゥル》	протокол《プラタコール》 пульки《プゥーリキ》	hoja《オハ》 del《デル》 pool《プル》 (hoja《オハ》 de《デ》 combates《コンバテス》)
équipement《エキプマン》	снаряжение《スナリャジェーニエ》	material《マテリアル》, equipo《エキポ》
maréchal《マレシャル》-ferrant《フェラン》	кузнец《クゥズニェーツ》	herrador《エルドル》
temps《タン》 du《デュ》 parcours《パルクゥル》	время《ヴリェーミャ》 прохождения《プラハジヂェーニヤ》 маршрута《マルシルゥータ》	tiempo《ティエンポ》 de《デ》 recorrido《レコリド》
double《ドゥブル》 défaite《デフェト》	обоюдное《アバユードゥナエ》 поражение《パラジェーニエ》	doble《ドブレ》 derrota《デロタ》
contrôle《コントロル》 du《デュ》 matériel《マテリエル》	контроль《カントゥローリ》 экипировки《エキピローフキ》	control《コントゥロル》 del《デル》 material《マテリアル》
mur《ミュル》 latéral《ラテラル》	боковая《バカヴァーヤ》 стенка《スチェーンカ》	pared《パレ》 lateral《ラテラル》
mur《ミュル》 de《ドゥ》 virage《ヴィラジュ》	поворотная《パヴァロートゥナヤ》 стенка《スチェーンカ》	pared《パレ》 de《デ》 virajes《ビラヘス》
juge《ジュジュ》 de《ドゥ》 virages《ヴィラジュ》	судья《スゥヂィヤー》 на《ナ》 повороте《パヴァローチェ》	juez《フエス》 de《デ》 virajes《ビラヘス》
virage《ヴィラジュ》	поворот《パヴァロート》	viraje《ビラヘ》
touche《トゥシュ》	касание《カサーニエ》 (*при*《プリ》 *повороте*《パヴァローチェ》)	toque《トケ》
départ《デパル》 contre《コントル》 la《ラ》 montre《モントル》	старт《スタールト》 с《ズ》 забегом《ザビェーガム》 на《ナ》 время《ヴリェーミャ》	salida《サリダ》 contra《コントゥラ》 el《エル》 reloj《レロ》
pénalisation《ペナリザスィオン》 en《アン》 temps《タン》	просроченное《プラスローチンナエ》 время《ヴリェーミャ》	tiempo《ティエンポ》 penalizado《ペナリサド》
cheval《シュヴァル》 de《ドゥ》 prêt《プレ》	кредит《クリディート》 лошадь《ローシャチ》	caballo《カバリョ》 préstamo《プレスタモ》
mors《モル》 de《ドゥ》 bride《ブリド》	мундштучные《ムゥンシィトゥーチヌィエ》 удила《ウディラー》	bocado《ボカド》, freno《フレノ》

日本語	英語	ドイツ語
253 タオル	towel《タウル》	Handtuch《ハントトゥーフ》
254 高くて広い障害（馬）	spread《スプレド》 jump《ヂャンプ》	Hochweithindernis《ホーホヴァイトヒンダァニス》
255 手綱（馬）	reins《レインズ》	Zügel《ツューゲル》
256 ダブル障害（馬）	double《ダブル》 combination《カンビネイシャン》, double《ダブル》 jump《ヂャンプ》	zweifache《ツヴァイファッヒェ》 Kombination《コンビナツィオーン》, Doppelsprung《ドッペルシュプルング》
257 ダブルヒット、クードブル（フェ）	double《ダブル》 hit《ヒット》	Doppeltreffer《ドッペルトレッファ》
258 単独障害物（馬）	simple《スィンプル》 obstacle《アブスタクル》	einfaches《アインファッヘス》 Hindernis《ヒンダニス》
259 淡水、（真水）（水）	fresh《フレッシ》 water《ウォータァ》	Süßwasser《ジュースヴァッサァ》
260 着地（馬）	landing《ランディング》	Landen《ランデン》
261 中央線（フェ）	center《センタァ》 line《ライン》	Mittellinie《ミッテルリーニエ》
262 中間タイム（水）	intermediate《インタァミーディエト》 time《タイム》	Zwischenzeit《ツヴィッシェンツァイト》
263 抽選容器	container《コンティナァ》 for《フォ》 the《ザ》 draw《ドゥロー》	Lostopf《ローストップフ》
264 中断された時間（フェ）	interrupted《インタラプティド》 time《タイム》	Unterbrechung《ウンタァブレッヒュング》
265 長靴（馬）	boots《ブーツ》	Reitstiefel《ライトシュティーフェル》
266 突き返し（リポスト）（フェ）	riposte《リポウスト》	Riposte《リポステ》, Nachstoß《ナーハシュトース》
267 鍔（フェ）	guard《ガード》	Glocke《グロッケ》
268 鍔のソケット（フェ）	guard《ガード》 socket《サキット》	Glockenfassung《グロッケンファッスング》
269 テープ（ラン）	tape《テイプ》	Band《バント》
270 停止（馬）	stop《スタップ》, halt《ホールト》	Parade《パラーデ》, Halt《ハルト》
271 蹄鉄（馬）	horseshoe《ホースシュー》	Hufeisen《フーファイゼン》

フランス語	ロシア語	スペイン語
serviette《セルヴィエト》	полотенце《パラチェーンツェ》	toalla《トアリア》
obstacle《オブスタクル》 de《ドゥ》 volée《ヴォレ》	высотно《ヴィソートゥナ》-широтное《シロートゥナエ》 препятствие《プリピャーツトゥヴィエ》	obstáculo《オブスタクル》 de《デ》 vuelo《ブエロ》
rênes《レヌ》	поводья《パヴォーディヤ》	rienda《リエンダ》
combinaison《コンビネゾン》 double《ドゥブル》, obstacle《オブスタクル》 double《ドゥブル》	двойная《ドゥヴォーイナヤ》 система《スィスチェーマ》	combinación《コンビナシオン》 doble《ドブレ》, obstáculo《オブスタクル》 doble《ドブレ》
coup《クゥ》 double《ドゥブル》	обоюдный《アバユードゥヌィイ》 укол《ウコール》	doble《ドブレ》 tocado《トカド》
obctacle《オブスタクル》 simple《サンプル》	обыкновенное《アブィクナヴェーンナエ》 препятствие《プリピャーツトゥヴィエ》	obstáculo《オブスタクル》 simple《シンプレ》
eau《オ》 douce《ドゥス》	пресная《プリェースナヤ》 вода《ヴァダー》	agua《アグア》 dulce《ドゥルセ》
réception《レセプスィオン》	приземление《プリズムリェーニエ》	recepción《レセプシオン》
ligne《リニュ》 médiane《メディアヌ》	средняя《スリェードゥニャヤ》 линия《リーニャ》 (*поля*《ポーリャ》 *боя*《ボーヤ》)	línea《リネア》 media《メディア》
temps《タン》 de《ドゥ》 passage《パサジュ》	время на《ヴリェーミャナ》 отрезках《アトゥリェースカフ》	tiempo《ティエンポ》 de《デ》 pasada《パサダ》
urne《ユルヌ》 de《ドゥ》 tirage《ティラジュ》 au《オ》 sort《ソル》	кубок《クゥーバク》 для《ドゥリャ》 жеребьёвки《ジリビヨーフキ》	urna《ウルナ》 para《パラ》 el《エル》 sorteo《ソルテオ》
temps《タン》 d'interruption《ダンテリュプスィオン》	остановленное《アスタノーヴリンナエ》 время《ヴリェーミャ》	tiempo《ティエンポ》 interrumpido《インテルンピド》
bottes《ボット》	сапоги《サパギー》	botas《ボタス》 de《デ》 montar《モンタール》
riposte《リポスト》	рипост《リポースト》, ответный《アトゥヴェートゥヌィイ》 укол《ウコール》	respuesta《レスプエスタ》
coquille《コキィユ》	гарда《ガールダ》	cazoleta《カソレタ》
fiche《フィシュ》 pour《プゥル》 la《ラ》 garde《ガルド》	патрон《パトゥローン》 гарды《ガールドゥィ》	enchufe《エンチュフェ》 de《デ》 la《ラ》 cazoleta《カソレタ》
bande《バンド》	лента《リェーンタ》	cinta《シンタ》
arrêt《アレ》	остановка《アスタノーフカ》	prada《プラダ》
fer《フェル》 à《ア》 cheval《シュヴァル》	подкова《パトゥコーヴァ》	herradura《エラドゥラ》

日本語	英語	ドイツ語
272 電気記録装置係（フエ）	superintendant《スーパインテンデント》 of《オヴ》 the《ザ》 electrical《イレクトゥリカル》 scoring《スコーリング》 apparatus《アパラタス》	Verantwortlicher《フェアアントヴォルトゥリヒャア》 für《フューア》 die《ディ》 E-Anlage《エーアンラーゲ》
273 電気設備工（フエ）	repairer《リペアラア》 of《オヴ》 electrical《イレクトリカル》 equipment《イクウィプマント》	Verantwortlicher《フェアアントヴォルトゥリヒャア》 für《フューア》 Wartung《ヴァルトゥング》 der《デア》 E-Anlage《エーアンラーゲ》
274 電気装備品（フエ、水、ラン、射）	electrical《イレクトリカル》 equipment《イクウィプマント》	elektrische《エレクトゥリシェ》 Ausrüstung《アオスリュストゥング》
275 電気得点表示機（フエ、射）	electrical《イレクトリカル》 scoring《スコーリング》 apparatus《イクウィプマント》	elektro《エレクトロ》-automatische《アオトマーティシェ》 Trefferanzeige《トレッファアンツァイゲ》
276 電気ブトン（フエ）	electrical《イレクトリカル》 button《バトゥン》	elektrischer《エレクトゥリシャア》 Spitzenträger《シュピッツエントレーガア》
277 電子標的（射）	electronic《イレクトゥラニク》 target《ターゲット》	Elektronen《エレクトローネン》 Ziel《ツィール》
278 電子ペレット標的（射）	electronic《イレクトゥラニク》 pellet《ペレト》 target《ターゲット》	Elektronischen《エレクトロニシエン》 Pellet《ペレット》 Ziel《ツィール》
279 転倒（馬、フエ、ラン）	fall《フォール》	Sturz《シュトゥルツ》
280 点呼（ラン、射）	call《コール》	Aufruf《アオフルーフ》
281 トータル・スコア	total《トウトゥル》 score《スコー》	Gesamtpunktzahl《ゲザムトプンクトツアール》
282 刀剣（フエ）	thrusting《スラスティング》 weapon《ウエポン》	Stoßwaffe《シュトースヴァッフェ》
283 刀剣のコントロール（フエ）	weapons《ウエポンズ》 control《コントゥロウル》	Waffenkontrolle《ヴァッフェンコントロレ》
284 頭絡（馬）	bridle《ブライドゥル》	Zaum《ツァオム》
285 道標（ラン）	signpost《サインポウスト》	Wegweiser《ヴェークヴァイザア》
286 得点計算	scoring《スコーリング》 of《オヴ》 points《ポインツ》	Punktwertung《プンクトヴェルトゥング》
287 得点表、スコア・カード	score《スコー》-card《カード》	Ergebniskarte《エアゲーブニスカルテ》
288 トリプル障害（馬）	triple《トゥリプル》 combination《カンビネイシャン》, triple《トゥリプル》 jump《ヂャンプ》	dreifache《ドライファッヘ》 Kombination《コンビナツィオーン》, Triplebarre《トゥリプレバレ》

フランス語	ロシア語	スペイン語
préposé《プレポゼ》 a《ア》 l'appareil《ラパレュ》 électrique《エレクトリク》	судья《スィチィヤー》 у《ウ》 электро《エリクトゥラ》-фиксатора《フィクサータラ》	encargado《エンカルガド》 del《デル》 aparato《アパラト》 eléctrico《エレクトゥリコ》
réparateur《レパラトゥル》 de《ドゥ》 l'équipement《レキプマン》 électrique《エレクトリク》	мастер《マースチル》 по《パ》 электро《エリクトゥラ》- оборудованию《アバルゥダヴァーニエ》	reparador《レパラドル》 del《デル》 equipo《エキポ》 eléctrico《エレクトゥリコ》
équipement《エキプマン》 électrique《エレクトリク》	электрическое《エリクトゥリーチスカエ》 снаряжение《スナリャジェーニエ》	equipo《エキポ》 eléctrico《エレクトゥリコ》
appareil《アパレュ》 électrique《エレクトリク》 enregistreur《アンルジストルル》 des《デ》 touches《トゥシュ》	электрофиксатор《エリクトゥラフィクサートル》 уколов《ウコーラフ》	aparato《アパラト》 eléctrico《エレクトゥリコ》 de《デ》 señalización《セニャリサシオン》 de《デ》 tocado《トカド》
bouton《ブゥトン》 électrique《エレクトリク》	электрический《エリクトゥリーチスキイ》 наконечник《ナカニェーチニク》	botón《ボトン》 eléctrico《エレクトゥリコ》
cible《スィブル》 électronique《エレクトロニク》	электронная《エリクトローンナヤ》 мишень《ミシェーニィ》	blanco《ブランコ》 electrónico《エレクトロニコ》
cible《スィブル》 de《ドゥ》 pastille《パスティユ》 électronique《エレクトロニク》	мишень《ミシェーニィ》 электронной《エリクトローンナイ》	blanco《ブランコ》 de《デ》 bolita《バリタ》 electrónica《エレクトロニカ》
chute《シュット》	гранулы《グラーヌゥルィ》 падение《パヂェーニエ》	caída《カイダ》
appel《アペル》	вызов《ヴィーザフ》 *(на《ナ》 дорожку《ダローシクゥ》)*	invocación《インボカシオン》
total《トタル》 de《ドゥ》 points《プワン》	общее《オーブシチィエ》 количество《カリーチストゥヴァ》 очков《アチコーフ》	puntuación《プントゥアシオン》 total《トタル》
arme《アルム》 d'estoc《デストク》	холодное《ハロードゥナエ》 оружие《アルゥージエ》	arma《アルマ》 de《デ》 estocada《エストカダ》, arma《アルマ》 de《デ》 punta《プンタ》
contrôle《コントロル》 des《デ》 armes《ザルム》	контроль《カントゥローリ》 оружия《アルゥージヤ》	control《コントゥロル》 de《デ》 armas《アルマス》
bride《ブリド》	уздечка《ウズチェーチカ》	brida《ブリダ》
borne《ボルヌ》	дорожный《ダロージヌィイ》 знак《ズナーク》	señal《セニャル》
calcul《カルキュル》 des《デ》 points《プワン》	подсчёт《パトゥスチョート》 очков《アチコーフ》	cálculo《カルクロ》 de《デ》 los《ロス》 puntos《プントス》
carte《カルト》 des《デ》 résultats《レズュルタ》	карточка《カルトーチカ》 результатов《リズゥリタータフ》	hoja《オハ》 de《デ》 resultados《レスルタドス》
combinaison《コンビネゾン》 triple《トリプル》, obstacle《オプスタクル》 triple《トリプル》	тройная《トゥライナーヤ》 система《スィスチェーマ》, тройник《トゥライニーク》	combinación《コンビナシオン》 triple《トゥリプレ》, obstáculo《オプスタクロ》 triple《トゥリプレ》

日本語	英語	ドイツ語
289 長さ（水）	length《レングス》	Länge《レンゲ》
290 鉛の負荷（馬）	lead weights《レッド ウエイツ》	Bleigewicht《ブライゲヴィッヒト》
291 200m自由形（水）	200m free style《トゥー ハンドゥレド ミータア スタイル》	200m Freistil《ツヴァイフンデルト メータア フライシュティール》
292 ネクタイ（馬）	tie《タイ》	Krawatte《クラヴァッテ》
293 ハーフボルト（身をかわす）（フェ）	half-turn《ハフ ターン》	halbe Drehung《ハルベ ドレーウング》
294 排水溝（水）	gutter《ガタア》	Abflußrinne《アップフルスリネ》
295 拍車（馬）	spurs《スパーズ》	Sporen《シュポーレン》
296 馬具一式（馬）	saddlery《サドゥラリィ》	Pferdegeschirr《プフェールデゲシル》
297 馬具の検査（馬）	inspection of saddlery《インスペクシャン オヴ サドゥラリィ》	Sattelkontrolle《ザッテルコントロレ》
298 馬術競技	riding《ライディング》	Reiten《ライテン》, Reitsport《ライトシュポル》
299 800mのランニング（走）	800m running《エイト ハンドゥレド ラニング》	800m Lauf《アッハトフンデルト メータア ラオフ》
300 幅障害（馬）	spread fence《スプレッド フエンス》	Weitsprung《ヴァイトシュプルング》
301 馬房（馬）	box《ボックス》	Box《ボクス》
302 馬名（馬）	name of the horse《ネイム オヴ ザ ホース》	Name des Pferdes《ナーメ デス プフェールデス》
303 速歩（トロット）（馬）	trot《トゥラット》	Trab《トラーブ》
304 腹帯（馬）	girth《ガース》	Gurt《グルト》
305 バリア（柵）（馬）	barrier《バリア》, hurdle《ハードゥル》	Barriere《バリエール》
306 馬糧（馬）	forage《フォーレヂ》	Futter《フッタア》
307 反抗（馬）	resistance《リズィスタンス》	Widerstandsfäigkeit《ヴィーダアシュタンツフェーイヒカイト》, Weidersetzlichkeit《ヴィーダアゼッツリヒヒカイト》
308 判定（フェ、馬）	judgement《ヂャヂマント》	Bewertung《ベヴエールトゥング》

フランス語	ロシア語	スペイン語
longueur《ロングル》	длина《ドゥリナー》	largo《ラルゴ》
charge《シャルジュ》 de《ドゥ》 plomb《プロン》	свинцовые《スヴィンツォーヴィエ》 довески《ダヴェースキ》	cargas《カルガス》 de《デ》 plomo《プロモ》
200《ドゥ サン》m《メトル》 nage《ナジュ》 libre《リブル》	200《ドゥヴェースチ》м《ミェートル》 плавание《プラーヴァニヤ》 кролем《クローリム》	200《ドシエントス》m《メトゥロ》 estilo《エスティロ》 libre《リブレ》
cravate《クラヴァット》	галстук《ガールストゥク》	corbate《コルバテ》
demi《ドゥミ》-volte《ヴォルト》	полувольт《パルゥヴォーリト》	media《メディア》 vuelta《ブエルタ》
goulotte《グゥロット》	водосливная《ヴァダスリーヴァナヤ》 канавка《カナーフカ》	canaleta《カナレタ》
éperons《エプロン》	шпоры《シポールィ》	espuelas《エスプエラス》
harnachement《アルナシュマン》	упряжь《ウープリャシ》	arreo《アレオ》
inspection《アンスペクスィオン》 de《ドゥ》 la《ラ》 selle《セル》	осмотр《アスモートゥル》 седла《スィドゥラー》	control《コントゥロル》 de《デ》 la《ラ》 montura《モントゥラ》
équitation《エキタスィオン》	верховая《ヴィルハヴァーヤ》 езда《ィエズダー》 с《ス》 преодолением《プリアダリェーニエム》 препятствий《プリピャーツトゥヴィイ》	prueba《プルエバ》 hípica《イピカ》 de《デ》 obstáculos《オブスタクロス》
800《ユイト サン》m《メトル》 course《クゥルス》	800《ヴァシムソート》m《ミェートル》 пробег《プラビェーク》	800《オチョシエントス》m《メトゥロ》 carrera《カレラ》
obctacle《オブスタクル》 en《アン》 largeur《ラルジェル》	широтное《シロートゥナエ》 препятствие《プリピャーツトゥヴィエ》	obstáculo《オブスタクロ》 en《エン》 ancho《アンチョ》, obstáculo《オブスタクロ》 de《デ》 fondo《フォンド》
stalle《スタル》, box《ボクス》	денник《ヂンニーク》	establo《エスタブロ》, box《ボクス》
nom《ノン》 du《デュ》 cheval《シュヴァル》	кличка《クリーチカ》 лошади《ローシャディ》	nombre《ノンブレ》 del《デル》 caballo《カバリォ》
trot《トロ》	рысь《ルィーシ》	trote《トロテ》
sangle《サングル》	подпруга《パドゥプルーガ》	cincha《シンチャ》
barrière《バリエル》, obstacle《オブスタクル》	барьер《バリィエール》	barrera《バレラ》
fourrage《フゥラジュ》	фураж《フゥラーシ》	forraje《フォラヘ》, pienso《ピエンソ》
défense《デファンス》	сопротивление《サプラチィヴリェーニエ》	resistencia《レシステンシア》
jugement《ジュジュマン》	судейство《スゥヂェーイストゥヴァ》	juicio《フイシオ》

日本語	英語	ドイツ語
309 ハンディキャップ· スタート（ラン）	handicap《ハンディキャップ》 start《スタート》	Hadikapstart《ヘンディケップシュタルト》
310 飛越（馬）	jump《ヂャンプ》	Sprung《シュプルング》
311 飛越前のストライド（馬）	strid《ストゥライド》 of《オヴ》 approach《アプロウチ》	Anreiten《アンライテン》
312 引き金（射）	trigger《オゥリガア》	Abzug《アップツーク》
313 引き金装置（射）	trigger《オゥリガア》 mechanism《メカニズム》	Abzugsmechanismus《アップツークスメヒャニスムス》
314 ピスト（フエ）	piste《ピスト》	Bahn《バーン》, Fechtboden《フェッヒトボーデン》
315 ピストの後ろの境界（フエ）	rear《リア》 limit《リミト》 of《オヴ》 the《ザ》 piste《ピスト》	hintere《ヒンテレ》 Begrenzung《ベグレンツング》
316 ピストの境界を越えること（フエ）	crossing《クロースィング》 the《ザ》 boundaries《バウンダリィズ》	Überschreiten《ユーバァシュライテン》 der《デア》 Bahnbegrenzung《バーンベグレンツング》
317 ピストの長さ（フエ）	length《レングス》 of《オヴ》 the《ザ》 piste《ピスト》	Bahnlänge《バーンレンゲ》
318 ピストの幅（フエ）	width《ウィドゥス》 of《オヴ》 the《ザ》 piste《ピスト》	Breite《ブライテ》 der《デア》 Fechtbahn《フェッヒトバーン》
319 ピストを失うこと（フエ）	loss《ロス》 of《オヴ》 ground《グラウンゴ》	Bodenverlust《ボーデンフェアルスト》
320 ピストル（射）	pistol《ピストルゥ》	Pistole《ピストーレ》
321 ピストルのグリップ（射）	grip《グリップ》	Pistolengriff《ピストーレングリッフ》
322 ピストルの検査（射）	inspection《インスペクシャン》 of《オヴ》 the《ザ》 pistol《ピストル》	Pistolenkontrole《ピストーレンコントロレ》
323 ピストルを持つ腕（射）	weapon《ウエポン》 arm《アーム》, leading《リーディング》 arm《アーム》	bewaffneter《ベヴァッフネタア》 Arm《アルム》
324 左利き（フエ）	left-hander《レフト ハンダァ》	Likshänder《リンクスヘンダァ》
325 《左へ！》（フエ）	《on the left！》《(オン ザ レフト)》	《Links um！》《(リンクス ウム)》
326 被突き数（フエ）	hit《ヒット》 received《リスィーヴド》	erhaltener《エァハルテナァ》 Treffer《トレッファ》
327 ヒット（突き）（フエ）	hit《ヒット》	Treffer《トレッファ》
328 ヒット数（フエ）	hit《ヒット》 awarded《アウォーディド》	gegebener《ゲゲーベナァ》 Treffer《トレッファ》
329 ヒットの無効（フエ）	annulment《アナルマント》 of《オヴ》 a《ア》 hit《ヒット》	Annullieren《アヌリーレン》 des《デス》 Treffers《トレッファス》

フランス語	ロシア語	スペイン語
départ《デパル》 en《アン》 écalage《エカラジュ》, handicap《アンディカプ》	старт《スタールト》 с《ズ》 гандикапом《ガンディカーパム》	salida《サリダ》 con《コン》 handicap《ハンディカプ》
saut《ソ》	прыжок《ブルィジョーク》	salto《サルト》
battue《バテュ》 d'appel《ダペル》	темп《チェームプ》 (*перед*《ピエーリエト》 *прыжком*《ブルィシコーム》)	batida《バティダ》 de《デ》 impulsión《インプルスィオン》
gâchette《ガシェット》	курок《クゥローク》	gatillo《ガティリォ》
mécanisme《メカニスム》 de《ドゥ》 la《ラ》 gâchette《ガシェット》	мехнизм《ミハニーズム》 курка《クゥルカー》	mecanismo《メカニスモ》 de《デ》 gatillo《ガティリォ》
terrain《テラン》, piste《ピスト》	поле《ポーリア》 боя《ボーヤ》	pista《ピスタ》
limite《リミット》 arrière《アリエル》	задняя《ザードゥニャヤ》 граница《グラニーツァ》 (*поля*《ポーリエ》 *боя*《ボーヤ》)	límite《リミテ》 trasero《トゥラセロ》
franchissement《フランシスマン》 des《デ》 limites《リミット》	пересечение《ピリスィチェーニエ》 границы《グラニーツィ》 (поля《ポーリエ》 боя《ボーヤ》)	franqueamiento《フランケアミエント》 de《デ》 los《ロス》 límites《リミテス》 de《デ》 la《ラ》 pista《ピスタ》
longueur《ロングル》 de《ドゥ》 la《ラ》 piste《ピスト》	длина《ドゥリナー》 поля《ポーリャ》 боя《ボーヤ》	longitud《ロンヒトゥ》 de《デ》 la《ラ》 pista《ピスタ》
largeur《ラルジュル》 de《ドゥ》 la《ラ》 piste《ピスト》	ширина《シリナー》 поля《ポーリャ》 боя《ボーヤ》	ancho《アンチョ》 de《デ》 la《ラ》 pista《ピスタ》
perte《ペルト》 de《ドゥ》 terrain《テラン》	проигрыш《プローイグルィシ》 части《チャースチィ》 дорожки《ダローシキ》	pérdida《ペルディダ》 de《デ》 terreno《テレノ》
pistolet《ピストレ》	пистолет《ピスタリエート》	pistola《ピストラ》
crosse《クロス》	рукоятка《ルゥカヤートゥカ》 пистолета《ピスタリエータ》	empuñadura《エンプニャドゥラ》 de《デ》 la《ラ》 pistola《ピストラ》
inspection《アンスペクスィオン》 du《デュ》 pistolet《ピストレ》	осмотр《アスモートゥル》 пистолета《ピスタリエータ》	inspección《インスペクシオン》 de《デ》 la《ラ》 pistola《ピストラ》
bras《ブラ》 armé《アルメ》	вооружённая《ヴァアルゥジョーンナヤ》 рука《ルゥカー》	brazo《ブラソ》 armado《アルマド》
gaucher《ゴシェ》	левша《リフシャー》	zurdo《スルド》
《à《ア》 gauche《ゴシュ》！》	《налево《ナリエーヴァ》！》	《¡ a《ア》 la《ラ》 izquierda《イスキエルダ》！》
touche《トゥシュ》 reçue《ルスュ》	полученный《パルゥーチンヌィイ》 укол《ウコール》	tocado《トカド》 recibido《レシビド》
touche《トゥシュ》	укол《ウコール》	tocado《トカド》
touche《トゥシュ》 donnée《ドネ》	нанесённый《ナニショーンヌィイ》 укол《ウコール》	tocado《トカド》 dado《ダド》
annulation《アニュラスィオン》 de《ドゥ》 la《ラ》 touche《トゥシュ》	аннулирование《アヌゥリーラヴァニエ》 укола《ウコーラ》	anulación《アヌラシオン》 del《デル》 tocado《トカド》

日本語	英語	ドイツ語
330 ヒットの優先権（フエ）	priority《プライアラティ》 of《オヴ》 the《ザ》 hit《ヒット》	Treffervorrecht《トレッファフォーアレッヒト》
331 表示器（射）	indicator《インディケイタァ》	Indikator《インディカートル》
332 標的（射）	target《ターギト》	Zielscheibe《ツィールシャイベ》
333 標的係（射）	pit《ピット》 and《アンド》 target《ターギト》 officers《オフィサァズ》	Offizielle《オフィツィエル》 an《アン》 der《デァ》 Linie《リーニエ》 der《デァ》 Scheiben《シャンベン》
334 標的ナンバー（射）	target《ターギト》 number《ナンバァ》	Scheibennummer《シャイベンヌンマァ》
335 標的の黒点（射）	bull's《ブールス》-eye《アイ》, central《セントゥラル》 ten《テン》, ten《テン》-x《エックス》	Mouche《ムッシュ》, Mittelring《ミッテルリング》
336 ピラピラ（板の柵）（馬）	planks《プランクス》	Latten《ラッテン》
337 牝馬《ヒンバ》（馬）	mare《メア》	Stute《シュトゥーテ》
338 プール（フエ）	pool《プール》	Runde《ルンデ》
（水）	pool《プール》	Schwimmbad《シュヴィムバート》
339 プールの階段（水）	pool《プール》 ladder《ラダァ》	Ein《アイン》-und《ウント》-Aus《アオス》-steigelleiter《シュタイゲライタァ》
340 プールの底（水）	bottom《バトム》	Boden《ボーデン》
341 ファウル・スタート（馬、水、ラン）	false《フォールス》 start《スタート》	Fehlstart《フエールシュタルト》
342 フィニッシュイング・フラッグ（馬）	finishing《フィニシング》 flag《フラッグ》	Zielflagge《ツィールフラッゲ》
343 フィニッシュ・ウォール（水）	finish《フィニシ》 wall《ウォール》	Zielanschlag《ツィールアンシュラーク》
344 フェンシング	fencing《フエンスィング》	Fechten《フエッヒテン》
345 フェンシング・ヴェスト	fencing《フエンスィング》 jacket《ヂャケット》	Fechtjacke《フエッヒヤッケ》
346 フェンシング・グローブ	glove《グラヴ》	Fechthandschuh《フエッヒトハントシュー》
347 フェンシング・コース	fencing《フエンスィング》 phrase《フレイズ》	Fechtgang《フエッヒトガング》
348 フェンシング時間	fencing《フエンスィング》 time《タイム》	Fechttempo《フエッヒトテムポ》
349 フェンシング・シューズ	fencing《フエンスィング》 shoes《シューズ》	Fechtschuhe《フエッヒトシューエ》

フランス語	ロシア語	スペイン語
priorité《プリィオリテ》 de《ドゥ》 la《ラ》 touche《トゥシュ》	приоритет《プリアリチェート》 укола《ウコーラ》	prioridad《プリオリダ》 del《デル》 tocado《トカド》
indicateurs《アンディカトゥル》	показатель《パカザーチェリィ》	indicadores《インディカドレス》
cible《スィブル》	мишень《ミシェーニ》	blanco《ブランコ》
officiels《オフィスィエル》 d'emplacements《ダンプラスマン》 et《エ》 de《ドゥ》 cibles《スィブル》	судьи《スゥヂィイー》 на《ナ》 линии《リーニイ》 мишеней《ミシェーニエイ》	oficiales《オフィシアレス》 de《デ》 emplazamientos《エンプラサミエントス》 y《イ》 de《デ》 siluetas《シルエタス》
numéro《ニュメロ》 de《ドゥ》 cible《スィブル》	номер《ノーミル》 мишени《ミシェーニイ》	numero《ヌメロ》 del《デル》 blanco《ブランコ》
mouche《ムゥシュ》	чёрная《チョールナヤ》 часть《チャースチ》 мишени《ミシェーニイ》	mosca《モスカ》, diez《ディエス》 central《セントゥラル》
palanques《パランク》	планки《プラーンキ》	barrera《バレラ》 de《デ》 tablas《タブラス》
jument《ジュマン》	кобыла《カブィーラ》	yegua《イエグア》
poule《プゥル》 piscine《ピスィヌ》	пулька《プゥーリカ》 плавательный《プラーヴァチリヌィイ》 бассейн《バスエーイン》	poule《プゥル》 piscina《ピスシナ》
échelle《エシェル》 de《ドゥ》 bassin《バサン》	лестница《リストニーツァ》 в《ヴ》 бассейне《バスエーイニエ》	escaleras《エスカレラス》
fond《フォン》	дно《ドゥノー》	fondo《フォンド》
faux《フォ》 départ《デパル》	фальстарт《ファリスタールト》	salida《サリダ》 falsa《ファルサ》
fanion《ファニオン》 d'arrivée《ダリヴェ》	финишный《フィーニシヌィイ》 флаг《フラーク》	banderola《バンデロラ》 de《デ》 llegada《リエガダ》
mur《ミュル》 des《デ》 arrivées《ザリヴェ》	стенка《スチェーンカ》 финиша《フィーニシャ》	pared《パレ》 de《デ》 llegadas《リエガダ》
escrime《エスクリム》	фехтование《フィフタヴァーニエ》	esgrima《エスグリマ》
veste《ヴェスト》 d'escrime《デスクリム》	фехтовальная《フィフタヴァーリナヤ》 куртка《クゥールトゥカ》	chaqueta《チャケタ》
gant《ガン》	перчатка《ピルチャートゥカ》	guante《グアンテ》
phrase《フラズ》 d'armes《ダルム》	боевая《バイヴァーヤ》 схватка《スフヴァートゥカ》	frase《フラセ》 de《デ》 esgrima《エスグリマ》
temps《タン》 d'escrime《デスクリム》	фехтовальный《フィフタヴァーリヌィイ》 темп《チェームプ》	tiemp《ティエンポ》 de《デ》 esgrima《エスグリマ》
chaussure《ショスュル》 d'escrime《デスクリム》	фехтовальная《フィフタヴァーリナヤ》 обувь《オーヴゥヴィ》	zapatillas《サパティルアス》 de《デ》 esgrima《エスグリマ》

日本語	英語	ドイツ語
350 フェンシング・ディスタンスの違反	infringement《インフリンヂマント》 of《オヴ》 fencing《フエンスィング》 distance《ディスタンス》	falscher《ファルシャア》 Fechtabstand《フエッヒトアップシュタント》
351 フェンシングをする	(*to*)《(トゥ)》 fence《フエンス》	fechten《フエッヒテン》
352 武器の点検（射、フエ）	control《コントゥロウル》 of《オヴ》 weapons《ウエポンズ》, inspection《インスペクシャン》 of《オヴ》 weapons《ウエポンズ》	Waffenprüfung《ヴァッフエンプリューフング》
353 複合障害物（馬）	multiple《マルティプル》 obstacles《アブスタクルズ》	schwierige《シュヴィーリゲ》 Kombination《コムビナツィオーン》
354 不発（射）	misfire《ミスファイア》	Versager《フエアザーガア》
355 踏み切り（馬）	take《テイク》 off《オフ》	Abstoßen《アップシュトーセン》
356 踏み切りをする前面側（馬）	take《テイク》 off《オフ》 side《サイド》	Absprungstelle《アップシュプルングシュテレ》
357 フライング・ロープ（水）	rope《ロウプ》 for《フォ》 false《フォールス》 start《スタート》	Fehlstartleine《フエールシュタルトライネ》
358 プラストロン、(防御アンダーシャツ)（フエ）	plastron《プラストゥラン》, under-garment《アンダーガーマント》	Unterziehweste《ウンタアツィーヴェステ》
359 ブラック・カード（フエ）	black《ブラック》 card《カード》	schwarze《シュヴァルツェ》 Karte《カルテ》
360 浮力（水）	buoyancy《ボイアンスィ》	Schwimmfähigkeit《シュヴィムフエーイカイト》
361 ブレード（フエ）	blade《ブレイド》	Klinge《クリンゲ》
362 ブレードのそり（フエ）	curve《カーヴ》 of《オヴ》 the《ザ》 blade《ブレイド》	Klingenbiegung《クリンゲンビーグング》
363 ブレードの弾力性（フエ）	elasticity《エラスティスィティ》 of《オヴ》 blade《ブレイド》	Klingenelastizität《クリンゲンエラスティツィテート》
364 ブレードの長さ（フエ）	length《レングス》 of《オヴ》 the《ザ》 blade《ブレイド》	Klingenlänge《クリンゲンレンゲ》
365 ブレードの破損（フエ）	breaking《ブイキング》 of《オヴ》 the《ザ》 blade《ブレイド》	Klingenbruch《クリンゲンブルッフ》
366 ペナルティのヒット（フエ）	penalty《ペヌルティ》 of《オヴ》 the《ザ》 hit《ヒット》	Strafstoß《シュトラーフシュトース》
367 ベル	bell《ベル》	Glocke《グロッケ》
368 ペレット・ピストル（射）	pellet《ペレト》 pistol《ピストゥル》	Pellet-Pistole《ペレット ピストーレ》

フランス語	ロシア語	スペイン語
infration《アンフラクスィオン》 à《ア》 la《ラ》 mesure《ムズュル》	нарушение《ナルゥシェーニエ》 дистанции《ディスターンツィイ》	infracción《インフラクシオン》 a《ア》 la《ラ》 distancia《ディスタンシア》
tirer《ティレ》	фехтовать《フィフタヴァーチ》	esgrimir《エスグリール》
inspection《アンスペクスィオン》 des《デ》 armes《ザルム》	проверка《プラヴェールカ》 оружия《アルゥージャ》	inspección《インスペクシオン》 de《デ》 las《ラス》 armas《アルマス》
obstacles《オブスタクル》 multiples《ミュルティプル》	сложное《スロージナエ》 препятствие《プリピャーツトゥヴィエ》	obstáculo《オブスタクロ》 combinado《コンビナド》
raté《ラテ》	осечка《アスエーチカ》	fallado《ファリアド》
battue《バテュ》 d'appel《ダペル》	отталкивание《アタルキヴァーニエ》	batida《バティダ》
côté《コテ》 de《ドゥ》 battue《バテュ》	место《ミエースタ》 отталкивания《アタルキヴァーニヤ》	lugar《ルガール》 de《デ》 batida《バティダ》
corde《コルド》 de《ドゥ》 faux《フォ》 départ《デパル》	шнур《シヌゥール》 фальстарта《ファリスタールタ》	cuerda《クエルダ》 de《デ》 falsas《ファルサス》 salidas《サリダス》
plastron《プラストロン》 protecteur,《プロテクトゥル》 sous《スゥ》-vêtement《ヴェトマン》 protecteur《プロテクトゥル》	защитный《ザシチートゥヌィイ》 набочник《ナボーチニク》	plastrón《プラストロン》 protector,《プロテクトル》 peto《ペト》 protector《プロテクトル》
carton《カルトン》 noir《ヌワル》	чёрная《チョールナヤ》 карточка《カールタチカ》	tarjeta《タルヘタ》 negra《ネグラ》
flottabilité《フロタビリテ》	плавучесть《プラヴゥーチィスチ》	flotabilidad《フロタビリダ》
lame《ラム》	клинок《クリノーク》	hoja《オハ》
flèche《フレシュ》 de《ドゥ》 la《ラ》 lame《ラム》	прогиб《プラギーブ》 клинка《クリンカー》	flecha《フレチャ》 de《デ》 la《ラ》 hoja《オハ》
souplesse《スゥプレス》 de《ドゥ》 la《ラ》 lame《ラム》	эластичность《エラスチィーチナスチ》 клинка《クリンカー》	elasticidad《エラスティシダ》 de《デ》 la《ラ》 hoja《オハ》
longueur《ロングル》 de《ドゥ》 la《ラ》 lame《ラム》	длина《ドゥリナー》 клинка《クリンカー》	longitud《ロンヒトゥ》 de《デ》 la《ラ》 hoja《オハ》
bris《ブリ》 de《ドゥ》 la《ラ》 lame《ラム》	поломка《パロームカ》 клинка《クリンカー》	rotura《ロトゥラ》 de《デ》 la《ラ》 hoja《オハ》
pénalisation《ペナリザスィオン》 d'une《デュヌ》 touche《トゥシュ》	штрафной《シトゥラフノーイ》 укол《ウコール》	tocado《トカダ》 de《デ》 penalización《ペナリサシオン》
cloche《クロシュ》	колокол《コーラカル》	campana《カンパナ》
pistolet《ピストレ》 à《ア》 granulés《グラニュレ》	пистонный《ピストーンヌィイ》 пистолет《ピスタリエート》	pistola《ピストラ》 de《デ》 bolita《ボリタ》

日本語	英語	ドイツ語
369 ペレット標的（射）	pellet《ペレット》 target《ターゲット》	Pellet《ペレット》 Ziel《ツィール》
370 防御ヘルメット（馬）	helmet《ヘルメト》	Helm《ヘルム》
371 帽子（馬）	riding《ライディング》 cap《キャップ》	Reithelm《ライトヘルム》
372 補欠選手	substitute《サブスティチュート》	Ersatzwettkämpfer《エァザッツヴェットケムプファ》
373 補助ランプ（フエ）	repetition《レピティシャン》 lamp《ランプ》	Zusatzlampen《ツーザッツラムペン》
374 ボディ・ワイア（電気の）（フエ）	body《バディ》 wire《ワイア》	Körperkabel《ケルパァカーベル》
375 歩度（調）（馬）	gait《ゲイト》	Gangart《ガングアールト》
376 ポワニエ（フエ）	handle《ハンドゥル》	Griff《グリッフ》
377 ポワン・ダレ（フエ）	stop《スタップ》 point《ポイント》	elektrische《エレクトゥリシェ》 Spitzenkrone《シュピッツェンクローネ》
378 ポワン・ダレの点灯行程（フエ）	course《コース》 of《オヴ》 stroke《ストゥロウク》 of《オヴ》 the《ザ》 stop《スタップ》 point《ポイント》	Spitzenlauf《シュピッツェンラオフ》
379 巻き取り器、スプール（フエ）	spool《スプール》	Einroller《アインロラァ》
380 巻き乗り（馬）	turn《ターン》	Volte《ヴォルテ》
381 マスク（フエ）	mask《マスク》	Fechtmaske《フエッヒトマスケ》
382 マスクを取る（フエ）	remove《リムーヴ》 the《ザ》 mask《マスク》	die《ディ》 Fechtmaske《フエッヒトマスケ》 absetzen《アップゼッツエン》
383 マッチ（フエ、射）	match《マッチ》	Match《メッチュ》, Kampf《カムプフ》
384 マルタンガール（馬）	martingale《マルタンゲイル》	Martingal《マルティーンガル》
385 右利き（フエ）	right-hander《ライト ハンダァ》	Rechtshänder《レッヒツヘンダァ》
386 《右へ！》（フエ）	《on《(オン》 the《ザ》 right《ライト)》！》	《Rechts《(レッヒツ》 um《ウム)》！》

フランス語	ロシア語	スペイン語
cible《スィブル》 de《ドゥ》 pastille《パスティユ》	мишень《ミシェーニィ》 гранулы《グラーヌゥルゥィ》	blanco《ブランコ》 de《デ》 bolita《ボリタ》
casquette《カスケット》 de《ドゥ》 protection《プロテクスィオン》	защитный《ザシチートゥヌィイ》 шлем《シリエーム》	casco《カスコ》 protector《プロテクトル》
bombe《ボンブ》	фуражка《フゥラーシカ》	gorra《ゴラ》
remplaçant《ランプラサン》	запасиной《ザパスノーエ》 участник《ウチャースニク》 (команды)《(カマーンドゥィ)》	suplente《スプレンテ》
lampes《ランプ》 de《ドゥ》 répétition《レペティスィオン》	лампы《ラームプィ》 дублирования《ドゥブリーラヴァニャ》 сигналов《スィグナーラフ》	lámparas《ランパラス》 de《デ》 repetición《レペティシオン》
fil《フィレ》 de《ドゥ》 corps《コル》	личный《リーチヌィイ》 шнур《シヌゥーブ》 (электрический)《(エリクトゥリーチスキイ)》	cable《カブレ》 de《デ》 cuerpo《クエルポ》
allure《アリュル》	аллюр《アリュール》	aire《アィレ》
poignée《ポワニェ》	рукоятка《ルゥカヤートゥカ》	puño《プニョ》, empuñadura《エンプニャドゥラ》
pointe《プワント》 d'arrêt《ダレ》	головка《ガローフカ》 электрического《エリクトゥリーチスカヴァ》 наконечника《ナカニェーチニカ》	punta《プンタ》 de《デ》 arresto《アレスト》
course《クゥルス》 de《ドゥ》 la《ラ》 pointe《プワント》	ход《ホート》 наконечника《ナカニエーチニカ》 (*шпаги*)《(シパーギ)》	curso《クルソ》 de《デ》 la《ラ》 punta《プンタ》
enrouleur《アンルゥルゥル》	катушка《カトゥーシカ》-сматыватель《スマートゥィヴァチリ》	carrete《カレテ》
volte《ヴォルト》	вольт《ヴォーリト》	vuelta《ブエルタ》
masque《マスク》	маска《マースカ》	careta《カレタ》
enlever《アンルヴェ》 son《ソン》 masque《マスク》	снять《スニャーチ》 маску《マースクゥ》	quitarse《キタルセ》 la《ラ》 careta《カレタ》
match《マチュ》, rencontre《ランコントル》	матч《マートゥチ》, соревнование《サリヴナヴァーニエ》	match《マチ》, tirada《ティラダ》
martingale《マルタンガル》	мартингал《マルチィンガール》	martingala《マルティンガラ》
droitier《ドルワティエ》	правша《プラフシャ》	diestro《ディエストゥロ》
《à droite！》《(ア ドルワト)》	《направо！》《(ナプラーヴァ)》	《¡ a la derecha！》《(ア ラ デレチャ)》

日本語	英語	ドイツ語
387 ミス射撃（射）	missed《ミスト》 shot《シャット》	Fehlschuß《フェールシュス》
388 水着（水）	bathing《ベイズィング》 costume《カストゥーム》	Schwimmhose《シュヴィムホーゼ》
389 水の温度（水）	water《ウォータア》 temperature《テンペラチュア》	Wassertemperatur《ヴァッサアテムペラトゥーア》
390 緑色ライト（フエ）	green《グリーン》 light《ライト》	grünes《グリューネス》 Licht《リッヒト》
391 身をそらすこと（フエ）	ducking《ダッキング》	Ausweichen《アオスヴァイヒエン》
392 無減点走行（馬）	clear《クリア》 round《ラウンド》	fehlerfreier《フェーラアフライア》 Parcours《バルクール》
393 無効なヒット（フエ）	non《ノン》-valid《ヴァリド》 hit《ヒット》	ungültiger《ウンギュルティガア》 Treffer《トレッファ》
394 鞭（馬）	whip《フウィップ》, stick《スティック》	Reitgerte《ライトゲルテ》, Peitsche《パイチェ》
395 胸当て（フエ）	breast《ブレスト》 protector《プロテクタア》	Brustschutz《ブルストシュッツ》
396 命中（射）	hit《ヒット》	Treffer《トレッファア》
397 メタル· ピスト（フエ）	metallic《メタリク》 piste《ピスト》	Metallfechtbahn《メタルフェッヒトバーン》
398 盛り土、バンケット（馬）	bank《バンク》	Wall《ヴァル》
399 《止め！》（射）	《cease fire《(スイス ファイア)》！》，《stop《(スタップ)》！》	《Feuer einstellen《(フォイヤア アインシュテレン)》！》
400 有効なヒット（フエ）	valid《ヴァリド》 hit《ヒット》	gültiger《ギュルティガア》 Treffer《トレッファ》
401 有効面（フエ）	valid《ヴァリド》 target《ターギト》, valid《ヴァリド》 surface《サーフェス》	gültige《ギュルティゲ》 Trefffläche《トレッフフレッヒ》
402 許されていない扶助（馬）	unauthorized《アンオーソライズド》 assistance《アスィスタンス》	fremde《フレムデ》 Hilfe《ヒルフェ》
403 予備馬	extra《エクストゥラ》 horse《ホース》, reserve《リザーヴ》 horse《ホース》	Ersatzpferd《エアザッツプフェールト》
404 予備銃	spare《スペア》 weapon《ウエポン》	Reservewaffe《レゼルヴェヴァッフェ》
405 予備ピスト（フエ、ラン）	reserve《リザーヴ》 piste《ピスト》	Reservebahn《レゼルヴェバーン》
406 ライディング· グローブ（馬）	riding《ライディング》 gloves《グラヴズ》	Reithandschuhe《ライトハントシューエ》

フランス語	ロシア語	スペイン語
tir《ティル》 manqué《マンケ》	промах《プローマフ》	tiro《ティロ》 fallado《ファリアド》
costume《コステュム》 de《ドゥ》 bain《バン》	плавки《プラーフキ》	bañador《バヌアドル》
température《タンペラチュル》 de《ドゥ》 l'eau《ロ》	температура《チムピラトゥーラ》 воды《バドゥィ》	temperatura《テンペラトゥラ》 del《デル》 agua《アグア》
lumière《リュミエル》 verte《ヴェルト》	зелёный《ズィリョーヌィイ》 свет《スヴェート》	luz《ルス》 verde《ベルデ》
esquive《エスキヴ》	уклонение《ウカラニェーニエ》	esquiva《エスキバ》
parcours《パルクゥル》 sans《サン》 fautes《フォートゥ》	《чистый《(チィーストゥィ)》》 паркур《パルクゥール》	recorrido《レコリド》 con《コン》 cero《セロ》 faltas《ファルタス》
touche《トゥシュ》 non《ノン》 valable《ヴァラブル》	недействительный《ニヂイストゥヴィーチリヌィイ》 укол《ウコール》	tocado《トカド》 no《ノ》 válido《バリド》
cravache《クラヴァシュ》, fouet《フエ》	хлыт《フルィースト》	fusta《フスタ》
protège《プロテジュ》-poitrine《プワトリヌ》	защитный《ザシチートゥヌィイ》 бюстгальтер《ブュズハーリチェル》	protector《プロテクトル》 para《パル》 el《エル》 pecho《ペチョ》
coup《クゥ》 portant《ポルタン》	попадание《パパダーニエ》	tiro《ティロ》 válido《バリド》
tapis《タピ》 métallique《メタリク》	металлическая《ミタリーチスカヤ》 дорожка《ダローシカ》	pista《ピスタ》 metálica《メタリカ》
banquette《バンケット》	банкет《バンキェート》	banqueta《バンケタ》
《cessez《(セセ》 le《ル》 feu《フ)》 ！》	《окончание《(アコンチャーニエ》 стрельбы《ストゥリリブィー)》 ！》	《¡ alta《(アルト》 el《エル》 fuego《フエゴ)》 ！》
touche《トゥシュ》 valable《ヴァラブル》	действительный《ヂイストゥヴィーチリヌィイ》 укол《ウコール》	tocado《トカド》 válido《バリド》
surface《シュルファス》 valable《ヴァラブル》	поражаемое《パラジャーイマエ》 пространство《プラストゥラーンストゥヴァ》	superficie《スペルフィシ》 válida《バリダ》
aide《エド》 de《ドゥ》 complaisance《コンプレザンス》 interdite《アンテルディト》	неразрешённая《ニラズリショーンナヤ》 помощь《ポーマシチ》	ayuda《アユダ》 prohibida《プロイビダ》
cheval《シュヴァル》 supplémentaire《シュプレマンテル》, cheval《シュヴァル》 de《ドゥ》 réserve《レゼルヴ》	запасная《ザパスナーヤ》 лошадь《ローシャチ》	caballo《カバリォ》 de《デ》 reserva《レセルバ》
arme《アルム》 de《ドゥ》 rechange《ルシャンジュ》	запасное《ザパスノーエ》 оружие《アルゥージエ》	arma《アルマ》 de《デ》 reserva《レセルバ》
piste《ピスト》 de《ドゥ》 réserve《レゼルヴ》	запасная《ザパスナーヤ》 дорожка《ダローシカ》	pista《ピスタ》 de《デ》 reserva《レセルバ》
gants《ガン》 d'équitation《デキタスィオン》	перчатки《ピルチャートゥキ》 для《ドゥリャ》 верховой《ビルハヴォーイ》 езды《ィエーズドゥィ》	guantes《グアンテス》 de《デ》 montar《モンタール》

日本語	英語	ドイツ語
407 ライディング・コート（馬）	riding《ライディング》 coat《コウト》, hacking《ハッキング》 jacket《ヂャケト》	Reitrock《ライトロック》
408 ライディング・ブーツ（馬）	riding《ライディング》 boots《ブーツ》	Reitstiefel《ライトシュティーフェル》
409 ラウンド（フエ）	round《ラウンド》	Umlauf《ウムラオフ》
410 落馬	fall《フォール》 from《フラム》 a《ア》 horse《ホース》	Sturz《シュトゥルツ》 vom《フォム》 Pferd《プフエールト》
411 ランニング	running《ラニング》	Geländelauf《ゲレンデラオフ》
412 ランニング・シューズ（ラン）	running《ラニング》 shoes《シューズ》	Laufschuhe《ラオフシューエ》
413 リカバリー（水）	recovery《リカヴァリィ》	Nachvornebringen《ナーハフォルネブリンゲン》 des《デス》 Armes《アルメス》
414 レーザー・カートリッジ	laser《レイザァ》 cartrige《カートゥリヂ》	Laser-Patrone《レーザァ バトローネ》
415 レーザー・ビーム（射）	laser《レイザァ》 beam《ビーム》	Laserstrahl《レーザァシュトラール》
416 レーザー標的（射）	laser《レイザァ》 target《ターゲット》	Laser-Ziel《レーザァ ツィール》
417 レーザー・ピストル（射）	laser《レイザァ》 pistol《ピストル》	laser《レーザァ》 Pistole《ピストーレ》
418 レース（水）	heat《ヒート》	Lauf《ラオフ》
419 レッド・カード（フエ）	red《レッド》 card《カード》	rote《ローテ》 Karte《カルテ》
420 レーン（水）	lane《レイン》	Schwimmbahn《シュヴィムバーン》
421 腕章（フエ）	armlet《アームリット》	Armband《アルムバンド》

フランス語	ロシア語	スペイン語
jaquette《ジャケット》 d'équitation《デキタスィオン》	редингот《リェディンゴート》	chaqueta《チャケタ》 de《デ》 montar《モンタール》
botte《ボタ》 à l'écuyère《レキュイエル》	сапоги《サパギー》	bota《ボタ》 de《デ》 montar《モンタール》
groupe《グルゥプ》	гит《ギート》	rodeo《ロデオ》
chute《シュット》 de《ドゥ》 cheval《シュヴァル》	падение《パヂェーニエ》 с《ス》 лошади《ローシャヂ》	caída《カイダ》 de《デ》 un《ウン》 caballo《カバリョ》
course《クゥルス》 à《ア》 pied《ピエ》	бег《ビェーク》	carrera《カレラ》 pedestre《ペデストゥレ》
chaussures《ショシュル》 de《ドウ》 course《クゥルス》	туфли《トゥーフリ》 для《ドゥリャ》 бега《ビェーガ》	zapatillas《サパティリァス》 de《デ》 carrera《カレラ》
retour《ルトゥル》 du《デュ》 bras《ブラ》	пронос《プラノース》 руки《ルゥキー》 вперёд《フピエリョート》	recobro《レコブロ》 del《デル》 brazo《ブラソ》
cartouche《カルトゥシュ》 laser《ラゼル》	лазерный《ラズエールヌィイ》 картридж《カルトリージ》	cartucho《カルトゥチョ》 láser《ラセル》
faisceau《フェソ》 laser《ラゼル》	лазерный《ラズエールヌィイ》 пучок《プチョーク》	rayo《ラヨ》 láser《ラセル》
cible《スィブル》 laser《ラゼル》	лазерный《ラズエールヌィイ》 мишень《ミシェーニィ》	blanco《ブランコ》 de《デ》 láser《ラセル》
pistolet《ピストレ》 laser《ラゼル》	лазерный《ラズエールヌィイ》	postola《ピストラ》 láser《ラセル》
série《セリ》	заплыв《ザプルィーフ》	serie《セリエ》
carton《カルトン》 rouge《ルゥジュ》	красная《クラースナヤ》 карточка《カールタチカ》	tarjeta《タルヘタ》 roja《ロハ》
couloir《クゥルワル》	дорожка《ダローシカ》	calle《カレ》
brassard《ブラサル》	нарукавная《ナルゥカーヴナヤ》 повязка《パヴャースカ》	brazalete《ブラサレテ》

6.サッカー

	日本語	英語	ドイツ語
1	空いている所へのパス	passing《パスィング》 in《イン》 the《ザ》 gap《ガップ》	Spiel《シュピール》 in《イン》 die《ディ》 Gasse《ガッセ》
2	相手から離れる	outdistance《アウトディスタンス》 an opponent《アノポウネント》	dem《デム》 Gegner《ゲーグナア》 weglaufen《ヴエックラオフエン》
3	相手側のサイド	opposing《オポウズィング》 half《ハフ》	gegnerische《ゲーグネリシエ》 Spielfeldhälfte《シュピールフエルトヘルフテ》
4	相手越しにボールをロビングする	lob《ロブ》 the《ザ》 ball《ボール》 over《オウヴァ》 the《ズィ》 opponent《オポウネント》	Ball《バル》 über《ユーバァ》 den《デン》 Gegner《ゲーグナア》 heben《ヘーベン》
5	相手に向かってジャンプする	jump《ヂャンプ》 at《アット》 an opponent《アノポウネント》	Gegner《ゲーグナア》 anspringen《アンシュプリンゲン》
6	相手のディフェンスを破る	get《ゲット》 past《パスト》 opposing《オポウズィング》 defence《ディフエンス》	Verteidigung《フエアタイディグング》 umspielen《ウムシュピーレン》
7	相手のマークを外す	free《フリー》 oneself《ワンセルフ》	sich《ズィッヒ》 freistellen《フライシュテレン》
8	相手を追う	chase《チエイス》 an opponent《アノポウネント》	dem《デム》 Gegner《ゲーグナア》 nachlaufen《ナーハラオフエン》
9	相手をオフサイドにする	play《プレイ》 an opponent《アノポウネント》 offside《オーフサイド》	jemand《イエーマント》 ins《インス》 Abseits《アップザイツ》 locken《ロッケン》
10	相手を倒す	knock《ナック》 down《ダウン》 an opponent《アノポウネント》	Gegner《ゲーグナア》 zu《ツー》 Fall《ファル》 bringen《ブリンゲン》
11	相手をチャージする	charge《チャーヂ》 an opponent《アノポウネント》	Gegner《ゲーグナア》 sperren《シュペレン》
12	相手をつかむ	hold《ホールド》 an opponent《アノポウネント》	Gegner《ゲーグナア》 halten《ハルテン》
13	相手を殴る	punch《パンチ》 an opponent《アノポウネント》	Gegner《ゲーグナア》 schlagen《シュラーゲン》
14	相手を抜いて進む	beat《ビート》 an opponent《アノポウネント》	Gegner《ゲーグナア》 umdribbeln《ウムドリッベルン》
15	相手を惑わす	deceive《ディスィーヴ》 the《ズィ》 opponent《オポウネント》	Gegner《ゲーグナア》 täuschen《トイシエン》
16	相手を無視する	neutralize《ニュートゥラライズ》 an opponent《アノポウネント》	Gegner《ゲーグナア》 ausschalten《アオスシャルテン》

フランス語	ロシア語	スペイン語
passe《パス》 dans《ダン》 le《ル》 trou《トルゥ》	передача《ピリダーチャ》 вразрез《ヴラズリェース》	pase《パセ》 en《エン》 la《ラ》 brecha《ブレチャ》
échapper《エシャペ》 à《ア》 l'adversaire《ラドヴェルセル》	уйти《ウイチー》 от《アト》 соперника《サピェールニカ》	escaparse《エスカパールセ》 del《デル》 adversario《アドゥベルサリオ》
camp《カン》 adverse《アドヴェルス》	половина《パラヴィーナ》 поля《ポーリャ》 соперника《サピェールニカ》	campo《カンポ》 contrario《コントゥラリオ》
lober《ロベ》 un《アン》 adversaire《アドヴェルセル》	перекинуть《ピリキーヌチ》 мяч《ミャーチ》 через《チェーリス》 соперника《サピェールニカ》	lanzar《ランサール》 en《エン》 parábola《パラボラ》 por《ポル》 encima《エンシマ》 del《デル》 contrario《コントゥラリオ》
sauter《ソーテ》 sur《スュル》 un《アン》 adversaire《アドヴェルセル》	прыгнуть《プルィーグヌチ》 на《ナ》 соперника《サピェールニカ》	saltar《サルタール》 sobre《ソブレ》 un《ウン》 adversario《アドゥベルサリオ》
prendre《プランドル》 en《アン》 défaut《デフォ》 la《ラ》 défense《デファンス》 adverse《アドヴェルス》	обыграть《アブィグラーチ》 защиту《ザシチートゥ》 соперника《サピェールニカ》	burlar《ブルラール》 a《ア》 la《ラ》 defensa《デフェンサ》 contraria《コントゥラリア》
se《ス》 démarquer《デマルケ》	уйти《ウイチー》 от опека《アタピェーキ》	desmarcarse《デスマルカルセ》
talonner《タロネ》 l'adversaire《ラドヴェルセル》	преследовать《プリスリェーダヴァチ》 соперника《サピェールニカ》	perseguir《ペルセギール》 al《アル》 adversario《アドゥベルサリオ》
mettre《メトル》 hors《オル》-jeu《ジュ》	создать《サズダーチ》 положение《パラジェーニエ》 вне《ヴニェ》 игры《イグルィー》	jugar《フガール》 al《アル》 《off-side》《(オーフ サイド)》
effacer《エファセ》 un《アン》 adversaire《アドヴェルセル》	снести《スニェスチィー》 соперника《サピェールニカ》	barrer《バレール》 a《ア》 un《ウン》 adversario《アドゥベルサリオ》
charger《シャルジェ》 un《アン》 adversaire《アドヴェルセル》	блокировать《ブラキーラヴァチ》 соперника《サピェールニカ》	cargar《カルガール》 a《ア》 un《ウン》 adversario《アドゥベルサリオ》
retenir《ルトニル》 un《アン》 adversaire《アドヴェルセル》	задержать《ザジルジャーチ》 соперника《サピェールニカ》	sujetar《スヘタール》 a《ア》 un《ウン》 adversario《アドゥベルサリオ》
frapper《フラペ》 l'adversaire《ラドヴェルセル》	ударить《ウダーリチ》 соперника《サピェールニカ》	golpear《ゴルペアール》 a《ア》 un《ウン》 adversario《アドゥベルサリオ》
dribbler《ドリブレ》 un《アン》 adversaire《アドヴェルセル》	обвести《アブヴィスチィー》 соперника《サピェールニカ》	regatear《レガテアール》 a《ア》 un《ウン》 adversario《アドゥベルサリオ》
tromper《トロンペ》 l'adversaire《ラドヴェルセル》	обмануть《アブマヌーチ》 соперника《サピェールニカ》	engañar《エンガニャール》 a《ア》 un《ウン》 adversario《アドゥベルサリオ》
neutraliser《ヌトラリゼ》 un《アン》 adversaire《アドヴェルセル》	выключить《ヴィークリュチチ》 соперника《サピェールニカ》 из《イズ》 игры《イグルィー》	neutralizar《ネゥトゥラリサール》 a《ア》 un《ウン》 adversario《アドゥベルサリオ》

日本語	英語	ドイツ語
17 アウト・オブ・プレー	out《アウト》 of《オヴ》 play《プレイ》	abseits《アップザイツ》, außer《アオサァ》 Spiel《シュピール》
18 アウト・オブ・プレーの ボール	ball《ボール》 out《アウト》 of《オヴ》 play《プレイ》	Ball《バル》 aus《アオス》 dem《デム》 Spiel《シュピール》
19 アウトサイド・キック	kicking《キッキング》 with《ウィズ》 the《ズィ》 outside《アウトサイド》 of《オヴ》 the《ザ》 foot《フット》	Außenseitsstoß《アオセンザイツシュトース》, Außenriststoß《アオセンリストシュトース》
20 アウトサイドでの ドリブル	dribbling《ドゥリブリング》 with《ウィズ》 the《ズィ》 outside《アウトサイド》 of《オヴ》 the《ザ》 foot《フット》	Ballführung《バルフュールング》 mit《ミット》 der《デア》 Außenseite《アオセンザイト》 des《デス》 Fußes《フーセス》
21 アウトサイド・ライト	outside《アウトサイド》 right《ライト》	Rechtsaußen《レッヒツアオセン》
22 アウト・フロント・ キック	kicking《キッキング》 with《ウィズ》 the《ズィ》 outer《アウタァ》 instep《インステップ》 of《オヴ》 the《ザ》 foot《フット》	Außenspannstoß《アオセンシュパンシュトース》
23 足でのフェイント	feint《フェイント》 with《ウィズ》 the《ザ》 feet《フット》	Täuschung《トイシュング》 mit《ミット》 den《デン》 Beinen《バイネン》
24 足のアウトサイドでの トラッピング	trapping《トゥラッピング》 with《ウィズ》 the《ザ》 outside《アウトサイド》 of《オヴ》 the《ザ》 foot《フット》	Stoppen《シュトッペン》 mit《ミット》 der《デア》 Außenseite《アオセンザイテ》 des《デス》 Fußes《フーセス》
25 足のインサイドでの トラッピング	trapping《トゥラッピング》 with《ウィズ》 the《ザ》 inside《インサイド》 of《オヴ》 the《ザ》 foot《フット》	Stoppen《シュトッペン》 mit《ミット》 der《デア》 Innenseite《インネンザイテ》 des《デス》 Fußes《フーセス》
26 頭でのトラッピング	trapping《トゥラッピング》 with《ウィズ》 the《ザ》 head《ヘッド》	Ballstoppen《バルシュトッペン》 mit《ミット》 dem《デム》 Kopf《コップフ》
27 頭でボールを打ち返す	head《ヘッド》 the《ザ》 ball《ボール》 out《アウオ》	Ball《バル》 wegköpfen《ヴェックケップフェン》
28 イエロー・カード	yellow《イエロウ》 card《カード》	gelbe《ゲルベ》 Karte《カルテ》
29 意外なゴール	shock《シャック》 goal《ゴウル》	Überraschungstor《ユーバァラッシュングストーァ》
30 1-3-3--3システム	1《ワン》-3《スリー》-3《スリー》--3《スリー》 system《スィステム》	1《アインス》-3《ドライ》-3《ドライ》--3《ドライ》- System《ズュステーム》

フランス語	ロシア語	スペイン語
hors《オル》-jeu《ジゥ》	《вне игры》《(ヴニエー イグルィー)》	fuera《フエラ》 de《デ》 juego《フエゴ》
ballon《バロン》 hors《オル》 du《デュ》 jeu《ジゥ》	мяч《ミャーチ》 не《ニ》 в игре《ヴイグルィー》	balón《バロン》 en《エン》 fuera《フエラ》 de《デ》 juego《フエゴ》
tir《ティル》 de《ドゥ》 l'extérieur《レクステリウル》 du《デュ》 pied《ピエ》	удар《ウダール》 внешней《ヴニエーシニエイ》 стороной《スタラノーイ》 стопы《ストープィ》	tiro《ティロ》 con《コン》 el《エル》 exterior《エステリオル》 del《デル》 pie《ピエ》
dribble《ドリブル》 de《ドゥ》 l'extérieur《レクステリウル》 du《デュ》 pied《ピエ》	ведение《ヴィジェーニエ》 мяча《ミャチャー》 внешней《ヴニエーシニエイ》 стороной《スタラノーイ》 стопы《ストープィ》	dirección《ディレクシオン》 del《デル》 balón《バロン》 con《コン》 el《エル》 exterior《エステリオル》 del《デル》 pie《ピエ》
ailier《エリエ》 droit《ドルワ》	правый《プラーヴィイ》 крайний《クラーイニイ》 нападающий《ナパダーユシチイ》	extremo《エストゥレモ》 derecho《デレチョ》
tir《ティル》 avec《アヴェク》 l'extérieur《レクステリウル》 du《デュ》 coude《クゥド》-pied《ピエ》	удар《ウダール》 внешней《ヴニエーシニエイ》 стороной《スタラノーイ》 подъёма《パディヨーマ》	tiro《ティロ》 con《コン》 la《ラ》 parte《パルテ》 exterior《エステリオル》 del《デル》 empeine《エンペイネ》
feinte《ファント》 des《デ》 pieds《ピエ》	финт《フィント》 ногами《ナガーミ》	finta《フィンタ》 con《コン》 los《ロス》 pies《ピエス》
amorti《アモルティ》 de《ドゥ》 l'extérieur《レクステリウル》 du《デュ》 pied《ピエ》	остановка《アスタノーフカ》 мяча《ミャチャー》 внешней《ヴニエーシニエイ》 стороной《スタラノーイ》 стопы《ストープィ》	blocaje《ブロカヘ》 con《コン》 el《エル》 exterior《エステリオル》 del《デル》 pie《ピエ》
amorti《アモルティ》 de《ドゥ》 l'intérieur《ランテリウル》 du《デュ》 pied《ピエ》	остановка《アスタノーフカ》 мяча《ミャチャー》 внутренней《ヴヌトゥリエーンニエイ》 стороной《スタラノーイ》 стопы《ストープィ》	blocaje《ブロカヘ》 con《コン》 el《エル》 interior《インテリオル》 del《デル》 pie《ピエ》
amorti《アモルティ》 de《ドゥ》 la《ラ》 tête《テト》	остановка《アスタノーフカ》 мяча《ミャチャー》 головой《ガラヴォーイ》	amortiguamiento《アモルティグアミエント》 del《デル》 balón《バロン》 con《コン》 la《ラ》 cabeza《カベサ》
dégager《デガジェ》 de《ドゥ》 la《ラ》 tête《テト》	отбить《アトウビーチ》 мяч《ミャーチ》 головой《ガラヴォーイ》	salvar《サルバール》 con《コン》 la《ラ》 cabeza《カベサ》
carton《カルトン》 jaune《ジョヌ》	жёлтая《ジョールタヤ》 карточка《カールタチカ》	tarjeta《タルヘタ》 amarilla《アマリリャ》
but《ビュ》 surprise《スュルプリズ》	неожиданный《ニアジーダンヌィイ》 гол《ゴール》	gol《ゴル》 inesperado《イネスペラド》
système《スィステム》 1-3-3--3《アン トルワ トルワ トルワ》	система《スィスチェーマ》 игры《イグルィー》 1-3-3--3《アヂーン トゥリー トゥリー トゥリー》	sistema《システマ》 1-3-3-3《ウノ トゥレス トゥレス トゥレス》

日本語	英語	ドイツ語
31 1-4-3--2システム	1《ワン》-4《フォー》-3《スリー》--2《トゥー》 system《スィステム》	1《アインス》-4《フィーア》-3《ドライ》--2《ツヴァイ》- System《ズュステーム》
32 インサイド・キック	kicking《キッキング》 with《ウィズ》 the《ズィ》 inside《インサイド》 of《オヴ》 the《ザ》 foot《フット》	Innenseitsstoß《インネンザイツシュトース》
33 インサイドでのドリブル	dribbling《ドゥリブリング》 with《ウィズ》 the《ズィ》 inside《インサイド》 of《オヴ》 the《ザ》 foot《フット》	Ballführung《バルフュールング》 mit《ミット》 der《デア》 Innenseite《インネンザイテ》 des《デス》 Fußes《フーセス》
34 インサイド・フォーワド	inside《インサイド》 forward《フォーワド》	Innenstürmer《インネンシュテュルマァ》
35 インサイド・ライト	inside《インサイド》 right《ライト》	rechter《レッヒタァ》 Verbinder《フェアビンダァ》
36 インサイド・レフト	inside《インサイド》 left《レフト》	linker《リンカァ》 Verbinder《フェアビンダァ》
37 インステップでのシュート	instep《インステップ》 shot《ショット》	Spannstoß《シュパンシュトース》
38 インステップでのトラッピング	trapping《トゥラッピング》 with《ウィズ》 the《ザ》 instep《インステップ》	Stoppen《シュトッペン》 mit《ミット》 dem《デム》 Spann《シュパン》
39 インフロント・キック	kicking《キッキング》 with《ウィズ》 the《ズィ》 inner《イナァ》 instep《インステップ》 of《オヴ》 the《ザ》 foot《フット》	Innenspannstoß《インネンシュパンシュトース》
40 イン・プレー	in《イン》 play《プレイ》	im《イム》 Spiel《シュピール》
41 ウィニング・ゴール	winning《ウィーニング》 goal《ゴウル》	spielentscheidendes《シュピールエントシャイデンデス》 Tor《トーア》
42 ウイング	wing《ウイング》	Flügel《フリューゲル》
43 ウイングから逆のウイングへのパスによる攻撃	change《チェインヂ》 the《ザ》 wing《ウィング》 of《オヴ》 attack《アタック》	Flügelwechsel《フリューゲルヴェックセル》
44 ウイング攻撃	wing《ウイング》 raid《レイド》	Flügellauf《フリューゲルラオフ》
45 ウイングへのパス	wing《ウイング》 pass《パス》	Flügelpaß《フリューゲルパス》
46 動かないボール	standing《スタンディング》 ball《ボール》	ruhender《ルーエンダァ》 Ball《バル》

フランス語	ロシア語	スペイン語
système《スィステム》 1-4-3--2《アン カトル トルワ ドゥ》	система《スィスチェーマ》 игры《イグルィー》 1-4-3-2《アヂーン チトゥィーリ トゥリー ドゥバー》	sistema《システマ》 1-4-3-2《ウノ クアトゥロ トゥレス ドス》
tir《ティル》 avec《アヴェク》 l'intérieur《ランテリウル》 du《デュ》 pied《ピエ》	удар《ウダール》 внутренней《ヴヌトゥリエーンニエイ》 стороной《スタラノーイ》 стопы《ストープィ》	tiro《ティロ》 con《コン》 el《エル》 interior《インテリオル》 del《デル》 pie《ピエ》
dribble《ドリブル》 de《ドゥ》 l'intérieur《ランテリウル》 du《デュ》 pied《ピエ》	ведение《ヴヂェーーニェ》 мяча《ミャチャー》 внутренней《ヴヌトゥリエーンニエイ》 стороной《スタラノーイ》 стопы《ストープィ》	dirección《ディレクシオン》 del《デル》 balón《バロン》 con《コン》 el《エル》 interior《インテリオル》 del《デル》 pie《ピエ》
attaquant《アタカン》 d'intérieur《ダンテリウル》	внутренний《ヴヌトゥリエーンニイ》 нападающий《ナパダーユシチイ》, инсайд《イーンサイド》	delantero《デランテロ》 interior《インテリオル》
intérieur《アンテリウル》 droit《ドルワ》	правый《プラーヴィイ》 полусредний《パルゥスリエードゥニイ》	interior《インテリオル》 derecha《デレチャ》
intérieur《アンテリウル》 gauche《ゴシュ》	левый《リエーヴィイ》 полусредний《パルゥスリエードゥニイ》	interior《インテリオル》 izquierda《イスキエルダ》
tir《ティル》 avec《アヴェク》 le《ル》 cou-de-pied《クゥ ド ピエ》	удар《ウダール》 подъёмом《パヂィヨーマム》	tiro《ティロ》 con《コン》 el《エル》 empeine《エンペイネ》
blocage《ブロカジュ》 du《デュ》 cou《クゥ》 de-pied《ド ピエ》	остановка《アスタノーフカ》 мяча《ミャチャー》 подъёмом《パヂィヨーマム》	bloqueo《ブロケオ》 con《コン》 el《エル》 empeine《エンペイネ》
tir《ティル》 avec《アヴェク》 l'intérieur《ランテリウル》 du《デュ》 cou《クゥ》 de-pied《ド ピエ》	удар《ウダール》 внутренней《ヴヌトゥリエーンニエイ》 стороной《スタラノーイ》 подъёма《パヂィヨーマ》	tiro《ティロ》 con《コン》 la《ラ》 parte《パルテ》 interior《インテリオル》 del《デル》 empeine《エンペイネ》
en《アン》 jeu《ジゥ》	《в игре》《(ヴ イグリエー)》	en《エン》 juego《フエゴ》
but《ビュ》 de《ドゥ》 la《ラ》 victoire《ヴィクトゥワル》	решающий《リシャーユシチイ》 гол《ゴール》	gol《ゴル》 decisivo《デシシボ》
aile《エル》	край《クラーイ》 поля《ポーリャ》	ala《アラ》
changement《シャジュマン》 d'aile《デル》	смена《スミェーナ》 крыла《クルィラー》 атаки《アターキ》	cambio《カンビオ》 del《デル》 flanco《フランコ》 del《デル》 ataque《アタケ》
descente《デサント》 par《パル》 l'aile《レル》	проход《プラホート》 по《パ》 краю《クラーユ》	escapada《エスカパダ》 lateral《ラテラル》
passe《パサ》 à l'aile《レル》	передача《ピリダーチャ》 на《ナ》 край《クライ》	pase《パセ》 al《アル》 ala《アラ》
balle immobile《バリムモビル》	неподвижный《ニパドゥヴィージヌィイ》 мяч《ミャーチ》	balón《バロン》 parado《パラド》

日本語	英語	ドイツ語
47 鋭角にシュートする	shoot《シュート》 from《フラム》 a《ア》 narrow《ナロウ》 angle《アングル》	aus《アオス》 spitzem《シュピッツェム》 Winkel《ヴィンケル》 schießen《シーセン》
48 延長時間	extra-time《エキストアタイム》, extended《イクステンド》 time《タイム》	Spielverlängerung《シュピールフェァレンゲルング》
49 エンドの交代	change《チェインヂ》 of《オヴ》 ends《エンズ》	Seitenwechsel《ザイテンヴェックセル》
50 エンドの選択	choice《チョイス》 of《オヴ》 ends《エンズ》	Seitenwahl《ザイテンヴァール》
51 オーバーヘッド・キック	overhead《オウヴァヘッド》 kick《キック》	Rückzieher《リュックツィーアァ》
52 オープン・スペースに走り込む	run《ラン》 into《イントウ》 the《ズィ》 open《オウプン》 space《スペイス》	sich《ズィッヒ》 freilaufen《フライラオフェン》
53 オウン・ゴール	own《オウン》 goal《ゴウル》	Eigentor《アイゲントーァ》
54 オフサイドからのゴール	offside《オフサイド》 goal《ゴウル》	Abseitstor《アップザイツトーァ》
55 オフサイド・トラップ	offside《オフサイド》 trap《トゥラップ》	Abseitsfalle《アップザイツファレ》
56 オフサイド・ポジション	offside《オフサイド》 position《ポズィシャン》	Abseitsstellung《アップザイツシュテルング》
57 オリンピック・サッカー・トーナメント	Olympic《オリンピック》 Football《フットボール》 Tournament《ターナマント》	Olympisches《オリュムピシェス》 Fußballturnier《フースバルトゥルニーァ》
58 回転シュート	turn《ターン》-around《アラウンド》 shot《ショット》	Stoß《シュトース》 aus《アオス》 der《デァ》 Drehung《ドレーウング》
59 踵でのパス	heel《ヒール》 pass《パス》	Fersenpaß《フェルザエンパス》
60 数の上での優位	outnumbering《アウトナンバリング》	Überzahl《ユーバァツァール》
61 加点する	increase《インクリース》 the《ザ》 lead《リード》	Tordifferenz《トーァディフェレンツ》 verbessern《フェァベッセルン》
62 壁（防御）	wall《ウォール》	Mauer《マオァ》

フランス語	ロシア語	スペイン語
tirer《ティレ》 d'un《ダン》 angle《アングル》 difficile《ディフィスィル》	бить《ビーチ》 под острым《パトーストゥルィム》 углом《ウグローム》	rematar《レマタール》 al《アル》 ángulo《アングロ》 agudo《アグド》
prolongation《プロロンガスィオン》	дополнительное《ダパルニーチリナエ》 время《ブリェーミャ》	prolongación《プロロンガシオン》
changement《シャジュマン》 de《ドゥ》 camp《カン》	смена《スミェーナ》 ворот《ヴァロート》	cambio《カンビオ》 de《デ》 campos《カンポス》
tirage au《ティラジョ》 sort《ソル》 des《デ》 camps《カン》	выбор《ヴィーバル》 ворот《ヴァロート》	sorteo《ソルテオ》 de《デ》 campo《カンポ》
coup《クゥ》 de《ドゥ》 pied《ピエ》 retourné《ルトゥルネ》	удар《ウダール》 через《チェーリス》 себя《スェビャー》	tijera《ティヘラ》 de《デ》 espaldas《エスパルダス》
se《ス》 démarquer《デマルケ》	выйти《ヴィーイチィ》 на《ナ》 свободное《スヴァボードナエ》 место《ミェースト》	desmarcarse《デスマルカールセ》 hacia《アシア》 el《エル》 espacio《エスパシオ》 libre《リブレ》
but《ビュ》 marqué《マルケ》 contre《コントル》 son《ソン》 camp《カン》	гол《ゴール》 в《フ》 свои《スヴァイー》 ворота《ヴァロータ》	gol《ゴル》 en《エン》 la《ラ》 propia《プロピア》 puerta《プエルタ》
but《ビュ》 marqué《マルケ》 sur《スュル》 hors-jeu《オルジゥ》	гол《ゴール》 из《イス》 положения《パラジェーニヤ》 вне《ヴニエー》 игры《イグルィー》	gol《ゴル》 marcado《マルカド》 en《エン》 el《エル》 fuera《フエラ》 del《デル》 juego《フエゴ》
piège《ピエジュ》 de《ドゥ》 hors-jeu《オルジゥ》	искусственное《イスクーストゥヴェンナエ》 положение《パラジェーニエ》 вне《ヴニエー》 игры《イグルィー》	trampa《トゥランパ》 del《デル》 fuera《フエラ》 de《デ》 juego《フエゴ》
position《ポズィスィオン》 de《ドゥ》 hors-jeu《オルジゥ》	положение《パラジェーニエ》 вне《ヴニエー》 игры《イグルィー》, офсайд《オーフサイド》	fuera《フエラ》 de《デ》 juego《フエゴ》, offside《オーフサイド》
Tournoi《トゥルヌワ》 Olympique《オランピク》 de《ドゥ》 football《フトボル》	Олимпийский《アリムピーイスキイ》 турнир《トゥルニール》 по《パ》 футболу《フドボールゥ》	Torneo《トルネオ》 Olímpico《オリンピコ》 de《デ》 Fútbol《フトボル》
tir《ティル》 tournant《トゥルナン》	удар《ウダール》 с《ス》 поворотом《パヴァロータム》	tiro《ティロ》 de《デ》 cadera《カデラ》
passe《パス》 du《デュ》 talon《タロン》	передача《ピリダーチャ》 пяткой《ピャートゥカイ》	pase《パセ》 con《コン》 el《エル》 talón《タロン》
supériorité《スュペリオリテ》 numérique《ニュメリク》	численное《チースリェンナエ》 превосходство《プリヴァスホーツトゥヴァ》	mayoria《マヨリア》
augmenter《オグマンテ》 la《ラ》 marque《マルク》	увеличить《ウヴリーチィチ》 счёт《スチョート》	aumentar《アウメンタール》 tantos《タントス》
mur《ミュール》	стенка《スチェーンカ》 (оборонительная)《(アバラニーチィリナヤ)》	barrera《バレラ》

日本語	英語	ドイツ語
63 壁パス	wall《ウォール》 pass《パス》, give《ギヴ》-and《アンド》- go《ゴウ》	Doppelpaß《ドッペルパス》
64 間接フリー・キック	indirect《インディレクト》 free《フリー》 kick《キック》	indirekter《インディレクタア》 Freistoß《フライシュトース》
65 間接フリー・キックを与える	award《アワァド》 indirect《インディレクト》 free《フリー》 kick《キック》	indirekten《インディレクタア》 Freistoß《フライシュトース》 zuerkennen《ツーエァケンネン》
66 キーパーにボールを返す	play《プレイ》 back《バック》 to《トゥ》 the《ザ》 goalkeeper《ゴウルキーパァ》	zum《ツム》 Torwart《トーアヴァールト》 zurückspielen《ツリュックシュピーレン》
67 キーパーの交代	changing《チェインヂング》 the《ザ》 goalkeeper《ゴウルキーパァ》	Wechsel《ヴェックセル》 des《デス》 Torwarts《トーアヴァールツ》
68 キーパーのスローイングパス	throwing《スロウイング》 pass《パス》	Abwurf《アップヴルフ》 (des《(デス》 Balls)《バルス)》
69 キック	kick《キック》, shot《ショット》	Tritt《トゥリット》
70 キックオフ	kickoff《キックオフ》	Spielbeginn《シュピールベギン》, Anstoß《アンシュトース》
71 キックオフをする	kick《キック》 off《オフ》	anstoßen《アンシュトーセン》
72 キックする	kick《キック》	stoßen《シュトーセン》
73 キックを跳ね返す	parry《パリ》 a《ア》 kick《キック》	Torschuß《トーアシュス》 abwehren《アップヴェーレン》
74 きびしいプレー	hard《ハード》 play《プレイ》	hartes《ハルテス》 Spiel《シュピール》
75 競技開始のホイッスル	starting《スターティング》 whistle《フウィスル》	Anpfiff《アンプフィッフ》
76 競技場	field《フィールド》 of《オヴ》 play《プレイ》	Spielfeld《シュピールフェルト》
77 競技場の大きさ	dimensions《ディメンシャンズ》 of《オヴ》 the《ザ》 field《フィールド》	Spielfeldausmaße《シュピールフェルトアオスマーセ》
78 競技場の半分	half《ハフ》 of《オヴ》 the《ザ》 field《フィールド》	Spielfeldhälfte《シュピールフェルトヘルフテ》

フランス語	ロシア語	スペイン語
une《ユヌ》-deux《ドゥ》	стенка《スチェーンカ》 (комбинация)《(カムビナーツィヤ)》	《pared》《バレ》
coup《クゥ》 franc《フラン》 indirect《アンディレクト》	свободный《スヴァボードゥヌィイ》 удар《ウダール》	golpe《ゴルペ》 franco《フランコ》 indirecto《インディレクト》
accorder《アコルデ》 un《アン》 coup《クゥ》 franc《フラン》	назначить《ナズナーチィチ》 свободный《スヴァボードゥヌィイ》 удар《ウダール》	decretar《デクレタール》 un《ウン》 golpe《ゴルペ》 franco《フランコ》
passer《パス》 en《アン》 retrait《ルトレ》 au《オ》 gardien《ガルディアン》 de《ドゥ》 but《ビュ》	отыграть《アトゥィグラーチ》 мяч《ミャーチ》 вратарю《ヴラターリュ》	pasar《パサール》 el《エル》 balón《バロン》 a《ア》 su《ス》 portero《ポルテロ》
changement《シャジュマン》 du《デュ》 gardien《ガルディアン》 de《ドゥ》 but《ビュ》	замена《ザミェーナ》 вратаря《ヴラタリャー》	cambio《カンビオ》 del《デル》 portero《ポルテオ》
dégagement《デガジュマン》 à《ア》 la《ラ》 main《マン》	выбрасывание《ヴィブラースィヴァニエ》 мяча《ミャチャー》 рукой《ルコーイ》 от《アト》 ворот《ヴァロート》	saque《サケ》 con《コン》 la《ラ》 mano《マノ》
coup《クゥ》 de《ドゥ》 pied《ピエ》	удар《ウダール》 ногой《ナゴーイ》	golpeo《ゴルペオ》 con《コン》 el《エル》 pie《ピエ》
engagement《アンカジュマン》	начало《ナチャーラ》 игры《イグルィー》	iniciación《イニシアシオン》 del《デル》 partido《パルティド》
donner《ドネ》 le《ル》 coup《クゥ》 d'envoi《ダンヴワ》	начать《ナチャーチ》 игру《イグルゥー》	ejecutar《エヘクタール》 el《エル》 saque《サケ》 de《デ》 comienzo《コミエンソ》
donner《ドネ》 un《アン》 coup《クゥ》 de《ドゥ》 pied《ピエ》, botter《ボテ》	бить《ビーチ》 ногой《ナゴーイ》	chutar《チュタール》, patear《パテアール》, tirar《ティラール》
parer《パレ》 un《アン》 tir《ティル》	парировать《パリーラヴァチ》 удар《ウダール》	parar《パラール》 un《ウン》 tiro《ティロ》
jeu《ジゥ》 dur《デュール》	жёсткая《ジョーストゥカヤ》 игра《イグラー》	juego《フエゴ》 duro《ドゥロ》
coup《クゥ》 de《ドゥ》 sifflet《スィフレ》 d'envoi《ダンヴワ》	свисток《スヴィストーク》 к《ク》 началу《ナチャールゥ》 игры《イグルィー》	pitido《ピティド》 inicial《イニイシアル》
terrain《テラン》 de《ドゥ》 jeu《ジゥ》	игровое《イグラヴァーエ》 поле《ポーリェ》	campo《カンポ》 de《デ》 juego《フエゴ》
dimensions《ディマンスィオン》 du《デュ》 terrain《テラン》	размеры《ラズミェールィ》 поля《ポーリャ》	dimensiones《ディメンシオネス》 del《デル》 terreno《テレノ》
moitié《ムワティエ》 de《ドゥ》 terrain《テラン》	половина《パラヴィーナ》 поля《ポーリャ》	medio《メディオ》 terreno《テレノ》 de《デ》 juego《フエゴ》

	日本語	英語	ドイツ語
79	強烈なシュート	powerful《パウァフル》 shot《ショット》	unhaltbarer《ウンハルトバーラァ》 Schuß《シュス》
80	靴のスタッド	shoes《シューズ》 stud《スタッド》, cleat《クリートゥ》	Stollen《シュトレン》
81	クリアランス（ゴールからのキック）	clearance《クリアランス》	Abstoß《アップシュトース》
82	クロス・ゲーム	close《クロウス》 game《ゲイム》	ausgeglichenes《アオスゲグリッヒエネス》 Spiel《シュピール》
83	クロスバー	crossbar《クロスバー》	Querlatte《クヴェーァラッテ》
84	クロスバーに当たる	hit《ヒット》 the《ザ》 crossbar《クロスバー》	Querlatte《クヴェーァラッテ》 treffen《トレッフェン》
85	クロスバーを越えたシュート	shoot《シュート》 over《オウヴァ》 the《ザ》 bar《バー》	über《ユーバァ》 die《ディ》 Latte《ラッテ》 schießen《シーセン》
86	クロス・パス	cross《クロス》 pass《パス》	Querpaß《クヴェーァパス》
87	ゲーム・センス	football《フットボール》 sense《センス》	Spielsinn《シュピールズィン》
88	ゲームの再開	restart《リスタート》 of《オヴ》 the《ザ》 game《ゲイム》	Wiederaufnahme《ヴィーダァアオフナーメ》 des《デス》 Spiels《シュピールス》
89	ゲームの終了	end《エンド》 of《オヴ》 match《マッチ》	Spielende《シュピールエンデ》
90	ゲーム前の整列	starting《スターティング》 alignment《アラインマント》	Aufstellung《アオフシュテルング》 zum《ツム》 Spielbeginn《シュピールベギン》
91	ゲーム・メーカー	play《プレイ》-maker《メイカァ》	Ballverteiler《バルフェァタイラァ》
92	警告を与える	giving《ギヴィング》 a《ア》 warning《ウォーニング》	Verwarnung《フェァヴァルヌング》 erteilen《エァタイレン》
93	蹴り足	kicking《キッキング》 foot《フット》	Stoßbein《シュトースバイン》
94	コーナー・エリア	corner《コーナァ》 area《エアリア》, corner《コーナァ》 arc《アーク》	Eckraum《エックラオム》
95	コーナー・キック	corner《コーナァ》 kick《キック》	Eckstoß《エックシュトース》
96	コーナー・キックをする	take《テイク》 a《ア》 corner《コーナァ》	Eckball《エックバル》 ausführen《アオスフューレン》
97	コーナーの方へボールを蹴る	turn away《ターナウェイ》 for《フォ》 a《ア》 corner《コーナァ》	Ball《バル》 ins《インス》 Toraus《トーァアオス》 spielen《シュピーレン》

フランス語	ロシア語	スペイン語
tir《ティル》 imparable《アンパラブル》	неотразимый《ニアトゥラジームィイ》 удар《ウダール》	tiro《ティロ》 imparable《インパラブル》
crampon《クランポン》	шип《シーブ》	taco《タコ》
dégagement《デガジュマン》	удар《ウダール》 от《アト》 ворот《ヴァロート》	despeje《デスペヘ》
jeu《ジゥ》 équilibré《エキリブル》	равная《ラーヴナヤ》 игра《イグラー》	juego《フエゴ》 equilibrado《エキリブラド》
barre《バル》 transversale《トランスヴェルサル》	перекладина《ピリクラーディナ》 ворот《ヴァロート》	larguero《ラルゲロ》
tirer《ティレ》 sur《シュル》 la《ラ》 transversale《トランスヴェルサル》	попасть《パパースチ》 в《フ》 перекладину《ピリクラーディヌゥ》	tirar《ティラール》 contra《コントゥラ》 el《エル》 larguero《ラルゲロ》
tirer《ティレ》 par-dessus《パル ドゥスユ》 le《ル》 but《ビュ》	бить《ビーチ》 выше《ヴィーシェ》 ворот《ヴァロート》	tirar《ティラール》 por《ポル》 encima《エンシマ》 del《デル》 larguero《ラルゲロ》
passe《パス》 latérale《ラテラル》	поперечная《パピリェーチナヤ》 передача《ピリダーチャ》	pase《パセ》 horizontal《オリソンタル》
sens《サンス》 du《デュ》 jeu《ジゥ》	чувство《チューストゥヴァ》 игры《イグルィー》	sentido《センティド》 de《デ》 juego《フエゴ》
reprise《ルプリズ》 du《デュ》 jeu《ジゥ》	возобновление《ヴァザブナヴリェーニエ》 игры《イグルィー》	reiniciación《レイニシアシオン》 del《デル》 juego《フエゴ》
fin《フィン》 du《デュ》 match《マチ》	конец《カニェーツ》 матча《マートゥチャ》	fin《フィン》 del《デル》 juego《フエゴ》
position《ポズィスィオン》 de《ドゥ》 départ《デパル》	расстановка《ラススタノーフカ》 игроков《イグラコーフ》 перед《ピェーリド》 началом《ナチャーラム》 игры《イグルィー》	disposición《ディスポシシオン》 inicial《イニシアル》
distributeur《ディストリビュトゥル》 des《デ》 balles《バル》	разыгрывающий《ラズィーグルィヴァユイチイ》	distribuidor《ディストゥリブイドル》 de《デ》 balones《バロネス》
donner《ドネ》 un《アン》 avertissement《アヴェルティスマン》	сделать《ズヂェーラチ》 предупреждение《プリドゥプリェジヂェーイエ》	dar《ダール》 una《ウナ》 advertencia《アドゥベルテンシア》
jambe《ジャンウ》 de《ドゥ》 frappe《フラプ》	бьющая《ビューシチャヤ》 нога《ナガー》	pie《ピエ》 de《デ》 tiro《ティロ》
surface《シュルファス》 de《ドゥ》 coin《クワン》	угловой《ウグラヴォーイ》 сектор《スェークタル》	área《アレア》 de《デ》 esquina《エスキナ》
coup《クゥ》 de《ドゥ》 pied《ピエ》 de《ドゥ》 coin《クワン》, corner《コルネル》	угловой《ウグラヴォーイ》 удар《ウダール》	saque《サケ》 de《デ》 esquina《エスキナ》
tirer《ティレ》 un《アン》 corner《コルネル》	подать《パダーチ》 угловой《ウグラヴォーイ》	sacar《サカール》 de《デ》 esquina《エスキナ》
dégager《デガジュ》 en《アン》 corner《コルネル》	отбить《アトゥビーチ》 мяч《ミャーチ》 на《ナ》 угловой《ウグラヴォーイ》	despejar《デスペハール》 hacia《アシア》 el《エル》 córner《コルナァ》

日本語	英語	ドイツ語
98 コーナー付近	near《ニア》 corner《コーナァ》	kurze《クルツェ》 Torecke《トーァエッケ》
99 コーナー· フラッグ	corner《コーナァ》 flag《フラッグ》	Eckfahne《エックファーネ》
100 ゴール（器具）	goal《ゴウル》	Tor《トーァ》
101 ゴール	goal《ゴウル》	Torerfolg《トーァエアフォルグ》, Treffer《トレッファ》
102 ゴール· アベレージ	goal《ゴウル》-average《アヴァレッヂ》	Torverhältnis《トーァフェァヘルトニス》
103 ゴール· エリア	goal《ゴウル》 area《エアリア》	Torraum《トーァラオム》
104 ゴール· エリア· ライン	goal《ゴウル》 area《エアリア》 line《ライン》	Torraumlinie《トーァラオムリニエ》
105 ゴールから出る （誘い出す）	play《プレイ》 angles《アングルズ》	aus《アオス》 dem《デム》 Tor《トーァ》 laufen《ラオフェン》
106 ゴールキーパー(女)	(women's《ウィミンズ》) goalkeeper《ゴウルキーパァ》	Torhüter《トーァヒュータァ》 (Torhüterin《トーァヒューテリン》)
107 ゴールキーパー(女)の ブロッキング	charge《チャーヂ》 of《オヴ》 the《ザ》 (women's《ウィミンズ》) goalkeeper《ゴウルキーパァ》	Angriff《アングリッフ》 gegen《ゲーゲン》 den《デン》 Torhüter《トーァヒュータァ》, (Torhüterin《トーァヒューテリン》)
108 ゴールキーパー(女)を外へ 誘い出すプレー	angle《アングル》 play《プレイ》 (women's《ウィミンズ》) goalkeeper《ゴウルキーパァ》	Torhüter《トーァヒュータァ》 Herauslaufen《ヘラオスラオフェン》 (Torhüterin《トーァヒューテリン》 Herauslaufen《ヘラオスラオフェン》)
109 ゴールキーパー(女)を チャージする	charge《チャーヂ》 the《ザ》 (women's《ウィミンズ》) goalkeeper《ゴウルキーパァ》	Torhüter《トーァヒュータァ》 angreifen《アングライフェン》 (Torhüterin《トーァヒューテリン》 angreifen《アングライフェン》)
110 ゴール· キックをする	take《テイク》 a《ア》 goal《ゴウル》-kick《キック》	abstoßen《アップシュトーセン》
111 ゴールにシュート	shot《ショット》 at《アット》 goal《ゴウル》	Torschuß《トーァシュス》
112 ゴールにシュートする	shoot《シュート》 for《フォ》 goal《ゴウル》	auf《アオス》 das《ダス》 Tor《トーァ》 schießen《シーセン》
113 ゴールの上隅	top《トップ》 corner《コーナァ》	obere《オーベレ》 Torecke《トーァエッケ》
114 ゴールの下隅	bottom《バトム》 corner《コーナァ》	untere《ウンテレ》 Torecke《トーァエッケ》

フランス語	ロシア語	スペイン語
angle《アングル》 le《ル》 plus《プリュ》 proche《プロシュ》	ближний《ブリージニイ》 угол《ウーゴル》 ворот《ヴァロート》	ángulo《アングロ》 más《マス》 cercano《セルカノ》
drapeau《ドラポ》 de《ドゥ》 coin《クワン》	угловой《ウグラヴォーイ》 флаг《フラーク》	banderola《バンデロラ》 de《デ》 esquina《エスキナ》
but《ビュ》	ворота《ヴァロータ》	portería《ポルテリア》
goal《ゴル》	гол《ゴール》	gol《ゴル》
goal《ゴル》-average《アヴァレッヂ》	соотношение《サアトナシェーニエ》 мячей《ミャチェーイ》	goal《ゴウル》 average《アヴァレッヂ》, promedio《プロメディオ》 de《デ》 tantos《タントス》
surface《スュルファス》 de《ドゥ》 but《ビュ》	площадь《プローシャチ》 ворот《ヴァロート》	área《アレア》 de《デ》 meta《メタ》
ligne《リニュ》 de《ドゥ》 la《ラ》 surface《スュルファス》 de《ドゥ》 but《ビュ》	линия《リーニヤ》 площади《プローシャディ》 ворот《ヴァロート》	línea《リネア》 del《デル》 área《アレア》 de《デ》 meta《メタ》
sortir《ソルティル》 de《ドゥ》 son《ソン》 but《ビュ》	выйти《ヴィーイチィ》 из《イズ》 ворот《ヴァロート》	abandonar《アバンドナール》 la《ラ》 portería《ポルテリア》
gardien《ガルディアン》(e《ディエヌ》) de《ドゥ》 but《ビュ》	вратарь《ヴラターリ》 (вратарша《ヴラタールシャ》)	portero《ポルテロ》 (portera《ポルテラ》)
charge《シャルジュ》 du《ドュ》 gardien《ガルディアン》(e《ディエヌ》) de《ドゥ》 but《ビュ》	блокировка《ブラキローフカ》 вратарь《ヴラタリャー》 (вратарша《ヴラタールシャ》)	bloqueo《ブロケオ》 del《デル》 portero《ポルテロ》 (de《デ》 la《ラ》 portera《ポルテラ》)
sortie《ソルティ》 du《デュ》 gardien《ガルディアン》(e《ディエヌ》)	выход《ヴィーハト》 вратаря《ヴラタリャー》 (вратарши《ヴラタールシ》)	salida《サリダ》 del《デル》 portero《ポルテロ》 (de《デ》 la《ラ》 portera《ポルテラ》)
charger《シャルジェ》 le《ル》 gardien《ガルディアン》(e《ディエヌ》) de《ドゥ》 but《ビュ》	нападать《ナパダーチ》 на《ナ》 вратаря《ヴラタリャー》 (вратарши《ヴラタールシ》)	cargar《カルガール》 al《アル》 portero《ポルテロ》 (a《ア》 la《ラ》 portera《ポルテラ》)
dégager《デガジェ》 la《ラ》 balle《バル》	выбить《ヴィービチ》 мяч《ミャーチ》 от《アト》 ворот《ヴァロート》	sacar《サカール》 de《デ》 meta《メタ》
tir《ティロ》 au《オ》 but《ビュ》	удар《ウダール》 по《パ》 воротам《ヴァロータム》	tiro《ティロ》 al《アル》 marco《マルコ》
tirer《ティレ》 au《オ》 but《ビュ》	бить《ビーチ》 по《パ》 воротам《ヴァロータム》	tirar《ティラール》 sobre《ソブレ》 la《ラ》 puerta《プエルタ》
angle《アングル》 supérieur《スュペリウル》 de《ドゥ》 but《ビュ》	верхний《ヴェールフニイ》 угол《ウーガル》 ворот《ヴァロート》	ángulo《アングロ》 superior《スペリオル》 de《デ》 la《ラ》 portería《ポルテリア》
angle《アングル》 inférieur《アンフェリウル》 de《ドゥ》 but《ビュ》	нижний《ニージニイ》 угол《ウーガル》 ворот《ヴァロート》	ángulo《アングロ》 inferior《インフェリオル》 de《デ》 la《ラ》 portería《ポルテリア》

日本語	英語	ドイツ語
115 ゴールの高さ	height《ハイト》 of《オヴ》 the《ザ》 goal《ゴウル》	Torhöhe《トーァヘーエ》
116 ゴール・ネット	goal《ゴウル》 net《ネット》	Tornetz《トーァネッツ》
117 ゴール・ポスト	goal《ゴウル》 post《ポスト》	Torpfosten《トーァプフォステン》
118 ゴール・ポストに当たる	hit《ヒット》 the《ザ》 goal《ゴウル》 post《ポスト》	Torpfosten《トーァプフォステン》 treffen《トレッフェン》
119 ゴール・ポスト付近	near《ニア》 goal《ゴウル》 post《ポスト》	vorderer《フォルデラァ》 Torpfosten《トーァプフォステン》
120 ゴール前へ高くパスする	lob《ロブ》 in《イン》	hoch《ホーホ》 zur《ツーァ》 Mitte《ミッテ》 flanken《フランケン》
121 ゴール・ライン	goal《ゴウル》 line《ライン》	Torlinie《トーァリーニエ》
122 ゴールを決める	score《スコー》 a《ア》 goal《ゴウル》	Tor《トーァ》 erzielen《エァツィーレン》
123 ゴールを激しく攻撃する	bombard《バンバァド》 at《アット》 the《ザ》 goal《ゴウル》	Tor《トーァ》 bombardieren《ボンバルディーレン》
124 ゴールをはずれてシュートする	shoot《シュート》 wide《ワイド》	vorbeischießen《フォーァバインシーセン》
125 ゴールを認める	grant《グラント》 a《ア》 goal《ゴウル》	Tor《トーァ》 gelten《ゲルテン》 lassen《ラッセン》
126 攻撃の最前線(スピアヘッド)	spearhead《スピアヘッド》 forward《フォーワド》	Sturmspitze《シュトゥルムシュピーッツェ》
127 攻撃のスタイル	attacking《アタッキング》 style《スタイル》	Angriffsstil《アングリッフスシュティール》
128 攻撃の戦術	attacking《アタッキング》 tactics《タクティクス》	Offensivtaktik《オフェンズィーフタクティク》
129 攻撃プレー	attacking《アタッキング》 play《プレイ》	Angriffsspiel《アングリッフスシュピール》
130 攻撃を止める	ward《ウォード》 off《オフ》 an attack《アナアタック》	Angriff《アングリッフ》 abwehren《アップヴェーレン》
131 後方へのパス	backwards《バクワヅ》 pass《パス》	Rückpaß《リュックパス》
132 国際サッカー連盟	Federation《フェデレイシャン》 of《オヴ》 International《インタナショヌル》 Football《フットボール》 Association《アソウシエイシャン》 (FIFA)《(フィファ)》	Internationaler《インテルナツィオナーラァ》 Fußballverband《フースバルフェァバント》 (FIFA)《(フィファ)》

フランス語	ロシア語	スペイン語
hauteur《オトゥル》 des《デ》 buts《ビュ》	высота《ヴィサター》 ворот《ヴァロート》	altura《アルトゥラ》 de《デ》 la《ラ》 portería《ポルテリア》
filet《フィレ》 de《ドゥ》 but《ビュ》	сетка《スエートゥカ》 ворот《ヴァロート》	red《レ》 de《デ》 la《ラ》 portería《ポルテリア》
montant《モンタン》 du《デュ》 but《ビュ》	стойка《ストーイカ》 ворот《ヴァロート》, штанга《シターンガ》	poste《ポステ》
tirer《ティレ》 sur《シュル》 le《ル》 montant《モンタン》	попасть《パパースチ》 в《ヴ》 штангу《シターングゥ》	tirar《ティラール》 contra《コントゥラ》 el《エル》 poste《ポステ》
montant《モンタン》 plus《プリュ》 proche《プロシュ》 au《オ》 but《ビュ》	ближняя《ブリージニャヤ》 штанга《シターンガ》	poste《ポステ》 más《マス》 cercano《セルカノ》
centrer《サントル》 en《アン》 hauteur《オトゥル》	передать《ピリダーチ》 мяч《ミャーチ》 верхом《ヴェールハム》 в《ヴ》 центр《チェーントゥル》	centrar《セントゥラール》 por《ポル》 alto《アルト》
ligne《リニュ》 de《ドゥ》 but《ビュ》	линия《リーニヤ》 ворот《ヴァロート》	línea《リネア》 de《デ》 meta《メタ》
maquer《マルケ》 un《アン》 but《ビュ》	забить《ザビーチ》 гол《ゴール》	marcar《マルカール》 un《ウン》 gol《ゴル》
bombarder《ボンバルデ》 le《ル》 but《ビュ》	обстреливать《アプストゥリェーリヴァチ》 ворота《ヴァロータ》	bombardear《ボンバルデアール》 la《ラ》 portería《ポルテリア》
tirer《ティレ》 dans《ダン》 les《レ》 décors《デコル》	бить《ビーチ》 мимо《ミーマ》 ворот《ヴァロート》	tirar《ティラール》 fuera《フエラ》 del《デル》 marco《マルコ》
accorder《アコルデ》 le《ル》 but《ビュ》	засчитать《ザスチターチ》 гол《ゴール》	conceder《コンセデール》 un《ウン》 gol《ゴル》
attaquant《アタカン》 de《ドゥ》 pointe《プワント》	нападающий《ナパダーユシチイ》, выдвинутый《ヴィードゥヴィヌトゥイイ》 вперёд《フピリョート》	delantero《デランテロ》 adelantado《アデランタド》
style《スティル》 d'attaque《ダタック》	наступательный《ナストゥパーチェリヌイイ》 стиль《スチィーリ》	estilo《エスティロ》 de《デ》 ataque《アタケ》
tactique offensive《タクティッコファンスィヴ》	наступательная《ナストゥパーチェリナヤ》 тактика《タークチィカ》	táctica《タクティカ》 en《エン》 ofensiva《オフェンシバ》
jeu《ジゥ》 offensif《オファンスィフ》	игра《イグラー》 в《ヴ》 атакующем《アタクーユシチェム》 стиле《スチィーリィ》	juego《フエゴ》 atacante《アタカンテ》
endiguer《アンディゲ》 l'attaque《ラタック》	отразить《アトゥラズィーチ》 атаку《アタークゥ》	rechazar《レチャサール》 en《エル》 ataque《アタケ》
passe《パス》 en《アン》 retrait《ルトレ》	передача《ピリダーチャ》 назад《ナザート》	pase《パセ》 hacia《アシア》 atrás《アトゥラス》
Fédération《フェデラスィオン》 Internationale《アンテルナスィオナル》 de《ドゥ》 Football《フゥトボル》 Association《アソスィアスィオン》 (FIFA)《(フィファ)》	Международная《ミジドゥナロードゥナヤ》 федерация《フィジィラーツィヤ》 футбольных《フドゥボーイヌィフ》 ассоциаций《アサツィアtイイ》 (ФИФА)《(フィファ)》	Federación《フェデラシオン》 Internacional《インテルナシオナル》 de《デ》 Fútbol《フトボル》 Asociación《アソシアシオン》 (FIFA)《(フィファ)》

日本語	英語	ドイツ語
133 5-3-1-1システム	5《ファイヴ》-3《スリー》-1《ワン》-1《ワン》 system《スィステム》	5《フュンフ》-3《ドライ》-1《アインス》-1《アインス》- System《ズュステーム》
134 5-3-2システム	5《ファイヴ》-3《スリー》-2《トゥー》 system《スィステム》	5《フュンフ》-3《ドライ》-2《ツヴァイ》- System《ズュステーム》
135 拳でボールを打ち返す	fist《ファースト》 the《ザ》 ball《ボール》	Ball《バル》 fausten《ファオステン》
136 転がっているボール	rolling《ロウリング》 ball《ボール》	rollender《ロレンダァ》 Ball《バル》
137 コンバインド・ デフェンス	combined《コンバインド》 defence《デフェンス》, combined《コンバインド》 marking《マーキング》	kombinierte《コンビニールテ》 Deckung《デックング》
138 サイド攻撃	side《サイド》 attack《アタック》	Flügelangriff《フリューゲルアングリッフ》
139 下がり気味のフォワード	withdrawn《ヴィズドゥローン》 forward《フォーワド》	zurückhängender《ツリュックヘンゲンダァ》 Stürmer《シュテュルマァ》
140 サッカー、フットボール	football《フットボール》, soccer《サカァ》	Fußball《フースバル》
141 サッカー・シューズ	football《フットボール》 shoes《シューズ》, football《フットボール》 boots《ブーツ》	Fußballschuhe《フースバルシューエ》
142 サッカー選手(女)	football《フットボール》 player《プレイア》, (women's)《(ウィミンズ)》 football《フットボール》 player《プレイア》	Fußballspieler《フースバルシュピーラァ》 (Fußballspielerin)《(フースバルシュピーレリン)》
143 サッカー杯	football《フットボール》 cup《カップ》	Fußball《フースバル》-Pokal《ポカール》
144 サッカーボール	football《フットボール》 (ball)《(ボール)》	Fußball《フースバル》
145 サッカー・ワールドカップ	Football《フットボール》 World《ワールド》 Cup《カップ》	Fußballweltmeisterschft《フースバルヴェルトマイスタァシャフト》
146 サッカーをする	play《プレイ》 football《フットボール》	Fußball《フースバル》 spielen《シュピーレン》
147 3-4-3システム	3《スリー》-4《フォー》-3《スリー》 system《スィステム》	3《ドライ》-4《フィーァ》-3《ドライ》- System《ズュステーム》

フランス語	ロシア語	スペイン語
système《スィステム》 5《サンク》-3《トルワ》-1《アン》-1《アン》	система《スィスチェーマ》 игры《イグルィー》 5《ピャーチ》-3《トゥリー》-1《アヂーン》-1《アヂーン》	sistema《システマ》 5《シンコ》-3《トゥレス》-1《ウノ》-1《ウノ》
système《スィステム》 5《サンク》-3《トルワ》-2《ドゥ》	система《スィスチェーマ》 игры《イグルィー》 5《ピャーチ》-3《トゥリー》-2《ドゥヴァー》	sistema《システマ》 5《シンコ》-3《トゥレス》-2《ドス》
dégager《デガジュ》 du《デュ》 poing《プワン》	отбить《アトゥビーチ》 мяч《ミャーチ》 кулаком《クゥラコーム》	despejar《デスペハール》 con《コン》 el《エル》 puño《プニョ》
balle《バル》 ras《ラ》-terre《テル》	катящийся《カチャーシチィスァ》 мяч《ミャーチ》	balón《バロン》 rodando《ロダンド》
défense《デファンス》 mixte《ミクスト》	комбинированная《カムビニーラヴァンナヤ》 защита《ザシチータ》	defensa《デフェンサ》 mixta《ミスト》
attaque《アタック》 par《パル》 l'aile《レル》	атака《アターカ》 по《パ》 краю《クラーユ》	ataque《アタケ》 por《ポル》 el《エル》 flanco《フランコ》
attaquant《アタカン》 en《アン》 retrait《ルトレ》	нападающий《ナパダーユシチイ》, оттянутый《アッターヌトゥイイ》 назад《ナザート》	delantero《デランテロ》 atrasado《アトゥラサド》
football《フゥトボル》, soccer《サカァ》	футбол《フドゥボール》	fútbol《フトボル》, soccer《サカァ》
chaussures《ショスュル》 de《ドゥ》 football《フゥトボル》	бутсы《ブーツィ》	botas《ボタス》 de《デ》 fútbol《フトボル》
footballeur《フゥトボルル》 (footballeuse)《(フゥトボルズ)》	футболист《フドゥバリースト》(ка)《(カ)》	futbolista《フトボリスタ》
coupe《クゥプ》 de《ドゥ》 football《フゥトボル》	кубок《クーバク》 по《パ》 футболу《フドゥボールゥ》	capa《コパ》 de《デ》 fútbol《フトボル》
ballon《バロン》 de《ドゥ》 football《フゥトボル》	футбольный《フドゥボーリヌィイ》 мяч《ミャーチ》	balón《バロン》 de《デ》 fútbol《フトボル》
Coupe《クゥプ》 du《デュ》 Monde《モンド》 de《ドゥ》 football《フゥトボル》	чемпионат《チェムピオナート》 мира《ミーラ》 по《パ》 футболу《フドゥボールゥ》	Copa《コパ》 Mundial《ムンディアル》 de《デ》 fútbol《フトボル》
jouer《ジュエ》 au《オ》 football《フゥトボル》	играть《イグラーチ》 в《フ》 футбол《フドゥボール》	jugar《フガール》 el《エル》 fútbol《フトボル》
système《スィステム》 3《トルワ》-4《カトル》-3《トルワ》	система《スィスチェーマ》 игры《イグルィー》 3《トゥリー》-4《チトゥィーリ》-3《トゥリー》	sistema《システマ》 3《トゥレス》-4《クアトゥロ》-3《トゥレス》

日本語	英語	ドイツ語
148 試合経験	playing《プレイイング》 experience《イクスピリエンス》	Spielerfahrung《シュピールエァファールング》
149 試合の日程表	time《タイム》 schedule《スケヂュール》	Zeitplan《ツァイトプラーン》
150 試合用競技場	field《フィールド》 of《オヴ》 play《プレイ》	Spielfeld《シュピールフェルト》
151 試合を遅らせる	delay《ディレイ》 the《ザ》 game《ゲイム》	Spiel《シュピール》 verzögern《フェァツェーゲルン》
152 時間を延長する	extend《イクステンド》 the《ザ》 time《ゲイム》	Spiel《シュピール》 verlängern《フェァレンゲルン》
153 シザーズ・キック	scissors《スィザズ》 kick《キック》	Scherenschlag《シェーレンシュラーク》
154 自陣	own《オウン》 half《ハフ》	eigene《アイゲネ》 Spielfeldhälfte《シュピールフェルトヘルフテ》
155 シャツ	shirt《シャート》	Trikot《トリコー》
156 ジャンプしての ヘッディング	jumping《ジャンピング》 header《ヘダァ》, flying《フライイング》 header《ヘダァ》	Kopfball《コップフバル》 im《イム》 Sprung《シュプルング》
157 シューティング・ ポジション	shooting《シューティング》 position《パズィシャン》	Schußposition《シュスポズィツィオーン》
158 シュート	shot《ショット》	Schuß《シュス》
159 シュートする	shoot《シュート》	stoßen《シュトーセン》
160 シュート・ミス	missed《ミスト》 shot《シュート》	Fehlstoß《フエールシュトース》
161 終了のホイッスル	final《ファイヌル》 whistle《フウィスル》	Abpfiff《アッププフィフ》
162 ショート・パスでの攻撃	short《ショート》 passing《パスィング》 attack《アタック》	Angriff《アングリッフ》 mit《ミット》 kurzem《クルチェム》 Paß《パス》
163 衝突	collision《コリジャン》	Zusammenprall《ツザンメンプラル》
164 正面攻撃	frontal《フラントゥル》 attack《アタック》	Angriff《アングリッフ》 im《イム》 Mittelfeld《ミッテルフェルト》
165 ショルダー・チャージ をする	charge《チャーヂ》 with《ウィズ》 the《ザ》 shoulder《ショルダァ》	Gegner《ゲーグナァ》 mit《ミット》 der《デァ》 Schulter《シュルタァ》 rempeln《レムペルン》
166 人工照明	artificial《アーティフィシャル》 lighting《ライティング》	Flutlicht《フルートリッヒト》

サッカー

フランス語	ロシア語	スペイン語
expérience《エクスペリアンス》 du《デュ》 jeu《ジゥ》	игровой《イグラヴォーイ》 опыт《オープィト》	experiencia《エスペリエンシア》 de《デ》 juego《フエゴ》
horaire《オレル》 des《デ》 compétitions《コンペティスィオン》	расписание《ラスピサーニエ》 соревнований《サリヴナヴァーニイ》	horario《オラリオ》 de《デ》 competiciones《コンペティシオネス》
terrain《テラン》 de《ドゥ》 jeu《ジゥ》	поле《ポーリェ》 для《ドゥリャ》 игры《イグルィー》	terreno《テレノ》 de《デ》 juego《フエゴ》
retarder《ルタルデ》 le《ル》 jeu《ジゥ》	затягивать《ザチャーギヴァチ》 время《ヴリェーミャ》	temporizar《テンポリサール》
prolonger《プロロンジェ》 le《ル》 jeu《ジゥ》	дать《ダーチ》 дополнителиное《ダパルニーチリナエ》 время《ヴリェーミャ》	prolongar《プロロンガール》 el《エル》 tiempo《ティエンポ》
tir en《ティラン》 《ciseaux》《スィゾ》	удар《ウダール》《ножницами》《(ノージニツァミ)》	tiro《ティロ》 de《デ》《tijeras》《(ティヘラス)》
propre《プロプル》 camp《カン》	своя《スヴァヤー》 половина《パラヴィーナ》 поля《ポーリャ》	campo《カンポ》 propio《プロピオ》
maillot《マイオ》	футболка《フドゥボールカ》	camiseta《カミセタ》
coup《クゥ》 de《ドゥ》 tête《テト》 en《アン》 sautant《ソタン》	удар《ウダール》 головой《ガラヴォーイ》 в《フ》 прыжке《プルィシキェー》	golpeo《ゴルペオ》 de《デ》 cabeza《カベサ》 en《エン》 el《エル》 aire《アイレ》
position《ポズィスィオン》 de《ドゥ》 tir《ティル》	ударная《ウダールナヤ》 позиция《パズィーツィヤ》	posición《ポシシオン》 de《デ》 tiro《ティロ》
tir《ティル》	удар《ウダール》	tiro《ティロ》
tirer《ティレ》	бить《ビーチ》 по《パ》 мячу《ミャチュー》	tirar《ティラール》
tir《ティル》 manqué《マンケ》	промах《プローマフ》	tiro《ティロ》 fallado《ファリャド》
coup《クゥ》 de《ドゥ》 sifflet《スィフレ》 final《フィナル》	финальный《フィナーリヌィイ》 свисток《スヴィストーク》	pitido《ピティド》 final《フィナル》
attaque《アタック》 sur《スュル》 balle《バル》 courte《クゥルト》	атака《アターカ》 с《ス》 короткой《カロートゥカイ》 передачей《ピリダーチィイ》	ataque《アタケ》 del《デル》 pase《パセ》 corto《コルト》
heurt《ウル》	столкновение《スタルクナヴェーニエ》	choque《チョケ》
attaque《アタック》 par《パル》 le《ル》 centre《サントル》	атака《アターカ》 по《パ》 центру《ツェーントゥルゥ》	ataque《アタケ》 por《ポル》 el《エル》 centro《セントゥロ》
charger《シャルジェ》 de《ドゥ》 l'épaule《レポル》	толкнуть《タルクヌーチ》 соперника《サピェールニカ》 плечом《プリチョーム》	empujar《エンプハール》 a《ア》 un《ウン》 adversario《アドゥベルサリオ》 con《コン》 el《エル》 hombro《オンブロ》
éclairage artificiel《エクレラジャルティ》	искусственное《イスクーストゥヴィンナエ》 освещение《アスヴィシチェーニエ》	iluminación《イルミナシオン》 artificial《アルティフィシアル》

日本語	英語	ドイツ語
167 スィーパー	sweeper《スウィーパァ》	Libero《リベロ》
168 ストッキング	stockings《スタキングズ》	Stutzen《シュトゥッツエン》
169 ストライカー (女)	(women's)《(ウィミンズ)》 striker《ストゥライカァ》	Torschütze《トーァシュッツエ》 (Torschützin)《(トーァシュッツィン)》
170 スピン・シュート	spinned《スピンド》 shot《ショット》	Effetschuß《エフエーシュス》
171 スピン・ボール	spinned《スピンド》 ball《ボール》	Effetball《エフエーバル》
172 スライディング・タックル	sliding《スライディング》 tackle《タクル》	Hineingrätschen《ヒナイングレーチエン》
173 スローイン	throw-in《スロウイン》	Einwurf《アインヴルフ》
174 スローインする	throw《スロウ》 in《イン》	einwerfen《アインヴルフエン》
175 正確なパス	accurate《アキュレット》 pass《パス》	genauer《ゲナオアァ》 Paß《パス》
176 選手の交代 (女)	substitution《サブスティチューシャン》 of《オヴ》 (women's)《(ウィミンズ)》 players《プレイアズ》	Spielerwechsel《シュピーラァヴェックセル》 (Spielerinwechsel)《(シュピーレリンヴェックセル)》
177 センター・サークル	centre《センタァ》 circle《サークル》	Mittelkreis《ミッテルクライス》
178 センター・スポット	centre《センタァ》 spot《スパット》	Mittelpunkt《ミッテルプンクト》
179 センター・ハーフ	centre《センタァ》 half《ハフ》	Mittelläufer《ミッテルロイファ》
180 センター・バック	centre《センタァ》 back《バック》	Mittelverteidiger《ミッテルフエァタイディガァ》
181 センター・フォワード	centre《センタァ》 forward《フォーワド》	Mittelstürmer《ミッテルシュテュルマァ》
182 ゾーン・ディフェンス	zone《ゾウン》 defence《ディフエンス》	Raumdeckung《ラオムデックング》
183 退場	send《センド》 off《オフ》	vom《フォム》 Platz《プラッツ》 weisen《ヴァイゼン》
184 ダイビング・セイブ	diving《ダイヴィング》 save《セイヴ》	Hechtsprung《ヘッヒトシュプルング》

フランス語	ロシア語	スペイン語
libero《リベロ》	свободный《スヴァボードゥヌィイ》 защитник《ザシチートゥニク》	líbero《リベロ》
bas《バ》 de《ドゥ》 sport《スポル》	гетры《ゲートゥィイ》	medias《メディアス》
buteur《ビュトゥル》 (buteuse)《(ビュトゥズ)》	бомбардир《バムバルディール》(ша)《(シャ)》	golpeador《ゴルペアドル》 (golpeadora)《(ゴルペアドラ)》
tir avec effet《ティラヴェケフェ》	резаный《リェーザヌィイ》 удар《ウダール》	tiro《ティロ》 con《コン》 efecto《エフェクト》
balle avec effet《バラヴェケフェ》	резаный《リェーザヌィイ》 мяч《ミャーチ》	balón《バロン》 con《コン》 efecto《エフェクト》
tacle《タクル》 glissé《グリセ》	подкат《パトゥカート》	tackling《タクリング》
touche《トゥシュ》	вбрасывание《ヴブラースィヴァニエ》 мяча《ミャチャー》 из-за《イズザ》 боковой《バカヴォーイ》 линии《リーニイ》	saque《サケ》 de《デ》 banda《ハンダ》
faire《フェル》 une《ユヌ》 touche《トゥシュ》	вбрасывать《ヴブラースィヴァチ》 мяч《ミャーチ》 из-за《イズザ》 боковой《バカヴォーイ》 линии《リーニイ》	sacar《サカール》 de《デ》 banda《ハンダ》
passe avec《パサヴェク》 précision《プレスィズィオン》	точная《トーチナヤ》 передача《ピリダーチャ》 мяча《ミャチャー》	pase《パセ》 exacto《エクサクト》
changement《シャンジュマン》 des《デ》 joueurs《ジュウル》 (joueuses)《(ジュウズ)》	замена《ザミェーナ》 игроков《イグラコーフ》 (замена《(ザミェーナ》 женских《ジェンスキーフ》 игроков)《イグラコフ)》	cambio《カンビオ》 de《デ》 jugadores《フガドレス》 (jugadoras)《(フガドラス)》
cercle《セルクロ》 central《サントラル》	центральный《ツェントゥラーリヌィイ》 круг《クルーク》	círculo《シルクロ》 central《セントゥラル》
centre《サントル》 du《デュ》 terrain《テラン》	центр《ツェントゥル》 поля《ポーリャ》	centro《セントゥロ》 del《デル》 campo《カンポ》
demi《ドミ》-centre《サントル》	центральный《ツェントゥラーリヌィイ》 полу-защитник《パルザシチートゥニク》	centro《セントゥロ》 medio《メディオ》
arrière《アリエル》 central《サントラル》	центральный《ツェントゥラーリヌィイ》 защитник《ザシチートゥニク》	defensa《デフェンサ》 central《セントゥラル》
avant《アヴァン》 centre《サントル》	центральный《ツェントゥラーリヌィイ》 нападающий《ナパダーユシチイ》	delantero《デランテロ》 central《セントゥラル》
défense《デファンス》 de《ドゥ》 zone《ゾヌ》	зонная《ゾーンナヤ》 защита《ザシチータ》	defensa《デフェンサ》 por《ポル》 zonas《ソナス》
expulser《エクスピュルセ》	удалить《ウダリーチ》 с《ス》 поля《ポーリャ》	expulsar《エスプルサール》
plongeon《プロンジョン》	бросок《ブラソーク》	estirada《エスティラダ》

日本語	英語	ドイツ語
185 タイミングのよいパスを送る	make《メイク》 a《ア》 timely《タイムリィ》 pass《パス》	wohltemperierten《ヴォールテムペリーアテン》 Paß《パス》 geben《ゲーベン》
186 ダイレクト・シュート	direct《ディレクト》 shot《ショット》	Direktschuß《ディレクトシュス》
187 ダイレクト・パス	direct《ディレクト》 pass《ショット》, one《ワン》 touch《タッチ》 pass《パス》	Direktpaß《ディレクトパス》
188 高いボール	high《ハイ》 ball《ボール》	hoher《ホーアァ》 Ball《バル》
189 立ち脚	pivot《ピヴァト》 foot《フット》	Standbein《シュタントバイン》
190 タッチ・ライン	touch《タッチ》 line《ライン》	Seitenlinie《ザイテンリーニエ》
191 タッチ・ライン外へボールを蹴る	kick《キック》 the《ザ》 ball《ボール》 out《アウト》	Ball《バル》 ins《インス》 Seitenaus《ザイテンアオス》 schlagen《シュラーゲン》
192 縦パス	longitudinal《ランヂチューディナル》 pass《パス》	Längspaß《レングスパス》
193 WMシステム	WM《ダブリュ エム》 system《スィステム》	WM-System《ヴェー エム ズュステーム》
194 Wシステム	W《ダブリュ》 system《スィステム》	W-System《ヴェー ズュステーム》
195 チームの構成	team《ティーム》 line-up《ライナプ》	Mannschaftsaufstellung《マンシャフツアオフシュテルング》
196 力強いシュート	hard《ハード》 shot《ショット》	Scharfschuß《シャルフシュス》
197 中央突破	break《ブレイク》 down《ダウン》 centre《センタァ》 field《フィールド》	Steildurchbruch《シュタイルドゥルヒブルッフ》
198 中盤でのプレー	midfield《ミッドフィールド》 play《プレイ》	Mittelfeldspiel《ミッテルフェルトシュピール》
199 チェンジ・オブ・ペース	change《チェインヂ》 of《オヴ》 pace《ペイス》	Tempowechsel《テムポヴェックセル》
200 直接フリーキック	direct《ディレクト》 free《フリー》 kick《キック》	direkter《ディレクタァ》 Freistoß《フライシュトース》
201 手で相手を押さえる	hold《ホウルド》 an《アノ》 opponent《ポウネント》 with《ウィズ》 the《ザ》 hand《ハンド》	Gegner《ゲーグナァ》 mit《ミット》 der《デァ》 Hand《ハント》 halten《ハルテン》

フランス語	ロシア語	スペイン語
passer《パセ》 la《ラ》 balle《バル》 au《オ》 bon《ボン》 moment《モマン》	сделать《ズヂェーラチ》 своевременную《スヴァイヴリェーミェンヌゥユ》 передачу《ピリダーチュ》	pasar《パサール》 en《エン》 el《エル》 momento《モメント》 preciso《プレシソ》
tir《ティル》 direct《ディレクト》	прямой《プリヤモーイ》 удар《ウダール》	tiro《ティロ》 directo《ディレクト》
passe《パス》 de《ドゥ》 volée《ヴォレ》	передача《ピリダーチャ》 в《ヴ》 одно《アドゥノー》 касание《カサーニエ》	pase《パセ》 de《デ》 volea《ボレア》
balle《バル》 haute《オト》	высокий《ヴィソーキイ》 мяч《ミャーチ》	pelota《ペロタ》 alta《アルタ》
pied《ピエ》 d'appui《ダピュイ》	опорная《アポールナヤ》 нога《ナガー》	pie《ピエ》 de《デ》 apoyo《アポヨ》
ligne《リニュ》 de《ドゥ》 touche《トゥシェ》	боковая《バカヴァーヤ》 линия《リーニヤ》	línea《リネア》 de《デ》 banda《バンダ》
dégager《デガジュ》 en《アン》 touche《トゥシュ》	выбить《ヴィービチ》 мяч《ミャーチ》 за《ザ》 боковую《バカヴーユ》 линию《リーニユ》	tirar《ティラール》 fuera《フエラ》 de《デ》 la《ラ》 línea《リネア》 de《デ》 banda《バンダ》
passe《パサン》 en profondeur《プロフォンドゥル》	продольная《プラドーリナヤ》 передача《ピリダーチャ》	pase《パセ》 en《エン》 profundidad《プロフンディダ》
système《スィステム》 WM《ドゥブルヴェ エム》	система《スィスチェーマ》 игры《イグルィー》 《дубль《ドゥーブリ》-вэ《ヴェ》-эм《エム》》	sistema《システマ》 WM《ウベドブレ エメ》
système《スィステム》 W《ドゥブルヴェ》	система《スィスチェーマ》 игры《イグルィー》 《дубль《ドゥーブリ》-вэ《ヴェ》》	sistema《システマ》 W《ウベドブレ》
composition《コンポズィスィオン》 de《ドゥ》 l'équipe《レキプ》	состав《サスターフ》 команды《カマーンドゥィ》	relación《レラシオン》 del《デル》 equipo《エキポ》
tir《ティル》 puissant《ピュイサン》	сильный《スィーリヌィイ》 удар《ウダール》	tiro《ティロ》 fuerte《フエルテ》
percée《ペルセ》 par《パル》 le《ル》 centre《セントル》	прорыв《プラルィーフ》 по《パ》 центру《ツェーントゥルゥ》	escapada《エスカパダ》 en《エン》 profundidad《プロフンディダ》
jeu《ジゥ》 au《オ》 milieu《ミリウ》 du《デュ》 terrain《テラン》	игра《イグラー》 в《フ》 середине《シリディーニェ》 поля《ポーリャ》	juego《フエゴ》 en《エン》 el《エル》 centro《セントゥロ》 del《デル》 campo《カンポ》
changement《シャンジュマン》 de《ドゥ》 rythme《リトム》	изменение《イズミニェーニエ》 темпа《チェームパ》	cambio《カンビオ》 de《デ》 ritmo《リトゥモ》
coup《クゥ》 franc《フラン》 direct《ディレクト》	штрафной《シトゥラフノーイ》 удар《ウダール》	golpe《ゴルペ》 franco《フランコ》 directo《ディレクト》
tenir《トニル》 un《アン》 adversaire《アドヴェルセル》 avec《アヴェク》 les《レ》 mains《マン》	держать《ヂェルジャーチ》 соперника《サピェールニカ》 руками《ルカーミ》	sujetar《スヘタール》 a《ア》 un《ウン》 adversario《アドゥベルサリオ》 con《コン》 las《ラス》 manos《マノス》

日本語	英語	ドイツ語
202 手で相手を押す	push《プッシュ》 an opponent《アノポウネント》 with《ウィズ》 the《ザ》 hand《ハンド》	Gegner《ゲーグナァ》 mit《ミット》 der《デァ》 Hand《ハント》 stoßen《シュトーセン》
203 ディフェンシブ・センター・ハーフ(女)	(women's)《(ウィミンズ)》 defensive《ディフェンスィヴ》 centrehalf《センタァハフ》	defensiver《デフェンズィーヴァ》 Mittelläufer《ミッテルロイファ》 (defensive《デフェンズィーヴェ》 Mittelläuferin《ミッテルロイフェリン》)
204 ディフェンスの戦術	defensive《ディフェンスィヴ》 tactics《タクティクス》	Defensivtaktik《デフェンズィーフタクティク》
205 ディフェンスを突破する	break《ブレイク》 through《スルー》 defense《ディフェンス》	durchbrechen《ドゥルヒブレッヘン》
206 ディフェンスを広げる	spread《スプレッド》 the《ザ》 defense《ディフェンス》	Verteidigung《フェアタイディグング》 auseinanderziehen《アオスアイナンダァツィーエン》
207 転倒	fall《フォール》	Sturz《シュトゥルツ》
208 トゥ・キック	toe《トゥ》 kick《キック》	Spitzenstoß《シュピッツェンシュトース》
209 トゥ・キックをする	kick《キック》 with《ウィズ》 the《ザ》 toe《トゥ》	mit《ミット》 der《デァ》 Fußspitze《フースシュピッツェ》 stoßen《シュトーセン》
210 同点ゴール	equalizer《イークワライザァ》	Ausgleichstreffer《アオスグライヒストレッファ》
211 遠い方のコーナー	far《ファー》 corner《コーナァ》	lange《ランゲ》 Torecke《トーァエッケ》
212 遠い方のゴール・ポスト	far《ファー》 goal《ゴウル》 post《ポスト》	hinterer《ヒンテラァ》 Torpfosten《トーァプフォステン》
213 得点	scoring《スコーリング》	Torerfolg《トーァエァフォルク》
214 得点が開く（リードする）	take《テイク》 the《ザ》 lead《リード》	in《イン》 Führung《フユールング》 gehen《ゲーエン》
215 得点差	goal《ゴウル》 difference《ディファレンス》	Tordifferenz《トーァディフェレンツ》
216 得点者（女）	scorer《スコーラァ》(women's《ウィミンズ》 scorer《スコーラァ》)	Torschütze《トーァシュッツェ》 (Torschützin《トーァシュッツィン》)
217 得点チャンスの利用	use《ユーズ》 a《ア》 scoring《スコーリング》 chance《チャンス》	Ausnützen《アオスニュッツェン》 der《デァ》 Torgelegenheit《トーァゲレーゲンハイト》
218 得点のチャンス	scoring《スコーリング》 chance《チャンス》	Torchance《トーァシャーンセ》

フランス語	ロシア語	スペイン語
pousser《プゥセ》 un《アン》 adversaire《アドヴェルセル》 avec《アヴェク》 la《レ》 main《マン》	толкнуть《タルクヌーチ》 соперника《サピエールニカ》 рукой《ルコーイ》	empujar《エンプハール》 a《ア》 un《ウン》 adversario《アドゥベルサリオ》 con《コン》 la《ラス》 mano《マノス》
demi《ドミ》-centre《サントル》 jouant《ジュアン》 (joueuse《ジュウズ》) en《アン》 retrait《ルトレ》	оттянутый《アッチャヌートゥィイ》 центральный《ツェントゥラーリヌィイ》 полузащитник《パルザシチートゥニク》 (оттянутая《アッチャヌータヤ》 центральная《ツェントゥラーリナヤ》 полузащитница《パルザシチートゥニツァ》)	medio《メディオ》 centro《セントゥロ》 atrasado《アトゥラサド》 (atrasada《アトゥラサダ》)
tactique《タクティック》 défensive《デファンスィヴ》	оборонительная《アバラニーチリナヤ》 тактика《タークチィカ》	táctica《タクティカ》 de《デ》 defensa《デフェンサ》
percer《ペルセ》 la《ラ》 défense《デファンス》	прорвать《プラルヴァーチ》 защиту《ザシチートゥ》	burlar《ブルラール》 la《ラ》 defensa《デフェンサ》
disperser《ディスペルセ》 la《ラ》 défense《デファンス》	растянуть《ラスチャヌーチ》 защиту《ザシチートゥ》	abrir《アブリール》 la《ラ》 defensa《デフェンサ》
chute《シュト》	падение《パヂェーニエ》	caída《カイダ》
coup《クゥ》 de《ドゥ》 pied《ピエ》 de《ドゥ》 la《ラ》 pointe《プワント》	удар《ウダール》 носком《ナスコーム》	tiro《ティロ》 con《コン》 la《ラ》 puntera《プンテラ》
tirer《ティレ》 de《ドゥ》 la《ラ》 pointe《プワント》 du《ドュ》 pied《ピエ》	бить《ビーチ》 носком《ナスコーム》	dar《ダール》 un《ウン》 puntapié《プンタピエ》
but《ブュ》 d'égalisation《デガリザスィオン》	ответный《アトゥヴェートゥヌィイ》 гол《ゴール》	gol《ゴル》 de《デ》 respuesta《レスプエスタ》
angle《アングル》 le《ル》 plus《プリュ》 éloigné《ゼルワニェ》	дальний《ダーリニイ》 угол《ウーガル》 ворот《ヴァロート》	ángulo《アングロ》 mayor《マヨル》 de《デ》 tiro《ティロ》
montant《モンタン》 le《ル》 plus《プリュ》 éloigné《ゼルワニェ》	дальняя《ダーリニャヤ》 штанга《シターンガ》	poste《ポステ》 opuesto《オプエスト》
but《ビュ》	взятие《ヴジャーティエ》 ворот《ヴァロート》	gol《ゴル》
ouvrir《ウヴルル》 le《ル》 score《スコル》	открыть《アトゥクルィーチ》 счёт《スチョート》	abrir《アブリール》 la《ラ》 puntería《プンテリア》
différence《ディフェランス》 de《ドゥ》 buts《ビュ》	разница《ラーズニツァ》 мячей《ミャチェーイ》	diferencia《ディフェレンシア》 de《デ》 tantos《タントス》
marqueur《マルクル》 (marqueuse《マルクズ》) du《デュ》 but《ビュ》	забивающий《ザビヴァーユシチィ》 (забивающая《ザビヴァーユシチャヤ》)	goleador《ゴレアドル》 (goleadora《ゴレアドラ》)
utilisation《ユティリザスィオン》 de《ドゥ》 l'occasion《ロカズィオン》	использование《イスポーリザヴァニエ》 голевого《ガリヴォーヴォ》 момента《マミェーンタ》	aprovechamiento《アプロベチャミエント》 de《デ》 la《ラ》 ocasión《オカシオン》
occasion《オカズィオン》 de《ドゥ》 but《ビュ》	голевой《ガリヴォーイ》 момент《マミェーント》	situación《ストゥアシオン》 para《パラ》 marcar《マルカール》 un《ウン》 gol《ゴル》

日本語	英語	ドイツ語
219 得点を無効にする	disallow《ディスアラウ》 a《ア》 goal《ゴウル》	Tor《トーァ》 annullieren《アヌリーレン》
220 突破	break《ブレイク》	Durchbruch《ドゥルヒブルッフ》
221 トップ・リーグ	top《トップ》 league《リーグ》	Oberliga《オーバァリーガ》
222 飛び込む(ボールに向かって)	dive《ダイヴ》	sich《ズィッヒ》 nach《ナーハ》 dem《デム》 Ball《バル》 werfen《ヴェルフェン》
223 トリッピング	tripping《トゥリッピング》	Beinstellen《バインシュテレン》
224 トリップする	trip《トゥリップ》	Bein《バイン》 stellen《シュテレン》
225 ドリブル	dribbling《ドゥリブリング》	Ballführung《バルフュールング》, Dribbeling《ドリッベリング》
226 ドリブル時のフェイント	dribbling《ドゥリブリング》 feint《フェイント》	Ballführungsfinte《バルフュールングスフィンテ》, Dribbelfinte《ドリッベルフィンテ》
227 斜めパス	diagonal《ダイアガナル》 pass《パス》	Diagonalpaß《ディアゴナールパス》
228 2-3-5システム	2-3-5《トゥー スリー ファイヴ》 system《スィステム》	2-3-5-《ツヴァイ ドライ フユンフ》 System《ズュステーム》
229 ネットにボールを蹴り込む	put《プット》 the《ザ》 ball《ボール》 into《イントゥ》 the《ザ》 net《ネット》	Ball《バル》 ins《インス》 Tor《トーァ》 placieren《プラスィーレン》
230 バーを越えてボールを出す	put《プット》 the《ザ》 ball《ボール》 over《オウヴァ》 the《ザ》 bar《バー》	Ball《バル》 über《ユーバァ》 die《ディ》 Latt《ラッテ》 lenken《レンケン》
231 ハーフ	half《ハフ》	Hälfte《ヘルフテ》
232 ハーフウェイ・フラッグ	half《ハフ》 way《ウエイ》 flag《フラッグ》	Mittelfahne《ミッテルファーネ》
233 ハーフウェイ・ライン	half《ハフ》 way《ウエイ》 line《ライン》	Mittellinie《ミッテルリーニエ》

フランス語	ロシア語	スペイン語
annuler《アニュレ》 un《アン》 but《ビュ》	аннулировать《アヌリーラヴァチ》 гол《ゴール》	anular《アヌラール》 un《ウン》 gol《ゴル》
percée《ペルセ》	прорыв《プラルィーフ》	escapada《エスカパダ》
première《プルミエル》 division《ディヴィズィオン》	высшая《ヴィースシャヤ》 лига《リーガ》	primera《プリメラ》 liga《リガ》
plonger《プロンジェ》	броситься《ブロースィツァ》 за《ザ》 мячом《ミャチョーム》	lanzarse《ランサールセ》
croc-en- jambe《クロカンジャンブ》	подножка《パドゥノーシカ》	zancadilla《サンカディリア》
faire《フェル》 un《アン》 croc-en- jambe《クロカンジャンブ》	сделать《ズヂェーラチ》 подножку《パドゥノーシクゥ》	zancadillear《サンカディリエアール》
dribble《ドリブル》	дриблинг《ドゥリーブリンク》, ведение《ヴェヂェーニエ》 мяча《ミャチャー》	dirección《ディレクシオン》 de《デ》 la《ラ》 pelota《ペロタ》
feinte《ファント》 en《アン》 courant《クゥラン》	обманное《アブマーンナエ》 движение《ドゥヴィジェーニエ》 при《プリ》 ведении《ヴェヂェーニイ》 мяча《ミャチャー》	falso《ファルソ》 desmarqe《デスマルケ》 al《アル》 conducir《コンドゥシール》 la《ラ》 pelota《ペロタ》
passe《パス》 diagonale《ディアゴナル》	диагональная《ディアガナーリナヤ》 передача《ピリダーチャ》	pase《パセ》 en《エン》 diagonal《ディアゴナル》
système《スィステム》 2《ドゥ》-3《トルワ》-5《サンク》	система《スィスチェーマ》 игры《イグルィー》 2《ドゥヴァー》-3《トゥリー》-5《ピャーチ》.	sistema《システマ》 2《ドス》-3《トゥレス》-5《シンコ》
loger《ロジェ》 la《ラ》 balle《バル》 au《オ》 fond《フォン》 des《デ》 filets《フィレ》	послать《パスラーチ》 мяч《ミャーチ》 в《フ》 сетку《シェートゥクゥ》	lanzar《ランサール》 la《ラ》 pelota《ペロタ》 en《エン》 la《ラ》 portería《ポルテリア》
mettre《メトル》 le《ル》 ballon《バロン》 au-dessus《オドゥスュ》 de《ドゥ》 la《ラ》 transversale《トランスヴェルサル》	перебросить《ピリブロースィチ》 мяч《ミャーチ》 через《チェーリス》 перекладину《ピリクラディーヌゥ》 ворот《ヴァロート》	echar《エチャール》 el《エル》 balón《バロン》 por《ポル》 encima《エンシマ》 del《デル》 larguero《ラルゲロ》
mi-temps《ミタン》	половина《パラヴィーナ》 игры《イグルィー》	mitad《ミタ》
drapeau《ドラポ》 de《ドゥ》 la《ラ》 ligne《リニュ》 médiane《メディアヌ》	флаг《フラーク》 средней《スリエードゥニエイ》 линии《リーニイ》 поля《ポーリャ》	banderola《バンデロラ》 de《デ》 la《ラ》 línea《リネア》 medianera《メディアネラ》
ligne《リニュ》 du《デュ》 milieu《ミリウ》	средняя《スリエードゥニャヤ》 линия《リーニヤ》	línea《リネア》 medianera《メディアネラ》

日本語	英語	ドイツ語
234 ハーフバック	halfback《ハフバック》	Läufer《ロイファ》
235 ハーフバック・ライン	halfback《ハフバック》 line《ライン》	Läuferreihe《ロイファライエ》
236 ハーフボレー・キック	half《ハフ》 volley《ヴァリィ》 kick《キック》	Halbflugball《ハルプフルークバル》
237 敗者チームのゴール	consolation《カンサレイシャン》 goal《ゴウル》	Ehrentor《エーレントーァ》
238 配列、ポジション	positioning《ポズィシャニング》	Stellungsspiel《シュテルングスシュピール》
239 バウンス・シュート	bounce《バウンス》 shot《ショット》	Aufsetzer《アオフゼッツァ》
240 走りながらキックする	kick《キック》 in《イン》 running《ラニング》	aus《アオス》 dem《デム》 Anlauf《アンラオフ》 stoßen《シュトーセン》
241 パスする	pass《パス》	passen《パッセン》
242 パスを奪い取る	intercept《インタァセプト》 a《ア》 pass《パス》	Paß《パス》 abfangen《アップファンゲン》
243 バック・チャージをする	charge《チャーヂ》 from《フラム》 behind《ビハインド》	stoßen《シュトーセン》 von《フォン》 hinten《ヒンテン》
244 反則になるチャージ	illegal《イリーガル》 charge《チャーヂ》, foul《ファウル》 charge《チャーヂ》	unkorrektes《ウンコレクテス》 Rempeln《レムペルン》
245 ハンドリング	handling《ハンドゥリング》	Handspiel《ハントシュピール》
246 ハンドリングをする	handle《ハンドゥル》 the《ザ》 ball《ボール》	mit《ミット》 der《デア》 Hand《ハント》 spielen《シュピーレン》
247 ハンドリングによる ペナルティ	penalty《ペヌルティ》 for《フォ》 handling《ハンドゥリング》	Handelfmeter《ハントエルフメータァ》
248 ヒール・キック	heel《ヒール》 kick《キック》	Fersenstoß《フェルゼンシュトース》
249 控え選手席	substitutes'《サブスティチューティス》 bench《ベンチ》	Auswechselbank《アオスヴェックセルバンク》
250 低いシュート	low《ロウ》 shot《ショット》	halbhoher《ハルプホーアァ》 Schuß《シュス》
251 低いパス	low《ロウ》 pass《パス》	halbhoher《ハルプホーアァ》 Paß《パス》

フランス語	ロシア語	スペイン語
demi《ドミ》	полузащитник《パルザシチートゥニク》 (полузащитница)《(パルザシチートゥニツァ)》	medio《メディオ》
ligne《リニュ》 des《デ》 demis《ドミ》	полузашита《パルザシチータ》	línea《リネア》 media《メディア》
tir《ティル》 de《ドゥ》 demi《ドミ》-volée《ヴォレ》	удар《ウダール》 с《ス》 полулёта《パルルゥリョータ》	media《メディア》 volea《ボレア》
《sauver《ソーヴェ》 l'honneur《ロヌル》》	гол《ゴール》 престижа《プリスチィージャ》	gol《ゴル》 de《デ》 《honor《(オノル)》》
placement《プラスマン》	выбор《ヴィーバル》 позиции《パズィーツィイ》	colocación《コロカシオン》
tir au《ティロ》 rebond《ルボン》	удар《ウダール》 с отскока《サトゥスコーカ》	tiro《ティロ》 picado《ピカド》
tirer《ティレ》 avec élan《アヴェケラン》	бить《ビーチ》 с《ス》 разбега《ラズビェーガ》	patear《パテアール》 con《コン》 impulso《インプルソ》
passer《パス》	пасовать《パサヴァーチ》	pasar《パサール》
intercepter《アンテルセプテ》 une《ユヌ》 passe《パス》	перехватить《ピリフヴァチーチ》 передачу《ピリダーチゥ》	interceptar《インテルセプタール》 un《ウン》 pase《パセ》
charger《シャルジェ》 par《パル》 derrière《デリエル》	толкнуть《タルクヌーチ》 соперника《サピエールニカ》 сзади《ズザーヂ》	empujar《エンプハール》 por《ポル》 detrás《デトゥラス》
charge《シャルジュ》 irrégulière《イレギュリエル》	нападение《ナパヂェーニエ》 с《ス》 нарушением《ナルシェーニエム》 правил《プラーヴィル》	carga《カルガ》 ilegal《イレガル》
faute《フォト》 de《ドゥ》 mains《マン》	игра《イグラー》 рукой《ルコーイ》	falta《ファルタ》 de《デ》 manos《マノス》
faire《フェル》 une《ユヌ》 faute《フォト》 de《ドゥ》 main《マン》	сыграть《スィグラーチ》 рукой《ルコーイ》	tocar《トカール》 la《ラ》 pelota《ペロタ》 con《コン》 la《ラ》 mano《マノ》
penalty《ペナルティ》 pour《プゥル》 faute《フォト》 de《ドゥ》 main《マン》	одиннадцатиметровый《アヂィーナッツァチィミエトゥローヴィイ》 удар《ウダール》 за《ザ》 игру《イグルィー》 рукой《ルコーイ》	penalti《ペナルティ》 por《ポル》 manos《マノス》
talonnage《タロナジュ》	удар《ウダール》 пяткой《ピャートゥカイ》	tiro《ティロ》 con《コン》 el《エル》 talón《タロン》
banc《バン》 des《デ》 remplaçants《ランプラサン》	скамейка《スカミエーイカ》 запасных《ザパスヌィーフ》	banquillo《バンキリォ》 de《デ》 suplentes《スプレンテス》
tir à《ティラ》 ras-terre《ラテル》	удар《ウダール》 низом《ニーザム》	tiro《ティロ》 raso《ラソ》
passe à《パサ》 ras-terre《ラテル》	передача《ピリダーチャ》 низом《ニーザム》	pase《パセ》 raso《ラソ》

日本語	英語	ドイツ語
252 低いボール	low《ロウ》 ball《ボール》	flacher《フラッハァ》 Ball《バル》
253 左足利き	left-footed《レフト フッティド》	linksfüßig《リンクスフュースィヒ》
254 左からの攻撃	attack《アタック》 on《オン》 the《ザ》 left《レフト》	Linksangriff《リンクスアングリッフ》
255 ピッチ (競技場)	pitch《ピッチ》 (ground)《(グランド)》	Spielplatzboden《シュピールプラッツボーデン》
256 フィールドから立ち去る	leave《リーヴ》 the《ザ》 field《フィールド》	Feld《フェルト》 verlassen《フェアラッセン》
257 フィールド・プレヤー(女)	(women's)《(ウィミンズ)》 field-player《フィールド プレイア》	Feldspieler《フェルトシュピーラァ》 Feldspielerin《(フェルトシュピーレリン)》
258 フェア・チャージ	fair《フェア》 charge《チャーヂ》	korrektes《コレクテス》 Rempeln《レムペルン》
259 フォーメイション	formation《フォーメイシャン》	Aufstellung《アオフシュテルング》
260 フォワード	forward《フォーワド》	Stürmer《シュテュルマァ》
261 フォワード・ライン	forward《フォーワド》 line《ライン》	Angriffsreihe《アングリッフスライエ》
262 不正確なパス	inaccurate《イナキュレット》 pass《パス》	Fehlpaß《フェールパス》
263 再び直接フリーキック をする	retake《リーテイク》 direct《ディレクト》 free《フリー》 kick《キック》	direkten《ディレクテン》 Freistoß《フライシュトース》 wiederholen《ヴィーダァホーレン》
264 フットボール・チーム	team《ティーム》 eleven《イレヴン》	Fußballmannschaft《フースバルマンシャフト》
265 フリーキック (間接) をする	take《テイク》 indirect《インディレクト》 free《フリー》 kick《キック》	indirekten《インディレクテン》 Freistoß《フライシュトース》 ausführen《アオフフューレン》
266 フリー・ゾーンへ味方 を走らせる	send《センド》 away《アウエイ》 with《ウィズ》 a《ア》 deep《ディープ》 pass《パス》	eigenen《アイゲネン》 Spieler《シュピーラァ》 freispielen《フライシュピーレン》
267 フルバック (女)	(women's)《(ウィミンズ)》 full《フル》 back《バック》	Abwehrspieler(in)《アップヴェァシュピーラァ(レリン)》
268 プレーのシステム	playing《プレイイング》 system《スィステム》	Spielsystem《シュピールズィステーム》
269 プレーの中断	stoppage《スタピヂ》 of《オヴ》 play《プレイ》	Spielunterbrechung《シュピールウンタァブレッヒュング》

フランス語	ロシア語	スペイン語
balle à《バラ》 ras-terre《ラテル》	низкии《ニースキイ》 мяч《ミャーチ》	balón《バロン》 raso《ラソ》
gaucher《ゴシェ》	левша《リェフシャー》	zurdo《スルド》
attaque《アタック》 de《ドゥ》 la《ラ》 gauche《ゴシュ》	нападение《ナパヂェーニエ》 левым《リエーヴィム》 краем《クラーエム》	ataque《アタケ》 por《ポル》 el《エル》 flanco《フランコ》 izquierdo《イスキエルド》
sol《ソル》 du《デュ》 terrain《テラン》	грунт《グルーント》 поля《ポーリャ》	suelo《スエロ》 de《デ》 campo《カンポ》
quitter《キテ》 le《ル》 terrain《テラン》	покинуть《パキーヌチ》 поле《ポーリェ》	abandonar《アバンドナール》 el《エル》 terreno《テレノ》
joueur《ジュウル》 (joueuse)《(ジュウズ)》 de《ドゥ》 champ《シャン》	полевой《パリェヴォーイ》 игрок《イグローク》 (полевой《(パリェヴォーイ》 женский《ジェーンスキイ》 игрок)《イグローク)》	jugador《フガドル》 (jugadora)《(フガドラ)》 de《デ》 campo《カンポ》
charge《シャルジュ》 régulière《レギュリエル》	нападение《ナパヂェーニエ》 в《ヴ》 рамках《ラームカフ》 правил《プラーヴィル》	ofensiva《オフェンシバ》 reglamentaria《レグラメンタリア》
formation《フォルマスィオン》	построение《パストゥラエーニエ》 команды《カマーンドゥィ》	formación《フォルマシオン》
avant《アヴァン》	нападающий《ナパダーユシチイ》	delantero《デランテロ》
ligne《リニュ》 d'attaque《ダタック》	линия《リーニヤ》 нападения《ナパヂェーニヤ》	línea《リネア》 delantera《デランテラ》
mauvaise《モヴェズ》 passe《パス》	неточная《ニトーチナヤ》 передача《ピリダーチャ》	pase《パセ》 fallado《ファリアド》
retirer《ルティレ》 le《ル》 coup《クゥ》 franc《フラン》	перебить《ピリビーチ》 штрафной《シトゥラフノーイ》 удар《ウダール》	repetir《レペティール》 el《エル》 golpe《ゴルペ》 franco《フランコ》 directo《ディレクト》
équipe《エキプ》 de《ドゥ》 football《フゥトボル》	футбольная《フドゥボーリナヤ》 команда《カマーンダ》	equipo《エキポ》 de《デ》 fútbol《フトボル》
tirer《ティレ》 un《アン》 coup《クゥ》 franc《フラン》 indirect《アンディレクト》	бить《ビーチ》 свободный《スヴァボードゥヌィイ》 удар《ウダール》	ejecutar《エヘクタール》 un《ウン》 tiro《ティロ》 franco《フランコ》 indirecto《インディレクト》
démarquer《デマルケ》 un《アン》 partenaire《パルトネル》	вывести《ヴィーヴェスチィ》 партнёра《パルトゥニョーラ》 на《ナ》 свободное《スヴァボードゥナエ》 место《ミェースタ》	dejar《デハール》 el《エル》 campo《カンポ》 libre《リブレ》 a《ア》 la《ラ》 penetración《ペネトゥラシオン》 de《デ》 un《ウン》 compañero《コンパニェロ》
defenseur《デファンスル》 (defenseuse)《(デファンスゥズ)》	защитник《ザシチートゥニク》 (защитница)《(ザシチートゥニツァ)》	defensa,《デフェンサ》 defensor《デフェンソル》 (defensora)《(デフェンソラ)》
système《スィステム》 de《ドゥ》 jeu《ジゥ》	система《スィスチェーマ》 игры《イグルィー》	sistema《システマ》 de《デ》 juego《フエゴ》
arrêt《アレ》 du《デュ》 jeu《ジゥ》	остановка《アスタノーフカ》 игры《イグルィー》	interrupción《インテルプシオン》 del《デル》 juego《フエゴ》

日本語	英語	ドイツ語
270 プレイス・キック	place《プレイス》 kick《キック》	Stoß《シュトース》 aus《アオス》 dem《デム》 Stand《シュタント》
271 ブロッキング	blocking《ブラッキング》	Sperren《シュペレン》
272 ヘッディング	header《ヘダァ》	Kopfball《コップフバル》
273 ヘッディングで得点する	head《ヘッド》 in《イン》	einköpfen《アインケップフェン》 (ins《インス》 Tor《トーア》)
274 ヘッディング・パス	head《ヘッド》 pass《パス》	Kopfpaß《コップフパス》
275 ヘッディングをする	head《ヘッド》 the《ザ》 ball《ボール》	mit《ミット》 dem《デム》 Kopf《コップフ》 stoßen《シュトーセン》
276 ペナルティ・アーク	penalty《ペヌルティ》 arc《アーク》	Teilkreis《タイルクライス》
277 ペナルティ・エリア	penalty《ペヌルティ》 area《エアリア》	Strafraum《シュトラーフラオム》
278 ペナルティ・エリア・ライン	boundary《バウンダリィ》 of《オヴ》 the《ザ》 penalty《ペヌルティ》 area《エアリア》	Strafraumgrenze《シュトラーフラオムグレンツェ》
279 ペナルティ・キック	penalty《ペヌルティ》 kick《キック》	Strafstoß《シュトラーフシュトース》
280 ペナルティ・キック・マーク	penalty《ペヌルティ》 kick《キック》 mark《マーク》	Strafstoßpunkt《シュトラーフシュトースプンクト》, Elfmeterpunkt《エルフメータァプンクト》
281 ペナルティ・キックを止める	make《メイク》 save《セイヴ》 on《オン》 a《ア》 penalty《ペヌルティ》	Elfmeter《エルフメータァ》 halten《ハルテン》
282 ホーム・グランド	home《ホウム》 ground《グラウンド》, home《ホーム》 field《フィールド》	Heimplatz《ハイムプラッツ》
283 ボールがサイドラインから出る、アウト	out《アウト》	Ausball《アオスバス》
284 ボール・キープ	possession《ポゼシャン》 of《オヴ》 the《ザ》 ball《ボール》	Ballbesitz《バルベズィッツ》
285 ボールに手が触れる	touch《タッチ》 the《ザ》 ball《ボール》 by《バイ》 hand《ハンド》	den《デン》 Ball《バル》 mit《ミット》 der《デア》 Hand《ハント》 berühren《ベリューレン》

フランス語	ロシア語	スペイン語
tir《ティル》 balle arrêtée《バラレテ》	удар《ウダル》 с《ス》 места《ミエースタ》	tiro《ティロ》 colocado《コロカド》
charge《シャルジュ》	блокировка《ブラキローフカ》	carga《カルガ》
coup《クゥ》 de《ドゥ》 tête《テト》	удар《ウダール》 головой《ガラヴォーイ》	golpeo《ゴルペオ》 con《コン》 la《ラ》 cabeza《カベサ》
marquer《マルケ》 de《ドゥ》 la《ラ》 tête《テト》	забить《ザビーチ》 мяч《ミャーチ》 головой《ガラヴォーイ》	tantear《タンテアール》 con《コン》 la《ラ》 cabeza《カベサ》
passe《パス》 de《ドゥ》 la《ラ》 tête《テト》	передача《ピリダーチャ》 головой《ガラヴォーイ》	pase《パセ》 de《デ》 cabeza《カベサ》
frapper《フラペ》 de《ドゥ》 la《ラ》 tête《テト》	бить《ビーチ》 головой《ガラヴォーイ》	golpear《ゴルペアル》 con《コン》 la《ラ》 cabeza《カベサ》
arc《アルク》 de《ドゥ》 la《ラ》 surface《シュルファス》 de《ドゥ》 réparation《レパラスィオン》	дуга《ドゥガー》 штрафной《シトゥラフノーイ》 площади《プローシチャヂィ》	arco《アルコ》 de《デ》 castigo《カスティゴ》
surface《シュルファス》 de《ドゥ》 réparation《レパラスィオン》	штрафная《シトゥラフナーヤ》 площадь《プローシチャヂィ》	área《アレア》 de《デ》 penalti《ペナルティ》
ligne《リニュ》 de《ドゥ》 la《ラ》 surface《シュルファス》 de《ドゥ》 réparation《レパラスィオン》	линия《リーニヤ》 штрафной《シトゥラフノーイ》 площади《プローシチャヂィ》	línea《リネア》 del《デル》 área《アレア》 de《デ》 penalti《ペナルティ》
coup《クゥ》 de《ドゥ》 pied《ピエ》 de《ドゥ》 réparation《レパラスィオン》, penalty《ペナルティ》	одиннадцатиметровый《アヂィーナッツァチィミエトゥローヴィイ》 удар《ウダール》, пенальти《ピナーリチィ》	tiro《ティロ》 de《デ》 penalti《ペナルティ》
point《プワン》 de《ドゥ》 penalty《ペナルティ》	одиннадцатиметровая《アヂィーナッツァチィミエトゥローヴァヤ》 отметка《アトゥミエートゥカ》	punto《プント》 de《デ》 penalti《ペナルティ》
arrêter《アレテ》 un《アン》 penalty《ペナルティ》	отразить《アトゥラズィーチ》 одиннадцати-《アヂィーナッツァチィ》 метровый《ミエトゥローヴィイ》 удар《ウダール》	parar《パラール》 el《エル》 penalti《ペナルティ》
terrain《テラン》 du《デュ》 club《クルブ》 qui《キ》 reçoit《ルスワ》	своё《スヴァヨー》 поле《ポーリェ》	terreno《テレノ》 de《デ》 casa《カサ》
balle《バル》 sortie《ソルティ》 en《アン》 touche《トゥシュ》	выход《ヴィーハト》 мяча《ミャチャー》 за《ザ》 боковую《バカヴゥーユ》 линию《リーニユ》, аут《アーウト》	balón《バロン》 lanzado《ランサド》 fuera《フエラ》 de《デ》 banda《バンダ》
possession《ポセスィオン》 de《ドゥ》 la《ラ》 balle《バル》	овладение《アヴラヂェーニエ》 мячом《ミャチョーム》	posesión《ポセシオン》 del《デル》 balón《バロン》
toucher《トゥシェ》 le《ル》 ballon《バロン》 de《ドゥ》 la《ラ》 main《マン》	задеть《ザヂェーチ》 мяч《ミャーチ》 рукой《ルコーイ》	tocar《トカール》 el《エル》 balón《バロン》 con《コン》 la《ラ》 mano《マノ》

日本語	英語	ドイツ語
286 ボールのインターセプト	interception《インタァセプシャン》 of《オヴ》 ball《ボール》	Abfangen《アップファンゲン》 des《デス》 Balls《バルス》
287 ボールのトラッピング	trapping《トゥラッピング》	Ballstoppen《バルシュトッペン》
288 ボールのレシーブ	receiving《リスィーヴィング》 the《ザ》 ball《ボール》	Ballannahme《バルアンナーメ》
289 ボールをインプレーにする	put《プット》 the《ザ》 ball《ボール》 in《イン》 play《プレイ》	Ball《バル》 ins《インス》 Spiel《シュピール》 bringen《ブリンゲン》
290 ボールを打ち返す	make《メイク》 a《ア》 save《セイヴ》	abschlagen《アップシュラーゲン》
291 ボールを奪い取る	intercept《インタァセプト》 the《ザ》 ball《ボール》	Ball《バル》 abfangen《アップファンゲン》
292 ボールを落とす （ファンブル）	drop《ドゥラップ》 the《ザ》 ball《ボール》	Ball《バル》 fallen《ファレン》 lassen《ラッセン》
293 ボールをキープする	hold《ホウルド》 on《オン》 to《トゥ》 the《ザ》 ball《ボール》	Ball《バル》 halten《ハルテン》
294 ボールをコントロールする	control《コントゥロウル》 the《ザ》 ball《ボール》	Ball《バル》 kontrollieren《コントロリーレン》
295 ボールをつかむ	catch《キャッチ》 the《ザ》 ball《ボール》	Ball《バル》 fangen《ファンゲン》
296 ボールをトラップする	trap《トゥラップ》 the《ザ》 ball《ボール》	Ball《バル》 stoppen《シュトッペン》
297 ボールを取り返す	steal《スティール》 the《ザ》 ball《ボール》	Ball《バル》 abnehmen《アップネーメン》
298 ボールを見失う	lose《ルーズ》 the《ザ》 ball《ボール》	Ball《バル》 verlieren《フエァリーレン》
299 ボールをレシーヴする	receive《リスィーヴ》 the《ザ》 ball《ボール》	Ball《バル》 annehmen《アンネーメン》
300 防御態勢	《concrete《カンクリート》》 defence《ディフエンス》	《Beton《ベトーン》》 - Verteidigung《フエアタイディグング》
301 防御壁を作る	line up《ラインナップ》 a《ア》 wall《ウォール》	Mauer《マオアァ》 bilden《ビルデン》
302 防御プレー	defensive《ディフエンスィヴ》 play《プレイ》	Defensivspiel《デフエンズィーフシュピール》
303 ポジション・センス	sense《センス》 of《オヴ》 position《パズィシャン》	Stellungsgefühl《シュテルングスゲフュール》
304 ポジション・チェンジ	interchanging《インタァチェインヂング》 of《オヴ》 positions《パズィシャンズ》	Positionswechsel《ポズィツィオンスヴェックセル》
305 ポジション・プレー	positional《パズィシャナル》 play《プレイ》	Kombinationsspiel《コムビナツィオーンスシュピール》
306 ボディ・フェイント	body《バディ》 feint《フエイント》	Körpertäuschung《ケルパァトイシュング》

フランス語	ロシア語	スペイン語
interception《アンテルセプスィオン》 de《ドゥ》 la《ラ》 balle《バル》	перехват《ピリフヴァート》 мяча《ミャチャー》	recuperación《レクペラシオン》 del《デル》 balón《バロン》
arrêt《アレ》 de《ドゥ》 la《ラ》 balle《バル》	остановка《アスタノーフカ》 мяча《ミャチャー》	amortiguamiento《アモルティグアミエント》
réception《レセプスィオン》 de《ドゥ》 la《ラ》 balle《バル》	приём《プリヨーム》 мяча《ミャチャー》	recepción《レセプシオン》 del《デル》 balón《バロン》
remettre《ルメトル》 la《ラ》 ball《バル》 en《アン》 jeu《ジゥ》	ввести《ヴヴェスチィー》 мяч《ミャーチ》 в《ヴ》 игру《イグルゥー》	poner《ポネール》 el《エル》 balón《バロン》 en《エン》 juego《フエゴ》
repousser《ルプッセ》 la《ラ》 balle《バル》	отбить《アトゥビーチ》 мяч《ミャーチ》	despejar《デスペハール》 el《エル》 balón《バロン》
intercepter《アンテルセプテ》 la《ラ》 balle《バル》	перехватить《ピリフヴァチーチ》 мяч《ミャーチ》	recobrar《レコブラール》 el《エル》 balón《バロン》
laisser《レセ》 échapper《エシャッペ》 la《ラ》 balle《バル》	выпустить《ヴィープスチィーチ》 мяч《ミャーチ》 из《イズ》 рук《ルーク》	dejar《デハール》 caer《カエール》 el《エル》 balón《バロン》
garder《ガルデ》 la《ラ》 balle《バル》	держать《チェルジャーチ》 мяч《ミャーチ》	retener《レテネール》 el《エル》 balón《バロン》
contrôler《コントロレ》 la《ラ》 balle《バル》	контролировать《カントゥラリーラヴァチ》 мяч《ミャーチ》	controlar《コントゥロラール》 el《エル》 balón《バロン》
prendre《プランドル》 la《ラ》 balle《バル》	взять《ヴジャーチ》 мяч《ミャーチ》	coger《コヘール》 el《エル》 balón《バロン》
bloquer《ブロケ》 la《ラ》 balle《バル》	остановить《アスタナヴィーチ》 мяч《ミャーチ》	blocar《ブロカール》 el《エル》 balón《バロン》
subtiliser《スュブティリゼ》 le《ル》 ballon《バロン》	отобрать《アタブラーチ》 мяч《ミャーチ》	quitar《キタール》 el《エル》 balón《バロン》
perdre《ペルドル》 la《ラ》 balle《バル》	потерять《パチェリャーチ》 мяч《ミャーチ》	perder《ペルデール》 el《エル》 balón《バロン》
recevoir《レスヴワル》 la《ラ》 balle《バル》	принять《プリニャーチ》 мяч《ミャーチ》	recibir《レシビール》 el《エル》 balón《バロン》
《défense《デファンス》- béton《ベトン》》	бетон《ビエトン》 (защита《ザシチータ》)	defensa《デフエンサ》 cerrojo《セロホ》
faire《フェル》 le《ル》 mur《ミュル》	поставить《パスターヴィチ》 стенку《スチェーンクゥ》	formar《フォルマール》 la《ラ》 barrera《バレラ》
jeu《ジゥ》 défensif《デファンスィフ》	игра《イグラー》 в оборонительном《ヴァバラニーチリナム》 стиле《スチィーリエ》	juego《フエゴ》 defensivo《デフェンシボ》
sens《サンス》 de《ドゥ》 la《ラ》 position《ポズィスィオン》	чувство《チューストゥヴァ》 позиции《パズィーツィイ》	sentido《センティド》 de《デ》 posición《ポシシオン》
changement《シャンジュマン》 de《ドゥ》 position《ポズィスィオン》	смена《スミェーナ》 мест《ミェースト》	cambio《カンビオ》 de《デ》 posiciones《ポシシオネス》
jeu《ジゥ》 riche《リシュ》 en《アン》 combinaisons《コンビネゾン》	комбинационная《カムビナツィオーンナヤ》 игра《イグラー》	juego《フエゴ》 combinado《コンビナド》
feinte《ファント》 du《デュ》 corps《コル》	финт《フィーント》 корпусом《コールプサム》	finta《フィンタ》 con《コン》 el《エル》 tronco《トゥロンコ》

日本語	英語	ドイツ語
307 ボレー・シュート	volley《ヴァリィ》 shot《ショット》	Volleyschuß《ヴォリシュス》
308 ボレーをする	volley《ヴァリィ》	aus《アオス》 der《デア》 Luft《ルフト》 schießen《シーセン》, Volley《ヴォリ》 nehmen《ネーメン》
309 マーク（ガード）	marking《マーキング》	Deckung《デックング》
310 マークされていない選手（女）	unmarked《アンマークト》 (women's)《(ウィミンズ)》 player《プレイア》	freilaufender《フライラオフェンダァ》 Spieler《シュピーラァ》 (freilaufende Spielerin)《(フライラオフェンデ シュピーレリン)》
311 前にパスする	pass《パス》 forward《フォーワド》	vorlegen《フォーアレーゲン》
312 まとまりのないプレー	unsystematic《アンスィステマティック》 play《プレイ》	planloses《プラーンローゼス》 Spiel《シュピール》
313 マンツーマンのマーク	man-to-man《マン トゥーマン》 marking《マーキング》	Manndeckung《マンデックング》
314 味方の得点者（女）	(women's)《(ウィミンズ)》 scorer《スコーラ》	Torschütze(zin)《トーアシュッツェ(ツィン)》
315 右からの攻撃	attack《アタック》 on《オン》 the《ザ》 right《ライト》	Rechtsangriff《レッヒツアングリッフ》
316 短いパス	short《ショート》 pass《パス》	kurzer《クルツァ》 Paß《パス》
317 ミスを犯す	commit《コミット》 a《ア》 fault《フォールト》	Fehler《フェーラァ》 begehen《ベゲーエン》
318 身をかわす	dodge《ダッヂ》, avoid《アヴォイド》	ausweichen《アオスヴァイヒエン》
319 胸でのトラッピング	trapping《トゥラッピング》 with《ウィズ》 the《ザ》 chest《チェスト》	Ballstoppen《バルシュトッペン》 mit《ミット》 der《デア》 Brust《ブルスト》
320 4-3-1-2システム	4-3-1-2《フォー スリー ワン トゥー》 system《スイステム》	4-3-1-2《フィーア ドライ アインス ツヴァ》 -System《ズュステーム》
321 4-3-3システム	4-3-3《フォー スリー スリー》 system《スイステム》	4-3-3《フィーア ドライ ドライ》 -System《ズュステーム》
322 4-2-4システム	4-2-4《フォー トゥー フォー》 system《スイステム》	4-2-4《フィーア ツヴァイ フィーア》 -System《ズュステーム》

フランス語	ロシア語	スペイン語
tir《ティル》 de《ドゥ》 volée《ヴォレ》	удар《ウダール》 с《ス》 лёта《リョータ》	tiro《ティロ》 de《デ》 volea《ボレア》
tirer《ティレ》 de《ドゥ》 volée《ヴォレ》	бить《ビーチ》 с《ス》 лёта《リョータ》	tirar《ティラール》 de《デ》 volea《ボレア》
marquage《マルカジュ》	опека《アピェーカ》	marcaje《マルカヘ》
joueur《ジュウル》 (joueuse)《(ジュウズ)》 démarqué《デマルケ》	открывшийся《アトゥクルィーフシイスァ》 игрок《イグローク》 (открывшийся《アトゥクルィーフシイスァ》 женский《ジェンスキイ》 игрок《イグローク》)	jugador《フガドル》 dedesmarcado《デスマルカド》 (jugadora《フガドラ》 dedesmarcada《デスマルカダ》)
passer《パセ》 en《アン》 avant《アヴァン》	передать《ピリダーチ》 мяч《ミャーチ》 вперёд《フピリョート》	pasar《パサール》 adelante《アデランテ》
jeu《ジゥ》 décousu《デクゥズュ》	бессистемная《ビススィスチェームナヤ》 игра《イグラー》	juego《フエゴ》 deshilvanado《デシルバナド》
marquage《マルカジュ》 individuel《アンディヴィデュエル》	персональная《ピルサナーリナヤ》 опека《アピェーカ》	marcaje《マルカヘ》 hombre《オンブレ》 a《ア》 hombre《オンブレ》
marqueur《マルクル》 (marqueuse)《(マルクゥズ)》 du《デュ》 but《ビュ》	автор(ша)《アーフタル (シャ)》 гола《ゴーラ》	marcador《マルカドル》 (marcadora)《(マルカドラ)》
attaque《アタック》 de《ドゥ》 la《ラ》 droite《ドルワト》	нападение《ナパチェーニエ》 правым《プラーヴィム》 краем《クラーエム》	ataque《アタケ》 por《ポル》 el《エル》 flanco《フランコ》 derecho《デレチョ》
passe《パス》 courte《クゥルト》	короткая《カロートゥカヤ》 передача《ピリダーチャ》	pase《パセ》 corto《コルト》
commettre《コメトル》 une《ユヌ》 faute《フォト》	допустить《ダプスティーチ》 ошибку《アシープクゥ》	cometer《コメテール》 una《ウナ》 falta《ファルタ》
esquiver《エスキヴェ》	уклониться《ウクラニーツァ》	esquivar《エスキバール》
amorti《アモルティ》 de《ドゥ》 la《ラ》 poitrine《プワトリヌ》	остановка《アスタノーフカ》 мяча《ミャチャー》 грудью《グルーヂユ》	parada《パラダ》 del《デル》 balón《バロン》 con《コン》 el《エル》 pecho《ペチョ》
système《スィステム》 4-3-1-2《カトル トルワ アン ドゥ》	система《スィスチェーマ》 игры《イグルィー》 4-3-1-2.《チトゥィーリ トゥリー アヂーン ドゥヴァー》	sistema《システマ》 4-3-1-2《クアトゥロ トゥレス ウノ ドス》
système《スィステム》 4-3-3《カトル トルワ トルワ》	система《スィスチェーマ》 игры《イグルィー》 4-3-3.《チトゥィーリ トゥリー トゥリー》	sistema《システマ》 4-3-3《クアトゥロ トゥレス トゥレス》
système《スィステム》 4-2-4《カトル ドゥ カトル》	система《スィスチェーマ》 игры《イグルィー》 4-2-4.《チトゥィーリ ドゥヴァー チトゥィーリ》	sistema《システマ》 4-2-4《クアトゥロ ドス クアトゥロ》

日本語	英語	ドイツ語
323 4-4-2システム	4-4-2 system《フォー　フォー　トゥー　スイステム》	4-4-2 -System《フィーァ フィーァ　ツヴァイ　ズュステーム》
324 ライト・ウイング	right wing《ライト ウィング》	rechter Flügel《レッヒタァ　フリューゲル》
325 ライト・ハーフバック(女)	(women's) right halfback《(ウィミンズ)　ライト　ハフバック》	rechter Läufer《レッヒタァ　ロイファァ》 (rechte Läuferin)《(レッヒテ　ロイフェリン)》
326 ライト・フルバック(女)	(women's) right back《(ウィミンズ)　ライト　バック》	rechter Verteidiger《レッヒタァ　フェアタイディガァ》 (rechte Verteidigerin)《(レッヒテ　フェアタイディゲリン)》
327 ラインズマン(女)	(women's) linesman《(ウィミンズ)　ラインズマン》	Linienrichter(in)《リーニエンリッヒタァ(テリン)》
328 ラインズマンの合図(女)	sign of the (women's)《サイン　オヴ　ザ　(ウィミンズ)》 linesman《ラインズマン》	Zeichen des Linienrichters,《ツァイヒエン　デス　リーニエンリッヒタァス》 (Zeichen der Linienrichterin)《(ツァイヒエン　デァ　リーニエンリッヒテリ)》
329 乱暴な攻撃	violent attack《ヴァイオレント アタック》	schußartiger Angriff《シュスアールティガァ アングリッフ》
330 リターン・マッチ	return match《リターン　マッチ》	Rückspiel《リュックシュピール》
331 リバウンド	rebound《リバウンド》	Abpraller《アッププララァ》
332 レッド・カード	red card《レッド カード》	rote Karte《ローテ　カルテ》
333 レフェリーズ・ボール	referee's ball《レフェリーズ　ボール》	Schiedsrichterball《シーツリッヒタァバル》
334 レフト・ウィンガー (女)	(women's) left wing《(ウィミンズ)　レフト ウィング》	linker Außenstürmer《リンカァ　アオセンシュテュルマァ》 (linke Außenstürmerin)《(リンケ　アオセンシュテュルメリン)》
335 レフト・ウィング	left wing《レフト ウィング》	linker Flügel《リンカァ　フリューゲル》
336 レフト・ハーフバック (女)	(women's) left halfback《(ウィミンズ)　レフト　ハフバック》	liker Läufer《リンカァ ロイファァ》 (linke Läuferin)《(リンケ　ロイフェリン)》

サッカー

フランス語	ロシア語	スペイン語
système《スィステム》 4-4-2《カトル カトル ドゥ》	система《スィスチェーマ》 игры《イグルィー》 4-4-2.《チトゥィーリ チトゥィーリ ドゥヴァー》	sistema《システマ》 4-4-2《クアトゥロ クアトゥロ ドス》
aile《エル》 droite《ドルワト》	правый《プラーヴィイ》 край《クラーイ》 поля《ポーリャ》	ala《アラ》 derecha《デレチャ》
demi《ドミ》 droit《ドルワ》 (de《ドゥ》 la《ラ》 femme《ファム》)	правый《プラーヴィイ》 полузащитник《パルザシチートゥニク》 (правая《プラーヴァヤ》 полузашитница《パルザシチートゥニツァ》)	medio《メディオ》 derecho《デレチョ》 (femenina《フエメニナ》)
arrière《アリエル》 droit《ドルワ》 (de《ドゥ》 la《ラ》 femme《ファム》)	правый《プラーヴィイ》 защитник《ザシチートゥニク》 (правая《プラーヴァヤ》 защитница《ザシチートゥニツァ》)	defensor《デフェンソル》 derecho《デレチョ》 (defensora《デフェンソラ》) derecha《デレチャ》
juge《ジュジュ》 (femme《ファム》 juge《ジュジュ》) de《ドゥ》 touche《トゥシュ》	(женский《ジェーンスキイ》) судья《スゥヂィヤー》 на《ナ》 линии《リーニイ》	juez《フエス》 de《デ》 línea《リネア》
signal《スィニャル》 du《デュ》 juge《ジュジュ》 (femme《ファム》 juge《ジュジュ》) de《ドゥ》 touche《トゥシュ》	отмашка《アトゥマーシカ》 судьи《スゥヂィイー》 на《ナ》 линии《リーニイ》 (отмашка《アトゥマーシカ》 женского《ジェーンスカヴァ》 судьи《スゥヂィイー》 на《ナ》 линии《リーニイ》)	señal《セニャル》 del《デル》 (de《デ》 la《ラ》) juez《フエス》 de《デ》 línea《リネア》
assaut《アソ》 violent《ヴィオラン》	резкая《リエースカヤ》 атака《アターカ》	ataque《アタケ》 violento《ビオレント》
match《マチ》-retour《ルトゥル》	ответная《アトゥヴェートゥナヤ》 игра《イグラー》	partido《パルティド》 de《デ》 desquite《デスキテ》
rebond《ルボン》	отскок《アトゥスコーク》 (мяча《ミャチャー》)	rebote《レボテ》
carton《カルトン》 rouge《ルゥジュ》	красная《クラースナヤ》 карточка《カールタチカ》	tarjeta《タルヘタ》 roja《ロハ》
balle《バル》 d'arbitre《ダルビトル》	спорный《スポールヌィイ》 мяч《ミャーチ》	pelota《ペロタ》 de《デ》 árbitro《アルビトゥロ》
ailier《エリエ》 gauche《ゴシュ》 (de《ドゥ》 femme《ファム》)	левый《リェーヴィイ》 крайний《クラーイニイ》 нападающий《ナパダーユシチイ》 (левая《リェーヴァヤ》 крайняя《クラーイニャヤ》 нападающая《ナパダーユシチアヤ》)	extremo《エストゥレモ》 izquierdo《イスキエルド》 (extrema《エストゥレマ》 izquierda《イスキエルダ》)
aile《エル》 gauche《ゴシュ》	левый《リェーヴィイ》 край《クラーイ》 поля《ポーリャ》	ala《アラ》 izquierda《イスキエルダ》
demi《ドミ》-gauche《ゴシュ》 (de《ドゥ》 femme《ファア》)	левый《リェーヴィイ》 полузащитник《パルザシチートゥニク》 (левая《リェーヴァヤ》 полузащитница《パルザシチートゥニツァ》)	medio《メディオ》 izquierdo《イスキエルド》 (media《メディア》 izquierda《イスキエルダ》)

日本語	英語	ドイツ語
337 レフト・フルバック（女）	(women's《ウィミンズ》) left《レフト》 back《バック》	linker《リンカァ》 Verteidiger《フェアタイディガァ》 (linke《リンケ》 Verteidigerin《フェアタイディゲリン》)
338 ロビング （センターリング）	lobbing《ロビング》	hohe《ホーエ》 Flanke《フランケ》
339 ロビング・パス	lobbed《ロブド》 pass《パス》	Hochpaß《ホーホパス》
340 ロング・シュート	long《ロング》 shot《ショット》	Weitschuß《ヴァイトシュス》
341 ロング・パス	long《ロング》 pass《パス》	langer《ランガァ》 Paß《パス》
342 ワンゴール・ゲーム	play《プレイ》 at《アット》 one《ワン》 goal《ゴウル》	Spiel《シュピール》 auf《アオフ》 ein《アイン》 Tor《トーァ》

フランス語	ロシア語	スペイン語
arrière《アリエル》 gauche《ゴシュ》 (de《ドゥ》 femme《ファム》)	левый《リェーヴィイ》 защитник《ザシチートゥニク》 (левая《リェーヴァヤ》 защитница《ザシチートゥニツァ》)	defensor《デフェンソル》 izquierdo《イスキエルド》 (defensora《デフェンソラ》 izquierda《イスキエルダ》)
centre《サントル》 en《アン》 hauteur《オトゥル》	навес《ナヴェース》	centrar《セントゥラール》 el《エル》 balón《バロン》
passe《パス》 par-dessus《パルドゥスュ》 l'adversaire《ラドヴェルセル》	навесная《ナヴェースナヤ》 передача《ピリダーチャ》 мяча《ミャチャー》	pase《パセ》 elevado《エレバド》
tir《ティル》 de《ドゥ》 loin《ルワン》	удар《ウダール》 издалека《イズダリェカー》	tiro《ティロ》 desde《デスデ》 lejos《レホス》
passe《パス》 longue《ロング》	длинная《ドゥリーンナヤ》 передача《ピリダーチャ》	pase《パセ》 largo《ラルゴ》
jeu《ジゥ》 sur《スュル》 un《アン》 seul《スル》 but《ビュ》	игра《イグラー》 в одни《ヴァドニー》 ворота《ヴァロータ》	juego《フエゴ》 ante《アンテ》 una《ウナ》 portería《ポルテリア》

7.水球

	日本語	英語	ドイツ語
1	相手から離れる	get《ゲット》 away《アウエイ》 from《フラム》 the《ザ》 check《チエック》	sich《ズィッヒ》 vom《フォム》 Gegner《ゲーグナア》 lösen《レーセン》
2	相手サイド	opposite《オポズィト》 half《ハフ》	gegnerische《ゲーグネリッシェ》 Spielfeldhälfte《シュピールフェルトヘルフテ》
3	相手に当たる（タックル）	attack《アタク》, tackle《タックル》	angreifen《アングライフェン》
4	相手に水をはねかける	splash《スプラッシ》	ins《インス》 Gesicht《ゲズィッヒト》 spritzen《シュプリッツェン》
5	相手の動きを止める	stop《スタップ》 an opponent《アノポウネント》	Gegner《ゲーグナア》 festhalten《フェストハルテン》
6	相手を足で押しのける	push《プッシ》 off《オフ》 with《ウィズ》 feet《フィート》 from《フラム》 the《ズィ》 opponent《オポウネント》	sich《ズィッヒ》 mit《ミット》 den《デン》 Füßen《フューセン》 vom《フォム》 Gegner《ゲーグナア》 abstoßen《アップシュトーセン》
7	相手を押して離れる	push《プッシ》 off《オフ》 from《フラム》 the《ズィ》 opponent《オポウネント》	sich《ズィッヒ》 vom《フォム》 Gegner《ゲーグナア》 abstoßen《アップシュトーセン》
8	相手をかわす	outplay《アウトプレイ》 an opponent《アノポウネント》	Gegner《ゲーグナア》 ausspielen《アオスシュピーレン》
9	相手を沈める	push《プッシ》 the《ズィ》 opponent《オポウネント》 under《アンダア》, submerge《サブマーヂ》 the《ズィ》 opponent《オポウネント》	Gegner《ゲーグナア》 untertauchen《ウンタアタオヘン》
10	相手を邪魔する	hinder《ヒンダア》 an opponent《アノポウネント》	Gegner《ゲーグナア》 behindern《ベヒンデルン》
11	相手をだます	deceive《ディスイーヴ》 the《ズィ》 opponent《オポウネント》	Gener《ゲーグナア》 täuschen《トイシェン》
12	相手を捕らえ引き戻す	holding《ホウルディング》 back《バック》 an opponent《アノポウネント》	Festhalten《フェストハルテン》 des《デス》 Gegners《ゲーグナアス》
13	相手を殴る	hit《ヒット》 an opponent《アノポウネント》	Gegner《ゲーグナア》 schlagen《シュラーゲン》
14	相手を引き戻す	pulling《プリング》 back《バック》 an opponent《アノポウネント》	Zurückziehen《ツリュックツィーエン》 des《デス》 Gegners《ゲーグナアス》
15	相手をマークする	mark《マーク》 an opponent《アノポウネント》	Gegner《ゲーグナア》 decken《デッケン》
16	相手をやっつける防御 （ブレーキング・バック）	《breaking》《(ブレイキング)》 back《バック》	beweglicher《ベウエークリヒャア》 Verteidiger《フェアタイディガア》
17	相手を横に押しやる	pushing《プッシング》 the《ズィ》 opponent《オポウネント》 aside《アサイド》	Abblocken《アップブロッケン》 des《デス》 Gegners《ゲーグナアス》, Abdrängen《アップドレンゲン》 des《デス》 Gegners《ゲーグナアス》

フランス語	ロシア語	スペイン語
s'échapper《セシャペ》 à《ア》 l'adversaire《ラドヴェルセル》	уйти《ウイチィー》 от《アト》 соперника《サピェールニカ》	dejar《デハール》 atrás《アトゥラス》 al《アル》 adversario《アドゥベルサリオ》
camp《カン》 adverse《アドヴェルス》	половина《パラヴィーナ》 поля《ポーリャ》 соперника《サピェールニカ》	campo《カンポ》 del《デル》 adversario《アルアドゥベルサリオ》
attaquer《アタケ》	атаковать《アタカヴァーチ》	atacar《アタカール》
arroser《アロゼ》, asperger《アスペルジェ》	брызгать《ブルィーズガチ》 водой《ヴァドーイ》 в《ヴ》 лицо《リツォー》	salpicar《サルピカール》 la《ラ》 cara《カラ》 al《アル》 rival《リバル》
retenir《ルトニル》 un《アン》 adversaire《アドヴェルセル》	задержать《ザヂィルジャーチ》 соперника《サピェールニカ》	detener《デテネール》 al《アル》 adversario《アドゥベルサリオ》
s'élancer《セランセ》 par《パル》 coup《クゥ》 de《ドゥ》 pied《ピエ》 à《ア》 l'adversaire《ラドヴェルセル》	оттолкнуться《アッタルクヌゥーツァ》 ногами《ナガーミ》 от《アト》 соперника《サピェールニカ》	empujar《エンプハール》 con《コン》 los《ロス》 pies《ピエス》 al《アル》 adversario《アルアドゥベルサリオ》
se《ス》 repousser《ルプゥセ》 de《ドゥ》 l'adversaire《ラドヴェルセル》	оттолкнуться《アッタルクヌゥーツァ》 от《アト》 соперника《サピェールニカ》	empujar《エンプハール》 al《アル》 contrincante《コントゥリンカンテ》
tromper《トロンペ》 l'adversaire《ラドヴェルセル》	переиграть《ピリイグラーチ》 соперника《サピェールニカ》	ganar《ガナール》 el《エル》 duelo《ドゥエロ》 al《アル》 adversario《アドゥベルサリオ》
couler《クゥレ》 un《アン》 adversaire《アドヴェルス》	топить《タピーチ》 соперника《サピェールニカ》	hundir《ウンディール》 al《アル》 adversario《アドゥベルサリオ》
gêner《ジェネ》 un《アン》 adversaire《アドヴェルセル》	мешать《ミシャーチ》 сопернику《サピェールニクゥ》	molestar《モレスタール》 al《アル》 adversario《アドゥベルサリオ》
feinter《ファンテ》 un《アン》 adversaire《アドヴェルセル》	обмануть《アブマヌーチ》 соперника《サピェールニカ》	burlar《ブルラール》 al《アル》 adversario《アドゥベルサリオ》
tenir《トゥニル》 un《アン》 adversaire《アドヴェルセル》	держание《ディルジャーニエ》 соперника《サピェールニカ》	retener《レテネール》 al《アル》 adversario《アドゥベルサリオ》
frapper《フラペ》 un《アン》 adversaire《アドヴェルセル》	удалить《ウダリーチ》 соперника《サピェールニカ》	golpear《ゴルペアール》 al《アル》 adversario《アドゥベルサリオ》
tirer《ティレ》 à《ア》 soi《スワ》 son《ソン》 adversaire《アドヴェルセル》	подтягивание《パドゥチャーギヴァニエ》 соперника《サピェールニカ》	arrastre《アラストゥレ》 del《デル》 adversario《アドゥベルサリオ》
marquer《マルケ》 l'adversaire《ラドヴェルセル》	опекать《アピカーチ》 соперника《サピェールニカ》	marcar《マルカール》 al《アル》 adversario《アドゥベルサリオ》
arrière《アリエル》 mobile《モビル》	подвижный《パドゥヴィージヌィイ》 защитник《ザシチィートゥニク》	defensa《デフェンサ》 móvil《モビル》
repousser《ルプゥセ》 l'adversaire《ラドヴェルセル》	оттирание《アッチラーニエ》 противника《プラチィーヴニカ》	cortar《コルタール》 el《エル》 paso《パソ》 al《アル》 adversario《アドゥベルサリオ》

	日本語	英語	ドイツ語
18	アウト	overside《オウヴァサイド》, out《アウト》	Ausspiel《アオスシュピール》 über《ユーバァ》 die《ディ》 Seitenlinie《ザイテンリーニエ》
19	アウト・オブ・プレーになる	ball《ボール》 《out《アウト》 of《オヴ》 play《プレイ》》	aus《アオス》 dem《デム》 Spiel《シュピール》 sein《ザイン》 (*vom*《フォム》 *Ball*《バル》)
20	青旗	blue《ブルー》 flag《フラッグ》	blaue《ブラオエ》 Flagge《フラッゲ》
21	青帽子	blue《ブルー》 cap《キャップ》	blaue《ブラオエ》 Kappe《カッペ》
22	赤旗	red《レッド》 flag《フラッグ》	rote《ローテ》 Flagge《フラッゲ》
23	赤標識	red《レッド》 marker《マーカァ》	rote《ローテ》 Markierung《マルキールング》
24	赤帽子	red《レッド》 cap《キャップ》	rote《ローテ》 Kappe《カッペ》
25	あごの下で結ばれる帽子	cap《キャップ》 tied《タイド》 under《アンダァ》 the《ザ》 chin《チン》	unter《ウンタァ》 dem《デム》 Kinn《キン》 zugebundene《ツーゲブンデネ》 Kakke《カッペ》
26	足で相手を蹴る	kick《キック》 an opponent《アノポウネント》	Gegner《ゲーゲン》 treten《トレーテン》
27	足によるボレー	volley《ヴァリィ》 with《ウィズ》 the《ザ》 foot《フット》	Doppeln《ドッペルン》 mit《ミット》 Fuß《フース》, Fußdoppler《フースドッププラァ》
28	頭でプレーする	head《ヘッド》 the《ザ》 ball《ボール》	köpfen《ケップフェン》, mit《ミット》 dem《デム》 Kopf《コップフ》 spielen《シュピーレン》
29	頭でボレー （ヘッディング）	volley《ヴァリィ》 with《ウィズ》 the《ザ》 head《ヘッド》	Doppeln《ドッペルン》 mit《ミット》 Kopf《コップフ》, Kopfdoppler《コップフドッププラァ》
30	アドバンテージ・ルール	advantage《アドヴァンテッヂ》 rule《ルール》	Vorteilsregel《フォアタイルスレーゲル》
31	1-3-2 フォーメーション	1《ワン》-3《スリー》-2《トゥー》 formation《フォーメイシャン》	Spielsystem《シュピールジュステーム》 1《アインス》-3《ドライ》-2《ツヴァイ》
32	イン・プレー	ball《ボール》 in《イン》 play《プレイ》	Ball《バル》 im《イム》 Spiel《シュピール》
33	動きのあるディフェンス	moving《ムーヴィング》 defence《ディフエンス》	bewegliche《ベヴエークリヒエ》 Abwehr《アップヴェーァ》, bewegliche《ベヴエークリヒエ》 Verteidigung《フェアタイディグング》

水球

フランス語	ロシア語	スペイン語
balle《バル》 hors《オレ》 jeu《ジュ》	выход《ヴィーハト》 мяча《ミャチャー》 за《ザ》 боковую《バカヴーユ》 линию《リーニユ》	pelota《ペロタ》 fuera《フエラ》 de《デ》 banda《バンダ》
ballon《バロン》 hors《オル》 du《デュ》 jeu《ジュ》	выйти《ヴィーイチィ》 из《イズ》 игры《イグルィー》 (*о*《ア》 *мяче*《ミャチェー》)	salida《サリダ》 del《デル》 balón《バロン》 fuera《フエラ》 de《デ》 juego《フエゴ》
fanion《ファニオン》 bleu《ブル》	синий《スィーニイ》 флажок《フラジョーク》	bandera《バンデラ》 azul《アスル》
bonnet《ボネ》 bleu《ブル》	синяя《スィーニャヤ》 шапочка《シャーパチカ》	gorro《ゴロ》 azul《アスル》
fanion《ファニオン》 rouge《ルゥジュ》	красный《クラースヌィイ》 флажок《フラジョーク》	bandera《バンデラ》 roja《ロハ》
marque《マルク》 rouge《ルゥジュ》	красная《クラースナヤ》 разметка《ラズミェートゥカ》	marcaje《マルカヘ》 rojo《ロホ》
bonnet《ボネ》 rouge《ルゥジュ》	красная《クラースナヤ》 шапочка《シャーパチカ》	gorro《ゴロ》 rojo《ロホ》
bonnet《ボネ》 attaché《アタシェ》 sous《スゥ》 le《ル》 menton《マントン》	шапочка《シャーパチカ》, завязанная《ザヴャーザンナヤ》 под《パト》 подбородком《パドゥバロートゥカム》	gorro《ゴロ》 atado《アタド》 debajo《デバホ》 de《デ》 la《ラ》 barbilla《バルビリァ》
donner《ドネ》 des《デ》 coups《クゥ》 de《ドゥ》 pied《ピエ》	толкать《タルカーチ》 соперника《サピェールニカ》 ногами《ナガーミ》	empujar《エンンプハール》 con《コン》 los《ロス》 pies《ピエス》
volée《ヴォレ》 avec《アヴェク》 le《ル》 pied《ピエ》	перевод《ピリヴォート》 ногой《ナゴーイ》	pase《パセ》 del《デル》 balón《バロン》 con《コン》 el《エル》 pie《ピエ》
jouer《ジュエ》 de《ドゥ》 la《ラ》 tête《テートゥ》	играть《イグラーチ》 головой《ガラヴォーイ》	jugar《フガール》 con《コン》 la《ラ》 cabeza《カベサ》
volée《ヴォレ》 avec《アヴェク》 la《ラ》 tête《テートゥ》	перевод《ピリヴォート》 головой《ガラヴォーイ》	pase《パセ》 del《デル》 balón《バロン》 con《コン》 la《ラ》 cabeza《カベサ》
ràgle《レグル》 de《ドゥ》 l'avantage《ラヴァンタジュ》	правило《プラーヴィラ》 преимущества《プリイイムーシチストゥヴァ》	ley《レイ》 de《デ》 la《ラ》 ventaja《ベンタハ》
système《スィステム》 1《アン》-3《トルワ》-2《ドゥ》	система《スィスチェーマ》 игры《イグルィー》 1《アヂーン》-3《トゥリー》-2《ドゥヴァー》	alineación《アリネアシオン》 1《ウナ》-3《トゥレス》-2《ドス》
ballon《バロン》 en《アン》 jeu《ジゥ》	мяч《ミャーチ》 в《ヴ》 игре《イグリェー》	balón《バロン》 en《エン》 el《エル》 juego《フエゴ》
défense《デファンス》 mobile《モビル》	подвижная《パドゥヴィジナーヤ》 оборона《アバローナ》	defensa《デフェンサ》 movida《モビダ》

	日本語	英語	ドイツ語
34	動きのあるプレー	moving《ムーヴィング》 play《プレイ》	bewegliches《ベヴェークリヒエス》 Spiel《シュピール》
35	腕の振り上げ動作	gesture《ヂェスチャ》 preceding《プリスィーディング》 a《ア》 throw《スロウ》	Ausholbewegung《アオスホールベヴェーグング》, Ausholen《アオスホーレン》
36	エクスクルージョン・ファール	exclusion《イクスクルージャン》 foul《ファウル》	Ausschlußfoul《アオスシュルスファオル》
37	オーディナリー・ファール	ordinary《オーディナリィ》 fault《フォールト》	einfacher《アインファッハァ》 Fehler《フェーラァ》
38	オーバー・アーム・ストローク	over《オウヴァ》 arm《アーム》 stroke《ストゥロウク》	Seitenschwimmen《ザイテンシュヴィメン》
39	オーバー・タイム（30秒ルール）	overtime《オウヴァタイム》	Zeitüberschreitung《ツァイトユーバァシュライトゥング》
40	オープン・スペースを探す	find《ファインド》 an opening《アノゥプニング》 space《スペイス》	sich《ズィッヒ》 freischwimmen《フライシュヴィメン》, freikommen《フライコメン》
41	オウン・ゴール	own《オウン》-goal《ゴウル》	Eirentor《アイゲントーァ》, Selbsttor《ゼルプストトーァ》
42	お返しのゴール	goal《ゴウル》 in《イン》 reply《リプライ》	Gegentor《ゲーゲントーァ》, Gegentreffer《ゲーゲントレッファ》
43	オフサイド	offside《オーフサイド》	Abseits《アップザイツ》
44	泳ぐ	swim《スウィム》	schwimmen《シュヴィメン》
45	カウンター・アタック（逆襲）	counter《カウンタァ》-attack《アタック》	Gegenangriff《ゲーゲンアングリッフ》, Gegenzug《ゲーゲンツーク》, Konter《コンタァ》
46	各ピリオド/ゲームの開始	start《スタート》 of《オヴ》 the《ザ》 quarter《クウォータァ》/game《ゲイム》	Viertelbeginn《フィルテルベギン》, Spielbeginn《シュピールベギン》
47	各ピリオド/ゲームの終了	end《エンド》 of《オヴ》 the《ザ》 quarter《クウォータァ》/game《ゲイム》	Viertelende《フィルテルエンデ》, Spielende《シュピールエンデ》

フランス語	ロシア語	スペイン語
jeu《ジゥ》 mobile《モビル》	подвижная《パドゥヴィジナーヤ》 игра《イグラー》	juego《フエゴ》 movido《モビド》
tentative《タンタティヴ》 de《ドゥ》 lancer《ランセ》	замах《ザマーフ》	gesto《ヘスト》 que《ケ》 precede《プレセデ》 el《エル》 tiro《ティロ》
faute《フォートゥ》 d'exclusion《デクスクリュズィオン》	нарушение《ナルゥシェーニエ》 удаления《ウダリェーニヤ》	falta《ファルタ》 de《デ》 la《ラ》 expulsión《エスプルシオン》
faute《フォートゥ》 ordinaire《オルディネル》	простая《プラスターヤ》 ошибка《アシーブカ》	falta《ファルタ》 ordinaria《オルディナリア》
nage《ナジュ》 sur《スュル》 le《ル》 côté《コテ》	плавание《プラーヴァニエ》 на《ナ》 боку《バクゥー》	over《オーベル》 sencillo《センシリォ》
excédent《エクセダン》 de《ドゥ》 temps《タン》	превышение《プリヴィシェーニエ》 времени《ヴリェーミニ》	excedente《エスセデント》 de《デ》 tiempo《ティエンポ》
se《ス》 démarquer《デマルケ》	выйти《ヴィーイティ》 на《ナ》 свободное《スヴァボードゥナエ》 место《ミェースタ》	desmarcarse《デスマルカルセ》
auto《オト》-goal《ゴル》	гол《ゴール》 в《フ》 свои《スヴォーイ》	autogol《アウトゴル》
but《ビュ》 de《ドゥ》 retour《ルトゥル》	ответный《アトゥヴェートゥヌィイ》 гол《ゴール》	gol《ゴル》 de《デ》 respuesta《レスプエスタ》
hors-jeu《オルジュ》	положение《パラジェーニエ》 《вне игры》《(ヴニエ イグルィー)》	fuera《フエラ》 de《デ》 juego《フエゴ》
nager《ナジェ》	плыть《プルィーチ》	nadar《ナダール》
countre-attaque《コントラタック》	контратака《カントゥラターカ》	contraataque《コントラアタケ》
début《デビュ》 de《ドゥ》 la《ラ》 période《ペリオド》/du《デュ》 match《マチュ》	начало《ナチャーラ》 периода《ピリーアダ》/матча《マートゥチャ》	comienzo《コミエンソ》 del《デル》 (primer《プリメル》, segundo《セグンド》 etc.《エトセテラ》) tiempo《ティエンポ》, comienzo《コミエンソ》 del《デル》 partido《パルティド》
fin《フィン》 de la《ドゥラ》 période《ペリオド》/du《デュ》 match《マチュ》	конец《カニエーツ》 периода《ピリーアダ》/матча《マートゥチャ》	fin《フィン》 del《デル》 (primer《プリメル》, segundo《セグンド》 etc.《エトセテラ》) tiempo《チエンポ》, fin《フィン》 del《デル》 partido《パルティド》

	日本語	英語	ドイツ語
48	片手でプレーする	play《プレイ》 with《ウィズ》 the《ザ》 hand《ハンド》	mit《ミット》 der《デア》 Hand《ハント》 spielen《シュピーレン》
49	活気のないプレー	static《スタティク》 play《プレイ》, slow《スロウ》 play《プレイ》	Standspiel《シュタントシュピール》, statisches《シュターティシエス》 Spiel《シュピール》
50	体にオイルを塗る	grease《グリース》 the《ザ》 body《バディ》	Körper《ケルパァ》 mit《ミット》 Fett《フェット》 einschmieren《アインシュミーレン》
51	体の下部	lower《ロウア》 part《パート》 of《オヴ》 the《ザ》 body《バディ》	Unterköper《ウンタァケルパァ》
52	黄色マーク	yellow《イエロウ》 marker《マーカァ》	gelbe《ゲルベ》 Markierung《マルキールング》
53	危険なプレー	dangerous《ディンヂャラス》 play《プレイ》	gefährliches《ゲフェーァリヒエス》 Spiel《シュピール》
54	拮抗したプレー	equal《イークゥアル》 play《プレイ》	ausgeglichenes《アオスゲグリッヒエネス》 Spiel《シュピール》
55	規定外のボール	ball《ボール》 which《フウィッチ》 does《ダズ》 not《ナット》 conform《コンフォーム》 to《トゥ》 the《ザ》 regulations《レギュレイシャンズ》	unvorschriftsmäßiger《ウンフォーァシュリフスメースィガァ》 Ball《バル》
56	規定に合わないプレーイング・フィールド	field《フィールド》 of《オヴ》 play《プレイ》 which《フウィッチ》 does《ダズ》 not《ナット》 conform《コンフォーム》 to《トゥ》 the《ザ》 regulations《レギュレイシャンズ》	unvorschriftsmäßiges《ウンフォーァシュリフスメースィゲス》 Spielfeld《シュピールフェルト》
57	機動力のあるフォワード	manoevring《マニューヴァリング》 forward《フォーワド》	aktionsreicher《アクツィオーンスライヒャア》 Stürmer《シュテュルマァ》
58	機動力のあるプレー	mobile《モウビル》 play《プレイ》	flüssiges《フリュッスィゲス》 Spiel《シュピール》
59	競技者の正しいポジショニング	correct《コレクト》 positioning《ポズィショニング》 of《オヴ》 players《プレイアズ》	ordnungsgemäßes《オルトヌングスゲメーセス》 Ausrichten《アオスリッヒテン》 der《デア》 Spieler《シュピーラァ》
60	競技者の変則的なポジショニング	incorrect《インコレクト》 positioning《ポズィショニング》 of《オヴ》 players《プレイアズ》	Fehlbesetzug《フェールベゼッツング》, fehlerhafte《フェーラァハフテ》 Aufstellung《アオスシュテルング》 der《デア》 Spieler《シュピーラァ》
61	競技場	playing《プレイイング》 field《フィールド》	Spielfeld《シュピールフェルト》
62	競技場の中央部	half《ハフ》 of《オヴ》 the《ザ》 field《フィールド》	Spielfeldhälfte《シュピールヘルフテ》

フランス語	ロシア語	スペイン語
jouer《ジュエ》 de《ドゥ》 la《ラ》 main《マン》	играть《イグラーチ》 рукой《ルゥコーイ》	jugar《フガール》 con《コン》 la《ラ》 mano《マノ》
jeu《ジゥ》 statique《スタティク》	статичная《スタチィーチナヤ》 игра《イグラー》	juego《フエゴ》 estático《エスタティコ》
s'enduire《サンデュイル》 le《ル》 corps《コル》 de《ドゥ》 graisse《グレス》	покрыть《パクルィーチ》 тело《チェーラ》 жирной《ジールナイ》 мазью《マージユ》	cubrir《クブリール》 el《エル》 cuerpo《クエルポ》 con《コン》 ungüento《ウングエント》 grasoso《グラソソ》
corps《コル》 bas《バ》	нижняя《ニージニャヤ》 часть《チャースチ》 тела《チェーラ》	parte《パルテ》 inferior《インフェリオル》 del《デル》 cuerpo《クエルポ》
marque《マルク》 jaune《ジョヌ》	жёлтая《ジョールタヤ》 разметка《ラズミェートゥカ》	marcaje《マルカヘ》 amarillo《アマリリォ》
jeu《ジゥ》 dangereux《ダンジュル》	опасная《アパースナヤ》 игра《イグラー》	juego《フエゴ》 peligroso《ペリグロソ》
jeu《ジゥ》 égal《エガル》	равная《ラーブナヤ》 игра《イグラー》	juego《フエゴ》 parejo《パレホ》
ballon《バロン》 non《ノン》 réglementaire《レグルマンテル》	мяч《ミャーチ》, не《ニィ》 отвечающий《アトゥヴィチャーユシチィイ》 правилам《プラーヴィラム》	balón《バロン》 irreglamentario《イレグラメンタリオ》
champ《シャン》 de《ドゥ》 jeu《ジゥ》 non《ノン》 réglementaire《レグルマンテル》	игровое《イグラヴォーエ》 поле《ポーリェ》, не《ニィ》 отвечающее《アトゥヴィチャーユシチィイ》 правилам《プラーヴィラム》	campo《カンポ》 de《デ》 juego《フエゴ》 antirreglamentario《アンティレグラメンタリオ》
avant《アヴァン》-libre《リーブル》	маневрирующий《マニィヴリールゥユシチィイ》 нападающий《ナパダーユシチィイ》	delantero《デランテロ》 que《ケ》 cambia《カンビア》 mucho《ムチョ》 de《デ》 lugar《ルガール》
jeu《ジゥ》 mobile《モビル》	маневренная《マニィヴリェーンナヤ》 игра《イグラー》	juego《フエゴ》 movido《モビド》
position《ポズィスィオン》 régulière《レギュリエル》 des《デ》 joueurs《ジュウル》	правильная《プラーヴィリナヤ》 расстановка《ラッスタノーフカ》 игроков《イグラコーフ》	alineación《アリネアシオン》 correcta《コレクタ》 de《デ》 los《ロス》 jugadores《フガドレス》
position《ポズィスィオン》 irrégulière《イレギュリエル》 des《デ》 joueurs《ジュウル》	неправильная《ニィプラーヴィリナヤ》 расстановка《ラッスタノーフカ》 игроков《イグラコーフ》	alineación《アリネアシオン》 incorrecta《インコレクタ》 de《デ》 los《ロス》 jugadores《フガドレス》
champ《シャン》 de《ドゥ》 jeu《ジゥ》	игровое《イグラヴォーエ》 поле《ポーリェ》	cancha《カンチャ》/campo《カンポ》 de《デ》 juego《フエゴ》
moitié《ムワティエ》 du《デュ》 champ《シャン》 de《ドゥ》 jeu《ジゥ》	половина《パラヴィーナ》 поля《ポーリャ》	mitad《ミタ》 del《デル》 campo《カンポ》

日本語	英語	ドイツ語
63 競技場の中心	centre《センタァ》 of《オヴ》 the《ザ》 playing《プレイイング》 field《フィールド》, midfield《ミドゥフィールド》	Spielfeldmitte《シュピールフェルトミッテ》
64 競技場の広さ規定	dimensions《ディメンシャンズ》 of《オヴ》 the《ザ》 field《フィルド》	Spielfeldmaße《シュピールフェルトマーセ》
65 強力な投げ	strong《ストゥロング》 throw《スロウ》	wuchtiger《ヴァッフティガァ》 Wurf《ヴルフ》, kraftvoller《クラフトフォラァ》 Wurf《ヴルフ》
66 空気圧の足りないボール	insufficiently《インサフィシャントゥリィ》 inflated《インフレイティド》 ball《ボール》	nicht《ニッヒト》 voll《フォル》 aufgepumpter《アオフゲプムプタァ》 Ball《バル》
67 繰り返されるスロー	repeated《リピーティド》 throw《スロウ》	wiederholter《ヴィーダァホールタァ》 Wurf《ヴルフ》
68 グループによる戦術	group《グループ》 tactics《タクティクス》	Gruppentaktik《グルッペンタクティク》
69 クロス・パス	cross《クロス》 pass《パス》	Diagonalpaß《ディアゴナールパス》
70 ゲーム開始時のボールの投げ入れ	starting《スターティング》 throw《スロウ》	Anwurf《アンヴルフ》
71 ゲーム開始の合図	starting《スターティング》 signal《スィグナル》	Anpfiff《アンプフィッフ》
72 ゲーム再開の合図	signal《スィグナル》 to《トゥ》 restart《リースタート》 the《ザ》 game《ゲイム》	Signal《ズィグナール》 zum《ツム》 Wiederbeginn《ヴィダァベギン》 des《デス》 Spiels《シュピールス》
73 ゲーム中断の合図	signal《スィグナル》 to《トゥ》 stop《スタップ》 the《ザ》 play《プレイ》	Abpfiff《アッププフィッフ》
74 ゲームの状況	play《プレイ》 situation《スィチュエイシャン》	Spielsituation《シュピールズィトゥアツィオン》
75 ゲームを遅らせる	delay《ディレイ》 the《ザ》 game《ゲイム》	Spiel《シュピール》 verzögern《フェァツェーゲルン》
76 痙攣	cramp《クランプ》	Muskelkrampf《ムスケルクラムプフ》
77 決定的なゴール	decisive《ディサイスィヴ》 goal《ゴウル》	entscheidendes《エントシャイデンデス》 Tor《トーァ》
78 5-1 システム	5-1《ファイヴ ワン》 formation《フォーメイシャン》	Spielsystem《シュピールジュステーム》 5-1《フュンフ アインス》
79 コーナー	corner《コーナァ》	Spielfeldecke《シュピールフェルトエッケ》

フランス語	ロシア語	スペイン語
centre《サントル》 du《デュ》 champ《シャン》 de《ドゥ》 jeu《ジウ》	середина《スィリディーナ》 поля《ポーリャ》	centro《セントゥロ》 del《デル》 campo《カンポ》
dimensions《ディマンスィオン》 du《デュ》 champ《シャン》 de《ドゥ》 jeu《ジウ》	размеры《ラズミェールィ》 поля《ポーリャ》	dimensión《ディメンシオン》 del《デル》 campo《カンポ》
tir《ティル》 en《アン》 force《フォルス》	сильный《スィーリヌィイ》 бросок《ブラソーク》	tiro《ティロ》 fuerte《フエルテ》, cañonazo《カニョナソ》
ballon《バロン》 mal《マル》 gonflé《ゴンフレ》	недокачанный《ニィダカーチャンヌィイ》 мяч《ミャーチ》	balón《バロン》 falto de《ファルトデ》 aire《アイレ》
coup《クゥ》 répété《レペテ》	повторный《パフトールヌィイ》 бросок《ブラソーク》	tiro《ティロ》 repetido《レペティド》
tactique《タクティック》 d'ensemble《ダンサンブル》	групповая《グルゥッパヴァーヤ》 тактика《タークチィカ》	táctica《タクティカ》 de《デ》 conjunto《コンフント》
passe《パス》 diagonale《ディアゴナル》	диагональная《ディアガナーリナヤ》 передача《ピリダーチャ》	pase《パセ》 diagonal《ディアゴナル》
engagement《アンガジュマン》, remise《ルミズ》 en《アン》 jeu《ジウ》	начальный《ナチャーリィヌィイ》 бросок《ブラソーク》	saque《サケ》
signal《スィニャル》 de《ドゥ》 départ《デパル》	сигнал《スィグナール》 к《ク》 началу《ナチャールゥ》 игры《イグルィー》	señal《セニャル》 de《デ》 comienzo《コミエンソ》 del《デル》 juego《フエゴ》
signal《スィニャル》 de la《ドゥラ》 reprise《ルプリズ》 de《ドゥ》 jeu《ジウ》	сигнал《スィグナール》 к《ク》 возобновлению《ヴァザブナヴリェーニユ》 игры《イグルィー》	señal《セニャル》 de《デ》 reanudación《レアヌダシオン》 del《デル》 juego《フエゴ》
signal《スィニャル》 d'arrêt《ダレ》 de《ドゥ》 jeu《ジウ》	сигнал《スィグナール》 остановки《アスタノーフキ》	señal《セニャル》 de《デ》 parar《パラール》 el《エル》 juego《フエゴ》
situation《スィテュアスィオン》 de《ドゥ》 jeu《ジウ》	игровая《イグラヴァーヤ》 обстановка《アスタノーフカ》	situación《ストゥアシオン》 del《デル》 juego《フエゴ》
retarder《ルタルデ》 le《ル》 jeu《ジウ》	затягивать《ザチャーギヴァチ》 время《ヴリェーミャ》 игры《イグルィー》	demorar《デモラール》 el《エル》 juego《フエゴ》
crampe《クランプ》, contracture《コントラクテュル》 musculaire《ミュスキュレル》	судорога《スゥーダラガ》	calambre《カランブレ》
but《ビュ》 de《ドゥ》 la《ラ》 victoire《ヴィクトゥワル》	решающий《リシャーユシチィイ》 гол《ゴール》	gol《ゴル》 decisivo《デシシボ》
système《スィステム》 5《サンク》-1《ユヌ》	система《スィステーマ》 игры《イグルィー》 5《ピャーチ》-1《アヂーン》	alineación《アリネアシオン》 5《シンコ》-1《ウノ》
coin《クワン》 du《デュ》 bassin《バサン》	угол《ウーガル》 поля《ポーリャ》	ángulo《アングロ》 del《デル》 campo《カンポ》

日本語	英語	ドイツ語
80 コーナー・スロー	corner《コーナァ》 throw《スロウ》	Eckball《エックバル》, Eckwurf《エックヴルフ》
81 ゴール・インするシュート	finishing《フィニシング》 throw《スロウ》	abchließender《アップシュリーセンダァ》 Torwurf《トーァヴルフ》
82 ゴール・エリア	goal《ゴウル》 area《エアリア》	Torraum《トーァラオム》
83 ゴール・キーパー	goalkeeper《ゴウルキーパァ》	Torhüter《トーァヒュータァ》, Torwart《トーァヴァルト》
84 ゴール・キーパーの帽子	goalkeeper's《ゴウルキーパァズ》 cap《キャップ》	Torwartkappe《トーァヴァルトカッペ》
85 ゴール・ジャッジ	goal《ゴウル》 judge《ヂャッヂ》	Torrichter《トーァリッヒタァ》
86 ゴール・スロー	goal《ゴウル》 throw《スロウ》	Torwurf《トーァヴルフ》
87 ゴール・ネット	goal《ゴウル》 net《ネット》	Tornetz《トーァネッツ》
88 ゴールの合図をする	signal《スィグナル》 a《ア》 goal《ゴウル》	Tor《トーァ》 anerkennen《アンエァケネン》, Tor《トーァ》 zuerkennen《ツーエァケネン》
89 ゴールの置き換え	displacement《ディスプレイスマント》 of《オヴ》 the《ザ》 goal《ゴウル》	Verschieben《フェァシーベン》 des《デス》 Tores《トーレス》
90 ゴールのクロスバー	crossbar《クロスバー》 of《オヴ》 the《ザ》 goal《ゴウル》	Torlatte《トーァラッテ》, Querlatte《クヴェーァラッテ》
91 ゴールのサイズ	measurements《メジャマンツ》 of《オヴ》 the《ザ》 goal《ゴウル》	Torausmaße《トーァアオスマーセ》
92 ゴールの高さ	height《ハイト》 of《オヴ》 the《ザ》 crossbar《クロスバー》	Torhöhe《トーァヘーエ》, Hohe《ヘーエ》 des《デス》 Tores《トーレス》
93 ゴールの幅	width《ウィドゥス》 of《オヴ》 the《ザ》 goal《ゴウル》	Breite《ブライテ》 des《デス》 Tores《トーレス》, Torbreite《トーァブライテ》
94 ゴール・ポスト	goal《ゴウル》 post《ポウスト》	Torpfosten《トーァフォステン》
95 ゴール・ポストに当たってリバウンド	rebound《リーバウンド》 from《フラム》 the《ザ》 goal《ゴウル》 post《ポウスト》	Abprallen《アププラレン》 des《デス》 Balles《バレス》 vom《フォム》 Torpfosten《トーァプフォステン》
96 ゴール・ライン	goal《ゴウル》 line《ライン》	Torlinie《トーァリーニエ》

フランス語	ロシア語	スペイン語
coup《クゥ》 de《ドゥ》 coin《クワン》	угловой《ウグラヴォーイ》 бросок《ブラソーク》	tiro《ティロ》 de《デ》 córner《コルネル》
lancer《ランセ》 au《オ》 but《ビュ》	завершающий《ザヴェルシャーユシチィイ》 бросок《ブラソーク》	tiro《ティロ》 a《ア》 puerta《プエルタ》
zone《ゾヌ》 de《ドゥ》 but《ビュ》	площадь《プローシチャチ》 ворот《ヴァロート》	área《アレア》 de《デ》 gol《ゴル》
gardien《ガルディアン》 de《ドゥ》 but《ビュ》	вратарь《ヴラターリ》	portero《ポルテロ》, arquero《アルケロ》, guardameta《グアルダメタ》
bonnet《ボネ》 du《デュ》 gardien《ガルディアン》 de《ドゥ》 but《ビュ》	шапочка《シャーパチカ》 вратаря《ヴラタリャー》	gorro《ゴロ》 del《デル》 guardameta《グアルダメタ》
juge《ジュジュ》 de《ドゥ》 but《ビュ》	судья《スゥヂィヤー》 у《ウ》 ворот《ヴァロート》	juez《フエス》 de《デ》 la《ラ》 puerta《プエルタ》
remise《ルミズ》 en《アン》 jeu《ジゥ》 par《パル》 le《ル》 gardien《ガルディアン》 de《ドゥ》 but《ビュ》	бросок《ブラソーク》 от《アト》 ворот《ヴァロート》	saque《サケ》 del《デル》 portero《ポルテロ》
filet《フィレ》 de《ドゥ》 but《ビュ》	сетка《スェートゥカ》 ворот《ヴァロート》	malla《マリア》 de《デ》 la《ラ》 puerta《プエルタ》
accorder《アコルデ》 le《ル》 but《ビュ》	засчитать《ザスチターチ》 гол《ゴール》	validar《バリダール》 el《エル》 gol《ゴル》
déplacement《デプラスマン》 de《ドゥ》 but《ビュ》	смещение《スミィシチェーニエ》 ворот《ヴァロート》	desplazamiento《デスプラサミエント》 de《デ》 la《ラ》 puerta《プエルタ》
barre《バル》 transversale《トランスヴェルサル》 du《デュ》 but《ビュ》	перекладина《ピリクラーディナ》 ворот《ヴァロート》	larguero《ラルゲロ》 de《デ》 la《ラ》 portería《ポルテリア》
dimensions《ディマンスィオン》 du《デュ》 but《ビュ》	размеры《ラズミョールィ》 ворот《ヴァロート》	dimensión《ディメンシオン》 de《デ》 la《ラ》 puerta《プエルタ》
hauteur《オトゥル》 de《ドゥ》 la《ラ》 barre《バル》 transversale《トランスヴェルサル》	высота《ヴィサター》 ворот《ヴァロート》	altura《アルトゥラ》 de《デ》 la《ラ》 puerta《プエルタ》
largeur《ラルジュル》 de《ドゥ》 but《ビュト》	ширина《シリナー》 ворот《ヴァロート》	ancho《アンチョ》 de《デ》 la《ラ》 puerta《プエルタ》
poteau《ポト》 de《ドゥ》 but《ビュ》	стойка《ストーイカ》 ворот《ヴァロート》	palo《パロ》/poste《ポステ》 de《デ》 la《ラ》 puerta《プエルタ》
rebond《ルボン》 du《デュ》 ballon《バロン》 sur《スュル》 le《ル》 poteau《ポト》	отскок《アトゥスコーク》 мяча《ミャチャー》 от《アト》 стойки《ストーイキ》 ворот《ヴァロート》	rebote《レボテ》 del《デル》 balón《バロン》 del《デル》 poste《ポステ》
ligne《リニュ》 de《ドゥ》 but《ビュ》	линия《リーニヤ》 ворот《ヴァロート》	línea《リネア》 de《デ》 la《ラ》 portería《ポルテリア》

日本語	英語	ドイツ語
97 ゴール・ラインからスタート	swimm《スウィム》-off《オフ》 from《フラム》 the《ザ》 goal《ゴウル》 line《ライン》	Start《シュタールト》 von《フォン》 der《デァ》 Torlinie《トーァリーニエ》
98 故意でないファール	unintentional《アニンテンシャナル》 foul《ファウル》	unabsichtliches《ウンアップズィッヒトゥリヒエス》 Foul《ファオル》
99 攻撃についての戦術	offensive《オフェンスィヴ》 tactics《タクティクス》	Angriffstaktik《アングリッフスタクティク》, Offensivtaktik《オフェンズィーフタクティク》
100 攻撃プレー	attacking《アタッキング》 play《プレイ》	Angriffsspiel《アングリッフスシュピール》
101 攻撃を退ける	repulse《リパルス》 an attack《アナタック》	Angriff《アングリッフ》 abwehren《アップヴェーレン》, Attacke《アタッケ》 abwehren《アップヴェーレン》
102 交代を認めた退水	sending《センディング》 out《アウト》 for《フォ》 the《ザ》 rest《レスト》 of《オヴ》 the《ザ》 game《ゲイム》 with《ウィズ》 permission《パミシャン》 for《フォ》 substitution《サブスティチューシャン》	Wasserverweis《ヴァッサァフェァヴェイス》 für《フューァ》 den《デン》 Rest《レスト》 des《デス》 Spieles《シュピーレス》 mit《ミット》 dem《デム》 Recht《レッヒト》 des《デス》 Einwechselns《アインヴェックセルンス》
103 交代を認めない退水	sending《センディング》 out《アウト》 for《フォ》 the《ザ》 rest《レスト》 of《オヴ》 the《ザ》 game《ゲイム》 without《ウィズアウト》 permission《パミシャン》 for《フォ》 substitution《サブスティチューシャン》	Wasserverweis《ヴァッサァフェァヴェイス》 für《フューァ》 den《デン》 Rest《レスト》 des《デス》 Spieles《シュピーレス》 ohne《オーネ》 das《デム》 Recht《レッヒト》 des《デス》 Einwechselns《アインヴェックセルンス》
104 国際水泳連盟	International《インタナショナル》 Amateur《アマター》 swimming《スウィミング》 Federation《フェデレイシャン》 (FINA)《（フィナ）》	Internationaler《インテルナツィオナーラァ》 Schwimmer-《シュヴィムフェァ》 band《バント》 (FINA)《（フィナ）》
105 個人的な技（駆け引き）	individual《インディヴィヂュアル》 tactics《タクティクス》	individuelle《インディヴィドゥエレ》 Taktik《タクティク》
106 サイド・スロー	sidehand《サイドハンド》 throw《スロウ》	Seitwurf《ザイトヴルフ》
107 サイドの交代	change《チェインヂ》 of《オヴ》 sides《サイズ》,change《チェインヂ》 ends《エンズ》	Seitenwechsel《ザイテンヴェックセル》
108 サイドの選択	choice《チョイス》 of《オヴ》 ends《エンズ》	Seitenwahl《ザイテンヴァール》, Spielfeldwahl《シュピールフェルトヴァール》

フランス語	ロシア語	スペイン語
départ《デパル》 de《ドゥ》 la《ラ》 ligne《リニュ》 de《ドゥ》 but《ビュ》	старт《スタールト》 с《ス》 линии《リーニイ》 ворот《ヴァロート》	salida《サリダ》 desde《デスデ》 la《ラ》 línea《リネア》 de《デ》 la《ラ》 puerta《プエルタ》
faute《フォートゥ》 involontaire《アンヴォロンテル》	неумышленное《ニィウムィーシリィンナエ》 нарушение《ナルゥシェーニエ》	infracción《インフラクシオン》 no《ノ》 intencional《インテンシオナル》
tactique《タクティック》 offensive《オファンスィヴ》	наступательная《ナストゥパーチィリナヤ》 тактика《タークチィカ》	táctica《タクティカ》 ofensiva《オフェンスィバ》
jeu《ジゥ》 d'attaque《ダタック》	наступательная《ナストゥパーチィリナヤ》 игра《イグラー》	juego《フエゴ》 de《デ》 ataque《アタケ》
endiguer《アンディゲ》 l'attaque《ラタック》	отразить《アトゥラズィーチ》 атаку《アタークゥ》	repeler《レペレール》 el《エル》 ataque《アタケ》
expulsion《エクスピュルスィオン》 avec《アヴェク》 remplacement《ランプラスマン》	удаление《ウダリェーニエ》 до《ダ》 конца《カンツァ》 игры《イグルィー》 с《ス》 правом《プラーヴァム》 замены《ザミェーヌィ》	expulsión《エスプルシオン》 del《デル》 jugador《フガドル》 hasta《アスタ》 el《エル》 final《フィナル》 con《コン》 derecho《デレチョ》 a《ア》 suplir《スプリール》
expulsion《エクスピュルスィオン》 sans《サン》 remplacement《ランプラスマン》	удаление《ウダリェーニエ》 до《ダ》 конца《カンツァ》 игры《イグルィー》 без《ビェース》 права《プラーヴァ》 замены《ザミェーヌィ》	expulsión《エスプルシオン》 del《デル》 jugador《フガドル》 hasta《アスタ》 el《エル》 final《フィナル》 sin《シン》 derecho《デレチョ》 a《ア》 suplir《スプリール》
Fédération《フェデラスィオン》 Internationale《アンテルナスィオナル》 de《ドゥ》 Natation《ナタスィオン》 Amateur《アマトゥル》 (FINA)《(フィナ)》	Международная《ミィジドゥナロードゥナヤ》 любительская《リュビーチィリスカヤ》 Федерация《フィヂィラーツィヤ》 Плавания《プラーヴァニヤ》 (ФИНА)《(フィナ)》	Federación《フェデラシオン》 Internacional《インテルナシオナル》 de《デ》 Natación《ナタシオン》 Amateur《アマテル》 (FINA)《(フィナ)》
tactique《タクティック》 individuelle《アンディヴィデュエル》	индивидуальная《インディヴィデュアーリナヤ》 тактика《タークティカ》	táctica《タクティカ》 individual《インディビドゥアル》
lancer《ランセ》 sur《スュル》 le《ル》 côté《コテ》	боковой《バカヴォーイ》 бросок《ブラソーク》	tiro《ティロ》 lateral《ラテラル》
changement《シャンジュマン》 de《ドゥ》 camp《カン》	смена《スミェーナ》 ворот《バロート》	cambio《カンビオ》 de《デ》 campo《カンポ》, cambio《カンビオ》 de《デ》 puerta《プエルタ》
choix《ショワ》 du《デュ》 camp《カン》	выбор《ヴィーバル》 стороны《スタラヌィー》 поля《ポーリャ》	sorteo《ソルテオ》 de《デ》 la《ラ》 portería《ポルテリア》

日本語	英語	ドイツ語
109 作戦能力	tactical《タクティカル》 skill《スキル》	taktisches《タクティシェス》 Können《ケネン》
110 3回目のパーソナル・ファール	third《サード》 personal《パーソナル》 foul《ファウル》	dritter《ドゥリッタァ》 persönlicher《ペルゼーンリヒャァ》 Fehler《フェーラァ》
111 3-3 システム	3-3《スリー スリー》 formation《フォーメイシャン》	Spielsystem《シュピールジュステーム》 3-3《ドライ ドライ》
112 30秒ルール	30《サーティ》 second《セカンド》 rule《ルール》	30《ドライスィッヒ》 Sekundenregel《ゼクンデンレーゲル》
113 試合時間	duration《ヂュレイシャン》 of《オヴ》 the《ザ》 match《マッチ》	Spieldauer《シュピールダオアァ》
114 試合時間中退水（永退）	exclusion《イクスクルージャン》 from《フラム》 remainder《リメインダァ》 of《オヴ》 the《ザ》 game《ゲイム》	Herausstellung《ヘラオスシュテルング》 mit《ミット》 Ersatz《エァザッツ》
115 時間を稼ぐこと	saving《セイヴィング》 of《オヴ》 time《タイム》	Zeitgewinn《ツァイトゲヴィン》
116 自陣サイト	own《オウン》 half《ハフ》	eiene《アイゲネ》 Spielfeldhälfte《シュピールフェルトヘルフテ》
117 シューター、スローアー	shooter《シュータァ》, thrower《スロウァ》	Werfer《ヴェルファ》, Schütze《シュッツェ》
118 シュート（投げる）	throw《スロウ》, shoot《シュート》	werfen《ヴェルフェン》
119 シュートする	shoot《シュート》 on《オン》 goal《ゴウル》	auf《アオフ》 das《ダス》 Tor《トーァ》 werfen《ヴェルフェン》
120 シュート・ボールをかわす	parry《パリィ》 the《ザ》 shot《シャット》	Wurf《ヴルフ》 abwehren《アップヴェーレン》, Wurf《ヴルフ》 parieren《パリーレン》
121 ショート・パス	short《ショート》 pass《パス》	Kurzpaß《クルツパス》
122 上体	upper《アパァ》 part《パート》 of《オヴ》 the《ザ》 body《バディ》	Oberkörper《オーバァケルパァ》
123 正味の競技時間	actual《アクチュアル》 playing《プレイイング》 time《タイム》	effektive《エフェクティーヴェ》 Spielzeit《シュピールツァイト》, reine《ライネ》 Spielzeit《シュピールツァイト》
124 白旗	white《フワイト》 flag《フラッグ》	weiße《ヴァイセ》 Flagge《フラッゲ》
125 白標識	white《フワイト》 marker《マーカァ》	weiße《ヴァイセ》 Markierung《マルキールング》
126 白帽子	white《フワイト》 cap《キャップ》	weiße《ヴァイセ》 Kappe《カッペ》

フランス語	ロシア語	スペイン語
maîtrise《メトリズ》 tactique《タクティック》	тактическое《タクチィーチィスカエ》 мастерство《マスチィルストゥヴォー》	maestría《マエストゥリア》 táctica《タクティカ》
troisième《トルワズィエム》 faute《フォートゥ》	третья《トゥリェーチヤ》 персональная《ピィルサナーリナヤ》 ошибка《アシーブカ》	tercera《テルセラ》 falta《ファルタ》 del《デル》 jugador《フガドル》
système《スィステム》 3-3《トルワ トルワ》	система《シスチェーマ》 игры《イグルィー》 3-3《トゥリー トゥリー》	alineación《アリネアシオン》 3-3《トゥレス トゥレス》
règle《レグル》 des《デ》 30《トラント》 secondes《スゴンド》	правило《プラーヴィラ》 30《トゥリーッツァチ》 секунд《スィクゥーント》	regla《レグラ》 de《デ》 los《ロス》 30《トレインタ》 segundos《セグンドス》
durée《デュレ》 du《デュ》 match《マチュ》	продолжительность《プラダルジーチィリナスチ》 матча《マートゥチャ》	duración《ドゥラシオン》 del《デル》 partido《パルティド》
exclusion《エクスクリュズィオン》 pour《プゥル》 le《ル》 restant《レスタン》 de《ドゥ》 la《ラ》 joute《ジョウト》	удаление《ウダリェーニエ》 до《ダ》 конца《カンツァー》 нгры《イグルィー》	expulsión《イクスプルシオン》 y《ウ》 lanzamient《ランサミエント》 de《デ》 penalti《ペナルティ》
gaspillage《ガスピィアジュ》 de《ドゥ》 temps《タン》	выигрыш《ヴィーイグルィシ》 времени《ヴリエーミニ》	ganar《ガナール》 tiempo《ティエンポ》
propre《プロプル》 camp《カン》	своя《スヴァヤー》 половина《パラヴィーナ》 поля《ポーリャ》	campo《カンポ》 propio《プロピオ》
lanceur《ランスル》, tireur《ティルル》	игрок《イグローク》, забивший《ザビーフシイ》 гол《ゴール》	lanzador《ランサドル》, tirador《ティラドル》
lancer《ランセ》	бросать《ブラサーチ》	lanzar《ランサール》/tirar《ティラール》 el《エル》 balón《バロン》
lancer《ランセ》 au《オ》 but《ビュ》	бросать《ブラサーチ》 по《パ》 воротам《ヴァロータム》	tirar《ティラール》 a puerta《プエルタ》/a《ア》 gol《ゴル》
parer《パレ》 un《アン》 tir《ティル》	парировать《パリーラヴァチ》 бросок《ブラソーク》	parar《パラール》 un《ウン》 tiro《ティロ》
passe《パス》 courte《クゥルト》	короткая《カロートゥカヤ》 передача《ピリダーチャ》	pase《パセ》 corte《コルテ》
torse《トルス》	верхняя《ヴェールフニャヤ》 часть《チャースチ》 тела《チェーラ》	torso《トルソ》
temps《タン》 du《デュ》 jeu《ジゥ》 effectif《エフェクティフ》	чистое《チィースタエ》 время《ヴリエーミャ》 игры《イグルィー》	tiempo《ティエンポ》 de《デ》 juego《フエゴ》
fanion《ファニオン》 blanc《ブラン》	белый《ビェールィイ》 флажок《フラジョーク》	bandera《バンデラ》 blanca《ブランカ》
marque《マルク》 blanche《ブランシュ》	белая《ビェーラヤ》 разметка《ラズミエートゥカ》	marcaje《マルカヘ》 blanco《ブランコ》
bonnet《ボネ》 blanc《ブラン》	белая《ビェーラヤ》 шапочка《シャーパチカ》	gorro《ゴロ》 blanco《ブランコ》

日本語	英語	ドイツ語
127 審判員の許可	permission《パミシャン》 of《オヴ》 the《ザ》 referee《レフェリー》	Erlaubnis《エァラオプニス》 des《デス》 Shiedsrichters《シーツリッヒタァス》
128 審判用のプラット フォーム	referee's《レフェリーズ》 platform《プラットフォーム》	Schiedsrichtertribüne《シーツリッヒタァトゥリビューネ》
129 水泳パンツ	bathing《ベイズィング》 trunks《トゥランクス》	Badehose《バーデホーゼ》, Schwimmhose《シュヴィムホーゼ》
130 水泳帽	bathing《ベイズィング》 cap《キャップ》	Spielkappe《シュピールカッペ》
131 水球(ウォターポロ)	water《ウォータァ》-polo《ポロ》	Wasserball《ヴァッサァバル》, Waterpolo《ヴァータァポロ》
132 水球選手（女）	water《ウォータァ》-polo《ポロ》 (women's)《ウィメンズ》 player《プレイア》	Wasserballspieler(in)《ヴァッサァバルシュピーラァ（レリン）》, Wasserballer(in)《ヴァッサァバラァ（レリン）》
133 水球チーム	water《ウォータァ》-polo《ポロ》 team《ティーム》	Wasserballmannschaft《ヴァッサァバルマンシャフト》
134 水球ボール	water《ウォータァ》-polo《ポロ》 ball《ボール》	Wasserball《ヴァッサァバル》
135 水球用時計	water《ウォータァ》-polo《ポロ》 clock《クラック》	Wasserballuhr《ヴァッサァバルウーァ》
136 水球をする	play《プレイ》 water《ウォータァ》-polo《ポロ》	Wasserball《ヴァッサァバル》 spielen《シュピーレン》
137 水中で《立ち》	《stand》《(スタンド)》 in《イン》 the《ザ》 water《ウォータァ》	Wasser《ヴァッサァバル》 treten《トレーテン》
138 水底に足をつく	stand《スタンド》 on《オン》 the《ザ》 bottom《バトム》 of《オヴ》 the《ザ》 pool《プール》	auf《アオフ》 dem《デム》 Backengrund《ベッケングルント》 stehen《シュテーエン》
139 数の上で優位	numerical《ニューメリカル》 superiority《スピエリオーリティ》	Spielerüberzahl《シュピーラァユーバァツァール》
140 数の上で優位時のライン・ アップ	numerical《ニューメリカル》 superiority《スピエリオーリティ》 line-up《ラインアプ》	Spieleraufstellung《シュピーラァアオフシュテルング》 bei《バイ》 zahlenmäßiger《ツァーレンメースィガァ》 Überlegenheit《ユーバァレーゲンハイト》
141 数の上で劣位時のライン・ アップ	numerical《ニューメリカル》 inferiority《インフェリオーリティ》 line-up《ラインアプ》	Spieleraufstellung《シュピーラァアオフシュテルング》 bei《バイ》 zahlenmäßiger《ツァーレンメースィガァ》 Unterlegenheit《ウンタァレーゲンハイト》

フランス語	ロシア語	スペイン語
permission《ペルミスィオン》 de《ドゥ》 l'arbitre《ラルビトル》	разрешение《ラズリィシェーニエ》 судьи《スゥチィイー》	autorización《アウトリサシオン》 del《デル》 árbitro《アルビトゥロ》
tribune《トリビュヌ》 d'arbitre《ダルビトル》	судейская《スゥヂエーイスカヤ》 трибуна《トゥリブゥーナ》	tarima《タリマ》 del《デル》 árbitro《アルビトゥロ》
slip《スリプ》 de《ドゥ》 bain《バン》	плавки《プラーフキ》	bañador《バニャドル》
bonnet《ボネ》	шапочка《シャーポチカ》	gorro《ゴロ》
water-polo《ワテルポロ》	водное《ヴォードゥナエ》 поло《ポーロ》, ватерполо《ヴァチェルポーロ》	water-polo《バテルポロ》
joueur(se)《ジュウル(ズ)》 de《ドゥ》 water-polo《ワテルポロ》	ватерполист(ка)《ヴァチィルパリースト(カ)》	water-polista《バテルポリスタ》
équipe《エキプ》 de《ドゥ》 water-polo《ワテルポロ》	команда《カ マーンダ》 по《パ》 водному《ヴォードゥナムゥ》 поло《ポーロ》	equipo《エキポ》 de《デ》 water-polo《バテルポロ》
water-polo《ワテルポロバル》 ball《バル》	ватерпольный《ヴァチィルポーリヌィイ》 мяч《ミャーチ》	balón《バロン》 de《デ》 water-polo《バテルポロ》
chronomètre《クロノメトル》	секундомер《スィクゥンダミエール》	cronómetro《クロノメトゥロ》
jouer《ジュエ》 au《オ》 water-polo《ワテルポロ》	играть《イグラーチ》 в《ヴ》 водное《ヴォードゥナエ》 поло《ポーロ》	jugar《フガール》 al《アル》 water-polo《バテルポロ》
se《ス》 tenir《トゥニル》 debout《ドゥブゥ》 dans《ダン》 l'eau《ロ》	《стоять》《(スタヤーチ)》 в《ヴ》 воде《ヴァドエー》	estar《エスタール》 《parado》《(パラド)》 en《エン》 el《エル》 agua《アグア》
prendre《プランドル》 pied《ピエ》 sur《スユル》 le《ル》 fond《フォン》 du《デュ》 bassin《バサン》	стоять《スタヤーチ》 на《ナ》 дне《ドゥニエー》 бассейна《バスエーイナ》	estar《エスタール》 parado《パラド》 sobre《ソブレ》 el《エル》 fondo《フォンド》 de《デ》 la《ラ》 piscina《ピスシナ》
supériorité《スュペリオリテ》 numérique《ニュメリク》	численное《チィースリィンナエ》 преимущество《プリィイムゥーシチストヴァ》	ventaja《ベニタハ》 aritmética《アリツメティカ》
placement《プラスマン》 des《デ》 joueurs《ジュウル》 à《ア》 la《ラ》 supériorité《スュペリオリテ》 numérique《ニュメリク》	растановка《ラッスタノーフカ》 игроков《イグラコーフ》 при《プリ》 численном《チィースリィンナム》 преимуществое《プリィイムゥーシチストヴェ》	colocación《コロカシオン》 de《デ》 los《ロス》 jugadores《フガドレス》 cuando《クアンド》 el《エル》 equipo《エキポ》 está《エスタ》 en《エン》 mayoría《マヨリア》
placement《プラスマン》 des《デ》 joueurs《ジュウル》 à《ア》 l'infériorité《ランフェリオリテ》 numérique《ニュメリク》	расстановка《ラッスタノーフカ》 игроков《イグラコーフ》 при《プリ》 численном《チィースリィンナム》 меньшинстве《ミィニシィンストゥヴェー》	alineación《アリネアシオン》 de《デ》 los《ロス》 jugadores《フガドレス》 cuando《クアンド》 el《エル》 equipo《エキポ》 está《エスタ》 en《エン》 minoría《ミノリア》

	日本語	英語	ドイツ語
142	数の上で劣位のチーム	numerical《ニューメリカル》 inferiority《インフェリオーリティ》 team《ティーム》	Mannschaft《マンシャフト》 in《イン》 Minderzahl《ミンダァツァール》, zahlenmäßig《ツァーレンメースィヒ》 unterlegene《ウンタァレーゲネ》 Mannschaft《マンシャフト》
143	スクリーン・プレー	screen《スクリーン》	Sperre《シュペレ》
144	スターティング・ ポジション	starting《スターティング》 position《ポズィシャン》	Startaufstellung《シュタルトアオフシュテルング》
145	ストレート・シュート	shot《シャット》 straight《ストゥレイト》	Direktwurf《ディレクトヴルフ》
146	スプリットしたボール	ball《ボール》 ricocheting《リカシエトィング》 off《オフ》 the《ザ》 water《ウォータァ》	Wasserabpraller《ヴァッサァアッププララァ》
147	スロー、シュート	throw《スロウ》, shot《シャット》	Wurf《ヴルフ》, Werfen《ヴェルフェン》 des《デス》 Balles《バレス》
148	正規の試合時間	effective《イフェクティヴ》 time《タイム》	reguläre《レグレール》 Spielzeit《シュピールツァイト》
149	静的なプレー（陣地 プレー）	static《スタティク》 play《プレイ》	Standspiel《シュタントシュピール》
150	セクレタリー	secretary《セクレテリィ》	Sekretär《ゼクレテーァ》
151	選手の離水を命ずる	oder《オーダァ》 aplayer《アプレイア》 to《トゥ》 leave《リーヴ》 the《ザ》 water《ウォータァ》	Spieler《シュピーラァ》 aus《アオス》 dem《デム》 Wasser《ヴァッサァ》 weisen《ヴァイゼン》
152	選手用帽子	player's《プレイアズ》 cap《キャップ》	Spielerkappe《シュピーラァカッペ》
153	潜水	swimming《スウィミング》 under《アンダァ》 water《ウォータァ》	Tauchen《タオヘン》
154	センター・フォワード	centre《センタァ》 forward《フォーワド》	Mittelstürmer《ミッテルシュテュルマァ》
155	前方へ投げる	Swedish《スヴィーディシュ》 throw《スロウ》	Wurf《ヴルフ》 nach《ナーハ》 vorn《フォルン》
156	戦列に復帰する	return《リターン》 to《トゥ》 the《ザ》 game《ゲイム》	ins《インス》 Spiel《シュピール》 wiedereintreten《ヴィーダァアイントゥレーテン》
157	ゾーン・デフェンス	zone《ゾウン》 defence《ディフェンス》	Raumdeckung《ラオムデックング》
158	速攻	fast《ファースト》 raid《レイド》	Durchbruch《ドゥルヒブルッフ》 auf《アオフ》 der《デァ》 Flanke《フランケ》

フランス語	ロシア語	スペイン語
infériorité《アンフェリオリテ》 numérique《ニュメリク》	команда《カマーンダ》 в《ヴ》 меньшинстве《ミィニシィンストゥヴェー》	equipo《エキポ》 que《ケ》 está《エスタ》 en《エン》 minoría《ミノリア》
écran《エクラン》	заслон《ザスローン》	barrera《バレラ》
position《ポズィスィオン》 de《ドゥ》 départ《デパル》	первоначальная《ピルヴァナチャーリナヤ》 расстановка《ラッスタノーフカ》 игроков《イグラコーフ》	alineación《アリネアシオン》 inicial《イニシアル》 de《デ》 los《ロス》 jugadores《フガドレス》
lancer《ランセ》 droit《ドルワ》	прямой《プラモーイ》 бросок《ブラソーク》	tiro《ティロ》 directo《ディレクト》
ballon《バロン》 ricochant《リコシャン》 sur《スユル》 l'eau《ロ》	рикошет《リカシェート》 мяча《ミャチャー》 от《アト》 волы《ヴァドゥィー》	rebote《レボテ》 del《デル》 balón《バロン》 del《デル》 agua《アグア》
lancer《ランセ》	бросок《ブラソーク》 мяча《ミャチャー》	tiro《ティロ》 (*del*《デル》 *balón*《バロン》)
temps《タン》 du《デュ》 jeu《ジゥ》 effectif《エフェクティフ》	основное《アスナヴノーエ》 время《ヴリェーミャ》	tiempo《ティエンポ》 reglamentario《レグラメンタリオ》
jeu《ジゥ》 statique《スタテク》	позиционная《パズィツィオーンナヤ》 игра《イグラー》	juego《フエゴ》 posicional《ポシシオナル》
secrétaire《スクレテル》	секретарь《スィクリィターリ》	secretario《セクレタリオ》
ordonner《オルドネ》 à《ア》 un《アン》 joueur《ジュウル》 de《ドゥ》 sortir《ソルティル》 de《ドゥ》 l'eau《ロ》	удалить《ウダリーチ》 игрока《イグローカ》 из《イズ》 воды《ヴァドゥイー》	expulsar《エスプルサール》 al《アル》 jugador《フガドル》 del《デル》 agua《アグア》
bonnet《ボネ》 du《デュ》 joueur《ジュウル》 de《ドゥ》 champ《シャン》	шапочка《シャーパチカ》 игрока《イグラカー》	gorro《ゴロ》 del《デル》 jugador《フガドル》
plongeon《プロンジョン》	ныряние《ヌイリャーニエ》	sumergimiento《スメルヒミエント》
avant-centre《アヴァン サントル》	центральный《ツィントゥラーリヌィイ》 нападающий《ナパダーユシチィイ》	delantero《デランテロ》 centro《セントゥロ》
lancer《ランセ》 en《アン》 avant《アヴァン》	бросок《ブラソーク》 вперёд《フピィリョート》	tiro《ティロ》 sueco《スエコ》
revenir《ルヴェニル》 en《アン》 jeu《ジゥ》	вернуться《ヴィルヌゥーツァ》 в《ヴ》 игру《イグルゥー》	reincorporarse《レインコルポラールセ》 al《アル》 juego《フエゴ》
défense《デファンス》 de《ドゥ》 zone《ゾヌ》	зоная《ゾーナヤ》 оборона《アバローナ》	defensa《デフェンサ》 en《エン》 zona《ソナ》
percée《ペルセ》 sur《スユル》 l'aile《レル》	проход《プラホート》 по《パ》 краю《クラーユ》	penetración《ペネトゥラシオン》 por《ポル》 el《エル》 flanco《フランコ》

日本語	英語	ドイツ語
159 即座のシュート	shooting《シューティング》 without《ウィズアウト》 delay《ディレイ》	Wurf《ヴルフ》 aus《アオス》 dem《デム》 Schwimmen《シュヴィンメン》
160 組織的な防御(組み合わせた)	combined《コンバインド》 defence《ディフェンス》	kombinierte《コンビニーァテ》 Deckung《デックング》
161 退水	exclusion《イクスクルージャン》	Wasserverweis《ヴァッサァフェァヴァイス》
162 退水させられた選手	excluded《イクスクルーディド》 player《プレイア》	aus《アオス》 dem《デム》 Wasser《ヴァッサァ》 gewiesener《ゲヴィーゼナァ》 Spieler《シュピーラァ》
163 退水した選手の入水ゾーン	zone《ゾウン》 of《オヴ》 entry《エントゥリィ》 of《オヴ》 excluded《イクスクルーディド》 players《プレイアズ》	Einstiegzone《アインシュティークツォーネ》 für《フューァ》 herausgestellte《ヘラオスゲシュテルテ》 Spieler《シュピーラァ》
164 退水時間	period《ピアリオド》 of《オヴ》 exclusion《イクスクルージャン》	Herausstellungszeit《ヘラオスゲシュテルングスツァイト》
165 タイムアウト	time《タイム》-out《アウト》	《tote》《トーテ》 Zeit《ツァイト》
166 タイム・キーパー	timekeeper《タイムキーパァ》	Zeitnehmer《ツァイトネーマァ》
167 第1ピリオド	first《ファースト》 quarter《クウォータァ》	Anfangsviertel《アンファングスフィルテル》
168 第3ピリオド	third《サード》 quarter《クウォータァ》	drittes《ドゥリッテス》 Viertel《フィルテル》
169 第2ピリオド	second《セカンド》 quarter《クウォータァ》	zweites《ツヴァイテス》 Viertel《フィルテル》
170 第4ピリオド	fourth《フォース》 quarter《クウォータァ》	viertes《フィールテス》 Viertel《フィルテル》
171 縦パス	straight《ストゥレイト》 forward《フォーワド》 pass《パス》	Längspaß《レングスパス》
172 チームの構成	team《ティーム》 composition《カンポズィシャン》	Mannschaftsaufstellung《マンシャフツアオフシュテルング》
173 チーム・ランキング,(チーム成績)	team《ティーム》 placing《プレイスィング》, team《ティーム》 standing《スタンディング》	Klassement《クラッセメント》/Placierung《プラスィールング》
174 爪	nails《ネイルズ》	Nägel《ネーゲル》
175 手(手首)	hand《ハンド》	Hand《ハント》

フランス語	ロシア語	スペイン語
lancer《ランセ》 ininterrompu《イナンテロンピュ》	бросок《ブラソーク》 с《ス》 ходу《ホードゥ》	tiro《ティロ》 desde《デスデ》 la《ラ》 marcha《マルチャ》
défense《デファンス》 mixte《ミクストゥ》	смешанная《スミェーシャンナヤ》 оборона《アバローナ》	defensa《デフェンサ》 mixta《ミスタ》
exclusion《エクスクリュズィオン》	удаление《ウダリェーニエ》	expulsión《エスプルシオン》
joueur《ジュウル》 expulsé《エクスピュルセ》	удалённый《ウダリョーンヌィイ》 игрок《イグローク》	jugador《フガドル》 expulsado《エスプルサド》
zone《ゾヌ》 d'entrée《ダントレ》 des《デ》 joueurs《ジュウル》 expulsés《エクスピュルセ》	зона《ゾーナ》 входа《フホーダ》 удалённых《ウダリョーンヌィフ》 игроков《イグラコーフ》	zona《ソナ》 de《デ》 entrada《エントゥラダ》 de《デ》 jugadores《フガドレス》 expulsados《エスプルサドス》
durée《デュレ》 de《ドゥ》 l'exclusion《レクスクリュズィオン》	время《ヴリェーミャ》 удаления《ウダリェーニヤ》	tiempo《ティエンポ》 de《デ》 expulsión《エスプルシオン》
temps《タン》 mort《モル》	внеигровое《ヴニェイグラヴォーエ》 время《ヴリェーミャ》	tiempo《ティエンポ》 muerto《ムエルト》
chronométreur《クロノメトルル》	судья-《スゥドィヤー》 секундометрист《シィクンダミエートゥリスト》	cronometrador《クロノメトゥラドル》
premier《プルミエ》 temps《タン》	первый《ピエールヴィイ》 период《ピエーリアト》	primer《プリメル》 tiempo《ティエンポ》
troisième《トルワズ》 temps《タン》	третий《トゥリエーチィイ》 период《ピエーリアト》	tercer《テルセル》 tiempo《ティエンポ》
deuxième《ドゥズィエム》 temps《タン》	второй《フタローイ》 период《ピエーリアト》	segundo《セグンド》 tiempo《ティエンポ》
quatrième《カトリィエム》 temps《タン》	четвёртый《チエトゥヴォールトゥィイ》 период《ピエーリアト》	cuarto《クアルト》 tiempo《ティエンポ》
passe《パセ》 en《アン》 profondeur《プロフォンドゥル》	продольная《プラドーリナヤ》 предача《ピリダーチャ》	pase《パセ》 de《デ》 fondo《フォンド》
composition《コンポズィスィオン》 de《ドゥ》 l'équipe《レキプ》	состав《サスターフ》 команды《カマーンドゥィ》	alineación《アリネアシオン》 del《デル》 equipo《エキポ》
classement《クラスマン》	место《ミエースタ》 команды《カマーンドゥィ》 (*в*《ヴ》 *таблице*《タブリーツェ》 *результатов*《リエズゥリタータフ》)	clasificación《クラシフィカシオン》 del《デル》 equipo《エキポ》
ongles《オングル》	ногти《ノーグチィ》	uñas《ウニャス》
main《マン》	кисть《キースチ》 руки《ルゥキー》	mano《マノ》

日本語	英語	ドイツ語
176 ディフェンス能力	defencsive《ディフェンスィヴ》 tactics《タクティクス》	Defensivtaktik《デフェンズィフタクティク》, Verteidigungstaktik《フェアタイディグングスタクティク》
177 手でボールを保持する	hold《ホウルド》 the《ザ》 ball《ボール》 with《ウィズ》 the《ザ》 hand《ハンド》	Ball《バル》 halten《ハルテン》 (*in*《イン》 *der*《デア》 *Hand*《ハント》)
178 手でボレー（ハンド・ツー・ハンド）	volley《ヴァリィ》 with《ウィズ》 the《ザ》 hand《ハンド》	Doppeln《ドッペルン》 mit《ミット》 Hand《ハント》, Handdoppler《ハントドップラァ》
179 手のひら	palm《パーム》 of《オヴ》 the《ザ》 hand《ハンド》	Handfläche《ハントドップラァ》, Handteller《ハントテラァ》
180 得点	goal《ゴウル》	Torfolg《トーァフォルク》, Torgewinn《トーァゲヴィン》
181 得点差	goal《ゴウル》 difference《ディファレンス》	Tordifferenz《トーァディフェレンツ》
182 得点する	score《スコー》 a《ア》 goal《ゴウル》, score《スコー》	Tor《トーァ》 erzielen《エァツィーレン》, Tor《トーァ》 schießen《シーセン》
183 得点をアナウンスする	announce《アナウンス》 a《ア》 goal《ゴウル》	Tor《トーァ》 anzeigen《アンツァイゲン》
184 時計をストップ	stop《スタップ》 of《オヴ》 the《ザ》 clock《クラック》	Uhr《ウーァ》 anhalten《アンハルテン》
185 突破（ブレーク・スルー）	breakaway《ブレイカウェイ》, breakthrough《ブレイクスルー》	Durchbruch《ドゥルヒブルッフ》
186 トラジョン泳法	trudgen《トゥラジャン》 stroke《ストゥロウク》	Sullivanstoß《シュリヴァアンシュトース》
187 ドリブル	dribbling《ドゥリブリング》	Ballführung《バルフュールング》, Dribbeln《ドゥリッベルン》
188 ドリブルする	doribble《ドゥリブル》 the《ザ》 ball《ボール》	mit《ミット》 dem《デム》 Ball《バル》 dribbeln《ドゥリッベルン》, Ball《バル》 führen《フューレン》
189 ドリブルでの攻め	dribbling《ドゥリブリング》 round《ラウンド》	Umspielen《ウムシュピーレン》, Umdribbeln《ウムドゥリッベルン》
190 ドリブルでボールを運ぶ	carrying《キャリイング》 the《ザ》 ball《ボール》 over《オウヴァ》	Ballübertragung《バルユーバァトラーグング》
191 ドリブルのボールを奪い取る	catching《キャチング》 the《ザ》 ball《ボール》 dribbled《ドゥリブルド》 by《バイ》 the《ズィ》 opponent《オポウネント》	Ballabnahme《バルアップナーメ》 beim《バイム》 Dribbeln《ドゥリッベルン》

フランス語	ロシア語	スペイン語
tactique《タクティック》 défensive《セファンスィヴ》	оборонительная《アバラニーチェリナヤ》 тактика《タークチィカ》	táctica《タクティカ》 defensiva《デフェンシバ》
tenir《トゥニル》 la《ラ》 balle《バル》	держать《ヂィルジャーチ》 мяч《ミャーチ》 (*в*《ヴ》 *руке*《ルゥキエー》)	sostener《ソステネール》 el《エル》 balón《バロン》 (*en*《エン》 *la*《ラ》 *mano*《マノ》)
volée《ヴォレ》 avec《アヴェク》 la《ラ》 main《マン》	перевод《ピリヴォート》 кистью《キースチユ》	pase《パセ》 del《デル》 balón《バロン》 con《コン》 la《ラ》 mano《マノ》
paume《ポム》	ладонь《ラドーニ》	palma《パルマ》
but《ビュ》	взятие《ヴジャーチィエ》 ворот《ヴァロート》	marcar《マルカール》 un《ウン》 tanto《タント》
différence《ディフェランス》 de《ドゥ》 buts《ビュ》	разница《ラーズニツァ》 голов《ゴーラフ》	diferencia《ディフェレンシア》 de《デ》 goles《ゴレス》
marquer《マルケ》 un《アン》 but《ビュ》	забить《ザビーチ》 гол《ゴール》	marcar《マルカール》 un《ウン》 gol《ゴル》
annoncer《アノンセ》 un《アン》 but《ビュ》	объявить《アビヤヴィーチ》 гол《ゴール》	anunciar《アヌンシアール》 un《ウン》 gol《ゴル》
arrêt《アレ》 du《デュ》 chronomètre《クロノメトル》	остановка《アスタノーフカ》 секундомера《スィクンダミェーラ》	parada《パラダ》 del《デル》 cronómetro《クロノメトゥロ》
percée《ペルセ》	прорыв《プラルィーフ》	ruptura《ルプトゥラ》, penetración《ペネトゥラシオン》
trudgeon《トリュジョン》	кроль《クローリ》 ножницами《ノージニツァミ》	trudgeon《トゥルゥジョン》
dribble《ドリブル》	ведение《ヴェジェーニエ》 мяч《ミャチャー》, дриблинг《ドゥリーブリンク》	dribleo《ドゥリブレオ》 con《コン》 el《エル》 balón《バロン》, dribbling《ドゥリブリング》
doribbler《ドリブレ》	вести《ヴェスチェー》 мяч《ミャーチ》	driblar《ドゥリブラール》 con《コン》 el《エル》 balón《バロン》
dribble《ドリブル》	обводка《アブヴォートゥカ》	finta《フィンタ》 de《デ》 ataque《アタケ》
porter《ポルテ》 la《ラ》 balle《バル》	перенос《ピリノース》 мяча《ミャチャー》	traslado《トラスラド》 del《デル》 balón《バロン》
enlever《アンルヴェ》 le《ル》 ballon《バロン》 au《オ》 joueur《ジュウル》 qui《キ》 dribble《ドリブル》	отбор《アトゥボール》 мяча《ミャチャー》 при《プリ》 ведении《ヴィヂエーニイ》	quitar《キタール》 el《エル》 balón《バロン》 al《アル》 adversario《アドゥベルサリオ》

日本語	英語	ドイツ語
192 2-3-1フォーメーション	2《トゥー》-3《スリー》-1《ワン》 formation《フォーメイシャン》	Spieisystem《シュピールズュステム》 2《ツヴァイ》-3《ドライ》-1《アインス》
193 20秒間退水	exclusion《イクスクルージャン》 for《フォ》 20《トゥウエンティ》 seconds《セカンズ》	Wasserverweis《ヴァッサァフェアヴァイス》 für《フューア》 20《ツヴァンツィヒ》 Sekunden《ゼクンデン》
194 2-2-2フォーメーション	2《トゥー》-2《トゥー》-2《トゥー》 formation《フォーメイシャン》	Spieisystem《シュピールズュステム》 2《ツヴァイ》-2《ツヴァイ》-2《ツヴァイ》
195 2mゾーン	2m《トゥー ミータァズ》 area《エアリア》, 2m《トゥー ミータァズ》 zone《ゾウン》	Zweimeterzone《ツヴァイメータァツォーネ》
196 2mゾーンを離れる	leave《リーヴ》 2m《トゥー ミータァズ》 area《エアリア》/ zone《ゾウン》	2-m《ツヴァイメータァ》-Raaum《ラオム》 verlassen《フェアラッセン》
197 2mライン	2m《トゥー ミータァズ》 line《ライン》	Zweimeterlinie《ツヴァイメータァリーニエ》
198 2mルール	2m《トゥー ミータァズ》 rule《ルール》	Zweimeterregel《ツヴァイメータァレーゲル》
199 ニュートラル・スロー	neutral《ニュートゥラル》 throw《スロウ》	Schiedsrichtereinwurf《シーツリッヒタァアインヴルフ》
200 人数優位差を利用する	take《テイク》 advantage《アドゥヴァンテジ》 of《オヴ》 numerical《ニューメリカル》 superiority《サピアリオーリティ》	zahlenmäßige《ツァーレンメースィゲ》 Überlegenheit《ユーバァレーゲンハイト》 in《イン》 Tore《トーレ》 ummünzen《ウムミュンツェン》
201 寝込みパス	throw《スロウ》 lying《ライイング》 on《オン》 the《ザ》 back《バック》	Wurf《ヴルフ》 aus《アオス》 der《デア》 Rückenlage《リュッケンラーゲ》, Wurf《ヴルフ》 in《イン》 Rückenlage《リュッケンラーゲ》
202 ノーガード・プレーヤー	unguarded《アンガーディド》 player《プレイア》	freier《フライア》 Spieler《シュピーラァ》, ungedeckter《ウンゲデックタァ》 Spieler《シュピーラァ》
203 パーソナル・ファール	personal《パーソナル》 foul《ファウル》	persönlicher《ペルゼーンリッヒャァ》 Fehler《フェーラァ》
204 パーソナル・マーク	personal《パーソナル》 marking《マーキング》	Manndeckung《マンデックング》
205 ハーフ・バック	half《ハフ》, rover《ロウヴァ》	Verbinder《フェァビンダァ》

水球

フランス語	ロシア語	スペイン語
système《スィステム》 2《ドゥ》-3《トルワ》-1《アン》	система《スィスチェーマ》 игры《イグルィー》 2《ドゥヴァー》-3《トゥリー》-1《アチーン》	alineación《アリネアシオン》 2《ドス》-3《トゥレス》-1《ウナ》
exclusion《エクスクリュズィオン》 pour《プゥル》 20《ヴァン》 secondes《スゴンド》	удаление《ウダリェーニエ》 на《ナ》 20《ドゥヴァツァーチ》 секунд《スィクゥーント》	expulsión《エスプルシオン》 por《ポル》 20《ベインテ》 segundos《セグンドス》
système《スィステム》 2《ドゥ》-2《ドゥ》-2《ドゥ》	система《スィスチェーマ》 игры《イグルィー》 2《ドゥヴァー》-2《ドゥヴァー》-2《ドゥヴァー》	alineación《アリネアシオン》 2《ドス》-2《ドス》-2《ドス》
zone《ゾヌ》 des《デ》 2《ドゥ》m《メトル》	двухметровая《ドゥブフミトゥローバヤ》 зона《ゾーナ》	zona《ソナ》 de《デ》 los《ロス》 2《ドス》m《メトゥロス》
quitter《キテ》 la《ラ》 zone《ゾヌ》 des《デ》 2《ドゥ》 mètres《メトル》	покнуть《パキヌーチ》 двухметровую《ドゥヴフミトゥローヴゥユ》 зону《ゾーヌ》	abandonar《アバンドナール》 la《ラ》 zona《ソナ》 de《デ》 los《ロス》 2《ドス》 metros《メトゥロス》
ligne《リニュ》 des《デ》 2《ドゥ》m《メトル》	двухметровая《ドゥヴフミトゥローヴァヤ》 линия《リーニヤ》	línea《リネア》 de《デ》 los《ロス》 2《ドス》m《メトゥロス》
règle《レグル》 des《デ》 2《ドゥ》m《メトル》	двухметровое《ドゥヴフミトゥローヴァエ》 правило《プラーヴィラ》	regla《レグラ》 de《デ》 los《ロス》 2《ドス》m《メトゥロス》
remise《ルミズ》 en《アン》 jeu《ジゥ》 par《パル》 l'arbitre《ラルビトル》	спорный《スポールヌィイ》 бросок《ブラソーク》	saque《サケ》 neutral《ネウトゥラル》, tiro《ティロ》 neutral《ネウトゥラル》
réaliser《レアリゼ》 la《ラ》 supériorité《シュペリオリテ》 numérique《ニュメリク》	использовать《イスポーリザヴァチ》 численное《チースリィンナエ》 преимущество《プリィイムゥーシチィストゥヴァ》	aprovechar《アプロベンチャール》 la《ラ》 ventaja《ベンタハ》 aritmética《アリツメティカ》
lancer《ランセ》 sur《スュル》 le《ル》 dos《ド》	бросок《ブラソーク》 лёжа《リョージャ》 на《ナ》 спине《スピニェー》	tiro《ティロ》 hecho《エチョ》 acostado《アコスタド》 de《デ》 espalda《エスパルダ》
joueur《ジュゥル》 démarqué《デマルケ》	свободный《スヴァボードゥヌィイ》 игрок《イグローク》	jugador《フガドル》 libre《リブレ》
faute《フォートゥ》 personnelle《ペルソネル》	персональная《ピルサナーリナヤ》 ошибка《アシーブカ》	falta《ファルタ》 del《デル》 jugador《フガドル》
marquage《マルカジュ》 personnel《ペルソネル》	персональная《ピルサナーリナヤ》 опека《アピェーカ》	marcaje《マルカヘ》 personal《ペルソナル》
demi《デミ》-centre《サントル》	полузащитник《パルゥザシチートゥニク》	medio《メディオ》 centro《セントゥロ》

日本語	英語	ドイツ語
206 ハーフ・ライン	centre《センタァ》 line《ライン》, half《ハフ》 line《ライン》	Mittellinie《ミッテルリーニエ》
207 旗による合図	signal《スィグナル》 with《ウィズ》 the《ザ》 flag《フラッグ》	Anzeige《アンツァイゲ》 mit《ミット》 der《デァ》 Flagge《フラッゲ》
208 バウンダリー・ライン	field《フィールド》 line《ライン》, boundary《バウンダリィ》 line《ライン》	Spielfeldbegrenzungslinie《シュピールフェルトベグレンツングスライネ》
209 バスガウン	bathing《ベイズィング》-gown《ガウン》	Bademantel《バーデマンテル》
210 パス	pass《パス》	Paß《パス》, Zuspiel《ツーシュピール》
211 パスをする	pass《パス》 the《ザ》 ball《ボール》	abgeben《アップゲーベン》, passen《パッセン》, abspielen《アップシュピーレン》
212 バック・アップ （カバー）	back-up《バカプ》	Sicherung《ズィッヒエルング》
213 バック・スロー	backward《バックワド》 throw《スロウ》	Rückhandwurf《リュックハントヴルフ》, Schraubenwurf《シュラオベンヴルフ》
214 バック・パス	back《バック》 pass《パス》	Rückpaß《リュックパス》
215 バック・フリップ	back《バック》 flip《フリップ》	Stoßwurf《シュトースヴルフ》 mit《ミット》 der《デァ》 Handdrehung《ハントドレーウング》
216 バック・プレーヤー	back《バック》 player《プレイァ》	Abwehrspieler《アップヴェーァシュピーラァ》, Verteidiger《フェァタイディガァ》
217 番号のついた帽子	numbered《ナンバァド》 cap《キャップ》	numerierte《ヌメリーアテ》 Kappe《カッペ》
218 反応の速さ	quickness《クウィックニス》 of《オヴ》 reaction《リアクシャン》	Reaktionsschnelligkeit《レアクツィーオンスシュネリヒカイト》
219 控えの選手席	substitutes'《サブスティチューツ》 bench《ベンチ》	Auswechselbank《アオスヴェックセルバンク》
220 左利き	left《レフト》-handed《ハンディド》, 《sauthpaw》《(サウスポー)》	Linkshänder《リンクスヘンダァ》
221 ピボット・スロー （フローターのシュート）	pivot《ピヴォト》 throw《スロウ》	Drehwurf《ドレーヴルフ》, Wurf《ヴルフ》 nach《ナーハ》 Drehung《ドレーウング》
222 ピリオド	period《ピリオド》	Viertel《フィルテル》, Spielabschnitt《シュピールアップシュニット》

フランス語	ロシア語	スペイン語
ligne《リニュ》 du《デュ》 milieu《ミリウ》	средняя《スリエードゥニャヤ》 линия《リーニャ》	línea《リネア》 de《デ》 medio《メディオ》 campo《カンポ》
signaler《スィニャレ》 avec《アヴェク》 le《ル》 fanion《ファニオン》	сигнал《スィグナール》 флажком《フラシコーム》	señal《セニャル》 con《コン》 la《ラ》 bandera《バンデラ》
corde《コルド》 de《ドゥ》 limite《リミット》	дорожка《ダローシカ》, ограничивающая《アグラニーチヴァユシチャヤ》 размеры《ラズミェールィ》 поля《ポーリャ》	corchera《コルチェラ》 que《ケ》 marca《マルカ》 el《エル》 límite《リミテ》 del《デル》 campo《カンポ》
sortie《ソルティ》 de《ドゥ》 bain《バン》	купальный《クパーリヌィイ》 халат《ハラート》	albornoz《アルボルノス》
passe《パス》	передача《ピリダーチャ》, пас《パース》	pase《パセ》
passer《パセ》	передавать《ピリダヴァーチ》 мяч《ミャーチ》, пасовать《パサヴァーチ》	pasar《パサール》 el《エル》 balón《バロン》
couverture《クヴェルテュル》	подстраховка《パドゥストゥラホーフカ》	marcaje《マルカヘ》 de《デ》 asistencia《アシステンシア》
lancer《ランセ》 en《アン》 arrière《アリエル》	бросок《ブラソーク》 назад《ナザート》	tiro《ティロ》 hacia《アシア》 atrás《アトゥラス》
passe《パス》 revers《ルヴェル》	передача《ピリダーチャ》 назад《ナザート》	pase《パセ》 hacia《アシア》 atrás《アトゥラス》
revers《ルヴェル》	толчок《タルチョーク》 с《ス》 поворотом《パヴァロータム》 кисти《キースチィ》	envión《エンビオン》 del《デル》 balón《バロン》 con《コン》 un《ウン》 movimiento《モビミエント》 giratorio《ヒラトリオ》 de《デ》 la《ラ》 muñeca《ムニェカ》
défenseur《デファンスル》, arrière《アリエル》	защитник《ザシチィートゥニク》	defensa《デフエンサ》 (*jugador*《フガドル》)
bonnet《ボネ》 numéroté《ニュメロテ》	шапочка《シャーパチカ》 с《ス》 номером《ノーミラム》	gorro《ゴロ》 con《コン》 el《エル》 número《ヌメロ》
rapidité《ラピディテ》 de《ドゥ》 réaction《レアクスィオン》	быстрота《ビストゥラター》 реакции《リアークツィイ》	rapidez《ラピデス》 de《デ》 reacción《レアクシオン》
banc《バン》 des《デ》 remplaçants《ランプラサン》	скамейка《スカミエーイカ》 запасных《ザパースヌィフ》	banquillo《バンキリォ》 de《デ》 los《ロス》 suplentes《スプレンテス》
gaucher《ゴシェ》	левша《リィフシャー》	zurdo《スルド》
lancer《ランセ》 en《アン》 vrille《ヴリィユ》	бросок《ブラソーク》 с《ス》 поворотом《パヴァロータム》 туловища《トゥーラヴィシチャ》	tiro《ティロ》 con《コン》 giro《ヒロ》 del《デル》 cuerpo《クエルポ》
période《ペリオド》	период《ピリーアト》	período《ペリオド》

	日本語	英語	ドイツ語
223	ピリオド間の休憩	interval《インタヴァル》 between《ビトゥウィーン》 periods《ピリオド》	Pause《パオゼ》
224	ファールされたプレーヤー	offended《オフェンディド》 player《プレイア》, fouled《ファウルド》 player《プレイア》	gefoulter《ゲファオルタァ》 Spieler《シュピーラァ》
225	ファールを犯したプレーヤー	offending《オフェンディング》 player《プレイア》	Foulspieler《ファオルシュピーラァ》
226	フィールダー	field《フィールド》 player《プレイア》	Feldspieler《フェルトシュピーラァ》
227	フェークを使ったアタック	fake《フェイク》 attack《アタック》	angetäuschter《アンゲトイシュタァ》 Angriff《アングリッフ》
228	フェイント・シュート	feint《フェイント》 shot《シャット》	Täuschngswurf《トイシュングスヴルフ》
229	フェイント・スロー	fake《フェイク》 of《オヴ》 a《ア》 throw《スロウ》	angetäuschte《アンゲトイシュテ》 Ausholbewegung《アオスホルベヴェグング》
230	フォーメイションの編成し直し	change《チェインヂ》 of《オヴ》 formation《フォーメイシャン》	Umgruppieren《ウムグルッピーレン》, Umgruppierung《ウムグルッピールング》
231	フォワード	forward《フォーワド》	Stürmer《シュテュルマァ》
232	プール	swimming《スウィミング》 pool《プール》	Bad《バート》, Bassin《バセーン》, Becken《ベッケン》
233	プールの浅い部分	shallow《シャロウ》 water《ウォータァ》, shallow《シャロウ》 end《エンド》	flacher《フラッハァ》 Beckenteil《ベッケンタイル》
234	プールの壁	wall《ウォール》 of《オヴ》 the《ザ》 pool《プール》	Beckenwand《ベッケンヴァント》
235	プールの壁を蹴って突き放す	push《プッシ》 off《オフ》 the《ザ》 wall《ウォール》 of《オヴ》 the《ザ》 pool《プール》	sich《ズィッヒ》 von《フォン》 der《デア》 Beckenwand《ベッケンヴァント》 abstoßen《アップシュトーセン》
236	プールの側壁	edge《エッヂ》 of《オヴ》 the《ザ》 pool《プール》	Beckenrand《ベッケンラント》
237	プールの底	bottom《バトム》 of《オヴ》 the《ザ》 pool《プール》	Beckenboden《ベッケンボーデン》

フランス語	ロシア語	スペイン語
pause《ポズ》	перерыв《ピリルィーフ》	receso《レセソ》
joueur《ジュウル》 victime《ヴィクティム》 d'une《ドュヌ》 faute《フォートゥ》	игрок《イグローク》, против《プラチィーフ》 которого《カトーラヴァ》 допущена《ダプゥーシチィナ》 ошибка《アシープカ》	jugador《フガドル》 contra《コントゥラ》 el《エル》 cual《クアル》 se《セ》 ha《ア》 cometido《コメティド》 una《ウナ》 falta《ファルタ》
joueur《ジュウル》 fautif《フォティフ》	игрок《イグローク》, допустивший《ダプゥスチーフシイイ》 ошибку《アシープクゥ》	jugador《フガドル》 que《ケ》 ha《ア》 cometido《コメティド》 falta《ファルタ》
joueur《ジュウル》 de《ドゥ》 camp《シャン》	полевой《パリィヴォーイ》 игрок《イグローク》	jugador《フガドル》 de《デ》 campo《カンポ》, campista《カンピスタ》
attaque《アタック》 simulée《スィミュレ》	ложная《ロージナヤ》 атака《アターク》	ataque《アタケ》 simulado《シムラド》
tir《ティル》 feinté《ファンテ》	обманный《アブマーンヌィイ》 бросок《ブラソーク》	tiro《ティロ》 de《デ》 finta《フィンタ》
feinte《ファント》 de《ドゥ》 lancer《ランセ》	ложный《ロージヌィイ》 замах《ザマーフ》	tiro《ティロ》 simulado《シムラド》
changement《シャンジュマン》 de《ドゥ》 position《ポズィスィオン》	перестроение《ピリストゥラエーニエ》	repliegue《レプリエゲ》
attaquant《アタカン》, avant《アヴァン》	нападающий《ナパダーユシチィイ》	delantero《デランテロ》
bassin《バサン》	бассейн《バスエーイン》	piscina《ピスシナ》
partie《パルティ》 peu《プ》 profonde《プロフォンド》 du《デュ》 bassin《バサン》	мелкая《ミエールカヤ》 часть《チャースチ》 бассейна《バスエーイナ》	parte《パルテ》 de《デ》 poca《ポカ》 profundidad《プロフンディダ》 de《デ》 la《ラ》 piscina《ピスシナ》
bord《ボル》 du《デュ》 bassin《バサン》	стенка《スチェーンカ》 бассейна《バスエーイナ》	pared《パレ》 de《デ》 la《ラ》 piscina《ピスシナ》
s'élancer《セランセ》 du《デュ》 mur《ミュル》 du《デュ》 bassin《バサン》	оттолкнуться《アッタルクヌゥーツァ》 от《アト》 стенки《スチェーンキ》 бассейна《バスエーイナ》	impulsarse《インプルサールセ》 de《デ》 la《ラ》 pared《パレ》 de《デ》 la《ラ》 piscina《ピスシナ》
bord《ボル》 du《デュ》 bassin《バサン》	бортик《ボールチィク》 бассейна《バスエーイナ》	borde《ボルデ》 de《デ》 la《ラ》 piscina《ピスシナ》
fond《フォン》 du《デュ》 bassin《バサン》	дно《ドゥノー》 бассейна《バスエーイナ》	fondo《フォンド》 de《デ》 la《ラ》 piscina《ピスシナ》

日本語	英語	ドイツ語
238 プールの底を蹴りのける	push《プッシ》 off《オフ》 the《ザ》 bottom《バトム》 of《オヴ》 the《ザ》 pool《プール》	vom《フォム》 Beckengrund《ベッケングルント》 hochspringen《ホーホシュプリンゲン》
239 プールの深い水域	deep《ディープ》 water《ウォータア》, deep《ディープ》 end《エンド》	tiefer《ティーファ》 Beckenteil《ベッケンタイル》
240 プールの深さ	depth《デプス》 of《オヴ》 the《ザ》 pool《プール》	Beckentiefe《ベッケンティーフェ》
241 プールの最も浅い水域	minimum《ミニマム》 depth《デプス》 of《オヴ》 the《ザ》 pool《プール》	Mindestwassertiefe《ミンデストヴァッサアティーフェ》
242 脹らみ過ぎたボール	overinflated《オウヴァインフレイティド》 ball《ボール》	zu《ツー》 fest《フェスト》 aufgepumpter《アオフゲプムプタア》 Ball《バル》
243 負傷した競技者	injured《インヂャド》 player《プレイア》	verletzter《フェアレッツタア》 Spieler《シュピーラア》
244 不正入水	faulty《フォールティ》 entry《エントゥリィ》 into《イントゥ》 the《ザ》 water《ウォータア》	unvorschriftsmäßiger《ウンフォーアシュリフツメースィガア》 Eintritt《アイントゥリット》/Wiedereintritt《ヴィーダアアイントゥリット》 in《イン》 das《ダス》 Spiel《シュピール》
245 プッシュ・オフ （ハンド・オフ）	push《プッシ》 off《オフ》	Druckwurf《ドゥルックヴルフ》
246 プッシュ・スロー	push《プッシ》 throw《スロウ》	Stoßwurf《シュトースヴルフ》 in《イン》 Brusthöhe《ブルストヘーエ》
247 フリー・スロー	free《フリー》 throw《スロウ》	Freiwurf《フライヴルフ》
248 ブリタリティー （乱暴な行為）	brutality《ブルータリティ》	Roheit《ローハイト》, Brutalität《ブルタリテート》
249 プレー再開	restart《リースタート》 of《オヴ》 the《ザ》 play《プレイ》	Wiederbeginn《ヴィーダアベギン》 des《デス》 Spiels《シュピールス》, Wiederanspiel《ヴィーダアアンシュピール》
250 プレーの成り行き	trend《トゥレンド》 of《オヴ》 the《ザ》 play《プレイ》	Spielgeschehen《シュピールゲシェーエン》, Spielverlauf《シュピールフェアラオフ》
251 プレーの時間	time《タイム》 of《オヴ》 the《ザ》 play《プレイ》	Spielzeit《シュピールツァイト》

フランス語	ロシア語	スペイン語
s'élancer《セランセ》 du《デュ》 fond《フォン》 du《デュ》 bassin《バサン》	оттолкнуться《アッタルクヌゥーツァ》 от《アト》 дна《ドゥナー》 бассейна《バスエーイナ》	impulsarse《インプルサールセ》 con《コン》 los《ロス》 pies《ピエス》 del《デル》 fondo《フォンド》 de《デ》 la《ラ》 piscina《ピスシナ》
partie《パルティ》 profonde《プロフォンド》 du《デュ》 bassin《バサン》	глубокая《グルゥボーカヤ》 часть《チャースチ》 бассейна《バスエーイナ》	parte《パルテ》 profunda《プロフンダ》 de《デ》 la《ラ》 piscina《ピスシナ》
profondeur《プロフォンドゥル》 du《デュ》 bassin《バサン》	глубина《グルゥビナー》 бассейна《バスエーイナ》	profundidad《プロフンディダ》 de《デ》 la《ラ》 piscina《ピスシナ》
profondeur《プロフォンドゥル》 minimum《ミニモム》 du《デュ》 bassin《バサン》	минимальная《ミニマーリナヤ》 глубина《グルゥビナー》 бассейна《バスエーイナ》	profundidad《プロフンディダ》 mínima《ミニマ》 de《デ》 la《ラ》 piscina《ピスシナ》
ballon《バロン》 gonflé《ゴンフレ》 à《ア》 bloc《ブロク》	перекачанный《ピリカーチャンヌィイ》 мяч《ミャーチ》	balón《バロン》 demasiado《デマシアド》 inflado《インフラド》
joueur《ジュウル》 blessé《ブレセ》	травмированный《トゥラヴミーラヴァンヌィイ》 игрок《イグローク》	jugador《フガドル》 lesionado《レシオナド》
entrée《アントレ》 dans《ダン》 l'eau《ロ》 non《ノン》 réglementaire《レグルマンテル》	неправильный《ニィプラーヴィリヌィイ》 вход《フホート》 в《ヴ》 воду《ヴァドゥー》	entrada《エントゥラダ》 incorrecta《インコレクタ》 al《アル》 agua《アグア》
poussée《プゥセ》	толчок《タルチョーク》 (*мяча*《ミャチャー》)	empujar《エンプハール》 el《エル》 balón《バロン》
poussée《プゥセ》 à《ア》 deux《ドゥ》 mains《マン》 de《ドゥ》 la《ラ》 poitrine《プワトリヌ》	толчок《タルチョーク》 мяча《ミャチャー》 от《アト》 груди《グルゥーディ》	empujar《エンプハール》 el《エル》 balón《バロン》 desde《デスデ》 el《エル》 pecho《ペチョ》
coup《クゥ》 franc《フラン》	свободный《スヴァボードゥヌィイ》 бросок《ブラソーク》	tiro《ティロ》 libre《リブレ》
brutalité《ブリュタリテ》	грубость《グルゥーバスチ》	brutalidad《ブルタリダ》, grosería《グロセリア》
remise《ルミズ》 du《デュ》 jeu《ジゥ》	возобновление《ヴァザブナヴリェーニエ》 игры《イグルィー》	reanudación《レアヌダシオン》 del《デル》 juego《フエゴ》
déroulement《デルルマン》 du《デュ》 jeu《ジゥ》	ход《ホート》 игры《イグルィー》	desarrollo《デサロリォ》 del《デル》 juego《フエゴ》
temps《タン》 du《デュ》 jeu《ジゥ》	время《ヴリェーミャ》 игры《イグルィー》	tiempo《ティエンポ》 de《デ》 juego《フエゴ》

	日本語	英語	ドイツ語
252	プレス（ディフェンス）	pressing《プレスィング》	Preßdeckung《プレスデックング》
253	ブロッキング	blocking《ブラキング》	Blocken《ブロッケン》, Blockieren《ブロキーレン》
254	ヘディング	heading《ヘディング》	Kopfstoß《コップフシュトース》
255	ペナルティー・スロー	penalty《ペヌルティ》 shot《シャット》, penalty《ペヌルティ》 throw《スロウ》	Fünfmeterball《フュンフメータァバル》, Strafwurf《シュトラーフヴルフ》
256	ペナルティー・スローを止める	parry《パリ》 a《ア》 penalty《ペヌルティ》 throw《スロウ》	Strafwurf《シュトラーフヴルフ》 abwehren《アップヴェーレン》, Strafwurf《シュトラーフヴルフ》 parieren《パリーレン》
257	ペナルティー・タイムキーパー（セクレタリー）	referee《レフェリー》 of《オヴ》 penalty《ペヌルティ》 time《タイム》	Strafzeitnehmer《シュトラーフツァイトネーマァ》
258	ペナルティー・ファール	penalty《ペヌルティ》 foul《ファウル》	Straffehler《シュトラーフフェーラァ》, Straffoul《シュトラーフファオル》
259	ボール籠	ball《ボール》 holding《ホウルディング》 equipment《イクウィプマント》	Ballkorb《バルコルプ》
260	ボールがクロスバーに当たる	hit《ヒット》 the《ザ》 crossbar《クロスバー》	Querlatte《クヴェーァラッテ》 treffen《トレッフェン》, an《アン》 die《ディ》 Querlatte《クヴェーァラッテ》 setzen《ゼッツェン》
261	ボールがゴール・ラインを完全に横切る	complete《コンプリート》 crossing《クロスィング》 of《オヴ》 the《ザ》 goal《ゴウル》 line《ライン》 (*about*《アバウト》 *the*《ザ》 *ball*《ボール》)	Torlinie《トーァリーニエ》 in《イン》 vollem《フォレーム》 Umfang《ウムファング》 passieren《パスィーレン》 (*vom*《フォム》 *Ball*《バル》)
262	ボールがゴール・ラインを越えて出る	ball《ボール》 crossing《クロスィング》 over《オウヴァ》 the《ザ》 goal《ゴウル》 line《ライン》	ins《インス》 Toraus《トーァアオス》 gehen《ゲーエン》 (*vom*《フォム》 *Ball*《バル》)
263	ボールがサイド・ラインを越えて出る	ball《ボール》 crossing《クロスィング》 over《オウヴァ》 the《ザ》 side《サイド》 line《ライン》	ins《インス》 Seitenaus《ザイテンアオス》 gehen《ゲーエン》 *(vom*《フォム》 *Ball)*《バル》
264	ボールがポールに当たる	hit《ヒット》 the《ザ》 post《ポウスト》	Torpfosten《トーァプフォステン》 treffen《トレッフェン》
265	ボール・キャッチ	catching《キャチング》 the《ザ》 ball《ボール》	Ballfangen《バルファンゲン》, Fangen《ファンゲン》 des《デス》 Balles《バレス》

フランス語	ロシア語	スペイン語
pressing《プレスィング》	прессинг《プリェースィンク》	pressing《プレスィング》
blocage《ブロカジュ》	блокировка《ブラキローフカ》	bloqueo《ブロケオ》, obstrucción《オブストゥルクシオン》
coup《クゥ》 de《ドゥ》 tête《テートゥ》	удар《ウダール》 мяча《ミャチャー》 головой《ガラヴォーイ》	cabezazo《カベサソ》
lancer《ランセ》 de《ドゥ》 penalty《ペナルティ》	пятиметровый《ピチィミィトゥローヴィイ》 штрафной《シトゥラフノーイ》 бросок《ブラソーク》	penalti《ペナルティ》
arrêter《アレテ》 un《アン》 penalty《ペナルティ》	отразить《アトゥラズィーチ》 штрафной《シトゥラフノーイ》 бросок《ブラソーク》	rechazar《レチャサール》 el《エル》 tiro《ティロ》 de《デ》 penalización《ペナリサシオン》
arbitre《アルビトル》 de《ドゥ》 temps《タン》 d'exclusion《デクスクリュズィオン》	судья《スゥヂィヤー》 штрафного《シトゥラフノーヴァ》 времени《ヴリェーミニ》	juez《フエス》 del《デル》 tiempo《ティエンポ》 de《デ》 sanción《サンシオン》
faute《フォートゥ》 de《ドゥ》 pénalité《ペナリテ》	штрафной《シトゥラフノーイ》 фол《フォール》	falta《ファルタ》 de《デ》 penalti《ペナルティ》
panier《パニエ》 de《ドゥ》 support《スュポル》	корзина《カルズィーナ》 для《ドゥリャ》 мяча《ミャチャー》	canasta《カナスタ》 para《パラ》 centrar《セントゥラル》 el《エル》 balón《バロン》
tirer《ティレ》 sur《スュル》 la《ラ》 transversale《トランスヴェルサル》	попасть《パパースチ》 в《フ》 перекладину《ピリクラーディヌゥ》	dar《ダール》 en《エン》 el《エル》 larguero《ラルゲロ》
franchir《フランシル》 complètement《コンプレトマン》 la《ラ》 ligne《リニュ》 de《ドゥ》 but《ビュ》 (*le*《ル》 *ballon*《バロン》)	полностью《ポールナスチユ》 пересечь《ピリスェーチ》 линию《リーニユ》 ворот《ヴァロート》 (*о*《ア》 *мяче*《ミャチェー》)	franquear《フランケアール》 por《ポル》 completo《コンプレト》 la《ラ》 línea《リネア》 de《デ》 gol《ゴル》 (*el*《エル》 *balón*《バロン》)
ballon《バロン》 qui《キ》 franchit《フランシ》 la《ラ》 ligne《リニュ》 de《ドゥ》 touche《トゥシュ》	выйти《ヴィーイチィ》 за《ザ》 линию《リーニユ》 ворот《ヴァロート》 (*о*《ア》 *мяче*《ミャチェー》)	salida《サリダ》 del《デル》 balón《バロン》 por《ポル》 la《ラ》 línea《リネア》 de《デ》 fondo《フォンド》
ballon《バロン》 sorti《ソルティ》 en《アン》 touche《トゥシュ》	выйти《ヴィーイチィ》 за《ザ》 боковую《バカヴゥーユ》 линию《リーニユ》 (*о*《ア》 *мяче*《ミャチェー》)	salida《サリダ》 del《デル》 balón《バロン》 por《ポル》 la《ラ》 banda《バンダ》 lateral《ラテラル》
tirer《ティレ》 sur《スュル》 le《ル》 poteau《ポト》	попасть《パパースチ》 в《フ》 стойку《ストーイクゥ》	dar《ダール》 en《エン》 poste《ポステ》
blocage《ブロカジュ》 de《ドゥ》 la《ラ》 balle《バル》	ловля《ローヴリャ》 мяча《ミャチャー》	recepción《レセプシオン》 del《デル》 balón《バロン》

日本語		英語	ドイツ語
266	ボール・コントロールの保有時間	time《タイム》 limit《リミト》 for《フォ》 the《ザ》 ball《ボール》 control《コントゥロウル》	Zeitgrenze《ツァイトグレーンツェ》 der《デア》 Ballkontrolle《バルコントロレ》
267	ボールにタッチ	touching《タッチング》 the《ザ》 ball《ボール》	Ballberührung《バルベリュールング》
268	ボールのインターセプト	interception《インタセプシャン》 of《オヴ》 the《ザ》 ball《ボール》	Ballabfangen《バルアップファンゲン》, Abfangen《アップファンゲン》 des《デス》 Balles《バレス》
269	ボールの重さ	weight《ウェイト》 of《オヴ》 the《ザ》 ball《ボール》	Ballgewicht《バルゲヴィッヒト》
270	ボールのストッピング	trapping《トゥラピング》/ stopping《スタッピング》 the《ザ》 ball《ボール》	Ballstoppen《バルシュトーペン》; Stoppen《シュトッペン》 des《デス》 Balles《バレス》
271	ボールのハンドリング	ball《ボール》 handling《ハンドゥリング》	Ballbehandlung《バルベハンドゥルング》, Ballbeherrschung《バルベヘルシュング》
272	ボールのハンドリング技術	ball《ボール》 handling《ハンドゥリング》 technique《テクニーク》	Balltechnik《バルテッヒニク》
273	ボールの保持	holding《ホウルディング》 the《ザ》 ball《ボール》	Halten《ハルテン》 des《デス》 Balles《バレス》
274	ボールのボレー	volley《ヴァリィ》	Doppeln《ドッペルン》, Doppler《ドップラァ》
275	ボールのリバウンド	rebound《リーバウンド》 of《オヴ》 the《ザ》 ball《ボール》	Abprallen《アッププラレン》 des《デス》 Balles《バレス》
276	ボール・レシーブ	receiving《リスィーヴィング》 the《ザ》 ball《ボール》	Ballannahme《バルアンナーメ》, Annahme《アンナーメ》 des《デス》 Balles《バレス》
277	ボールを奪い取る	gain《ゲイン》 possession《ポゼシャン》 of《オヴ》 the《ザ》 ball《ボール》	in《イン》 Ballbesitz《バルベズィツ》 kommen《コメン》
278	ボールを奪われること	losing《ルーズィング》 the《ザ》 ball《ボール》	Ballverlust《バルフェアルスト》
279	ボールを覆い隠すこと	hiding《ハイディング》 the《ザ》 ball《ボール》	Sichern《ズィッヒエルン》 des《デス》 Balles《バレス》
280	ボールをクリアする	clear《クリア》 the《ザ》 ball《ボール》	abschlagen《アップシュラーゲン》, klären《クレーレン》
281	ボールをコントロールする	control《コントゥロウル》 the《ザ》 ball《ボール》	Ball《バル》 kontrollieren《コントロリーレン》

フランス語	ロシア語	スペイン語
temps《タン》 limite《リミット》 de《ドゥ》 contrôle《コントロル》 du《デュ》 ballon《バロン》	контрольное《カントゥローリナエ》 время《ヴリェーミャ》 владения《ヴラヂェーニャ》 мячом《ミャチョーム》	tiempo《ティエンポ》 de《デ》 posesión《ポセシオン》 del《デル》 balón《バロン》
toucher《トゥシェ》 le《ル》 ballon《バロン》	касание《カサーニエ》 мяча《ミャチャー》	toque《トケ》 del《デル》 balón《バロン》
interception《アンテルセプスィオン》 du《デュ》 ballon《バロン》	перехват《ピリフヴァート》 мяча《ミャチャー》	intercepción《インテルセプシオン》 del《デル》 balón《バロン》
poids《ポワ》 du《デュ》 ballon《バロン》	вес《ヴェース》 мяча《ミャチャー》	peso《ペソ》 del《デル》 balón《バロン》
arrêt《アレ》 de《ドゥ》 la《ラ》 balle《バル》	останока《アスタノーフカ》 мяча《ミャチャー》	parada《パラダ》 del《デル》 balón《バロン》
possession《ポセスィオン》 du《デュ》 ballon《バロン》	владение《ヴラヂェーニエ》 мячом《ミャチョーム》	control《コントゥロル》 del《デル》 balón《バロン》
maniement《マニマン》 du《デュ》 ballon《バロン》	техника《チェーフニカ》 владения《ヴラヂェーニャ》 мячом《ミャチョーム》	técnica《テクニカ》 de《デ》 manejo《マネホ》 del《デル》 balón《バロン》
garder《ガルデ》 la《ラ》 balle《バル》	держание《ヂィルジャーニエ》 мяча《ミャチャー》	control《コントゥロル》 del《デル》 balón《バロン》
volée《ヴォレ》	перевод《ピリヴォート》 мяча《ミャチャー》	pase《パセ》 del《デル》 balón《バロン》
rebond《ルボン》 du《デュ》 ballon《バロン》	отскок《アトゥスコーク》 мяча《ミャチャー》	rebote《レボテ》 del《デル》 balón《バロン》
réception《レセプスィオン》 du《デュ》 ballon《バロン》	приём《プリヨーム》 мяча《ミャチャー》	recepción《レセプシオン》 del《デル》 balón《バロン》
prendre《プランドル》 le《ル》 bllon《バロン》	овладеть《アヴラヂェーチ》 мячом《ミャチョーム》	apoderarse《アポデラールセ》 del《デル》 balón《バロン》
perdre《ペルドル》 le《ル》 ballon《バロン》	потеря《パチェーリャ》 мяча《ミャチャー》	pérdida《ペルディダ》 del《デル》 balón《バロン》
protection《プロテクスィオン》 du《デュ》 ballon《バロン》	накрывание《ナクルィヴァーニエ》 мяча《ミャチャー》	cerrar《セラール》 el《エル》 balón《バロン》 con《コン》 el《エル》 cuerpo《クエルポ》
dégager《デガジュ》	отбить《アトゥビーチ》 мяч《ミャーチ》	despejar《デスペハール》, rechazar《レチャサール》
contrôler《コントロレ》 le《ル》 ballon《バロン》	контролировать《カントゥラリーラヴァチ》 мяч《ミャーチ》	controlar《コントゥロラール》 el《エル》 balón《バロン》

日本語	英語	ドイツ語
282 ボールを沈める	take《テイク》 the《ザ》 ball《ボール》 under《アンダァ》 water《ウォータァ》	Ball《バル》 unter《ウンタァ》 Wasser《ヴァッサァ》 drücken《ドゥリユッケン》
283 ボールを下から掴む	hold《ホウルド》 the《ザ》 ball《ボール》 with《ウィズ》 the《ザ》 palm《パーム》 up《アップ》	Ball《バル》 von《フォン》 unten《ウンテン》 halten《ハルテン》
284 ボールをドリブルしている プレーヤー	player《プレイア》 taking《テイキング》 the《ザ》 ball《ボール》 forward《フォーワド》, dribbler《ドゥリブラァ》	ballführender《バルフューレンダァ》 Spieler《シュピーラァ》, Dribbler《ドゥリッブラァ》
285 ボールを握りこぶしで 打つ	hit《ヒット》 the《ザ》 ball《ボール》 with《ウィズ》 a closed《アクロウズド》 fist《フィスト》	nach《ナーハ》 dem《デム》 Ball《バル》 mit《ミット》 der《デァ》 geballten《ゲバルテン》 Faust《ファオスト》 schlagen《シュラーゲン》
286 ボールを叩き落とす	striking《ストゥライキング》 out《アウト》 the《ザ》 ball《ボール》	Wegschlagen《ヴェックシュラーゲン》 des《デス》 Balles《バレス》
287 ボールを持ち上げる	lift《リフト》 the《ザ》 ball《ボール》	Ball《バル》 heben《ヘーベン》
288 防御プレー	defensive《ディフェンスィヴ》 play《プレイ》	Verteidigungsspiel《フェアタイディングスシュピール》
289 帽子の色の選択	choice《チョイス》 of《オヴ》 caps《キャップス》	Wahl《ヴァール》 der《デァ》 Kappenfarbe《カッペンファルベ》
290 防水性ボール	waterproof《ウォータプルーフ》 ball《ボール》	Wasserdichter《ヴァッサァディッヒタァ》 Ball《バル》
291 捕球する	catch《キャッチ》 the《ザ》 ball《ボール》	Ball《バル》 fangen《ファンゲン》
292 ポジションの交代	changing《チェインヂング》 of《オヴ》 position《ポズィシャン》	Platzwechsel《プラッツヴェックセル》, Positions-《ポズィツィオーン》 wechsel《ヴェックセル》
293 ポジショニング （位置取り）	positioning《ポズィシャニング》	Stellungsspiel《シュテルングスシュピール》
294 ポップ・シュート、 プッシュシュート、 チップ・シュート	pop《パップ》 shot《シャット》, push《プッシ》 and《アンド》 tip《ティップ》 shot《シャット》	Selbstdoppler《ゼルプストドップラァ》
295 ボレー・シュート	volley《ヴァリィ》 shot《シャット》	Volleywurf《ヴォリヴルフ》, Volleyschuß《ヴォリシュス》
296 マン・ツゥ・マン・ ディフェンス	man《マン》-to《トゥ》-man《マン》 defence《ディフェンス》	Manndeckung《マンデックング》
297 水から退出	leaving《リーヴィング》 the《ザ》 water《ウォータァ》	Verlassen《フェアラッセン》 des《デス》 Wassers《ヴァッサァス》

フランス語	ロシア語	スペイン語
enfoncer《アンフォンセ》 le《ル》 ballon《バロン》 sous《スゥ》 l'eau《ロ》	топить《タピーチ》 мяч《ミャーチ》	hundir《ウンディール》 el《エル》 balón《バロン》
tenir《トゥニル》 la《ラ》 balle《バル》 par《パル》 en《アン》 dessous《ドゥスゥ》	держать《ヂィルジャーチ》 мяч《ミャーチ》 снизу《スニーズゥ》	aguantar《アグアンタール》 el《エル》 balón《バロン》 por《ポル》 debajo《デバホ》
joueur《ジュウル》 conduisant《コンデュイサン》 le《ル》 ballon《バロン》	игрок《イグローク》, ведущий《ヴィドゥーシチィイ》 мяч《ミャーチ》	jugador《フガドル》 que《ケ》 controla《コントゥロラ》 el《エル》 balón《バロン》
frapper《フラペ》 le《ル》 ballon《バロン》 avec《アヴェク》 le《ル》 poing《プワン》 fermé《フェルメ》	удалить《ウダリーチ》 по《パ》 мячу《ミャチュー》 кулаком《クゥラーカム》	golpear《ゴルペアール》 el《エル》 balon《バロン》 con《コン》 el《エル》 puño《プニョ》
dégagement《デガジュマン》 du《デュ》 ballon《バロン》	выбивание《ヴィビヴァーニエ》 мяча《ミャチャー》	despeje《デスペヘ》 del《デル》 balón《バロン》
soulever《スゥルヴェ》 le《ル》 ballon《バロン》	поднять《パドゥニャーチ》 мяч《ミャーチ》	levantar《レバンタール》 el《エル》 balón《バロン》
jeu《ジゥ》 défensif《デファンスィフ》	защитительная《ザシチィチーチィリナヤ》 игра《イグラー》	juego《フエゴ》 defensivo《デフェンシボ》
choix《ショワ》 des《デ》 bonnets《ボネ》	выбор《ヴィーバル》 цвета《ツヴェータ》 шапочек《シャーパチェク》	sorteo《ソルテオ》 del《デル》 color《コロル》 de《デ》 los《ロス》 gorros《ゴロス》
ballon《バロン》 impermèable《アンペルメアブル》	водонепроницаемый《ヴァダニィプラニツァーエムィイ》 мяч《ミャーチ》	balón《バロン》 impermeable《インペルメアブレ》
attraper《アトラペ》 le《ル》 ballon《バロン》	поймать《パイマーチ》 мяч《ミャーチ》	aprehender《アプレエンデール》 el《エル》 balón《バロン》
changement《シャジュマン》 de《ドゥ》 position《ポズィスィオン》	смена《スミェーナ》 мест《ミェースト》	cambio《カンビオ》 de《デ》 lugar《ルガール》
placement《プラスマン》	выбор《ヴィーバル》 позиции《パズィーツィイ》	elección《エレクシオン》 de《デ》 la《ラ》 posición《ポシシオン》
doublé《ドゥブレ》 individuel《アンディヴィデュエル》	толчок《タルチョーク》 с《ス》 подбрасыванием《パドブラースィヴァニエム》	empujón《エンプホン》 del《デル》 balón《バロン》 después《デスプエス》 de《デ》 levantario《レバンタリオ》
lancer《ランセ》 à《ア》 la《ラ》 volée《ヴォレ》	броок《ブラソーク》 с《ス》 лёта《リョータ》	tiro《ティレ》 a《ア》 la《ラ》 volea《ボレア》
défense《デファンス》 homme à《オマ》 homme《オム》	личная《リーチナヤ》 защита《ザシチィータ》	defensa《デフェンサ》 hombre《オンブロ》 a《ア》 hombre《オンブロ》
sortie《ソルティ》 de《ドゥ》 l'eau《ロ》	выход《ヴィホート》 из《イズ》 воды《ヴァドゥィー》	salida《サリダ》 del《デル》 agua《アグア》

日本語	英語	ドイツ語
298 水から飛び上がる	raise《レイズ》 oneself《ワンセルフ》 from《フラム》 the《ザ》 water《ウォータァ》	aus《アオス》 dem《デム》 Wasser《ヴァッサァス》 herausschnellen《ヘラオスシュネレン》
299 水の中に入る	entry《エンタァ》 into《イントゥ》 the《ザ》 water《ウォータァ》	Eintritt《アイントゥリット》/Wiedereiintritt《ヴィーダァアイントゥリット》 in《イン》 das《ダス》 Spiel《シュピール》
300 水をはねかける（スプラッシュ）	splash《スプラッシュ》	spritzen《シュプリッツェン》
301 耳のプロテクター（イヤーガード）	ear《イア》 protector《プロテクタァ》, (guard《ガード》)	Ohrenschützer《オーレンシュッツァ》
302 無効ゴール	invalid《インヴァリド》 goal《ゴウル》	nicht《ニッヒト》 anerkanntes《アンエァカンテス》 Tor《トーァ》, ungültiges《ウンギュルティゲス》 Tor《トーァ》
303 メジャー・ファール	major《メイヂャ》 fault《フォールト》	schwerer《シュヴェーラァ》 Fehler《フェーラァ》
304 許したゴール	goal《ゴウル》 allowed《アラウド》	erhaltenes《エァハルテネス》 Tor《トーァ》
305 横パス	lateral《ラテラル》 pass《パス》	Querpaß《クヴェーァパス》
306 4-2 システム	4-2《フォートゥー》 formation《フォーメイシャン》	Spielsystem《シュピールズュステーム》 4-2《フィーァ ツヴァイ》
307 ライト・バック	right《ライト》 back《バック》	rechter《レッヒタァ》 Abwehrspieler《アップヴェーァシュピーラァ》, rechter《レッヒタァ》 Verteidiger《フェァタイディガァ》
308 ライト・フォワド	right《ライト》 forward《フォーワド》	rechter《レッヒタァ》 Angreifer《アングライファ》, rechter《レッヒタァ》 Stürmer《シュテュルマァ》
309 乱暴なプレー	violent《ヴァイアラント》 play《プレイ》	rauhes《ラオエス》 Spiel《シュピール》
310 リードする	lead《リード》	führen《フューレン》, in《イン》 Führung《フュールング》 liegen《リーゲン》

フランス語	ロシア語	スペイン語
s'élever《セルヴェ》 au-dessus《オドゥスユ》 de《ドゥ》 l'eau《ロ》	выпрыгивать《ヴィプルィーギヴァチ》 из《イズ》 воды《ヴァドゥィー》	saltar《サルタール》 del《デル》 agua《アグア》
entrée《アントレ》 dans《ダン》 l'eau《ロ》	вход《フホート》 в《ヴ》 воду《ヴァドゥー》	entrada《エントゥラダ》 en《エン》 el《エル》 agua《アグア》
arroser《アロゼ》	брызгать《ブルィーズガチ》	tirar《ティラール》 agua《アグア》
protecteur《プロテクトゥル》 d'oreille《ドレユ》	наушник《ナウーシニク》	protector《プロテクトル》 de《デ》 oreja《オレハ》
but《ビュ》 annulé《アニュレ》	незасчитанный《ニィザスチィータンヌィイ》 гол《ゴール》	gol《ゴル》 anulado《アヌラド》
faute《フォートゥ》 grave《グラヴ》	грубая《グルゥーバヤ》 ошибка《アシーブカ》	falta《ファルタ》 grave《グラベ》
but《ビュ》 accordé《アコルデ》	пропущенный《プラプゥーシチィンヌィイ》 мяч《ミャーチ》	dejarse《デハールセ》 anotar un《アノタールウン》 gol《ゴル》
passe《パス》 latérale《ラテラル》	поперечная《パピリィーチナヤ》 передача《ピリダーチナヤ》	pase《パセ》 transversal《トゥランスベルサル》
système《スィステム》 4《カトル》-2《ドゥ》	система《スィスチェーマ》 игры《イグルィー》 4《チティーリェ》-2《ドゥヴァー》	alineación《アリネアシオン》 4《クアトゥロ》-2《ドス》
arrière《アリエル》-droit《ドルワ》	правый《プラーヴィィ》 защитник《ザシチィートゥニク》	defensa《デフエンサ》 derecho《デレチョ》
avant《アヴァン》-droit《ドルワ》	правый《プラーヴィィ》 нападающий《ナパダーユシチィイ》	delantero《デランテロ》 derecho《デレチョ》
jeu《ジゥ》 violent《ヴィオラン》	грубая《グルゥーバヤ》 игра《イグラー》	juego《フエゴ》 sucio《スシオ》
mener《ムネ》 le《ル》 score《スコル》	вести《ヴィスチィー》 в《フ》 счёте《スチョーチェ》	llevar《リェバール》 la《ラ》 delantera《デランテラ》 en《エン》 los《ロス》 tantos《タントス》

日本語	英語	ドイツ語
311 リードを広げる	increase《インクリース》 the《ザ》 lead《リード》	Tordifferenz《トーァディフェレンツ》 verbessern《フェァベセルン》
312 リバウンド	rebound《リバンド》 (*about*《アバウト》 *the*《ザ》 *ball*《ボール》)	abprallen《アッププラレン》, zurückprallen《ツリュックプラレン》 (*vom*《フォム》 *Ball*《バル》)
313 両手で相手を捕まえ引き 戻す	hold back《ホウルドバック》 an opponent《アノポウネント》	Gegner《ゲーグナァ》 mit《ミット》 der《デァ》 Hand《ハント》 festhalten《フェストハルテン》
314 両手で投げる（キーパー）	two-hand《トゥー ハンド》 throw《スロウ》 (*about*《アバウト》 *the*《ザ》 *goalkeeper*《ゴウルキーパァ》)	beidhändiger《バイトヘンディガァ》 Wurf《ヴルフ》 (*vom*《フォム》 *Torwart*《トーァヴァルト》)
315 両手でプレーする	play《プレイ》 with《ウィズ》 both《ボウス》 hands《ハンズ》	Ball《バル》 beidhändig《バイトヘンディヒ》 berühren《ベリューレン》
316 両手でボールにタッチ	touch《タッチ》 with《ウィズ》 both《ボウス》 hands《ハンズ》	beidhändige《バイトヘンディゲ》 Ballberührung《バルベリュールング》
317 レフェリー	referee《レフェリー》	Schiedsrichter《シーツリッヒタァ》
318 レフェリーの旗	referee's《レフェリーズ》 flag《フラッグ》	Schiedsrichterflagge《シーツリッヒタァフラッゲ》
319 レフト・バック	left《レフト》 back《バック》	linker《リンカァ》 Abwehrspieler《アップヴェーァシュピーラァ》, linker《リンカァ》 Verteidiger《フェァタイディング》
320 レフト・フォワード	left《レフト》 forward《フォーワド》	linker《リンカァ》 Angreifer《アングライファァ》, linker《リンカァ》 Stürmer《シュテュルマァ》
321 ロブ・シュート （ロビング・シュート）	lob《ラブ》 shot《シャット》	Bogenlampe《ボーゲンラムペ》, Bogenwurf《ボーゲンヴルフ》
322 ロング・パス	long《ロング》 pass《パス》	langer《ランガァ》 Paß《パス》

フランス語	ロシア語	スペイン語
augmenter《アグマンテ》 la《ラ》 marque《マルク》	увеличить《ウヴィリーチチ》 счёт《スチョート》	marcar《マルカール》 otro《オトゥロ》 tanto《タント》, aumentar《アウメンタール》 el《エル》 marcador《マルカドル》
rebondir《ルボンディル》	отскочить《アトゥスカチィーチ》 (*о*《ア》 *мяче*《ミャチェー》)	rebotar《レボタール》 (*el*《エル》 *balón*《バロン》)
tenir《トゥニル》 un《アン》 adversaire《アドヴェルセル》 avec《アヴェク》 les《レ》 mains《マン》	держать《ヂルジャーチ》 соперника《サピェールニカ》 руками《ルゥカーミ》	retener《レテネール》 al《アル》 adversario《アドゥベルサリオ》 con《コン》 las《ラス》 manos《マノス》
lancer《ランセ》 à《ア》 deux《ドゥ》 mains《マン》 (*gardien*《ガルディアン》 *de*《ドゥ》 *but*《ビュ》)	бросок《ブラソーク》 двумя《ドゥヴゥミャー》 руками《ルゥカーミ》 (*о*《ア》 *вратаре*《ヴラターリェ》)	saque《サケ》 con《コン》 dos《ドス》 manos《マノス》 (*del*《デル》 *portero*《ポルテロ》)
jouer《ジュエ》 des《デ》 deux《ドゥ》 mains《マン》	играть《イグラーチ》 двумя《ドゥヴゥミャー》 руками《ルゥカーミ》	jugar《フガール》 con《コン》 las《ラス》 dos《ドス》 manos《マノス》
toucher《トゥシェ》 le《ル》 ballon《バロン》 à《ア》 deux《ドゥ》 mains《マン》	касание《カサーニエ》 мяча《ミャーチャー》 двумя《ドゥヴゥミャー》 руками《ルゥカーミ》	toque《トケ》 del《デル》 balón《バロン》 con《コン》 las《ラス》 dos《ドス》 manos《マノス》
arbitre《アルビトル》 du《デュ》 jeu《ジゥ》	судья《スゥヂィヤー》 игры《イグルィー》	árbitro《アルビトゥロ》 del《デル》 partido《パルティド》, referí《レフェリ》
fanion《ファニオン》 de《ドゥ》 l'arbitre《ラルビトル》	флажок《フラジョーク》 судьи《スゥヂィイー》	bandera《バンデラ》 de《デ》 árbitro《アルビトゥロ》
arrière《アリエル》-gauche《ゴシュ》	левый《リェーヴィイ》 защитник《ザシチィートゥニク》	defensa《デフェンサ》 izquierdo《イスキエルド》
avant《アヴァン》-gauche《ゴシュ》	левый《リェーヴィィ》 нападающий《ナパダーユシチィイ》	delantero《デランテロ》 izquierdo《イスキエルド》
lancer《ランセ》 en《アン》 lob《ロブ》	навесной《ナヴェースナイ》 бросок《ブラソーク》	tiro《ティロ》 elevado《エレバド》
passe《パス》 longue《ロング》	длинная《ドゥリーンナヤ》 передача《ピリダーチャ》	pase《パセ》 largo《ラルゴ》

8. 自転車競技

	日本語	英語	ドイツ語
1	相手にぴたり付いていく	follow《ファロウ》 a《ア》 wheel,《フウィール》 hug《ハグ》	am《アム》 Rad《ラート》 Kleben《クレーベン》
2	相手を追いかける	chase《チェイス》 the《ザ》 rival《ライヴァル》	den《デン》 Gegner《ゲーグナァ》 verfolgen《フェアフォルゲン》
3	赤旗	red《レッド》 flag《フラッグ》	rote《ローテ》 Flagge《フラッゲ》
4	アスファルト道路	highway《ハイウェイ》	Straße《シュトラーセ》
5	一回のレース	heat《ヒート》	Lauf《ラオフ》
6	一周、ラップ	lap《ラップ》	Bahnrunde《バーンルンデ》
7	一周追いつく	overtake《オウヴァテイク》 one《ワン》 lap《ラップ》	um《ウム》 eine《アイネ》 Rung《ルンデ》
8	一周遅れる	drop《ドゥラップ》 one《ワン》 lap《ラップ》 behind《ビハインド》	um《ウム》 eine《アイネ》 Bahnrunnde《バーンルンデ》 zurückbleiben《ツリュックブライベン》
9	イタリアン・パーシューレース	Italian《イタリャン》 pursuit《パスュート》 race《レイス》	Rennen《レネン》 mit《ミット》 Zwischenankunft,《ツヴィッシェンアンクンフト》 italienisches《イタリエーニシェス》 Verfolgungsrennen《フェアフォルグングスレネン》
10	移動歯車	free《フリー》 pinion《ピーニャン》	Freizahnrad《フライツァーンラート》
11	飲食料	feeding《フィーディング》	Verpflegung《フェアプフレーグング》
12	インターバル	interval《インタヴァル》	Zeitpause《ツァイトパオゼ》
13	インディビジュアル・スタート	individual《インディヴィヂュアル》 start《スタート》	Einzelstart《アインツェルシュタルト》
14	インディビジュアル・タイム・トライアル（個人）	individual《インディヴィヂュアル》 time《タイム》 trials《トゥライアルズ》	Einzelzeitfahren《アインツェルツァイトファーレン》
15	インディビジュアル・パーシュート（個人追抜競走）	individual《インディヴィヂュアル》 pursuit《パスュート》	Einzelverfolgungsrennen《アインツェルフェアフォルグングスレネン》

フランス語	ロシア語	スペイン語
coller《コレ》 à《ア》 la《ラ》 roue《ルゥ》	《сидеть《(スィヂエーチ》 на《ナ》 колесе《カリスエー)》》	pegarse《ペガールセ》 a《ア》 la《ラ》 rueda《ルエダ》
chasser《シャセ》 l'adversaire《ラドゥヴェルセル》	преследовать《プリスリェーダヴァチ》 соперника《サピエールニカ》	perseguir《ペルセギール》 al《アル》 adversario《アドゥベルサリオ》
fanion《ファニオン》 rouge《ルゥジュ》	красный《クラースヌィイ》 флажок《フラジョーク》	bandera《バンデラ》 roja《ロハ》
route《ルゥト》 asphaltée《アスファルテ》	шоссе《シャッスエー》	carretera《カレテラ》
manche《マンシュ》	заезд《ザイエースト》	serie《セリエ》
tour《トゥル》	круг《クルゥーク》	vuelta《ブエルタ》
doubler《ドゥブレ》 d'un《ダン》 tour《トゥル》	догнать《ダグナーチ》 на《ナ》 круг《クルゥーク》	estar《エスタール》 a《ア》 una《ウナ》 vuelta《ブエルタ》 del《デル》 líder《リデル》
perdre《ペルドル》 un《アン》 tour《トゥル》	отстать《アトゥスターチ》 на круг《ナクルゥーク》	quedarse《ケダールセ》 una《ウナ》 vuelta《ブエルタ》 atrás《アトゥラス》
course《クゥルス》 à《ア》 sprints《スプリヌト》 volants《ヴォラン》, course《クゥルス》 à《ア》 l'italienne《リタリエヌ》	гонка с《ゴーンカス》 промежуточными《プラミジュータチヌィミ》 финишами《フィーニシャミ》, командная《カマーンドゥナヤ》 гонка《ゴーンカ》 преследования《プリスリェーダヴァニヤ》 с выбыванием《スヴィブィヴァーニエム》	carrera《カレラ》 con《コン》 metas《メタス》 volantes《ボランテス》, carrera《カレラ》 a《ア》 la《ラ》 italiana《イタリアノ》
pignon《ピニョン》 libre《リブル》	подвижная《パドゥヴィシナーヤ》 шестерня《シェスチルニャー》	piñón《ピニョン》 libre《リブレ》
ravitaillement《ラヴィタユマン》	питание《ピターニエ》	alimentación《アィメンタシオン》
pause《ポズ》	перерыв《ピリルィーフ》	receso《レセソ》
départ《デパル》 individuel《アンディヴィデュエル》	раздельный《ラズデェーリヌィイ》 старт《スタールト》	salida《サリダ》 individual《インディビドゥアル》
course《クゥルス》 individuelle《アンディヴィデュエル》 contre《コントル》 la《ラ》 montre《モントル》	индивидуальная《インディヴィドゥアーリナヤ》 гонка《ゴーンカ》 на《ナ》 время《ヴリェーミャ》	carrera《カレラ》 individual《インディビドゥアル》 contra《コントゥラ》 el《エル》 reloj《レロ》
poursuite《プゥルスュイト》 individuelle《アンディヴィデュエル》	индивидуальная《インディヴィドゥアーリナヤ》 гонка《ゴーンカ》 преследования《プリスリェーダヴァニヤ》	persecución《ペルセクシオン》 individual《インディビドゥアル》

日本語	英語	ドイツ語
16 インディビジュアル・レース（個人）	individual《インディヴィヂュアル》 race《レイス》	Einzelrennen《アインツェルレネン》
17 インディビジュアル・ロード・レース（個人）	individual《インディヴィヂュアル》 road《ロウド》 race《レイス》	Einzelstraßenfahren《アインツェルシュトラーセンファーレン》
18 インドア・トラック	indoor《インドー》 track《トゥラック》	überdachte《ユーバァダッハテ》 Bahn《バーン》
19 後ろギヤ、スプロケット	sprocket《スプラケット》	hinterer《ヒンテレァ》 Zahnkranz《ツァーンクランツ》
20 《後ろへ下がって！》	《back《バック》 !》	《Zurück《(ツリュック)》 !》
21 内側から追い越す	overtake《オウヴァテイク》 on《オン》 the《ズィ》 inside《インサイド》	auf《アオフ》 der《デァ》 Außenbahn《アオセンバーン》 überholen《ユーバァホーレン》
22 エりミネイション・レース	elimination《イリマネイシャン》 race《レイス》, eliminatory《イリマナトーリィ》 heat《ヒート》	Ausscheidungsrennen《アオスシャイドゥングスレネン》, Vorrennen《フォーァレネン》
23 オートバイ	motorcycle《モウタサイクル》	Motorrad《モートァラート》
24 応急修理	repair《リペア》	Defektbeseitigung《デフエクトベザイティグング》
25 丘の頂上	top《トップ》 of《オヴ》 the《ザ》 hill《ヒル》	Aufstiegsgipfel《アオフシュティークスギップフェル》, Auffahrtshöhe《アオフファールツヘーエ》
26 屋外トラック	open《オープン》 air《エア》 track《トゥラック》	offene《オッフェネ》 Bahn《バーン》
27 押すこと	push《プッシュ》, touch《タッチ》	Stoß《シュトース》
28 オフィシャル車	official《オフィシャル》 car《カー》	Wagen《ヴァーゲン》 der《デァ》 Wettkampfleitung《ヴェットカムプフライトゥング》
29 オリンピック・スプリント	olympic《オリンピック》 sprint《スプリント》	Olympiasprint《オリュムピアシュプリント》
30 カーブ	bend《ベンド》, curve《カーヴ》	Kurve《クルヴェ》, Bahnüberhöhung《バーンユーバァヘーウング》
31 外傷	injury《インヂュリィ》	Verletzung《フェァレッツング》
32 加速する	accelerate《アクセラレイト》	anziehen《アンツィーエン》

フランス語	ロシア語	スペイン語
course《クゥルス》 individuelle《アンディヴィデュエル》	индивидуальная《インディヴィドゥアーリナヤ》 гонка《ゴーンカ》	carrera《カレラ》 individual《インディビドゥアル》
course《クゥルス》 individuelle《アンディヴィデュエル》 sur《スユル》 route《ルゥト》	индивидуальная《インディヴィドゥアーリナヤ》 шоссейная《ショッセイナヤ》 гонка《ゴーンカ》	carrera《カレラ》 en《エン》 línea《リネア》, individual《インディビドゥアル》
piste《ピスト》 couverte《クゥヴェルト》	закрытый《ザクルィートゥィイ》 трек《トゥリエーク》	pista《ピスタ》 cubierta《クビエルタ》
pignon《ピニョン》	задняя《ザードゥニャヤ》 шестерня《シスチェルニャー》	piñón《ピニョン》
《en arrière !》《(アン　アリエル)》	《назад !》《(ナザート)》	《¡ atrás !》《(アトゥラス)》
doubler《ドゥブレ》 à《ア》 la《ラ》 corde《コルド》	обойти《アバイチィー》 по《パ》 бровке《ブローフキェ》	adelantar《アデランタール》 por《ポル》 el《エル》 lado《ラド》 interior《インテリオル》
manche《マンシュ》 éliminatoire《エリミナトゥワル》, éliminatoire《エリミナトゥワル》	гонка《ゴーンカ》 с《ス》 выбыванием《ヴィブィヴァーニエム》, предварительный《プリドゥヴァリーチリヌィイ》 заезд《ザィエースト》	serie《セリエ》 eliminatoria《エィミナトリア》, eliminatoria《エィミナトリア》
moto《モト》	мотоцикл《マタツィークル》	motociclo《モトシクロ》
dépannage《デパナジュ》	исправление《イスプラヴリェーニエ》 дефекта《ヂフェークタ》	reparación《レパラシオン》
sommet《ソメ》 de《ドゥ》 la《ラ》 montée《モンテ》	вершина《ヴ　エルシーナ》 подъёма《パヂョーマ》	cresta《クレスタ》 de《デ》 la《ラ》 subida《スビダ》
piste《ピスト》 de《ドゥ》 plein《プラン》 air《エル》	открытый《アトゥクルィートゥィイ》 трек《トゥリエーク》	pista《ピスタ》 al《アル》 aire《アィ》 libre《リブレレ》
poussée《プゥセ》	толчок《タルチョーク》	empujón《エンプホン》
voiture《ヴィワテュル》 officielle《オフィスィエル》	автомобиль《アフタマビーリ》 для《ドゥリャ》 официальных《アフィツィアーリヌィフ》 лиц《リーツ》	coche《コチェ》 oficial《オフィシアル》
sprint《スプリヌト》 olympique《オランピク》	олимпийский《アリムピーイスキイ》 спринт《スプリーント》	sprint《スプリント》 olímpico《オリンピコ》
virage《ヴィラジュ》	вираж《ヴィラーシ》	viraje《ビラヘ》, curva《クルバ》
accident《アクスィダン》 corporel《コルポレル》	травма《トゥラーヴマ》	lesión《レシオン》
accélérer《アクセレレ》, démarrer《デマレ》	ускорить《ウスコーリチ》	acelerar《アセレラール》

日本語	英語	ドイツ語
33 黄色旗	yellow《イエロウ》 flag《フラッグ》	gelbe《ゲルベ》 Flagge《フラッゲ》
34 器材車両、技術車両	maintainance《メインタナンス》 car《カー》, technical《テクニカル》 vehicle《ヴィークル》	Materialwagen《マテリアールヴァーゲン》
35 ギヤ装置	gear《ギア》, transmission《トウランズミッシャン》	Übersetzung《ユーバァゼッツング》
36 ギヤを入れる	push《プッシュ》 the《ザ》 gear《ギア》	Übersetzungsverhältnis《ユーバァゼッツングスフェアヘルトニス》 feststellen《フェストシュテレン》
37 ギヤを切り替える	change《チェインヂ》 the《ザ》 gear《ギア》	Übersetzung《ユーバァゼッツング》 umschalten《ウムシャルテン》
38 救急車	ambulance《アムビュアランス》 car《カー》	Sanitätswagen《ザニテーツヴァーゲン》
39 急勾配の登り/下り	steep《スティープ》 climb《クライム》/ descent《ディセント》	steile《シュタイレ》 Auffahrt《アオフファールト》, steiler《シュタイラァ》 Abstieg《アップシュティーク》
40 競技者（女）	rider《ライダァ》, racer《レイサァ》 (women's《ウィメンズ》 rider《ライダァ》)	Radrennfahrer《ラートレンファーラァ》, Radler《ラードゥラァ》 (Radlerin《ラードゥレリン》)
41 競技者交代	substitution《サブスタチューシャン》 of《オヴ》 rider《ライダァ》	Radfahrerwechsel《ラードファーラァヴェックセル》
42 競技用自転車	racing《レイスィング》 bicycle《バイスィクル》	Rennrad《レンラート》
43 曲線部の入り口	start《スタート》 of《オヴ》 the《ザ》 banking《バンキング》	Kurveneingang《クルヴェンアインガング》
44 曲線部の出口	end《エンド》 of《オヴ》 the《ザ》 banking《バンキング》	Kurvenausgang《クルヴェンアオスガング》
45 曲線部の傾斜角	turn《ターン》 slope《スロープ》 angle《アングル》	Neigungswinkel《ナイグングスヴィンケル》 der《デァ》 Bahnkurve《バーンクルヴェ》
46 距離標識	marking《マーキング》 of《オヴ》 the《ザ》 distance《ディスタンス》	Markierung《マルキールング》
47 記録の公認	approval《アプルーヴァル》 of《オヴ》 record《レカド》	Bestätigung《ベシュテーティグング》 des《デァ》 Rekorges《レコルデス》

フランス語	ロシア語	スペイン語
fanion《ファニオン》 jaune《ジョヌ》	жёлтый《ジョールトゥィイ》 флажок《フラジョーク》	bandera《バンデラ》 amarilla《アマリリャ》
voiture《ヴワテュル》 d'assistance《ダスィスタンス》 technique《テクニク》	автомобиль《アフタマビーリ》 технической《チェフニーチスカイ》 помощи《ポーマシチ》	vehículo《ベイクロ》 técnico《テクニコ》
transmission《トランスミスィオン》, déplacement《デプラスマン》	передача《ピリダーチャ》	transmisión《トランスミシオン》
mettre《メトル》 le《ル》 braquet《ブラケ》	поставить《パスターヴィチ》 передачу《ピリダーチゥ》	poner《ポネル》 la《ラ》 velocidad《ベロシダ》
changer《シャンジジェ》 de《ドゥ》 vitesse《ヴィテス》	переключить《ピリクリュチーチ》 передачу《ピリダーツゥ》	cambiar《カンビアーウ》 de《デ》 velocidad《ベロシダ》
ambulance《アンビュランス》	автомобиль《アフタマビーリ》 скорой《スコーライ》 помощи《ポーマシチ》	ambulancia《アンブランシア》
montée《モンテ》/ descente《デサント》 brusque《ブリュスク》	крутой《クルゥトーイ》 подъём《パヂヨーム》/ спуск《スプゥースク》	subida《スビダ》/ bajada《ヴァハダ》 abrupta《アブルプト》
coureur《クゥルル》 (coureuse)《(クゥルズ)》	велогонщик《ヴィラゴーンシチク》 (велогонщица)《(ヴィラゴーンシチツァ》	corredor《コレドル》 (corredora)《(コレドラ)》
changement《シャンジュマン》 du《デュ》 coureur《クゥルル》	замена《ザミェーナ》 гонщика《ゴーンシチカ》	cambio《カンビオ》/ sustitución《ススティトゥシオン》 del《デル》 corredor《コレドル》
vélo《ヴェロ》 de《ドゥ》 course《クゥルス》	гоночный《ゴーナチヌィイ》 велосипед《ヴィラスィピェート》	bicicleta《ビシクレタ》
entrée《アントレ》 du《デュ》 virage《ヴィラジュ》	вход《フホート》 в《ヴ》 вираж《ヴィラーシ》	enntrada《エントゥラダ》 en《エン》 el《エル》 viraje《ビラヘ》
sortie《ソルティ》 du《デュ》 virage《ヴィラジュ》	выход《ヴィーハト》 из《イズ》 виража《ヴィラジャー》	salida《サリダ》 del《デル》 viraje《ビラヘ》
inclinaison《アンクリネゾン》 d'un《ダン》 virage《ヴィラジュ》	угол《ウーガル》 наклона《ナクローナ》 на《ナ》 вираже《ヴィラジェー》 (*трека*)《(トゥリェーカ)》	peralte《ペラルテ》 del viraj《デル ビラヘ》
marquage《マルカジュ》 du《デュ》 parcours《パルクゥル》	разметка《ラズミェートゥカ》 дистанции《ディスターンツィイ》	demarcación《デマルカシオン》 de《デ》 la《ラ》 distancia《ディスタンシア》
homologation《オモロガスィオン》 d'un《ダン》 record《ルコル》	утверждение《ウトゥヴィルジチェーニエ》 рекорда《リコールダ》	homologación《オモロガシオン》 del《デル》 record《レコルド》

日本語	英語	ドイツ語
48 下り坂	descent《ディセント》	Abstieg《アップシュティーク》, Abfahrt《アップファールト》
49 靴の締め紐	lace《レイス》, lacing《レイスィング》	Verschnürung《フェアシュニュールング》
50 靴のスタッド	cleat《クリート》 stud《スタッド》	Plättchen《プレトヒエン》
51 クランク	crank《クランク》, pedal《ペドゥル》 crank《クランク》	Kurbel《クルベル》
52 クロスカントリー・レース	cross《クロース》-country《カントゥリィ》	Querfeldeinrennen《クヴェーァフェルトアインレネン》
53 ケイリン	keirin《ケイリン》 race《レイス》	Keirinrennen《ケイリンレネン》
54 決勝タイム	finishing《フィニッシング》 time《タイム》	Endzeit《エントツァイト》
55 コースの一区画	stretch《ストゥレッチ》 of《オヴ》 the《ザ》 course《コース》	Kampfbahnabstand《カムプフバーンアップシュタント》
56 コナー・ジャッジ	corner《コーナァ》 judge《ヂャッヂ》	Kurvenrichter《クルヴェンリッヒタァ》
57 ゴール前のスパート	final《ファイヌル》 spurt《スパート》	Zielspurt《ツィールシュプルト》, Endspurt《エントシュプルト》
58 後退	reverse《リヴァース》	Rückgang《リュックガング》
59 交通規制	traffic《トゥラフィク》 regulations《レギュレイシャン》	Verkehrsvorschrift《フェアケーァスフォーァシュリフト》
60 勾配	gradient《グレイディアント》	Neigung《ナイグング》
61 後方からのアタック	attack《アタック》 from《フラム》 the《ザ》 rear《リア》	Angriff《アングリッフ》 von《フォン》 hinten《ヒンテン》
62 後輪	back《バック》 wheel《フウィール》	Hinterrad《ヒンタァラート》
63 国際自転車競技連合	International《インタナショヌル》 Cycling《サイクリング》 Union《ユーニオン》 (UCI)《ユシーアイ》	Internationale《インテルナツィオナーレ》 Radfarerunion《ラートファーラァウニオーン》 (USI)《(ウエスイー)》
64 固定歯車	fixed《フィックスト》 pinion《ピニャン》	festes《フェステス》 Zahnrad《ツァーンラート》
65 コミセール	commissar《カマサー》	Rennkommissär《レンコミセール》

フランス語	ロシア語	スペイン語
descente《デサント》	спуск《スプゥースカ》	bajada《バハダ》
lacet《ラセ》	шнуровка《シヌローフカ》	acordonamiento《アコルドナミエント》
tenon《トゥノン》	шип《シープ》 (*велотуфли*《ヴィラトゥーフリ》)	taco《タコ》
manivelle《マニヴェル》	шатун《シャトゥーン》	biela《ビエラ》
cyclocross《スィクロクロス》	велокросс《ヴィラクラース》	carrera《カレラ》 ciclista《シクリスタ》 a《ア》 campo《カンポ》 traviesa《トゥラビエサ》
course《クゥルス》 keirin《ケイリン》	кейрин《ケーイリン》	carrera《カレラ》 keirin《ケイリン》
temps《タン》 de《ドゥ》 l'arrivée《ラリヴェ》	время《ヴリェーミャ》 на《ナ》 финише《フィーニシェ》	tiempo《ティエンポ》 registrado《レヒストゥラド》
tronçon《トロンソン》	отрезок《アトゥリェーザク》 трассы《トゥラーッスィ》	tramo《トゥラモ》 de《デ》 ruta《ルタ》
juge《ジュジュ》 de《ドゥ》 virage《ヴィラジュ》	судья《スゥディヤー》 на《ナ》 вираже《ヴィラジェー》	juez《フエス》 de《デ》 viraje《ビラヘ》
sprint《スプリヌト》 final《フィナル》	финишный《フィーニシヌィイ》 рывок《ルィヴォーク》	aceleracón《アセレラシオン》 final《フィナル》
marche《マルシュ》 arrière《アリエル》	обратный《アブラートゥヌィイ》 ход《ホート》	marcha《マルチャ》 atrás《アトゥラス》
code《コド》 de《ドゥ》 la《ラ》 route《ルゥト》	правила《プラーヴィラ》 уличного《ウーリチナヴァ》 движения《ドゥヴィジェーニヤ》	código《コディゴ》 de《デ》 carretera《カレテラ》
pente《パント》	наклон《ナクローン》	pendiente《ペンディエンテ》
attaque《アタック》 par《パル》 derrière《デリエル》	атака《アターカ》 со《サ》 второй《フタローイ》 позиции《パズィーツィイ》	ataque《アタケ》 desde《デスデ》 atrás《アトゥラス》
roue《ルゥ》 arrière《アリエル》	заднее《ザードゥニェエ》 колесо《カリソー》	rueda《ルエダ》 trasera《トゥラセラ》
Union《ユニオン》 cycliste《スィクリスト》 internationale《アンテルナスィオナル》 (UCI《ユセイ》)	Международный《ミジドゥナロードゥヌィイ》 союз《サユース》 велосипедистов《ヴィラスィピェディースタフ》 (УСИ《ウスィ》)	Unión《ウニオン》 Ciclista《シクリスタ》 Internacional《インテルナシオナル》 (UCI《ウセイ》)
pignon《ピニョン》 fixe《フィクス》	неподвижная《ニパドゥヴィージナヤ》 шестерня《シィスチルニャー》	piñón《ピニョン》 fijo《フィホ》
commissaire《コミセル》	комиссар《カミッサール》	comisario《コミサリオ》

日本語	英語	ドイツ語
66 コミセール車	commissars'《カマサーズ》 car《カー》	Rennleitungswagen《レンライトゥングスヴァーゲン》
67 コミセール・パネル	panel《パヌル》 of《オヴ》 commissars《カマサーズ》	Wettkampfrichterkollegium《ヴェットカムプフリッヒタァコレーギウム》
68 コントロール・ポイント	control《コントゥロウル》 point/《ポイント》 station《ステイシャン》	Kontrollstelle《コントロルシュテレ》
69 サーキット	circuit,《サーキット》 lap《ラップ》	Ring,《リング》 Rundbahn《ルントバーン》
70 サーキット・レース	circuit《サーキット》 race《レイス》	Rundstreckenrennen《ルントシュトレッケンレネン》
71 サイクリング・シューズ	cycling《サイクリング》 shoes《シューズ》	Rennschuhe《レンシューエ》
72 最終レース	deciding《ディサイディング》 heat《ヒート》	Entscheidungsrennen《エントシャイドゥングスレネン》
73 再度のスタート	repeated《リピーティド》 start,《スタート》 restart《リスタート》	Wiederholungsstart《ヴィーダァホールングスシュタルト》
74 再レース	re-ride,《リライド》 re-run《リラン》	Kontrollvorlauf《コントロルフォーアラオフ》
75 坂道	hill,《ヒル》 climb《クライム》	Auffahrt《アオフファールト》
76 サグ・ワゴン	broom《ブルーム》 wagon,《ワガン》 sag《サッグ》 wagon《ワガン》	Besenwagen《ベーゼンヴァーゲン》
77 サードル	saddle《サドゥル》	Sattel《ザッテル》
78 サードルの心棒	saddle《サドゥル》 stem《ステム》	Sattelstütze《ザッテルシュテュッツェ》
79 軸	axle,《アクスル》 spindle《スピンドゥル》	Achse《アックセ》
80 シクロ・クロス（クロス・カントリー）	cyclo-《サイクロ》cross《クロス》	Cyclo-《ツュクロ》Cross《クロス》
81 事故	crash,《クラッシュ》 accident《アクスィダント》	Panne,《パネ》 Sturz,《シュトゥルツ》 Unfall《ウンファル》
82 自転車	bicycle《バイスィクル》	Fahrrad,《ファーラート》 Rad《ラート》
83 自転車カバー	cycle《サイクル》 cover《カヴァ》	Radüberzug《ラートユーバァツーク》

フランス語	ロシア語	スペイン語
voiture《ヴワテュル》 du《デュ》 collège《コレジュ》 des《デ》 commissires《コミセル》	автомобиль《アフタマビーリ》 судейской《スゥヂェーイスカヤ》 коллегии《カリェーギイ》	vehículo《ベイクロ》 de《デ》 los《ロス》 comisarios《コミサリオ》
collège《コレジュ》 des《デ》 commissaires《コミセル》	главная《グラーヴナヤ》 судейская《スゥヂェーイスカヤ》 коллегия《カリェーギヤ》	colegio《コレヒオ》 de《デ》 comisarios《コミサリオ》
poste《ポスト》 de《ドゥ》 contrôle《コントロル》	контрольный《カントゥローリヌィイ》 пункт《プゥーンクト》	puesto《プエスト》 de《デ》 control《コントゥロル》
circuit《スィルキュイ》	кольцо《カリツォー》	circuito《シルクイト》
circuit《スィルキュイ》	кольцевая《カリツィヴァーヤ》 гонка《ゴーンカ》	carrera《カレラ》 en《エン》 circuito《シルクイト》
chaussures《ショスュル》 cyclistes《スィクリスト》	велотуфли《ヴィラトゥーフリ》	zapatillas《サパティリャス》 de《デ》 ciclista《シクリスタ》
manche《マンシュ》 décisive《デスィズィヴ》	решающий《リシャーユシチイ》 заезд《ザィエースト》	serie《セリエ》 decisiva《デシシバ》
départ《デパル》 répété《レペテ》	повторный《パフトールヌィイ》 старт《スタールト》	salida《サリダ》 repetida《レペティダ》
manche《マンシュ》 supplémentaire《スュプレマンテル》	перезаезд《ピリザィエースト》	desempate《デセムパテ》
montée《モンテ》	подъём《パヂヨーム》	subida《スビダ》
camion《カミオン》 balai《バレ》, voiture《ヴワテュル》-balai《バレ》	подметальная《パドゥミターリナヤ》 машина《マシーナ》	coche《コチョ》 cierre《シエレ》 de《デ》 carrera《カレラ》, coche《コチョ》 escoba《エスコバ》
selle《セル》	седло《スィドゥロー》	sillín《シリィン》
tige《ティジュ》 de《ドゥ》 selle《セル》	подседельная《パドゥスィヂェーリナヤ》 труба《トゥルゥーバ》	tija《ティハ》 del《デル》 sillín《シリィン》
axe《アクス》	ось《オーシ》	eje《エヘ》
cyclo-cross《スィクロクロス》	велокросс《ヴィラクロース》	ciclo《シクロ》-cross《クロス》
panne《パヌ》	авария《アヴァーリヤ》	avería《アベリア》, accidente《アクシデンテ》
vélo《ヴェロ》	велосипед《ヴィラスィピェート》	bicicleta《ビシクレタ》
housse《ウス》 de《ドゥ》 vélo《ヴェロ》	чехол《チェーホル》 для《ドゥリャ》 велосипеда《ヴィラスィピエーダ》	funda《フンダ》 para《パラ》 la《ラ》 bicicleta《ビシクレタ》

日本語	英語	ドイツ語
84 自転車競技	cycling《サイクリング》	Radfahren《ラートファーレン》,Radsport《ラートシュポルト》
85 自転車競技者(女)	cyclist《サイクリスト》, bicyclist《バイスィクリスト》 (women's《ウィメンズ》 cyclist《サイクリスト》)	Radfahrer《ラートファーラァ》, Radler《ラードラァ》 (Radfahrerin《ラートファーレリン》)
86 自転車競技場	cycling《サイクリング》 track《トゥラック》, velodrome《ヴェーラドゥロウム》	Radrennbahn《ラートレンバーン》
87 自転車競技をする	go《ゴウ》 in《イン》 for《フォ》 cycling《サイクリング》	Radsport《ラートシュポルト》 treiben《トライベン》
88 自転車交換	bicycle《バイスィクル》 change《チェインヂ》	Fahrradwechsel《ファールラートヴェックセル》
89 自転車の故障	break《ブレイク》-down《ダウン》 of《オヴ》 the《ザ》 bicycle《バイスィクル》	Panne《パネ》, Radschaden《ラートシャーデン》
90 自転車の立ち乗り	standing《スタンディング》 up《アップ》 on《オン》 the《ザ》 pedals《ペドゥルズ》	Wiegetritt《ヴィーゲトゥリット》
91 自転車レース	race《レイス》	Rennen《レネン》
92 失格	disqualification《ディスクワラファケイシャン》	Disqualifizierung《ディスクヴァリフィツィールング》
93 締める（ナット、ベルト）	tighten《タイテン》 (*the*《ザ》 *nut*《ナット》, *the*《ザ》 *belt*《ベルト》)	anziehen《アンツィーエン》 (*Flügelmutter*《フリューゲルムッタァ》*,* *Riemen*《リーメン》)
94 ジャージ	maillot《マヨ》, jersey《ヂャーズィ》	Trikot《トゥリコー》
95 写真判定	photo《フォウトウ》-finish《フィニッシュ》	Fotoziel《フォートツィール》
96 車輪	wheel《フウィール》	Rad《ラート》
97 車輪の交換	wheel《フウィール》 change《チェインヂ》	Radwechsel《ラートヴェックセル》
98 車輪の軸	wheel《フウィール》 spindle《スピンドゥル》	Radachse《ラートアックセ》
99 砂利道	gravel《グラヴァル》 path《パス》	Schotterstraße《ショッタアシュトラーセ》
100 周回数	laps《ラップス》 number《ナンバァ》	Rundenzahl《ルンデンツァール》

フランス語	ロシア語	スペイン語
cyclisme《スィクリスム》	велосипедный《ビラスィピエードゥヌィイ》 спорт《スポールト》, велоспорт《ヴィラスポールト》	ciclismo《シクリスモ》
cycliste《スィクリスト》 (coureuse《クゥルズ》 cycliste《スィクリスト》)	велосипедист《ヴィラスィピェディースト》, велогонщик《ヴィラゴーンシチク》 (велосипедистка《ヴィラスィピェディーストカ》)	ciclista《シクリスタ》 (ciclista《シクリスタ》)
vélodrome《ヴェロドロム》	велодром《ヴィラドゥローム》	velódromo《ベロドゥロモ》
pratiquer《プラティケ》 le《ル》 cyclisme《スィクリスム》	заниматься《ザニマーツァ》 велосипедным《ヴィラスィピエードゥヌィム》 спортом《スポールタム》	practicar《プラクティカール》 el《エル》 ciclismo《シクリスモ》
changement《シャンジュマン》 de《ドゥ》 vélo《ヴェロ》	замена《ザミェーナ》 велосипеда《ヴィラスィピェーダ》	cambio《カンビオ》 de《デ》 la《ラ》 bicicleta《ビシクレタ》
accident《アクスィダン》 mécanique《メカニク》	поломка《パロームカ》 велосипеда《ヴィラスィピェーダ》	rotura《ロトゥラ》 de《デ》 la《ラ》 bicicleta《ビシクレタ》
《danseuse《ダンスズ》》	《танцовщица《タンツォーフシチツァ》》 (*приём*《プリヨーム》)	《bailarina《バイラリナ》》
course《クゥルス》	велогонка《ヴィラゴーンカ》	carrera《カレラ》 ciclista《シクリスタ》
disqualification《ディスカリフィカスィオン》	дисквалификация《ディスクヴァリフィカーツィヤ》	descalificación《デスカリフィカシオン》
bloquer《ブロケ》 (*un*《アン》 *écrou*《エクルゥ》), serrer《セレ》 (*une*《ユヌ》 *courroie*《クゥルワ》)	затянуть《ザチャヌーチ》 (*гайку*《ガーイクゥ》, *ремень*《リェミェーニ》)	bloquear《ブロケアール》 (*la*《ラ》 *tuerca*《トゥエルカ》), apretar《アプレタール》 (*la*《ラ》 *correa*《コレア》)
maillot《マイヨ》	велорубашка《ヴィラルゥバーシカ》, майка《マーイカ》	camiseta《カミセタ》 de《デ》 ciclista《シクリスタ》
firm《フィルム》 d'arrivée《ダリヴェ》, photo《フォト》 d'arrivée《ダリヴェ》	фотофиниш《ファタフィーニシ》	película《ペリクラ》 de《デ》 llegada《リェガダ》
roue《ルゥ》	калесо《カリソー》	rueda《ルエダ》
changement《シャンジュマン》 des《デ》 roues《ルゥ》	замена《ザミェーナ》 колеса《カリサー》	cambio《カンビオ》 de《デ》 la《ラ》 rueda《ルエダ》
axe《アクス》 de《ドゥ》 roue《ルゥ》	ось《オーシ》 колеса《カリサー》	eje《エヘ》 de《デ》 la《ラ》 rueda《ルエダ》
allée《アレ》 de《ドゥ》 graviers《グラヴィエ》	гравийная《グラーヴィイナヤ》 дорога《ダローガ》	camino《カミノ》 de《デ》 grava《グラバ》
nombre《ノンブル》 de《ドゥ》 tours《トゥル》	количество《カリーチストゥヴァ》 кругов《クルゥゴーフ》	cantidad《カンティダ》 de《デ》 vueltas《ブエルタス》

日本語	英語	ドイツ語
101 集団が切れること	burst《バースト》, blow《ブロウ》	Verteilung《フェアタイルング》 in《イン》 Gruppen《グルッペン》
102 集団から遅れる	drop《ドゥラップ》 behind《ビハインド》 the《ザ》 bunch《バンチ》	dem《デム》 Feld《フェルト》 nicht《ニッヒト》 nachkommen《ナーハコメン》
103 集団から離れる	leave《リーヴ》 the《ザ》 bunch《バンチ》 behind《ビハインド》	sich《ズィッヒ》 von《フォン》 der《デア》 Gruppe《グルッペ》 lösen《レーゼン》
104 集団から離脱	breakaway《ブレイカウェイ》	Ausreißen《アオスライセン》
105 集団での転倒	massed《マスド》 fall《フォール》	Feldsturz《フェルトシュトゥルツ》
106 集団で走る	sit《スィト》 in《イン》 the《ザ》 bunch《バンチ》	am《アム》 Feld《フェルト》 bleiben《ブライベン》
107 集団でのフィニッシュ	bunch《バンチ》 finish《フィニシュ》	Massenankunft《マッセンアンクンフト》
108 集団の中央	middle《ミドゥル》 of《オヴ》 the《ザ》 bunch《バンチ》	Feldmitte《フェルトミッテ》
109 集団レース	bunch《バンチ》 race《レイス》	Feldrennen《フェルトレネン》
110 修理	repairs《リペアズ》	Reparatur《レパラトゥーア》
111 修理店	repair《リペア》 shop《シャップ》	Reparaturwerkstatt《レパラトゥーアヴェルクシュタット》
112 主要集団	main《メイン》 bunch《フィニシュ》	Hauptfeld《ハオプトフェルト》
113 順位	classification《クラサファケイシャン》, ranking《ランキング》	Rangfolge《ラングフォルゲ》
114 準決勝	semifinal《セミファイヌル》	Halbfinale《ハルプフィナーレ》
115 準々決勝	eighth《エイトゥス》 of《オヴ》 the《ザ》 final《ファイヌル》	Achtelfinale《アッハテルフィナーレ》
116 順風（追い風）	leading《リーディング》 wind《ウィンド》, tail《テイ》 wind《ウィンド》	Fahrwind《ファールヴィント》, Rücken wind《リュッケンヴィンド》
117 乗車帯（ブルー・バンド）	blue《ブルー》 band《バンド》, blue《ブルー》 mark《マーク》	blaue《ブラオエ》 Band《バント》
118 衝突	collision《カリジャン》	Zusammenstoß《ツザメンシュトース》
119 食料袋	musette《ミューゼット》	Proviantbeutel《プロヴィアントボイテル》
120 スィクスディ・レース	six-day《スィキクスデイ》 race《レイス》	Sechstagerennen《ゼックスターゲレネン》

自転車競技

フランス語	ロシア語	スペイン語
éclatement《エクラトマン》	разрыв《ラズルィーフ》 на《ナ》 группы《グルゥーップィ》	ruptura《ルプトゥラ》 del《デル》 pelotón《ペロトン》
rater《ラテ》 le《ル》 groupe《グルゥプ》	отстать《アトゥスターチ》 от《アト》 группы《グルゥーップィ》	quedarse《ケダールセ》 atrás《アトゥラス》 del《デル》 oelotón《ペロトン》
décoller《デコレ》	оторваться《アタルヴァーツァ》 от《アト》 группы《グルゥーップィ》	escaparse《エスカパールセ》 del《デル》 pelotón《ペロトン》
échappée《エシャペ》	отрыв《アトゥルィーフ》 (*от*《アト》 *группы*《グルゥーップィ》)	escapada《エスカパダ》
chute《シュト》 groupée《グルゥペ》	групповое《グルゥーパヴァエ》 падение《パヂェーニエ》, завал《ザヴァール》	caída《カイダ》 en《エン》 masa《マサ》
coller《コレ》 au《オ》 peloton《プロトン》	ехать《イェーハチ》 в《ヴ》 группе《グルゥーッピェ》	correr《コレル》 en《エン》 pelotón《ペロトン》
arrivée《アリヴェ》 en《アン》 peloton《プロトン》	групповой《グルウーパヴァイ》 финиш《フィーニシ》	llegada《リェガダ》 en《エン》 pelotón《ペロトン》
milieu《ミリウ》 du《デュ》 peloton《プロトン》	середина《スィリディーナ》 группы《グルゥーップィ》	centro《セントゥロ》 del《デル》 pelotón《ペロトン》
course《クゥルス》 en《アン》 groupe《グルゥプ》	групповая《グルゥーパヴァヤ》 гонка《ゴーンカ》	prueba《プルエバ》 en《エン》 grupo《グルポ》
dépannage《デパナジュ》	ремонт《リモーント》	reparación《レパラシオン》
atelier《アトリエ》 de《ドゥ》 dépannage《デパナジュ》	ремонтная《リモーントゥナヤ》 мастерская《マスチルスカーヤ》	taller《タリェル》 de《デ》 reparación《レパラシオン》
gros《グロ》 du《デュ》 peloton《プロトン》	основная《アスナヴナーヤ》 группа《グルゥーッパ》	pelotón《ペロトン》 principal《プリンシパル》
classement《クラスマン》	результаты《リェズゥリタートゥィ》 соревнований《サリヴナヴァーニイ》	clasificación《クラスィフィカシオン》
semi-finale《スゥミフィナル》	полуфинал《パルゥフィナール》	semifinales《セミフィナレス》
huitième《ユイティエム》 de《ドゥ》 finale《フィナル》	одна《アドゥナー》 восьмая《ヴァシマーヤ》 финала《フィナーラ》	octavos《オクタヴォス》 de《デ》 final《フィナール》
vent《ヴァン》 favorable《ファヴァラブル》, vent《ヴァン》 arrière《アリエル》	попутный《パプゥートゥヌィイ》 ветер《ヴェーチル》	viento《ビエント》 favorable《ファボラブレ》, viento《ビエント》 de《デ》 cola《コラ》
bande《バンド》 bleue《ブル》	синяя《スィーニャヤ》 зона《ゾーナ》	banda《バンダ》 azul《アスル》, zona《ソナ》 azul《アスル》
collision《コリズィオン》	столкновение《スタルクヴェーニエ》	choque《チョケ》, colisión《コリシオン》
sac《サク》 de《ドゥ》 ravitaillement《ラヴィタユマン》	сумка《スゥームカ》 с《ス》 питанием《ピターニエム》	bolsa《ボルサ》 con《コン》 alimentos《アリメントス》
course《クゥルス》 des《デ》 six《スィ》 jours《ジュゥル》	шестидневная《スィスチィドゥニェーヴナヤ》 гонка《ゴーンカ》	carrera《カレラ》 de《デ》 seis《セイス》 días《ディアス》

日本語	英語	ドイツ語
121 随行員	attendant《アテンダント》, authorized《オーサライズド》 follower《ファロウァ》	Betreuer《ベトロイヤァ》, Begleitung《ベグライトゥング》
122 随行車両	following《ファロウイング》 vehicles《ヴィークルズ》, following《ファロウイング》 van《ヴァン》	Begleitfahrzeug《ベグライトファールツォイク》, Begleitwagen《ベグライトヴァーゲン》
123 水筒	flask《フラスク》	Feldflasche《フェルトフラッシェ》
124 スターティング・インターバル	starting《スターティング》 interval《インタヴァル》	Startabstand《シュタルトアップシュタント》
125 スターティング・リスト	starting《スターティング》 protocol《プロウタコール》	Startliste《シュタルトリステ》
126 スタート時間	starting《スターティング》 time《タイム》	Startzeit《シュタルトツァイト》
127 スタートの合図をする	give《ギヴ》 the《ザ》 start《スタート》	Startzeichen《シュタルトツァイヒェン》
128 スタンディング・スタート	standing《スタンディング》 start《スタート》	Standstart《シュタントシュタルト》
129 スタンド・スティル（停止）	standstill《スタンドスティル》	Stehversuch《シュテーフェァズーフ》
130 ステージ	stage《ステイヂ》	Rennetappe《レンエタッペ》
131 ステージ・レース	stage《ステイヂ》 race《レイス》	Mehrtagerennen《メーァターゲレネン》, Etappenrennen《エタッペンレネン》
132 ステーヤー・ライン	stayer's《ステイアズ》 line《ライン》	Steherlinie《シュテーヤァリーニエ》
133 スパート	spurt《スパート》, escape《イスケイプ》	Spurt《シュプルト》
134 スパートする	shoot《シュート》 ahead《アヘッド》, launch《ラーンチ》 an attack《アナタック》	spurten《シュプルテン》, antreten《アントレーテン》
135 スパートの試み	tentative《テンタティヴ》 break-away《ブレイカウェイ》	Ausreißversuch《アオスライスフェァズーフ》

フランス語	ロシア語	スペイン語
soigneur《スワニゥル》, suiveur《スユヴゥル》 autorisé《オトリゼ》	сопровождающий《サプラヴァジダーユシチィイ》	cuidador《クイダドル》, escolta《エスコルタ》, seguidor《セギドル》 autorizado《アウトリサド》
voiture《ヴワテュル》 suiveuse《スユイヴゥズ》, véhicule《ヴェイキュル》 suiveur《スユイヴゥル》	сопровождающий《サプラヴァジダーユシチィイ》 автомобиль《アフタマビーリ》	vehículo《ベイクロ》 acompañante《アコンパニャンテ》
bidon《ビドン》	фляга《フリャーガ》	cantimplora《カンティンプロラ》
intervalle《アンテルヴァル》 de《ドゥ》 dérart《デパル》	стартовый《スタールタヴィイ》 интервал《インチェルヴァール》	intervalo《インテルバロ》 de《デ》 salida《サリダ》
feuille《フゥユ》 de《ドゥ》 départ《デパル》	стартовый《スタールラヴィイ》 протокол《プラタコール》	protocolo《プロトコロ》 de《デ》 salida《サリダ》
délai《デレ》 d'appel《ダペル》	время《ヴリェーミァ》 старта《スタールタ》	hora《オラ》 de《デ》 la《ラ》 salida《サリダ》
donner《ドネ》 le《ル》 départ《デパル》	дать《ダーチ》 старт《スタールト》	dar《ダール》 la《ラ》 salida《サリダ》
départ《デパル》 arrêté《アレテ》	старт《スタールト》 с《ス》 места《ミエースタ》	salida《サリダ》 parada《パラダ》
surplace《スュールプラス》	сюрпляс《シュルプリャース》	sobre《ソブレ》 el《エル》 lugar《ルガール》, surplace《スルプラセ》
étape《エタプ》	этап《エタープ》 гонки《ゴーンキ》	etapa《エタパ》 de《デ》 la《ラ》 carrera《カレラ》
course《クゥルス》 par étapes《パレタプ》	многодневная《ムナガドゥニェーヴナヤ》 гонка《ゴーンカ》	carrera《カレラ》 por《ポル》 etapas《エタパス》
ligne《リニュ》 de《ドゥ》 stayer《ステイエル》	линия《リーニヤ》 стайера《スターイエラ》	línea《リネア》 de《デ》 fondista《フォンディスタ》, línea《リネア》 de《デ》 staer《スタイエル》
démarrage《デマラジュ》	спурт《スプゥールト》, рывок《ルィヴォーク》	aceleración《アセレラシオン》, arrancada《アランカダ》
démarrer《デマレ》	сделать《ズヂェラーチ》 рывок《ルィヴォーク》, начать《ナチャ-チ》 атаку《アタークゥ》	hacer《アセール》 una《ウナ》 arrancada《アランカダ》, iniciar《イニシアール》 un《ウン》 ataque《アタケ》
tentative《タンタティヴ》 d'échappée《デシャペ》	попытка《パプィートゥカ》 отрыва《アトｌルィーヴァ》	intento《インテント》 de《デ》 escapada《エスカパダ》

日本語	英語	ドイツ語
136 スパナ	spanner《スパナァ》, wrench《レンチ》	Schraubenschlüssel《シュラオベンシュリュッセル》, Mutterschlüssel《ムッタァシュリュッセル》
137 スプリンター	sprinter《スプリンタァ》	Sprinter《シュプリンタァ》
138 スプリント	sprint《スプリント》	Sprint《シュプリント》
139 スプリント・レース	sprint《スプリント》 race《レイス》	Sprintrennen《シュプリントレネン》
140 スプロケットの歯	sprocket《スプラキット》 wheel《フウィール》	Kettenrand《ケッテンラント》
141 スペア部品	spares《スペアズ》	Ersatzteile《エァザッツタイレ》
142 スペア・ホイール	spare《スペア》 wheel《フウィール》	Ersatzrad《エァザッツラート》
143 スポーク（車輪の幅）	spoke《スポウク》	Speiche《シュパイヒェ》
144 スリップする	skid《スキッド》, slip《スリップ》	ausrutschen《アオスルッチェン》
145 スロープ	slope《スロープ》	Böschung《ベッシュング》, Abhang《アップハング》
146 接着剤	shellac《シャリャク》, glue《グルー》	Leim《ライム》, Kleber《クレーバァ》
147 先行している競技者	leader《リーダァ》	Leader《リーダァ》
148 先行集団	leading《リーディング》 bunch《バンチ》,leading《リーディング》 group《グループ》	Spitzengruppe《シュピッツェングルッペ》
149 先行集団からアタック	attack《アタック》 from《フラム》 the《ザ》 front《フラント》	Angriff《アングリッフ》 aus《アオス》 der《デァ》 Spitze《シュピッツェ》
150 先頭交代	relay《リーレイ》	abwechselnde《アップヴェックセルンデ》 Führung《フユールング》
151 １０００ｍタイム・トライアル	km《キロミータァ》 time《タイム》 trial《トゥライアル》	1《アイン》-km《キロメータァ》 Rennen《レネン》
152 １０００ｍタイム・トライアル・スタンディング・スタート	1000《ワン サウザンド》m《ミータァ》 time《タイム》 trials《トゥライアル》, standing《スタンディング》 start《スタート》	1《アイン》-km《キロメータァ》 Rennen《レネン》 vom《フォム》 Stehstand《シュテーシュタント》
153 前輪	front《フラント》 wheel《フウィール》	Vorderrad《フォルダァラート》

フランス語	ロシア語	スペイン語
clé《クレ》	ключ《クリューチ》	llave《リァベ》
sprinter《スプリヌトゥル》	спринтер《スプリーンチェル》	velocista《ベロシスタ》
sprint《スプリヌト》	спринт《スプリーント》	sprint《スプリント》
course《クゥルス》 de《ドゥ》 vitesse《ヴィテス》	спринтерская《スプリーンチェルスカヤ》 гонка《ゴーンカ》	prueba《プルエバ》 de《デ》 velocidad《ベロシダ》
braquet《ブラケ》	передняя《ピリドゥニャヤ》 шестерня《シスチェルニャー》	desmultiplicador《デスムルティプリカドル》
piéces《ピエス》 de《ドゥ》 rechange《ルシャンジュ》	запасные《ザパスヌィーエ》 части《チャースチィ》	piezas《ピエサス》 de《デ》 repuesto《レプエスト》
roue《ルゥ》 de《ドゥ》 recange《ルシャンジュ》	запасное《ザパスノーエ》 колесо《カリソー》	rueda《ルエダ》 de《デ》 recambio《レカンビオ》
rayon《レイオン》	спица《スピーツァ》	radio《ラディオ》
déraper《デラペ》	занести《ザニスチィー》	derrapar《デラパール》
pente《パント》	склон《スクローン》	pendiente《ペンディエンテ》
colle《コル》	клей《クリェーイ》	cola《コラ》
coureur《クゥルル》 de《ドゥ》 tête《テートゥ》	ведущий《ヴィドゥーシチイ》 гонку《ゴーンクゥ》	corredor《コレドル》 en《エン》 cabeza《カベサ》
groupe《グルゥプ》 de《ドゥ》 tête《テートゥ》	ведущая《ヴィドゥーシチャヤ》 группа《グルゥーッパ》	grupo《グルポ》 de《デ》 cabeza《カベサ》
attaque《アタック》 en《アン》 tête《テートゥ》	атака《アターカ》 из《イズ》 головной《ガラヴノーイ》 группы《グルゥーップィ》	ataque《アタケ》 en《エン》 cabeza《カベサ》
relais《ルレ》	попеременное《パピリミエーンナエ》 лидирование《リディーラヴァニエ》	relevo《レレボ》
kilomètre《キロメトル》 départ《デパル》 arrêté,《アレテ》 kilomètre《キロメトル》 contre《コントル》 la《ラ》 montre《モントル》	гит《ギート》 на《ナ》 1км《アチーン キラミエートゥル》	kilómetro《キロメトゥロ》 contra《コントゥラ》 reloj《レロ》
1km《アン キロメトル》 arrèté《アレテ》	гит《ギート》 на《ナ》 1км《アチーン キラミエートゥル》 с《ス》 места《ミエースタ》	1000m《ミル メトゥロス》 contra《コントゥラ》 el《エル》 reloj《レロ》 con《コン》 salida《サリダ》 parada《パラダ》
roue《ルゥ》 avant《アヴァン》	переднее《ピリドゥニエ》 колесо《カリソー》	rueda《ルエダ》 delantera《デランテラ》

日本語	英語	ドイツ語
154 相互扶助	mutual《ミューチュアル》 assistance《アスィスタンス》	gegenseitige《ゲーゲンザイティゲ》 Hilfe《ヒルフェ》
155 ソックス	ankle《アンクル》 socks《サックス》	Socken《ゾッケン》
156 外側から追い越す	overtake《オウヴァテイク》 on《オ》 the《ズ》 outside《アウトサイド》	am《アム》 Pistenrand《ピステンラント》 überholen《ユーバァホーレン》
157 第 1 ラップ	first《ファースト》 lap《ラップ》	erste《エールステ》 Bahnrunde《バーンルンデ》
158 タイム・トライアル	time《タイム》 trials《トゥライアル》	Zeitfahren《ツャイトファーレン》
159 タイヤに空気を入れる	pump《パンプ》 up《アップ》 a《ア》 tyre《タイア》	Reifen《ライフェン》 aufpumpen《アオフプムペン》
160 平らなスパナ	open《オウプン》-ended《エンディド》 spanner《スパナァ》	Flachschlüssel《フラッハシュリュッセル》
161 タンデム（自転車）	tandem《タンダム》	Tandem《タンデム》
162 タンデム・レース	tandem《タンダム》 race《レイス》	tamdemrennen《タンデムレネン》
163 チーム・タイム・トライアル	team《ティーム》 time《タイム》 trial《トゥライアル》	Mannschaftszeitfahren《マンシャフツツァイトファーレン》
164 チーム代表者	team's《ティームズ》 official《オフィシャル》, team《ティーム》 leader《リーダァ》	Mannschaftsvertreter《マンシャフツフェァトレータァ》
165 チーム・パーシュート （団体追い抜競走）	team《ティーム》 pursuit《パスユート》	Mannschaftsverfolgungsrennen《マンシャフツフェァフォルグングスレネン》
166 チーム・レース	team《ティーム》 race《レイス》	Mannschaftsrennen《マンシャフツレネン》
167 チーム・ロード・レース	team《ティーム》 road《ロウド》 race《レイス》	Mannschaftsstraßenrennen《マンシャフツシュトラーセンレネン》
168 力を回復する	recover《リカヴァ》	wieder《ヴィーダァ》 zu《ツー》 Kräften《クレフテン》 kommen《コメン》
169 チェーン	chain《チェン》	Kette《ケッテ》
170 チェーン・ドライブ	chain《チェン》 drive《ドゥライヴ》	Kettenübersetzung《ケッテンユーバァゼッツング》

フランス語	ロシア語	スペイン語
aide《エド》 entre《アントル》 coureurs《クゥルル》	взаимопомощь《ヴザイマポーマシチ》	ayuda《アユダ》 mutua《ムトゥア》
chaussettes《ショセット》	носки《ナスキー》	calcetínes《カルセティネス》
doubler《ドゥブレ》 à《ア》 l'extérieur《レクステリウル》	обойти《アバイチィー》 у《ウ》 барьера《バリエーラ》	adelantar《アデランタール》 por《ポル》 el《エル》 lado《ラド》 exterior《エステリオル》
premier《ブルミエ》 tour《トゥル》	первый《ピエールヴィイ》 круг《クルゥーク》	primera《プリメラ》 vuelta《ブエルタ》
course《クゥルス》 contre《コントル》 la《ラ》 montre《モントル》	гонка《ゴーンカ》 на《ナ》 время《ヴリェーミャ》	carrera《カレラ》 contra《コントゥラ》 el《エル》 reloj《レロ》
gonfler《ゴンフレ》 le《ル》 boyau《ブワィオ》	накачать《ナカチャーチ》 однотрубку《アドゥナトゥルゥーブクゥ》	hinchar《インチャール》 el《エル》 tubular《トゥブラル》
clé《クレ》 plate《プラトゥ》	плоский《プロースキイ》 ключ《クリューチ》	llave《リァベ》 fija《フィハ》
tandem《タンデム》	тандем《ターンチェム》	tándem《タンデム》
tandem《タンデム》	гонка《ゴーンカ》 на《ナ》 тандемах《ターンチェマフ》	carreras《カレラス》 de《デ》 tándem《タンデム》
course《クゥルス》 contre《コントル》 la《ラ》 montre《モントル》 par équipes《パレキプ》	командная《カマーンドゥナヤ》 гонка《ゴーンカ》 на《ナ》 время《ヴリェーミャ》	carrera《カレラ》 contra《コントゥラ》 reloj《レロ》 por《ポル》 equipos《エキポス》
officiel《オフィスィエル》 de《ドゥ》 l'équipe《レキプ》	представитель《プリトゥスタヴィーチリ》 команды《カマンドゥイ》	representante《レプレセンタンテ》 del《デル》 equipo《エキポ》
course《クゥルス》 poursuite《プゥルスユイト》 par équipe《パレキプ》	командная《カマンドゥナヤ》 гонка《ゴーンカ》 преследования《プリスリェーダヴァニヤ》	persecución《ペルセクシオン》 por《ポル》 equipos《エキポス》
course《クゥルス》 par équipe《パレキプ》	командная《カマーンドゥナヤ》 гонка《ゴーンカ》	carrera《カレラ》 por《ポル》 equipos《エキポス》
course《クゥルス》 par équipe《パレキプ》 contre《コントル》 la《ラ》 montre《モントル》	командная《カマーンドゥナヤ》 шоссейная《シャッスエーイナヤ》 гонка《ゴーンカ》	carrera《カレラ》 por《ポル》 equipos《エキポス》 en《エン》 carretera《カレテラ》
récupérer《レキュペレ》 les《レ》 forces《フォルス》	восстановить《ヴァッスタナヴィーチ》 силы《スィールィ》	recuperar《レクペラール》 las《ラス》 fuerzas《フエルサス》, reponerse《レポネールセ》
chaîne《シェヌ》	цепь《ツェーピ》	cadena《カデナ》
développement《デヴロプマン》 en《アン》 chaîne《シェヌ》	цепная《ツェープナヤ》 передача《ピリダーチャ》	transmisión《トランスミスィオン》 de《デ》 cadena《カデナ》

日本語	英語	ドイツ語
171 チェックの旗	checkered《チエカァド》 flag《フラッグ》	karierte《カリールテ》 Flagge《フラッゲ》
172 チューブラ・タイヤ	tubular《チュービャラァ》 tyre《タイア》	Schlauchreifen《シュラオホライフェン》
173 中間区間	intermediate《インタァミーディイト》 passage《パッシヂ》	Zwischenetappe《ツヴィッシェンエタッペ》
174 中間（区間）ゴール	intermediate《インタァミーディイト》 finish《フィニシュ》	Zwischenankunft《ツヴィッシェンアンクンフト》
175 中間スプリント	intermediate《インタァミーディイト》 sprint《スプリント》	Zwischensprint《ツヴィッシェンシュプリント》
176 中間タイム	partial《パーシャル》 time《タイム》	partielle《パルツィエレ》 Zeit《ツァイト》
177 中間ラップ	neutral《ニュートゥラル》 lap《ラップ》	Neutralrunde《ノイトラールルンデ》
178 長距離選手	stayer《ステイア》	Langstreckenfahrer《ラングシュトレッケンファーラァ》
179 直線コース	straight《ストゥレイト》, stretch《ストゥレッチ》	Gerade《ゲラーデ》
180 地道	earth《アース》	Erde《エールデ》
181 強いダッシュ力を有する	possess《ポゼス》 the《ザ》 sprinting《スプリンティング》 ability《アビリティ》	gutes《グーテス》 Spurtvermögen《シュプルトフェァメーゲン》 haben《ハーベン》
182 ディスタンスの中央	middle《ミドゥル》 of《オヴ》 the《ザ》 distance《ディスタンス》	Halbes《ハルベス》 Rennen《レネン》
183 ディレーラ（変速機）	derailleur《ディレイラァ》 gear《ギア》	Umwerfer《ウムヴェルファ》
184 手袋（ミット）	track《トゥラック》 mitts《ミッツ》	Handschuhe《ハントシューエ》
185 トウ・クリップ	toe《トゥ》 clip《クリップ》	Pedalriemen《ペダールリーメン》
186 トウ・クリップの革紐	toe《トゥ》 clip《クリップ》 strap《ストゥラップ》	Rennhakenriemen《レンハーケンリーメン》
187 同時ゴール	simultaneous《サイマルテイニアス》 finish《フィニッシュ》	gleichzeitig《グライヒツァイティヒ》 am《アム》 Ziel《ツィール》 ankommen《アンコメン》
188 同時にゴールする	simultaneous《サイマルテイニアス》 finish《フィニッシュ》	gleichzeitig《グライヒツァイティヒ》 ins《インス》 Ziel《ツィール》 kommen《コメン》
189 道路	road《ロウド》, highway《ハイウェイ》	Bahn《バーン》, Straße《シュトラーセ》
190 道路マーク	road《ロウド》 sign《サイン》	Straßenverkehrszeichen《シュトラーセンフェアケーアスツァイヒェン》

フランス語	ロシア語	スペイン語
drapeau《ドラポ》 carré《カレ》	шахматный《シャーフマトゥヌィイ》 флажок《フラジョーク》	banderola《バンデロラ》 de《デ》 cuadros《クアドゥロス》
boyau《ブワィオ》	однотрубка《アドゥナトゥルゥープカ》, велотрубка《ヴィラトゥルゥープカ》	tubular《トゥブラル》
passage《パサジュ》 intermédiaire《アンテルメディエル》	промежуточный《プラミジュータチヌィイ》 этап《エターブ》	etapa《エタパ》 intermedia《インテルメディア》
sprint《スプリヌト》 volant《ヴォラン》	промежуточный《プラミジュータチヌィイ》 финиш《フィーニシ》	meta《メタ》 volante《ボランテ》
sprint《スプリヌト》 intermédiaire《アンテルメディエル》	промежуточный《プラミジュータチヌィイ》 спринт《スプリント》	esprint《エスプリント》 intermedio《インテルメディオ》
temps《タン》 partiel《パルスィエル》	промежуточный《プラミジュータチヌィイ》 время《ヴリェーミャ》	tiempo《ティエンポ》 parcial《パルシアル》
tour《トゥル》 neutre《ヌトル》	нейтральный《ニイトゥラーリヌィイ》 круг《クルゥーク》	vuelta《ブエルタ》 neutral《ネウトゥラル》
stayer《ステイウル》	стайер《スターイエル》	stayer《ステイエル》, fondista《フォンディスタ》
(ligne《リニュ》) droite《ドルワト》	прямая《プリャマーヤ》	recta《レクタ》
terre《テル》	земля《ズィムリャー》	tierra《ティエラ》
posséder《ポセデ》 un《アン》 fort《フォル》 démarrage《デマラジュ》	обладать《アブラダーチ》 сильным《スィーリヌィム》 рывком《ルィフコーム》	poseer《ポセエール》 un《ウン》 fuerte《フエルテ》 impulso《インプルソ》
milieu《ミリウ》 du《デュ》 parcours《パルクゥル》	середина《スィリディーナ》 дистанции《ディスターンツィイ》	mitad《ミタ》 de《デ》 la《ラ》 distancia《ディスタンシア》
dérailleur《デライウル》	переключатель《ピリクリュチーチリ》 скоростей《スカラスチェーイ》	camboador《カンビアドル》, cambio《カンビオ》 de《デ》 marchas《マルチャス》
gants《ガン》 cyclistes《スィクリスト》	велоперчатки《ヴィラピルタートゥキ》	guantes《グアンテス》 de《デ》 ciclista《シクリスタ》
cale-pied《カルピエ》	туклипс《トゥークリプス》	sujetapié《スヘタエイエ》
courroie《クゥルワ》 de《デゥ》 cale-pied《カルピエ》	ремень《リミェーニ》 туклипса《トゥークリプサ》	correa《コレア》 de《デ》 pedal《ペダル》
arrivée《アリヴェ》 simultanée《スィミュルタネ》	одновременный《アドゥナヴリミェーンヌィイ》 финиш《フィーニシ》	llegada《リェガダ》 simultánea《シムルタネア》
arriver《アリヴェ》 en《アン》 même《メヌ》 temps《タン》	финишировать《フィニシーラヴァチ》 одновременно《アドゥナヴリミェーンナ》	llegar《リェガール》 simultáneamente《シムルタネアメンテ》
route《ルゥト》	дорога《ダローガ》	carretera《カレテラ》
signe《スィニュ》 de《ドゥ》 route《ルゥト》	дорожный《ダロージヌィイ》 знак《ズナーク》	señal《セニャル》 de《デ》 tránsito《トゥランシト》

日本語	英語	ドイツ語
191 独走する	ride《ライド》 alone《アロウン》	allein《アライン》 fahren《ファーレン》
192 トラック	track《トゥラック》	Bahn《バーン》, Rennradbahn《レンラートバーン》
193 トラック競技者（女）	track《トゥラック》-rider《ライダア》, track《トゥラック》 racer《レイサア》 (women's《ウィメンズ》 track《トゥラック》-rider《ライダア》)	Bahnfahrer《バーンファーラア》 (Bahnfahrerin《バーンファーレリン》)
194 トラック競技用自転車	track《トゥラック》 cycle《サイクル》	Bahnrad《バーンラート》
195 トラック・サーキット	track《トゥラック》 circuit《サーキット》	Bahnrunde《バーンルンデ》
196 トラック・センター	track《トゥラック》 centre《センタア》	Innenraum《イネンラオム》 der《デア》 Radrennbahn《ラートレンバーン》
197 トラック・ディレクター	track《トゥラック》 director《ディレクタカ》	Rennleiter《レンライタア》
198 トラックの大きさ	size《サイズ》 of《オヴ》 the《ザ》 track《トゥラック》	Bahnmaße《バーンマーセ》
199 トラックの傾斜角	track《トゥラック》 slope《スロー》 angle《アングル》	Neigungswinkel《ナイグングスヴィンケル》 des《デス》 Bahnbelags《バーンベラークス》
200 トラックのフェンス	barrier《バリア》 of《オヴ》 the《ザ》 track《トゥラック》	Radienbahnbarriere《ラーディエンバーンバリエーレ》
201 トラックの縁	track《トゥラック》 border《ボーダア》	Pistenrand《ピステンラント》, Rennbahnkante《レンバーンカンテ》, Straßenrand《シュトラーセンラント》
202 トラックの舗装	track《トゥラック》 covering《カヴァリング》	Bahnbelag《バーンベラーク》
203 トラック用チュブラ・ タイヤ	track《トゥラック》 tubular《チュービャラア》 tyre《タイア》	Pistenreifen《ピステンライフェン》
204 トラック・レース	track《トゥラック》 race《レイス》	Radbahnrennen《ラートバーンレネン》
205 取り替える	change《チエインヂ》	wechseln《ヴェックセルン》, austauschen《アオスタオシェン》
206 トレーニング用 チューブラ・タイヤ	training《トゥレイニング》 tubular《チュービャラア》 tyre《タイア》	Trainingsschlauchreifen《トレーニングスシュラオホライフェン》
207 トンネル	tunnel《タヌル》	Tunnel《トゥネル》

フランス語	ロシア語	スペイン語
courir《クゥリル》 seul《スル》	ехать《イェーハチ》 в《ヴ》 одиночку《アディノーチクゥ》	correr《コレール》 solo《ソロ》
piste《ピスト》, vélodrome《ヴェロドロム》	трек《トゥリェーク》, велотрек《ヴィラトゥリェーク》	pista《ピスタ》, velódromo《ベロドゥロモ》
coureur《クゥルル》 sur《スュル》 piste《ピスト》 (coureuse《クゥルズ》 sur《スュル》 piste《ピスト》)	гонщик《ゴーンシチク》-трековик《トゥリェーカヴィク》 (гонщица《ゴーンシチツァ》-трековик《トゥリェーカヴィク》)	corredor《コレドル》 de《デ》 pista《ピスタ》 (corredora《コレドラ》 de《デ》 pista《ピスタ》)
vélo《ヴェロ》 de《ドゥ》 piste《ピスト》	трековый《トゥリェーカヴィイ》 велосипед《ヴィラスィピェート》	bicicleta《ビシクレタ》 de《デ》 pista《ピスタ》
circuit《スィルキュイ》 de《ドゥ》 piste《ピスト》	трековое《トゥリェーカヴァエ》 кольцо《カリツォー》	circuito《シルクイト》 de《デ》 pista《ピスタ》
intérieur《アンレリウル》 de《ドゥ》 la《ラ》 piste《ピスト》	арена《アリェーナ》 внутри《ヴヌートゥリ》 трека《トゥリェーカ》	interior《インテリオル》 de《デ》 la《ラ》 pista《ピスタ》
directeur《ディレクトゥル》 de《ドゥ》 piste《ピスト》	директор《ディリェークタル》 гонки《ゴーンキ》	director《ディレクトル》 de《デ》 pista《ピスタ》
dimensions《ディマンスィオン》 de《ドゥ》 la《ラ》 piste《ピスト》	размеры《ラズミェールィ》 трека《トゥリェーカ》	dimensiones《ディメンシオネス》 de《デ》 la《ラ》 pista《ピスタ》
angle《アングル》 d'inclinaison《ダンクリネゾン》 de《ドゥ》 la《ラ》 piste《ピスト》	угол《ウーガル》 наклона《ナクローナ》 (*полотна*《パラトゥナー》 *трека*《トゥリェーカ》)	peralte《ペラルテ》
balustrada《バリュストラド》	барьер《バリエール》 трека《トゥリェーカ》	barrera《バレラ》 de《デ》 la《ラ》 pista《ピスタ》
corde《コルド》	бровка《ブローフカ》	borde《ボルデ》 de《デ》 la《ラ》 pista《ピスタ》
revêtement《ルヴェトマン》 de《ドゥ》 la《ラ》 piste《ピスト》	полотно《パラトゥノー》 трека《トゥリェーカ》	recubrimiento《レクブリミエント》 de《デ》 la《ラ》 pista《ピスタ》
boyau《ブワィオ》 de《ドゥ》 piste《ピスト》	трековая《トゥリェーカヴァヤ》 однотрубка《アドゥナトゥルゥーブカ》	tubular《トゥブラル》 de《デ》 pista《ピスタ》
course《クゥルス》 sur《スュル》 piste《ピスト》	гонка《ゴーンカ》 на《ナ》 треке《トゥリェーケ》	carrera《カレラ》 en《エン》 pista《ピスタ》
changer《シャンジュ》, remplacer《ランプラセ》	заменить《ザミニーチ》	cambiar《カンビアール》
boyau《ブワィオ》 d'entraînement《ダントレヌマン》	тренировочная《トゥリニローヴァチナヤ》 однотрубка《アドゥナトゥルゥーブカ》	tubular《トゥブラル》 de《デ》 entrenamiento《エントゥレナイエント》
tunnel《テュネル》	туннель《トゥニェール》	túnel《トゥネル》

日本語	英語	ドイツ語
208 なだらかな傾斜	gentle《ジェントゥル》 slope《スロウプ》	flache《フラッヒェ》 Auffahrt《アオフファールト》/ Böschung《ベッシュング》
209 ナット	nut《ナット》	Mutter《ムッタア》, Schraubenmutter《シュラオベンムッタア》
210 逃げる（離れる）	break《ブレイク》 away《アウエイ》	ausreißen《アオスライセン》
211 ２００mライン	200m《トゥー ハンドゥレッド ミータァズ》 line《ライン》	200-m《ツヴァイフンデルト メータァ》 Linie《リーニエ》
212 ニュートラリゼション	neutralization《ニュートララゼイシャン》	Neutralisation《ノイトラリザツィオーン》
213 ニュートラル・ゾーン、 コート・ダジュール、 回避地帯	neutral《ニュートゥラル》 zone《ゾウン》, Côté《コト》 d'azure《ダズュル》	Neutralzone《ノイトラールツォーン》, cote《コート》 d'Azur《ダズュール》
214 ねじ回し	turn-screw《ターン スクルー》	Schraubenzieher《シュラオベンツィーアァ》
215 野原	field《フィールド》	Feld《フェルト》
216 パーシュート・レース	pursuit《パァスュート》 race《レイス》	Verfolgungsrennen《フェアフォルグングスレネン》
217 ハーフ・ウェイ	half-way《ハフ ウエイ》	halbes《ハルベス》 Rennen《レネン》
218 ハーフ・ラップ	half-lap《ハフ ラップ》	halbe《ハルベ》 Runde《ルンデ》
219 ハーフ・ラップ・タイム	half-time《ハフ タイム》	Zwischenzeit《ツヴィッシェンツァイト》 nach《ナーハ》 halber《ハルバァ》 Bahnlänge《バーンレンゲ》
220 歯車（スプロケット）	sprocket《スプラキット》	Zahnrad《ツァーンラート》
221 歯車の歯	tooth《トゥース》	Zahn《ツァーン》 des《デス》 Zahnrades《ツァーンラーデス》
222 ハブ、ブッシュ	hub《ハブ》, bushing《ブッシング》, nave《ネイヴ》	Radnabe《ラートナーベ》
223 バルブ	valve《ヴァルヴ》	Ventil《ヴェンティール》
224 パンク	puncture《パンクチャ》	Reifenpanne《ライフェンパネ》
225 ハンドルのフォーク	fork《フォーク》	Renngabel《レンガーベル》

フランス語	ロシア語	スペイン語
montée《モンテ》/ descente《デサント》 douce《ドゥス》	пологий《パラギーイ》 подъём《パヂヨーム》/ спуск《スプゥースク》	subida《スビダ》/ bajada《バハダ》 leve《レベ》
écrou《エクルゥ》	гайка《ガーイカ》	tuerca《トゥエルカ》
s'échapper《セシャペ》	уйти《ウイチー》 в《ヴ》 отрыв《アトゥルィーフ》	escaparse《エスカパールセ》
ligne《リニュ》 des《デ》 200《ドゥ サン》 mètres《メトル》	200《ドゥヴェースチ》-метровая《ミトゥローヴァヤ》 отметка《アトゥミェートゥカ》	línea《リネア》 de《デ》 los《ロス》 200《ドス シエントス》 metros《メトゥロス》
neutralisation《ヌトラリザスィオン》	нейтрализация《ニイトゥラリザーツィヤ》	neutralización《ネウトゥラリサシオン》
zone《ゾヌ》 neutre《ヌトル》, 《côte d'azur》《（コト ダズュル）》 de《ドゥ》 la《ラ》 piste《ピスト》	нейтральная《ニイトゥラーリナヤ》 зона《ゾーナ》, 《лазурный берег》《（ラズゥールヌィイ ビエーリク）》 трека《トゥリェーカ》	zona《ソナ》 neutral《ネウトゥラル》, 《costa azul》《（コスタ アズル）》 de《デ》 la《ラ》 pista《ピスタ》
tournevis《トゥルヌヴィス》	отвёртка《アトゥヴョールトゥカ》	destornillador《デストルニリャドル》
champ《シャン》	поле《ポーリェ》	campo《カンポ》
course《クゥルス》 poursuite《プゥルスュイト》, course《クゥルス》 à《ア》 l'italienne《リタリエヌ》	гонка《ゴーンカ》 преследования《プリスリェーダヴァニヤ》	carrera《カレラ》 a《ア》 la《ラ》 italiana《イタリアナ》, carrera《カレラ》 de《デ》 persecución《ペルセクシオン》
mi-course《ミクゥルス》	половина《パラヴィーナ》 дистанции《ディスターンツィイ》	mitad《ミタ》 de《デ》 distancia《ディスタンシア》
mi-tour《ミトゥル》	половина《パラヴィーナ》 круга《クルゥーガ》	media《メディア》 vuelta《ブエルタ》
chronométrage《クロノネトゥラジュ》 par《パル》 demi-tour《ドミトゥル》	время《ヴリェーミャ》 полукруга《パルゥクルゥーガ》	tiempo《ティエンポ》 de《デ》 media《メディア》 vuelta《ブエルタ》

braquet《ブラケ》	шестерня《シスチェルニャー》	piñón《ピニョン》
dent《ダン》	зубец《ズゥビェーツ》 шестерни《シスチェルニー》	diente《ディエンテ》 del《デル》 piñón《ピニョン》
moyeu《ムワィウ》	втулка《フトゥールカ》, ступица《ストゥピーツァ》	buje《ブヘ》, cubo《クボ》
valve《ヴァルヴ》	вентиль《ヴェーンチィリ》	válvula《バルブラ》
crevaison《クルヴェゾン》	прокол《プラコール》	pinchazo《ピンチャソ》
fourche《フゥルシュ》 de《ドゥ》 guidon《ギドン》	вилка《ヴィールカ》 руля《ルゥリャー》	horquilla《オルキリア》 del《デル》 manillar《マニリャル》

日本語	英語	ドイツ語
226 ハンドル・バー	handlebar《ハンドレヴァ》	Lenker《レンカァ》
227 ビス	screw《スクルー》	Schraube《シュラオベ》
228 左側から追い越す	overtake《オウヴァテイク》 on《オン》 the《ザ》 left《レフト》	von《フォン》 links《リンクス》 überholen《ユーバァホーレン》
229 フード・ステーション	feeding《フィーディング》 station《ステイシャン》	Verpflegungsstelle《フェアプフレーグングスシュテレ》
230 フィニッシュ・ジャッジ	finishing《フィニシング》 judge《ヂャッヂ》	Schiedsrichter《シーツリッヒタァ》 am《アム》 Ziel《ツィール》
231 フェイント・アタック	feinted《フェインティド》 attack《アタック》	Vortäuschungsangriff《フォーァトイシュングスアングリッフ》
232 不正スタート	false《フォールス》 start《スタート》	Fehlstart《フエールシュタルト》
233 フライング・スタート	flying《フライイング》 start《スタート》	fliegender《フリーゲンダァ》 Start《シュタルト》
234 ブレーキ	brake《ブレイク》	Bremse《ブレムゼ》
235 ブレーキ・ケーブル	brake《ブレイク》 cable《ケイブル》	Bremskabel《ブレムスカーベル》
236 ブレーキ・シュー	brake《ブレイク》 block《ブラック》	Bremsklotz《ブレムスクロッツ》
237 ブレーキ・ハンドル	brake《ブレイク》 handle《ハンドゥル》, brake《ブレイク》 hood《フッド》	Bremsgriff《ブレムスグリフ》
238 ブレーキをかける	brake《ブレイク》	bremsen《ブレムゼン》
239 ブレーキング	braking《ブレイキング》	Bremsen《ブレムゼン》
240 フレーム	frame《フレイム》	Rahmen《ラーメン》, Gestell《ゲシュテル》
241 フレーム・ナンバー プレイト	number《ナンバァ》 plate《プレイト》	Rahmennummer《ラーメンヌマァ》
242 ブロッキング	blocking《ブラッキング》	Behinderung《ベヒンデルング》
243 ペーサー	pacer《ペイサァ》, pace《ペイス》-maker《メイカァ》	Schrittmacher《シュリットマハァ》
244 ペダル	pedal《ペドゥル》	Pedal《ペダール》
245 ペダル・クランク	pedal《ペドゥル》 crank《クランク》, chainset《チエインセット》	Kurbellager《クルベルラーガァ》

フランス語	ロシア語	スペイン語
guidon《ギドン》	руль《ルゥーリ》	manillar《マニリャル》
vis《ヴィス》	винт《ヴィーント》	tornillo《トルニリョ》
doubler《ドゥブレ》 à《ア》 gauche《ゴシュ》	обойти《アバイチィー》 слева《スリエーヴァ》	adelantar《アデランタール》 por《ポル》 la《ラ》 izquierda《イスキエルダ》
poste《ポスト》 de《ドゥ》 ravitaillement《ラヴィタュマン》	пункт《プゥーンクト》 питания《ピターニヤ》	puesto《プエスト》 de《デ》 alimentación《アリメンタシオン》
juge《ジュジュ》 à《ア》 l'arrivée《ラリヴェ》	судья《スゥチィヤー》 на《ナ》 финише《フィーニシェ》	juez《フエス》 de《デ》 llegada《リェガダ》
feinte《ファント》 de《ドゥ》 démarrage《デマラジュ》	ложная《ロージナヤ》 атака《アターカ》	ataque《アタケ》 falso《ファルソ》
faux《フォ》 départ《デパル》	фальстарт《ファリスタールト》	salida《サリダ》 falsa《ファルサ》
départ《デパル》 lancé《ランセ》	старт《スタールト》 с《ス》 ходу《ホードゥ》	salida《サリダ》 lanzada《ランサダ》
frein《フラン》	тормоз《トールマス》	freno《フレノ》
câble《カブル》 de《ドゥ》 frein《フラン》	тормозной《タルマズノーイ》 трос《トゥロース》	cable《カブレ》 de《デ》 freno《フレノ》
sabot《サボ》 de《ドゥ》 frein《フラン》	тормозная《タルマズナーヤ》 колодка《カロートゥカ》	banda《バンダ》 de《デ》 freno《フレノ》
poignée《プワニェ》 de《ドゥ》 frein《フラン》	ручка《ルゥーチカ》 тормоза《トールマザ》	empuñadura《エンプニャドゥラ》 de《デ》 freno《フラノ》
freiner《フレネ》	тормозить《タルマズィーチ》	frenar《フレナール》
freinage《フレナジュ》	торможение《タルマジェーニエ》	frenaje《フレナヘ》
châssis《シャスィ》	рама《ラーマ》	cuadro《クアドゥロ》
plaque《プラク》 numérotée《ニュメロテ》	номер《ノーミル》 на《ナ》 раме《ラーミェ》 велосипеда《ヴィラスィピエーダ》	placa《プラカ》 numerada《ヌメラダ》 en《エン》 el《エル》 cuadro《クアドゥロ》 de《デ》 la《ラ》 bicicleta《ビシクレタ》
gêne《ジェヌ》	брокировка《ブラキローフカ》	obstrucción《オブスゥトゥルクシオン》
entraîneur《アントレヌル》	лидер-мотоциклист,лидер《リーチェル マタツィクリースト リーチェル》	entrenador《エントゥレナドル》
pédale《ペダル》	педаль《ピダーリ》	pedal《ペダル》
pédalier《ペダリエ》	каретка《カリエートゥカ》	piñón《ピニョン》 mayor《マヨル》

日本語	英語	ドイツ語
246 ペダル・クランクの軸	pedal《ペドゥル》 crank《クランク》 axle《アクスル》	Kurbellagerachse《クルベルラーガァアックセ》
247 ペダルの軸	pedal《ペドゥル》 axle《アクスル》	Pedalachse《ペダールアックセ》
248 ベル、ジャン	bell《ベル》	Glocke《グロッケ》
249 ヘルメット	helmet《ヘルメット》	Sturzkappe《シュトゥルツカッペ》
250 ヘルメットの革紐	chin《チン》 strap《ストゥラップ》	Riemen《リーメン》 der《デア》 Sturzkappe《シュトゥルツカッペ》
251 変則切り替えレバー	gear《ギア》-change《チェインヂ》 lever《レヴァ》	Gangschalter《ガングシャルタァ》
252 ホーム・ストレッチ	home《ホウム》 straight《ストゥレイト》	Zielgerade《ツィールゲラーデ》
253 ボール・ベアリング	ball《ボール》 bearing《ベアリング》	Kugellager《クーゲルラーガァ》
254 ホイール・カバー	wheel《フウィール》 cover《カヴァ》	Radkappe《ラートカッペ》
255 ポイント・レース	point《ポインツ》 race《レイス》	Punktefahren《プンクトファーレン》
256 報道車両	press《プレス》 car《カー》	Pressedienstwagen《プレッセディーンストヴァーゲン》
257 帽子	cap《キャップ》	Rennmütze《レンミュツェ》
258 ボルト、ネジ	bolt《ボウルト》, pin《ピン》	Bolzen《ボルツェン》, Schraube《シュラオベ》
259 ポンプ	pump《パンプ》	Pumpe《プムペ》
260 マウンテン・バイク	mountain《マウンタン》 bike《バイク》 (MTB)《(エム テー ビー)》	Mountainbike《マオンテンバイク》 (MTB)《(エム テー ベー)》
261 マディソン・レース	madison《マディソン》 race《レイス》	Americaine《アメリケーン》
262 右側から追い越す	overtake《オウヴァテイク》 on《オン》 the《ザ》 right《ライト》	von《フォン》 rechts《レッヒツ》 überholen《ユーバァホーレン》

フランス語	ロシア語	スペイン語
axe《アクス》 de《ドゥ》 pédalier《ペダリエ》	ось《オーシ》 каретки《カリェートゥキ》	eje《エヘ》 del《デル》 piñón《ピニョン》 mayor《マヨル》
axe《アクス》 de《ドゥ》 pédale《ペダル》	ось《オーシ》 педали《ピダーリ》	eje《エヘ》 del《デル》 pedal《ペダル》
cloche《クロシュ》	колокол《コーラカル》	campana《カンパナ》
casque《カスク》	велошлем《ヴィラシリェーム》	casco《カスコ》
jugulaire《ジュギュレル》	ремешок《リミショーク》 шлема《シリェーマ》	correa《コレア》 del《デル》 casco《カスコ》
manette《マネト》 de《ドゥ》 dérailleur《デライウル》	переключатель《ピリクリュチャーチリ》 передач《ピリダーチ》	palanca《パランカ》 de《デ》 cambio《カンビオ》
ligne《リニュ》 d'arrivée《ダリヴェ》	финишная《フィーニシナヤ》 прямая《プリャマーヤ》	recta《レクタ》 final《フィナル》
palier《パリエ》 à《ア》 billes,《ビィユ》 roulement《ルクルマン》 à《ア》 billes《ビィユ》	шарикоподшипник《シャリカパドゥシィープニク》	cojinete《オヒネテ》 de《デ》 bolas《ボラス》
housse《ウス》 de《ドゥ》 roue《ルゥ》	чеход《チホール》 для《ドゥリャ》 колёс《カリョース》	funda《フンダ》 para《パラ》 las《ラス》 ruedas《ルエダス》
course《クゥルス》 aux《オ》 points,《プワン》 course《クゥルス》 de《ドゥ》 points《プワン》	гонка《ゴーンカ》 с《ス》 промежуточными《プラミジュータチヌィミ》 финишами《フィーニシャミ》	carrera《カレラ》 por《ポル》 puntos《プントス》
voiture《ヴワテュル》 de《ドゥ》 presse《プレス》	автомобиль《アフタマビーリ》 прессы《プレッスィ》	vehículo《ベイクロ》 de《デ》 la《ラ》 prensa《プレンサ》
casquette《カスケト》	велошапочка《ヴィラシャーパチカ》	gorra《ゴラ》
boulon《ブゥロン》	болт《ボールト》	tornillo《トルニリォ》
pompe《ポンプ》	насос《ナソース》	bomba《ボンバ》
vélo《ヴェロ》 tout《トゥ》 terrain《テラン》 (VTT)《（ヴェ テ テ）》	туристский《トゥリーストスキイ》 велосипед《ヴィラスィピェート》	bicicleta《ビシクレタ》 de《デ》 montaña,《モンタニャ》 bicicleta《ビシクレタ》 tot《トト》 terreny《テレニ》 (BTT)《（ベ テ テ）》
course《クゥルス》 à《ア》 l'americaine《ラメリケヌ》	гонка《ゴーンカ》 《мадисона》《（マーディサナ）》, американская《アミリカーンスカヤ》 гонка《ゴーンカ》	carrera《カレラ》 a《ア》 l'americana《ラメリカナ》
doubler《ドゥブレ》 à《ア》 droite《ドルワト》	обойти《アバイチイー》 справа《スプラーヴァ》	adelantar《アデランタール》 por《ポル》 la《ラ》 derecha《デレチャ》

日本語	英語	ドイツ語
263 密集した集団	compact《コンパクト》 bunch《バンチ》	dichtes《ディッヒテス》 Feld《フエルト》
264 緑色旗	green《グリーン》 flag《フラッグ》	grüne《グリューネ》 Flagge《フラッゲ》
265 向かい風	head《ヘッド》 wind《ウィンド》	Gegenwind《ゲーゲンヴィント》
266 メカニシャン	mechanic《メキャニック》	Mechaniker《メヒャーニカア》
267 モーターバイク	motor-bike《モウタア バイク》, motor《モウタア》 bicycle《バイスィクル》	Moped《モーペト》
268 モトクロス	bicycle《バイスィクル》 motocross《モウタクロース》 (BMX)《(ビーエム エックス)》	Bicycle《バイシクル》 Motocross《マウタクロス》 (BMX)《(ベー エム イックス)》
269 森の道	forest《フォーレスト》 road《ロウド》	Waldpfad《ヴァルトプファート》, Waldweg《ヴァルトヴェーク》
270 モンキー・レンチ	adjustable《アヂャスタブル》 wrench《レンチ》	Mutterschlüssel《ムッタアシュリュッセル》
271 《用意！》	《attention, riders！》《(アテンシャン ライダアズ)》	《Achtung《アッハトゥング》！ Rennfahrer《レンファーラア》!》
272 横風	side《サイド》 wind《ウィンド》	Seitenwind《ザイテンヴィント》
273 横滑り	skidding《スキッディング》, awerving《スワーヴィング》	Rutschen《ルッチェン》
274 《よじれた車輪》	《wobbly wheel》《(ウアブリ フウィール)》	《Achter》《(アッハタア)》
275 予選レース	qualification《クワリフィケイシャン》 heat《ヒート》	Qualifikationslauf《クヴァリフィカツィオーンスラオフ》
276 ライセンス	licence《ライセンス》	Lizenz《リツエンツ》
277 ライセンス・チェック	licence《ライセンス》 check《チェック》	Genehmigungsüberprüfung《ゲネーミグングスユーバアプリューフング》
278 ライダーを後ろから押す	pushing《プッシング》 of《オヴ》 the《ザ》 rider《ライダア》	Stoßen《シュトーセン》 des《デス》 Fahrers《ファーラアス》
279 ライバルを封じ込む	box《バックス》 in《イン》 a《ア》 rival《ライヴァル》	den《デン》 Konkurrenten《コンクレンテン》 einklemmen《アインクレメン》
280 落車	fall《フォール》	Sturz《シュトゥルツ》
281 ラスト200mのタイム （スプリント）	last《ラスト》 200m《トゥー ハンドゥレッド ミータアズ》 time《タイム》 (*sprint*)《(スプリント)》	Zeit《ツアイト》 auf《アオフ》 der《デア》 200m《ツイフンデルト メータア》 Reststrecke《レストシュトレッケ》, Sprintzeit《シュプリントツアイト》 auf《アオフ》 den《デン》 letzten《レッツテン》 200m《ツヴァイフンデルト メータア》

フランス語	ロシア語	スペイン語
groupe《グルゥプ》 serré《セレ》	плотная《プロートゥナヤ》 группа《グルゥーッパ》	pelotón《ペロトン》 compacto《コンパクト》
fanion《ファニオン》 vert《ヴェル》	зелёный《ズェリョーヌィイ》 флажок《フラジョーク》	bandera《バンデラ》 verde《ベルデ》
vent《ヴァン》 de《ドゥ》 face《ファス》	встречный《フストゥリェーチヌィイ》 ветер《ヴェーチル》	viento《ビエント》 de《デ》 cara《カラ》
mécanicien《メカニスィアン》	механик《ミハーニク》	mecánico《メカニコ》
vélomoteur《ヴェロモトゥル》	мопед《マピエート》	bicicleta《ビシクレタ》 con《コン》 motor《モトル》
motocross《モトクロス》 (BMX)《（ベ エム イクス）》	мотокросс《マタクロース》	bicicros《ビシクロス》 (BMX)《（ベ エメ エキス）》
sentier《サンティエ》 forestier《フォレスティエ》	лесная《リスナーヤ》 тропинка《トゥラピーンカ》	sendero《センデロ》 forestal《フォレスタル》
clé《クレ》 à《ア》 molette《モレト》	разводной《ラズヴォードゥナイ》 ключ《クリューチ》	llave《リャベ》 inglesa《イングレサ》
《atention《（アタンスィオン》！ coureurs《クゥルル）》 !》	《внимание《（ヴニマーニエ》, гонщики《ゴーンシチキ）》！》	《¡ atención《（アテンシオン》, corredores《コレドレス）》！》
vent《ヴァン》 latéral《ラテラル》	боковой《バカヴォーイ》 ветер《ヴェーチル》	viento《ビエント》 lateral《ラテラル》
dérapage《デラパジュ》	занос《ザノース》	derrape《デラペ》
un《アン》 《huit》《（ユイット）》	《восьмёрка》《（ヴァシミョールカ）》	un《ウン》 《ocho》《（オチョ）》
manche《マンシュ》 de《ドゥ》 qualification《カリフィカスィオン》	квалификационный《クワルフィカツィオーンヌゥイ》 заезд《ザイエースト》	serie《セリエ》 de《デ》 clasificación《クラシフィカシオン》
licence《リサンス》	лицензия《リツェーンズィヤ》	licencia《リセンシア》
contrôle《コントロル》 des《デ》 licences《リサンス》	проверка《プラヴェールカ》 лицензий《リツェーンズィイ》	comprobación《コンプロバシオン》 de《デ》 la《ラス》 licencias《リセンシアス》
pousser《プゥセ》 un《アン》 coureur《クゥルル》	подталкивание《パトゥタールキヴァニエ》 гонщика《ゴーンシチカ》	impulsar《インプルサール》 al《アル》 corredor《コレドル》
enfermer《アンフェルメ》 un《アン》 coureur《クゥルル》	зажать《ザザーチ》 соперника《サピェールニカ》	cerrar《セラール》 al《アル》 rival《リバル》
chute《シュト》	падение《パヂェーニエ》	caída《カイダ》
temps《タン》 de《ドゥ》 20《ドゥ サン》m《メトル》	время《ヴリェーミャ》 на《ナ》 последних《パスリェードゥニフ》 200м《ドゥヴゥフスターフミェートゥラフ》 (*спринт*)《（スプリーント）》	tiempo《ティエンポ》 de《デ》 los《ロス》 últimos《ウルティモス》 200《ドス シエントス》 metros《メトゥロス》

日本語	英語	ドイツ語
282 ラスト・ラップ	last《ラスト》 lap《ラップ》	Schlußrunde《シュルスルンデ》
283 ラップ・カウンター	laps《ラップス》 counter《カウンタァ》	Rundenzähler《ルンデンツェーラァ》
284 ランキング	ranking《ランキング》, placing《プレイシング》, classification《クラサファケイシャン》	belegter《ベレーグタァ》 Platz《プラッツ》, Plazierung《プラツィールング》
285 リペア・ポイント	repair《リペア》 point《ポイント》	Materialdepot《マテリアールデポー》
286 リム	rim《リム》	Felge《フェルゲ》, Felgenkranz《フェルゲンクランツ》
287 レーサーのゼッケン	number《ナンバァ》 of《オヴ》 the《ザ》 racer《レイサァ》	Rückennummer《リユッケンヌマァ》
288 レーサーを止める	stop《スタップ》 a《ア》 rider《ライダァ》	den《デン》 Radfahrer《ラートファーラァ》 zum《ツム》 Stehen《シュテーエン》 bringen《ブリンゲン》
289 レーシング用パンツ	riding《ライディング》-shorts《ショーツ》	Rennhosen《レンホーゼン》
290 レースから除外する	disqualify《ディスクワラファイ》	ausschlleßen《アオスシュリーセン》
291 レース・ディレクター	controller《コントゥロウラァ》 of《オヴ》 the《ザ》 race《レイス》, race《レイス》 manager《マネヂャ》	Rennleiter《レンライタァ》
292 レース・ディレクター車	controller's《コントゥロウラァズ》 car《カー》	Wagen《ヴァーゲン》 des《デス》 Rennleiters《レンライタァス》
293 レースに参加する	participate《パティスィペント》 in《イン》 the《ザ》 race《レイス》	an《アン》 Rennen《レネン》 teilnehmen《タイルネーメン》
294 レースの中止	stoppage《スタピヂ》 of《オヴ》 the《ザ》 race《レイス》	Unterbrechung《ウンタァブレッヒュング》 des《デス》 Rennens《レネンス》
295 レースを放棄する	leave《リーヴ》 the《ザ》 race《レイス》	aus《アオス》 dem《デム》 Wettkampf《ヴェットカムプフ》 ausscheiden《アオスシャイデン》
296 レースをリードする	lead《リード》 the《ザ》 race《レイス》	Rennen《レネン》 führen《フューレン》

自転車競技

フランス語	ロシア語	スペイン語
dernier《デルニエ》 tour《トゥル》	последний《パスリェードゥニイ》 круг《クルゥーク》	última《ウルティマ》 vuelta《ブエルタ》
compte-tours《コント トゥル》	счётчик《スチョートゥチク》 кругов《クルゥゴーフ》	cuentavueltas《クエンタブエルタス》
classement《クラスマン》	место,《ミェースタ》 занятое《ザーニャタエ》 в《フ》 соревновании《サリヴナヴァーニイ》	clasificación《クラスィフィカシオン》
poste《ポスト》 de《ドゥ》 l'assistance《ラスィスタンス》 technique《テクニク》	пункт《プゥーンクト》 технической《チェフニーチェスカイ》 помощи《ポーマシチ》	puesto《プエスト》 de《デ》 asistencia《アシステンシア》 técnica《テクニカ》
jante《ジャント》	обод《オーバト》	llanta《リァンタ》
dossard《ドサル》	номер《ノーミル》 гонщика《ゴーンシチカ》	dorsal《ドルサル》
arrêter《アレテ》 un《アン》 coureur《クゥルル》	остановить《アスタナヴィーチ》 гонщика《ゴーンシチカ》	parar《パラール》 al《アル》 corredor《コレドル》
cuissard《キュイサル》	велотрусы《ヴィラトゥルゥースィ》	calzoncillos《カルソンシリョス》
éliminer《エリミネ》 de《ドゥ》 la《ラ》 course《クゥルス》	снять《スニャーチ》 с《ズ》 гонки《ゴーンキ》	eliminar《エリミナール》 de《デ》 la《ラ》 carrera《カレラ》
directeur《ディレクトゥル》 de《ドゥ》 la《ラ》 course《クゥルス》	директор《ディリェークタル》 гонки《ゴーンキ》	director《ディレクトル》 de《デ》 la《ラ》 carrera《カレラ》
voiture《ヴワテュル》 du《デュ》 directeur《ディレクトゥル》 de《ドゥ》 la《ラ》 course《クゥルス》	автомобиль《アフタマビーリ》 директора《ディリェークタラ》 гонки《ゴーンキ》	vehículo《ベイクロ》 del《デル》 director《ディレクトル》 de《デ》 la《ラ》 carrera《カレラ》
participer《パルティスィペ》 à《ア》 des《デ》 courses《クゥルス》	участвовать《ウチャーストゥヴァヴァチ》 в《ヴ》 гонках《ゴーンカフ》	participar《パルティシパール》 en《エン》 las《ラス》 carreras《カレラス》
arrêt《アレ》 de《ドゥ》 la《ラ》 course《クゥルス》	остановка《アスタノーフカ》 гонки《ゴーンカ》	parada《パラダ》 de《デ》 la《ラ》 carrera《カレラ》
abandonner《アバンドネ》	сойти《サイチィー》 с《ズ》 дистанции《ディスターンツィイ》	abandonar《アバンドナール》 la《ラ》 distancia《ディスタンシア》
meber《ムネ》 la《ラ》 coutse《クゥルス》	вести《ヴェスチー》 гонку《ゴーンクゥ》	liderar《リデラール》 en《エン》 la《ラ》 carrera《カレラ》

	日本語	英語	ドイツ語
297	ロード競技者（女）	road《ロウド》 rider《ライダア》, road《ロウド》 racer《レイサア》 (women's《ウィメンズ》 road《ロウド》 rider《ライダア》)	Straßenfahrer《シュトラーセンファーラア》 (Straßenfahrerin《シュトラーセンファーラア》)
298	ロード・サーキット	road《ロウド》 circuit《サーキット》	Ringbahnweg《リングバーンヴェーク》, Rennstrecke《レンシュトレッケ》
299	ロード用自転車	road《ロウド》 cycle《サイクル》	Straßenrad《シュトラーセンラート》
300	ロード用チューブ・タイヤ	road《ロウド》 tubular《テユービャラア》 tyre《タイア》	Straßenreifen《シュトラーセンライフェン》
301	ロード・レース	road《ロウド》 race《レイス》	Straßenrennen《シュトラーセンレネン》
302	路肩	road《ロウド》 side《サイド》	Straßenrand《シュトラーセンランド》
303	ワッシャー	washer《ワシャア》	Scheibe《シャイベ》
304	ワンディ・ロード・レース	one《ワン》-day《デイ》 road《ロウド》 race《レイス》	Eintagrennen《アインタークレネン》

フランス語	ロシア語	スペイン語
coureur《クゥルル》 sur《スュル》 route《ルゥト》, routier《ルゥティエ》 (coureuse《クゥルズ》 sur《スュル》 route《ルゥト》)	гонщик《ゴーンシチク》-шоссейник《シャッスエーイニク》 (гонщица《ゴーンシチィツァ》-шоссейник《シャッスエーイニク》)	corredor《コレドル》 de《デ》 carretera《カレテラ》 (corredora《コレドラ》 de《デ》 carretera《カレテラ》)
parcours《パルクゥル》 circuit《スィルキュイ》, parcours《パルクゥル》 de《ドゥ》 la《ラ》 course《クゥルス》	кольцевая《カリツェヴァーヤ》 трасса《トゥラーッサ》, трасса《トゥラーッサ》 гонки《ゴーンキ》	circuito《シルクイト》 de《デ》 carrera《カレラ》, recorrido《レコリド》
vélo《ヴェロ》 de《ドゥ》 route《ルゥト》	шоссейный《シャッスエーイヌィイ》 велосипед《ヴィラスィピエート》	bicicleta《ビシクレタ》 para《パラ》 pruebas《プルエバス》 en《エン》 carretera《カレテラ》
boyau《ブワィオ》 de《ドゥ》 route《ルゥト》	шоссейная《シャッスエーイナヤ》 однотрубка《アドゥナトゥルゥーブカ》	tubular《トゥブラル》 de《デ》 carretera《カレテラ》
course《クゥルス》 sur《スュル》 route《ルゥト》	гонка《ゴーンカ》 на《ナ》 шоссе《ショーッスェ》, шоссейная《シャッスエーイナヤ》 гонка《ゴーンカ》	prueba《プルエバ》 en《エン》 carretera《カレテラ》
bord《ボル》 de《ドゥ》 route《ルゥト》	обочина《アボーチナ》	reborde《レボルデ》
plateau《プラト》	шайба《シャーイバ》	arandela《アランデラ》
course《クゥルス》 d'une《デュヌ》 journée《ジュウルネ》	однодневная《アドゥナドゥニェーヴナヤ》 гонка《ゴーンカ》	carretera《カレテラ》 de《デ》 un《ウン》 día《ディア》

9.射撃

	日本語	英語	ドイツ語
1	アーミーライフル	army《アーミィ》 rifle《ライフル》	Armeegewehr《アルメーゲヴェーァ》
2	アシスタント・レフリー	assistant《アスィスタント》 referee《レフェリー》	Seitenrichter《ザイテンリッヒタァ》
3	油抜きの発砲	shot《ショット》 for《フォ》 ungreasing《アングリースィング》, clear《クリア》 barrel《バラル》	Ölschuß《エールシュス》
4	安全装置	safety《セフティ》 catch《キャッチ》, safety《セフティ》 lock《ラック》	Sicherungsflügel《ズィッヒエルングスフリューゲル》
5	安全対策	safety《セフティ》 measures《メジャズ》	Sicherheitsmaßnahmen《ズィッヒャハイツマースナーメン》
6	安全地域	safety《セフティ》 zone《ゾウン》	Sicherheitsraum《ズィッヒャハイツラオム》
7	安定性	stability《スタビラティ》	Stabilität《シュタビリテート》
8	移動標的	moving《ムーヴィング》 target《ターギット》, running《ランニング》 target《ターギット》	laufende《ラオフェンデ》 Scheibe《シャイベ》
9	イングリッシュ・マッチ	《English Match》《(イングリッシュ マッチ)》	《english Match》《(イングリッシュ マッチ)》
10	射ち続けること	resumed《リズームド》 shooting《シューティング》	Wiederaufnahme《ヴィーダァアオフナーメ》 des《デス》 Schießenens《シーセンス》
11	《撃て！》	《fire！》《(ファイア)》	《Feuer！》《(フォイヤァ)》
12	エアピストル	air《エア》 pistol《ピストゥル》	Luftpistole《ルフトピストーレ》
13	エアライフル	air《エア》 rifle《ライフル》	Luftgewehr《ルフトゲヴェーァ》
14	エジェクター	ejector《イジェクタァ》	Auswerfer《アオスヴェルファ》
15	オープンの照準器	open《オウプン》 rear《リア》 sight《サイト》	offenes《オッフェネス》 Visier《ヴィズィーァ》
16	追い風	following《ファロゥイング》 wind《ウィンド》	Rückenwind《リュッケンヴィント》
17	オウトマチック・ピストル	automatic《オートマティック》 pistol《ピストゥル》	Automatenpistole《アオトマーテンピストーレ》
18	オウトマチック・ライフル	automatic《オートマティック》 rifle《ライフル》	automatisches《アオトマーティシェス》 Gewehr《ゲヴェーァ》
19	おそ撃ち、緩射	slow-fire《スロウ ファイア》 shooting《シューティング》	Langsamschießen《ラングザームシーセン》
20	回転弾倉	cylinder《スィリンダァ》	Trommel《トロメル》

フランス語	ロシア語	スペイン語
fusil《フュズィ》 de《ドゥ》 guerre《ゲル》	боевая《バエヴァーヤ》 винтовка《ヴィントーフカ》	fusil《フシル》 militar《ミリタリ》
arbitre《アルビトル》 auxiliaire《オクスィリエル》	помощник《パモーシニク》 судьи《スィヂィイー》	árbitro《アルビトゥロ》 auxiliar《アゥクシリアル》
tir《ティル》 de《ドゥ》 dégraissage《デグレサジュ》	прожог《プラジョーク》 оружия《アルゥージャ》	tiro《ティロ》 de《デ》 desengrase《デセングラセ》
cran《クラン》 de《ドゥ》 sûreté《シュルテ》	предохранитель《プリダフライーチリ》	seguro《セグロ》
mesures《ムジュル》 de《ドゥ》 sécurité《セキュリテ》	меры《ミェールィ》 безопасности《ビザパースナスチ》	medidas《メディダス》 de《デ》 seguridad《セグリダ》
zone《ゾヌ》 de《ドゥ》 sécurité《セキュリテ》	зона《ゾーナ》 безопасности《ビザパースナスチ》	zona《ソナ》 de《デ》 seguridad《セグリダ》
stabilité《スタビリテ》	стабильность《スタビーリナスチ》	estabilidad《エスタビリダ》
cible《スィブル》 mobile《モビル》	движущаяся《ドゥヴィージュシチャヤシャ》 мишень《ミシェーニ》	blanco《ブランコ》 móvil《モビル》
《match anglais》《（マチ　アングレ）》	《английский матч》《（アングリーイスキイ　マートゥチ）》	《match inglés》《（マチ　イングレス）》
reprise《ルプリズ》 du《デュ》 tir《ティル》	дострел《ダストゥリエール》	reanudación《レアヌダシオン》 del《デル》 tiro《ティロ》
《feu！》《（フ）》	《огонь！》《（アゴーニ）》	《¡ fuego！》《（フエゴ）》
pistolet《ピストレ》 à《ア》 air《エル》 comprimé《コンプリメ》	пневматический《プニフマチィーチスキイ》 пистолет《ピスタリェート》	pistota《ピストラ》 neumática《ネウマティカ》
carabine《カラビヌ》 à《ア》 air《エル》 comprimé《コンプリメ》	пневматическая《プニフマチィーチスカヤ》 винтовка《ヴィントーフカ》	carabina《カラビナ》 de《デ》 aire《アイレ》 comprimido《コンプリミド》
éjecteur《エジェクトゥル》	выбрасыватель《ヴィブラースィヴァチリ》	extractor《エストゥラクトル》
hausse《オス》 ouverte《ウヴェルト》	открытый《アトゥクルィトゥィイ》 прицел《プリチェール》	mira《ミラ》 abierta《アビエルタ》
vent《ヴァン》 arrière《アリエル》	попутный《パプゥートゥヌィイ》 ветер《ヴェーチェル》	viento《ビエント》 de《デ》 cola《コラ》
pistolet《ポストレ》 automatique《オトマティク》	автоматический《アフタマチィーチスキイ》 пистолет《ピスタリェート》	pistora《ピストラ》 automática《アゥトマティカ》
fusil《フェズィ》 automatique《オトマティク》	автоматическая《アフタマチィーチスカヤ》 винтовка《ヴィントーフカ》	carabina《カラビナ》
tir《ティル》 lent《ラン》	медленная《ミェードゥリンナヤ》 стрельба《ストゥリリバー》	tiro《ティロ》 lento《レント》
barillet《バリイエ》	барабан《バラバーン》	tambor《タンボル》

日本語	英語	ドイツ語
21 回転標的	turning《ターニング》 target《ターギット》	Drehscheibe《ドレーシャイベ》
22 カウントされる標的	record《レカド》 target《ターギット》	Wettkampfscheibe《ヴェットカムプフシャイベ》, Wertungsscheibe《ヴェールトゥングスシャイベ》
23 替え銃身	interchangeable《インタチェインギャブル》 barrel《バラル》	Wechsellauf《ヴェックセルラオフ》
24 型（モデル）	model《マドゥル》	Modell《モデル》
25 滑腔銃身	smooth《スムーズ》 bore《ボー》 barrel《バラル》	nicht《ニッヒト》 gezogener《ゲツォーゲナァ》 Lauf《ラオフ》
26 火薬	gun《ガーン》 powder《パウダァ》	Pulver《プルファ》
27 環状照星	front《フラント》 sight《サイト》 aperture《アパチュァ》	Ringkorn《リングコルン》
28 貫通力	penetrating《ペネトゥレイティング》 power《パウア》	Durchschlagskraft《ドゥルヒシュラークスクラフト》
29 監的壕	shelter《シェルタァ》	Deckung《デックング》
30 危険地帯の境界	limits《リミッツ》 of《オヴ》 the《ザ》 dangerous《ディンチャラス》 area《エアリア》	Grenzen《グレンチェン》 der《デァ》 gefährlichen《ゲフェーアリヒエン》 Zone《ツォーネ》
31 技術代表	technical《テクニカル》 delegate《デリゲイト》	technischer《テッヒニシャァ》 Delegierte《デレギーアテ》
32 気象条件	weather《ウエザァ》 conditions《コンディシャンズ》	Wetterbedingungen《ヴェッタァベディングンゲン》
33 逆鈎発条	sear《スィアァ》 spring《スプリング》	Fangstückfeder《ファングシュテュックフェーダァ》
34 距離の査定	distance《ディスタンス》 judging《ヂャッヂング》	Entfernungseinschätzung《エントフェルヌングスアインシェッツング》
35 空気銃	air《エア》 firearm《ファイアラーム》, pneumatic《ニューマティック》 firearm《ファイアラーム》	Luftwaffe《ルフトヴァッフェ》
36 空砲	blank《ブランク》 cartridge《カートゥリッヂ》	Platzpatrone《プラッツパトローネ》
37 空砲発射	blank《ブランク》 shot《ショット》	Schuß《シュス》 mit《ミット》 Platzpatrone《プラッツパトローネ》
38 クッション	padding《パッディング》	Polsterung《ポルステルング》

フランス語	ロシア語	スペイン語
cible《スィブル》 pivotante《ピヴォタント》	вращающаяся《ヴラシチャーユシチャヤスャ》 мишень《ミシェーニ》	blanco《ブランコ》 giratorio《ヒラトリオ》
cible《スィブル》 de《ドゥ》 concours《コンクゥル》	зачётная《ザチョートゥナヤ》 мишень《ミシェーニ》	blanco《ブランコ》 de《デ》 concurso《コンクルソ》
canon《カノン》 interchangeable《アンテルシャンジャブル》	сменный《スミェーンヌィイ》 ствол《ストゥヴォール》	cañón《カニオン》 recambiable《レカンビアブル》
modèle《モデル》 type《ティプ》	модель《マチェーリ》	modelo《モデロ》
canon《カノン》 lisse《リス》	гладкий《グラートキイ》 ствол《ストゥヴォール》	cañón《カニヨン》 liso《リソ》
poudre《プゥドル》	порох《ポーラフ》	pólvora《ポルボラ》
guidon《ギドン》 à《ア》 trou《トルゥ》	кольцевая《カリチヴァーヤ》 мушка《ムゥーシカ》	mira《ミラ》 de《デ》 anillo《アニリォ》
force《フォルス》 de《ドゥ》 pénétration《ペネトラスィオン》	пробивная《プラビヴナーヤ》 сила《スィーラ》	fuerza《フエルサ》 de《デ》 penetración《ペネトゥラシオン》
abri《アブリ》	укрытие《ウクルィーチエ》	abrigo《アブリゴ》
limites《リミット》 de《ドゥ》 la《ラ》 zone《ゾヌ》 dangereuse《ダンジュルズ》	границы《グラニーツィ》 опасной《アパースナイ》 зоны《ゾーヌィ》	limites《リミテス》 de《デ》 la《ラ》 zona《ソナ》 de《デ》 peligro《ペリグロ》
délérué《デレゲ》 technique《テクニク》	технический《チフニーチスキイ》 делегат《チリガート》	delegado《デレガド》 técnico《テクニコ》
conditions《コンディスィオン》 atmosphériques《アトモスフェリク》	метеоусловия《ミチアウスローヴィヤ》	condiciones《コンディシオネス》 atmosféricas《アトゥモスフェリカス》
ressort《ルソル》 du《デュ》 levier《ルヴィエ》 d'armement《ダルムマン》	пружина《プルゥジーナ》 спускового《スプゥスカヴォーヴァ》 рычага《ルィチャーガ》	muelle《ムエリェ》 de《デ》 la《ラ》 palanca《パランカ》 del《デル》 disparador《ディスパラドル》
appréciation《アプレスィアスィオン》 de《ドゥ》 la《ラ》 distance《ディスタンス》	оценка《アチェーンカ》 расстояния《ラスタヤーニヤ》	apreciación《アプレシアシオン》 de《デ》 la《ラ》 distancia《ディスタンシア》
arme《アルム》 à《ア》 air《エル》, arme《アルム》 pneumatique《プヌマティク》	пневматическое《プニヴマチーチスカエ》 ружьё《ルゥジヨー》	arma《アルマ》 de《デ》 aire《アイレ》, arma《アルマ》 neumática《ネウマティカ》
cartouche《カルトゥシュ》 à《ア》 blanc《ブラン》	холостой《ハラストーイ》 патрон《パトゥローン》	cartucho《カルトゥチョ》 sin《シン》 bala《バラ》
coup《クゥ》 à《ア》 blanc《ブラン》	холостой《ハラストーイ》 выстрел《ヴィーストゥリル》	disparo《ディスパロ》 de《デ》 fogueo《フォゲオ》
rembourrage《ランブゥラジュ》	набивка《ナビーフカ》	relleno《レリエノ》 de《デ》 lana《ラナ》, relleno《レリエノ》 de《デ》 borra《ボラ》

日本語	英語	ドイツ語
39 グリップ	grip《グリップ》	Griffstück《グリッフシュテュック》
40 クレー射撃銃	shotgun《ショットガン》	Wurftaubenflinte《ヴルフタオベンフリンテ》
41 クレー射手	clay《クレイ》 target《ターギット》 shooter《シュータァ》	Wurftaubenschütze《ヴルフタオベンシュッツェ》
42 クレー標的	clay《クレイ》 target《ターギット》	Scheibe《シャイベ》, Tontaube《トーンタオベ》
43 クレー放出機	throwing《スロウイング》 machine《マシーン》	Wurfmaschine《ヴルフマシーネ》
44 ケース（銃の）	case《ケイス》	Futteral《フテラール》
45 警告信号	warning《ウオーニング》 signal《スィグヌル》	Warnsignal《ヴァルンズィグナール》
46 撃針	firing《ファイアリング》 pin《ピン》	Schlagbolzen《シュラークボルツエン》
47 撃針発条	firing《ファイアリング》 pin《ピン》 spring《スプリング》	Schlagbolzenfeder《シュラークボルツエンフェーダァ》
48 撃鉄	hammer《ハマァ》	Schlagstück《シュラークシュテュッツ》, Hahn《ハーン》 (am《（アム》 Gewehr)《ゲヴェーァ）》
49 撃鉄の軸	hammer《ハマァ》 pivot《ピヴァト》	Hahnstift《ハーンシュティフト》
50 撃鉄発条	hammer《ハマァ》 spring《スプリング》	Hahnfelder《ハーンフェーダァ》
51 効果的な射程	effective《イフェクティヴ》 range《レインヂ》	effekttive《エフェクティヴェ》 Schußweite《シュスヴァイテ》
52 槓桿《コウカン》を引く	loosen《ルースン》	entspannen《エントシュパネン》
53 口径測定	gauging《ゲイヂング》	Kalibrieren《カリブリーレン》
54 口径測定器	gauge《ゲイヂ》	Schußlochprüfer《シュスロッホプリューファ》
55 効率	efficiency《イフィシャンスィ》	Effektivität《エフェクティヴィテート》, Wirkung《ヴィルクング》

フランス語	ロシア語	スペイン語
poignée《プワニェ》	рукоятка《ルッカヤートッカ》	empuñadura《エンプニャドラ》
fusil《フュズィ》 de《ドゥ》 chasse《シャス》	ружьё《ルッジヨー》 для《ドゥリャ》 стрельбы《ストゥリエリブィー》 по《パ》 тарелочкам《タリェーラチカム》	escopeta《エスコペタ》 para《パラ》 tiro《ティロ》 al《アル》 plato《プラト》
tireur《ティルル》 aux《オ》 plateaux《プラト》	стендовый《スチェーンダヴィイ》 стрелок《ストゥリローク》	tirador《ティラドル》 al《アル》 plato《プラト》
plateau《プラト》, pigeon《ピジョン》 d'argile《ダルジル》	тарелочка《タリェーラチカ》	plato《プラト》
appareil《アパレユ》 de《ドゥ》 lancement《ランスマン》	метательная《ミターチリナヤ》 машинка《マシーンカ》	máquina《マキナ》 lanzaplatos《ランサプラトス》
fourneau《フゥルノ》	футляр《フゥトゥリャール》	funda《フンダ》
signal《スィニャル》 d'avertissement《ダヴェルティスマン》	предупредительный《プリドゥプリディーチリヌィイ》 сигнал《スィグナール》	señal《セニャル》 de《デ》 advertencia《アドゥベルテンシア》
point《プワント》 du《デュ》 percuteur《ペルキュトゥル》	боёк《バヨーク》	punta《プンタ》 de《デ》 percutor《ペルクトル》
ressort《ルソル》 de《ドゥ》 percuteur《ペルキュトゥル》	боевая《バイヴァーヤ》 пружина《プルッジーナ》	muelle《ムエリェ》 del《デル》 percutor《ペルクトル》
percuteur《ペルキュトゥル》, chien《シアン》	ударник《ウダールニク》, курок《クゥローク》	percutor《ペルクトル》
pivot《ピヴォ》 du《デュ》 chien《シアン》	ось《オーシ》 курка《クゥルカー》	eje《エヘ》 del《デル》 percutor《ペルクトル》
ressort《ルソル》 de《ドゥ》 percuteur《ペルキュトゥル》	пружина《プルッジーナ》 ударника《ウダールニカ》	muelle《ムエリェ》 del《デル》 percutor《ペルクトル》
portée《ポルテ》 efficace《エフィカス》	эффективная《エフェクチィーヴナヤ》 дальность《ダーリナスチ》 стрельбы《ストゥリリブィー》	alcance《アルカンセ》 efectivo《エフェクティボ》
déverrouiller《デヴェルイエ》	ослаблять《アスラブリャーチ》	aflojar《アフロハール》
calibrage《カリブラジュ》	калибровка《カリブローフカ》	calibración《カリブラシオン》
gabarit《ガバリ》	калибромер《カリブラミェール》	calibrador《カリブラドル》
efficacité《エフェカスィテ》	эффективность《エフィクチーヴナスチ》	eficacia《エフィカシア》

日本語	英語	ドイツ語
56 国際スポーツ射撃連盟	International《インタナショヌル》 Shooting《シューティング》 Sport《スポートゥ》 Federation《フェデレイシャン》 (ISSF)《(アイエスエスエフ)》	Internationale《インテルナツィオナーレ》 Schützen《シュッツェン》-Sport《シュポルト》-Föderation《フェデラツィオーン》 (ISSF)《(イーエスエスエフ)》
57 黒色火薬	black《ブラック》 gun《ガン》 powder《パウダァ》	Schwarzpulver《シュヴァルツプルファ》
58 故障	malfunction《マルファンクシャン》	Hemmung《ヘムング》, Defekt《デフェクト》
59 固定標的	fixed《フィックスト》 target《ターギット》	feste《フェステ》 Zielscheibe《ツィールシャイベ》
60 再装填	reloading《リーロウディング》	Nachladen《ナーハラーデン》
61 さく杖	cleaning《クリーニング》 rod《ラッド》, ramrod《ラムラッド》	Putzstock《プッツシュトック》
62 指し示す	signal《スィグヌル》 mark《マーク》	zählen《ツェーレン》, aufnehmen《アオフネーメン》
63 指し棒	pointer《ポインタァ》	Zeigestab《ツァイゲシュターブ》
64 定められた時間	fixed《フィックスト》 time《タイム》	fixierte《フィクスィーアテ》 Zeit《ツァイト》
65 散弾	lead《リード》 pellet《ペリット》, pellet《ペリット》	Schrot《シュロート》
66 散弾銃	pellet《ペリット》 gun《ガン》, shot《ショット》 gun《ガン》	Schrotflinte《シュロートフリンテ》
67 散弾のサイズ	pellet《ペリット》 size《サイズ》	Schrotstärke《シュロートシュテルケ》, Schrotgröße《シュロートグレーセ》
68 塹壕	trench《トゥレンチ》	Grabenstand《グラーベンシュタント》
69 シェード	blinkers《ブリンカァズ》	Scheuklappen《ショイクラッペン》
70 時間の管理	time《タイム》 control《コントゥロウル》	Zeitkontrolle《ツァイトコントロレ》
71 シグナルの旗	signal《スィグナル》 flag《フラッグ》	Signalflagge《ズィグナールフラッゲ》
72 試射シリーズ	sighting《サイティング》 string《ストリング》	Probeserie《プローベゼーリエ》
73 試射用標的	sighting《サイティング》 target《ターギット》	Probescheibe《プローベシャイベ》, Probeschießscheibe《プローベシースシャイベ》

フランス語	ロシア語	スペイン語
Fédération《フェデラスィオン》 Internationale《アンテルナスィオナル》 de《ドゥ》 Tir《ティル》 et《エ》 de《ドゥ》 Sport《スポル》 (ISSF)《(イエスエスエフ)》	Международная《ミジドゥナロードゥナヤ》 стрелковая《ストゥリルコーヴァヤ》 спортивная《スパルチーヴナヤ》 Федерация《フェヂェラーツィヤ》 (ИССФ)《イエスエスエフ》	Federación《フェデラシオン》 Internacional《インテルナシオナル》 de《デ》 Tiro《ティロ》 y《イ》 Sport《スポルトゥ》 (ISSF)《(イエセエセエフェ)》
poudre《プゥドル》 noire《ヌワル》	чёрный《チョールヌィイ》 порох《ポーラフ》	pólvora《ポルボラ》 negra《ネグラ》
panne《パヌ》	задержка《ザヂェールシカ》	avería《アベリア》
cible《スィブル》 fixe《フィクス》	неподвижная《ニパドゥヴィージナヤ》 мишень《ミシェーニ》	blanco《ブランコ》 fijo《フィホ》
recharge《ルシャルジュ》	перезарядка《ピリザリャートゥカ》	recarga《レカルガ》
baguette《バゲット》	шомпол《ショームパル》	baqueta《バケタ》
marquer《マルケ》	показывать《パカズィーヴァチ》	señalar《セニャラール》
baguette《バゲット》	указка《ウカースカ》	puntero《プンテロ》
temps《タン》 fixé《フィクセ》	зафиксированное《ザフィクスィーラヴァンナエ》 время《ヴリェーミャ》	tiempo《ティエンポ》 fijado《フィハド》
plomb《プロン》	дробь《ドゥロービ》	perdigones《ペルディゴネス》
fusil《フュズィ》 à《ア》 plomb《プロン》	дробовое《ドゥラバヴォーエ》 ружьё《ルゥジヨー》	escopeta《エスコペタ》
grosseur《グロスル》 de《ドゥ》 plomb《プロン》	номер《ノーミル》 дроби《ドゥロービ》	grosor《グロソル》 de《デ》 los《ロス》 perdigones《ペルディゴネス》
tranchée《トランシェ》	траншея《トゥランシェーヤ》	foso《フォソ》
oeillères《ウィエル》	наглазники《ナグラーズニキ》	anteojeras《アンテオヘラス》
contrôle《コントロル》 du《デュ》 temps《タン》	контроль《カントゥローリ》 времени《ヴリェーミニ》	control《コントゥロル》 del《デル》 tiempo《ティエンポ》
fanion《ファニオン》 de《ドゥ》 signaux《スィニョ》	сигнальный《スィグナーリヌィイ》 флаг《フラーク》	banderín《バンデリン》 de《デ》 señales《セニャレス》
série《セリ》 d'essai《デセ》	пристрелочная《プリストゥリェーラチナヤ》 серия《シェーリヤ》	serie《セリエ》 de《デ》 ensayo《エンサヨ》
cible《スィブル》 d'essai《デセ》	пробная《プローブナヤ》 мишень《ミシェーニ》	blanco《ブランコ》 de《デ》 prueba《プルエバ》

日本語	英語	ドイツ語
74 膝射	shooting《シューティング》 in《イン》 kneeling《ニーリング》 position《パズィシャン》	Schießen《シーセン》 in《イン》 kniendem《クニーエンデム》 Anschlag《アンシュラーク》
75 実包の全長	total《トゥトゥル》 length《レングス》 of《オヴ》 the《ザ》 cartridge《カートゥリヂ》	Gesamtlänge《ゲザムトレンゲ》 der《デァ》 Patrone《パトローネ》
76 示点桿	marking《マーキング》 disc《ディスク》	Anzeigekelle《アンツァイゲケル》, Anzeigerscheibe《アンツァイガァシャイベ》
77 射撃競技	shooting《シューティング》 competitions《カンピティシャンズ》	Schießwettbewerbe《シースヴェットベヴェルベ》
78 射撃距離	shooting《シューティング》 distance《ディスタンス》	Schußentfernung《シュスエントフェルヌング》
79 射撃区域	sector《シューティング》 of shooting《ディスタンス》	Schießensektor《シーセンゼクトァ》
80 射撃訓練	firing《ファイアリング》 discipline《ディスィプリン》	Feuerdisziplin《フォイヤァディスツィプリーン》
81 射撃姿勢	shooting《シューティング》 position《パズィシャン》	Schießstellung《シースシュテルング》, Anschlaghaltung《アンシュラークハルトゥング》
82 射撃時間	shooting《シューティング》 time《タイム》	Schießzeit《シースツァイト》
83 射撃時間の延長	extra《エクストゥラ》 shooting《シューティング》 time《タイム》	Verlängerung《フェァレンゲルング》 des《デス》 Schießens《シーセンス》
84 射撃場	shooting《シューティング》 range《レインヂ》	Schießstand《シースシュタント》, Schießplatz《シースプラッツ》
85 射撃シリーズ	series《スィリーズ》, roud《ラウンド》, string《ストゥリング》	Serie《ゼーリエ》, Schußserie《シュスゼーリエ》
86 射撃数	number《ナンバァ》 of《オヴ》 shots《ショッツ》	Schußanzahl《シュスアンツァール》
87 射撃線	line《ライン》 of《オヴ》 fire《ファイア》	Schießlinie《シースリーニエ》
88 《射撃中止！》	《cease《スィース》 fire《ファイア》！》	《Feuer《フォイヤァ》 einstellen《アインシュテレン》！》
89 射撃の安定性	safety《セフティ》 of《オヴ》 shooting《シューティング》	Schießsicherheit《シースズィッヒャァハイト》
90 射撃の正確さ	accuracy《アキュラスィ》 of《オヴ》 firing《ファイアリング》	Schießgenauigkeit《シースゲナオイヒカイト》

フランス語	ロシア語	スペイン語
tir《ティロ》 à《ア》 position《ポズィスィオン》 à《ア》 genoux《ジュヌゥ》	стрельба《ストゥリエリバー》 с《ス》 колена《カリエーナ》	tiro《ティロ》 en《エン》 posición《ポシシオン》 de《デ》 rodillas《ロディリォス》
longueur《ロングル》 totale《トタル》 de《ドゥ》 la《ラ》 cartouche《カルトゥシュ》	осщая《オープシチャヤ》 длина《ドゥリナー》 патрона《パトゥローナ》	longitud《ロンヒトゥ》 total《トタル》 del《デル》 cartucho《カルトゥチョ》
palette《パレット》	диск《ディースク》 указки《ウカースキ》	disco《ディスコ》 indicador《インディカドル》
concours《コンクゥル》 de《ドゥ》 tir《ティル》	стрелковые《ストゥリルコーヴィエ》 соревнования《サリヴナヴァーニヤ》	competiciones《コンペティシオネス》 de《デ》 tiro《ティロ》
distance《ディスタンス》 de《ドゥ》 tir《ティロ》	дистанция《ディスターンツィヤ》 стрельбы《ストゥリリブィー》	distancia《ディスタンシア》 de《デ》 tiro《ティロ》
secteur《セクトゥル》 de《ドゥ》 tir《ティル》	сектор《スエークタル》 стрельбы《ストゥリリブィー》	sector《セクトル》 de《デ》 tiro《ティロ》
discipline《ディスィプリヌ》 de《ドゥ》 tir《ティル》	стрелковая《ストゥリルコーヴァヤ》 дисциплина《ディスツィプリーナ》	disciplina《ディスシプリナ》 de《デ》 tiro《ティロ》
position《ポズィスィオン》 de《ドゥ》 tir《ティル》	позиция《パズィーツィヤ》 стрельбы《ストゥリリブィー》	posición《ポシシオン》 de《デ》 tiro《ティロ》
temps《タン》 de《ドゥ》 tir《ティル》	время《ヴリェーミャ》 стрельбы《ストゥリリブィー》	tiempo《ティエンポ》 de《デ》 tiro《ティロ》
prolongation《プロロンガスィオン》 du《デュ》 temps《タン》 de《ドゥ》 tir《ティル》	продление《プラドゥリエーニエ》 времени《ヴリェーミニ》 (*стрельбы*)《(ストゥリリブィー)》	prolongación《プロロンガシオン》 del《デル》 tiempo《ティエンポ》 de《デ》 tiro《ティロ》
stand《スタンド》 de《ドゥ》 tir《ティル》	стрельбище《ストゥリエーリビシチェ》	stand《スタンド》 de《デ》 tiro《ティロ》
série《セリ》 de《ドゥ》 tir《ティル》	серия《スエーリヤ》	serie《セリエ》
nombre《ノンブル》 de《ドゥ》 coups《クゥ》	количество《カリーチストゥヴァ》 выстрелов《ヴィーストゥリラフ》	número《ヌメロ》 de《デ》 disparos《ディスパロス》
ligne《リニュ》 de《ドゥ》 tir《ティル》	линия《リーニヤ》 стрельбы《ストゥリリブィー》	línea《リネア》 de《デ》 tiro《ティロ》
《cessez《(セセ》 le《ル》 feu《フ)》 ! 》	《окончание《(アカンチャーニエ》 стрельбы《ストゥリリブィー)》 ! 》	《¡ alto《(アルト》 el《エル》 fuego《フエゴ)》 ! 》
sécurité《セキュリテ》 de《ドゥ》 tir《ティル》	безопасность《ビザパースナスチ》 стрельбы《ストゥリリブィー》	seguridad《セグリダ》 de《デ》 tiro《ティロ》
exactitude《エグザクティテュド》 de《ドゥ》 tir《ティル》	точность《トーチナスチ》 стрельбы《ストゥリリブィー》	precisión《プレシシオン》 del《デル》 tiro《ティロ》

日本語	英語	ドイツ語
91 射撃の理論上のスピード	theoretical《スィーァレティカル》 firing《ファイアリング》 speed《スピード》	theoretische《テオレーティシェ》 Schußgeschwindigkeit《シュスゲシュヴィンディヒカイト》
92 射撃用意	ready《レディ》 on《オン》 firing《ファイアリング》 line《ライン》	Schußfertigstellung《シュスフェルティヒシュテルング》
93 射撃用マット	shooting《シューティング》 mat《マット》	Matte《マッテ》
94 射撃用めがね	shooting《シューティング》 spectacles《スペクタクルズ》 (grasses)《(グラスィズ)》	Schießbrille《シースブリレ》
95 射撃リズム	rhythm《リズム》 of《オヴ》 shots《ショッツ》	Schußfolge《シュスフォルゲ》
96 射撃をする	fire《ファイア》	feuern《フォイエルン》
97 射撃を中断する	interrupt《インタラプト》 the《ザ》 shooting《シューティング》	Schießen《シーセン》 unterbrechen《ウンタァブレッヒエン》
98 射座、射台	shooter's《シュータァズ》 position《パズィシャン》	Schützenstellung《シュッツェンシュテルング》
99 射手（女）	shooter《シュータァ》 (women's)《(ウィメンズ)》	Schütze《シュッツェ》 (Schützin)《(シュッツィン)》
100 射手の技術成果	shooter's《シュータァズ》 technical《テクニカル》 result《リザルト》	technische《テッヒニシェ》 Ergebnisse《エァゲーブニセ》 des《デス》 Schützen《シュッツェン》
101 射手のグループ分け	grouping《グルーピング》 of《オヴ》 shooters《シュータァ》	Schützenrotte《シュッツェンロッテ》
102 射手の交代	substitution《サブスタチューシャン》 of《オヴ》 a《ア》 shooter《シュータァ》	Schützenwechsel《シュッツェンヴェックセル》
103 射手の装備	shooter's《シュータァズ》 equipment《イクウィプマント》	Ausrüstung《アオスリュストゥング》 des《デス》 Scützen《シュッツェン》
104 射手のミス	shooter's《シュータァズ》 mistake《ミステイク》	Schützenfehler《シュッツェンフェーラァ》
105 射手番号	shooter's《シュータァズ》 number《ナンバァ》	Schützennummer《シュッツェンヌマァ》
106 射順	order《オーダァ》 of《オヴ》 shooting《シューティング》	Schußfolge《シュスフォルゲ》
107 射線	firing《ファイアリング》 line《ライン》	Schießlinie《シースリーニエ》
108 射線を離れる	leave《リーヴ》 the《ザ》 firing《ファイアリング》 line《ライン》	Schießlinie《シースリーニエ》 verlassen《フェアラッセン》
109 射程距離	range《レイング》	Schußweite《シュスヴァイテ》

射撃

フランス語	ロシア語	スペイン語
vitesse de tir théorique《ヴィテス ドゥ ティル テオリク》	теоретическая скорость《チアリチィーチスカヤ スコーラスチ》 стрельбы《ストゥリリブィー》	velocidad teórica de tiro《ベロシダ テオリカ デ ティロ》
prêt à tirer《プレ ア ティレ》	изготовка《イズガトーフカ》	presto para tirar《プレスト パラ ティラール》
natte de tir《ナト ドゥ ティル》	стрелковый коврик《ストゥリルコーヴィイ コーヴリク》	colchón de tiro《コルチョン デ ティロ》
lunettes de tir《リュネト ドゥ ティル》	очики для стрельбы《アチキー ドゥリャ ストゥリリブィー》	gafas de tiro《ガファス デ ティロ》
cadence de tir《カダンス ドゥ ティル》	темп стрельбы《チェームプ ストゥリリブィー》	ritmo de tiro《リトゥモ デ ティロ》
faire feu《フェル フ》	стрелять《ストゥリリャーチ》	disparar, tirar《ディスパラール ティラール》
interrompre le tir《アンテロンプル ル ティル》	остановить стрельбу《アスタナヴィーチ ストゥリリブゥー》	interrumpir el tiro《インテルンピール エル ティロ》
position du tireur《ポズィスィオン デュ ティルル》	позиция стрелка《パズィーツィヤ ストゥリルカー》	posición del tirador《ポシシオン デル ティラドル》
tireur (tireuse)《ティルル （ティルズ）》	стрелок (стрелок женщины)《ストゥリローク（ストゥリローク ジェーンシチヌィ）》	tirador (tiradora)《ティラドル （ティラドラ）》
résultat technique du tireur《レズュルタ テクニク デュ ティルル》	технический результат《チフニーチスキイ リズゥリタート》 стрелка《ストゥリルカー》	resultado técnico del tirador《レスルタド テクニコ デル ティラドル》
groupement de tireurs《グルゥプマン ドゥ ティルル》	смена стрелков《スミエーナ ストゥリルコーフ》	grupo de tiradores《グルポ デ ティラドレス》
changement du tireur《シャンジュマン デュ ティルル》	замена стрелка《ザミエーナ ストゥリルカー》	cambio del tirador《カンビオ デル ティラドル》
équipement du tireur《エキプマン デュ ティルル》	инвентарь стрелка《インヴェンターリ ストゥリルカー》	equipo del tirador《エキポ デル ティラドル》
faute du tireur《フォートゥ デュ ティルル》	ошибка стрелка《アシーブカ ストゥリルカー》	falta del tirador《ファルタ デル ティラドル》
numéro de tireur《ニュメロ ドゥ ティルル》	индекс стрелка《イーンチェクス ストゥリルカー》	número del tirador《ヌメロ デル ティラドル》
ordre du tir《オルドル デュ ティル》	порядок стрельбы《パリャーダク ストゥリリブィー》	orden del tiro《オルデン デル ティロ》
ligne de feu《リニュ ドゥ フ》	линия огня《リーニヤ アグニャー》	línea de fuego《リネア デ フエゴ》
quitter le poste de tir《キテ レ ポスト ドゥ ティル》	покидать линию огня《パキダーチ リーニユ アグニャー》	abandonar la línea《アバンドナール ラ リネア》
portée《ポルテ》	дальность стрельбы《ダーリナスチ ストゥリリブィー》	alcance《アルカンセ》

日本語	英語	ドイツ語
110 シューティング・デレクション	direction《ディレクシャン》 of《オヴ》 shot《ショット》	Schußrichtung《シュスリッヒトゥング》
111 シューティング・ベスト	shooting《シューティング》 jacket《ヂャケット》	Schießweste《シースヴェステ》
112 銃架	gun《ガン》 rack《ラック》	Gewehrständer《ゲヴェーァシュテンダァ》
113 銃器室	gun《ガン》 storage《ストーリヂ》 room《ルーム》	Waffenraum《ヴァッフェンラオム》
114 銃工	gunsmith《ガンスミス》	Waffenmeister《ヴァッフェンマイスタァ》
115 銃腔	bore《ボー》	Laufbohrung《ラオフボールング》
116 銃床	gun《ガン》 stock《ストック》	Schaft《シャフト》
117 銃身	barrel《バラル》	Lauf《ラオフ》
118 銃身長	barrel《バラル》 length《レングス》	länge《レンゲ》 des《デス》 Laufes《ラオフェス》
119 銃身点検用鏡	barrel《バラル》 reflector《リフレクタァ》	Laufkontrolle《ラオフコントロレ》
120 銃身の軸	barrel《バラル》 axis《アクシス》	Laufachse《ラオフアックセ》
121 銃身のひずみ	bulging《バルヂング》 of《オヴ》 the《ザ》 barrel《バラル》	verbogener《フェァボーゲナァ》 Lauf《ラオフ》, Verbiegung《フェァビーグング》 des《デス》 Laufs《ラオフス》
122 銃身用ブラシ	barrel-brush《バラル ブラッシュ》	Waffenbürste《ヴァッフェンビュルステ》
123 銃の口径	firearm《ファイアラーム》 calibre《キャリバァ》	Waffenkaliber《ヴァッフェンカリーバァ》
124 銃の床尾	butt《バット》	Kolben《コルベン》
125 銃の不調	malfunction《マルファンクシャン》 of《オヴ》 the《ザ》 firearm《ファイアラーム》	Waffenfehler《ヴァッフェンフェーラァ》
126 銃のライセンス	gun《ガン》 licence《ライセンス》, gun《ガン》 permit《パミット》	Waffenschein《ヴァッフェンシャイン》
127 銃砲の管理	firearm《ファイアラーム》 control《コントゥロウル》	Waffenkontrolle《ヴァッフェンコントロレ》
128 銃を変える	alter《オールタァ》 a《ア》 firearm《ファイアラーム》	Waffen《ヴァッフェン》 ändern《エンデルン》

フランス語	ロシア語	スペイン語
direction《ディレクスィオン》 de《ドゥ》 tir《ティル》	направление《ナプラヴリェーニエ》 выстрела《ヴィーストゥリラ》	dirección《ディレクシオン》 de《デ》 tiro《ティロ》
veste《ヴェスト》 de《ドゥ》 tir《ティル》	стрелковый《ストゥリルコーヴィイ》 жилет《ジリェート》	chaqueta《チャケタ》 de《デ》 tirador《ティラドル》
râtelier《ラトリエ》	пирамида《ピラミーダ》 для《ドゥリャ》 оружия《アルゥージャ》	armero《アルメロ》
dépôt《デポ》 d'armes《ダルム》	склад《スクラート》 оружия《アルゥージャ》	armería《アルメリア》, depósito《デポシト》 de《デ》 armas《アルマス》
armurier《アルミュリエ》	оружейный《アルゥジェーイヌィイ》 мастер《マースチル》	armero《アルメロ》
âme《アム》	канал《カナール》 ствола《ストゥヴァラー》	ánima《アニマ》
monture《モンテュル》 du《デュ》 fusil《フュズィ》, crosse《クロス》 du《デュ》 fusil《フュズィ》	ложа《ロージャ》 (*винтовки*《ヴィントーフキ》)	caja《カハ》 del《デル》 fusil《フシル》
canon《カノン》	ствол《ストゥヴォール》	cañón《カニョン》
longueur《ロングル》 de《ドゥ》 canon《カノン》	длина《ドゥリナー》 ствола《ストゥヴァラー》	longitud《ロンヒトゥ》 del《デル》 cañón《カニョン》
miroir《ミルワル》-contrôle《コントロル》 du《デュ》 canon《カノン》	зеркало《ズエールカラ》 для《ドゥリャ》 проверки《プラヴェールキ》 ствола《ストゥヴァラー》	espejo《エスペホ》 para《パラ》 revisar《レビサール》 el《エル》 cañón《カニョン》
essieu《エスィウ》 de《ドゥ》 canon《カノン》	ось《オーシ》 ствола《ストゥヴァラー》	eje《エヘ》 del《デル》 cañón《カニョン》
déformation《デフォルマスィオン》 du《デュ》 canon《カノン》	деформация《ヂファルマーツィヤ》 ствола《ストゥヴァラー》	deformación《デフォルマシオン》 del《デル》 cañón《カニョン》
écouvillon《エクヴィヨン》	ёршик《ヨールシキ》 (*для*《ドゥリャ》 *чистки*《チーストゥキ》 *ствола*《ストゥヴァラー》)	escobillón《エスコビリオン》
calibre《カリブル》 d'arme《ダルム》	калибр《カリーブル》 оружия《アルゥージャ》	calibre《カリブレ》 de《デ》 arma《アルマ》
crosse《クロス》	приклад《プリクラート》	caja《カヘ》, culata《クラタ》
défaut《デフォ》 de《ドゥ》 l'arme《ラルム》	неисправность《ニイスプラーヴナスチ》 оружия《アルゥージャ》	defecto《デフェクト》 del《デル》 arma《アルマ》
permis《ペルミ》 d'armes《ダルム》	лицензия《リツェーンズィヤ》 на《ナ》 оружие《アルゥージエ》	licencia《リセンシア》 de《デ》 armas《アルマス》
contrôle《コントロル》 d'armes《ダルム》	контроль《カントローリ》 оружия《アルゥージヤ》	inspección《インスペクシオン》 del《デル》 arma《アルマ》
modifier《モディフィエ》 l'arme《ラルム》	изменить《イズミニーチ》 оружие《アルゥージエ》	alterar《アルテラール》 el《エル》 arma《アルマ》

日本語	英語	ドイツ語
129 《準備よし!》	《ready《レディ》 !》, 《all《オール》 clear《クリア》 !》	《fertig《フェルティヒ》 !》
130 床尾の親指をかける孔	thumbhole《サムホウル》 in《イン》 the《ザ》 stock《スタック》	Lochschaft《ロッホシャフト》
131 床尾板	butt《バット》 plate《プレイト》	Kolbenkappe《コルベンカッペ》
132 初期エネルギー（初速）	initial《イニシャル》 energy《エナヂィ》, muzzle《マズル》 velocity《ヴェラスィティ》	Anfangsgeschwindigkeit《アンファングスゲシュヴィンディヒカイト》
133 上下2連銃	over《オウヴァ》 and《アンド》 under《アンダァ》 shotgun《ショットガン》	Bockdoppelflinte《ボックドッペルフリンテ》
134 小銃	firearm《ファイアラーム》	Waffe《ヴァッフェ》
135 小銃用グリース	gun《ガン》 grease《グリース》	Waffenfett《ヴァッフェンフェット》
136 照準器、照門	sight《サイト》, rear《リア》 sight《サイト》	Visier《ヴィズィーア》, Kimme《キメ》
137 照準器の長さ	sight《サイト》 length《レングス》	Visierlänge《ヴィズィーァレンゲ》
138 照準器の遊標（スライド）	slide《スライド》	Schieber《シーバァ》
139 照準訓練	sighting《サイティング》 practice《プラクティス》	Zielübungen《ツィールユーブンゲン》
140 照準線	line《ライン》 of《オヴ》 sight《サイト》	Visierlinie《ヴィズィーァリーニエ》
141 照準装置	sighting《サイティング》 device《ディヴァイス》	Visiereinrichtung《ヴィズィーァアインリッヒトゥング》
142 照準台	sighting《サイティング》 jack《ジャック》	Einschußbock《アインシュスボック》
143 照準器カーソル	aperture《アパチャ》-sight《サイト》 bar《バー》	Diopterschiene《ディオプタァシーネ》
144 照準点	point《ポイント》 of《オヴ》 aim《エイム》	Innenring《イネンリング》
145 照準点移動	disalignment《ディサラインマント》, aiming《エイミング》 off《オフ》	Verlegung《フェアレーグング》 des《デス》 Haltepunktes《ハルテプンクテス》

フランス語	ロシア語	スペイン語
《prêt《(プレ)》 !》	《готов《(ガトーフ)》 !》	《¡listo《(リスト)》 !》
cavité《カヴィテ》 pour《プゥル》 le《ル》 pouce《プゥス》 dans《ダン》 la《ラ》 crosse《クロス》	отверстие《アトゥヴェールスチエ》 в《フ》 прикладе《プリクラーヂェ》 (*для*《ドゥリャ》 *большого*《バリショーヴァ》 *пальца*《パーリツァ》)	cavidad《カビダ》 en《エン》 la《ラ》 culata《クラタ》 para《パラ》 el《エル》 pulgar《プルガル》
plaque《プラク》 de《ドゥ》 couche《クゥシュ》	затыльник《ザトゥィーリニク》 приклада《プリクラーダ》	cantonera《カントネラ》 de《デ》 culata《クラタ》
énergie《エネルジ》 initiale《イニスィアル》	начальная《ナチャーリナヤ》 сила《スィーラ》	energía《エネルヒア》 inicial《イニシアル》
fusil《フュズィ》 à《ア》 deux《ドゥ》 canons《カノン》 superposés《シュペルポゼ》	двуствольное《ドゥヴゥストゥヴォーリナエ》 ружьё《ルゥジヨー》 с《ス》 вертикальным《ヴルチカーリヌィム》 расположением《ラスパラジェーニエム》 стволов《ストゥヴォーラフ》	escopeta《エスコペタ》 con《コン》 cañónes《カニョネス》 superpuestos《スペルプエストス》
arme《アルム》	оружие《アルゥージエ》	arma《アルマ》
graisse《グレス》 d'armes《ダルム》	оружейное《アルゥジエーイナエ》 масло《マースラ》	grasa《グラサ》 para《パラ》 armas《アルマス》
mire《ミル》, hausse《オス》	прицел《プリツェール》	mira《ミラ》, alza《アルサ》
longueur《ロングル》 de《ドゥ》 hausse《オス》	длина《ドゥリナー》 прицела《プリツェーラ》	longitud《ロンヒトゥ》 de《デ》 la《ラ》 mira《ミラ》
coulisseau《クゥリソ》	хомутик《ハムゥーチク》 прицела《プリツェーラ》	colimador《コリマドル》
exercices《エグゼルスィス》 de《ドゥ》 visée《ヴィゼ》	отработка《アトゥラボートゥカ》 прицеливания《プリツェーリヴァニヤ》	ejercicios《エヘルシシオス》 de《デ》 puntería《プンテリア》
ligne《リニュ》 de《ドゥ》 mire《ミル》	линия《リーニヤ》 прицеливания《プリツェーリヴァニヤ》	línea《リネロ》 de《デ》 puntería《プンテリア》
dispositif《ディスポズィティフ》 de《ドゥ》 visée《ヴィゼ》	прицельное《プリツェーリナエ》 приспособление《プリスパサブリェーニエ》	dispositivo《ディポシティボ》 de《デ》 puntería《プンテリア》
tréteau《トレト》 d'ajustage《ダジュスタジュ》	станок《スターノク》 для《ドゥリャ》 наводки《ナヴォートゥキ》	caballete《カバリェテ》 para《パラ》 probar《プロバール》 el《エル》 tiro《ティロ》
curseur《クルセゥル》 du《デュ》 dioptre《ディオプトル》	направляющая《ナプラヴリャーユシチャヤ》 диоптра《ディオープトゥラ》	guía《ギア》 de《デ》 la《ラ》 dioptra《ディオプトゥラ》
point《プワン》 de《ドゥ》 mire《ミル》	точка《トーチカ》 прицеливания《プリツェーリヴァニヤ》	punto《プント》 de《デ》 colimación《コリマシオン》
déplacement《デプラスマン》 du《デュ》 point《プワン》 de《ドゥ》 mire《ミル》	перенос《ピリノース》 точки《トーチキ》 прицеливания《プリツェーリヴァニヤ》	desplazamiento《デスプラサミエント》 del《デル》 punto《プント》 de《デ》 mira《ミラ》

日本語	英語	ドイツ語
146 照準の修正	sighting《サイティング》 adjustment《アヂャストマント》	Visierenberichtigung《ヴィズィーレンベリッヒティグング》, Zielenberichtigung《ツィーレンベリッヒティグング》
147 照準ミス	sighting《サイティング》 mistake《ミステイク》	Zielfehler《ツィールフェーラァ》
148 照準眼鏡	optical《アプティカル》 sight《サイト》	Diopterbrille《ディオプタァブリレ》
149 照準訓練射撃	sighting《サイティング》 shot《ショット》, sighter《サイタァ》	Probeschuß《プローベシュス》
150 照準を合わす	sight《サイト》 a《ア》 gun《ガン》	Waffe《ヴァッフェ》 einschießen《アインシーセン》
151 照星	front《フラント》 sight《サイト》	Korn《コルン》
152 照星台	front《フラント》 sight《サイト》 base《ベイス》	Kornfuß《コルンフース》
153 照星ホルダー	front《フラント》 sight《サイト》 holder《ホウルダァ》	Kornhalter《コルンハルタァ》
154 照明	lighting《ライティング》	Beleuchtung《ベロイヒトゥング》
155 照門台座	aperture《アパチャ》 sight《サイト》 support《サポート》	Dioptersockel《ディオプタァゾッケル》
156 照門の切り込み	rear《リア》 sight《サイト》 aperture《アパチャ》	Kimmeneinschnitt《キメンアインシュニット》
157 照門の調整	rear《リア》 sight《サイト》 adjustment《アヂャーストマント》	Visierregulierung《ヴィズィーァレグリールング》
158 照門発条	rear《リア》 sight《サイト》 spring《スプリング》	Visierfeder《ヴィズィーァフェーダァ》
159 ショットガン	shotgun《ショットガン》	Jagdgewehr《ヤークトゲヴェーァ》, Schrotflinte《シュロートフリンテ》
160 《シリーズ終了！》	《end of string！》《（エンド オヴ ストゥリング）》, 《end of series！》《（エンド オヴ スイリーズ）》	《Ende der Schußserie！》《（エンデ デァ シュスゼーリェ）》
161 審査委員	controller《コントゥロウラァ》, judge《ヂャッヂ》	Kontrolleur《コントロレーァ》
162 人的標的	man《マン》 target《ターギット》, silhouette《シルーエト》 target《ターギット》	Ganzfigurenscheibe《ガンツフィグーレンシャイベ》, Silhouette《ズィルエッテ》
163 真鍮の薬莢	brass《ブラス》 shell《シエル》	Messinghülse《メッスィングヒュルゼ》

フランス語	ロシア語	スペイン語
ajustement《アジュストマン》 de《ドゥ》 mire《ミル》	корректировка《コリェクチローフカ》 прицеливания《プリツェーリヴァニヤ》	ajuste《アフステ》 de《デ》 la《ラ》 mira《ミラ》
faute《フォートゥ》 de《ドゥ》 visée《ヴィゼ》	ошибка《アシーブカ》 в《フ》 прицеливании《プリツェーリヴァニイ》	fallo《ファリォ》 de《デ》 puntería《プンテリア》
lunettes《リュネト》 de《ドゥ》 dioptre《ディオプトル》	диоптрические《ディオープトゥリチスキエ》 очки《アチキー》	lentes《レンテス》 dióptricos《ディオプトゥリコス》
coup《クゥ》 d'essai《デセ》	пристрелочный《プリストゥリェーラチヌィイ》 выстрел《ヴィーストゥリル》	tiro《ティロ》 de《デ》 ensayo《エンサヨ》
régler《レグレ》 son《ソン》 arme《アルム》	пристрелять《プリストゥリリャーチ》 оружие《アルゥージエ》	afinar《アフィナール》 la《ラ》 puntería《プンテリア》 del《デル》 arma《アルマ》
guidon《ギドン》	мушка《ムゥーシカ》	punto《プント》 de《デ》 mira《ミラ》
base《バズ》 du《デュ》 guidon《ギドン》	основание《アスナヴァーニエ》 мушки《ムゥーシキ》	base《バセ》 del《デル》 punto《プント》 de《デ》 mira《ミラ》
support《スュポル》 du《デュ》 guidon《ギドン》	кронштейн《クランシチェーイン》 мушки《ムゥーシキ》	soporte《ソポルテ》 del《デル》 punto《プント》 de《デ》 mira《ミラ》
éclairage《エクレラジュ》	освещение《アスヴィシチェーニエ》	alumbrado《アルムブラド》
support《スュポル》 de《ドゥ》 dioptre《ディオプトル》	кронштейн《クランシチェーイン》 диоптра《ディオープトゥラ》	soporte《ソポルテ》 de《デ》 la《ラ》 mira《ミラ》 dióptrica《ディオプトゥリカ》
encoche《アンコシュ》 de《ドゥ》 la《ラ》 hausse《オス》	прорезь《プローリジ》 прицела《プリツェーラ》	muesca《ムエスカ》 del《デル》 alza《アルサ》
ajustement《アジュストマン》 de《ドゥ》 le《ラ》 hausse《オス》	регулирование《リグゥリーラヴァニエ》 прицела《プリツェーラ》	ajuste《アフステ》 del《デル》 alza《アルサ》
ressort《ルソル》 de《ドゥ》 la《ラ》 hausse《オス》	пружина《プルゥジーナ》 прицела《プリツェーラ》	resorte《レソルテ》 del《デル》 alza《アルサ》
fusil《フュズィ》 de《ドゥ》 chasse《シャス》	охотничье《アホートゥニチエ》 ружьё《ルゥジヨー》	escopeta《エスコペタ》
《La série de tir est finie！》《（ラ セリ ドゥ ティル エ フィニ）》	《серия закончена！》《（スエーリヤ ザカーンチナ）》	《¡ fin de la serie！》《（フィン デ ラ セリエ）》
contrôleur《コントロルル》	контролёр《カントゥラリョール》	controlador《コントゥロラドル》
figure《フィギュル》, silhouette《スィルエット》	фигурная《フィグゥルナヤ》 мишень《ミシェーニ》, силуэтная《スィルゥエートゥナヤ》 мишень《ミシェーニ》	figura《フィグラ》, silueta《シルエタ》
douille《ドゥユ》 en《アン》 laiton《レトン》	латунная《ラトゥーンナヤ》 гильза《ギーリザ》	casquillo《カスキリォ》

日本語	英語	ドイツ語
164 審判員の識別サイン	distinguishing《ディスティングゥィッシング》 signs《サインズ》 of《オヴ》 judges《ヂャッヂズ》	Kennzeichnende《ケンツァイヒネンデ》 Signale《ズィグナーレ》 der《デア》 Schiedsrichter《シーツリッヒタァ》
165 据え付けられた銃身	fixed《フィックスト》 barrel《バラル》	eingebauter《アイゲンバウタァ》 Lauf《ラオフ》
166 スキート競技	skeet《スキート》	Skeet《スケート》
167 スキート射撃場	skeet《スキート》 range《レインヂ》	Skeetschießplatz《スケートシースプラッツ》
168 スタートライン	starting《スターティング》 line《ライン》	Ausgangslinie《アオスガングスリーニエ》
169 スタンダード・スモール・ボアライフル	standard《スタンダド》 small《スモール》-bore《ボー》 rifle《ライフル》	Standardkleinkalibergewehr《シュタンダルトクラインカリバァゲヴェーァ》
170 スタンダード・ピストル	standard《スタンダド》 pistol《ピストゥル》	Standardpistole《シュタンダルトピストーレ》
171 スタンダード・ライフル	standard《スタンダド》 rifle《ライフル》	Standardgewehr《シュタンダルトゲヴェーァ》
172 スポーツ射撃	sport《スポート》 shooting《シューティング》	Sportschießen《シュポールトシーセン》
173 スポーツ・ピストル	sport《スポート》 pistol《ピストゥル》	Sportpistole《シュポールトピストーレ》
174 スポーツ・ライフル	sporting《スポーティング》 rifle《ライフル》	Sportwaffe《シュポールトヴァッフェ》
175 スモール・ボア・ライフル	small《スモール》-bore《ボー》 rifle《ライフル》	Kleinkaliberbüchse《クラインカリバァビュックセ》,
176 スリング（つり革）	sling《スリング》	Gewehrriemen《ゲヴェーアリーメン》, Tragriemen《トラークリーメン》
177 セット・トリガー	set《セット》 trigger《トゥリガァ》	Stecher《シュテッヒャァ》, Abzug《アップツーク》 mit《ミット》 Stecher《シュテッヒャァ》
178 背番号	back《バック》 number《ナムバァ》	Rückennummer《リュッケンヌマァ》
179 旋条	rifling《ライフリング》	Züge《ツューゲ》
180 旋条のある銃身	rifled《ライフド》 barrel《バラル》	gezogener《ゲツォーゲナァ》 Lauf《ラオフ》
181 センター・ファイア・ピストル	center《センタァ》 fire《ファイア》 pistol《ピストゥル》	Großkaliberpistole《グロースカリーバァピストーレ》

フランス語	ロシア語	スペイン語
signes《スィニュ》 distinctifs《ディスタンクティフ》 des《デ》 juges《ジュジュ》	отличительные《アトゥリチーチリヌィエ》 знаки《ズナーキ》 судей《スゥチェーイ》	signos《シグノス》 distintivos《ディスティンティボス》 de《デ》 los《ロス》 árbitros《アルビトゥロス》
canon《カノン》 incorporé《アンコルポレ》	закреплённый《ザクリプリョーンヌィイ》 ствол《ストゥヴァール》	cañón《カニョン》 incorporado《インコルポラド》
skeet《スキート》	круглый《クルゥーグルィイ》 стенд《スチェーント》	skeet《スケエト》
stand《スタンド》 de《ドゥ》 skeet《スキート》	стрельбице《ストゥリエーリビツェ》 на《ナ》 круглом《クルゥーグラム》 стенде《スチェーンヂェ》	campo《カンポ》 de《デ》 skeet《スケエト》
ligne《リニュ》 de《ドゥ》 départ《デパル》	исходный《イスホードゥヌィイ》 рубеж《ルゥビエーシ》	línea《リネア》 de《デ》 partida《パルティダ》
carabine《カラビヌ》 standard《スタンダル》 de《ドゥ》 petit《プティ》 calibre《カリブル》	стандартная《スタンダールトゥナヤ》 малоколиберная《マラカリーブィルナヤ》 винтовка《ヴィントーフカ》	fusil《フシル》 standard《スタンダル》 de《デ》 pequeño《ペケニョ》 calibre《カリブレ》
pistolet《ピストレ》 standard《スタンダル》	стандартный《スタンダールトゥヌィイ》 пистолет《ピスタリエート》	pistola《ピストラ》 estándar《エスタンダル》
fusil《フュズィ》 standard《スタンダル》	стандартная《スタンダールトゥナヤ》 винтовка《ヴィントーフカ》	carabina《カラビナ》 standard《スタンダル》
tir《ティル》 sportif《スポルティフ》	спортивная《スパルティーヴナヤ》 стрельба《ストゥリリバー》	tiro《ティロ》 deportivo《デポルティボ》
pistolet《ピストレ》 sportif《スポルティフ》	спортивный《スパルティーヴヌィイ》 пистолет《ピスタリエート》	pistola《ピストラ》 deportiva《デポルティバ》
carabine《カラビヌ》 légère《レジェル》 sportive《スポルティヴ》	спортивная《スパルティーヴナヤ》 винтовка《ヴィントーフカ》	carabina《カラビナ》 deportiva《デポルティバ》
carabine《カラビヌ》 de《ドゥ》 petit《プティ》 calibre《カリブル》	малокалиберная《マラカリーブィルナヤ》 винтовка《ヴィントーフカ》	fusil《フシル》 de《デ》 pequeño《ペケニョ》 calibre《カリブレ》
bretelle《ブルテル》	ружейный《ルゥジェーイヌィイ》 ремень《リミェーニ》	correa《コレア》 de《デ》 arma《アルマ》
double《ドゥブル》 détente《デタント》	двойной《ドゥヴァイノーイ》 крючок《クリュチョーク》	doble《ドブレ》 gatillo《ガティリォ》
dossard《ドサル》	номер《ノーミル》 на《ナ》 спине《スピニェー》	dorsal《ドルサル》
rayure《レィユル》	нарезы《ナリエーズィ》	estría《エストゥリア》, ánima《アニマ》 estriada《エストゥリアダ》
canon《カノン》 rayé《レイエ》	нарезной《ナリエーズノーイ》 ствол《ストゥヴォール》	cañón《カニョン》 rayado《ラヤド》
pistolet《ピストレ》 de《ドゥ》 gros《グロ》 calibre《カリヴル》	крупнокалиберный《クルゥプナカリービィルヌィイ》 пистолет《ピスタリエート》	pistola《ピストラ》 de《デ》 grueso《グルエソ》 calibre《カリブレ》

日本語	英語	ドイツ語
182 センター命中	center《センタァ》 hit《ヒット》	zentrales《チェントラーレス》 Einschlagloch《アインシュラークロッホ》
183 先台	fore-end《フォー エンド》	Vorderschaft《フォルダァシャフト》
184 双眼鏡	binoculars《ビナキュラズ》	Feldstecher《フェルトシュテッヒャァ》
185 装填	loading《ロウディング》	Laden《ラーデン》
186 装填された実包	loaded《ロウディド》 cartridge《カートゥリッジ》	scharfe《シャルフェ》 Patrone《パトローネ》
187 装填してないライフル銃	unloaded《アンロウディド》 rifle《ライフル》	ungeladenes《ウンゲラーデネス》 Gewehr《ゲヴェーァ》
188 速射	fast《ファースト》 run《ラン》	Schnellauf《シュネラオフ》
189 測定誤差	measure《メジャ》 of《オヴ》 tolerance《タレランス》	Meßtoleranz《メストレランツ》
190 測定ミス	error《エラァ》 of《オヴ》 measurements《メジャマンツ》	Vermessungsfehler《フェアメッスングスフェーラァ》
191 待機地域	waiting《ウェイティング》 zone《ゾウン》	Warteraum《ヴァルテラオム》
192 タイムリミット	time《タイム》 limit《リミット》	Zeitgrenze《ツァイトグレンツェ》
193 楕円形弾痕	keyhol《キーホウル》 tipping《チィッピング》	Querschläger《クヴェーァシュレーガァ》
194 高い発射	high《ハイ》 shot《ショット》	Schuß《シュス》 auf《アオフ》 Taube《タオベ》 aus《アオス》 dem《デム》 Hochhaus《ホーホハオス》
195 高い命中	high《ハイ》 hit《ヒット》	hoher《ホーアァ》 Einschuß《アインシュス》
196 ダブル・トラップ	double《ダブル》 trap《トゥラップ》	Doppeltrap《ドッペルトラップ》
197 弾の入ってる銃	loaded《ロウディド》 weapon《ウエポン》	geladene《ゲラーデネ》 Waffe《ヴァッフェ》
198 《弾を込め！》	《load《（ロウド）》！》	《Laden《（ラーデン）》！》
199 弾を込める	load《ロウド》 the《ザ》 arms《アームズ》	Waffe《ヴァッフェ》 laden《ラーデン》
200 《弾を抜け！》	《unload《（アンロウド）》！》	《Entladen《（エントラーデン）》！》

フランス語	ロシア語	スペイン語
point《プワン》 d'impact《ダンパクト》 central《サントラル》	центральное《ツェントゥラーリナエ》 попадание《パパダーニエ》	punto《プント》 de《デ》 impacto《インパクト》 central《セントゥラル》
fût《フュ》	цевьё《ツェヴィヨー》	caña《カニャ》
jumelles《ジュメル》	бинокль《ビノークリ》	prismáticos《プリスマティコス》
chargement《シャルジュマン》	зарядка《ザリャートゥカ》	carga《カルガ》
cartouche《カルトゥシュ》 à《ア》 balle《バル》	заряжённый《ザリャジョーンヌィイ》 патрон《パトゥローン》	cartucho《カルトゥチョ》 cargado《カルガド》
fusil《フュズィ》 déchargé《デシャルジェ》	незаряжённая《ニザリャジョーンナヤ》 винтовка《ヴィントーフカ》	fusil《フシル》 descargado《デスカルガド》
course《クゥルス》 rapide《ラピド》	быстрый《ヴィーストゥルィイ》 бег《ビェーク》 (*мишени*《ミシェーニ》)	carrera《カレラ》 rápida《ラピド》 (*del*《（デル》 *blanco*《ブランコ）》)
tolérance《トレランス》 de《ドゥ》 mesure《ムズュル》	допуски《ドープゥスキ》 при《プリ》 измерениях《イズミリェーニヤフ》	tolerancia《トレランシア》 de《デ》 medidas《メディダス》
erreur《エルル》 de《ドゥ》 mesure《ムズュル》	ошибка《アシーブカ》 измерения《イズミリェーニヤ》	error《エロル》 de《デ》 medición《メディシオン》
zone《ゾヌ》 d'attente《ダタント》	зона《ゾーナ》 ожидания《アジダーニヤ》	zona《ソナ》 de《デ》 espera《エスペラ》
temps《タン》 limite《リミット》	лимит《リミート》 времени《ヴリェーミニ》	tiempo《ティエンポ》 límite《リミテ》
impact《アンパクト》 ovalisé《オヴァリゼ》	овальное《アヴァーリナエ》 попадание《パパダーニエ》	impacto《インパクト》 ovalado《オバラド》
tir《ティル》 haut《オ》	высокий《ヴィソーキイ》 выстрел《ヴィーストゥリル》	tiro《ティロ》 alto《アルト》
impact《アンパクト》 haut《オ》	высокое《ヴィソーカエ》 попадание《パパダーニエ》	impacto《インパクト》 alto《アルト》
trap《トラプ》 double《ドゥブル》	двойная《ドゥヴァイナーヤ》 стрельба《ストゥリリバー》 на《ナ》 траншейном《トゥランシェーイナム》 стенде《スチェーンヂェ》	trap《トゥラプ》 doble《ドブレ》
arme《アルム》 chargée《シャルジェ》	заряжённое《ザリャジョーンナエ》 оружие《アルゥージエ》	arma《アルマ》 cargada《カルガダ》
《chargez《シャルジェ》！》	《заряжай《ザリャザーイ》！》	《¡carguen《カルグエン》！》
charger《シャルジェ》 les《レ》 armes《ザルム》	зарядить《ザリャディーチ》 оружие《アルゥージエ》	cargar《カルガール》 las《ラス》 armas《アルマス》
《videz《ヴィデ》 les《レ》 armes《ザルム》！》	《разряжай《ラズリャジャーイ》！》	《¡vaciar《バシアール》 las《ラス》 armas《アルマス》！》

日本語	英語	ドイツ語
201 弾頭	bullet《ブリット》	Geschoß《ゲショス》, Kugel《クーゲル》
202 弾倉	magazine《マガズィーン》, cartridge《カートゥリッヂ》 clip《クリップ》	Magazin《マガツィーン》
203 弾倉発条	magazine《マガズィーン》 retainer《リティナァ》 spring《スプリング》, carrier《キャリァ》 lever《レヴァ》 spring《スプリング》	Magazinhalterfeder《マガツィーンハルタァフェーダァ》, Zubringerfeder《ツーブリンガァフェーダァ》
204 弾帯	cartridge《カートゥリッヂ》 belt《ベルト》	Patronengürtel《パトローネンギュルテル》
205 弾道	trajectory《トゥラヂェクタリィ》	Flugbahnkurve《フルークバーンクルヴェ》
206 弾道学	ballistics《バリスティックス》, gunnery《ガナリィ》	Ballistik《バリスティク》
207 弾道係数	ballistics《バリスティックス》 coefficient《コウイフィシャント》	ballistischer《バリスティシャァ》 Wertungsgrad《ヴェールトゥングスグラート》
208 単発	single《スィングル》 shot《ショット》	Einzelschuß《アインツエルシュス》
209 弾薬	ammunition《アミュニシャン》	Munition《ムニツィオーン》
210 弾薬筒（ライフル）	cartridge《カートゥリッヂ》	Patrone《パトローネ》
211 弾薬の管理	ammunition《アミュニシャン》 control《コントゥロウル》	Munitionskontrolle《ムニツィオンスコントロレ》
212 着弾距離の測定	range《レインヂ》 gauging《ゲイヂング》	Entfernungsschätzung《エントフェルヌングスシェッツング》
213 着弾のスコア表示	indication《インディケイシャン》 of《オヴ》 the《ザ》 shots《ショッツ》	Trefferaufnahme《トレッファアオフナーメ》
214 《注意！》	《attention《（アテンシャン）》！》	《Achtung《（アッハトゥング）》！》
215 抽筒子 （エキストラクター）	extractor《イクストゥラクタァ》	Hülsenauszieher《ヒュルゼンアオスツィーヤァ》
216 注油	greasing《グリースィング》	Einfetten《アインフェッテン》, Ölen《エーレン》
217 中立地帯	neutral《ニュートゥラル》 zone《ゾウン》	neutrale《ノイトラーレ》 Zone《ツォーネ》
218 チョーク	choke《チョウク》	Choke《チョーク》
219 調節できるピープサイト	adjustable《アヂャスタブル》 aperture《アパチャ》 sight《サイト》	auswechselbare《アオスヴェックセルバーレ》 Diopterlochscheibe《ディオプタァロッホシャイベ》

射撃

フランス語	ロシア語	スペイン語
projectile《プロジェクティル》, balle《バル》 magasin《マガザン》,	пуля《プゥーリャ》	balín《バリン》, bala《バラ》
chargeur《シャルジゥル》	магазинная《マガズィーンナヤ》 коробка《カロープカ》	cargador《カルガドル》
ressort《ルソル》 du《デュ》 magasin《マガザン》, ressort《ルソル》 du《デュ》 livier《ルヴィエ》 de《ドゥ》 chargeur《シャジゥル》	магазинная《マガズィーンナヤ》 пружина《プルゥジーナ》, пружина《プルゥジーナ》 подавателя《パダヴァーチリャ》	muelle《ムエリェ》 del《デル》 cargador《カルガドル》
giberne《ジベルヌ》, cartouchière《カルトゥシエル》	патронная《パトゥローンナヤ》 лента《リェーンタ》, патронташ《パトゥランターシ》	cartuchera《カルトゥチェラ》
trajectoire《トラジェクトゥワル》	траектория《トゥラエクトーリヤ》	trayectoria《トゥライェクトリア》
balistique《バリスティック》	баллистика《バリースチカ》	balística《バリスティカ》
coefficient《コエフィスィアン》 de《ドゥ》 balistique《バリスティック》	баллистический《バリスチィーチスキイ》 коэффициент《カエフィツィエーント》	coeficiente《コエフィシエンテ》 de《デ》 balística《バリスティカ》
coup《クゥ》 simple《サンプル》	одиночный《アディノーチヌィイ》 выстрел《ヴィーストゥリル》	disparo《ディスパロ》 simple《シンプレ》
munitions《ミュニスィオン》	боеприпасы《バエプリパースィ》	municiones《ムニシオネス》
cartouche《カルトゥシュ》	патрон《パトゥローン》	cartuco《カルトゥチョ》
contrôle《コントロル》 de《ドゥ》 munitions《ミュニスィオン》	контроль《カントゥローリ》 боеприпасов《バエプリパーサフ》	control《コントゥロル》 de《デ》 las《ラス》 municiones《ムニシオネス》
taxation《タクサスィオン》 de《ドゥ》 distance《ディスタンス》	замер《ザーミル》 расстояния《ラスタヤーニヤ》	medición《メディシオン》 de《デ》 la《ラ》 distancia《ディスタンシア》
marquage《マルカジュ》 des《デ》 coups《クゥ》	маркировка《マルキローフカ》 попаданий《パパダーニイ》	señalamiento《セニャラミエント》 de《デ》 los《ロス》 impactos《インパクトス》
《attention《（アタンスィオン）》！》	《внимание《（ヴニマーニエ）》！》	《¡ atención《（アテンシオン）》！》
extracteur《エクストラクトゥル》	гильзоизвлекатель《ギリザイズヴリカーチリ》	extractor《エストゥラクトル》
graissage《グレサジュ》	смазка《スマースカ》	engrase《エングラセ》
zone《ゾヌ》 neutre《ヌトル》	нейтральная《ニイトゥラーリナヤ》 зона《ゾーナ》	zona《ソナ》 neutral《ネウトゥラル》
étranglement《エトラングルマン》	чок《チョーク》	choke《チョーケ》, estrangulamiento《エストゥラングラミエント》
dioptre《ディオプトル》 réglable《レグラブル》	регулируемый《リグゥリールゥエムィイ》 диоптрический《ディアプトゥリーチスキイ》 прицел《プリツェール》	mira《ミラ》 dióptrica《ディオプトゥリカ》 regulable《レグラブレ》

日本語	英語	ドイツ語
220 跳弾	rebound《リバウンド》, ricochet《リカシエイ》	querschläger《クヴェーァシュレーガァ》, Prellschuß《プレルシュス》
221 追加時間	additional《アディシャナル》 time《タイム》	zusätzliche《ツーゼッツリヒエ》 Zeit《ツァイト》
222 電子標的装置	electronic《イレクトゥラニック》 device《ディヴァイス》	Elektroneneinrichtung《エレクトローネンアインリッヒトゥング》
223 同点決勝	shoot《シュート》 off《オフ》	Stichkampf《シュティヒカムプフ》
224 得点ゾーン	scoring《スコーリング》 zone《ゾウン》, scoring《スコーリング》 area《エアリア》	Trefferzone《トレファツォーネ》
225 トラップ射撃	trap《トゥラップ》 shooting《シューティング》	Trapschießen《トラップシーセン》
226 トレーニング用射撃場	shooting《シューティング》 range《レインヂ》 for《フォ》 training《トゥレイニング》	Schießtrainingsstand《シーストレーニングスシュタント》
227 流れ弾	stray《ストゥレイ》 shot《ショット》	verirrtes《フェァイルテス》 Geschoß《ゲショス》
228 鉛の弾丸	lead《リード》 bullet《ブリット》	Bleikugel《ブライクーゲル》, Bleigeschoß《ブライゲショス》
229 二重的中	double《ダブル》 hit《ヒット》	Doppeleinschuß《ドッペルアインシュス》
230 二重発射	double《ダブル》 shot《ショット》, maxim《マクシム》, simultaneous《サイマルテイニアス》 discharge《ディスチャーヂ》	Doppelschuß《ドッペルシュス》
231 二連銃	double《ダブル》-barrel《バラル》 shotgun《ショットガン》	Doppelflinte《ドッペルフリンテ》
232 二連銃身	over《オウヴァ》 and《アンド》 under《アンダァ》 barrel《バラル》	Bockdoppelflinte《ボックドッペルフリンテ》, Flinte《フリンテ》 mit《ミット》 zwei《ツヴァイ》 übereinanderliegenden《ユーバァアイナンダァリーゲンデン》 Läufen《ロイフェン》
233 狙いをつける	aim《エイム》	zielen《ツィーレン》

フランス語	ロシア語	スペイン語
ricochet《リコシュ》	рикошет《リカシェート》	rebote《レボテ》
bonification《ボニフィカスィオン》 de《ドゥ》 temps《タン》	дополнительное《ダパルニーチリナエ》 время《ヴリェーミャ》	bonificación《ボニフィカシオン》 de《デ》 tiempo《ティエンポ》
dispositif《ディスポズィティフ》 électronique《エレクトロニク》	электронное《エリクトゥローンナエ》 устройство《ウストゥローイストゥヴァ》	dispositivo《ディスポシティボ》 electrónico《エレクトゥロニコ》
barrage《バラジュ》	дополнительный《ダハルニーチリヌィイ》 матч《マトゥチ》	desempate《デセンパテ》
zone《ゾヌ》 de《ドゥ》 pointage《プワンタジュ》, zone《ゾヌ》 de《ドゥ》 points《プワン》	счётная《スチョートゥナヤ》 зона《ゾーナ》	zona《ソナ》 de《デ》 puntuación《プントゥアシオン》
tir《ティル》 aux《オ》 plateaux《プラト》 d'argile《ダルジル》 (trap《トラップ》)	стрельба《ストゥリリバー》 на《ナ》 траншейном《トゥランシェーイナム》 стенде《スチェーンヂェ》	tiro《ティロ》 al《アル》 plato《プラト》 (foso《フォソ》)
stand《スタンド》 de《ドゥ》 tir《ティル》 pour《プゥル》 entraînement《アントレヌマン》	тренировочный《トゥリニローヴァチヌィイ》 тир《チィール》	stand《スタンド》 de《デ》 tiro《ティロ》 para《パラ》 entrenamiento《エントゥレナミエント》
balle《バル》 égarée《エガレ》	шальная《シャリナーヤ》 пуля《プゥーリャ》	bala《バラ》 perdida《ペルディダ》
balle《バル》 de《ドゥ》 plomb《プロン》	свинцовая《スヴィンツョーヴァヤ》 пуля《プゥーリャ》	bala《バラ》 de《デ》 plomo《プロモ》
impact《アンパクト》 double《ドゥブル》	сдвоенное《ズドゥヴォーエンナエ》 попадание《パパダーニエ》	impacto《インパクト》 doble《ドブレ》
coup《クゥ》 double《ドゥブル》	сдвоенный《ズドゥヴォーエンヌィイ》 выстрел《ヴィーストゥリル》	disparo《ディスパロ》 doble《ドブレ》, tiro《ティロ》 doble《ドブレ》
fusil《フュズィ》 à《ア》 deux《ドゥ》 canons《カノン》	двуствольное《ズドゥヴォーエンナエ》 ружьё《ルゥジヨー》	escopeta《エスコペタ》 con《コン》 dos《ドス》 cañónes《カニョネス》
canons《カノン》 superposés《スュペルポゼ》	наложенные《ナロージェンヌィエ》 стволы《ストゥヴォールィ》	cañónes《カニョネス》 superpuestos《スペルプエストス》
viser《ヴィゼ》	прицелиться《プリツェーリツァ》	apuntar《アプンタール》

日本語	英語	ドイツ語
234 残りの射撃	remaining《リメイニング》 shots《ショッツ》	nicht《ニッヒト》 abgegebene《アップゲゲベーネ》 Schüsse《シュッセ》
235 ノンスコアリング・エリア	non《ナン》-scoring《スコーリング》 area《エアリア》	Zone《ツォーネ》 ohne《オーネ》 Wertung《ヴェールトゥング》
236 パームレスト	palm《パーム》 rest《レスト》	Handstütze《ハントシュテュッツェ》
237 ハイ・ハウス	high《ハイ》 house《ハウス》	Hochhaus《ホーホハオス》
238 爆発音（銃声）	detonation《デタネイシャン》	Knall《クナル》
239 発射	shot《ショット》, shooting《シューティング》	Schuß《シュス》
240 発射位置	firing《ファイアリング》 position《パズィシャン》	Schützenstand《シュッツェンシュタント》
241 発砲された射撃	fired《ファイアド》 shot《ショット》	abgegebener《アップゲゲーベナァ》 Schuß《シュス》
242 反動	recoil《リコイル》, kick《キック》	Rückstoß《リュックシュトース》
243 ピープサイト	aperture《アパチャ》 sight《サイト》, peep《ピープ》 sight《サイト》	Diopter《ディオプタァ》, Visiervorrichtung《ヴィズィーァフォーァリッヒトゥング》
244 光信号	lights《ライツ》	Signallampen《ズィグナールランペン》
245 引き金	trigger《トゥリガァ》	Abzug《アップツーク》
246 引き金のコントロール	trigger《トゥリガァ》 control《コントゥロウル》	Abzugskontrolle《アップツークスコントロレ》
247 引き金発条	trigger《トゥリガァ》 spring《スプリング》	Abzugsfeder《アップツークスフェーダァ》
248 引き金を引く	pull《プル》 the《ザ》 trigger《トゥリガァ》	abdrücken《アップドゥリュッケン》
249 低い発射	low《ロウ》 shot《ショット》	Schuß《シュス》 auf《アオフ》 Taube《タオベ》 aus《アオス》 dem《デム》 Niederhaus《ニーダァハオス》
250 披甲	jacket《ヂャーキット》	Mantel《マンテル》
251 飛行速度	velosity《ヴィラスィティ》 of《オヴ》 flight《フライト》	Geschwindigkeit《ゲシュヴィンディヒカイト》 des《デス》 Geschosses《ゲショセス》

フランス語	ロシア語	スペイン語
coups《クゥ》 restants《レスタン》	оставшиеся《アスターフシエスャ》 выстрелы《ヴィーストゥリルィ》	disparos《ディスパロス》 restantes《レスタンテス》, tiros《ティロス》 restantes《レスタンテス》
zone《ゾヌ》 sans《サン》 pointage《プワンタジュ》	неочковая《ニアチコーヴァヤ》 зона《ゾーナ》	zona《ソナ》 sin《シン》 puntuación《プントゥアシオン》
pommeau《ポモ》	опорный《アポールヌィイ》 гриб《グリーブ》	apoyo《アポヨ》 de《デ》 mano《マノ》
trappe《トラプ》 haute《アト》	высокая《ヴィソーカヤ》 будка《ブゥートゥカ》	torreta《トレタ》
détonation《デトナスィオン》	детонация《チェタナーツィヤ》	detonación《デトナシオン》
coup《クゥ》, tir《ティル》	выстрел《ヴィーストゥリル》	disparo《ディスパロ》, tiro《ティロ》
poste《ポスト》 de《ドゥ》 tir《ティル》	огневая《アグニヴァーヤ》 позиция《パズィーツィヤ》	puesto《プエスト》 de《デ》 tiro《ティロ》
coup《クゥ》 tiré《ティレ》	произведённый《プライズヴェジョーンヌィイ》 выстрел《ヴーストゥリル》	tiro《ティロ》 realizado《レアリサド》
recul《ルキュル》	отдача《アトゥダーチャ》	retroceso《レトゥロセソ》
dioptre《ディオプトル》	диоптрический《ディオープトゥリチスキイ》 прицел《プリツェール》	mira《ミラ》 dióptrica《ディオプトゥリカ》
signaux《スィニュ》 lumineux《リュミヌ》	световая《スヴェタヴァーヤ》 сигнализация《スィグナリザーツィヤ》	señales《セニャレス》 lumínicas《ルミニカス》
détente《デタント》	крючок《クリュチョーク》	gatillo《ガティリォ》
contrôle《コントロル》 de《ドゥ》 la《ラ》 détente《デタント》	контроль《カントゥローリ》 крючка《クリュチカー》	control《コントゥロル》 del《デル》 disparador《ディスパラドル》
ressort《ルソル》 de《ドゥ》 la《ラ》 détente《デタント》	пружина《プルゥジーナ》 спускового《スプゥスカヴォーヴァ》 крючка《クリュチカー》	muelle《ムエリェ》 del《デル》 disparador《ディスパラドル》
tirer《ティレ》 la《ラ》 détente《デタント》	нажать《ナジャーチ》 на《ナ》 спусковой《スプゥスカヴォーイ》 крючок《クリュチョーク》	apretar《アプレタール》 el《エル》 gatillo《ガティリォ》
tir《ティル》 bas《バ》	глубокий《グルゥボーキイ》 выстрел《ヴィーストゥリル》	tiro《ティロ》 bajo《バホ》
chemise《シュミズ》	оболочка《アバローチカ》	envuelta《エンビエルタ》
vitesse《ヴィテス》 du《デュ》 projectile《プロジェクティル》	скорость《スコーラスチ》 полёта《パリョータ》	velocidad《ベロシダ》 del《デル》 proyectil《プロイェクティル》

日本語	英語	ドイツ語
252 飛行地域	flight《フライト》 area《エアリア》	Flugraum《フルークラオム》
253 飛行の高さ	height《ハイト》 of《オヴ》 flight《フライト》	Höhe《ヘーエ》 der《デァ》 Flugbahnkurve《フルークバーンクルヴェ》
254 膝当て	kneeling《ニーリング》 pad《パッド》	Knierolle《クニーロレ》
255 飛散	dispersion《ディスパーシャン》	Streuung《シュトロイウング》
256 肘	elbow《エルボウ》	Ellbogen《エルボーゲン》
257 ピストル	pistol《ピストゥル》	Pistole《ピストーレ》
258 ピストル射手（女）	(women's)《（ウィミンズ）》 pistol《ピストゥル》 shooter《シュータァ》	Pistolenschütze(rin)《ピストーレンシュッツェ（ツリン）》
259 左利き射手	left-handed《レフト ハンディド》 shooter《シュータァ》	Linksschütze《リンクスシュッツェ》
260 尾筒部	breech《ブリーチ》 block《ブラック》	Gewehrschloß《ゲヴェーァシュロス》
261 標準標的	standard《スタンダド》 target《ターギット》, regular《レギュラァ》 target《ターギット》	Standardscheibe《シュタンダルトシャイベ》
262 標的	target《ターギット》	Ziel《ツィール》, Zielscheibe《ツィールシャイベ》, Scheibe《シャイベ》
263 標的射撃（訓練）	all《オール》 shooting《シューティング》 disciplines《ディサプリンズ》	Scheibenschießen《シャイベンシーセン》
264 標的ナンバー	target《ターギット》 number《ナンバァ》	Scheibennummer《シャイベンヌマァ》
265 標的の回転装置	target《ターギット》 turning《ターニング》 mechanism《メカニズム》	Drehmaschine《ドレーマシーネ》
266 標的の型	type《タイプ》 of《オヴ》 target《ターギット》	Scheibentyp《シャイベンテュープ》
267 標的の交換	target《ターギット》 changing《チェンヂング》	Wechsel《ヴェックセル》 der《デァ》 Scheiben《シャイベン》
268 標的の黒点	bull's《ブールス》-eye《アイ》, inner《イナァ》 ten《テン》	Mouche《ムゥシュ》, Mittelring《ミッテルリング》, innerer《イネラァ》 Zehner《ツェーナァ》
269 標的の中心	target《ターギット》 centre《センタァ》	Scheibenmitte《シャイベンミッテ》

フランス語	ロシア語	スペイン語
zone《ゾヌ》 de《ドゥ》 vol《ヴォル》	зона《ゾーナ》 полёта《パリョータ》	zona《ソナ》 de《デ》 vuelo《ブエロ》
hauteur《オトゥル》 de《ドゥ》 la《ラ》 trajectoire《トラジェクトゥワル》	высота《ヴィサター》 полёта《パリョータ》	altura《アルトゥラ》 de《デ》 la《ラ》 trayectoria《トゥライエクトリア》
coussin《クゥサン》 pour《プゥル》 genou《ジュヌゥ》	подколенник《パトゥカリェーンニク》	rodillera《ロディリエラ》
dispersion《ディスペルスィオン》	рассеивание《ラスシェーイヴァニエ》	dispersión《ディスペルシオン》
coude《クゥド》	локоть《ローカチ》	codo《コド》
pistolet《ピストレ》	пистолет《ピスタリェート》	pistola《ピストラ》
tireur《ティルル》 (tireuse《ティルズ》) au《オ》 pistolet《ピストレ》	стрелок《ストゥリローク》 (женщины《ジェーンシチヌィ》) из《イス》 пистолета《ピスタリェータ》	tirador(a)《ティラドル(ラ)》 de《デ》 pistola《ピストラ》
tireur《ティルル》 gaucher《ゴシェ》	стрелок《ストゥリローク》 левой《リェーヴァイ》 руки《ルゥキー》	tirador《ティラドル》 zurdo《スルド》
culasse《キュラス》 mobile《モビル》	подвижной《パドゥヴィジノーイ》 затвор《ザトゥヴォール》	cerrojo《セロホ》 móvil《モビル》
cible《スィブル》 standard《スタンダル》	стандартная《スタンダールトゥナヤ》 мишень《ミシェーニ》	blanco《ブランコ》 standard《スタンダル》
cible《スィブル》	мишень《ミシェーニ》	blanco《ブランコ》
épreuves《エプルヴ》 sur《シュル》 cibles《スィブル》	стрельба《ストゥリリバー》 по《パ》 мишеням《ミシェーニャム》	tiro《ティロ》 al《アル》 blanco《ブランコ》
numéro《ニュメロ》 de《ドウ》 cible《スィブル》	номер《ノーミル》 мишени《ミシェーニ》	número《ヌメロ》 del《デル》 blanco《ブランコ》
tourne《トゥルヌ》-cible《スィブル》	механизм《ミハニーズム》 поворота《パヴァロータ》 мишеней《ミシェーニェイ》	mecanismo《メカニスモ》 de《デ》 giro《ヒロ》 de《デ》 los《ロス》 blancos《ブランコス》
type《ティプ》 de《ドゥ》 cible《スィブル》	тип《チープ》 мишени《ミシェーニ》	tipo《ティポ》 de《デ》 blanco《ブランコ》
changement《シャンジュマン》 des《デ》 cibles《スィブル》	замена《ザミェーナ》 мишеней《ミシェーニェイ》	cambio《カンビオ》 de《デ》 blancos《ブランコス》
mouche《ムゥシュ》	чёрная《チョールナヤ》 часть《チャースチ》 мишени《ミシェーニ》	mosca《モスカ》, diez《ディエス》 interior《インテリオル》
centre《サントル》 de《ドゥ》 cible《スィブル》	центр《ツェートゥル》 мишени《ミシェーニ》	centro《セントゥロ》 del《デル》 blanco《ブランコ》

日本語	英語	ドイツ語
270 標的の直径	diameter《ダイアミタァ》 of《オヴ》 the《ザ》 target《ターギット》	Scheibendurchmesser《シャイベンドゥルヒメッサァ》
271 標的のフレーム	target《ターギット》 frame《フレイム》	Scheibenrahmen《シャイベンラーメン》
272 標的板の番号	number《ナンバァ》 of《オヴ》 the《ザ》 target《ターギット》 holder《ホウルダァ》	Scheibenständernummer《シャイベンシュテンダァヌマァ》
273 標的面	target《ターギット》 face《フェイス》	Scheibenbild《シャイベンビルト》
274 ファイナリスト	finalist《ファイナリスト》	Finalist《フィナリスト》
275 ファウル	fault《フォールト》, foul《ファウル》	Fehler《フェーラァ》
276 ファウルの放出	faulty《フォールティ》 throw《スロウ》	Fehlwurf《フェールヴルフ》
277 フィルター（サイト用）	filter《フィルタァ》	Filter《フィルタァ》
278 風標旗	wind《ウインド》 flags《フラッグズ》	Windanzeiger《ヴィントアンツァイガァ》
279 不完全な弾薬	faulty《フォールティ》 cartridge《カートゥリッヂ》	fehlerhafte《フェーラァハフテ》 Patrone《パトローネ》
280 伏射	shooting《シューティング》 in《イン》 prone《プロウン》 position《パズィシャン》	Schießen《シーベン》 in《イン》 liegendem《リーゲンデム》 Anschlag《アンシュラーク》
281 復座発条	recoil《リコイル》 spring《スプリング》	Schießfeder《シースフェーダァ》
282 復座力	recoil《リコイル》 energy《エナヂィ》	Rückstoßkraft《リュックシュトースクラフト》
283 ふちのない薬莢	rimless《リムリス》 shell《シェル》	randlose《ラントローセ》 Hülse《ヒュルゼ》
284 不発	misfire《ミスファイア》, missed《ミスト》 shot《ショット》	Versager《フェァザーガァ》
285 フライト・タイム	time《タイム》 of《オヴ》 flight《フライト》	Flugzeit《フルークツァイト》
286 フリー・ピストル	free《フリー》 pistol《ピストゥル》	freie《フライエ》 Pistole《ピストール》
287 フリー・ライフル	free《フリー》 rifle《ライフル》	freies《フライエス》 Gewehr《ゲヴェーァ》
288 プリズム	prism《プリズム》	Prisma《プリスマ》
289 兵器庫	arsenal《アーサヌル》, armory《アーマリィ》	Waffendepot《ヴァッフェンデポー》

フランス語	ロシア語	スペイン語
diamètre《ディアメトル》 de《ドゥ》 la《ラ》 cible《スィブル》	диаметр《ディアミェートゥル》 мишени《ミシェーニ》	diámetro《ディアメトゥロ》 del《デル》 blanco《ブランコ》
cadre《カドル》 de《ドゥ》 la《ラ》 cible《スィブル》	рама《ラーマ》 мишени《ミシェーニ》	marco《マルコ》 del《デル》 blanco《ブランコ》
numéro《ニュメロ》 de《ドゥ》 porte-cibles《ポルト スィブル》	номер《ノーミル》 щита《シチター》	número《ヌメロ》 del《デル》 porta-blanco《ポルタ ブランコ》
blason《ブラゾン》	поверхность《パヴェールフナスチ》 мишени《ミシェーニ》	blasón《ブラソン》
finaliste《フィナリスト》	финалист《フィナリースト》	finalista《フィナリスタ》
faute,《フォートゥ》 infraction《アンフラクスィオン》	ошибка《アシーブカ》	falta,《ファルタ》 infracción《インフラクシオン》
lancement《ランスマン》 incorrect《アンコレクト》	неправильное《ニプラーヴィリナエ》 метание《ミェターニエ》	lanzamiento《ランサミエント》 incorrecto《インコレクト》
filtre《フィルトル》	фильтр《フィーリトゥル》	filtro《フィルトゥロ》
drapeau《ドラポ》 de《ドゥ》 direction《ディレクスィオン》 du《デュ》 vent《ヴァン》	ветровой《ヴェトゥラヴォーイ》 флажок《フラジョーク》	bandera《バンデラ》 de《デ》 dirección《ディレクシオン》 de《デ》 viento《ビエント》
cartouche《カルトゥシュ》 défectueuse《デフェクテュウズ》	бракованный《ブラコーヴァンヌィイ》 патрон《パトゥローン》	cartucho《カルトゥチョ》 defectuoso《デフェクトゥオソ》
tir《ティル》 à《ア》 position《ポズィスィオン》 couchée《クゥシェ》	стрельба《ストゥリリバー》 лёжа《リョージャ》	tiro《ティロ》 en《エン》 posición《ポシシオン》 tendida《テンディダ》
ressort《ルソル》 de《ドゥ》 recul《ルキュル》	возратная《ヴァズヴラートゥナヤ》 пружина《プルゥジーナ》	muelle《ムエリェ》 recuperador《レクペラドル》
énergie《エネルジ》 de《ドゥ》 recul《ルキュル》	сила《スィーラ》 отдачи《アトゥダーチィ》	fueza《フエサ》 de《デ》 retroceso《レトゥロセソ》
douille《ドゥユ》 sans《サン》 rebord《ルボル》	бесфланцевая《ビスフラーンツェヴァヤ》 гильза《ギーリザ》	cartucho《カルトゥチョ》 sin《シン》 borde《ボルデ》
coup《クゥ》 raté《ラト》	осечка《アスェーチカ》	disparo《ディスパロ》 fallado《ファリアド》
durée《デュレ》 de《ドゥ》 la《ラ》 trajectoire《トラジェクトゥワル》	время《ヴリェーミャ》 полёта《パリョータ》	duración《ドゥラシオン》 de《デ》 la《ラ》 trayectoria《トゥライエクトリア》
pistolet《ピストレ》 libre《リブル》	произвольный《プライズヴォーリヌィイ》 пистолет《ピスタリェート》	pistola《ピストラ》 libre《リブレ》
carabine《カラビヌ》 libre《リブル》	произвольная《プライズヴォーリナヤ》 винтовка《ヴィントーフカ》	carabina《カラビナ》 libre《リブレ》
prisme《プリスム》	призма《プリーズマ》	prisma《プリスマ》
arsenal《アルスナル》	арсенал《アルスェナール》	arsenal《アルセナル》

日本語	英語	ドイツ語
290 放出	throw《スロウ》	Wurf《ヴルフ》
291 望遠鏡（テレスコープ）	telescope《テレスコウプ》	Weitsichtrohr《ヴァイトズィッヒトローァ》,Fernrohr《フエルンローァ》
292 望遠照準器	telescopic《テレスカピック》 sight《サイト》	Zielfernrohr《ツィールフェルンローァ》
293 補正器	compensator《カンペンサタァ》	Kompensator《コンペンザートァ》
294 マーキング・ピット	marking《マーキング》 pit《ピット》, trap《トゥラップ》 pit《ピット》	Anzeigedeckung《アンツァイゲデックング》
295 マイクロメーターのねじ	aperture《アパチャ》 sight《サイト》 screw《スクルー》	Mikrometerschraube《ミクロメータァシュラオベ》
296 3つの姿勢	three《スリー》-position《パズィシャン》	drei《ドライ》 Anshlagarten《アンシュラークアールテン》
297 ムーヴィング・ターゲット	moving《ムーヴィング》 target《ターギット》 shooting《シューティング》	Schießen《シーセン》 auf《アオフ》 laufende《ラオフェンデ》 Scheibe《シャイベ》
298 無煙火薬	smoleless《スモークリス》 gun《ガン》 powder《パウダァ》	rauchloses《ラオホローゼス》 Pulver《プルファ》
299 向かい風	head《ヘッド》 wind《ウィンド》	Gegenwind《ゲーゲンヴィント》
300 無効の発射	invalid《インヴァリド》 shot《ショット》	ungültiger《ウンギュルティガァ》 Schuß《シュス》
301 命中	hit《ヒット》	Einschuß《アインシュス》, Treffer《トレッファ》, Einschlag《アインシュラーク》
302 命中点	point《ポイント》 of《オヴ》 impact《インパクト》	Einschlagloch《アインシュラークロッホ》
303 命中の数値	hit《ヒット》 scoring《スコーリング》 value《ヴァリュー》	Ringwert《リングヴェールト》
304 薬莢ケース	case《ケイス》	Hülse《ヒュルゼ》
305 薬莢の底部	shell《シェル》 bottom《バトム》	Hülsenboden《ヒュルゼンボーデン》
306 薬莢の内壁	shell《シェル》 wall《ウォール》	Hülsenwand《ヒュルゼンヴァント》
307 薬室	chamber《チェインバァ》	Patronenlager《パトローネンラーガァ》
308 止め！	stop《スタップ》!, cease《スィース》 fire《ファイア》!	《Stop《（シュトップ）》！》，《Aufhören《（アオフヘーレン）》！》
309 有効射撃	valid《ヴァリィド》 shot《ショット》	gültiger《ギュルティガァ》 Schuß《シュス》
310 遊底の鎖錠装置、銃尾栓、 ラッチ	latch《ラッチ》	Riegel《リーゲル》

フランス語	ロシア語	スペイン語
lancement《ランスマン》	метание《ミターニエ》	lanzamiento《ランサミエント》
longue《ロング》-vue《ヴュ》	оптическая《アプチィーチスカヤ》 труба《トゥルゥバー》	tubo《トゥボ》 óptico《オプティコ》
mire《ミル》 télescopique《テレスコピク》	оптический《アプチィーチスキイ》 прицел《プリツェール》	mira《ミラ》 telescópica《テレスコピカ》
compensateur《コンパンサトゥル》	компенсатор《カムピィンサータル》	compensador《コンペンサドル》
tranchée《トランシェ》 de《ドゥ》 marquage《マルカジュ》	блиндаж《ブリンダーシ》	foso《フォソ》 de《デ》 marcaje《マルカヘ》
vis《ヴィス》 micrométrique《ミクロメトリク》	микрометрический《ミクラミトゥリーチスキイ》 винт《ヴーント》	tornillo《トルニリォ》 micrométrico《ミクロメトゥリコ》
trois《トルワ》 positions《ポズィスィオン》	три《トゥリー》 позиции《パズィーツィイ》	tres《トゥレス》 posiciones《ポシシオネス》
tir《ティル》 sur《スュル》 cible《スィブル》 mobile《モビル》	стрельба《ストゥリリバー》 по《パ》 движущейся《ドゥヴィージュシチイスャ》	tiro《ティロ》 al《アル》 blanco《ブランコ》 móvil《モビル》
poudre《プゥドル》 sans《サン》 fumée《フュメ》	бездымный《ビズドゥィームヌィイ》 порох《ポーラフ》	pólvora《ポルボラ》 sin《シン》 humo《ウモ》
vent《ヴァン》 de《ドゥ》 face《ファス》	встречный《フストゥリェーチヌィイ》 ветер《ヴェーチル》	viento《ビエント》 de《デ》 cara《カラ》
coup《クゥ》 nul《ニュル》	недействительный《ニヂェイストゥヴィーチリヌィイ》 выстрел《ヴィーストゥリル》	tiro《ティロ》 nulo《ヌロ》
impact《アンパクト》	попадание《パパダーニエ》	impacto《インパクト》
point《プワン》 d'impact《ダンパクト》	точка《トーチカ》 попадания《パパダーニヤ》	punto《プント》 de《デ》 impacto《インパクト》
valeur《ヴァルル》 de《ドゥ》 l'impact《ランパクト》	достоинство《ダスタインストゥヴァ》 пробоины《プラボーイヌィ》	valor《バロル》 del《デル》 impacto《インパクト》
douille《ドゥユ》	гильза《ギーリザ》	cartucho《カルトゥチョ》, casquillo《カスキリォ》
culot《キュロ》 de《ドゥ》 douille《ドゥユ》	дно《ドゥノー》 гильзы《ギーリズィ》	fondo《フォンド》 del《デル》 cartucho《カルトゥチョ》
paroi《パルワ》 de《ドゥ》 douille《ドゥユ》	стенка《スチェーンカ》 гильзы《ギーリズィ》	cuerpo《クエルポ》 del《デル》 cartucho《カルトゥチョ》
chambre《シャンブル》	патронник《パトゥローンニク》	cámara《カマラ》
cessez《セセ》 !	《стоп《（ストープ）》 ! 》	¡ alto《アルト》 !
coup《クゥ》 valable《ヴァラブル》	действительный《ヂェイストゥヴィーチリヌィイ》 выстрел《ヴィーストゥリル》	tiro《ティロ》 válido《バリド》
verrou《ヴェルゥ》	защёлка《ザシチョールカ》	cerrojo《セロホ》 (escopeta《（エスコペタ）》)

日本語	英語	ドイツ語
311 遊底の閉鎖	locking《ラッキング》	Verriegelung《フェアリーゲルング》
312 遊底発条	breech《ブリーチ》 spring《スプリング》	Verschlußfeder《フェアシュルスフェーダア》
313 遊底閉鎖機	breech《ブリーチ》 bolt《ボルト》	Verschluß《フェアシュルス》
314 用心金	trigger《トゥリガア》 guard《ガード》	Abzugsbügel《アップツークスビューゲル》
315 横風	cross《クロース》 wind《ウィンド》	Seitenwind《ザイテンヴィント》
316 横に逸れること	lateral《ラテラル》 deviation《ディヴィエイシャン》	Seitenabweichung《ザイテンアップヴァイヒュング》
317 雷管	primer《プライマア》, percussion《パーカシャン》 cap《キャップ》	Zündhütchen《ツュントヒュートヒエン》, Zündkapsel《ツュントカップセル》
318 ライフル	rifle《ライフル》 (bigbore《ビッグボー》)	Gewehr《ゲヴェーア》
319 ライフル射手	rifle《ライフル》 shooter《シュータア》	Gewehrschütze《ゲヴェーアシュッツェ》
320 ラビット・ファイア射撃	rapid《ラピッド》-fire《ファイア》 shooting《シューティング》	Schnellfeuerschießen《シュネルフォイヤアシーセン》
321 ラビット・ファイア・ピストル	rapid《ラピッド》-fire《ファイア》 pistol《ピストゥル》	Schnellfeuerpistole《シュネルフォイヤアピストーレ》
322 ランニング・ボーア	running《ラニング》 boar《ボー》	laufender《ラオフェンダア》 Keiler《カイラア》
323 立射	shooting《シューティング》 in《イン》 standing《スタンディング》 position《パズィシャン》	Schießen《シーセン》 in《イン》 stehendem《シュテーエンデム》 Anschlag《アンシュラーク》
324 リボルバー	revolver《リヴァルヴァ》	Revolver《レヴォルヴァ》
325 累積合計点	growing《グロウイング》 score《スコー》, total《トウトゥル》 score《スコー》	zunehmende《ツーネーメンデ》 Summe《ズメ》 der《デア》 Punkte《プンクテ》
326 レコード・ショット	record《レカド》 shot《ショット》	Wettkampfschuß《ヴェットカムプフシュス》
327 レベル	level《レヴェル》	Niveau《ニヴォー》
328 連射	double《ダブル》 shot《ショット》	Doppelschuß《ドッペルシュス》

フランス語	ロシア語	スペイン語
verrouillage《ヴェルゥヤジュ》	защёлкивание《ザシチョールキヴァニエ》	cierre《シエレ》
ressort《ルソル》 du《デュ》 verrouillage《ヴェルゥヤジュ》	пружина《プルゥジーナ》 затвора《ザトゥヴォーラ》	muelle《ムエリェ》 del《デル》 cerrojo《セロホ》
culasse《キュラス》	затвор《ザトゥヴォール》	cerrojo《セロホ》
pontet《ポンテ》	спусковая《スプゥスカヴァーヤ》 скоба《スカバー》	guardamonte《グアルダモンテ》
vent《ヴァン》 de《ドゥ》 côté《コテ》	боковой《バカヴォーイ》 ветер《ヴェーチル》	viento《ビエント》 de《デ》 costado《コスタド》
déviation《デヴィアスィオン》 latérale《ラテラル》	боковое《バカヴォーエ》 отклонение《アトゥクラニェーニエ》	desviación《デスビアシオン》 lateral《ラテラル》
amorce《アモルセ》, capsule《カプスュル》	капсюль《カープシュリ》	fulminante《フルミナンテ》, cápsula《カプスラ》 de《デ》 percusión《ペルクシオン》
fusil《フュズィ》	винтовка《ヴィントーフカ》	fusil《フシル》
tireur《ティルル》 à《ア》 la《ラ》 carabine《カラビヌ》	стрелок《ストゥリローク》 из《イズ》 винтовки《ヴィントーフキ》	tirador《ティラドル》 de《デ》 carabina《カラビナ》
tir《ティル》 de《ドゥ》 vitesse《ヴィテス》	скоростная《スカラスナーヤ》 стрельба《ストゥリリバー》	tiro《ティロ》 rápido《ラピド》 a《ア》 siluetas《シルエタス》
pistolet《ピストレ》 de《ドゥ》 tir《ティル》 rapide《ラピド》	скоростной《スカラスノーイ》 пистолет《ピスタリェート》	pistola《ピストラ》 de《デ》 tiro《ティロ》 rápido《ラピド》
《sanglier courant》《(サングリィエ　クゥラン)》	《бегущий кабан》《(ビエグゥーシチィ　カバーン)》	blanco《ブランコ》 móvil《モビル》 《jabalí》《(ハバリ)》
tir《ティル》 à《ア》 position《ポズィスィオン》 debout《ドゥブゥ》	стрельба《ストゥリリバー》 стоя《ストーヤ》	tiro《ティロ》 en《エン》 posición《ポシシオン》 de《デ》 pie《ピエ》
revolver《レヴォルヴェル》	револьвер《リヴァリヴェール》	revólver《レボルベル》
nombre《ノンブル》 cumulatif《キュミュラティフ》 de《ドゥ》 points《プワン》	возрастающая《ヴァズラスターユシチャヤ》 сумма《スゥームマ》 очков《アチコーフ》	número《ヌメロ》 cumulativo《クムラティボ》 de《デ》 puntos《プントス》
coup《クゥ》 de《ドゥ》 concours《コンクゥル》	зачётный《ザチョートゥヌィイ》 выстрел《ヴィーストゥリル》	tiro《ティロ》 de《デ》 concurso《コンクルソ》
niveau《ニヴォ》	уровень《ウーラヴィニ》	nivel《ニベル》
coup《クゥ》 double《ドゥブル》	двойной《ドゥヴァイノーイ》 выстрел《ヴィーストゥリル》	disparo《ディスパロ》 doble《ドブレ》

日本語	英語	ドイツ語
329 連発銃	repeating《リピーティング》 firearm《ファイアラーム》	Repetierwaffe《レペティーアヴァッフェ》
330 連発ピストル	repeating《リピーティング》 pistol《ピストゥル》	Repetierpistole《レペティーアピストーレ》
331 ロウ・ハウス	low《ロウ》 house《ハウス》, house《ハウス》	Niederhaus《ニーダァハオス》
332 《ロスト！》	《lost《(ロースト)》！》	《Fehler《(フェーラァ)》！》

射撃

フランス語	ロシア語	スペイン語
arme《アルム》 à《ア》 répétition《レペティスィオン》	многозарядное《ムナガザリャードゥナエ》 ружьё《ルゥジヨー》	arma《アルマ》 de《デ》 repetición《レペティシオン》
pistolet《ピストレ》 à《ア》 répétition《レペティスィオン》	магазинный《マガズィーンヌィイ》 пистолет《ピスタリェート》	pistola《ピストラ》 de《デ》 repetición《レペティシオン》
skeet《スケート》 basse《バス》, cabane《カバヌ》	низкая《ニースカヤ》 будка《ブゥートゥカ》	caseta《カセタ》
《zéro《(ゼロ)》！》	《промах《(プローマフ)》！》	《¡ cero《(セロ)》！》

10.柔道

	日本語	英語	ドイツ語
1	相手を場外で投げる	throw《スロウ》 the《ズィ》 opponent《オポウネント》 outside《アウトサイド》 the《ザ》 contest《カンテスト》 area《エアリア》	Gegner《ゲーグナァ》 außerhalb《アオサァハルブ》 der《デァ》 Kampffläche《カムプフフレッヒエ》 werfen《ヴェルフェン》
2	相手を惑わす	deceive《ディシーヴ》 the《ズィ》 opponent《オポウネント》	Gegner《ゲーグナァ》 täuschen《トイシェン》
3	青の柔道着	judo《ジュードウ》 uniform《ユーニフォーム》 of《オヴ》 blue《ブルー》 (judogi《ジュードウギ》 of《オヴ》 blue《ブルー》)	blaue《ブラオエ》 Judo-Uniform《ジュウドウ ウニフォルム》 (blaue《ブラオエ》 *Judogi*《ジュードウギ》)
4	青旗	blue《ブルー》 flag《フラッグ》	bläue《ブロイエ》 Fähnchen《フェーンヒェン》
5	赤帯	red《レッド》 belt《ベルト》	roter《ロータァ》 Gürtel《ギュルテル》
6	赤旗	red《レッド》 flag《フラック》	rotes《ローテス》 Fähnchen《フェーンヒェン》
7	足がらみ	entangled《インタングルド》 legs《レッグズ》 (*ashi-garami*《アシ ガラミ》)	gegenseitige《ゲーゲンザイティゲ》 Beinverschlüsse-《バインフェァシュリュッセ》 lung《ルング》 (A*shi-garami*《アシ ガラミ》)
8	足車	leg《レッグ》 wheel《フウィール》 throw《スロウ》 (*ashi-guruma*《アシ グルマ》)	Beinrad《バインラート》 (A*shi-guruma*《アシ グルマ》)
9	足払い	backheel《バックヒール》, tripping《トゥリッピング》	Beinstellen《バインシュテレン》
10	足技	leg《レッグ》 techniques《テクニークス》 (*ashi-waza*《アシ ワザ》)	Beinwürfe《バインヴュルフェ》 (A*shi-waza*《アシ ワザ》)
11	頭を両脚で絞める	leg《レッグ》 scissors《スィザズ》 on《オン》 head《ヘッド》	Beinschere《バインシューレ》 am《アム》 Kopf《コップフ》
12	あゆみ足	normal《ノーマル》 stepping《ステッピング》 (*ayumi-ashi*《アユミ アシ》)	normaler《ノルマーラァ》 Tritt《トゥリット》 (A*yumi-ashi*《アユミ アシ》)
13	意見	opinion《オピニヨン》	Meinung《マイヌング》
14	一本勝ち	complete《カンプリート》 win《ウィン》 (*ippon gachi*《イッポン ガチ》)	voller《フォラァ》 Punkt《プンクト》 (Ippon《イッポン》)

フランス語	ロシア語	スペイン語
projeter《プロジュテ》 son《ソン》 adversaire《アドヴェルセル》 en《アン》 dehors《ドゥオル》 de《ドゥ》 la《ラ》 surface《スュルファス》 de《ドゥ》 combat《コンバ》	бросать《ブラサーチ》 противника《プラチィーヴニカ》 за《ザ》 пределы《プリヂェールィ》 ковра《カヴラー》	proyectar《プロイエクタール》 al《アル》 oponente《オポネンテ》 fuera《フエラ》 del《デル》 área《アレア》 de《デ》 combate《コンバテ》
tromper《トロンペ》 l'adversaire《ラドヴェルセル》	обмануть《アブマヌーチ》 соперника《サピェールニカ》	engañar《エンガニャール》 al《アル》 oponente《オポネンテ》
Judo-uniforme《ジュードウ ユニフォルム》 bleu《ブル》 (judogi《ジュードウギ》 bleu《ブル》)	униформа《ウニフォールマ》 для《ドゥリャ》 дзюдо《ジュードウ》 синего《スィーニヴァ》 (дзюдоги《ジュードウギ》 синего《スィーニヴァ》)	judo-uniforme《ジュードウ ウニフォルメ》 azul《アスル》 (judogi《ジュードウギ》 azul《アスル》)
fanion《ファニオン》 bleu《ブル》	синий《スィーニイ》 флажок《フラジョーク》	bandera《バンデラ》 azul《アスル》
ceinture《サンテュル》 rouge《ルウジュ》	красный《クラースヌィイ》 пояс《ポーヤス》	cinturón《シントゥロン》 rojo《ロホ》
fanion《ファニオン》 rouge《ルウジュ》	красный《クラースヌィイ》 флажок《フラジョーク》	bandera《バンデラ》 roja《ロホ》
jambes《ジャンブ》 enchevêtrées《アンシュヴェトレ》 (*ashi-garami*《アシ ガラミ》)	переплетение《ピチプリェチェーニエ》 ног《ノーク》 (*асигарами*《アシガラミ》)	enlazamiento《エンラサミエント》 de《デ》 las《ラス》 piernas《ピエルナス》 (*ashi-garami*《アシ ガラミ》)
roue《ルゥ》 autour《オトゥル》 de《ドゥ》 la《ラ》 jambe《ジャンブ》 (*ashi-guruma*《アシ グルマ》)	《мельница》《ミエーリニツァ》 через《チェーリズ》 ногу《ナグゥー》 (*асигурума*《アシグルマ》)	《molino》《モリノ》 por《ポル》 la《ラ》 pierna《ピエルナ》 (*ashi-guruma*《アシ グルマ》)
croc-en-jambe《クロカンジャンブ》	подножка《パドゥノーシカ》	zancadilla《サンカディリア》
projections《プロジェクスィオン》 de《ドゥ》 jambes《ジャンブ》 et《エ》 de《ドゥ》 pieds《ピエ》 (*ashi-waza*《アシ ワザ》)	броски《ブラスキー》 ногами《ナガーミ》 (*асивадза*《アシワザ》)	lance《ランセ》 con《コン》 las《ラス》 piernas《ピエルナス》 (*ashi-waza*《アシ ワザ》)
ciseaux《スィゾ》 de《ドゥ》 tête《テト》	зажим《ザジーム》 ногами《ナガーミ》 головы《ガラヴィ》	presa《プレサ》 de《デ》 la《ラ》 cabeza《カベサ》 con《コン》 las《ラス》 piernas《ピエルナス》
marche《マルシュ》 normale《ノルマル》 (*ayumi-ashi*《アユミ アシ》)	основной《アスナヴノーイ》 шаг《シャーク》 (*аюмиаси*《アユミアシ》)	andar《アンダール》 normal《ノルマル》 (*ayumi-ashi*《アユミ アシ》)
opinion《オピニオン》	мнение《ムニェーニエ》	opinión《オピニオン》
victoire《ヴィクトゥワル》 par《パル》 point《プワン》 (*ippon*《イッポン》)	чистая《チースタヤ》 победа《パビェーダ》 (*иппон*《イッポン》)	punto《プント》 completo《コンプレト》 (*ippon*《イッポン》)

日本語	英語	ドイツ語
15　一本背負い投げ	one《ワン》-arm《アーム》 shoulder《ショルダァ》 throw《スロウ》 (*ippon*《イッポン》-*seoi*《セオイ》-*nage*《ナゲ》)	Einpunkt《アインプンクト》-Schulter《シュルタァ》-wurf《ヴルフ》 (*Ippon*《イッポン》-*seoi*《セオイ》-*nage*《ナゲ》)
16　《一本》の判定	assessment《アセスマント》 of《オヴ》 《*ippon*》《(イッポン)》	Vergage《フェアガーベ》 eines《アインス》 《*Ippon*》《(イッポン)》
17　ウエイトのクラス :	weight《ウェイト》 category《キャテゴーリィ》	Gewichtsklasse《ゲヴィッヒツクラッセ》
男子	man《マン》	mann《マン》
60kg級	up to《アップトゥ》 60《スィックスティ》kg《キログラムズ》	bis《ビス》 60《ゼッヒツィヒ》kg《キログランム》
66kg級	up to《アップトゥ》 66《スィックスティ スィックス》kg《キログラムズ》	bis《ビス》 66《ゼックスウントゼッヒツィヒ》kg《キログランム》
73kg級	up to《アップトゥ》 73《セヴンティ スリー》kg《キログラムズ》	bis《ビス》 73《ドライウントズィーブツィヒ》kg《キログランム》
81kg級	up to《アップトゥ》 81《エイティ ワン》kg《キログラムズ》	bis《ビス》 81《アインウントアッハツィヒ》kg《キログランム》
90kg級	up to《アップトゥ》 90《ナインティ》kg《キログラムズ》	bis《ビス》 90《ノインツィヒ》kg《キログランム》
100kg級	up to《アップトゥ》 100《ワン ハンドゥレド》kg《キログラムズ》	bis《ビス》 100《アインフンデルト》kg《キログランム》
100kg超級	over《オウヴァ》 100《ワン ハンドゥレド》kg《キログラムズ》	über《ユーバァ》 100《アインフンデルト》kg《キログランム》
女子	woman《ウマン》	frau《フラオ》
48kg級	up to《アップトゥ》 48《フォーティ エイト》kg《キログラムズ》	bis《ビス》 48《アッハトウントフィルツィヒ》kg《キログランム》
52kg級	up to《アップトゥ》 52《フィフティ トゥー》kg《キログラムズ》	bis《ビス》 52《ツヴァイウントフュンフウツィヒ》kg《キログランム》
57kg級	up to《アップトゥ》 57《フィフティ セヴン》kg《キログラムズ》	bis《ビス》 57《ズィーベンウントフュンフツィヒ》kg《キログランム》
63kg級	up to《アップトゥ》 63《スィクスティ スリー》kg《キログラムズ》	bis《ビス》 63《ドライウントゼッヒツィヒ》kg《キログランム》
70kg級	up to《アップトゥ》 70《セヴンティ》kg《キログラムズ》	bis《ビス》 70《ズィーブツィヒ》kg《キログランム》
78kg級	up to《アップトゥ》 78《セヴンティ エイト》kg《キログラムズ》	bis《ビス》 78《アッハトウントズィーブツィヒ》kg《キログランム》

フランス語	ロシア語	スペイン語
projection《プロジェクスィオン》 d'épaule《デポル》 par《パル》 un《アン》 côté《コテ》 (*ippon*《イッポン》*-seoi*《セオイ》*-nage*《ナゲ》)	чистый《チーストゥィイ》 бросок《ブラソーク》 через《チェーリス》 плечо《プレチョー》 (*иппон*《イッポン》 *сэоинагэ*《セオイ ナゲ》)	proyección《プロイエクシオン》 por《ポル》 el《エル》 hombro《オンブロ》 (*ippon*《イッポン》*-seoi*《セオイ》*-nage*《ナゲ》)
attribution《アトリビュスィオン》 de《ドゥ》 《ippon》《イッポン》	присуждение《プリスジヂェーニエ》 《иппон》《イッポン》	decisión《デシシオン》 de《デ》《ippon》《イッポン》
catégorie《カテゴリ》 de《ドゥ》 poids《プワ》	весовая《ヴィサヴァーヤ》 категория《カチゴーリヤ》	categorías《カテゴリアス》 de《デ》 peso《ペソ》
homme《オム》	мужчина《ムシシーナ》	hombre《オンブレ》
jusqu'à《ジュスクア》 60《ソワサント》kg《キログラム》	до《ダ》 60《システィーディシャティ》кг《キラグラーマフ》	hasta《アスタ》 60《セセンタ》kgs《キログラモス》
jusqu'à《ジュスクア》 66《ソワサント スィ》kg《キログラム》	до《ダ》 66《システィーディシャティ システィー》кг《キラグラーマフ》	hasta《アスタ》 66《セセンタ》kgs《キログラモス》
jusqu'à《ジュスクア》 73《ソワサントディス トルワ》kg《キログラム》	до《ダ》 73《シミーディシャティ トゥリョーフ》кг《キラグラーマフ》	hasta《アスタ》 73《セテンタ イ トゥレス》kgs《キログラモス》
jusqu'à《ジュスクア》 81《カトルヴァンアン》kg《キログラム》	до《ダ》 81《ヴァスィミーディシャティ アッヂナヴァー》кг《キラグラーマフ》	hasta《アスタ》 81《オチェンタ イ ウノ》kgs《キログラモス》
jusqu'à《ジュスクア》 90《カトルヴァンディス》kg《キログラム》	до《ダ》 90《ディヴャノースタ》кг《キラグラーマフ》	hasta《アスタ》 90《ノベンタ》kgs《キログラモス》
jusqu'à《ジュスクア》 100《サン》kg《キログラム》	до《ダ》 100《スター》кг《キラグラーマフ》	hasta《アスタ》 100《シエント》kgs《キログラモス》
plus《プリュ》 de《ドゥ》 100《サン》kg《キログラム》	свыше《スヴィーシェ》 100《スター》кг《キラグラーマフ》	más《マス》 de《デ》 100《シエント》kgs《キログラモス》
femme《ファム》	женщина《ジェーンシチナ》	mujer《ムヘル》
jusqu'à《ジュスクア》 48《カランテユイ》kg《キログラム》	до《ダ》 48《サラカー ヴァスィミー》кг《キラグラーマフ》	hasta《アスタ》 48《クァレント イ オチョ》kgs《キログラモス》
jusqu'à《ジュスクア》 52《サンカントドゥ》kg《キログラム》	до《ダ》 52《ピャティーデェチャティ ドゥヴーフ》кг《キラグラーマフ》	hasta《アスタ》 52《シンクエンタ イ ドス》kgs《キログラモス》
jusqu'à《ジュスクア》 57《サンカントセット》kg《キログラム》	до《ダ》 57《ピャティーディシャティ シミー》кг《キラグラーマフ》	hasta《アスタ》 57《シンクエンタ イ シエテ》kgs《キログラモス》
jusqu'à《ジュスクア》 63《ソワサント トルワ》kg《キログラム》	до《ダ》 63《システィーディシャティ トゥリョーフ》кг《キラグラーマフ》	hasta《アスタ》 63《セセンタ イ トゥレス》kgs《キログラモス》
jusqu'à《ジュスクア》 70《ソワサントディス》kg《キログラム》	до《ダ》 70《シミーディシャティ》кг《キラグラーマフ》	hasta《アスタ》 70《セテンタ》kgs《キログラモス》
jusqu'à《ジュスクア》 78《ソワサントディズユイ》kg《キログラム》	до《ダ》 78《シミーディシャティ ヴァスィミー》кг	hasta《アスタ》 78《セテンタ イ オチョ》kgs《キログラモス》

日本語	英語	ドイツ語
78kg超級	over《オウヴァ》 78《セヴンティ エイト》kg《キログラムズ》	über《ユーバァ》 78《アッハトウントズィーブツィヒ》kg《キログランム》
18 浮き落とし	uki《ウキ》-otoshi《オトシ》	Handwurf《ハントヴルフ》 (U*ki*《ウキ》*-otoshi*《オトシ》)
19 浮き腰	floating《フロウティング》 hip《ヒップ》 with《ウィズ》 belt《ベルト》 and《アンド》 sleeve《スリーヴ》 holds《ホウルズ》 (*uki*《ウキ》*-goshi*《ゴシ》)	Hüftschwung《ヒュフトシュヴング》 (U*ki*《ウキ》*-goshi*《ゴシ》)
20 浮き技	uki《ウキ》-waza《ワザ》	Seitkörperwurf《ザイトケルパァヴルフ》 (U*ki*《ウキ》*-waza*《ワザ》)
21 受け	competitor《カンペタタァ》 thrown《スロウン》 (*uke*《ウケ》)	Verteidiger《フェァタイディガァ》 (*Uke*《ウケ》)
22 受け身	falling《フォーリング》 (*ukemi*《ウケミ》)	Fallen《ファレン》 (*Ukemi*《ウケミ》)
23 受け身の技術	method《メソッド》 of《オヴ》 falling《フォーリング》	Falltechnik《ファルテッヒニク》
24 後ろ受け身	falling《フォーリング》 backward《バックワド》 (*ushiro*《ウシロ》*-ukemi*《ウケミ》)	Fallenrückwärts《ファレンリュックヴェルツ》 (*Ushiro*《ウシロ》*-ukemi*《ウケミ》)
25 後ろ袈裟固め	reverse《リヴァース》 scarf《スカーフ》 hold《ホウルド》 (*ushiro*《ウシロ》*-kesa*《ケサ》*-gatame*《ガタメ》)	Ushiro《ウシロ》-kesa《ケサ》-gatame《ガタメ》
26 後ろ腰	rear《リア》 loin《ロイン》 throw《スロウ》 (*ushiro*《ウシロ》*-goshi*《ゴシ》)	Rücken《リュッケン》-Hüftwurf《ヒュフトヴルフ》 (*Ushiro*《ウシロ》*-goshi*《ゴシ》)
27 打ち込み	repeated《リピーティド》 series《スィーズ》 (*uchi*《ウチ》*-komi*《コミ》)	Wurfeindrehübungen《ヴルフアインドレーユーブンゲン》 (*Uuchi*《ウチ》*-komi*《コミ》)
28 内股	inner《イナァ》 thigh《サイ》 throw《スロウ》 (*uchi*《ウチ》*-mata*《マタ》)	innerer《インネラァ》 Schenkelwurf《シェンケルヴルフ》 (Uchi《ウチ》-mata《マタ》)

フランス語	ロシア語	スペイン語
plus《プリュ》 de《ドゥ》 78《ソワサントディズユイ》kg《キログラム》	свыше《スヴィーシェ》 78《シミーディシャティ ヴァスィミー》кг《キラグラーマフ》	más《マス》 de《デ》 78《セテンタ イ オチョ》kgs《キログラモス》
déséquilibrer《デゼキリブレ》 par《パル》 à-coup《アクゥ》 (*uki-otoshi*《ウキ オトシ》)	выведение《キラグラーマフ》《ヴィヴェヂェーニエ》 из《イズ》 равновесия《ラヴナヴェースィヤ》 рывком《ルィフコーム》 (*укиотоси*《ウキオトシ》)	desequilibrar《デセキリブラール》 con《コン》 tirón《ティロン》 (*uki-otoshi*《ウキ オトシ》)
projection《プロジェクスィオン》 de《ドゥ》 hanche《アンシュ》 en《アン》 dos《ド》 (*uki-goshi*《ウキ ゴシ》)	бросок《ブラソーク》 через《チェーリズ》 бедро《ビエドゥロー》 с обхватом《サプフヴァータム》 спины《スピヌィー》 (*укигоси*《ウキゴシ》)	lance《ランセ》 con《コン》 la《ラ》 cadera《カデラ》 y《イ》 presa《プレサ》 de《デ》 la《ラ》 espalda《エスパルダ》 (*uki-goshi*《ウキ ゴシ》)
coup《クゥ》 de《ドゥ》 pied《ピエ》 en《アン》 sacrifice《サクリフィス》 (*uki-waza*《ウキ ワザ》)	передняя《ピリェードゥニャヤ》 подножка《パドゥノーシカ》 с《ス》 падением《パヂェーニエム》 (*укивадза*《ウキワザ》)	zancadilla《ザンカディリア》 delantera《デランテラ》 con《コン》 sacrificio《サクリフィシオ》 (*uki-waza*《ウキ ワザ》)
attaqué《アタケ》 (*uke*《ウケ》)	атакуемый《アタクーエムィイ》 (*укэ*《ウケ》)	competidor《コンペティドル》 atacado《アタカド》 (*uke*《ウケ》)
brise-chute《ブリズシュット》 (*ukemi*《ウケミ》)	падение《パヂェーニエ》 (*укэми*《ウケミ》)	caída《カイダ》 (*ukemi*《ウケミ》)
technique《テクニク》 de《ドゥ》 chutes《シュット》	техника《チェーフニカ》 падений《パヂェーニイ》	técnica《テクニカ》 de《デ》 caídas《カイダス》
projeté《プロジュテ》 en《アン》 arrière《アリエル》 (*ushiro-ukemi*《ウシロ ウケミ》)	падение《パヂェーニエ》 назад《ナザート》 (*усироукэми*《ウシロウケミ》)	caída《カイダ》 atrás《アトゥラス》 (*ushiro-ukemi*《ウシロ ウケミ》)
contrôle《コントロル》 arrière《アリエル》 par《パル》 le《ル》 travers《トラヴェル》 (*ushiro-kesa-gatame*《ウシロ ケサ ガタメ》)	усирокэсагатамэ《ウシロケサガタメ》	control《コントゥロル》 por《ポル》 el《エル》 costado《コスタド》 invertido《インベルティド》 (*ushiro-kesa-gatame*《ウシロ ケサ ガタメ》)
projection《プロジェクスィオン》 de《ドゥ》 hanche《アンシュ》 par《パル》 l'arrière《ラリエル》 (*ushiro-goshi*《ウシロ ゴシ》)	бросок《ブラソーク》 через《チェーリズ》 бедро《ビエドゥロー》 (*усирогоси*《ウシロゴシ》)	lance《ランセ》 con《コン》 la《ラ》 cadera《カデラ》 (*ushiro-goshi*《ウシロ ゴシ》)
séries《セリ》 (*uchi-komi*《ウチ コミ》)	повторное《パフトールナエ》 упражнение《ウプラジニェーヌエ》 (*утикоми*《ウチコミ》)	repeticiones《レペティシィオネス》 (*uchi-komi*《ウチ コミ》)
fauchage《フォシャジュ》 par《パル》l'intérieur《ランテリウル》 de《ドゥ》 la《ラ》 cuisse《キュイス》 (*uchi-mata*《ウチ マタ》)	подхват《パトゥフヴァート》 изнутри《イズヌトゥリー》 (*утимата*《ウチマタ》)	presa《プレサ》 por《ポル》 el《エル》 interior《インテリオ》 del《デル》 muslo《ムスロ》 (*uchi-mata*《ウチ マタ》)

日本語	英語	ドイツ語
29 移り腰	changing《チェインヂング》 hip《ヒップ》 throw《スロウ》 (*utsuri*《ウツリ》*-goshi*《ゴシ》)	Utsuri《ウツリ》-goshi《ゴシ》
30 腕がらみ	ude《ウデ》-garami《ガラミ》	Beugehebel《ボイゲヘーヘル》 aus《アオス》 dem《デム》 Kniestand《クニーシュタント》 (*Ude*《ウデ》*-garami*《ガラミ》)
31 （腕ひしぎ）腕固め	arm《アーム》 crush《クラッシュ》, straight《ストゥレイト》 arm《アーム》-lock《ロック》, udegatame《ウデガタメ》 (*ude*《ウデ》*-hishigi*《ヒシギ》*-* *ude*《ウデ》 *gatme*《ガタメ》)	Drehstreckhebel《ドレーシュトレックヘーベル》 mit《ミット》 beiden《バイデン》 Händen《ヘンデン》, ude《ウデ》-gatame《ガタメ》 (*Ude*《ウデ》*-hishigi*《ヒシギ》*-ude*《ウデ》 *gatme*《ガタメ》)
32 （腕ひしぎ）膝固め	knee《ニー》 arm《アーム》-jock《ジャック》, hizagatame《ヒザガタメ》 (*ude*《ウデ》*-hishigi*《ヒシギ》*-hiza*《ヒザ》*-gatame*《ガタメ》)	Doppelstreckhebel《ドッペルシュトレックヘーベル》, Hiza《ヒザ》-gatame《ガタメ》 (*Ude*《ウデ》*-hishigi*《ヒシギ》*-hiza*《ヒザ》*-gatame*《ガタメ》)
33 （腕ひしぎ）腋固め	arm《アーム》-pit《ピット》 hold《ホウルド》, waki《ワキ》-gatame《ガタメ》 (*ude*《ウデ》*-hishigi*《ヒシギ》*-waki*《ワキ》*-gatame*《ガタメ》)	Waki《ワキ》-gatame《ガタメ》, Ude《ウデ》-hishigi《ヒシギ》-waki《ワキ》-gatame《ガタメ》
34 裏投げ	rear《リア》 throw《スロウ》 (*ura*《ウラ》*-nage*《ナゲ》)	Rückenwurf《リュッケンヴルフ》 (*Ura*《ウラ》*-nage*《ナゲ》)
35 襟背負い投げ	lapel《ラベル》 shoulder《ショルダァ》 throw《スロウ》 (*eri*《エリ》*-seoi*《セオイ》*-nage*《ナゲ》)	Eri《エリ》-seoi《セオイ》-nage《ナゲ》
36 演台（プラットフォーム）	competition《カンピティシャン》 platform《プラットフォーム》	Plattform《プラットフォルム》

フランス語	ロシア語	スペイン語
contre《コントル》 de《ドゥ》 hanche《アンシュ》 avant《アヴァン》 déplacement《デプラスマン》 de《ドゥ》 hanche《アンシュ》 (*utsuri《ウツリ》-goshi《ゴシ》*)	уцуригоси《ウツリゴシ》	cambio《カンビオ》 de《デ》 cadera《カデラ》 (*utsuri《ウツリ》-goshi《ゴシ》*)
noeud《ヌ》 à《ア》 travers《トラヴェル》 (*ude《ウデ》-garami《ガラミ》*)	узел《ウズェール》 поперёк《パピリョーク》 (*удэгарами《ウデガラミ》*)	nudo《ヌド》 transversal《トゥランスベルサル》 (*ude《ウデ》-garami《ガラミ》*)
contrôle《コントロル》 avec《アヴェク》 les《レ》 bras《ブラ》, luxation《リュクサスィオン》 sur《スュル》 bras《ブラ》 tendu《タンデュ》, ude《ウデ》-gatame《ガタメ》 (*ude《ウデ》-hishigi《ヒシギ》-* *ude《ウデ》 gatme《ガタメ》*)	удэгатамэ《ウデガタメ》 (*удэхисиги《ウデヒシギ》-удэгатамэ《ウデガタメ》*)	luxación《ルクサシオン》 por《ポル》 control《コントゥロル》 del《デル》 brazo《ブラソ》, ude《ウデ》-gatame《ガタメ》 (*ude《ウデ》-hishigi《ヒシギ》-* *ude《ウデ》 gatme《ガタメ》*)
contrôle《コントロル》 par《パル》 le《ル》 genou《ジュヌゥ》, hiza《ヒザ》-gatame《ガタメ》 (*udehishigi《ウデヒシギ》-hizagatame《ヒザガタメ》*)	хидзагатамэ《ヒザガタメ》 (*удэхисиги《ウデヒシギ》-хидзагатамэ《ヒザガタメ》*)	luxación《ルクサシオン》 con《コン》 la《ラ》 rodilla《ロディリア》, hiza《ヒザ》-gatame《ガタメ》 (*ude《ウデ》-hishigi《ヒシギ》-hiza《ヒザ》-* *gatame《ガタメ》*)
contrôle《コトロル》 par《パル》 l'aisselle《レセル》, waki《ワキ》-gatame《ガタメ》 (*ude-hishigi《ウデヒシギ》-waki-gatame《ワキガタメ》*)	вакигатамэ《ワキガタメ》 (*удэхисиги《ウデヒシギ》-вакигатамэ《ワキガタメ》*)	luxación《ルクサシオン》 con《コン》 la《ラ》 axila《アクシラ》, waki《ワキ》-gatame《ガタメ》 (*ude《ウデ》-hishigi《ヒシギ》-waki《ワキ》-gatame《ガタメ》*)
projection《プロジェクスィオン》 en《アン》 arrière《アリエル》 (*ura《ウラ》-nage《ナゲ》*)	бросок《ブラソーク》 через《チェーリズ》 грудь《グルーチ》 (уранагэ《ウラナゲ》)	lance《ランセ》 de《デ》 pecho《ペチョ》 (*ura《ウラ》-nage《ナゲ》*)
projection《プロジェクスィオン》 par《パル》 dessus《ドゥスュ》 l'épaule《レポル》 et《エ》 par《パル》 le《ル》 côte《コテ》 (*eri《エリ》-seoi《セオイ》-nage《ナゲ》*)	бросок《ブラソーク》 захватом《ザフヴァータム》 за《ザ》 отворот《アトゥヴァロート》 куртки《クゥールトゥキ》 (*эрисэоинагэ《エリセオイナゲ》*)	proyección《プロイエクシオン》 sobre《ソブレ》 el《エル》 hombro《オンブロ》 por《ポル》 un《ウン》 costado《コスタド》 (*eri《エリ》-seoi《セオイ》-nage《ナゲ》*)
plate-forme《プラトフォルム》	помост《パモースト》	plataforma《プラタフォルマ》

日本語	英語	ドイツ語
37 大内刈り	major《メチャ》 inner《インナァ》 reaping《リーピング》 throw《スロウ》 (*o*《オー》-*uchi*《ウチ》-*gari*《ガリ》)	große《グローセ》 Innensichel《インネンズィッヒエル》 (O《オー》-*uchi*《ウチ》-*gari*《ガリ》)
38 大車	major《メチャ》 wheel《フウィール》 (*o*《オー》-*guruma*《グルマ》)	großes《グローセス》 Rad《ラート》 (*O*《オー》-*guruma*《グルマ》)
39 大腰	major《メチャ》 hip《ヒップ》 throw《スロウ》 (*o-goshi*《オーゴシ》)	großer《グローサァ》 Hüftwurf《フュフトヴルフ》 (*O-goshi*《オーゴシ》)
40 大外落し	major《メチャ》 outer《アウタァ》 drop《ドゥラップ》 (*o*《オー》-*soto*《ソト》-*otoshi*《オトシ》)	O《オー》-soto《ソト》-otoshi《オトシ）》
41 大外刈り	major《メチャ》 outer《アウタァ》 reaping《リーピング》 throw《スロウ》 (*o*《オー》-*soto*《ソト》-*gari*《ガリ》)	große《グローセ》 Außensichel《アオセンズィッヒエル》 (*O*《オー》-*soto*《ソト》-*gari*《ガリ》)
42 大外車	major《メチャ》 outer《アウタァ》 wheel《フウィール》 (*o*《オー》-*soto*《ソト》-*guruma*《グルマ》)	großes《グローセス》 Außenrad《アオセンラート》 (*O*《オー》-*soto*《ソト》-*guruma*《グルマ》)
43 送り足払い	sliding《スライディング》 two《トゥー》-foot《フット》 sweep《スウィープ》 (*okuri*《オクリ》-*ashi*《アシ》-*barai*《バライ》)	Fußnachfeger《フースナーハフェーガァ》 (*Okuri*《オクリ》-*ashi*《アシ》-*barai*《バライ》)
44 送り襟絞め	sliding《スライディング》 collar《カラァ》 strangle《ストゥラングル》 (*okuri*《オクリ》-*eri*《エリ》-*jime*《ジメ》)	Kragenwürgen《クラーゲンヴュルゲン》 (*Okuri*《オクリ》-*eri*《エリ》-*jime*《ジメ》)
45 抑え込み	holding《ホウルディング》 (*osae*《オサエ》-*komi*《コミ》)	Festhaltegriff《フェストハルテグリッフ》 (*Osae*《オサエ》-*komi*《コミ》)
46 抑え込みがとけた	hold《ホウルド》-down《ダウン》 broken《ブロークン》 (*osae*《オサエ》-*komi*《コミ》-*toketa*《トケタ》)	Haltegriff《ハルテグリッフ》 aus《アオス》 (*Osae*《オサエ》-*komi*《コミ》-*toketa*《トケタ》)
47 抑え込みの時間	duration《デュレイシャン》 of《オヴ》 hold《ホウルド》-down《ダウン》	Festhaltedauer《フェストハルテンダオアァ》

フランス語	ロシア語	スペイン語
petit accrochage《プティタクロシャジュ》 intérieur《アンテリウル》 (*o-uchi-gari*)《（オー ウチ ガリ）》	зацеп《ザツェープ》 изнутри《イズヌトゥリー》 (*оутигари*)《（オーウチガリ）》	enganche《エンガンチェ》 interior《インテリオル》 (*o-uchi-gari*)《（オー ウチ ガリ）》
grand enroulement《グランタンルゥルマン》 (*o-guruma*)《（オー グルマ）》	большое《バリショーエ》 колесо《カレソー》 (огурума)《（オーグルマ）》	gran《グラン》 rueda《ルエダ》 (*o-guruma*)《（オー グルマ）》
projection《プロジェクスィオン》 de《ドゥ》 hanche《アンシュ》 et《エ》 bras《ブラ》 roulé《ルゥレ》 par-dessus《パルドゥスュ》 l'épaule《レポル》 (*o-goshi*)《（オー ゴシ）》	бросок《ブラソーク》 через《チェーリズ》 спину《スピヌー》 и《イ》 бедро《ビエドゥロー》 с《ズ》 захватом《ザフヴァータム》 руки《ルキー》 под《パト》 плечо《プリェチョー》 (*огоси*)《（オーゴシ）》	lance《ランセ》 por《ポル》 la《ラ》 espalda《エスパルダ》 y《イ》 cadera《カデラ》 con《コン》 presa《プレサ》 del《デル》 brazo《ブラソ》 por《ポル》 debajo《デバホ》 del《デル》 hombro《オンブロ》 (*o-goshi*)《（オー ゴシ）》
grand《グラン》 renversement《ランヴェルスマン》 extérieur《エクステリウル》 (*o-soto-otoshi*)《（オー ソト オトシ）》	осотоотоси《オーソトオトシ》	gran《グラン》 caída《カイダ》 exterior《エステリオル》 (*o-soto-otoshi*)《（オー ソト オトシ）》
grand《グラン》 fauchage《フォシャジュ》 extérieur《エクステリウル》 (*o-soto-gari*)《（オー ソト ガリ）》	отхват《アトゥフヴァート》 (*осотогари*)《（オーソトガリ）》	presa《プレサ》 mayor《マヨル》 exterior《エステリオル》 (*o-soto-gari*)《（オー ソト ガリ）》
grand enroulement《グランタンルゥルマン》 arrière《アリエル》 (*o-soto-guruma*)《（オー ソト グルマ）》	большой《バリショーイ》 задний《ザードゥニイ》 подхват《パトゥフヴァート》 под《パドゥ》 две《ドゥヴェー》 ноги《ナギー》 (*осотогурума*)《（オーソトグルマ）》	gran《グラン》 rueda《ルエダ》 exterior《エステリオル》 (*o-soto-guruma*)《（オー ソト グルマ）》
balayé《バレィエ》 de《ドゥ》 deux《ドゥ》 pieds《ピエ》 (*okuri-ashi-barai*)《（オクリ アシ バライ）》	боковая《バカヴァーヤ》 подсечка《パトゥシェーチカ》 под《パドゥ》 две《ドゥヴェー》 ноги《ナギー》 (*окуриасибарай*)《（オクリアシバライ）》	barrida《バリダ》 lateral《ラテラル》 de《デ》 los《ロス》 dos《ドス》 pies《ピエス》 (*okuri-ashi-barai*)《（オクリ アシ バライ）》
étranglement《エトラングルマン》 en《アン》 glissant《グリサン》 à《ア》 revers《ルヴェル》 (*okuri-eri-jime*)《（オクリ エリ ジメ）》	удушение《ウドゥシェーニエ》 отворотом《アトゥヴァロータム》 сзади《ズザーディ》 (*окуриэридзимэ*)《（オクリエリジメ）》	estrangulación《エストゥラングラシオン》 por《ポル》 detrás《デトゥラス》 con《コン》 la《ラ》 solapa《ソラパ》 (*okuri-eri-jime*)《（オクリ エリ ジメ）》
immobilisation《イムモビリザスィオン》 (*osae-komi*)《（オサエ コミ）》	удержание《ウヂェルジャーニエ》 (*осаэкоми*)《（オサエコミ）》	inmovilización《インモビリサシオン》 (*osae-komi*)《（オサエ コミ）》
《immobilisation《イムモビリザスィオン》 interrompue《アンテロンプュ》 !》 (*osaekomi-toketa*)《（オサエコミ トケタ）》	ушл《ウショール》 от《アトゥ》 удержания《ヂェルジャーニエ》 (*осаэкоми токэта*)《（オサエコミ トケタ）》	burlar《ブルラール》 la《ラ》 inmovilización《インモビリサシオン》 (*osaekomi-toketa*)《（オサエコミ トケタ）》
durée《デュレ》 d'immobilisation《ディムモビリザスィオン》	продолжительность《プラダルジーチリナスチ》 удержания《ウヂィルジャーニヤ》	duración《ドゥラシオン》 de《デ》 la《ラ》 inmovilización《インモビリサシオン》

日本語	英語	ドイツ語
48 抑え込み技	hold《ホウルド》-down《ダウン》 technique《テクニーク》 (*osaekomi《オサエコミ》-waza《ワザ》*)	Festlegungstechniken《フェストレグングングステッヒニケン》 (*Osae《オサエ》komi《コミ》-waza《ワザ》*)
49 帯	belt《ベルト》 (*obi*《オビ》)	Gürtel《ギュルテル》 (*Obi*《オビ》)
50 帯落とし	overturning《オウヴァターニング》 (*obi《オビ》-otoshi《オトシ》*)	Obi《オビ》-otoshi《オトシ》
51 帯の結び	belt《ベルト》 knot《ナット》	Gürtelknoten《ギュルテルクノーテン》
52 折り襟	lapel《ラベル》	Jackenaufschlag《ヤッケンアオフシュラーク》
53 返し技	counter《カウンタア》-throw《スロウ》	Gegenwurf《ゲーゲンヴルフ》
54 返す	turn《ターン》 over《オウヴァ》	überwerfen《ユーバァヴェルフェン》
55 格闘を繰り返す	repeat《リピート》 the《ザ》 contest《カンテスト》	Kampf《カンプフ》 wiederholen《ヴィーダァホーレン》
56 掛け	throw《スロウ》 (*kake*《カケ》)	Niederwurf《ニーダァヴルフ》 (Kake《カケ》)
57 形	kata《カタ》	Kata《カタ》
58 肩固め	shoulder《ショルダァ》 scarf《スカーフ》 hold《ホウルド》-down《ダウン》 (*kata《カタ》-gatame《ガタメ》*)	schulterschärpe《シュルタァシェルペ》 (*Kata《カタ》-gatame《ガタメ》*)
59 肩車	lifting《リフエィング》 shoulder《ショウルダァ》 throw《スロウ》 (*kata《カタ》-guruma《グルマ》*)	schulterrad《シュルタァラート》 (*Kata《カタ》-guruma《グルマ》*)
60 肩十字絞め	combined《コンバインド》 cross《クロス》 strangle《ストゥラングル》 (*kata《カタ》-juji《ジュージ》-jime《ジメ》*)	mischkreuzwürgen《ミッシュクロイツヴュルゲン》 (*Kata《カタ》-juji《ジュージ》-jime《ジメ》*)

柔道

フランス語	ロシア語	スペイン語
technique《テクニク》 d'immobilisation《ディムモビリザスィオン》 (*osaekomi-waza*《オサエコミ　ワザ》)	техники《チェーフニキ》 удержания《ウヂィルジャーニヤ》 (*осаэкомивадза*《オサエコミワザ》)	técnica《テクニカ》 de《デ》 inmovilización《インモビリサシオン》 (*osaekomi-waza*《オサエコミ　ワザ》)
ceinture《サンテュル》 (*obi*《オビ》)	пояс《ポーヤス》 (*оби*《オビ》)	cinturón《シントゥロン》 (*obi*《オビ》)
renversement《ランヴェルスマン》 (*obi-otoshi*《オビ　オトシ》)	переворот《ピリヴァロート》 (*обиотоси*《オビオトシ》)	volteo《ボルテオ》, voltereta《ボルテレタ》 (*obi-otoshi*《オビ　オトシ》)
noeud《ヌ》 de《ドゥ》 ceinture《サンテュル》	узел《ウージル》 пояса《ポーヤサ》	nudo《ヌド》 del《デル》 cinturón《シントゥロン》
revers《ルヴェル》 de《ドゥ》 la《ラ》 veste《ヴェスト》	отворот《アトゥヴァロート》 куртки《クールトゥキ》	solapa《ソラパ》 de《デ》 la《ラ》 chaqueta《チャケタ》
contre《コントル》-coup《クゥ》	ответный《アトゥヴェートゥヌィイ》 бросок《ブラソーク》	contraproyección《コントゥラプロイエクシオン》
renverser《ランヴェルセ》	перевёртывать《ピリビョールトゥィヴァチ》	voltear《ボルテアール》
reprendre《ルプランドル》 le《ル》 combat《コンバ》	повторить《パフタリーチ》 борьбу《バリブゥー》	repetir《レペティール》 el《エル》 combate《コンバテ》
projection《プロジェクスィオン》 (*kake*《カケ》)	бросок《ブラソーク》 (*каке*《カケ》)	lance《ランセ》 (*kake*《カケ》)
kata《カタ》	ката《カタ》	kata《カタ》
contrôle《コントロル》 en《アン》 écharpe《エシャルプ》 de bras《ドゥブラ》 et《エ》 de《ドゥ》 tête《テト》 (*kata-gatame*《カタ　ガタメ》)	удержание《ウヂェルジャーニエ》 сбоку《ズボークゥ》 с《ズ》 захватом《ザフヴァータム》 руки《ルキー》 и《イ》 головы《ガラヴィー》 (*катагатамэ*《カタガタメ》)	inmovilización《インモビリサシオン》 por《ポル》 el《エル》 costado《コスタド》 con《コン》 presa《プレサ》 de《デ》 brazo《ブラソ》 y《イ》 la《ラ》 cabeza《カベサ》 (*kata-gatame*《カタ　ガタメ》)
《charge《シャルジュ》 sur《スユル》 les épaules《レエポル》》 (*kata-guruma*《カタ　グルマ》)	《мельница《ミエーリニツァ》》 (*катагурума*《カタグルマ》)	rueda《ルエダ》 por《ポル》 el《エル》 hombro《オンブロ》 (*kata-guruma*《カタ　グルマ》)
étranglement《エトラングルマン》 par prise《パルプリズ》 croisée《クルクァゼ》 directe《ディレクト》 et《エ》 indirected'avant《アンディレクトダヴァン》-bras《ブラ》 (*kata-juji-jime*《カタ　ジユージ　ジメ》)	удушение《ウドゥシェーニエ》 пред-плечьями《プリドゥプリェーチヤミ》 накрест《ナークリエスト》 прямым《プリエムィーム》 и《イ》 обратным《アブラートゥヌィム》 захватом《ザフヴァータム》 (*катадзюдзидзимэ*《カタジュージジメ》)	estrangulación《エストゥラングラシオン》 con《コン》 los《ロス》 antebrazos《アンテブラソス》 cruzados《クルサドス》 en《エン》 presa《プレサ》 directa《ディレクタ》 e《エ》 inversa《インベルサ》 (*kata-juji-jime*《カタ　ジュージ　ジメ》)

日本語	英語	ドイツ語
61 片手絞め	one《ワン》 hand《ハンド》 strangle《ストゥラングル》 (*kata*《カタ》-*te*《テ》-*jime*《ジメ》)	Armschulterwürgen《アルムシュルタァヴュルゲン》 (*Kata*《カタ》-*te*《テ》-*jime*《ジメ》)
62 片羽絞め	back《バック》 shoulder《ショルダァ》 strangle《ストゥラングル》 (*kata*《カタ》-*ha*《ハ》-*jime*《ジメ》)	Hinteres《ヒンテレス》 Schulterwürgen《シュルタァヴェルゲン》 (*Kata*《カタ》-*ha*《ハ》-*jime*《ジメ》)
63 固め技	grapping《グラプリング》 technique《テクニーク》 (*katame*《カタメ》-*waza*《ワザ》)	Festhaltegriff《フェストハルテグリッフ》 (*Katame*《カタメ》-*waza*《ワザ》)
64 構え	posture《パスチャ》, stance《スタンス》	Stellung《シュテルング》
65 上四方固め	upper《アパァ》 four-quarter《フォークウォータァ》 hold《ホウルド》-down《ダウン》 (*kami*《カミ》-*shiho*《シホー》-*gatame*《ガタメ》)	oberer《オーベラァ》 Vierer《フィーラァ》 (*Kami*《カミ》-*shiho*《シホー》-*gatame*《ガタメ》)
66 かわず掛け	throw《スロウ》 with《ウィズ》 interweave《インタァウィーヴ》 (*kawazu*《カワズ》-*gake*《ガケ》)	Werfen《ヴェルフェン》, indem《インデーム》 man《マン》 ein《アイン》 Bein《バイン》 um《ウム》 das《ダス》 Bein《バイン》 es《デス》 Gegners《ゲーグナァス》 schlingt《シュリングト》 (*Kawazu*《カワズ》-*gake*《ガケ》)
67 関節技	locking《ラッキング》 techniques《テクニークス》 (*kansetsu*《カンセツ》-*waza*《ワザ》)	Hebeltechniken《ヘベルテッヒニケン》 (*Kansetsu*《カンセツ》-*waza*《ワザ》)
68 棄権勝ち	win《ウィン》 by《バイ》 withdrawal《ウィズドゥローアル》 (*kiken*《キケン》-*gachi*《ガチ》)	Sieg《スィーク》 durch《ドゥルヒ》 Aufgabe《アオフガーベ》 (*Kiken*《キケン》-*gachi*《ガチ》)
69 逆十字絞め	reverse《リヴァース》 cross《クロス》 strangle《ストゥラングル》 (*gyaku*《ギャク》-*juji*《ジュージ》-*jime*《ジメ》)	Gyaku《ギャク》-juji《ジュージ》-jime《ジメ》

フランス語	ロシア語	スペイン語
étranglement《エトラングルマン》 avec《アヴェク》 une《ユヌ》 main《マン》 (*kata《カタ》-te《テ》-jime《ジメ》*)	удушение《ウドゥシェーニエ》 рукой《ルコーイ》 (*кататэдзиме《カタテジメ》*)	estrangulación《エストゥラングラシオン》 con《コン》 una《ウナ》 mano《マノ》 (*kata《カタ》-te《テ》-jime《ジメ》*)
variante《ヴァリアント》 d'étranglement《デトラングルマン》 en《アン》 glissant à《グリサンア》 revers《ルヴェル》 (*kata《カタ》-ha《ハ》-jime《ジメ》*)	удушение《ウドゥシェーニエ》 отворотом《アトゥヴァロータム》 сзади《ズザーディ》, приподнимая《プリパドゥニマーヤ》 руку《ルゥークゥー》 (*катахадзимэ《カタハジメ》*)	estrangulación《エストゥラングラシオン》 por《ポル》 detrás《デトゥラス》 con《コン》 la《ラ》 solapa《ソラパ》 por《ポル》 debajo《デバホ》 del《デル》 brazo《ブラソ》 (*kata《カタ》-ha《ハ》-jime《ジメ》*)
technique《テクニク》 de《ドゥ》 contrôle《コントロル》 (*katame《カタメ》-waza《ワザ》*)	приём《プリヨーム》 на《ナ》 удержание《ウヂェルジャーニエ》 (*катамэвадза《カタメワザ》*)	técnica《テクニカ》 de《デ》 control《コントロル》 (*katame《カタメ》-waza《ワザ》*)
position《ポズィスィオン》 debout《ドゥブゥ》	стойка《ストーイカ》	posición《ポシシオン》
contrôle《コントロル》 des《デ》 quatre《カトル》 points《プワン》 par《パル》 l'arrière《ラリエル》 (*kami《カミ》-shiho《シホー》-gatame《ガタメ》*)	удержание《ウヂェルジャーニエ》 со《サ》 стороны《スタラヌィー》 головы《ガラヴィー》 с《ズ》 захватом《ザフヴァータム》 пояса《ポーヤサ》 (*камисихогатамэ《カミシホーガタメ》*)	inmovilización《インモビリサシオン》 por《ポル》 el《エル》 lado《ラド》 de《デ》 la《ラ》 cabeza《カベサ》 y《イ》 presa《プレサ》 de《デ》 la《ラ》 chaqueta《チャケタ》 (*kami《カミ》-shiho《シホー》-gatame《ガタメ》*)
projection《プロジェクスィオン》 avec《アヴェク》 entourement《アントゥレマン》 (*kawazu《カワズ》-gake《ガケ》*)	бросок《ブラソーク》 обвивом《アブヴィーヴァム》 (*кавадзугакэ《カワズガケ》*)	lance《ランセ》 entrelazando《エントゥレラサンド》 al《アル》 oponente《オポネンテ》 (*kawazu《カワズ》-gake《ガケ》*)
clés《クレ》 d'articulation《ダルティキュラスィオン》 (*kansetsu《カンセツ》-waza《ワザ》*)	болевые《バリヴィーエ》 приёмы《プリヨームィ》 (*кансэцувадза《カンセツワザ》*)	presas《プレサ》 de《デ》 tortura《トルトゥラ》 (*kansetsu《カンセツ》-waza《ワザ》*)
victoire《ヴィクトゥワル》 par《パル》 abandon《アバンドン》 (*kiken《キケン》-gachi《ガチ》*)	поеда《パビェーダ》 ввиду《ヴヴィドゥー》 отказа《アトゥカーザ》 противника《プラチィーヴニカ》 (*кикэнгати《キケンガチ》*)	victoria《ビクトリア》 por《ポル》 abandono《アバンドノ》 (*kiken《キケン》-gachi《ガチ》*)
étranglement《エトラングルマン》 croisé《クルワゼ》, paumes《ポム》 vers《ヴェル》 le《ル》 haut《オ》 (*gyaku《ギャク》-juji《ジュージ》-jime《ジメ》*)	гякудзюдзидзимэ《ギャクジュージジメ》	estrangulación《エストゥラングラシオン》 cruzada《クルサダ》 con《コン》 manos《マノス》 vueltas《ブエルタス》 (*gyaku《ギャク》-juji《ジュージ》-jime《ジメ》*)

	日本語	英語	ドイツ語
70	級	beginner's《ビギナーズ》 grade《グレイド》 (*kyu*《キュウ》)	Schülergrad《シューラァグラート》 (*Kyu*《キュウ》)
71	境界帯	danger《ディンヂャ》 area《エアリア》	Warnfläche《ヴァルンフレッヒエ》
72	禁止動作	prohibited《プロッヒビティド》 acts《アクツ》	verbotene《フェアボーテネ》 Handlungen《ハントルンゲン》
73	禁止技	prohibited《プロッヒビティド》 technique《テクニーク》	verbotener《フェアボーテネル》 Griff《グリッフ》
74	組み方	hold《ホウルド》 (*kumi*《クミ》-*kata*《カタ》)	normale《ノルマール》 Faßart《ファスアールト》 (*Kumi*《クミ》-*kata*《カタ》)
75	崩し	breaking《ブレイキング》 of《オヴ》 baance《バランス》 (*kuzushi*《クズシ》)	Stören《シュテレン》 des《デス》 Gleichgewichts《グライヒゲヴィッヒツ》 (*Kuzushi*《クズシ》)
76	崩れ上四方固め	modified《マダファイド》 upper《アパァ》 four《フォー》-quarter《クウォータァ》 hold《ホウルド》-down《ダウン》 (*kuzure*《クズレ》-*kami*《カミ》-*shiho*《シホー》-*gatame*《ガタメ》)	Lockerer《ロッケラァ》 oberer《オーベラァ》 Vierer《フィーラァ》 (K*uzure*《クズレ》-*kami*《カミ》-*shiho*《シホー》-*gatame*《ガタメ》)
77	崩れ袈裟固め	modified《マディファイド》 scarf《スカーフ》 or《オァ》 cross《クロス》-chest《チエスト》 hold《ホウルド》-down《ダウン》 (*kuzure*《クズレ》- *kesa*《ケサ》- *gatame*《ガタメ》)	gelockerte《ゲロッケルテ》 Schärpe《シエルペ》 (K*uzure*《クズレ》- *kesa*《ケサ》- *gatame*《ガタメ》)
78	首を両脚で絞める	leg《レッグ》 scissors《スイザス》 on《オン》 neck《ネック》	Beinschere《バインシェーレ》 am《アム》 Hals《ハルス》
79	黒帯	black《ブラック》 belt《ベルト》	schwarzer《シュヴァルツァ》 Gürtel《ギュルテル》
80	警告	warning《ウォーニング》 (*keikoku*《ケイコク》)	Verwarnung《フェアヴァルヌング》 (*Keikoku*《ケイコク》)
81	計量リスト	minutes《ミニッツ》 of《オヴ》 weighing《ウエイイング》-in《イン》	Wiegekarte《ヴィーゲカルテ》

フランス語	ロシア語	スペイン語
degré《ドゥグレ》 de《ドゥ》 débutant《デビュタン》 (*kyu*《キュウ》)	степень《スチェーピェニ》 новичок《ナヴィチョーク》 (*кю*《キュウ》)	grado《グラド》 de《デ》 principiante《プリンシピアンテ》 (*kyu*《キュウ》)
zone《ゾヌ》 de《ドゥ》 danger《ダンジェ》	зона《ゾーナ》 опасности《アパースナスチィ》, цветная《ツヴェトゥナーヤ》 полоса《パラサー》	zona《ソナ》 de《デ》 peligro《ペリグロ》
actes《アクト》 prohibés《プロイベ》	запрещённые《ザプリシチョーンヌィエ》 действия《ヂェーイストゥヴィヤ》	actos《アクトス》 prohibidos《プロイビドス》
technique《テクニク》 prohibée《プロイベ》	запрещённый《ザプリシチョーンヌィイ》 приём《プリヨーム》	técnica《テクニカ》 prohibida《プロイビダ》
prise《プリズ》 (*kumi*《クミ》-*kata*《カタ》)	захват《ザフヴァート》 (*кумиката*《クミカタ》)	presa《プレサ》 (*kumi*《クミ》-*kata*《カタ》)
déséquilibrer《デゼキリブレ》 (*kuzushi*《クズシ》)	выведение《ヴィヴェヂェーニエ》 из《イズ》 равновесия《ラヴナヴェースィヤ》 (*кудзуси*《クズシ》)	desequilibrar《デセキリブラール》 (*kuzushi*《クズシ》)
variante《ヴァリアント》 du《デュ》 contrôle《コントロル》 des《デ》 quatre《カトル》 points《プワン》 par《パル》 l'arrière《ラリエル》 (*kuzure*《クズレ》-*kami*《カミ》-*shiho*《シホー》-*gatame*《ガタメ》)	удержание《ウヂィルジャーニエ》 со《サ》 стороны《スタラヌィー》 головы《ガラヴィー》 с《ズ》 захватом《ザフヴァータム》 рук《ルーク》 и《イ》 пояса《ポーヤサ》 (*кудзурэкамисихо*《クズレ カミシホー》 *гатамэ*《ガタメ》)	inmovilización《インモビリサシオン》 por《ポル》 el《エル》 lado《ラド》 de《デ》 la《ラ》 cabeza《カベサ》 con《コン》 presa《プレサ》 de《デ》 los《ロス》 brazos《ブラソス》 y《イ》 el《エル》 cinturón《シントゥロン》 (*kuzure*《クズレ》-*kami*《カミ》-*shiho*《シホー》-*gatame*《ガタメ》)
variante《ヴァリアント》 du《デュ》 contrôle《コントロル》 en《アン》 écharpe《エシャルプ》 (*kuzure*《クズレ》- *kesa*《ケサ》- *gatame*《ガタメ》)	удержание《ウジルジャーニエ》 сбоку《ズボークゥ》 с《ズ》 захватом《ザフヴァータム》 одежды《アヂェージドゥィ》 и《イ》 руки《ルキー》 (кудзурэкэсагатамэ《クズレケサガタメ》)	inmovilización《インモビリサシオン》 por《ポル》 el《エル》 costado《コスタド》 con《コン》 presa《プレサ》 de《デ》 la《ラ》 chaqueta《チャケタ》 y《イ》 el《エル》 brazo《ブラソ》 (*kuzure*《クズレ》- *kesa*《ケサ》- *gatame*《ガタメ》)
ciseaux《スィゾ》 de《ドゥ》 cou《クゥ》	зажим《ザジーム》 ногами《ナガーミ》 шеи《シェーイ》	presa《プレサ》 del《デル》 cuello《クエリォ》 con《コン》 las《ラス》 piernas《ピエルナス》
ceinture《サンテュル》 noire《ヌワル》	чёрный《チョールヌィイ》 пояс《ポーヤス》	cinturón《シントゥロン》 negro《ネグロ》
avertissement《アヴェルティスマン》 (*keikoku*《ケイコク》)	официальное《アフィツィアーリナエ》 предупреждение《プリドゥプリジヂェーニエ》 (*кэикоку*《ケイコク》)	advertencia《アドゥベルテンシア》 oficial《オフィシアル》 (*keikoku*《ケイコク》)
feuille《フゥユ》 de《ドゥ》 pesage《プザジュ》	протокол《プラタコール》 взвешивания《ヴズヴェーシヴァニヤ》	acta《アクタ》 de《デ》 pesaje《ペサヘ》

日本語	英語	ドイツ語
82 袈裟固め	scarf《スカーフ》 or《オア》 cross《クロス》-chest《チェスト》 hold《ホウルド》-down《ダウン》 (k*esa《ケサ》-gatame《ガタメ》*)	Schärpe《シエルペ》 (K*esa《ケサ》-gatame《ガタメ》*)
83 減量	reducing《リデュースィング》 of《オヴ》 weight《ウエイト》	Gewichtmachen《ゲヴィッヒトマッヘン》
84 故意に服装を乱すこと	intentional《インテンシャヌル》 disarrangement《ディスアレインジマント》 of《オヴ》 a《ア》 judo《ジュードー》 costume《カストゥーム》	absichtliches《アップズィッヒトゥリヘス》 Bringen《ブリンゲン》 des《デス》 Judo《ジュードー》-Anzuges《アンツーゲス》 in《イン》 Unordnung《ウンオルドヌング》
85 効果	koka《コーカ》	Koka《コーカ》
86 《効果》の判定	assessment《アセスマント》 of《オヴ》 《koka》《コーカ》	Vergabe《フェアガーベ》 von《フォン》 《Koka》《コーカ》
87 小内刈り	minor《マイナァ》 inner《イナァ》 reaping《リーピング》 throw《スロウ》 (*ko《コ》-uchi《ウチ》-gari《ガリ》*)	kleine《クライネ》 Innensichel《インネンズィッヒエル》 (*Ko《コ》-uchi《ウチ》-gari《ガリ》*)
88 五教	gokyo《ゴキョー》	Gokyo《ゴキョー》
89 国際柔道連盟	International《インタナショヌル》 Judo《ジュードー》 Federation《フェデレイシャン》 (IJF《アイジェエフ》)	Internationale《インテルナツィオナーレ》 Judo《ジュードー》- Föderation《フェデラツィオーン》 (IJF《イイヨットエフ》)
90 腰車	hip《ヒップ》 wheel《フウィール》 throw《スロウ》 (*koshi《コシ》-guruma《グルマ》*)	Hüftrad《ヒュフトラート》 (*Koshi《コシ》-guruma《グルマ》*)
91 腰技	hip《ヒップ》 throws《スロウズ》 (*koshi《コシ》-waza《ワザ》*)	Hüftwürfe《ヒュフトラート》 (*Koshi《コシ》-waza《ワザ》*)
92 小外掛け	minor《マイナァ》 outer《アウタァ》 hooking《フッキング》 throw《スロウ》 (*ko《コ》-soto《ソト》-gake《ガケ》*)	kleiner《クライナァ》 Außenzug《アオセンツーク》 (*Ko《コ》-soto《ソト》-gake《ガケ》*)
93 小外刈り	minor《マイナァ》 outer《アウタァ》 reaping《リーピング》 throw《スロウ》 (*ko《コ》-soto《ソト》-gari《ガリ》*)	kleine《クライネ》 Außensichel《アオズィッヒエル》 (*Ko《コ》-soto《ソト》-gari《ガリ》*)

フランス語	ロシア語	スペイン語
contrôle《コントロル》 en《アン》 écharpe《エシャルプ》 (k*esa*《ケサ》-*gatame*《ガタメ》)	удержание《ウヂルジャーニエ》 сбоку《ズボークゥ》 (*кэсагатамэ*《ケサガタメ》)	inmovilisación《インモビリサシオン》 por《ポル》 el《エル》 costado《コスタド》 (k*esa*《ケサ》-*gatame*《ガタメ》)
perte《ペルト》 forcée《フォルセ》 du《デュ》 poids《プワ》	сгонка《ズゴーンカ》 веса《ヴェーサ》	perdida《ペルディダ》 forzada《フォルサダ》 de《デ》 peso《ペソ》
défaire《デフェル》 intentonnellement《アンタンスィオネルマン》 le《ル》 judogi《ジュードーギ》	умышленное《ウムィーシリェンナエ》 приведение《プリヴェチェーニエ》 костюма《カスチューマ》 в《ヴ》 беспорядок《ビスパリャーダク》	desarreglo《デサレグロ》 intencional《インテンシオナル》 del《デル》 traje《トゥラヘ》
action《アクスィオン》 technique《テクニク》 (*koka*《コーカ》)	техническое《チフニーチスカエ》 действие《チェーイストゥヴィエ》 (кока《コーカ》)	acción《アクシオン》 técnica《テクニカ》 (*koka*《コーカ》)
attribution《アトリビュスィオン》 de《ドゥ》 《koka》《コーカ》	присуждение《プリスジチェーニエ》 《koka》《コーカ》	decisión《デシシオン》 de《デ》 《koka》《コーカ》
petit《プティ》 fauchage《フォシャジュ》 intérieur《アンテリウル》 (*ko*《コ》-*uchi*《ウチ》-*gari*《ガリ》)	подсечка《パトゥシェーチカ》 изнутри《イズヌトゥリー》 (*коутигари*《コウチガリ》)	barrida《バリダ》 corta《コルタ》 por《ポル》 dentro《デントゥロ》 (*ko*《コ》-*uchi*《ウチ》-*gari*《ガリ》)
gokyo《ゴキョー》	гокё《ゴキョー》	gokyo《ゴキョー》
Fédération《フェデラスィオン》 Internationale《アンテルナスィオナル》 de《ドゥ》 Judo《ジュードー》 (FIJ《フィジ》)	Международная《ミジドゥナロードゥナヤ》 федерация《フェチェラーツィヤ》 дзюдо《ジュードー》 (МФД《エームエーフデー》)	Federación《フェデラシオン》 Internacional《インテルナシオナル》 de《デ》 Judo《ジュードー》 (FIJ《フィフ》)
hanche《アンシュ》 enroulée《アンルゥレ》 (*koshi*《コシ》-*guruma*《グルマ》)	бросок《ブラソーク》 через《チェーリズ》 бедро《ビエドゥロー》 с《ズ》 захватом《ザフヴァータム》 отворота《アトゥヴァロータ》 (*косигурума*《コシグルマ》)	rueda《ルエダ》 por《ポル》 la《ラ》 cadera《カデラ》 (*koshi*《コシ》-*guruma*《グルマ》)
projections《プロジェクスィオン》 de《ドゥ》 hanche《アンシュ》 (*koshi*《コシ》-*waza*《ワザ》)	броски《ブラソーク》 бедром《ビエドゥローム》 (*косивадза*《コシワザ》)	lance《ランセ》 de《デ》 cadera《カデラ》 (*koshi*《コシ》-*waza*《ワザ》)
petit accrochage《プティタクロシャジュ》 extérieur《エクステリウル》 (*ko*《コ》-*soto*《ソト》-*gake*《ガケ》)	зацеп《ザツェープ》 снаружи《スナルージ》 (*косотогакэ*《コソト ガケ》)	enganche《エンガンチェ》 exterior《エステリオル》 (*ko*《コ》-*soto*《ソト》-*gake*《ガケ》)
fetit《プティ》 fauchage《フォシャジュ》 extérieur《エクステリウル》 (*ko*《コ》-*soto*《ソト》-*gari*《ガリ》)	задняя《ザードゥニャヤ》 подсечка《パトゥシェーチカ》 (*косотогари*《コソトガリ》)	zancadilla《サンカディリァ》 por《ポル》 detrás《デトゥラス》 (*ko*《コ》-*soto*《ソト》-*gari*《ガリ》)

日本語	英語	ドイツ語
94 ゴング	gong《ゴーング》, bell《ベル》	Gong《ゴング》
95 コントローラー(監査役)	controller《カントゥロウラァ》	Verbindungsmann《フェァビンドゥングスマン》
96 支え釣り込み足	propping《プラッピング》 drawing《ドゥローイング》 ankle《アンクル》 throw《スロウ》 (*sasae*《ササエ》*-tsuri*《ツリ》*-komi*《コミ》*-ashi*《アシ》)	Stütz《シュテュツ》-Hebezug《ヘーベツーク》-Fußhalten《フースハルテン》 (*Sasae*《ササエ》*-tsuri*《ツリ》*-komi*《コミ》*-ashi*《アシ》)
97 三角絞め	triangular《トゥライアンギャラァ》 strangle《ストゥラングル》 (*sankaku*《サンカク》*-jime*《ジメ》)	Dreieckwürgen《ドライエックヴュルゲン》 (*Sankaku*《サンカク》*-jime*《ジメ》)
98 試合	contest《カンテスト》 (*shiai*《シアイ》)	Kampf《カムプフ》 (*Shiai*《シアイ》)
99 試合開始	start《スタート》 of《オヴ》 the《ザ》 contest《カンテスト》	Beginn《ベギン》 des《デス》 Kampfes《カムプフェス》
100 試合時間	duration《デュレイシャン》 of《オヴ》 the《ザ》 contest《カンテスト》	Kampfdauer《カムプフダオアァ》
101 試合場	contest《カンテスト》 area《エアリア》	Kampffläche《カムプフフレッヒェ》
102 試合総合成績表	final《ファイヌル》 official《オフィシャル》 record《レコード》 and《アンド》 score《スコー》	Ergebnisliste《エアゲーブニスリステ》
103 試合の停止	stop《スタップ》 of《オヴ》 the《ザ》 contest《カンテスト》	Kampfunterbrechung《カムプフウンタァブレッヒュング》
104 《時間！》	《time《タイム》 !》(*jikan*《ジカン》)	《Zeit《ツァイト》 !》(*Jkan*《ジカン》)
105 時間の停止	stop《スタップ》 of《オヴ》 the《ザ》 time《タイム》	Anhalten《アンハルテン》 der《デァ》 Zeit《ツァイト》
106 支持足	supporting《サポーティング》 leg《レッグ》	Standbein《シュタントバイン》
107 支持足を払う	sweep《スウィープ》 the《ザ》 supporting《サポーティング》 leg《レッグ》	Standbein《シュタントバイン》 fegen《フエーゲン》
108 指導	note《ノウト》 (*shido*《シドー》)	Belehrung《ベレールング》 (*Shido*《シドー》)
109 自護本体	basic《ベイスィック》 defensive《ディフエンスィヴ》 posture《パスチャ》 (*jigo*《ジゴ》*-hontai*《ホンタイ》)	Grundverteidigungsstellung《グルントフェァタイディグングスシュテルング》 (*Jigo*《ジゴ》*-hontai*《ホンタイ》)

フランス語	ロシア語	スペイン語
gong《ゴング》	гонг《ゴーング》	gong《ゴング》
préposé《プレポゼ》 aux《オ》 participants《パルティスィパン》	судья《スゥヂィヤー》 при《プリ》 участниках《ウチャースニカフ》	juez《フエス》
blocage《ブロカジュ》 du《デュ》 pied《ピエ》 en《アン》 pêchant《ペシャン》 (*sasae-tsuri-komi-ashi*)《(ササエ ツリ コミ アシ)》	передняя《ピリェードゥニャヤ》 подсечка《パトゥシェーチカ》 (*сасаэцурикомиаси*)《(ササエツリコミ アシ)》	zancadilla《サンカディリア》 delantera《デランテラ》 (*sasae-tsuri-komi-ashi*)《(ササエ ツリ コミ アシ)》
étranglement《エトラングルマン》 triangulaire《トリィアンギュレル》 (sankaku-jime)《(サンカク ジメ)》	удушение《ウドゥシェーニエ》 треугольником《トゥリウゴーリニカム》 (*санкакудзимэ*)《(サンカクジメ)》	estrangulación《エストゥラングラシオン》 en《エン》 triángulo《トゥリアングロ》 (*sankaku-jime*)《(サンカク ジメ)》
combat《コンバ》 (*shiai*)《(シアイ)》	схватка《スフヴァートゥカ》 (*сиай*)《(シアイ)》	combate《コンバテ》 (*shiai*)《(シアイ)》
début《デビュ》 du《デュ》 combat《コンバ》	начало《ナチャーラ》 схватки《スフヴァートゥキ》	comienzo《コミエンソ》 del《デル》 combate《コンバテ》
durée《デュレ》 de《ドゥ》 combat《コンバ》	продолжительность《プラダルジーチリナスチ》 схватки《スフヴァートゥキ》	duración《ドゥラシオン》 del《デル》 combate《コンバテ》
surface《シュルファス》 de《ドゥ》 combat《コンバ》	рабочая《ラボーチャヤ》 зона《ゾーナ》	área《アレア》 de《デ》 combate《コンバテ》
procès《プロセ》-verbal《ヴェルバル》 final《フィナル》 des《デ》 compétitions《コンペティスィオン》	итоговый《イトーガヴィイ》 протокол《プラタコール》 соревнований《サリヴナヴァーニイ》	ficha《フィチャ》 técnica《テクニカ》 final《フィナル》 de《デ》 las《ラス》 competiciones《コンペティシオネス》
arrêt《アレ》 du《デュ》 combat《コンバ》	остановка《アスタノーフカ》 схватки《スフヴァートゥキ》	parada《パラダ》 del《デル》 combate《コンバテ》
《temps《(タン)》 !》 (*jikan*)《(ジカン)》	《время《(ヴリェーミャ)》 !》 (*дзикан*)《(ジカン)》	《¡tiempo《(ティエンポ)》 !》 (*jikan*)《(ジカン)》
arrêt《アレ》 du《デュ》 temps《タン》 de《ドゥ》 combat《コンバ》	остановка《アスタノーフカ》 вреени《ヴリェーミェニ》	parada《パラダ》 del《デル》 tiempo《ティエンポ》
jambe《ジャンブ》 d'appui《ダピュイ》	опорная《アポールナヤ》 нога《ナガー》	pierna《ピエルナ》 de《デ》 apoyo《アポヨ》
faucher《フォシェ》 la《ラ》 jambe《ジャンブ》 d'appui《ダピュイ》	сбить《スビーチ》 опорную《アポールニュウ》 ногу《ノーグゥ》	barrer《バレール》 la《ラ》 pierna《ピエルナ》 de《デ》 apoyo《アポヨ》
observation《オブセルヴァスィオン》 (*shido*)《(シドー)》	замечание《ザミェチャーニエ》 (*сидо*)《(シドー)》	observación《オブセルバシオン》 (*shido*)《(シドー)》
posture《ポステュル》 defensive《デファンスィヴ》 de《ドゥ》 base《バズ》 (*jigo-hontai*)《(ジゴ ホンタイ)》	основная《アスナヴナヤ》 защитная《ザシチィートゥナヤ》 стойка《ストーイカ》 (*дзигохонтай*)《(ジゴホンタイ)》	postura《ポストゥラ》 defensiva《デフェンシバ》 fundamental《フンダメンタル》 (*jigo-hontai*)《(ジゴ ホンタイ)》

日本語	英語	ドイツ語
110 自然本体	natural《ナチュラル》 fundamental《ファンダメントゥル》 posture《パスチャ》 (*shizen*《シゼン》-*hontai*《ホンタイ》)	normale《ノルマーレ》 Stellung《シュテルング》 (*Shizen*《シゼン》-*hontai*《ホンタイ》)
111 四方固め	shiho《シホー》-gatame《ガタメ》	shiho《シホー》-gatame《ガタメ》
112 絞め	strangle《ストゥラングル》-hold《ホウルド》 (*shime*《シメ》)	Würgen《ヴュルゲン》 (*Shime*《シメ》)
113 絞め技	strangulation《ストゥラングァレイシャン》 techniques《テクニークス》 (*shime*《シメ》-*waza*《ワザ》)	Würgegriff《ヴュルゲングリッフ》 (*Shime*《シメ》-*waza*《ワザ》)
114 ジャッジ・フラッグ	judges'《ヂャッヂズ》 flags《フラッグズ》	Fähnchen《フェーンヒェン》 der《デァ》 Kampfrihter《カムプフリッヒタァ》
115 十字固め	armlock《アームロック》 (*juji*《ジュージ》-*gatame*《ガタメ》)	Streckhebel《シュトレックヘーベル》 (*Juji*《ジュージ》-*gatame*《ガタメ》)
116 柔道	judo《ジュードー》	Judo《ジュードー》
117 柔道家（選手）（女）	judo《ジュードー》 contestant《カンテスタント》 (women's《ウィミンズ》 judoist《ジュードイスト》)	Judokämpfer《ジュードーケムプファ》 (*Judoka*《ジュードーカ》) (Judokämpferin)《(ジュードーケムプフェリン)》
118 柔道着	judo《ジュードー》 costume《カスチューム》 (*judogi*《ジュードーギ》)	Bekleidung《ベクライドゥング》 (*Judogi*《ジュードーギ》)
119 柔道着を直す	adjust《アジャスト》 a《ア》 judo《ジュードー》 costume《カステューム》	Judo-Kleidung《ジュードークライドゥング》 in《イン》 Ordnung《オルドヌング》 bringen《ブリンゲン》
120 消極性	non《ナン》-combativity《カムバティヴィティ》	Passivität《パスィヴィテート》
121 消極的な試合	passive《パスィヴ》 fighting《ファイティング》	Passiver《パッスィヴァ》 Kampf《カムプフ》
122 上衣（着物）	judo《ジュードー》-jacket《ジャケット》 (*kimono*《キモノ》)	Judo《ジュードー》-Jacke《ヤッケ》 (*Kimono*《キモノ》)
123 場外	safety《セイフティ》 area《エアリア》	Sicherheitsfläche《ズィッヒャァハイツフレッヒェ》
124 場外に出ること	outside《アウトサイド》 the《ザ》 contest《カンテスト》 area《エアリア》	Verlassen《フェアラッセン》 der《デァ》 Matte《マッテ》

フランス語	ロシア語	スペイン語
position《ポスィスィオン》 fundamentale《ファンダマンタル》 (*shizen-hontai*)《（シゼン　ホンタイ）》	фронтальная《フランターリナヤ》 стойка《ストーイカ》 (*сидзэнхонтай*)《（シゼンホンタイ）》	posición《ポシシオン》 frontal《フロンタル》 (*shizen-hontai*)《（シゼン　ホンタイ）》
shiho《シホー》-gatame《ガタメ》	сихогатамэ《シホーガタメ》	shiho《シホー》-gatame《ガタメ》
étranglement《エトラングルマン》 (*shime*)《（シメ）》	удушение《ウドゥシェーニエ》 (*симэ*)《（シメ）》	estrangulación《エストゥラングラシオン》 (*shime*)《（シメ）》
étranglements《エトラングルマン》 (*shime-waza*)《（シメ　ワザ）》	удушение《ウドゥシェーニエ》 (*симэвадза*)《（シメワザ）》	estrangulaciones《エストゥラングラシオネス》 (*shime-waza*)《（シメ　ワザ）》
drapeaux《ドラポ》 d'arbitre《ダルビトル》	судейские《スゥチェーイスキエ》 флажки《フラシキー》	banderas《バンデラス》 de《デ》 arbitraje《アルビトゥラヘ》
clé《クレ》 au《オ》 bras《ブラ》 (*juji-gatame*)《（ジュージ　ガタメ）》	перегибание《ピリギバーニエ》 локтя《ロークチャ》 (*дзюдзигатамэ*)《（ジュージガタメ）》	palanca《パランカ》 a《ア》 la《ラ》 articulación《アルティクラシオン》 del《デル》 codo《コド》 (*juji-gatame*)《（ジュージ　ガタメ）》
judo《ジュードー》 (*voie de souplesse*)《（ヴワ　ドゥ　スゥプレス）》	дзюдо《ジュードー》	judo《ジュードー》
pratiquant《プラティカン》 de《ドゥ》 judo《ジュードー》 (*judoka*)《（ジュードーカ）》, (judoka des femmes)《（ジュードーカ　デ　ファム）》	дзюдоист《ジュードーイスト》, дзюдока《ジュードーカ》 (дзюдоистка)《（ジュードーイストカ）》	judoca《ジュードーカ》, judoist《ジュードーイスト》 (judoist de las mujeres)《（ジュードーイスト　デ　ラス　ムヘレス）》
tenue《トゥニュ》 de《ドゥ》 judoka《ジュードーカ》 (*judogi*)《（ジュードーギ）》	костюм《カスチューム》 участника《ウチャースニカ》 (*дзюдоги*)《（ジュードーギ）》	traje《トゥラヘ》 de《デ》 judoca《ジュードーカ》 (*judogi*)《（ジュードーギ）》
rajuster《ラジュステ》 la《ラ》 tenue《トゥニュ》	привести《プリヴィスチィー》 в《フ》 порядок《パリャーダク》 костюм《カスチューム》	arreglarse《アレグラルセ》 el《エル》 traje《トゥラヘ》
non《ノン》-combativité《コンバティヴィティ》	пассивность《パッスィーヴナスチ》	pasividad《パシビダ》
combat《コンバ》 passif《パスィフ》	пассивная《パスィーヴナヤ》 борьба《バリバー》	combate《コンバテ》 pasivo《パシボ》
veste《ヴェスト》 de《ドゥ》 judo《ジュードー》 (*kimono*)《（キモノ）》	куртка《クールトゥカ》 дзюдоиста《ジュダイースタ》 (*кимоно*)《（キモノ）》	chaqueta《チャケタ》 de《デ》 judoca《ジュードーカ》 (*kimono*)《（キモノ）》
surface《スュルファス》 de《ドゥ》 sécurité《セキュリテ》	зона《ゾーナ》 безопасности《ビェザパースナスチィ》	zona《ソナ》 de《デ》 seguridad《セグリダ》
quitter《キテ》 la《ラ》 surface《シュルファス》 de《ドゥ》 combat《コンバ》	выход《ヴィーハト》 за《ザ》 ковёр《カヴョール》	salirse《サリルセ》 fuera《フエラ》 del《デル》 área《アレア》 de《デ》 combate《コンバテ》

日本語	英語	ドイツ語
125 白帯	white《フワイト》 belt《ベルト》	weißer《ヴァイサァ》 Gürtel《ギュルテル》
126 白の柔道着	judo《ジュードウ》 uniform《ユーニフォーム》 of《オフ》 white《フワイト》 (judogi《ジュードーギ》 of《オヴ》 white《フワイト》)	weiße《ヴァイセ》 Judo-Uniform《ジュードー ウニフォルム》 (weiße《ヴァイセ》 *Judogi*《ジュードウギ》)
127 白旗	white《フワイト》 flag《フラッグ》	weißes《ヴァイセス》 Fähnchen《フェーンヒエン》
128 進退	movement《ムーヴマント》 (*shintai*《シンタイ》)	Verschiebung《フェアシーブング》 (*Shintai*《シンタイ》)
129 すくい投げ	scooping《スクーピング》 throw《スロウ》 (*sukui-nage*《スクイナゲ》)	Schaufelwurf《シャオフェルヴルフ》 (*Sukui-nage*《スクイ ナゲ》)
130 捨て身技	sacrifice《サクリファイス》 throws《スロウズ》 (*sutemi-waza*《ステミーワザ》)	Würfe《ヴュルフェ》 mit《ミット》 Eigenfall《アイゲンファル》, Opferwürfe《オップファヴュルフェ》 (*Sutemi-waza*《ステミーワザ》)
131 隅落し	sumi《スミ》-otoshi《オトシ》	Eckenkippe《エッケンキッペ》 (*Sumi-otoshi*《スミ オトシ》)
132 隅返し	sumi《スミ》-gaeshi《ガエシ》	Eckenwurf《エッケンヴルフ》 (*Sumi-gaeshi*《スミ ガエシ》)
133 ズボン	trousers《トゥラウザァズ》	Hose《ホーゼ》
134 すり足	gliding《グライディング》 step《ステップ》 (*suri-ashi*《スリ アシ》)	Gleitschritt《グライトシュリット》 (S*uri-ashi*《スリ アシ》)
135 背負い落とし	shoulder《ショルダァ》 drop《ドゥラップ》 (*seoi-otoshi*《セオイ オトシ》)	Seoi《セオイ》-otoshi《オトシ》

フランス語	ロシア語	スペイン語
ceinture《サンテュル》 blanche《ブランシュ》	белый《ビエールィイ》 пояс《ポーヤス》	cinturón《シントゥロン》 blanco《ブランコ》
Judo-uniforme《ジュードーユニフォルム》 blanc《ブラン》 (judogi blanc)《(ジュードーギ ブラン)》	униформа《ウニフォールマ》 для《ドゥリャ》 дзюдо《ジュードウ》 белого《ビエーラヴァ》 (дзюдоги белого)《(ジュードーギ ビエーラヴァ)》	judo-uniforme《ジュードー ウニフォルメ》 blanco《ブランコ》 (judogi blanco)《(ジュードーギ ブランコ)》
fanion《ファニオン》 blanc《ブラン》	белый《ビエールィイ》 флажок《フラジョーク》	bandera《バンデラ》 blanca《ブランカ》
déplacement《デプラスマン》 (*shintai*)《(シンタイ)》	перемещение《ピリミシチェーニエ》 (*синтай*)《(シンタイ)》	desplazamient《デスプラサミエント》 (*shintai*)《(シンタイ)》
projection《プロジェクスィオン》 en《アン》 cuillère《キュイィエル》 (*sukui-nage*)《(スクイーナゲ)》	передний《ピリエードゥニイ》 переворот《ピリヴァロート》 (*сукуинагэ*)《(スクイナゲ)》	proyección《プロイエクシオン》 en《エン》 cuchara《クチャラ》 (*sukui-nage*)《(スクイーナゲ)》
techniques《テクニク》 de《ドゥ》 projection《プロジェクスィオン》 en《アン》 sacrifice《サクリフェス》 (*sutemi-waza*)《(ステミーワザ)》	броски《ブラスキー》 с《ス》 падением《パヂェーニエム》 (*сутэмивадза*)《(ステミワザ)》	técnica《テクニカ》 de《デ》 proyección《プロイエクシオン》 con《コン》 sacrificio《サクリフィシオ》 de《デ》 caída《カイダ》 (*sutemi-waza*)《(ステミーワザ)》
déséquilibrer《デゼキリブレ》 par《パル》 à-coup《アクゥ》 à《ア》 genoux《ジェヌゥ》 (*sumi-otoshi*)《(スミ オトシ)》	выведение《ヴィヴィヂェーニエ》 из《イズ》 равновесия《ラヴナヴェースィヤ》 рывком《ルィフコーム》, становясь《スタノーヴャシ》 на《ナ》 колени《カリェーニ》 (*сумиотоси*)《(スミオトシ)》	desequilibrar《デセキリブラール》 con《コン》 tirón《ティロン》 poniéndose《ポニエンドセ》 de《デ》 rodillas《ロディリアス》 (*sumi-otoshi*)《(スミ オトシ)》
projection《プロジェクスィオン》 en《アン》 cercle《セリクル》 en《アン》 soulevant《スゥルヴァン》 la《ラ》 jambe《ジャンブ》 (*sumi-gaeshi*)《(スミ ガエシ)》	бросок《ブラソーク》 через《チェーリズ》 голову《ガラヴゥー》 с《ス》 подсадом《パトゥサーダム》 голенью《ゴーリニユ》 (*сумигаэси*)《(スミガエシ)》	lance《ランセ》 de《デ》 cabeza《カベサ》 levantando《レバンタンド》 con《コン》 la《ラ》 pantorrilla《パントリリア》 (*sumi-gaeshi*)《(スミ ガエシ)》
pantalons《パンタロン》	брюки《ブリューキ》	pantalones《パンタロネス》
pas《パ》 glissant《グリサ》 (*suri-ashi*)《(スリ アシ)》	скользящий《スカリヂャーシチイ》 шаг《シャーク》 (*суриаси*)《(スリアシ)》	paso《パソ》 helado《エラド》 (*suri-ashi*)《(スリ アシ)》
chute《シュット》 de《ドゥ》 côté《コテ》 sur《シュル》 l'épaule《レポル》 (*seoi-otoshi*)《(セオイ オトシ)》	сэоиотоси《セオイオトシ》	caída《カイダ》 por《ポル》 el《エル》 hombro《オンブロ》 (*seoi-otoshi*)《(セオイ オトシ)》

日本語	英語	ドイツ語
136 背負い投げ	two-arm《トゥーアーム》 shoulder《ショルダァ》 throw《スロウ》 (*seoi- nage*)《(セオイ ナゲ)》	Schulterwurf《シュルタァヴルフ》 (*Seoi- nage*)《(セオイ ナゲ)》
137 積極的なファイト	open《オゥプン》 fighting《ファイティング》	offenes《オッフェネス》 Ringen《リンゲン》
138 選手の年齢	age《エィチ》	Alter《アルタァ》
139 選手本来の体重	competitor's《カンペタタァズ》 own《オウン》 weight《ウエイト》	Eigengewicht《アイゲンゲヴィッヒト》
140 総合勝ち	compound《カムパウンド》 win《ウィン》 (*sogo-gachi*)《(ソウゴー ガチ)》	zusammengefaßter《ツザンメンゲファスタァ》 Sieg《ズィーク》 (*Sogo-gachi*)《(ソウゴー ガチ)》
141 袖車絞め	sleeve《スリーヴ》 wheel《フウィール》 (*sode-guruma-jime*)《(ソデ グルマ ジメ)》	Ärmelradwürgen《エルメルラートヴュルゲン》 (S*ode-guruma-jime*)《(ソデ グルマ ジメ)》
142 外巻き込み	outer《アウタァ》 winding《ワインディング》 throw《スロウ》 (*soto-maki-komi*)《(ソト マキ コミ)》	Außendrehwurf《アオセンドレーヴルフ》 (S*oto-maki-komi*)《(ソト マキ コミ)》
143 《そのまま！》	《don't move！》《(ドゥント ムーヴ)》 (*sono-mama*)《(ソノ ママ)》	《nicht bewegen！》《(ニッヒト ベヴェーゲン)》 (*Sono-mama*)《(ソノ ママ)》
144 《それまで！》	《that is all！》《(ザット イズ オール)》 (*sore-made*)《(ソレ マデ)》	《das ist alles！》《(ダス イスト アレス)》 (*Sore-made*)《(ソレ マデ)》
145 体落し	body《バディ》 drop《ドゥラップ》 (*tai-otoshi*)《(タイ オトシ)》	Körperwurf《ケルパァヴルフ》 (*Tai-otoshi*)《タイ オトシ)》
146 体さばき	body《バディ》 turns《ターンズ》 (*tai-sabaki*)《(タイ サバキ)》	Bewegung《ベヴェーゲング》 und《ウント》 Drehung《ドレーウング》 des《デス》 Körpers《ケルパァス》 (*Tai-sabaki*)《(タイ サバキ)》
147 対戦カード	pair-up《ペア アップ》	Paarung《パールング》

フランス語	ロシア語	スペイン語
projection《プロジェクスィオン》 d'épaule《デポル》 (*seoi*《セオイ》*- nage*《ナゲ》)	бросок《ブラソーク》 через《チェーリス》 плечо《プリエチョー》 (*сэоинагэ*《セオイナゲ》)	lanece《ランセ》 por《ポル》 el《エル》 hombro《オンブロ》 (*seoi*《セオイ》*- nage*《ナゲ》)
lutte《リュト》 active《アクティヴ》	активная《アクチーヴナヤ》 борьба《バリバー》	lucha《ルチャ》 activa《アクティバ》
âge《アジュ》 du《デュ》 participant《パルティスィパン》	возраст《ヴォーズラスト》 участника《ウチャースニカ》	edad《エダ》 del《デル》 participante《パルティシパンテ》
poids《プワ》 propre《プロプル》 du《デュ》 concurrent《コンキュラン》	собственный《ソーブストゥヴェンヌィイ》 вес《ヴェース》 спортсмена《スパルツミェーナ》	peso《ペソ》 del《デル》 competidor《コンペティドル》
victoire《ヴィクトゥワル》 par《パル》 combinaison《コンビネゾン》 (*sogo*《ソウゴー》*-gachi*《ガチ》)	сложная《スロージナヤ》 чистая《チースタヤ》 победа《パビェーダ》 (*согогати*《ソウゴーガチ》)	victoria《ビクトリア》 compuesta《コンプエスタ》 (*sogo*《ソウゴー》*-gachi*《ガチ》)
sode《ソデ》-guruma《グルマ》-jime《ジメ》	удушение《ウドゥシェーニエ》 предплечьями《プリトゥプリェーチヤミ》 сзади《ズザーディ》 (*содэгурумадзимэ*《ソデグルマジメ》)	estrangulación《エストゥラングラシオン》 por《ポル》 rotación《ロタシオン》 de《デ》 la《ラ》 manga《マンガ》 (*sode*《ソデ》*-guruma*《グルマ》*-jime*《ジメ》)
barrage《バラジュ》 extérieur《エクステリウル》 en《アン》 s'enroulant《サンルゥラン》 (*soto*《ソト》*-maki*《マキ》*-komi*《コミ》)	сотомакикоми《ソトマキコミ》	enrollamiento《エンロリァミエント》 exterior《エステリオル》 (*soto*《ソト》*-maki*《マキ》*-komi*《コミ》)
《ne《ヌ》 bougez《ブゥジェ》 pas《パ》！》 (*sono*《ソノ》*-mama*《ママ》)	《не《ニ》 двигайтесь《ドゥヴィーガイチェシ》！》 (*сономама*《ソノママ》)	《¡ quietos《キエトス》！》(*sono*《ソノ》*-mama*《ママ》)
《terminé《テルミネ》！》(*sore*《ソレ》*-made*《マデ》)	《конец《カニェーツ》 схватки《スフヴァートゥキ》！》 (*сорэмадэ*《ソレマデ》)	《¡ alto《アルト》！》(*sore*《ソレ》*-made*《マデ》)
balayé《バレィエ》 avant《アヴァン》 (*tai*《タイ》*-otoshi*《オトシ》)	передняя《ピリェードゥニャヤ》 подножка《パドゥンーシカ》 (*тайотоси*《タイオトシ》)	barrida《バリダ》 delantera《デランテラ》 del《デル》 pie《ピエ》 (*tai*《タイ》*-otoshi*《オトシ》)
rotations《ロタスィオン》 du《デュ》 corps《コル》 (*tai*《タイ》*-sabaki*《サバキ》)	повороты《パヴァロートゥィ》 туловища《トゥーラヴィシチャ》 (*тайсабаки*《タイサバキ》)	rotaciones《ロタシオネス》 del《デル》 cuerpo《クエルポ》 (*tai*《タイ》*-sabaki*《サバキ》)
composition《コンポズィスィオン》 des《デ》 couples《クゥプル》	составление《サスタヴリェーニエ》 пар《パール》	composición《コンポシシオン》 de《デ》 las《ラス》 parejas《パレハス》

日本語	英語	ドイツ語
148 対等な試合	equal《イークゥォル》 fighting《ファイティング》	ausgeglichener《アオスゲグリッヒエナア》 Kampf《カムプフ》
149 タイム・アウト	time《タイム》 out《アウト》	ausgefallene《アオスゲファーレネ》 Zeit《ツァイト》
150 タイム・シグナル	time《タイム》 signal《スィグヌル》	Zeitdauersignal《ツァイトダオアァズィグナール》
151 畳	judo-mat《ジュードーマット》 (*tatami*《タタミ》)	Tatami《タタミ》
152 畳上の動き	moves《ムーヴズ》 inside《インサイド》 the《ズィ》 area《エアリア》	Gehen《ゲーエン》 auf《アオフ》 der《デア》 Matte《マッテ》
153 畳の広さ	dimensions《ディメンシャンズ》 of《オヴ》 the《ザ》 tatami《タタミ》	Abmessungen《アップメッスンゲン》 von《フォン》 Tatami《タタミ》
154 畳や相手の身体を叩く (参った)	taps《タップス》 (on《オン》 the《ザ》 mat《マット》 or《オァ》 the《ズィ》 opponennt's《オポウネンツ》 body《バディ》)	Abklopfen《アップクロップフェン》
155 立ち技	standing《スタンディング》 techniques《テクニークス》	Standtechnik《シュタントテッヒニク》
156 立ち技でファイト	fight《ファイト》 in《イン》 standing《スタンディング》 position《ポズィシャン》	Standkampf《シュタントカムプフ》
157 縦四方固め	longitudinal《ランヂチューディナル》 four《フォー》-quarter《クウォータア》 hold《ホウルド》-down《ダウン》 (*tate*《タテ》-*shiho*《シホー》-*gatame*《ガタメ》)	Reitvierer《ライトフィーラァ》 (*Tate*《タテ》-*shiho*《シホー》-*gatame*《ガタメ》)
158 谷落し	valley《ヴァリィ》 drop《ドゥラップ》 throw《スロウ》 (*tani*《タニ》-*otoshi*《オトシ》)	Talfallzug《タールファルツーク》 (*Tani*《タニ》-*otoshi*《オトシ》)
159 段	master's《マスタァズ》 degree《ディグリー》 (*dan*《ダン》)	Meistergrad《マイスタァグラート》 (*Dan*《ダン》)
160 茶色の帯	brown《ブラウン》 belt《ベルト》	brauner《ブラオナァ》 Gürtel《ギュルテル》
161 注意	caution《コーシャン》 (*chui*《チューイ》)	Ermahnung《エァマーヌング》 (*Chui*《チューイ》)
162 継ぎ足	follow《ファロゥ》-foot《フット》 stepping《ステッピング》 (t*sugi*《ツギ》-*ashi*《アシ》)	Nachstellschritt《ナーハシュテルシュリット》 (*Tsugi*《ツギ》-*ashi*《アシ》)

フランス語	ロシア語	スペイン語
lutte égale《リュテガル》	равная《ラーヴナヤ》 борьба《バリバー》	combate《コンバテ》 parejo《パレホ》
temps《タン》 mort《モル》	перерыв《ピリルィーフ》	tiempo《ティエンポ》 muerto《ムエルト》
signal《スィニャル》 de《ドゥ》 temps《タン》	сигнал《スィグナール》 времени《ヴリェーミニ》	señal《セニャル》 de《デ》 tiempo《ティエンポ》
tapis《タピ》 de《ドゥ》 judo《ジュードー》 (*tatami*《タタミ》)	татами《タタミ》	tatami《タタミ》, tapiz《タピス》
déplacements《デプラスマン》 au《オ》 sein《サン》 de《ドゥ》 la《ラ》 surface《シュルファス》 de《ドゥ》 combat《コンバ》	передвижения《ピリドゥヴィジェーニヤ》 по《パ》 ковру《カヴルゥー》	movimientos《モビミエントス》 en《エン》 el《エル》 área《アレア》 de《デ》 combate《コンバテ》
dimension《ディマンスィオン》 du《デュ》 tatami《タタミ》	размеры《ラズミェールィ》 татами《タタミ》	tamaño《タマニョ》 del《デル》 tatami《タタミ》
tapes《タプ》 (sur《シュル》 le《ル》 tapis《タピ》 ou《ウ》 le《ル》 corps《コル》 de《ドゥ》 l'adversaire《ラドヴェルセル》)	хлопки《フラプキー》 (по《パ》 ковру《カヴルゥー》 или《イーリ》 по《パ》 телу《チェールゥ》 соперника《サピェールニカ》)	palmadas《パルマダス》 (en《エン》 el《エル》 tapiz《タピス》 o《オ》 en《エン》 el《エル》 cuerpo《クエルポ》 del《デル》 adversario《アドゥベルサリオ》)
technique《テクニク》 en《アン》 position《ポズィスィオン》 debout《ドゥブゥ》	техника《チェーフニカ》 борьбы《バリブィー》 в《フ》 стойке《ストーイケ》	técnica《テクニカ》 en《エン》 posición《ポシシオン》 de《デ》 pie《ピエ》
combat《コンバ》 à《ア》 position《ポズィスィオン》 debout《ドゥブゥ》	борьба《バリバー》 в《フ》 стойке《ストーイケ》	combate《コンバテ》 en《エン》 posición《ポシシオン》 de《デ》 pie《ピエ》
contrôle《コントロル》 des《デ》 quatre《カトル》 points《プワン》 à《ア》 cheval《シュヴァル》 (*tate-shiho-gatame*《タテ シホー ガタメ》)	удержание《ウジィルジャーニエ》 верхом《ヴェールハム》 с《ズ》 захватом《ザフヴァータム》 руки《ルキー》 и《イ》 головы《ガラヴィー》 (*татэсихогатамэ*《タテシホーガタメ》)	inmovilización《インモビリサシオン》 por《ポル》 encima《エンシマ》 con《コン》 presa《プレサ》 de《デ》 la《ラ》 cabeza《カベサ》 y《イ》 el《エル》 brazo《ブラソ》 (*tate-shiho-gatame*《タテ シホー ガタメ》)
chute《シュット》 dans《ダン》 la《ラ》 vallée《ヴァレ》 (*tani-otoshi*《タニ オトシ》)	задняя《ザードゥニャヤ》 подножка《パドゥノーシカ》 с《ス》 падением《パジェーニエム》 (*таниотоси*《タニオトシ》)	barrida《バリダ》 con《コン》 el《エル》 pie《ピエ》 por《ポル》 detrás《デトゥラス》 con《コン》 caída《カイダ》 (*tani-otoshi*《タニ オトシ》)
degré《デグレ》 de《ドゥ》 maîtrise《メトリズ》 (*dan*《ダン》)	дан《ダン》	grado《グラド》 de《デ》 maestro《マエストゥロ》 (*dan*《ダン》)
ceinture《サンチュル》 marron《マロン》	коричневый《カリーチニィヴィイ》 пояс《ポーヤス》	cinturón《シントゥロン》 marrón《マロン》
remarque《ルマルク》 (*chui*《チューイ》)	предупреждение《プリドゥプリジチェーニエ》 (*тюй*《チューイ》)	advertencia《アドゥベルテンシア》 (*chui*《チューイ》)
marche《マルシュ》 en《アン》 succession《シュクセスィオン》 (t*sugi-ashi*《ツギ アシ》)	приставной《プリスタヴノーイ》 шаг《シャーク》 (*цугиаси*《ツギアシ》)	caminar《カミナール》 en《エン》 sucesión《スセシオン》 (t*sugi-ashi*《ツギ アシ》)

日本語	英語	ドイツ語
163 作り	taking《テイキング》 hold《ホウルド》 for《ファ》 throwing《スロウイング》 (*tsukuri*《ツクリ》)	Wurfansatz《ヴルファンザッツ》 (*Tsukuri*《ツクリ》)
164 突っ込み絞め	thrusting《スラスティング》 choke《チョウク》 (*tsukkomi*《ツッコミ》*-jime*《ジメ》)	Stützwürgen《シュテュツヴュルゲン》 (*Tsukkomi*《ツッコミ》*-jime*《ジメ》)
165 釣り腰	lifting《リフティング》 hip《ヒップ》 throw《スロウ》 (*tsuri*《ツリ》*-goshi*《ゴシ》)	Tsuri《ツリ》-goshi《ゴシ》
166 釣り込み腰	lifting《リフティング》-drawing《ドゥローイング》 hip《ヒップ》 throw《スロウ》 (*tsuri*《ツリ》*-komi*《コミ》*-goshi*《コシ》)	Hebezug《ヘーベツーク》-Hüftwurf《ヒュフトヴルフ》 (*Tsuri*《ツリ》*-komi*《コミ》*-goshi*《コシ》)
167 出足払い	advancing《アドゥヴァンスィング》 foot《フット》 sweep《スウィープ》 (*de*《デ》*-ashi*《アシ》*-barai*《バライ》)	Fußfeger《フースフェーガア》 (*De*《デ》*-ashi*《アシ》*-barai*《バライ》)
168 手車	hand《ハンド》 wheel《フウィール》 (*te*《テ》*-guruma*《グルマ》)	Te《テ》-guruma《グルマ》
169 手技	shoulder《ショルダア》, hand《ハンド》 and《アンド》 arm《アーム》 throws《スロウズ》 (*te*《テ》*-waza*《ワザ》)	Schulter《シュルタア》-und《ウント》 Handwürfe《ハントヴュルフェ》 (*Te*《テ》*-waza*《ワザ》)
170 胴絞め	leg《レッグ》 scissors《スイザズ》 (*do*《ドー》*-jime*《ジメ》)	Beinschere《バインシューレ》 (*Do*《ドー》*-jime*《ジメ》)
171 道場	practice《プラクティス》 hall《ホール》 (*dojo*《ドージョー》)	Halle《ハレ》, Übungsraum《ユーブングスラオム》 (*Dojo*《ドージョー》)
172 胴を両脚で絞める	leg《レッグ》 scissors《スイザズ》 on《オン》 body《バディ》	Beinschere《バインシューレ》 am《アム》 Rumpf《ルムプフ》

フランス語	ロシア語	スペイン語
préparation《プレパラスィオン》 de《ドゥ》 la《ラ》 projection《プロジェクスィオン》 (*tsukuri*《ツクリ》)	подготовка《パドゥガトーフカ》 броска《ブラスカー》 (*цукури*《ツクリ》)	preparación《プレパラシオン》 de《デ》 la《ラ》 proyección《プロイエクシオン》 (*tsukuri*《ツクリ》)
étranglement《エトラングルマン》 en《エン》 poussant《プゥサン》 (*tsukkomi*《ツッコミ》*-jime*《ジメ》)	удушение《ウドゥシェーニエ》 верхом《ヴェルホーム》 скрещивая《スクリェーシチヴァヤ》 руки《ルゥーキ》 (*цуккомидзимэ*《ツッコミジメ》)	estrangulación《エストゥラングラシオン》 empujando《エンプハンド》 (*tsukkomi*《ツッコミ》*-jime*《ジメ》)
hanche《アンシュ》 tirée《ティレ》 (*tsuri*《ツリ》*-goshi*《ゴシ》)	цуригоси《ツリゴシ》	proyección《プロイエクシオン》 de《デ》 cadera《カデラ》 levantando《レバンタンド》 (*tsuri*《ツリ》*-goshi*《ゴシ》)
projection《プロジェクスィオン》 de《ドゥ》 hanche《アンシュ》 en《アン》 pêchant《ペシャン》 (*tsuri*《ツリ》*-komi*《コミ》*-goshi*《コシ》)	бросок《ブラソーク》 через《チェーリズ》 бедро《ビドゥロー》 с《ズ》 захватом《ザフヴァータム》 отворота《アトゥヴァロータ》 (*цурикомигоси*《ツリコミコシ》)	lance《ランセ》 con《コン》 la《ラ》 cadera《カデラ》 y《イ》 presa《プレサ》 de《デ》 la《ラ》 solapa《ソラパ》 (*tsuri*《ツリ》*-komi*《コミ》*-goshi*《コシ》)
balayé《バレィエ》 de《ドゥ》 pied《ピエ》 avant《アヴァン》 (*de*《デ》*-ashi*《アシ》*-barai*《バライ》)	боковая《バカヴァーヤ》 подсечка《パトゥスエーチカ》 (*дэасибарай*《デアシバライ》)	barrida《バリダ》 lateral《ラテラル》 (*de*《デ》*-ashi*《アシ》*-barai*《バライ》)
enroulement《アンルゥルマン》 par《パル》 les《レ》 mains《マン》 (*te*《テ》*-guruma*《グルマ》)	тэгурума《テグルマ》	rueda《ルエダ》 con《コン》 las《ラス》 manos《マノス》 (*te*《テ》*-guruma*《グルマ》)
projections《プロジェクスィオン》 avec《アヴェク》 les《レ》 bras《ブラ》 (*te*《テ》*-waza*《ワザ》)	броски《ブラスキー》 руками《ルカーミ》 (*тэвадза*《テワザ》)	lance《ランセ》 con《コン》 presa《プレサ》 de《デ》 brazos《ブラソス》 (*te*《テ》*-waza*《ワザ》)
ciseaux《スィゾ》 de《ドゥ》 jambes《ジャンブ》 (*do*《ドー》*-jime*《ジメ》)	зажим《ザジーム》 ногами《ナガーミ》 (*додзмэ*《ドージメ》)	presa《プレサ》 con《コン》 las《ラス》 piernas《ピエルナス》 (*do-jime*《ドージメ》)
école《エコル》 de《ドゥ》 judo《ジュードー》 (*dojo*《ドージョー》)	зал《ザール》 для《ドゥリャー》 занятий《ザニャーチイ》 дзюдо《ジュードー》 (*додзё*《ドージョー》)	sala《サラ》 de《デ》 judo《ジュードー》 (*dojo*《ドージョー》)
ciseaux《スィゾ》 des《デ》 reins《ラン》	зажим《ザジーム》 ногами《ナガーミ》 туловища《トゥーラヴィシチャ》	presa《プレサ》 del《デル》 torso《トルソ》 con《コン》 las《ラス》 piernas《ピエルナス》

日本語	英語	ドイツ語
173 得意技	judo《ジュードー》 player's《プレイアズ》 favourite《フェイヴァリット》 (pet《ペット》, main《メイン》) technique《テクニーク》 (*tokui-waza*《トクイ ワザ》)	Lieblingstechnik《リーブリングステッヒニク》 (*Tokui-waza*《トクイ ワザ》)
174 巴絞め	circular《サーキュラァ》 strangle《ストゥラングル》 (*tomoe-jime*《トモエ ジメ》)	Tomoe-jime《トモエ ジメ》
175 巴投げ	head《ヘッド》 throw《スロウ》 (*tomoe-nage*《トモエ ナゲ》)	Kopfwurf《コップフヴルフ》 (*Tomoe-nage*《トモエ ナゲ》)
176 取り	competitor《カンペタタァ》 throwing《スロウイング》, attacker《アタッカァ》 (*tori*《トリ》)	Angreifer《アングライファ》 (*Tori*《トリ》)
177 投げ技	throwing《スロウイング》 technique《テクニーク》 (*nage-waza*《ナゲ ワザ》)	Wurftechniken《ヴルフテッヒニケン》 (*Nage-waza*《ナゲ ワザ》)
178 並十字絞め	two《トゥー》 arms《アームズ》 crosswise《クロースワイズ》 strangulation《ストゥラングュレイシャン》 (*nami-juji-jime*《ナミ ジュージ ジメ》)	Nami-juji-jime《ナミ ジュージ ジメ》
179 握りから逃れる	escape《イスケイプ》 from《フラム》 a《ア》 hold《ホウルド》	Griff《グリッフ》 lösen《レーゼン》
180 握りの変更	change《チェインヂ》 of《オヴ》 hold《ホウルド》	Veränderung《フェァエンデルング》 der《デァ》 Faßart《ファスアールト》
181 寝技	ground《グラウンド》 techniques《テクニークス》	Bodentechnik《ボーデンテッヒニク》
182 寝技でファイト	ground《グラウンド》 work《ワーク》	Bodenarbeit《ボーデンアルバイト》
183 寝技に移る	entry《エントゥリィ》 into《イントゥー》 ground《グラウンド》 work《ワーク》	Übergang《ユーバァガング》 zur《ツーァ》 Bodenarbeit《ボーデンアルバイト》
184 《始め！》	《begin《ビギン》！》 (*hajime*《ハジメ》)	《beginn《ベギン》！》 (*Hajime*《ハジメ》)

フランス語	ロシア語	スペイン語
technique《テクニク》 préférée《プレフェレ》 (*tokui-waza*《トクイ ワザ》)	излюбленный《イズリューブリンヌィイ》 приём《プリヨーム》 дзюдоиста《ジュダイースタ》 (*токуйвадза*《トクイワザ》)	técnica《テクニカ》 preferida《プルフェリダ》 del《デル》 judoca《ジュードーカ》 (*tokui-waza*《トクイ ワザ》)
tomoe-jime《トモエ ジメ》	томоэдзимэ《トモエジメ》	estrangulación《エストゥラングラシオン》 en《エン》 círculo《シルクロ》 (*tomoe-jime*《トモエ ジメ》)
projection《プロジェクスィオン》 en《アン》 cercle《セルクル》 (*tomoe-nage*《トモエ ナゲ》)	бросок《ブラソーク》 через《チェーリズ》 голову《ゴーラヴゥ》 (томоэнагэ《トモエナゲ》)	lance《ランセ》 de《デ》 cabeza《カベサ》 (tomoe-nage《トモエ ナゲ》)
attaquant《アタカン》 (*tori*《トリ》)	атакующий《アタクーユシチイ》 (*тори*《トリ》)	atleta《アトゥレタ》 atacante《アタカンテ》 (*tori*《トリ》)
tecnique《テクニク》 de《ドゥ》 projection《プロジェクスィオン》 (*nage-waza*《ナゲ ワザ》)	техники《チェーフニク》 бросков《ブラスコーフ》 (*нагэвадза*《ナゲワザ》)	técnica《テクニカ》 de《デ》 proyección《プロイエクシオン》 (*nage-waza*《ナゲーワザ》)
étranglement《エトラングルマン》 direct《ディレクト》 à《ア》 bras《ブラ》 croisés《クルワゼ》 (*nami-juji-jime*《ナミ ジュージ ジメ》)	прямое《プレモーエ》 удушение《ウドゥシェーニエ》 руками《ルカーミ》 накрест《ナークリスト》 (*намидзюдзидзимэ*《ナミジュージジメ》)	estrangulación《エストゥラングラシオン》 directa《ディレクタ》 con《コン》 los《ロス》 brazos《ブラソス》 cruzados《クルサドス》 (*nami-juji-jime*《ナミ ジュージ ジメ》)
parer《パレ》 à《ア》 la《ラ》 prise《プリズ》	освобождаться《アスヴァバジダーツァ》 от《アト》 захвата《ザフヴァータ》	liberarse《リベラルセ》 de《デ》 una《ウナ》 presa《プレサ》
échange《エシャンジュ》 de《ドゥ》 prise《プリズ》	изменение《イズミニェーニエ》 захвата《ザフヴァータ》	cambio《カンビオ》 de《デ》 presa《プレサ》
technique《テクニカ》 de《ドゥ》 combat《コンバ》 au《オ》 sol《ソル》	техника《チェーフニカ》 борьбы《バリブィー》 лёжа《リョーザ》	técnica《テクニカ》 de《デ》 lucha《ルチャ》 en《エン》 el《エル》 suelo《スエロ》
combat《コンバ》 au《オ》 sol《ソル》	борьба《バリバー》 лёжа《リョーザ》	combate《コンバテ》 en《エン》 el《エル》 suelo《スエロ》
transition《トランズィスィオン》 en《アン》 position《ポズィスィオン》 de《ドゥ》 combat《コンバ》 au《オ》 sol《ソル》	переход《ピリホード》 в《フ》 положение《パラジェーニエ》 борьбы《バリブィー》 лёжа《リョーザ》	entrada《エントゥラダ》 a《ア》 trabajo《トゥラバホ》 en《エン》 suelo《スエロ》
《commencez《コマンセ》 ! 》 (*hajime*《ハジメ》)	《начинайте《ナチナーイチェ》 ! 》 (*хадзимэ*《ハジメ》)	《¡ comiencen《コミエンセン》 ! 》 (*hajime*《ハジメ》)

日本語	英語	ドイツ語
185 はだか絞め	naked《ネイキッド》 strangle《ストゥラングル》 (*hadaka《ハダカ》-jime《ジメ》*)	freies《フライエス》 Schränkwürgen《シュレンクヴュルゲン》 (*Hadaka《ハダカ》-jime《ジメ》*)
186 はね腰	spring《スプリング》 hip《ヒップ》 throw《スロウ》 (*hane《ハネ》-goshi《ゴシ》*)	Spring《シュプリング》-Hüftwurf《ヒュフトヴルフ》 (*Hane《ハネ》-goshi《ゴシ》*)
187 跳ね巻き込み	winding《ワインディング》 spring《スプリング》 hip《ヒップ》 throw《スロウ》 (*hane《ハネ》-maki《マキ》-komi《コミ》*)	Spring《シュプリング》-Drehwurf《ドレーヴルフ》 (*Hane《ハネ》-maki《マキ》-komi《コミ》*)
188 払い	sweep《スウィープ》 (*harai《ハライ》*)	Kehren《ケーレン》 (*Harai《ハライ》*)
189 払い腰	sweeping《スウィーピング》 hip《ヒップ》 throw《スロウ》 (*harai《ハライ》-goshi《ゴシ》*)	Hüftfegen《ヒュフトフェーゲン》 (*Harai《ハライ》-goshi《ゴシ》*)
190 払い釣り込み足	harai《ハライ》-tsuri《ツリ》-komi《コミ》-ashi《アシ》	Schwebehebezug《シュヴェーベヘーベツーク》-Fuß《フース》halten《ハルテン》 (*Harai《ハライ》-tsuri《ツリ》-komi《コミ》-ashi《アシ》*)
191 腹固め	stomach《スタマック》 arm《アーム》-lock《ロック》 (*hara《ハラ》-gatame《ガタメ》*)	Bankstreckhebel《バンクシュトレックヘーベル》 (*Hara《ハラ》-gatame《ガタメ》*)
192 バランスを失う	lose《ルーズ》 the《ザ》 balance《バランス》	Gleichgewicht《グライヒゲヴィッヒト》 verlieren《フェアリーレン》
193 バランスを保つ	keep《キープ》 the《ザ》 balance《バランス》	Gleichgewicht《グライヒゲヴィッヒト》 wahren《ヴァーレン》
194 反則負け	disqualification《ディスクワラファケイシャン》 (*hansoku《ハンソク》-make《マケ》*)	Disqualifikation《ディスクヴァリフィカツィオーン》 (*Hansoku《ハンソク》-make《マケ》*)
195 判定	decision《ディスィジャン》 (*hantei《ハンテイ》*)	Entscheidung《エントシャイドゥング》 (*Hantei《ハンテイ》*)
196 判定の宣言	declaration《デクラレイシャン》 of《オヴ》 decision《ディスィジャン》	verkündung《フェアキュンドゥング》 der《デア》 Entscheidung《エントシャイドゥング》

フランス語	ロシア語	スペイン語
variante《ヴァリアント》 d'étranglement《デトラングルマン》 à《ア》 revers《ルヴェル》 (*hadaka*《ハダカ》*-jime*《ジメ》)	удушение《ウドゥシェーニエ》 сзади《ズザーディ》 плечом《プリチョーム》 и《イ》 предплечьем《プリドゥプリェーチエム》 с упором《スlyポーラム》 в《ヴ》 затылок《ザトゥィーラク》 (*хадакадзимэ*《ハダカジメ》)	estrangulación《エストゥラングラシオン》 por《ポル》 detrás《デトゥラス》 con《コン》 el《エル》 hombro《オンブロ》 y《イ》 ante《アンテ》-hombro《オンブロ》 (*hadaka*《ハダカ》*-jime*《ジメ》)
hanche《アンシュ》 ailée《エレ》 (*hane*《ハネ》*-goshi*《ゴシ》)	подсад《パトゥサート》 голенью《ゴーリニユ》 (*ханэгоси*《ハネゴシ》)	levantar《レバンタール》 con《コン》 la《ラ》 pierna《ピエルナ》 (*hane*《ハネ》*-goshi*《ゴシ》)
hanche《アンシュ》 ailée《エレ》 en《アン》 s'enroulant《サンルゥラン》 (*hane*《ハネ》*-maki*《マキ》*-komi*《コミ》)	бросок《ブラソーク》 захватом《ザフヴァータム》 руки《ルゥキー》 под《パト》 плечо《プリチョ》 с《ス》 подсадом《パトサーダム》 голенью《ゴーリニユ》 (*ханэмакикоми*《ハネマキコミ》)	ala《アラ》 enrollada《エンロリアダ》 (*hane*《ハネ》*-maki*《マキ》*-komi*《コミ》)
balayage《バレィアジュ》 (*harai*《ハライ》)	подметание《パドゥミターニエ》 (*харай*《ハライ》)	barrido《バリド》 (*harai*《ハライ》)
fauchage《フォシャジュ》 par《パル》 la《ラ》 jambe《ジャンブ》 (*harai*《ハライ》*-goshi*《ゴシ》)	подхват《パトゥフヴァート》 под《パト》 отставленную《アトゥスターヴリンヌユ》 ногу《ナグゥー パトゥシェーチカ フ》 (*хараигоси*《ハライゴシ》)	presa《プレサ》 de《デ》 la《ラ》 pierna《ピエルナ》 separada《セパラダ》 (*harai*《ハライ》*-goshi*《ゴシ》)
blocage《ブロカジュ》 au《オ》 rythme《リトム》 des《デ》 pas《パ》 (*harai*《ハライ》*-tsuri*《ツリ》*-komi*《コミ》*-ashi*《アシ》)	подсечка《パトゥスェーチカ》 в《フ》 темп《チェームプ》 шагов《シャゴーフ》 (*хараицурикомиаси*《ハライツリコミアシ》)	barrida《バリダ》 al《アル》 ritmo《リトゥモ》 de《デ》 los《ロス》 pasos《パソス》 (*harai*《ハライ》*-tsuri*《ツリ》*-komi*《コミ》*-ashi*《アシ》)
luxation《リュクサスィオン》 contre《コントル》 le《ル》 ventre《ヴァントル》 (*hara*《ハラ》*-gatame*《ガタメ》)	рычаг《ルィチャーク》 внутрь《ヴヌートゥリ》 в《フ》 партере《パルチェーリェ》 (*харагатамэ*《ハラガタメ》)	luxación《ルクサシオン》 con《コン》 el《エル》 estomago《エストマゴ》 (*hara*《ハラ》*-gatame*《ガタメ》)
perdre《ペルドル》 l'équilibre《レキリブル》	потерять《パチェリャーチ》 равновесие《ラヴナヴェースィエ》	perder《ペルデール》 el《エル》 equilibrio《エキリブリオ》
tenir《トニル》 l'équilibre《レキリブル》	удержать《ウジィルジャーチ》 равновесие《ラヴナヴェースィエ》	mantener《マンテネール》 el《エル》 equilibrio《エキリブリオ》
disqualification《ディスカリフィカスィオン》 (*hansoku*《ハンソク》*-make*《マケ》)	дисквалификация《ディスクヴァリフィカーツィヤ》 (*хансокумакэ*《ハンソクマケ》)	descalificación《デスカリフィカシオン》 (*hansoku*《ハンソク》*-make*《マケ》)
décision《デスィズィオン》 (*hantei*《ハンテイ》)	решение《リシェーニエ》 (*хантэй*)	decisión《デシシオン》 (*hantei*《ハンテイ》)
déclaration《デクララスィオン》 de《ドゥ》 la《ラ》 décision《デスィズィオン》	объявление《アブエヴリェーニエ》 решения《リシェーニヤ》	anuncio《アヌンシオ》 de《デ》 la《ラ》 decisión《デシシオン》

日本語	英語	ドイツ語
197 引き分け	draw《ドゥロー》 (*hiki*《ヒキ》*-wake*《ワザ》)	unentschieden《ウンエントシーデン》 (*Hiki*《ヒキ》*-wake*《ワザ》)
198 ひざ車	kneel《ニール》 wheel《フウィール》 (*hiza*《ヒザ》*-guruma*《グルマ》)	Knierrad《クニーラート》 (*Hiza*《ヒザ》*-guruma*《グルマ》)
199 左自護体	left《レフト》 defensive《ディフエンスィヴ》 posture《パスチャ》 (*hidari*《ヒダリ》*-jigotai*《ジゴタイ》)	linke《リンケ》 Verteidigungsstellung《フェアタイディグングスシュテルング》 (*Hidari*《ヒダリ》*-jigotai*《ジゴタイ》)
200 左自然体	left《レフト》 on《オン》 guard《ガード》 (*hidari*《ヒダリ》*-shizentai*《シゼンタイ》)	normale《ノルマーレ》 Stellung《シュテルング》 links《リンクス》 (*Hidari*《ヒダリ》*-shizentai*《シゼンタイ》)
201 左手の握り	left《レフト》 hand《ハンド》 grip《グリップ》	normale《ノルマーレ》 Faßart《ファスアールト》 links《リンクス》
202 評価	judgemennt《ヂャチマント》	Wertung《ヴェールトゥング》
203 副審、ジャッジ	judge《ヂャッヂ》	Außenrichter《アオセンリッヒタア》
204 不戦勝ち	win《ウィン》 by《バイ》 default《ディフォールト》 (*fusen*《フセン》*-gachi*《ガチ》)	Sieg《ズィーク》 durch《ドゥルヒ》 Nichtantreten《ニヒトアントレーテン》 (*Fusen*《フセン》*-gachi*《ガチ》)
205 ポイント	point《ポイント》	Punkt《プンクト》
206 ポイント勝ち	win《ウィン》 on《オン》 points《ポイント》	Sieg《ズィーク》 nach《ナーハ》 Punkten《プンクテン》
207 防御	defence《ディフエンス》	Verteidigung《フェアタイディグング》
208 防御動作	defensive《ディフエンスィヴ》 actions《アクシャンズ》	Verteidigungshandlungen《フェアタイディグングスハントルンゲン》
209 他の体重クラスに移動	transition《トランズィシャン》 to《トゥ》 anather《アナザァ》 weight《ウエイト》 category《キャテゴーリィ》	Wechseln《ヴェックセルン》 der《デア》 Gewichtsklasse《ゲヴィッヒツクラッセ》
210 《参った！》	《I《アイ》 give《ギヴ》 up《アップ》！》 (*maitta*《マイッタ》)	《Ich《イッヒ》 gebe《ゲーベ》 auf《アオフ》！》 (*Maitta*《マイッタ》)
211 前受け身	falling《フォーリング》 forward《フォーワド》 (*mae-ukemi*《マエウケミ》)	Fallen《ファレン》 vorwärts《フォーアヴェルツ》 (*Mae-ukemi*《マエウケミ》)

柔道

フランス語	ロシア語	スペイン語
match《マチ》 nul《ニュル》 (*hiki-wake*《ヒキ ワザ》)	ничья《ニチャー》 (*хикивакэ*《ヒキワザ》)	decisión《デシシオン》 nula《ヌラ》 (*hiki-wake*《ヒキ ワザ》)
blocage《ブロカジュ》 du《デュ》 genou《ジュヌゥ》 (*hiza-guruma*《ヒザ グルマ》)	подсечка《パトゥスエーチカ》 в《フ》 колено《カリェーナ》 (*хидзагурума*《ヒザグルマ》)	barrida《バリダ》 a《ア》 la《ラ》 rodilla《ロディリャ》 (*hiza-guruma*《ヒザ グルマ》)
position《ポズィスィオン》 défensive《デファンスィヴ》 à《ア》 gauche《ゴシュ》 (*hidari-jigotai*《ヒダリ ジゴタイ》)	левая《リェーヴァヤ》 защитная《ザシチィートゥナヤ》 стойка《ストーイカ》 (*хидаридзиготай*《ヒダリジゴタイ》)	posición《ポシシオン》 defensiva《デフェンシバ》 izquierda《イスキエルダ》 (*hidari-jigotai*《ヒダリ ジゴタイ》)
position《ポズィスィオン》 gauche《ゴシュ》, en《アン》 garde《ガルド》 gauche《ゴシュ》 (*hidari-shizentai*《ヒダリ シゼンタイ》)	левая《リェーヴァヤ》 стойка《ストーイカ》 (*хидарисидзэнтай*《ヒダリシゼンタイ》)	posición《ポシシオン》 de《デ》 entrada《エントゥラダ》 con《コン》 la《ラ》 izquierda《イスキエルダ》 (*hidari-shizentai*《ヒダリ シゼンタイ》)
prise《プリズ》 gauche《ゴシュ》	левый《リェーヴィイ》 захват《ザフヴァート》	presa《プレサ》 izquierda《イスキエルダ》
jugement《ジュジュマン》	оценка《アツェーンカ》	puntuación《プントゥアシオン》
juge《ジュジュ》	угловой《ウグラボーイ》 судья《スゥチィヤー》	juez《フエス》
victoire《ヴィクトゥワル》 par《パル》 forfait《フォルフェ》 (*fusen-gachi*《フセン ガチ》)	победа《パビェーダ》 ввиду《ヴヴィドゥー》 неявки《ニャーフキ》 противника《プラチィーヴニカ》 (*фусэнгати*《フセンガチ》)	victoria《ビクトリア》 por《ポル》 no《ノ》 presentación《プレセンタシオン》 (*fusen-gachi*《フセン ガチ》)
point《プワン》	очко《アチコー》	punto《プント》
victoire《ヴィクトゥワル》 par《パル》 points《プワン》	победа《パビェーダ》 по《パ》 очкам《アチカーム》	victoria《ビクトリア》 por《ポル》 puntos《プントス》
défense《デファンス》	защита《ザシチータ》	defensa《デフェンサ》
actions《アクスィオン》 défensives《デファンスィヴ》	оборонительные《アバラニーチリヌィイ》 действия《ヂェーイストゥヴィヤ》	acciones《アクシオネス》 defensivas《デフェンシバス》
changement《シャンジュマン》 de《ドゥ》 catégorie《カテゴリ》 de《ドゥ》 poids《プワ》	переход《ピリホート》 в《ヴ》 другую《ドゥルグーユ》 весовую《ヴィサヴゥーユ》 категорию《カチェゴーリユ》	cambio《カンビオ》 de《デ》 categoría《カテゴリア》 de《デ》 peso《ペソ》
《j'abandonne《ジャバンドネ》 ! 》 (*maitta*《マイッタ》)	《сдаюсь《ズダユーシ》 ! 》 (*маитта*《マイッタ》)	《¡ abandono《アバンドノ》 ! 》 (*maitta*《マイッタ》)
projeté《プロジュテ》 en《アン》 avant《アヴァン》 (*mae-ukemi*《マエウケミ》)	падение《パヂェーニエ》 вперёд《フピリョート》 (*маэукэми*《マエウケミ》)	caída《カイダ》 adelante《アデランテ》 (*mae-ukemi*《マエーウケミ》)

日本語	英語	ドイツ語
212 巻き込み	winding《ワインディング》 (*makikomi*《マキコミ》)	Drehwürfe《ドレーヴュルフェ》 (*Makikomi*《マキコミ》)
213 枕袈裟固め	makura《マクラ》-kesa《ケサ》-gatame《ガタミ》	Makura《マクラ》-kesa《ケサ》-gatame《ガタミ》
115 白の柔道着	judo《ジュードウ》 uniform《ユーニフォー》 of《オヴ》 white《フワイト》 (*judogi*《ジュードウギ》 *of*《オヴ》 *white*《フワイト》)	weiße《ヴァイセ》 Judo《ジュードー》-Uniform《ウニフォルム》 (weiße《ヴァイセ》 J*udogi*《ジュードーギ》)
214 負けた試合	lost《ロースト》 contest《カンテスト》	verlorener《フェアローレナア》 Kampf《カムプフ》
215 真捨て身技	rear《リア》 sacrifice《サクリファイス》 technique《テクニーク》 (*ma*《マ》-*sutemi*《シテミ》-*waza*《ワザ》)	Eigenfall《アイゲンファル》 durch《ドゥルヒ》 die《ディ》 gerade《ゲラデ》 Rückenlage《リュッケンラーゲ》 (*Ma*《マ》-*sutemi*《シテミ》-*waza*《ワザ》)
216 《待て！》	《wait《ウエイト》！》 (*mate*《マテ》)	《warten《ヴァルテン》！》 (*Mate*《マテ》)
217 右自護体	right《ライト》 defensive《ディフエンスィヴ》 posture《パスチャ》 (*migi*《ミギ》-*jigotai*《ジゴタイ》)	rechte《レッヒテ》 Verteidigungsstellung《フェアタイディグングスシュテルング》 (*Migi*《ミギ》-*jigotai*《ジゴタイ》)
218 右自然体	right《ライト》 on《オン》 guard《ガード》 (*migi*《ミギ》-*shizentai*《シゼンタイ》)	normale《ノルマーレ》 Stellung《シュテルング》 rechts《レッヒツ》 (*Migi*《ミギ》-*shizentai*《シゼンタイ》)
219 右手の握り	right《ライト》 hand《ハンド》 grip《グリップ》	normale《ノルマーレ》 Faßart《ファスアールト》 rechts《レッヒツ》
220 双手背負い投げ	double《ダブル》-arm《アーム》 shoulder《ショウルダァ》 throw《スロウ》 (*morote*《モロテ》-*seoi*《セオイ》-*nage*《ナゲ》)	Schulterwurf《シュルタァヴルフ》 mit《ミット》 zwei《ツヴァイ》 Armen《アルメン》 (*Morote*《モロテ》-*seoi*《セオイ》-*nage*《ナゲ》)
221 有効	yuko《ユーコー》	yuko《ユーコー》
222 《有効》の判定	assessment《アセスマント》 of《オヴ》 《yuko《ユーコー》》	Vergabe《フェアガーベ》 von《フォン》 《Yuko《ユーコー》》

フランス語	ロシア語	スペイン語
makikomi《マキコミ》	броски《ブラスキー》 с《ス》 поворотом《パヴァロータム》 (*макикоми*《マキコミ》)	enrollamiento《エンロリャミエント》 (*makikomi*《マキコミ》)
contrôle《コントロル》 en《アン》 oreiller《オレィエ》 par《パル》 le《ル》 travers《トラヴェル》 (*makura《マクラ》-kesa《ケサ》-gatame《ガタミ》*)	макуракэсагатамэ《マクラケサガタミ》	inmovilización《インモビリサシオン》 por《ポル》 el《エル》 costado《コスタド》 en《エン》 almohadilla《アルモアディリア》 (*makura《マクラ》-kesa《ケサ》-gatami《ガタミ》*)
judo《ジュードー》 uniforme《ユニフォルム》 blanc《ブラン》 (*judogi《ジュードーギ》 blanc《ブラン》*)	униформа《ウニフォールマ》 для《ドゥリャ》 дзюдо《ジュードウ》 белого《ビエーラヴァ》 (*белый《ビエールィイ》 дзюдоги《ジュードウギ》*)	judo《ジュードー》 uniforme《ウニフォルメ》 de《デ》 blanco《ブランコ》 (*judogi《ジュードーギ》 de《デ》 blanco《ブランコ》*)
combat《コンバ》 perdu《ペルデュ》	проигранная《プライーグランナヤ》 схватка《スフヴァートゥカ》	combate《コンバテ》 perdido《ペルディド》
sacrifice《サクリフィス》 en《アン》 arrière《アリエル》 (*ma《マ》-sutemi《シテミ》-waza《ワザ》*)	броски《ブラスキー》 с《ス》 падением《パヂェーニエム》 назад《ナザート》 (*масутэмивадза*《マシテミワザ》)	sacrificio《サクリフィシオ》 hacia《アシア》 atrás《アトゥラス》 (*ma《マ》-sutemi《シテミ》-waza《ワザ》*)
《attendez《アタンデ》 ! 》 (*mate*《マテ》)	《стоп《ストープ》 ! 》 (*матэ*《マテ》)	《¡ deténganse《デテンガンセ》 ! 》 (*mate*《マテ》)
position《ポズィスィオン》 défensive《デファンスィヴ》 à《ア》 droite《ドルワト》 (*migi《ミギ》-jigotai《ジゴタイ》*)	правая《プラーヴァヤ》 защитная《ザシチィートゥナヤ》 стойка《ストーイカ》 (*мигидзиготай*《ミギジゴタイ》)	posición《ポシシオン》 defensiva《デフェンシバ》 derecha《デレチャ》 (*migi《ミギ》-jigotai《ジゴタイ》*)
position《ポズィスィオン》 debout《ドゥブゥ》 droite《ドルワト》 (*migi《ミギ》-shizentai《シゼンタイ》*)	правая《プラーヴァヤ》 стойка《ストーイカ》 (*мигисидзэнтай*《ミギシゼンタイ》)	posición《ポシシオン》 de《デ》 entrada《エントゥラダ》 con《コン》 la《ラ》 derecha《デレチャ》 (*migi《ミギ》-shizentai《シゼンタイ》*)
prise《プリズ》 droite《ドルワト》	правый《プラーヴィイ》 захват《ザフヴァート》	presa《プレサ》 derecha《デレチャ》
projection《プロジェクスィオン》 d'épaule《デポル》 par《パル》 deux《ドゥ》 mains《マン》 (*morote《モロテ》-seoi《セオイ》-nage《ナゲ》*)	бросок《ブラソーク》 через《チェーリス》 плечо《プリチョー》 с《ス》 руками《ルカーミ》 (*моротэсэоинагэ*《モロテセオイナゲ》)	proyección《プロイエクシオン》 sobre《ソブレ》 el《エル》 hombro《オンブロ》 con《コン》 dos《ドス》 manos《マノス》 (*morote《モロテ》-seoi《セオイ》-nage《ナゲ》*)
yuko《ユーコー》	юко《ユーコー》	yuko《ユーコー》
attribution《アトリビュスィオン》 de《ドゥ》 《yuko《ユーコー》》	присуждение《プリスジジェーニエ》 《юко《ユーコー》》	decisión《デシシオン》 de《デ》 《yuko《ユーコー》》

日本語	英語	ドイツ語
223 優勢勝ち	superiority《サピアリオーラティ》 win《ウィン》 (*yusei《ユーセイ》-gachi《ガチ》*)	Sieg《ズィーク》 durch《ドゥルヒ》 Überlegenheit《ユーバァレーゲンハイト》 (*Yusei《ユーセイ》-gachi《ガチ》*)
224 横受け身	falling《フォーリング》 sideward《サイドワド》 (*yoko《ヨコ》-ukemi《ウケミ》*)	Fallen《ファレン》 seitwärts《ザイトヴェルツ》 (*Yoko《ヨコ》-ukemi《ウケミ》*)
225 横落とし	side《サイド》 drop《ドゥラップ》 (*yoko《ヨコ》-otoshi《オトシ》*)	Yoko《ヨコ》-otoshi《オトシ》
226 横掛け	lateral《ラテラル》 drop《ドゥラップ》 sweep《スウィープ》 (*yoko《ヨコ》-gake《ガケ》*)	Seitenzug《ザイテンツーク》 (*Yoko《ヨコ》-gake《ガケ》*)
227 横車	lateral《ラテラル》 wheel《フウィール》 (*yoko《ヨコ》-guruma《グルマ》*)	Seitenrad《ザイテンラート》 (*Yoko《ヨコ》-guruma《グルマ》*)
228 横四方固め	lateral《ラテラル》 four《フォー》-quarter《クウォータァ》 hold《ホウルド》-down《ダウン》 (*yoko《ヨコ》-shiho《シホー》-gatame《ガタメ》*)	Seitvierer《ザイトフィーラァ》 (*Yoko《ヨコ》-shiho《シホー》-gatame《ガタメ》*)
229 横捨て身技	side《サイド》 sacrifice《サクリファイス》 (*yoko《ヨコ》-sutemi《ステミ》-waza《ワザ》*)	Eigenfall《アイゲンファル》 durch《ドゥルヒ》 die《ディ》 Seitenlage《ザイテンラーゲ》 (*Yoko《ヨコ》-sutemi《ステミ》-waza《ワザ》*)
230 横別れ	side《サイド》 separation《セパレイシャン》 (*yoko《ヨコ》-wakare《ワカレ》*)	Yoko《ヨコ》-wakare《ワカレ》
231 《よし！》	《carry《キャリィ》 on《オン》！》 (*yoshi《ヨシ》*)	《weitermachen《ヴァイタァマッヘン》！》 (*Yoshi《ヨシ》*)
232 乱取り	free《フリー》 practice《プラクティス》 (*randori《ランドリ》*)	freies《フライエス》 Üben《ユーベン》 (*Randori《ランドリ》*)
233 立位	standing《スタンディング》 position《パズィシャン》	stehende《シュテーエンデ》 Stellung《シュテルング》

柔道

フランス語	ロシア語	スペイン語
vivtoire《ヴィクトゥワル》 par《パル》 supériorité《スュペリオリテ》 (*yusei《ユーセイ》-gachi《ガチ》*)	победа《パビェーダ》 по《パ》 преимуществу《プリイムーシチィストゥヴゥ》 (*юсэйгати《ユーセイガチ》*)	victoria《ビクトリア》 por《ポル》 superioridad《スペリオリダ》 (*yusei《ユーセイ》-gachi《ガチ》*)
chute《シュット》 latérale《ラテラル》 (*yoko《ヨコ》-ukemi《ウケミ》*)	падение《パヂェーニエ》 на《ナ》 бок《ボーク》 (*ёкоукэми《ヨコ　ウケミ》*)	caída《カイダ》 a《ア》 un《ウン》 costado《コスタド》 (*yoko《ヨコ》-ukemi《ウケミ》*)
renversement《ランヴェルスマン》 de《ドゥ》 côté《コテ》, sutémi《ステミ》 latéral《ラテラル》 (*yoko《ヨコ》-otoshi《オトシ》*)	ёкоотоси《ヨコオトシ》	caída《カイダ》 de《デ》 costado《コスタド》 (*yoko《ヨコ》-otoshi《オトシ》*)
balayé《バレィエ》 en《アン》 sacrifice《サクリフィス》 (*yoko《ヨコ》-gake《ガケ》*)	боковая《バカヴァーヤ》 подсечка《パトゥシェーチカ》 с《ス》 подением《パヂェーニエム》 (*ёкогакэ《ヨコガケ》*)	barrida《バリダ》 lateral《ラテラル》 con《コン》 caída《カイダ》 (*yoko《ヨコ》-gake《ガケ》*)
projection《プロジクスィオン》 en《アン》 arrière《アリエル》 et《エ》 en《アン》 sacrifice《サクリフィス》 (*yoko《ヨコ》-guruma《グルマ》*)	бросок《ブラソーク》 через《チェーリズ》 грудь《グルーチ》 с《ス》 падением《パジェーニエム》 (*ёкогурума《ヨコグルマ》*)	lance《ランセ》 de《デ》 pecho《ペチョ》 con《コン》 sacrificio《サクリフィシオ》 de《デ》 caída《カイダ》 (*yoko《ヨコ》-guruma《グルマ》*)
contrôle《コントロル》 des《デ》 quatre《カトル》 points《プワン》 par《パル》 le《ル》 côté《コテ》 (*yoko《ヨコ》-shiho《シホー》-gatame《ガタメ》*)	удержание《ウヂィルジャーニエ》 поперёк《パピリョーク》 с《ズ》 захватом《ザフヴァータム》 ноги《ナギー》 и《イ》 пояса《ポーヤサ》 (*ёкосихогатамэ《ヨコシホーガタメ》*)	inmovilización《インモビリサシオン》 transversal《トゥランスベルサル》 con《コン》 presa《プレサ》 de《デ》 la《ラ》 pierna《ピエルナ》 y《イ》 el《エル》 cinturón《シントゥロン》 (*yoko《ヨコ》-shiho《シホー》-gatame《ガタメ》*)
sacrifice《サクリフィス》 de《ドゥ》 côté《コテ》 (*yoko《ヨコ》-sutemi《ステミ》-waza《ワザ》*)	броски《ブラスキー》 с《ズ》 боковым《バカヴィーム》 падением《パジェーニエム》 (*ёкосутэмивадза《ヨコステミワザ》*)	sacrificio《サクリフィシオ》 de《デ》 costado《コスタド》 (*yoko《ヨコ》-sutemi《ステミ》-waza《ワザ》*)
séparation《セパラスィオン》 des《デ》 deux《ドゥ》 corps《コル》 (*yoko《ヨコ》-wakare《ワカレ》*)	ёковакарэ《ヨコワカレ》	separación《セパラシオン》 lateral《ラテラル》 (*yoko《ヨコ》-wakare《ワカレ》*)
《continuez《コンティニュエ》！》(*yoshi《ヨシ》*)	《продолжайте《プラダルジャーイチェ》！》(*ёси《ヨシ》*)	《¡ continuen《コンティヌエン》！》(*yoshi《ヨシ》*)
combat《コンバ》 libre《リブル》 (*randori《ランドリ》*)	вольная《ヴォーリナヤ》 схватка《スフヴァートゥカ》 (*рандори《ランドリ》*)	combate《コンバテ》 libre《リブレ》 (*randori《ランドリ》*)
position《ポズィスィオン》 debout《ドゥブゥ》	положение《パラジェーニエ》 стоя《ストーヤ》	posición《ポシシオン》 de《デ》 pie《ピエ》

日本語	英語	ドイツ語
234 立礼	standing《スタンディング》 bow《バズィシャン》 (r*itsurei*《リツレイ》)	Begrüßung《ベグリュースング》 im《イム》 Stand《シュタント》 (*Ritsurei*《リツレイ》)
235 両手絞め	both《ボウス》 hands《ハンズ》 choke《チョウク》 (*ryote*《リョー》*-jime*《テジメ》)	Würgen《ヴュルゲン》 mit《ミット》 beiden《バイデン》 Händen《ヘンデン》 (*Ryote*《リョー》*-jime*《テジメ》)
236 礼	bow《バウ》 (*rei*《レイ》)	Begrüßung《ベグリュースング》 (*Rei*《レイ》)
237 レフェリー	referee《レフェリー》	Mattenrichter《マッテンリッヒタァ》
238 連係	connecting《コネクティング》	Verbindung《フェアビンドゥング》
239 連絡技	combination《カンビネイシャン》 technique《テクニーク》 (*renraku*《レンラク》*-waza*《ワザ》)	Kombinationstechniken《コンビナツィオーンステッヒニケン》 (*Renraku*《レンラク》*-waza*《ワザ》)
240 技	technique《テクニーク》	Grifftechnik《グリッフテッヒニク》
241 技あり	almost《オールモウスト》 ippon《イッポン》 (*waza*《ワザ》*-ari*《アリ》)	halber《ハルバァ》 Punkt《プンクト》 (*Waza*《ワザ》*-ari*《アリ》)
242 技あり・合せて一本	two《トゥー》 《waza《ワザ》 ari《アリ》》 score《スコー》 《ippon《イッポン》》 (*waza*《ワザ》*-ari*《アリ》*-awasete*《アワセテ》*-ippon*《イッポン》)	zwei《ツヴァイ》 Wertungen《ヴェールトゥンゲン》 ergeben《エアゲーベン》 einen《アイネン》 Punkt《プンクト》 (*Waza*《ワザ》*-ari*《アリ》*-awasete*《アワセテ》*-ippon*《イッポン》)
243 《技あり》の判定	assessment《アセスマント》 of《オヴ》 《*waza*《ワザ》*-ari*《アリ》》	Vergabe《フェアガーベ》 von《フォン》 《W*aza*《ワザ》*-ari*《アリ》》
244 技をかける	apply《アプライ》 a《ア》 technique《テクニーク》	Grifftechnik《グリッフテッヒニク》 durchführen《ドゥルヒフューレン》
245 技を評価する	recognize《レカグナイズ》 the《ザ》 technique《テクニーク》	Griff《グリッフ》 (Wurf《ヴルフ》) als《アルス》 gültig《ギュルティヒ》 betrachten《ベトラッハテン》

フランス語	ロシア語	スペイン語
salut《サリュ》 debout《ドゥブゥ》 (r*itsurei*)《(リツレイ)》	приветствие《プリヴェーツトゥヴィエ》 соя《ストーヤ》 (*рицурэй*)《(リツレイ)》	saludo《サルド》 de《デ》 pie《ピエ》 (r*itsurei*)《(リツレイ)》
étranglement《エトラングルアン》 avec《アヴェク》 deux《ドゥ》 mains《マン》 (*ryote-jime*)《(リョー テジメ)》	удушение《ウドゥシェーニエ》 руками《ルカーミ》 (*рётэдзимэ*)《(リョーテジメ)》	estrangulación《エストゥラングラシオン》 con《コン》 ambas《アンバス》 manos《マノス》 (*ryote-jime*)《(リョー テジメ)》
salut《サリュ》 (*rei*)《(レイ)》	приветствие《プリヴェーツトゥヴィエ》 (*рэй*)《(レイ)》	saludo《サルド》 (*rei*)《(レイ)》
arbitre《アルビトル》	арбитр《アルビートゥル》, судья《スゥヂィヤー》 на《ナ》 ковре《カヴリェー》	árbitro《アルビトゥロ》
enchainement《アンシュヌマン》	соединение《サィエディニェーニエ》	encadenamiento《エンカデナミエント》
renraku《レンラク》-waza《ワザ》	техники《チェーフニキ》 комбинация《カムビナーツィヤ》 (*рэнракувадза*)《(レンラクワザ)》	técnica《テクニカ》 de《デ》 combinación《コンビナシオン》 (*renraku-waza*)《(レンラク ワザ)》
technique《テクニク》	приём《プリヨーム》	técnica《テクニカ》
presque《プレスク》 ippon《イッポン》 (*waza-ari*)《(ワザ アリ)》	полпобеды《パルパビェードゥィ》 (*вадзаари*)《(ワザアリ)》	casi《カシ》 ippon《イッポン》 (*waza-ari*)《(ワザ アリ)》
deux《ドゥ》 《waza ari》《(ワザ アリ)》 presque《プレスク》 《ippon》《(イッポン)》 (*waza-ari-awasete-ippon*)《(ワザ アリ アワセテ イッポン)》	два《ドゥヴァー》 вадзаари《ワザ アリ》 (*вадзаари авасэтэ иппон*)《(ワザアリ アワセテ イッポン)》	dos《ドス》 waza-ari《ワザ アリ》 casi《カシ》 ippon《イッポン》 (*waza-ari-awasete-ippon*)《(ワザ アリ アワセテ イッポン)》
attribution《アトリビュスィオン》 de《ドゥ》 《waza-ari》《(ワザ アリ)》	присуждение《プリスジヂェーニエ》 《вадзаари》《(ワザアリ)》	decisión《デシシオン》 de《デ》 《waza-ari》《(ワザ アリ)》
effecturer《エフェクチュエ》 la《ラ》 technique《テクニク》	проводить《プラヴァディーチ》 приём《プリヨーム》	aplicar《アプリカール》 una《ウナ》 técnica《テクニカ》
reconnaître《ルコネトル》 la《ラ》 technique《テクニク》	засчитать《ザスチィターチ》 приём《プリヨーム》	reconocer《レコノセール》 la《ラ》 técnica《テクニカ》

11.重量挙げ

日本語	英語	ドイツ語
1 赤の旗	red《レッド》 flag《フラッグ》	rotes《ローテス》 Fähnchen《フェーンヒェン》
2 赤のライト	red《レッド》 light《ライト》	rotes《ローテス》 Lamp《ラムペ》
3 頭の後ろへバーベルを投げる	throw《スロウ》 the《ザ》 bar《バー》 over《オウヴァ》 the《ザ》 head《ヘッド》	Hantel《ハンテル》 über《ユーバァ》 dem《デム》 Kopf《コップフ》 abwerfen《アップヴェルルフェン》
4 アテンプト・ボード	attempt《アテンプト》 board《ボード》	Versuchstafel《フェァズーフスターフェル》
5 一線上にある足	the《ザ》 feet《フィート》 are《ア》 on《オン》 the《ザ》 same《セイム》 line《ライン》	Fußspitzen《フースシュピッツェン》 sind《ズィント》 auf《アオフ》 gleiche《グライヒエ》 Linie《リーニエ》 gebracht《ゲブラッハト》
6 ウェイトリフティング・シューズ	weightlifting《ウエイトリフティング》 shoes《シューズ》	Heberschuhe《ヘーバァシューエ》
7 腕の曲げ	bennding《ベンディング》 the《ザ》 arms《アームズ》	Armbeuge《アルムボイゲ》
8 オリンピック記録を越える重量	weight《ウエイト》 heavier《ヘヴィア》 than《ザン》 Olympic《オウリンピック》 record《レコード》	Gewicht《ゲヴィッヒト》 über《ユーバァ》 dem《デム》 Olympischen《オリュムピシェン》 Rekord《レコルト》
9 オリンピック記録を樹立する	set《セット》 up《アップ》 an Olympic《アノリンピック》 record《レコード》	Olympiarekord《オリュムピアレコルト》 aufstellen《アオフシュテレン》
10 オリンピック・トータル（２種目）	Olympic《オウリンピック》 total《トウトゥル》, Olympic《オウリンピック》 lifts《リフツ》	Olympischer《オリュムピシャァ》 Zweikampf《ツヴァイカムプフ》
11 肩幅のグリップ	shoulder《ショウルダァ》-width《ウィドゥス》 grip《グリップ》	Griff《グリッフ》 in《イン》 Schulterbreite《シュルタァブライテ》
12 カラー	collars《カラァズ》	Verschluß《フェアシュルス》 der《デァ》 Hantelstange《ハンテルシュタンゲ》
13 体を下げること（バーベルに向かって）	lowering《ロウァリング》 the《ザ》 body《バディ》	Beugen《ボイゲン》 des《デス》 Körpers《ケルパァス》
14 完了しない試技	uncompleted《アンカンプリーティド》 attempt《アテンプト》	unvollständiger《ウンフォルシュテンディガァ》 Versuch《フェァズーフ》

フランス語	ロシア語	スペイン語
fanion《ファニオン》 rouge《ルゥジュ》	красный《クラースヌィイ》 судейский《スヂェーイスキイ》 флажок《フラジョーク》	bandera《バンデラ》 roja《ロホ》
lampe《ランプ》 rouge《ルゥジュ》	красный《クラースヌィイ》 свет《スヴェート》	luz《ルス》 roja《ロホ》
laisser《レセ》 filer《フィル》 la《ラ》 barre《バル》 derrière《デリエル》 la《ラ》 tête《テトゥ》	перебросить《ピリブロースィチ》 штангу《シターングゥ》 за《ザ》 голову《ガラヴゥー》	llevar《リェバール》 la《ラ》 pesa《ペサ》 más《マス》 atrás《アトゥラス》 de《デ》 la《ラ》 cabeza《カベサ》
tableau《タブロ》 d'essais《デセ》	доска《ダスカー》 подхода《パトゥホーダ》	marcador《マルカドル》 de《デ》 intentos《インテントス》
les《レ》 pointes《プワント》 des《デ》 pieds《ピエ》 sont《ソン》 sur《シュル》 une《ユヌ》 ligne《リニュ》	носки《ナスキー》 ног《ノーク》 расположены《ラスパロージェヌィ》 на《ナ》 одной《アドゥノーイ》 линии《リーニイ》	puntas《プンタス》 de《デ》 los《ロス》 pies《ピエス》 se《セ》 encuentran《エンクエントゥラン》 en《エン》 una《ウナ》 línea《リネア》
bottines《ボティヌ》	ботинки《バチィーンキ》, штангетки《シタンゲートゥキ》	botas《ボタス》
flexion《フレクスィオン》 des《デ》 bras《ブラ》	сгибаие《スギバーニエ》 рук《ルーク》 в《ヴ》 локтях《ラクチャーフ》	flexión《フレクシオン》 de《デ》 los《ロス》 brazos《ブラソス》
poids《ポワ》 supérieur《シュペリウル》 au《オ》 record《ルコル》 olympique《オランピク》	вес《ヴェース》, превышающий《プリヴィシャーユシチイ》 олимпийский《アリムピーイスキイ》 рекорд《リコールト》	peso《ペソ》 superior《スペリオル》 al《アル》 record《レコルド》 olímpico《オリンピコ》
établir《エタブリル》 un《アン》 record《ルコル》 olympique《オランピク》	установить《ウスタナヴィーチ》 олимпийский《アリムピーイスキイ》 рекорд《リコールト》	imponer《インポネール》 un《ウン》 record《レコルド》 olímpico《オリンピコ》
total《トタル》 olympique《オランピク》, mouvements《ムゥヴマン》 olympiques《オランピク》	олимпийское《アリムピーイスカエ》 двоеборье《ドゥヴァエボーリエ》	suma《スマ》 olímpica《オリンピカ》, movimientos《モビミエントス》 olímpicos《オリンピコス》
prise《プリズ》 normale《ノルマル》	хват《フヴァート》 на《ナ》 ширине《シリニェー》 плеч《プリェーチ》	agarre《アガレ》 normal《ノルマル》
collier《コリエ》 de《ドゥ》 la《ラ》 barre《バル》	замок《ザモーク》 для《ドゥリャ》 шитанги《シターンギィ》	collarín《コリァリン》 de《デ》 la《ラ》 barra《バラ》
flexion《フレクスィオン》 du《デュ》 corps《コル》	нагнуться《ナグヌーツァ》 к《ク》 штанге《シターンギ》	flexión《フレクシオン》 del《デル》 cuerpo《クエルポ》
essai《エセ》 incomplet《アンコンプレ》	неполный《ニポールヌィイ》 подход《パトゥホート》	movimiento《モビミエント》 incompleto《インコンプレト》

日本語	英語	ドイツ語
15 棄権する	retire《リタイア》	aus《アオス》 dem《デム》 Wettkampf《ヴェットカムプフ》 ausscheiden《アオスシャイデン》
16 器具係員	loader《ロウダァ》	Lastträger《ラストトレーガァ》
17 技術会議	technical《テクニカル》 meeting《ミーティング》 (conference《カンファランス》)	technishe《テッヒニシェ》 Konferenz《コンフェレンツ》
18 挙上	lifting《リフティング》	Heben《ヘーベン》
19 挙上された重量	lifted《リフティド》 weight《ウエイト》	zur《ツーア》 Hochstrecke《ホーホシュトレッケ》 gebrachtes《ゲブラッハテス》 Gewicht《ゲヴィッヒト》
20 競技委員長	competition《カンピティシャン》 director《ディレクタァ》	Wettkampfleiter《ヴェットカムプフライタァ》
21 競技会場	competition《カンピティシャン》 area《エアリア》	Wettkampfplatz《ヴェットカムプフプラッツ》
22 競技者の検量の順番	weigh《ウエイ》-in《イン》 order《オーダァ》	Reihenfolge《ライエンフォルゲ》 des《デス》 Wiegens《ヴィーゲンス》
23 局面、　フェイズ	part《パート》, phase《フェイズ》	Phase《ファーゼ》
24 記録に挑戦	record《レコード》 attempt《アテンプト》	Rekordversuch《レコルトフェァズーフ》
25 記録の申請	registration《レヂストゥレイシャン》 of《オヴ》 a《ア》 record《レコード》	Registrierung《レギストゥリールング》 eines《アイネス》 Rekordes《レコルデス》
26 金属製のディスク	metallic《マタリック》 disc《ディスク》	Metallscheibe《メタルシャイベ》
27 クリーン・アンド・ジャーク	clean《クリーン》 and《アンド》 jerk《ヂャーク》	Stoßen《シュトーセン》
28 クリーン	clean《クリーン》	Umsetzen《ウムゼッツエン》
29 クリーン・アンド・ジャークの引き	pull《プル》 in《イン》 clean《クリーン》 and《アンド》 jerk《ヂャーク》	Zug《ツーク》 beim《バイム》 Stoßen《シュトーセン》
30 グリップ	grip《グリップ》	Griff《グリッフ》
31 グリップ幅	width《ウィドゥス》 of《オヴ》 the《ザ》 grip《グリップ》	Griffbreite《グリッフブライテ》
32 計量器	scale《スケイル》	Waage《ヴァーゲ》

フランス語	ロシア語	スペイン語
abandonner《アバンドネ》	выбыть《ヴィーブィチ》 из《イス》 соревнования《サリヴナヴァーニヤ》	eliminarse《エリミナールセ》
chargeur《シャルジゥル》	грузчик《グルーシチク》	auxiliar《アゥクシリアル》 de《デ》 barra《バラ》
conférence《コンフェランス》 technique《テクニク》	техническая《チフニーチスカヤ》 конференция《カンフィレーンツィヤ》	conferencia《コンフェレンシア》 técnica《テクニコ》
levée《ルヴェ》, relèvement《ルレヴマン》	поднимание《パドゥニマーニエ》	levantamiento《レバンタミエント》
poids《ポワ》 levé《ルヴェ》	поднятый《ポードゥニャトゥィイ》 вес《ヴェース》	peso《ペソ》 levantado《レバンタド》
directeur《ディレクトゥル》 de《ドゥ》 la《ラ》 compétition《コンペティスィオン》	директор《ディレークタル》 соревнования《サリヴナヴァーニヤ》	director《ディレクトル》 de《デ》 la《ラ》 competición《コンペティシオン》
aire《エル》 de《ドゥ》 compétition《コンペティスィオン》	место《ミェースタ》 соревнований《サリヴナヴァーニヤ》	área《アレア》 de《デ》 competición《コンペティシオン》
ordre《オルドル》 de《ドゥ》 pesage《プザジュ》	порядок《パリャーダク》 взвешивания《ヴズヴェーシヴァニヤ》 участников《ウチャースニカフ》	orden《オルデン》 de《デ》 pesaje《ペサヘ》
phase《ファズ》	фаза《ファーザ》	fase《ファセ》, tiempo《ティエンポ》
tentative《タンタティヴ》 de《ドゥ》 record《ルコル》	попытка《パプィートゥカ》 установить《ウスタナヴィーチ》 рекорд《リコールト》	intento《インテント》 de《デ》 implantar《インプランタール》 un《ウン》 récord《レコルド》
homologation《オモロガスィオン》 d'un《ダン》 record《ルコル》	регистрация《リギストゥラーツィヤ》 рекорда《リコールダ》	registro《レヒストゥロ》 de《デ》 un《ウン》 récord《レコルド》
disque《ディスク》 métallique《メタリク》	металлический《ミタリィーチェスキイ》 диск《ディースク》	disco《ディスコ》 metálico《メタリコ》
épaulé-jeté《エポレ ジュテ》	толчок《タルチョーク》	cuclilla《ククリリァ》 y《イ》 envión《エンビオン》
épaulé《エポレ》	поднимание《パドゥニマーニエ》 на《ナ》 грудь《グルゥートィ》	cargada《カルガダ》
tirage《ティラジュ》 au《オ》 jeté《ジュテ》	толчковая《タルチコーヴァヤ》 тяга《チャーガ》	levantamiento《レバンタミエント》 en《エン》 envión《エンビオン》
prise《プリズ》	хват《フヴァート》	agarre《アガレ》
largeur《ラルジュル》 de《ドゥ》 prise《プリズ》	ширина《シリナー》 хвата《フヴァータ》	anchura《アンチュラ》 de《デ》 agarre《アガレ》
bascule《バスキュル》	весы《ヴィスィー》	báscula《バスクラ》

日本語	英語	ドイツ語
33 検量	weigh《ウエイ》-in《イン》	Abwiegen《アップヴィーゲン》
34 検量リスト	weigh《ウエイ》-in《イン》 sheet《シート》	Wiegekarte《ヴィーゲカルテ》
35 減量	reducing《リヂュースィング》 of《オヴ》 weight《ウエイト》	Abtrainieren《アップトレニーレン》, Gewichtmachen《ゲヴィッヒトマッヘン》
36 コール	calling《コーリング》	Rufen《ルーフェン》
37 公式記録	official《オフィシャル》 sheet《シート》	Wettkampfprotokoll《ヴェットカムプフプロトコル》
38 公式記録員	competition《カンピティシャン》 secretary《セクレテリィ》, scorer《スコーラァ》	Wettkampfsekretär《ヴェットカムプフゼクレテーァ》, Listenführer《リステンフューラァ》
39 国際１級レフリー	category《カタゴーリィ》 1《ファースト》 IWF《アイダブリュエフ》 referee《レフェリー》	IWF《イーヴェーエフ》-Kampfrichter《カムプフリッヒタァ》 der《デァ》 1.《エルステン》 Kategorie《カテゴリー》
40 国際ウエイトリフテング連盟	Interational《インタナショヌル》 Weight《ウエイト》-lifting《リフティング》 Federation《フェデレイシャン》 (IWF)《(アイダブリュエフ)》	Internationaler《インテルナツィオナーラァ》 Gewichtheber《ゲヴィッヒトヘーバァ》- verband《フェァバント》 (IWF)《(イーヴェーエフ)》
41 国際2級レフリー	category《カタゴーリィ》 2《セカンド》 IWF《アイダブリュエフ》 referee《レフェリー》	IWF《イーヴェーエフ》-Kampfrichter《カムプフリッヒタァ》 der《デァ》 2.《ツヴァイテン》 Kategorie《カテゴリー》
42 コスチューム	costume《カストゥーム》	Gewichthebertrikot《ゲヴィッヒトヘーバァトゥリコー》
43 ゴムで覆われたディスク	rubber《ラバァ》 disc《ディスク》	Scheibe《シャイベ》 mit《ミット》 Hartgummirand《ハルトグミラント》
44 最後の試技	final《ファイヌル》 attempt《アテンプト》	letzter《レッツタァ》 Versuch《フェァズーフ》
45 最初の試技の重量	starting《スターティング》 weight《ウエイト》	Anfangsgewicht《アンファングスゲヴィッヒト》
46 最終姿勢	final《ファイヌル》 position《ポズィシャン》	Finalposition《フィナールポズィツィオーン》
47 サイド・レフリー	side《サイド》 referee《レフェリー》	Seitenkampfrichter《ザイテンカムプフリッヒタァ》
48 試合終了	end《エンド》 of《オヴ》 the《ザ》 competition《カンピティシャン》	Wettkampfabschluß《ヴェットカムプフアップシュルス》
49 《試技！》	《attempt《(アテンプト)》！》	《Versuch《(フェァズーフ)》！》

重量挙げ

フランス語	ロシア語	スペイン語
pesage《プザジュ》	взвешивание《ヴズヴェーシヴァニエ》	pesaje《ペサヘ》
feuille《フゥユ》 de《ドゥ》 pesage《プザジュ》	протокол《プラタコール》 взвешивания《ヴズヴェーシヴァーニヤ》	hoja《オハ》 de《デ》 pesaje《ペサヘ》
amaigrissement《アメグリスマン》	сгонка《ズゴーンカ》 веса《ヴェーサ》	adelgazamiento《アデルガサミエント》
appel《アペル》	вызов《ヴィーザフ》	aviso《アビソ》, llamada《リァマダ》
formulaire《フォルミュレル》 de《ドゥ》 resultats《レジュルタ》	протокол《プラタコール》 соревнаваний《サリヴナヴァーニイ》	acta《アクタ》 de《デ》 competición《コンペティシオン》
secrétaire《スクレテル》 de《ドゥ》 compétition《コンペティスィオン》	секретарь《シクリターリィ》 соревнавания《サリヴナヴァーニイ》	secretario《セクレタリオ》 de《デ》 competición《コンペティシオン》
arbitre《アルビトル》 de《ドゥ》 l'IWF《リドゥヴルヴェエフ》 de《ドゥ》 1re《プルミエル》 catégorie《カテゴリ》	судья《スゥヂィヤー》 ИВФ《イヴェエーフ》 1《ピエールヴォイ》 категории《カチェゴーリイ》	árbitro《アルビトゥロ》 de《デ》 la《ラ》 IWF《イウベドブレエフェ》 de《デ》 1ra《プリメラ》 categoría《カテゴリア》
Fédération《フェデラスィオン》 Internationale《アンテルナスィオナル》 d'Haltérophilie《ダルテロフィル》 (IWF)《(イドゥブルヴェエフ)》	Международная《ミジドゥナロードゥナヤ》 федерация《フィヂラーツィヤ》 тяжёлой《チャジョーライ》 атлетики《アトゥリエーチィキ》 (ИВФ)《(イヴェエーフ)》	Federación《フェデラシオン》 Internacional《インテルナシオナル》 de《デ》 Halterofilia《アルテロフィリア》 (IWF)《(イウベドブレエフェ)》
arbitre《アルビトル》 de《ドゥ》 l'IWF《リドゥヴルヴェエフ》 de《ドゥ》 2me《ドゥズィエム》 catégorie《カテゴリ》	судья《スゥヂィヤー》 ИВФ《イヴェエフ》 2《フタローイ》 категории《カチェゴーリイ》	árbitro《アルビトゥロ》 de《デ》 la《ラ》 IWF《イウベドブレエフェ》 de《デ》 2da《セグンダ》 categoría《カテゴリア》
maillot《マヨ》 d'haltérophile《ダルテロフィル》	трико《トゥリコー》	maillot《マイリョト》 de《デ》 levantador《レバンタドル》
disque《ディスク》 avec《アヴェク》 bordure《ボルデュル》 de《ドゥ》 caoutchouc《カウチュウ》	обрезиненный《アブリズィーニンヌィイ》 диск《ディースク》	disco《ディスコ》 con《コン》 el《エル》 borde《ボルデ》 de《デ》 goma《ゴマ》
dernier《デルニエ》 essai《レセ》	заключительный《ザクリュチィーチエリヌィイ》 подход《パトゥホート》	último《ウルティモ》 intento《インテント》
poids《ポワ》 de《ドゥ》 départ《デパル》	начальный《ナチャーリヌィイ》 вес《ヴェース》	peso《ペソ》 inicial《イニシアル》
position《ポズィスィオン》 finale《フィナル》	финальная《フィナーリナヤ》 позиция《パズィーツィヤ》	posición《ポシシオン》 final《フィナル》
arbitre《アルビトル》 de《ドゥ》 côté《コテ》	боковой《バカヴォーイ》 судья《スゥヂィヤー》	árbitro《アルビトゥロ》 lateral《ラテラル》
fin《ファン》 de《ドゥ》 la《ラ》 compétition《コンペティスィオン》	окончание《アカンチャーニエ》 соревнований《サリヴナヴァーニイ》	fin《フィン》 de《デ》 competiciones《コンペティシオネス》
《essai！》《(エセ)》	《вес засчитан！》《(ヴェース ザスチィータン)》	《¡ reconocido！》《(レコノシド)》

日本語	英語	ドイツ語
50 試技回数	number《ナンバァ》 of《オヴ》 the《ズィ》 attempts《アテンプト》	Versuchsanzahl《フェァズーフスアンツァール》
51 試技順	order《オーダァ》 of《オヴ》 lifting《リフティング》	Wettkampfreihenfolge《ヴェットカムプフライエンフォルゲ》
52 試技のルール	rule《ルール》 of《オヴ》 attempts《アテンプツ》	Steigerung《シュタイゲルング》 des《デス》 Gewichts《ゲヴィッヒツ》
53 試技を棄権する	decline《ディクライン》 a《ア》 lift《リフト》	auf《アオフ》 einen《アイネン》 Versuch《フェァズーフ》 verzichten《フェァツィヒテン》
54 失格	disqualification《ディスクヴァラファケイシャン》	Disqualifikation《ディスクヴァリフィカツィオーン》
55 実施速度	speed《スピード》 of《オヴ》 execution《エクサキューシャン》	Ausführungsgeschwindigkeit《アオスフュールングスゲシュヴィンディヒカイト》
56 失敗	no《ノウ》 lift《リフト》	Fehlversuch《フェールフェァズーフ》
57 《失敗！》	《no《(ノウ》 lift《リフト)》！》	《Ungültig《(ウンギュルティヒ)》！》
58 失敗した試技	no《ノウ》 lift《リフト》	ungültiger《ウンギュルティガァ》 Versuch《フェァズーフ》
59 ジャーク	jerk《ヂャーク》	Stoß《シュトース》
60 ジャークでのプレス·アウト	press-out《プレス アウト》 in《イン》 jerk《ヂャーク》	Nachdrücken《ナーハドゥリュッケン》 im《イム》 Stoßen《シュトーセン》
61 ジャークの技術	technique《テクニーク》 of《オヴ》 jerk《ヂャーク》	Technik《テッヒニク》 des《デス》 Stoßens《シュトーセンス》
62 ジャークの最終結果	final《ファイヌル》 result《リザルト》 in《イン》 jerk《ヂャーク》	Endergebnis《エントエァゲープニス》 im《イム》 Stoßen《シュトーセン》
63 集中	concentration《カンセントゥレイシャン》	Konzentration《コンチェントラツィオーン》
64 重量挙げ	weightlifting《ウエイトリフティング》	Gewichtheben《ゲヴィッヒトヘーベン》
65 重量挙げ選手（女）	weightlifter《ウエイトリフタァ》, (women's《(ウィミンズ》 weightlifter《ウエイトリフタァ)》)	Gewichtheber(in)《ゲヴィッヒトヘーバァ(ベリン)》
66 重量の変更を申し出る	ask《アースク》 for《フォー》 a《ア》 weight《ウエイト》 change《チエインヂ》	Wechsel《ヴェックセル》 der《デァ》 Masse《マッセ》 beantragen《ベアントラーゲン》

フランス語	ロシア語	スペイン語
nombre《ノンブル》 d'essais《デセ》	количество《カリーチストゥヴァ》 подходов《バトゥホーダフ》	número《ヌメロ》 de《デ》 intentos《インテントス》
ordre《オルドル》 des《デ》 compétitions《コンペティスィオン》	очерёдность《アチリョードゥナスチ》 подхода《バトゥホーダ》 участников《ウチャースニカフ》	orden《オルデン》 de《デ》 las《ラス》 competiciones《コンペティシオネス》
règle《レグル》 de《ドゥ》 charges《シャルジュ》	правило《プラーヴィラ》 подходов《バトゥホーダフ》	pruebas《プルエバス》 por《ポル》 divisiones《ディビシオネス》 de《デ》 peso《ペソ》
renoncer《ルノンセ》 à《ア》 un《アン》 essai《エセ》	отказаться《アトゥカザーツァ》 от《アトゥ》 подхода《バトゥホーダ》	renunciar《レヌンシアール》 a《ア》 un《ウン》 intento《インテント》
déclassement《デクラスマン》	дисквалификация《ディスクヴァリフィカーツィヤ》	descalificación《デスカリフィカシオン》
vitesse《ヴィテス》 d'éxécution《デグゼキュスィオン》	скорость《スコーラスチ》 исполнение《イスポルニェーニヤ》	velocidad《ベロシダ》 de《デ》 ejecución《エヘクシオン》
essai《エセ》 manqué《マンケ》	неудачная《ニウダーチナヤ》 попытка《パプィートゥカ》	intento《インテント》 no《ノ》 válido《バリド》
《essai《(エセ》 manqué《マンケ)》 ！》	《вес《(ヴェース》 не《ニ》 засчитан《ザスチィータン)》 ！》	《¡ no《(ノ》 vale《バレ)》 ！》
essai《エセ》 manqué《マンケ》	подход《バトゥホート》 не《ニ》 засчитан《ザスチィータン》	intento《インテント》 no《ノ》 válido《バリド》
jeté《ジュテ》	выталкивание《ヴィタールキヴァニエ》 штанги《シタンギィ》 вверх《ヴヴェールフ》	envión《エンビオン》
terminaison《テルミネゾン》 du《デュ》 jeté《ジュテ》 en《アン》 développé《デヴロペ》	дожим《ダジーム》 в《フ》 толчке《タルチキー》	terminación《テルミナシオン》 en《エン》 envión《エンビオン》
technique《テクニク》 du《デュ》 jeté《ジュテ》	техника《チェーフニカ》 толчка《タルチカー》	técnica《テクニカ》 de《デ》 envión《エンビオン》
résultat《レズュルタ》 final《フィナル》 à《ア》 l'épaulé《レポレ》-jeté《ジュテ》	окончательный《アカンチャーチリヌィイ》 результат《リズリタート》 в《フ》 толчке《タルチキー》	resultado《レスルタド》 final《フィナル》 del《デル》 envión《エンビオン》
concentration《コンサントラスィオン》	концентрация《カンチェントゥラーツィヤ》	concentración《コンセントゥラシオン》
haltérophilie《アルテロフィリ》	тяжёлая《チィジョーラヤ》 атлетика《アトゥリエーチィカ》	halterofilia《アルテロフィリア》
haltérophile《アルテロフィリ》 (des《(デ》 femmes《ファム)》), leveur《ルヴェウル》 (leveuse《(ルヴェウズ)》)	тяжелоатлет《チィジラアトゥリエート》, штангист《シタンギィースト》 (женщин《(ジェーンシチン)》)	halterofilo(la)《アルテロフィロ（ラ）》 de《デ》 pesos《ペソス》, levantador(a)《レバンタドル（ラ）》 de《デ》 pesos《ペソス》
demander《ドマンデ》 un《アン》 changement《シャンジュマン》 de《ドゥ》 poids《ポワ》	перезаявить《ピリザヤヴィーチ》 вес《ヴェース》	pedir《ペディール》 un《ウン》 cambio《カンビオ》 del《デル》 peso《ペソ》

日本語	英語	ドイツ語
67 重量を増加する	load《ロウド》	laden《ラーデン》
68 重量をパスする	pass《パス》 the《ザ》 weight《ウエイト》	Versuch《フェアズーフ》 unterlassen《ウンタアラッセン》
69 ジュリー席	jury《デュリィ》 table《テイブル》	Jurytisch《ジュリーティッシュ》
70 ジュリーの許可を得る	get《ゲット》 a《ア》 permission《パミシャン》 of《オヴ》 the《ザ》 jury《デュリィ》	Erlaubnis《エアラオプニス》 der《デア》 Jury《ジュリー》 einholen《アインホーレン》
71 白の旗	white《フワイト》 flag《フラッグ》	weißes《ヴァイセス》 Fühnchen《フエーンヒエン》
72 白のライト	white《フワイト》 light《ライト》	weiße《ヴァイセ》 Lampe《ラムペ》
73 スコア· ボード	score《スコー》 board《ボード》	Ergebnistafel《エアゲーブニスターフエル》
74 スクワット	squat《スクワト》	Hocke《ホッケ》
75 スクワットから立ち上がる	recover《リカヴァ》 from《フラム》 the《ザ》 squat《スクワト》	sich《ズィッヒ》 aus《アオス》 tiefer《ティーファ》 Kniebeuge《クニーボイゲ》 aufrichten《アオフリッヒテン》
76 スクワット姿勢	squat《スクワト》 position《ポズィシャン》	tiefe《ティーフエ》 Kniebeuge《クニーボイゲ》
77 スクワットによるスナッチ	squat《スクワト》 style《スタイル》 snatch《スナッチ》	Reißen《ライセン》 mit《ミット》 Kniebeuge《クニーボイゲ》
78 スタート· リスト	start《スタート》 list《リスト》	Startliste《シュタルトリステ》
79 スナッチ	snatch《スナッチ》	Reißen《ライセン》
80 スナッチでのプレス·アウト	press-out《プレス アウト》 in《イン》 snatch《スナッチ》	Nachdrücken《ナーハドゥリュッケン》 im《イム》 Reißen《ライセン》
81 スナッチの技術	technique《テクニーク》 of《オヴ》 snatch《スナッチ》	Technik《テッヒニク》 des《デス》 Reißens《ライセンス》
82 スナッチの最終結果	final《ファイヌル》 result《リザルト》 in《イン》 snatch《スナッチ》	Endergebnis《エントエアゲーブニス》 im《イム》 Reißen《ライセン》
83 スナッチの引き	pull《プル》 in《イン》 snatch《スナッチ》	Zug《ツーク》 beim《バイム》 Reißen《ライセン》

フランス語	ロシア語	スペイン語
charger《シャルジェ》	нагрузить《ナグルジーチ》	cargar《カルガール》
laisser《レセ》 passer《パセ》 un《アン》 essai《エセ》	пропустить《プラプゥスチィーチ》 вес《ヴェース》	dejar《デハール》 pasar《パサール》 el《エル》 peso《ペソ》
table《タブル》 du《デュ》 jury《ジュリ》	стол《ストール》 жюри《ジュリー》	mesa《メサ》 del《デル》 jurado《フラド》
obtenir《オブトニル》 l'autrisation《ロトリザスィオン》 du《デュ》 jury《ジュリ》	получить《パルチィーチ》 разрешение《ラズリシェーニエ》 жюри《ジュリー》	obtener《オブテネール》 la《ラ》 autorización《アウトリサシオン》 del《デル》 jurado《フラド》
fanion《ファニオン》 blanc《ブラン》	белый《ビエールィイ》 судейский《スゥヂエーイスキイ》 флажок《フラジョーク》	bandera《バンデラ》 blanca《ブランカ》
lampe《ランプ》 blanche《ブランシュ》	белый《ビエールィイ》 свет《スヴェート》	luz《ルス》 blanca《ブランカ》
tableau《タブロ》 de《ドゥ》 résultats《レジュルタ》	таблица《タブリーツァ》 результатов《リズゥリタータフ》	marcador《マルカドル》 de《デ》 resultados《レスルタドス》
style《スティル》 en《アン》 fente《ファント》	《разножка》《(ラズノーシカ)》	flexión《フレクシオン》 en《エン》 tijeras《ティヘラス》
se《ス》 redresser《ルドレセ》 de《ドゥ》 l'accroupissement《ラクルゥピスマン》	вставать《フスタヴァーチ》 из《イス》 подседа《パトゥシエーダ》	levantarse《レバンタールセ》 en《エン》 cuclillas《ククリリアス》
accroupissement《アクルゥピスマン》	присед《プリシエード》	posición《ポシシオン》 acuclillada《アククリリアダ》
arraché《アラシェ》 en《アン》 flexion《フレクスィオン》	рывок《ルィヴォク》 с《ス》 полуприседом《パルゥプリスエーダム》	arranque《アランケ》 en《エン》 semicuclillas《セミククリリアス》
liste《リスト》 de《ドゥ》 départ《デパル》	стартовый《スタールタヴィイ》 протокол《プラタコール》	orden《オルデン》 de《デ》 salida《サリダ》
arraché《アラシェ》	рывок《ルィヴォーク》	arranque《アランケ》
terminaison《テルミネゾン》 de《ドゥ》 l'arraché《ララシェ》 en《アン》 développé《デヴェロペ》	дожим《ダジーム》 в《ヴ》 рывке《ルィフキー》	terminación《テルミナシオン》 en《エン》 arranque《アランケ》
technique《テクニク》 de《ドゥ》 l'arraché《ララシェ》	техника《チエーフニカ》 рывка《ルィフカー》	técnica《テクニカ》 de《デ》 arranque《アランケ》
résultat《レジュルタ》 final《フィナル》 à《ア》 l'arraché《ララシェ》	окончательный《アカンチャーチリヌィイ》 результат《リズゥリタート》 в《ヴ》 рывке《ルィフキー》	resultado《レスルタド》 final《フィナル》 del《デル》 arranque《アランケ》
tirage《ティラジュ》 à《ア》 l'arraché《ララシェ》	рывковая《ルィヴコーヴァヤ》 тяга《チャーガ》	levantamiento《レバンタミエント》 en《エン》 arranque《アランケ》

日本語	英語	ドイツ語
84 スプリットによる挙げ方	《split《(スプリット)》》	Heben《ヘーベン》 mit《ミット》 Scherenausfall《シエーレンアオスファル》
85 スプリットによる スナッチ	sprit《スプリット》 style《スタイル》 snatch《スナッチ》	Reißen《ライセン》 mit《ミット》 Hocke《ホッケ》
86 スライド	slide《スライド》	Gleiten《グライテン》
87 《成功！》	《good《(グッド》 lift《リフト)》 !》	《Gültig《(ギュルティヒ)》！》
88 成功した試技	good《グッド》 lift《リフト》	gültiger《ギュルティガァ》 Versuch《フェァズーフ》
89 静止した最終姿勢	final《ファイヌル》 motionless《モウシャンリス》 position《ポズィシャン》	Stilstand《シュティルシュタント》
90 静止した最終姿勢で バランスを保持する	maintain《メインテイン》 the《ザ》 weight《ウエイト》 in《イン》 motionless《モウシャンリス》 position《ポズィシャン》	Gleichgewicht《グライヒゲヴィッヒト》 halten《ハルテン》
91 成績表	results《リザルツ》 form《フォーム》	Ergebnisliste《エァゲープニスリステ》
92 世界記録を越える重量	weight《ウエイト》 heavier《ヘヴィア》 than《ザン》 world《ワールド》 record《レコード》	Gewicht《ゲヴィッヒト》 über《ユーバァ》 dem《デム》 Weltrekord《ヴェルトレコルト》
93 世界記録を樹立する	set《セット》 up《アップ》 a《ア》 world《ワールド》 record《レコード》	Weltrekord《ヴェルトレコルト》 aufstellen《アオフシュテレン》
94 狭い握り	narrow《ナロウ》 grip《グリップ》	enger《エンガァ》 Griff《グリッフ》
95 ゼロ（失格）	zero《ズィァロウ》	drei《ドライ》 Fehlversuche《フェールフェァズーフェ》
96 選手紹介（女）	presentation《プリーゼンテイシャン》 of《オヴ》 the《ズィ》 athletes《アスリーツ》 (presentation《(プリーゼンテイシャン》 of《オヴ》 women's《ウィミンズ》 athletes)《アスリーツ)》	Vorstellung《フォーァシュテルング》 der《デァ》 Wettkämpfer《ヴェットケムプファ》(in)《(フェリン)》

フランス語	ロシア語	スペイン語
style《スティル》 en《アン》 ciseaux《スィゾ》	подъём《パドヨーム》 штанги《シターンギィ》 способом《スポーサバム》 《ножницы》《(ノージニツィ)》	levantamiento《レバンタミエント》 de《デ》 la《ラ》 barra《バラ》 en《エン》 tijeras《ティヘラス》
arraché《アラシェ》 en《アン》 fente《ファント》	рывок《ルィヴォーク》 способом《スポーサバム》 《разножка》《(ラズノーシカ)》	arranque《アランケ》 con《コン》 la《ラ》 separación《セパラシオン》 lateral《ラテラル》 de《デ》 las《ラス》 piernas《ピエルナス》
glissement《グリスマン》	скольжение《スカリジェーニエ》	deslizamiento《デスリサミエント》
《bon！》《(ボン)》	《вес взят！》《(ヴェース ヴジャート)》	《¡ vale！》《(バレ)》
essai《エセ》 valable《ヴァラブル》	подход《パトゥホート》 засчитан《ザスチータン》	intento《インテント》 válido《バリド》
position《ポズィスィオン》 finale《フィナル》 d'immobilité《ディムモビリテ》	неподвижное《ニパドゥヴィージナエ》 положение《パラジェーニエ》 туловища《トゥーラヴィシチャ》	posición《ポシシオン》 estática《エスタティカ》 del《デル》 cuerpo《クエルポ》
maintenir《マントニル》 en《アン》 équilibre《エキリブル》	удерживаь《ウヂェールジヴァチ》 равновесие《ラヴナヴェースィエ》	mantener《マンテネール》 en《エン》 equilibrio《エキリブリオ》
feuille《フゥユ》 des《デ》 résultats《レジュルタ》	итоговый《イトーガヴィイ》 протокол《プラタコール》 соревнований《サリヴナヴァーニイ》	hoja《オハ》 de《デ》 resultados《レスルタドス》
poids《ポワ》 supérieur《シュペリウル》 au《オ》 record《ルコル》 du《デュ》 monde《モンド》	вес,《ヴェース》 превышающий《プリヴィシャーユシチイ》 мировой《ミラヴォーイ》 рекорд《リコールト》	peso《ペソ》 superior《スペリオル》 al《アル》 récord《レコルド》 mundial《ムンディアル》
établir《エタブリル》 un《アン》 record《ルコル》 du《デュ》 monde《モンド》	установить《ウスタナヴィーチ》 мировой《ミラヴォーイ》 рекорд《リコールト》	establecer《エスタブレセール》 un《ウン》 récord《レコルド》 mundial《ムンディアル》
prise《プリズ》 étroite《エトルワト》	узкий《ウースキイ》 хват《フヴァート》	agarre《アガレ》 estrecho《エストゥレチョ》
classement《クラスマン》 nul《ニュル》	нулевая《ヌリヴァーヤ》 оценка《アツェーンカ》	cero《セロ》 puntos《プントス》
présentation《プレザンタスィオン》 des《デ》 athlètes《ザトレト》 (féminines)《(フェミニヌ)》	представление《プリトゥスタヴリェーニエ》 спортсменов《スパルツメーナフ》 (спортсменок)《(スパルツミェーナク)》	presentación《プレセンタシオン》 de《デ》 los《ロス》 atletas《アトゥレタス》 (las mujeres atletas)《(ラス ムヘレス アトゥレタス)》

日本語	英語	ドイツ語
97 選手の重い時の体重（女）	heavier《ヘヴィア》 bodyweight《バディウエイト》 (women's《ウィミンズ》 heavier《ヘヴィア》 bodyweight《バディウエイト》)	größeres《グレーセレス》 Körpergewicht《ケルパァゲヴィッヒト》 des《デス》 Sportlers《シュポトラァス》 (der《デア》 Sportlerin《シュポルトレリン》)
98 選手の体重（女）	bodyweight《バディウエイト》 (women's《ウィミンズ》 bodyweight《バディウエイト》)	Körpergewicht《ケルパァゲヴィッヒト》 des《デス》 Sportlers《シュポトラァス》 (der《デア》 Sportlerin《シュポルトレリン》)
99 センター・レフリー	center《センタァ》 referee《レフェリー》	Hauptkampfrichter《ハオプトカムプフリッヒタァ》
100 増量	increase《インクリース》 of《オヴ》 the《ザ》 weight《ウエイト》	Steigerung《シュタイゲルング》 des《デス》 Gewichts《ゲヴィッヒツ》
101 （体重の）階級	(weight-《ウエイト》 class)《クラス》 categories:《カタゴーリズ》	Gewichtsklassen《ゲヴィッヒツクラッセン》 :
男子	men《メン》	Herren《ヘレン》
56キロ級	up《アップ》 to《トゥ》 56《フィフティ スィックス》kg《キログラム》	bis《ビス》 56《ゼックスウントフュンフツィヒ》kg《キログランム》
62キロ級	up《アップ》 to《トゥ》 62《スィックスティ トゥー》kg《キログラム》	bis《ビス》 62《ツヴァイウントゼッヒツィヒ》kg《キログランム》
69キロ級	up《アップ》 to《トゥ》 69《スィックスティ ナイン》kg《キログラム》	bis《ビス》 69《ノインウントゼッヒツィヒ》kg《キログランム》
77キロ級	up《アップ》 to《トゥ》 77《セヴンティ セヴン》kg《キログラム》	bis《ビス》 77《ズィーベンウントズィーブツィヒ》kg《キログランム》
85キロ級	up《アップ》 to《トゥ》 85《エイティ ファイヴ》kg《キログラム》	bis《ビス》 85《フュンフウントアッハツィヒ》kg《キログランム》
94キロ級	up《アップ》 to《トゥ》 94《ナインティ フォー》kg《キログラム》	bis《ビス》 94《フィーアウントノインツィヒ》kg《キログランム》
105キロ級	up《アップ》 to《トゥ》 105《ワン ハンドゥレッド アンド ファイヴ》kg《キログラム》	bis《ビス》 105《フンデルトフュンフ》kg《キログランム》
105キロ超級	over《オウヴァ》 105《ワン ハンドゥレッド アンド ファイヴ》kg《キログラム》	über《ユーバァ》 105《フンデルトフュンフ》kg《キログランム》
女子	women《ウィミン》	Damen《ダーメン》
48キロ級	up《アップ》 to《トゥ》 48《フォーティ エイト》kg《キログラム》	bis《ビス》 48《アッハトウントフィルツィヒ》kg《キログランム》
53キロ級	up《アップ》 to《トゥ》 53《フィフティ スリー》kg《キログラム》	bis《ビス》 53《ドライウントフュンフツィヒ》kg《キログランム》
58キロ級	up《アップ》 to《トゥ》 58《フィフティ エイト》kg《キログラム》	bis《ビス》 58《アッハトウントフュンフツィヒ》kg《キログランム》
63キロ級	up《アップ》 to《トゥ》 63《スィックスティ スリー》kg《キログラム》	bis《ビス》 63《ドライウントゼッヒツィヒ》kg《キログランム》
69キロ級	up《アップ》 to《トゥ》 69《スィックスティ ナイン》kg《キログラム》	bis《ビス》 69《ノインウントゼッヒツィヒ》kg《キログランム》

フランス語	ロシア語	スペイン語
poids《ポワ》 propre《プロプル》 supérieur《スュペリウル》	больший《ボーリシイ》 собственный《ソープストゥヴィンヌィイ》 вес《ヴェース》 спортсмена《スパルツメーナ》 (спортсменки《スパルツミェーンキ》)	peso《ペソ》 propio《プロピオ》 superior《スペリオル》
poids《ポワ》 propre《プロプル》 de《ドゥ》 l'athléte《ラトレト》 (l'athléte《ラトレト》 féminin《フェミナン》)	собственный《ソープストゥヴィンヌィイ》 вес《ヴェース》 спортсмена《スパルツメーナ》 (спортсменки《スパルツミェーンキ》)	peso《ペソ》 propio《プロピオ》 del《デル》 atleta《アトゥレタ》 (de《デ》 las《ラス》 mujeres《ムヘレス》 atleta《アトゥレタス》)
chef《シェフ》 de《ドゥ》 plateau《プラト》	старший《スタールシイ》 судья《スゥヂィヤー》	árbitro《アルビトゥロ》 principal《プリンシパル》
augmentation《オグマンタスィオン》 du《デュ》 poids《ポワ》	надбавка《ナドゥバーフカ》 веса《ヴェーサ》	aumento《アウメント》 del《デル》 peso《ペソ》
catégories《カテゴリ》 de《ドゥ》 poids《ポワ》:	весовые《ヴェサヴィーエ》 категории《カチェゴーリィ》:	categorías《カテゴリアス》 de《デ》 peso《ペソ》:
hommes《オム》	мужчины《ムシチーヌィ》	hombres《オンブレス》
jusqu'à《ジュスカ》 56kg《サンカント スィ キログラム》	до《ダ》 56кг《ピィチーディシャチ シエスー キラグラーマフ》	hasta《アスタ》 56kg《シンクエンタ イ セイス キログラモス》
jusqu'à《ジュスカ》 62kg《スワサント ドゥ キログラム》	до《ダ》 62кг《シエスチーディシャチ ドゥヴァゥーフ キラグラーマフ》	hasta《アスタ》 62kg《セセンタ イ ドス キログラモス》
jusqu'à《ジュスカ》 69kg《スワサント ヌフ キログラム》	до《ダ》 69кг《シエスチーディシャチ ディヴェチー キラグラーマフ》	hasta《アスタ》 69kg《セセンタ イ ヌエベ キログラモス》
jusqu'à《ジュスカ》 77kg《スワサントディス セット キログラム》	до《ダ》 77кг《シエミーディシャチ シエミー キラグラーマフ》	hasta《アスタ》 77kg《セテンタ イ シエテ キログラモス》
jusqu'à《ジュスカ》 85kg《カトルヴァン サン キログラム》	до《ダ》 85кг《ヴァスミーディシャチ ピィチー キラグラーマフ》	hasta《アスタ》 85kg《オチェンタ イ シンコ キログラモス》
jusqu'à《ジュスカ》 94kg《カトルヴァンディス カトル キログラム》	до《ダ》 94кг《デェヴィノースタ チエトゥィリョーフ キラグラーマフ》	hasta《アスタ》 94kg《ノベンタ イ クアトゥロ キログラモス》
jusqu'à《ジュスカ》 105kg《サン サン キログラム》	до《ダ》 105кг《スター ピィチー キラグラーマフ》	hasta《アスタ》 105kg《シエント シンコ キログラモス》
au-delà《オドゥラ》 de《ドゥ》 105kg《サン サン キログラム》	свыше《スヴィーシェ》 105кг《スター ピィチー キラグラーマフ》	más《マス》 de《デ》 105kg《シエント シンコ キログラモス》
femmes《ファム》	женщины《ジェーンシチヌィ》	mujeres《ムヘレス》
jusqu'à《ジュスカ》 48kg《カランテュイ キログラム》	до《ダ》 48кг《サラカー ヴァスミー キラグラーマフ》	hasta《アスタ》 48kg《クアレンタ イ オチョ キログラモス》
jusqu'à《ジュスカ》 53kg《サンカント トルワ キログラム》	до《ダ》 53кг《ピィチーディシャチ トゥリョーフ キラグラーマフ》	hasta《アスタ》 53kg《シンクエンタ イ トゥレス キログラモス》
jusqu'à《ジュスカ》 58kg《サンカンテゥイ キログラム》	до《ダ》 58кг《ピィチーディシャチ ヴァスミー キラグラーマフ》	hasta《アスタ》 58kg《シンクエンタ イ オチョ キログラモス》
jusqu'à《ジュスカ》 63kg《スワサント トルワ キログラム》	до《ダ》 63кг《シエスチーディシャチ トゥリョーフ キラグラーマフ》	hasta《アスタ》 63kg《セセンタ イ トゥレス キログラモス》
jusqu'à《ジュスカ》 69kg《スワサント ヌフ キログラム》	до《ダ》 69кг《シエスチーディシャチ ディヴェチー キラグラーマフ》	hasta《アスタ》 69kg《セセンタ イ ヌエベ キログラモス》

日本語	英語	ドイツ語
75キロ級	up《アップ》 to《トゥ》 75kg《セヴンティ ファイヴ キログラム》	bis《ビス》 75kg《フュンフウントズィーブツィヒ キログランム》
75キロ超級	over《オウヴァ》 75kg《セヴンティ ファイヴ キログラム》	über《ユーバァ》 75kg《フュンフウントズィーブツィヒ キログランム》
102 体重の増加	increase《インクリーズ》 of《オヴ》 the《ザ》 bodyweight《バディウエイト》	Körpergewichtssteigerung《ケルパァゲヴィッヒツシュタイゲルング》
103 第１試技	first《ファースト》 attempt《アテンプト》	erster《エールスタァ》 Versuch《フェアズーフ》
104 第3試技	third《サード》 attempt《アテンプト》	dritter《ドゥリッタァ》 Versuch《フェアズーフ》
105 第2試技	second《セカンド》 attempt《アテンプト》	zweiter《ツヴァイタァ》 Versuch《フェアズーフ》
106 《ダウン！》	《down《(ダウン)》！》	《Ab《(アップ)》！》
107 ダウン表示器	visual《ヴィジュアル》 and《アンド》 audible《オーダブル》 "Down"《ダウン》 signal《スイグヌル》	automatisches《アオトマーティシエス》 Tonsignal《トーンズィグナール》
108 正しい動作	correct《コレクト》 movement《ムーヴマント》	gültige《ギュルティゲ》 Bewegungsausführung《ベヴェーグングスアオスフュールング》
109 タッチ	touch《タッチ》	Berühren《ベリューレン》
110 《立て！》	《stand《(スタンド)》！》	《stehen《(シュテーエン)》！》
111 炭酸Mg	magnesium《マグニーズィアム》	Magnesium《マグネーズィウム》
112 炭酸Mg容器	magnesium《マグニーズィアム》 tray《トゥレイ》	Magnesiabox《マグネーズィアボックス》
113 Ｔシャツ	T-shirt《ティ シャート》	Hemd《ヘムト》 mit《ミット》 kurzen《クルツェン》 Ärmeln《エルメルン》
114 ディスク	disc《ディスク》	Scheibe《シャイベ》
115 ディスクの直径	diameter《ダイアミタァ》 of《オヴ》 the《ザ》 disc《ディスク》	Durchmesser《ドゥルヒメッサァ》 der《デァ》 Scheibe《シャイベ》
116 テクニカル・コントローラー	technical《テクニカル》 controller《コントゥロウラァ》	technischer《テッヒニシャァ》 Kontrolleur《コントロレーァ》
117 手首の返し	turning《ターニング》 over《オウヴァ》 of《オヴ》 the《ザ》 wrist《リスト》	Handgelenkumdrehen《ハントゲレンクウムドレーエン》

フランス語	ロシア語	スペイン語
jusqu'à《ジュスカ》 75《スワサントディズ サン》kg《キログラム》	до《ダ》 75《スエミーディシャチ ピィチー》кг《キラグラーマフ》	hasta《アスタ》 75《セテンタ イ シンコ》kg《キログラモス》
au-delà《オドゥラ》 de《ドゥ》 75《スワサントディズ サン》kg《キログラム》	свыше《スヴィーシェ》 75《スエミーディシャチ ピィチー》кг《キラグラーマフ》	más《マス》 de《デ》 75《セテンタ イ シンコ》kg《キログラモス》
augmentation《オグマンタスィオン》 du《デュ》 poids《ポワ》	увеличение《ウヴィリチェーニエ》 веса《ヴェーサ》 тела《チェーラ》	aumento《アウメント》 de《デ》 peso《ペソ》 corporal《コルポラル》
primier《プルミエ》 essai《レセ》	первый《ピエールヴィイ》 подход《パトゥホート》	primer《プリメル》 intento《インテント》
troisième《トルワズィエ》 essai《メセ》	третий《トゥリエーチィイ》 подход《パトゥホート》	tercer《テルセル》 intento《インテント》
deuxième《ドゥズィエ》 essai《メセ》	второй《フタローイ》 подход《パトゥホート》	segundo《セグンド》 intento《インテント》
《à《ア》 terre《テル》！》	《опустить《オプスチィーチ》！》	《¡ a《ア》 tierra《ティエラ》！》
signal《スィニャル》 sonore《ソノル》 automatique《オトマティク》	звуковой《ズヴゥカヴォーイ》 автоматический《アフタマチィーチスキイ》 сигнал《スィグナール》	señal《セニャル》 automática《アウトマティカ》 sonora《ソノラ》
mouvement《ムゥヴマン》 correct《コレクト》	правильно《プラーヴィリナ》 выполненное《ヴィーパルニンナエ》 движение《ドゥヴィジェーニエ》	movimiento《モビミエント》 válido《バリド》
toucher《トゥシュ》	касание《カサーニエ》	toque《トケ》
《se《ス》 tenir《トニル》 debout《ドゥブゥ》！》	《стоять《スタヤーチ》！》	《¡ Firme《フィルメ》！》
magnésie《マニエズィ》	магнезия《マグニエーズィヤ》	magnesia《マグネシア》
bac《バク》 à《ア》 magnésie《マニエズィ》	ящик《ヤーシチク》 с《ス》 магнезией《マグネーズィエン》	magnesiero《マグネシエロ》
maillot《マヨ》 de《ドゥ》 corps《コル》 à《ア》 manches《マンシュ》 courtes《クゥルト》	полурукавка《パルゥルゥカーフカ》	camiseta《カミセタ》 de《デ》 mangas《マンガス》 cortas《コルタス》
disque《ディスク》	диск《ディースク》	disco《ディスコ》
diamètre《ディアメトル》 du《デュ》 disque《ディスク》	диаметр《ディアーミトゥル》 диска《ディースク》	diámetro《ディアメトゥロ》 del《デル》 disco《ディスコ》
contrôleur《コントロルル》 technique《テクニク》	технический《チェフニーチスキイ》 контролёр《カントゥロリョール》	controlador《コントゥロラドル》 técnico《テクニコ》
retournement《ルトゥルヌマン》 des《デ》 poignets《ポワニエ》	переворот《ピリヴォロート》 запястья《ザピャースチヤ》	rotación《ロタシオン》 de《デ》 la《ラ》 muñeca《ムニエカ》

日本語	英語	ドイツ語
118 電気判定システム	electronic《イレクトゥリック》 referee《レフェリー》 light《ライト》 system《スイステン》	Lichtanlage《リッヒトアンラーゲ》
119 トータル	total《トゥトゥル》 weight《ウエイト》 lifted《リフティド》	Gesamtgewicht《ゲザムトゲヴィッヒト》
120 同記録	tie《タイ》	Gleichstand《グライヒシュタント》
121 ドクター	doctor《ダクタァ》	Arzt《アールツト》
122 トレーニング用 プラットフォーム	training《トゥレイニング》 platform《プラットフォーム》	Trainingsplattform《トレーニングスプラットフォルム》
123 握りを変えること	change《チェインヂ》 of《オヴ》 grip《グリップ》	Veränderung《フェアエンデルング》 des《デス》 Griffes《グリッフェス》
124 バー、シャフト	bar《バー》	Stange《シュタンゲ》
125 バーの軌跡	trajectory《トゥラヂェクタリィ》 of《オヴ》 the《ザ》 bar《バー》	Bewegungskurve《ベヴェーグングスクルヴェ》 der《デア》 Hantel《ハンテル》
126 バーの直径	diameter《ダイアミタァ》 of《オヴ》 the《ザ》 bar《バー》	Durchmesser《ドゥルヒメッサァ》 der《デア》 Hantelstange《ハンテルシュタンゲ》
127 バーベル	barbell《バーベル》	Hantel《ハンテル》, Scheibenhantel《シャイベンハンテル》
128 バーベル・セッティング・ ミス	error《エラァ》 in《イン》 loading《ロウディング》 the《ザ》 barbell《バーベル》	falsche《ファルシェ》 Hantelbeladung《ハンテルベラードゥング》
129 バーベルの重量	weight《ウエイト》 of《オヴ》 the《ザ》 barbell《バーベル》	Hantelgewicht《ハンテルゲヴィッヒト》, Hantelmasse《ハンテルマッセ》
130 バーベルの動きの スピード	speed《スピード》 of《オヴ》 the《ザ》 barbell《バーベル》	Geschwindigkeit《ゲシュヴィンディヒカイト》 der《デア》 Hantel《ハンテル》
131 バーベルを挙げる	lift《リフト》 the《ザ》 barbell《バーベル》	Hantel《ハンテル》 heben《ヘーベン》
132 バーベルを挙げる高さ	height《ハイト》 of《オヴ》 lifting《リフティング》 the《ザ》 barbell《バーベル》	Zughöhe《ツークヘーエ》
133 バーベルを落とす	drop《ドゥラップ》 the《ザ》 barbell《バーベル》	Hantel《ハンテル》 fallenlassen《ファレンラッセン》

フランス語	ロシア語	スペイン語
système《スィステム》 des《デ》 lampes《ランプ》	судейская《スゥヂエーイスカヤ》 световая《スヴェタヴァーヤ》 сигнализация《スィグナリザーツィヤ》	sistema《システマ》 de《デ》 señales《セニャレス》 luminosas《ルミノサス》 de《デ》 arbitraje《アルビトゥラヘ》
total《トタル》 des《デ》 deux《ドゥ》 mouvements《ムゥヴマン》	результат《リズゥリタート》 в《フ》 сумме《スゥームニエ》 двоеборья《ドゥヴァエボーリヤ》	peso《ペソ》 total《トタル》 levantado《レバンタド》
égalité《エガリテ》	равенство《ラーヴェンストゥヴァ》	empate《エンパテ》
médecin《メドサン》	врач《ヴラーチ》	médico《メディコ》
plateau《プラト》 d'entraînement《ダントレヌマン》	тренировочный《トゥリニローヴァチヌィイ》 помост《パモースト》	plataforma《プラタフォルマ》 de《デ》 entrenamiento《エントゥレナミエント》
changement《シャジュマン》 de《ドゥ》 prise《プリズ》	изменение《イズミニエーニエ》 хвата《ヴヴァータ》	cambio《カンビオ》 de《デ》 agarre《アガレ》
barre《バル》	гриф《グリーフ》	barra《バラ》
trajet《トラジェ》 de《ドゥ》 la《ラ》 barre《バル》	траектория《トゥラエクトーリヤ》 движения《ドゥヴィジェーニヤ》 штанги《シターンギィ》	trayectoria《トゥライエクトリア》 del《デル》 movimiento《モビミエント》 de《デ》 la《ラ》 barra《バラ》
diamètre《ディアメトル》 de《ドゥ》 la《ラ》 barre《バル》	диаметр《ディアーミトゥル》 грифа《グリーフ》	diámetro《ディアメトゥロ》 de《デ》 la《ラ》 barra《バラ》
barre《バル》	штанга《シターンガ》	barra《バラ》
erreur《エルル》 de《ドゥ》 chargement《シャルジュマン》 de《ドゥ》 la《ラ》 barre《バル》	ошибка《アシーブカ》 ассистентов《アスィスチェーンタフ》 при《プリ》 установлении《ウスタナヴリエーニイ》 веса《ヴェーサ》 на《ナ》 штангу《シターングゥ》	error《エロル》 de《デ》 los《ロス》 técnicos《テクニコス》 en《エン》 la《ラ》 carga《カルガ》 de《デ》 la《ラ》 barra《バラ》
poids《プワ》 de《ドゥ》 la《ラ》 barre《バル》	вес《ヴェース》 штанги《シターンギィ》	peso《ペソ》 de《デ》 la《ラ》 barra《バラ》
vitesse《ヴィテス》 du《デュ》 mouvement《ムゥヴマン》 de《ドゥ》 la《ラ》 barre《バル》	скорость《スコーラスチ》 движения《ドゥヴィジェーニヤ》 штанги《シターンギィ》	velocidad《ベロシダ》 del《デル》 movimiento《モビミエント》 de《デ》 la《ラ》 barra《バラ》
lever《ルヴェ》 la《ラ》 barre《バル》	поднять《パドゥニャーチ》 штангу《シターングゥ》	alzar《アルサール》 la《ラ》 barra《バラ》
hauteur《オトゥル》 du《デュ》 levé《ルヴェ》 de《ドゥ》 la《ラ》 barre《バル》	высота《ヴィサター》 подъёма《パドゥヨーマ》 штанги《シターンギィ》	altura《アルトゥラ》 del《デル》 levantamiento《レバンタミエント》 de《デ》 la《ラ》 barra《バラ》
laisser《レセ》 tomber《トンベ》 la《ラ》 barre《バル》	уронить《ウラニーチ》 штангу《シターングゥ》	tirar《ティラール》 la《ラ》 barra《バラ》

日本語	英語	ドイツ語
134 バーベルを落とすこと	dropping《ドゥラッピング》 the《ザ》 barbell《バーベル》	Fallenlassen《ファレンラッセン》 der《デア》 Hantel《ハンテル》
135 バーベルを下ろす	replace《リプレイス》 the《ザ》 barbell《バーベル》	Hantel《ハンテル》 absetzen《アップゼッツエン》
136 バーベルを故意に 落とすこと	dropping《ドゥラッピング》 the《ザ》 barbell《バーベル》 deliberately《ディリバレイトゥリィ》	absichtliches《アップズィッヒトゥリヒエス》 Fallenlassen《ファレンラッセン》 der《デア》 Hantel《ハンテル》
137 バーベルをさし挙げる	jerk《ヂャーク》 the《ザ》 barbell《バーベル》	Hantel《ハンテル》 stoßen《シュトーセン》
138 バーを握る	grip《グリップ》 the《ザ》 bar《バー》	Hantel《ハンテル》 greifen《グライフェン》
139 ハイ・スナッチ	power《パウァ》 snatch《スナッチ》	Reißen《ライセン》 in《イン》 den《デン》 Stand《シュタント》
140 幅	width《ウィドゥス》	Breite《ブライテ》
141 反則動作	incorrect《インカレクト》 movement《ムーヴマント》	ungültige《ウンギュルティゲ》 Bewegungs-《ベヴェーグングス》 ausführung《アオスフュールング》
142 判定	decision《ディスィジャン》, judgement《ヂャッヂマント》	Entscheidung《エントシャイドゥング》, Beschluß《ベシュルス》
143 判定器のライト	decision《ディスィジャン》 light《ライト》	Entscheidungslampe《エントシャイドゥングスランペ》
144 バンデージ	bandage《バンディヂ》	Bandage《バンダージュ》, Handgelenkband《ハントゲレンクバント》
145 引き、プル	pull《プル》	Zug《ツーク》
146 引き上げの最終局面	end《エンド》 of《オヴ》 pull《プル》	letzter《レッツタァ》 Abschnitt《アップシュニット》 der《デア》 zweiten《ツヴァイテン》 Zugphase《ツークファーゼ》
147 引き出し	lift《リフト》-off《オフ》	erste《エルステ》 Zugphase《ツークファーゼ》
148 膝を曲げること	knee《ニー》-bending《ベンディング》	Kniebeuge《クニーボイゲ》
149 1つ重い階級に移る	move《ムーヴ》 up《アップ》 to《トゥ》 the《ザ》 next《ネクスト》 category《カタゴーリィ》	Gewichtsklasse《ゲヴィッヒツクラッセ》 wechseln《ヴェックセル》
150 広いグリップ	wide《ワイド》 grip《グリップ》	weiter《ヴァイタァ》 Griff《グリッフ》

フランス語	ロシア語	スペイン語
lâchage《ラシャジュ》 de《ドゥ》 la《ラ》 barre《バル》	бросание《ブラサーニエ》 штанги《シターングィ》	suelta《スエルタ》 de《デ》 la《ラ》 barra《バラ》
poser《ポゼ》 la《ラ》 barre《バル》	опустить《アプスチーチ》 штангу《シタングゥ》	bajar《バハール》 la《ラ》 barra《バラ》
lâchage《ラシャジュ》 intentionnel《アンタンスィオネル》 de《ドゥ》 la《ラ》 barre《バル》	умышленное《ウムィーシリンナエ》 бросание《ブラサーニエ》 штанги《シターングィ》	suelta《スエルタ》 intencional《インテンシオナル》 de《デ》 la《ラ》 barra《バラ》
jeter《ジュテ》 la《ラ》 barre《バル》	толкнуть《タルクヌーチ》 штангу《シターングゥ》	enviar《エンビアール》 la《ラ》 barra《バラ》
agripper《アグリペ》 la《ラ》 barre《バル》	захватить《ザフヴァチィーチ》 штангу《シターングゥ》	agarrar《アガラール》 la《ラ》 barra《バラ》
arraché《アラシェ》 debout《ドゥブゥ》	рывок《ルィヴォーク》 в《フ》 《стойку》《(ストーイクゥ)》	arranque《アランケ》 parado《パラド》
largeur《ラルジゥル》	ширина《シリナー》	anchura《アンチュラ》
mouvement《ムゥヴマン》 incorrect《アンコレクト》	неправильно《ニプラーヴィリナ》 выполненное《ヴィーパルニンナエ》 движение《ドゥヴィジェーニエ》	movimiento《モビミエント》 inválido《インバリド》
décision《デスィズィオン》	решение《リシェーニエ》	decisión《デシシオン》
lampe《ランプ》 de《ドゥ》 décision《デスィズィオン》	лампа《ラームパ》 решения《リシェーニヤ》	lámpara《ランパラ》 de《デ》 decisión《デシシオン》
poignet《ポワニェ》 de《ドゥ》 force《フォルス》, serre《セル》-poignet《ポワニェ》	ремешок《リミショーク》	muñequera《ヌニェケラ》
tirage《ティラジュ》	тяга《チャーガ》	levantamiento《レバンタミエント》
phase《ファズ》 finale《フィナル》 du《デュ》 tirage《ティラジュ》	заключительная《ザクリュチィーチリナヤ》 фаза《ファーザ》 тяги《チャーギィ》, конец《カニエーツ》 подрыва《パドゥルィーヴァ》	fase《ファセ》 final《フィナル》 del《デル》 levantamiento《レバンタミエント》
première《プルミエル》 phase《ファズ》 du《デュ》 tirage《ティラジュ》	первая《ピエールヴァヤ》 фаза《ファーザ》 тяги《チャーギィ》, отрыв《アトゥルィーフ》 штанги《シターンギィ》 от《アトゥ》 помоста《パモースタ》	primera《プリメラ》 fase《ファセ》 del《デル》 envión《エンビオン》
flexion《フレクスィオン》 des《デ》 jambes《ジャンブ》	сгибание《スギバーニエ》 колен《カリエーン》	flexión《フレクシオン》 de《デ》 rodillas《ロディリアス》
changer《シャンジェ》 de《ドゥ》 catégorie《カテゴリ》 de《ドゥ》 poids《ポワ》	перейти《ピリイチィー》 в《ヴ》 другую《ドゥルグゥーユ》 весовую《ヴェサヴァゥーユ》 категорию《カチェゴーリユ》	cambiar《カンビアール》 de《デ》 categoría《カテゴリア》 de《デ》 peso《ペソ》
prise《プリズ》 large《ラルジュ》	широкий《シローキイ》 хват《フヴァート》	agarre《アガレ》 ancho《アンチョ》

日本語	英語	ドイツ語
151 ファイナル· コール	final《ファイヌル》 call《コール》	letzter《レッツタァ》 Aufruf《アオフルーフ》
152 不均衡な伸び	uneven《アニーヴァン》 extension《イクステンシャン》	ungleiche《ウングライヒエ》 Streckung《シュトレックング》
153 普通の握り	ordinary《オーダネリィ》 grip《グリップ》	normaler《ノルマーラァ》 Griff《グリッフ》
154 フック· グリップ	hooking《フッキング》 grip《グリップ》	Klammergriff《クランマァグリッフ》
155 プラスター(絆創膏)	plaster《プラスタァ》	Heftpflaster《ヘフトプフラスタァ》
156 プラットフォーム	platform《プラットフォーム》	Heberboden《ヘバァボーデン》, Plattform《プラットフォルム》
157 プラットフォームから下りる	leave《リーヴ》 the《ザ》 platform《プラットフォーム》	Plattform《プラットフォルム》 verlassen《フェアラッセン》
158 プラットフォームに膝が触れる	touch《タッチ》 the《ザ》 platform《プラットフォーム》 with《ウィズ》 the《ザ》 knee《ニー》	Boden《ボーデン》 mit《ミット》 dem《デム》 Knie《クニー》 berühren《ベリューレン》
159 プラットフォームの大きさ	size《サイズ》 of《オヴ》 platform《プラットフォーム》	Größe《グレーセ》 des《デス》 Heberbodens《ヘーバァボーデンス》, Plattformgröße《プラットフォルムグレーセ》
160 プレス· アウト(反則)	press《プレス》-out《アウト》	Nachdrücken《ナーハドゥリュッケン》
161 プロネーション(掌を下向きに)	plams《パームズ》 downward《ダウンワド》	Einwärtsdrehung《アインヴェルツドレーウング》, Pronation《プロナツィオーン》
162 ベルト	belt《ベルト》	Ledergürtel《レーダァギュルテル》
163 包帯	bandage《バンディティズ》	Mullbandage《ムルバンダージェ》
164 未完成な試技	uncompleted《アンカンプリーティド》 lift《リフト》	unvollendeter《ウンフォルエンデタァ》 Versuch《フェアズーフ》
165 予選	qualifying《クワラファイイング》 competition《カピティシャン》	Qualifikationswettkämpfe《クヴァリフィカツィオーンスヴェットケムプフェ》
166 リカバリー	recovery《リカヴァリィ》	Geraderichten《ゲラーデリヒテン》
167 両足の間隔	width《ウィドゥス》 of《オヴ》 the《ザ》 feet《フィート》	Fußabstand《フースアップシュタント》
168 両脚を真直ぐ伸ばすこと	complete《カンプリート》 extension《イクステンシャン》 of《オヴ》 the《ザ》 legs《レッグズ》	Beine《バイネ》 sind《ズィント》 gestreckt《ゲシュトレクト》
169 両手の間隔	width《ウィドゥス》 of《オヴ》 the《ザ》 hands《ハンズ》	Handabstand《ハントアップシュタント》

重量挙げ

フランス語	ロシア語	スペイン語
appel《アペル》 final《フィナル》	финальный《フィナーリヌィイ》 вызов《ヴィーザフ》	llamada《リァマダ》 final《フィナル》
extension《エクスタンスィオン》 inégale《イネガル》	неравное《ニラーヴナエ》 растягивание《ラスチャギヴァーニエ》	extensión《エクステンシオン》 desigual《デシグアル》
prise《プリズ》 normale《ノルマル》	нормальный《ナルマーリヌィイ》 захват《ザフヴァート》	agarre《アガレ》 normal《ノルマル》
crochetage《クロシュタジュ》	захвать《ザフヴァート》 в《ヴ》 《замок》《(ザモーク)》	agarre《アガレ》 de《デ》 gancho《ガンチョ》
sparadrap《スパラドラ》	лейкопластырь《リイカプラーストゥィリィ》	esparadrapo《エスパラドゥラポ》
plateau《プラト》	помост《パモースト》	plataforma《プラタフォルマ》
quitter《キテ》 le《ル》 plateau《プラト》	сойти《サイチィー》 с《ス》 помоста《パモースタ》	salir《サリール》 de《デ》 la《ラ》 plataforma《プラタフォルマ》
toucher《トゥシェ》 le《ル》 sol《ソル》 du《デュ》 genou《ジュヌゥ》	коснуться《カスヌーツァ》 коленом《カリェーナム》 помоста《パモースタ》	tocar《トカール》 el《エル》 suelo《スエロ》 con《コン》 la《ラ》 rodilla《ロディリァ》
dimensions《ディマンスィオン》 du《デュ》 plateau《プラト》	размеры《ラズミェールィ》 помоста《パモースタ》	dimensiones《ディメンシオネス》 de《デ》 la《ラ》 plataforma《プラタフォルマ》
terminaison《テルミネゾン》 en《アン》 développé《デヴェロペ》	дожим《ダジーム》	terminación《テルミナシオン》 en《エン》 fuerza《フエルサ》
pronation《プロナスィオン》	пронация《プラナーツィヤ》	pronación《プロナシオン》
ceinture《サンテュル》 de《ドゥ》 cuir《キュイル》	поясной《パイスノーイ》 ремень《リミェーニ》	cinturón《シントゥロン》
bandages《バンダジュ》 de《ドゥ》 gaze《ガズ》	повязка《パヴャースカ》 из《イズ》 бинтов《ビーンタフ》	vendaje《ベンダヘ》
essai《エセ》 incomplet《アンコンプレ》	незаконченный《ニザコーンチンヌィイ》 подход《パトゥホート》	intento《インテント》 incompleto《インコンプレト》
éliminatoires《エリミナトゥワル》	отборочные《アトゥボーラチヌィエ》 соревнования《サリヴナヴァーニヤ》	eliminatorias《エリミナトリアス》
redressement《ルドレスマン》	выпрямление《ヴィプリャムリェーニエ》	enderezamiento《エンデレサミエント》
distance《ディスタンス》 entre《アントル》 les《レ》 pieds《ピエ》	расстояние《ラスタヤーニエ》 между《ミェージドゥ》 ногами《ナガーミ》	separación《セパラシオン》 de《デ》 las《ラス》 piernas《ピエルナス》
extension《エクスタンスィオン》 complète《コンプレト》 des《デ》 jambes《ジャンブ》	ноги《ナギー》 выпрямлены《ヴィープリャムリヌィ》	piernas《ピエルナス》 rectas《レクタス》
écartement《エカルトマン》 des《デ》 mains《マン》	расстояние《ラスタヤーニエ》 между《ミェージドゥ》 руками《ルカーミ》	separación《セパラシオン》 de《デ》 las《ラス》 manos《マノス》

日本語	英語	ドイツ語
170 レフリーの推薦	nomination《ナマネイシャン》 of《オヴ》 referees《レフェリーズ》	Kampfrichternominierung《カムプフリッヒタァノミニールング》
171 連続した試技	attempt《アテンプト》 in《イン》 succession《サクセシャン》	aufeinnanderfolgender《アオフアイナンダァフォルゲンダァ》 Versuch《フェァズーフ》
172 連続した動作	continuous《コンティニュアス》 movement《ムーヴマント》	pausenloser《パオゼンローザァ》 Bewegungsablauf《ベヴェーグングスアップラオフ》

フランス語	ロシア語	スペイン語
désignation《デズィニャスィオン》 des《デ》 arbitres《アルビトル》	назначение《ナズナチェーニエ》 судей《スゥヂェーイ》	designación《デシグナシオン》 de《デ》 árbitros《アルビトゥロス》
essai《エセ》 consécutif《コンセキュティフ》	последовательный《パスリェーダヴァチリヌィイ》 подход《パトゥホート》	intento《インテント》 consecutivo《コンセクティボ》
mouvement《ムゥヴマン》 continu《コンティニュ》	непрерывное《ニプリルィーヴナエ》 движение《ドゥヴィジェーニエ》	movimiento《モビミエント》 continuo《コンティヌオ》

参　考　文　献

・21回オリンピック　モントリオール大会用スポーツ用語辞典　1976　Iéditeur officiel du Quíbec

・22回オリンピック　モスクワ大会用スポーツ用語辞典　1980　《физку－льтура и спорт》

・スポーツ7ヶ国語辞典　Sportwörterbuch in sieben Sprachen　1962 Terra-Budapest　by Akadémiaí Kido Budapest

・スポーツ百科辞典　Encyclopedia of Sports　2005　Menke編　New York

・スポーツ用語辞典　大石三四郎監修　1988　成美堂出版

・スポーツ基本用語辞典　田口知弘編　1989　教育社

・スポーツ用語　　角山修司編　1992　同学社

種目ごとに多数あり　書ききれませんので割愛させてもらいます。

著者紹介

本多 英男（ほんだ　ひでお）

1929年　富山県魚津生まれ
1953年　東京教育大学　体育学部卒業
1969年～1989年 東京藝術大学附属音楽高校教諭
1989年～1995年 東京藝術大学講師

『ソ連方式ウェイトトレーニング』（不昧堂出版）
『ジュニアバレーボール教本』（ベースボールマガジン社）
『ソ連の新体操』（不昧堂出版）
『バレーボールの科学』（泰流社）
『冬季オリンピック四ヶ国語辞典』（不昧堂出版）
『サッカー7ヶ国語辞典』（エイデル研究所）
『体操競技六ヶ国語用語辞典』（三恵社）

夏季オリンピック六ヶ国語辞典1
～オリンピック一般用語、アーチェリー、カヌー、競泳、近代五種競技
サッカー、水球、自転車競技、射撃、柔道、重量挙げ編～

2015年8月10日　　初版発行

著　者　　本多　英男

定価（本体価格2,800円+税）

発行所　　株式会社　　三恵社
〒462-0056 愛知県名古屋市北区中丸町2-24-1
TEL 052 (915) 5211
FAX 052 (915) 5019
URL http://www.sankeisha.com

ISBN978-4-86487-386-4 C2075 ¥2800E